V&R

Forschungen zur
Kirchen- und Dogmengeschichte

Herausgegeben von
Volker Henning Drecoll und Volker Leppin

Band 123

Vandenhoeck & Ruprecht

Nadja Heimlicher

Unfassbarkeit und Erfahrbarkeit Gottes bei Gregor von Nazianz

Vandenhoeck & Ruprecht

Die Druckvorstufe dieser Publikation wurde vom Schweizerischen Nationalfonds
zur Förderung der wissenschaftlichen Forschung unterstützt.

Bibliografische Information der Deutschen Nationalbibliothek:
Die Deutsche Nationalbibliothek verzeichnet diese Publikation in
der Deutschen Nationalbibliografie; detaillierte bibliografische Daten sind
im Internet über https://dnb.de abrufbar.

Satz: textformart, Göttingen
Druck und Bindung: CPI books GmbH, Birkstraße 10, D-25917 Leck
Printed in the EU

Vandenhoeck & Ruprecht Verlage | www.vandenhoeck-ruprecht-verlage.com

ISSN 0532-2154
ISBN 978-3-525-56734-0

Vorwort

> „Gott ist Geheimnis. Gott ist unfassbar. Gott ist ganz anders als alles, was wir denken können." – „Gott wendet sich uns zu. Gott handelt in der Welt. Gott ist gegenwärtig. Gott ist erfahrbar."

Aussagen wie diese hören wir in kirchlichen und theologischen Kontexten jeden Tag. Doch wie lassen sich die Unfassbarkeit Gottes und die Erfahrung des Göttlichen zusammen denken? Wie kann von Gottes Handeln in der Welt gesprochen werden? Und wie weit lassen sich für Gott selbst Worte finden?

Solchen Fragen begegne ich in meiner wissenschaftlichen Tätigkeit ebenso wie in meinem Pfarramt, ist es doch genau dieses Thema, welches die Theologie in ihrem Kern bewegt.

Die vorliegende Arbeit behandelt diese theologische Grundsatzfrage anhand der Reden des Gregor von Nazianz (329–390 n. Chr.). Sie wurde im September 2020 von der Theologischen Fakultät der Universität Bern als Dissertation angenommen.

Mein herzlicher Dank gilt meiner Doktormutter Prof. Dr. Katharina Heyden für ihre engagierte, kritische und konstruktive Begleitung. Sie ließ mir bei der Bearbeitung des Themas große Freiheit und stand gleichzeitig immer beratend zur Seite. Die Gespräche mit ihr waren insbesondere in theologischen Belangen jedes Mal erhellend und inspirierend. Prof. Dr. Franz Mali begleitete die Arbeit in ihrer Anfangsphase und Prof. Dr. Angela Berlis übernahm die Aufgabe als Zweitgutachterin; auch ihnen gebührt mein herzlicher Dank. Dr. Peter Lauber und Dr. Renate Burri danke ich für ihre Unterstützung bei Problemen mit der Übersetzung aus dem Griechischen, Dr. habil. Hans Lichtenberger für seinen Rat in Fragen zur antiken Philosophie. Markus Heimlicher und Zora Heimlicher gebührt mein Dank für ihr sorgfältiges Lektorat und ihre kritischen Nachfragen und Bemerkungen. Meinem Ausbildungspfarrer Dr. Bernhard Neuenschwander danke ich für alle Gespräche und seine Ermutigung über viele Jahre. Bei den Reformierten Kirchen Bern-Jura-Solothurn sowie dem Schweizerischen Nationalfonds bedanke ich mich für ihre finanziellen Beiträge zur Entstehung und Publikation dieses Buches.

Mein besonderer Dank gilt schliesslich den Menschen meiner Familie. Sie haben mich während der Arbeit an diesem Buch stets mit Geduld und Humor unterstützt und mich immer wieder von den Büchern weg in unseren bunten und turbulenten Alltag geholt.

Im Sinne des Gregor von Nazianz wünsche ich Ihnen, liebe Leserinnen und Leser, und uns allen, dass wir theologisches Arbeiten immer auch als Üben verstehen, als ein Üben, das uns ganz präsent werden und uns in dieser Präsenz Gott erfahren lässt.

Nadja Heimlicher, Bern im Juni 2022

Inhalt

I. Hinführung

1. Thema und Ziel dieser Arbeit

1.1 Thema und Fragestellung

Christliche Theologie wird seit ihren Anfängen von einem Paradox bewegt. Einerseits gilt Gott in der jüdisch-christlichen ebenso wie in der hellenistisch-philosophischen Tradition als vollkommen unfassbar und unerkennbar. Andererseits gäbe es keine Kirche, keine Religion, wenn auf der Erde nicht Menschen lebten, die glauben, von Gott in irgendeiner Weise berührt zu werden und mit dem Göttlichen in einer Beziehung zu stehen. So haben Theologen es bereits in den ersten christlichen Jahrhunderten als zentralen Glaubensinhalt beschrieben, dass das unbegreifliche und unverfügbare Göttliche in die Welt eintritt, durch sein Wirken erfahrbar wird und dem Menschen die Vereinigung mit sich selbst ermöglicht.

Die Gegensätzlichkeit der beiden Sachverhalte stellt ein logisches Problem dar, das Theologinnen und Theologen damals wie heute zu einer Lösung herausfordert: Wie lässt sich die Unfassbarkeit Gottes mit der Erfahrung des Göttlichen und mit der angestrebten Annäherung des Menschen an Gott zusammendenken? Wie handelt Gott in der Welt? Wie kann und soll von diesem Handeln gesprochen werden? Und wie weit lassen sich für Gott selbst Worte finden?

Ein Theologe, der diese Spannung in besonderer Weise aushält und gestaltet, ist Gregor von Nazianz (329/330–390/391 n. Chr.).[1] Eine Auseinandersetzung mit seinen Schriften ist für die Frage nach der Unfassbarkeit und der Erfahrbarkeit Gottes in mehrfacher Hinsicht lohnend.

Gregor wurde in eine wohlhabende kappadokische Familie geboren und seine Eltern legten Wert darauf, ihm die beste verfügbare Bildung zu ermöglichen. Er gehörte damit zu den gebildetsten Christen seiner Zeit und war mit der Lehre von Theologen wie Origenes oder Athanasius ebenso vertraut wie mit der griechischen Rhetorik und Philosophie. Gregor wurde – gegen seinen Willen, wie er selbst sagt[2] – von seinem Vater zum Priester geweiht, später ernannte ihn sein Freund

1 Über Gregors Geburtsjahr gehen die Meinungen auseinander. Konventionell wird sein Geburtsjahr auf 329/330 datiert. Manche neuere Studien erschließen aus *dvs* 239; 512–513 sowie aus *epist.* 7,7 als Geburtsjahr 326 (Hartmann 2002).

2 Gregor empfing die Priesterweihe im Winter 361 in der Kirche von Nazianz, vgl. McGuckin 2001, 101–102. In Greg. Naz., *epist.* 8 [Gallay (Hg.) (Bd. 1) 1964, 11], schreibt er an Basilius, er sei „zum Schritt ins Priestertum gezwungen worden" (εἰς τὸν πρεσβυτέρου βαθμὸν ἐβιάσθημεν). Auch in seinem späten autobiographischen Gedicht *dvs* 338.344 [ed. Jungck 1974, 70] stellt er seine Weihe in dieser Weise dar: „Ein furchtbarer Sturm [brach] über mich herein […] mein Vater zwingt mich mit Gewalt auf den Sitz nächst dem Bischofsstuhl" (Übs. Jungck) (δεινὸς ἐμπίπτει

Basilius zum Bischof von Sasima. Auf dem Höhepunkt seiner kirchlichen Karriere war Gregor Bischof von Konstantinopel und Vorsitzender des Konzils von 381. In diesem Amt konnte er allerdings nicht lange bestehen. Den kirchenpolitischen Intrigen war er nicht gewachsen. Als er seinen Rücktritt anbot, bat ihn niemand zu bleiben. Gleichzeitig enttäuscht und erleichtert trat Gregor die Heimreise in seinen Geburtsort Arianzos an, wo er sich in seinen letzten zehn Lebensjahren vornehmlich dem Schreiben widmete.[3]

Nicht zuletzt, weil es ihm immer wieder gelang, zwischen unterschiedlichen Traditionen und philosophischen Strömungen zu vermitteln und sie in seiner Theologie zu vereinen, wurde ihm nach seinem Tod, auf dem Konzil von Chalcedon im Jahr 451, der Ehrentitel „der Theologe" (ὁ Θεολόγος) zugeschrieben. Zusammen mit Basilius von Caesarea und dessen Bruder, Gregor von Nyssa, gehört Gregor von Nazianz zu den drei großen kappadokischen Kirchenvätern und gilt als bedeutender theologischer Denker bei der Entwicklung und Ausformulierung der Trinitätslehre. Bis heute wird Gregor als wichtiger Heiliger der orthodoxen, aber auch der römisch-katholischen, der anglikanischen und der christkatholischen Kirche sowie der Ostkirchen verehrt.

Als gläubiger Christ und Geistlicher mit einer hervorragenden hellenistischen Bildung und einer außergewöhnlichen Liebe zur Sprache rang Gregor ein Leben lang um eine angemessene Rede von Gott – immer im Wissen darum, dass er eine solche letztlich nicht finden würde. Sein überliefertes literarisches Werk umfasst 45 Reden, wobei *or.* 35 unecht ist, 249 Briefe und rund 17.000 Gedichtverse.[4] In seinen Schriften verschmelzen theologische Argumentation und das Zeugnis von Gregors eigenem Leiden an theologischen Problemen in einzigartiger Weise. Gregors Werk trägt deshalb einerseits einen sehr persönlichen Charakter und ermöglicht einen tieferen Einblick ins Denken und Fühlen eines Theologen des 4. Jahrhunderts. Andererseits spiegeln sich in seinem Werk auch die theologischen Auseinandersetzungen seiner Zeit: Gerade gegen Eunomius von Cyzicus und gegen jede Theologie, die die Göttlichkeit des Heiligen Geistes in Zweifel zieht, äußert sich Gregor mit leidenschaftlicher Polemik.

Auch vor dem Hintergrund der Theologiegeschichte bis in die Gegenwart liegt in dieser Frage eine Beschäftigung mit Gregor nahe. Ein Versuch, innerhalb der Spannung zwischen Gottes Unfassbarkeit und Erfahrbarkeit sprachfähig zu werden, ist in der christlichen Theologie die Unterscheidung zwischen Gottes Wesen und Gottes Wirken: Das, was von Gott unfassbar bleibt, wird als Wesen Gottes gedacht, während das, was für den Menschen in der Welt von Gott erfahrbar wird, als Wir-

---

κλόνος [...] κάμπτει βιαίως εἰς θρόνων τοὺς δευτέρους). Ob Gregors Darstellung dieses Ereignisses den Tatsachen exakt entspricht, ist nicht unumstritten. Während sich etwa McGuckin 2001, 101–102 und Hartmann 2002, 295 auf diese Aussagen Gregors verlassen, sieht Beeley 2008, 11 sie als Ausdruck einer Rhetorik, welche die Lauterkeit seiner Gesinnung darstellen und damit seine Autorität als Geistlicher festigen soll.

3 Vgl. zu Gregors Rolle am Konzil von Konstantinopel z. B. Beeley 2008, 45–54

4 Vgl. Hartmann 2002, 296.

ken Gottes bezeichnet wird. Die Anfänge dieses Denkmodells, das sich – in unterschiedlichen Ausgestaltungen – besonders in der östlichen Kirche durchgesetzt hat, werden dabei oft bei Gregor von Nazianz vermutet. So schreibt der zeitgenössische griechisch-orthodoxe Theologe Ioannis Zizioulas über die Unterscheidung von Wesen und Wirken Gottes: „Die Wurzeln dieser Unterscheidung sind bei Gregor von Nazianz zu finden."[5]

Bei der Durchsicht seiner Reden wird rasch deutlich, dass Gregor an vielen Stellen tatsächlich zwischen dem absolut *unfassbaren Wesen Gottes* und dem für den Menschen *erfahrbaren Wirken Gottes* unterscheidet. Allerdings sind seine Aussagen zur Unfassbarkeit, Erfahrbarkeit und Erkennbarkeit Gottes nicht nur vielfältig, sondern teilweise sogar gegensätzlich. *Ziel dieser Arbeit ist es, diese verschiedenen Äußerungen in Gregors Werk auszumachen und sie auf ihren theologischen Gehalt hin zu untersuchen.* „Theologisch" ist dabei im engen Sinn als „theo-logisch", also als „die Rede von Gott betreffend", zu verstehen. Anschließend wird ein Konzept vorgestellt, das Gregors theologische Aussagen in ihrer Widersprüchlichkeit zu umfassen vermag. So liegen dieser Dissertation folgende wesentlichen Fragen zu Grunde:

Auf welche Weise vollzieht Gregor in seinen Reden die Unterscheidung zwischen der Unfassbarkeit und der Erfahrbarkeit Gottes?

Und was gewinnt er daraus – in theologischen Auseinandersetzungen und in praktischen Vollzügen – für seine Rede von Gott?

Um Gregor und seinem Werk gerecht zu werden, behandelt diese Arbeit die genannten Fragen in zwei Hauptteilen mit je unterschiedlichen Schwerpunkten. Gegenstand des ersten Teils ist es, wie sich Gregor in theologisch-intellektuellen Auseinandersetzungen zu diesen Fragen verhält. Dies wird anhand der breit rezipierten fünf *Theologischen Reden* gezeigt. Im zweiten Teil werden Gregors Aussagen über die Unfassbarkeit und die Erfahrbarkeit Gottes im Bezug auf die praktischen Aspekte christlichen Lebens dargestellt – hier unter Berücksichtigung seines gesamten Redenkorpus.

---

5 Zizioulas 1985, 91: „The roots of this distinction are to be found in Gregory of Nazianzus [...]."

1.2 Forschungsstand

In byzantinischer Zeit war Gregor der meistzitierte christliche Autor nach der Bibel.[6] Theologische Formulierungen aus seinem Werk dienten byzantinischen Autoren zur Versicherung ihrer Rechtgläubigkeit.[7] Seit dem 19. Jahrhundert findet eine historisch-kritische Auseinandersetzung mit Gregor von Nazianz statt. Dabei wurde Gregor zunächst regelmäßig in einem Zug mit Basilius von Caesarea und Gregor von Nyssa untersucht.[8] Allerdings fanden seine Schriften meist weniger Beachtung als die der anderen beiden großen Kappadokier. Hinzu kam, dass die Gemeinsamkeiten, die zwischen den Dreien bestanden, gegenüber den Unterschieden oft überbewertet wurden.[9] Ab der zweiten Hälfte des 20. Jahrhunderts entstand eine Reihe von neueren Studien über Gregor von Nazianz. Untersucht wurde dabei zum einen seine Theologie,[10] doch auch Gregors Verhältnis zur antiken Rhetorik und Philosophie gelangte zunehmend in den Blick der Forschung.[11] Seit den 1970er Jahren werden Gregors Schriften in der Reihe *Sources Chrétiennes* kritisch ediert. Hier finden sich solide Einleitungen in die jeweiligen Reden sowie wichtige Anmerkungen zu den französischen Übersetzungen.

Die meisten Publikationen zu Gregor von Nazianz beinhalten mehr oder weniger ausführliche Informationen über sein Leben. Die umfassendste Gregor-Biographie ist jedoch diejenige von John McGuckin mit dem Titel *Saint Gregory of Nazianzus – An Intellectual Biography.*[12] McGuckin zeichnet darin ein detailliertes Bild von Gregors Leben und literarischem Schaffen und veranschaulicht dabei auch überzeugend politische und soziale Hintergründe. Dieses Standardwerk dient dieser Arbeit als wichtige Informationsquelle nicht nur zu Gregors Lebensdaten, sondern auch zum Verständnis der Entstehungskontexte von Gregors Schriften.

Die Untersuchung, die am eindringlichsten nach Gregors Einstellung zur Gotteserkenntnis fragt, ist Christopher A. Beeleys Monographie mit dem Titel *Gregory of Nazianzus on the Trinity and the Knowledge of God.*[13] Beeleys Ziel ist es, eine

6 Vgl. Noret 1983, der nicht nur die ausgewiesenen Gregor-Zitate untersucht, sondern exemplarisch zeigt, wie Gregors Schriften auch jene byzantinischen Autoren beeinflusste, die ihn nicht namentlich erwähnen. Er kommt zum Ergebnis, dass Gregors Schriften, gerade wenn man diejenigen Stellen mitzählt, an denen seine Texte zwar verwendet, aber nicht explizit als Quellen angegeben werden, das meistzitierte Werk nach der Bibel darstellen. Viele byzantinische Autoren dürften Gregors Schriften mindestens auszugsweise auswendig gekannt haben.

7 Vgl. Noret 1983, 259.

8 Etwa in Böhringer 1842; Weiss 1872; Unterstein 1902; Holl 1904; Maier 1915.

9 So die Einschätzung von Beeley 2008, viii.

10 Zu den meistrezipierten Werken zu Gregors Theologie gehören: Plagnieux 1952, Portmann 1954 und Althaus 1972.

11 Zu philosophischen Einflüssen in Gregors Werk vgl. Dräseke 1906. Zu Gregors Rhetorik vgl. Radford Ruether 1969 und Kertsch 1980.

12 McGuckin 2001.

13 Beeley 2008.

verständliche Analyse von Gregors Trinitätstheologie und von dessen Aussagen zur Erkenntnis Gottes vorzustellen. Er gibt an, für seine Studie Gregors gesamtes Schriftenkorpus, also die Reden, die Briefe und die Gedichte zu berücksichtigen. Klar ist für ihn dabei: „Gregors Lehre kennt keine Trennung zwischen Erkenntnis und Erfahrung, Theorie und Praxis, zwischen Theologie und Spiritualität, an die viele moderne Menschen so gewohnt sind."[14]

Gregor hat die allermeisten seiner Schriften zu bestimmten Anlässen – etwa zu kirchlichen Festen, als Trauerreden oder als Reaktion auf bestimmte Umstände in seiner Gemeinde – verfasst. Sie sind damit in besonderer Weise situationsgebunden. Diese Tatsache führt Beeley zu der Auffassung, dass die Unfassbarkeit Gottes, die Gregor gerade in den *Theologischen Reden* betont, nicht seiner wahren Überzeugung entspreche. Vielmehr seien diese Äußerungen Gregors der Auseinandersetzung mit Eunomius und dessen neuarianischem Gedankengut geschuldet. Hingegen komme seine eigentliche Meinung über die Möglichkeit der Gotteserkenntnis besonders in den so genannten *Epiphaniereden* (*ors.* 38–40) zum Ausdruck: Jetzt, in seinem Amt als Bischof von Konstantinopel, gehe es nicht mehr um innerchristliche Auseinandersetzungen, sondern darum, sich vom „Unglauben und der traditionellen christlichen Religion"[15] abzugrenzen und möglichst viele Menschen für die Katechese und die anschließende Taufe zu gewinnen.[16] Beeley versucht das Problem von Gregors gegensätzlichen Äußerungen über die Unfassbarkeit und die Erfahr- bzw. Erfassbarkeit Gottes also zu lösen, indem er auf die unterschiedlichen Entstehungshintergründe von Gregors Schriften verweist. Allerdings vermag dies die Unterschiedlichkeit von Gregors Aussagen nicht restlos zu klären. Beeley bringt diese Unstimmigkeiten dadurch in Einklang, dass er bei Gregor eine stark quantitative Vorstellung von Gotteserkenntnis ausmacht:[17] „[...] Gott wird ‚zum Teil' erfasst, obwohl er ‚zum Teil' unfassbar bleibt."[18] Er sieht die Vorstellung einer mengenmäßigen Erkenntnis Gottes sogar als Kerngedanken von Gregors Theologie: „Dieser grundlegend quantitative Sinn der Unfassbarkeit Gottes ist für Gregor programmatisch und muss sorgfältig im Gedächtnis gehalten werden, wenn wir den Gesamtsinn seiner Theologie nicht verfehlen wollen."[19]

In seiner Studie arbeitet Beeley aus Gregors Werk eine „zweipolige Dialektik aus Reinigung und Erleuchtung"[20] heraus, die er als Grundbewegung im menschlichen

---

14 Beeley 2008, x: „[...] Gregory's doctrine does not recognize the sort of division between knowledge and experience, theory and practice, of theology and spirituality to which many moderns are so accustomed."

15 Beeley 2008, 102: „unbelief and traditional Greek religion".

16 Vgl. Beeley 2008, 102–105.

17 Vgl. Beeley 2008, 96–99.

18 Beeley 2008, 96: „[...] God is comprehended ‚in part', even though ‚in part' he remains incomprehensible."

19 Beeley 2008, 97: „This fundamentally quantitative sense of the incomprehensibility of God remains programmatic for Gregory, and it must be carefully borne in mind if we are not to miss the overall sense of his theology."

20 Beeley 2008, 64.

Streben nach Gotteserkenntnis versteht. Diese besagt, sehr vereinfacht: Je weiter der Mensch in seiner Reinigung fortschreitet, desto mehr kann er von Gott erkennen. Auch wenn Beeley die Darstellung dieser Polarität sehr überzeugend gelingt, nimmt sie meines Erachtens Gregors Aussagen zur Unfassbarkeit Gottes zu wenig ernst. Nach Gregors Verständnis besteht zwischen Schöpfer und Geschöpf ein unendlicher Unterschied: Gott ist ganz und gar anders als die Welt und damit ganz und gar anders als alles, was der Mensch erfassen, denken und sagen kann.[21] Diese *qualitative* Verschiedenheit lässt sich für Gregor nicht in *quantitativen* Kategorien überwinden. Entsprechend denkt er, wo er von einer Berührung des Menschen mit dem Göttlichen spricht, nicht an eine Erkenntnis, die sich mit weltlichen Maßstäben messen lässt.

2. Vorgehen und Methode

2.1 Zum Aufbau der Arbeit

Die Frage, wie sich Gottes Unfassbarkeit und Erfahrbarkeit nach Gregors Verständnis zueinander verhalten, und wie er der Spannung, die sich daraus ergibt, in seinen Reden Rechnung trägt, wird in den beiden Hauptteilen dieser Dissertation behandelt. Die zwei Teile unterscheiden sich sowohl in der Auswahl der untersuchten Quellen als auch in der Herangehensweise an die gewählten Schriften. Die Untersuchung stützt sich in erster Linie auf Gregors Aussagen zu Gottes Unfassbarkeit und Erfahrbarkeit in seinen Reden. Nichtsdestotrotz werden Gregors Briefe und Poesie da hinzugezogen, wo sie zum Verständnis und zur Klärung von Passagen aus seinen Reden dienen.

Im ersten Hauptteil dieser Arbeit (II) wird Gregors theologisches Konzept von der Unfassbarkeit und der Erfahrbarkeit Gottes mittels sorgfältiger Lektüre (*close reading*) und Interpretation der *Theologischen Reden* untersucht und beschrieben. Der zweite Hauptteil der Dissertation (III) stellt dieses theologische Konzept auf die Probe: Hier wird anhand von Gregors gesamtem Redenkorpus festgestellt, ob es auch im Bezug auf Gregors Äußerungen über praktische Aspekte christlichen Lebens tragfähig ist, oder ob er es nun verändert bzw. überschreitet. Eine Skizze philosophischer und anthropologischer Voraussetzungen, die zum Verständnis von Gregors Äußerungen zur Unfassbarkeit und zur Erfahrbarkeit Gottes wichtig sind, findet sich im letzten Kapitel der Hinführung (I 3.).

Die vorliegende Arbeit ist so aufgebaut, dass sie sich in unterschiedlichen Schichten lesen lässt: Einen raschen Überblick über die Ergebnisse der Untersuchung bietet die Lektüre der *kursiv* gesetzten Zwischenfazite am Ende der jeweiligen Kapitel.

21 Diese Überzeugung findet sich auch bei McGuckin 2011, 244, der schreibt: „This apophatic turning away from speech is not merely a gimmick with Gregory, for it is constitutive of his whole mental and spiritual approach.“

Diese halten die wichtigsten Erkenntnisse aus den Kapiteln fest und bauen so aufeinander auf, dass sie aneinandergereiht auch als zusammenhängende Texte gelesen werden können. Die Analyse und Interpretation von Gregors Schriften im Blick auf die Frage nach Gottes Unfassbarkeit und Erfahrbarkeit erfolgt im Fließtext der einzelnen Kapitel. Hintergrundinformationen, die zum Verständnis von Gregors Schriften beitragen, die Diskussion von Übersetzungsfragen und unterschiedlichen Forschungsmeinungen zu einzelnen Stellen in Gregors Werk sowie Verweise auf weiterführende Literatur haben ihren Ort in den Fußnoten. Das Ertragskapitel (IV) beantwortet schließlich die eingangs gestellten Fragen und verbindet die Erkenntnisse der vorliegenden Untersuchung.

2.2 Quellen und Methode im ersten Teil

Im Zentrum des ersten Teils stehen Gregors Aussagen zu Gottes Unfassbarkeit und Erfahrbarkeit in seinen *Theologischen Reden*. Es handelt sich dabei um fünf Reden, die im Vorfeld des Konzils von Konstantinopel von 381 entstanden. Es war eine bewegte Zeit: Das Dogma von Nizäa, welches die Homoousie, die Wesenseinheit von Vater und Sohn besagt, hatte sich nach dem Konzil von 325 nicht durchsetzen können und war 358 auf dem Konzil von Sirmium sogar offiziell widerrufen worden.[22] In der Folge versuchten verschiedene theologische Gruppen, sich mit ihren jeweiligen Lehren in der Reichskirche durchzusetzen. Rings um den Syrer Aëtius und dessen Schüler Eunomius erlebte der sogenannte Arianismus einen neuen Aufschwung. Die Gruppe der Homöusianer plädierte für die Wesensähnlichkeit von Vater und Sohn, während die Homöer nach einem mehrheitsfähigen Kompromiss suchten und den Sohn als „dem Vater ähnlich gemäß der Schrift" bezeichneten. Zunächst konnte sich diese letzte Gruppe kirchenpolitisch durchsetzen: Das neue Dogma wurde 359 in Konstantinopel beschlossen und blieb offiziell bis 381 gültig.[23] Am 9. August 378 fiel Valens, der Augustus des Ostens, in der Schlacht von Adrianopel gegen die Goten. Der Westkaiser Gratian, der den Osten des Reiches nicht selbst zu verwalten vermochte, setzte als dessen Nachfolger den Spanier Theodosius ein – zuerst als Heermeister, im Januar 379 dann als neuen Augustus. Das östliche Römische Reich wurde nun von einem nizänisch gesinnten Herrscher regiert. Zwar war die kirchliche Landschaft in der Hauptstadt Konstantinopel zunächst noch stark (neu-)arianisch geprägt, doch Theodosius wollte das nizänische Dogma als offizielle Lehre durchsetzen. Im Jahr 378 beschloss die Synode von Antiochia, Gregor nach Konstantinopel zu berufen. Als fähiger Theologe und begnadeter Redner sollte er hier die Gruppe der nizänischen Christen leiten und dem nizänischen Dogma zu neuem Auftrieb verhelfen. Gregor folgte der Aufforderung und nahm im Herbst 379

22 Vgl. Hauschild/Drecoll 2016, 93.

23 Zu den verschiedenen Gruppen vgl. Hauschild/Drecoll 2016, 89–93.

in der Hauptstadt Wohnsitz.[24] Bei Gregors Ankunft war der Homöer Demophilos Bischof von Konstantinopel. Für die Christen, die an den Beschlüssen des Konzils von Nizäa – insbesondere am Homoousion (ὁμοούσιον) – festhielten, war es keine einfache Zeit. Als Minderheit waren sie von den Hauptkirchen der Stadt ausgeschlossen. Gregor hielt seine Reden zunächst gezwungenermaßen in einem größeren Privathaus, vielleicht in der Eingangshalle des Hauses seiner Cousine Theodosia.[25] Er gab der improvisierten Kapelle den Namen Ἀναστασία (Auferstehung): Aus diesem Haus sollte die Orthodoxie, der rechte Glaube, wieder zum Leben erwachen. Der Aufenthalt in Konstantinopel wurde für Gregor zu einer sehr intensiven und produktiven Zeit, in der die Hälfte der heute überlieferten Reden entstand.[26] Im Spätsommer 380 hielt Gregor hier fünf Reden, die als seine *Theologischen Reden* berühmt werden sollten: Es sind die *Einleitende Rede gegen die Eunomianer* (Πρὸς Εὐνομιανοὺς προδιάλεξις), die Rede *Über die Theologie* (Περὶ θεολογίας), die *Erste Rede über den Sohn* (Περὶ Υἱοῦ λόγος α'), die *Zweite Rede über den Sohn* (Περὶ Υἱοῦ λόγος β') sowie die Rede *Über den Heiligen Geist* (Περὶ τοῦ Ἁγίου Πνεύματος).[27]

Es sind diese fünf Reden, die von Gregors gesamtem Werk am meisten rezipiert wurden und die sein Bild für die Nachwelt geprägt haben. Nicht zuletzt ihretwegen

24 Zu den reichs- und kirchenpolitischen Hintergründen der Einladung Gregors nach Konstantinopel vgl. McGuckin 2001, 233–240.

25 Sieben 1996, 17 vermutet, dass Theodosia, Gregors Cousine und Schwester von Amphilochios von Iconium, die in Konstantinopel mit einem hohen Reichsbeamten verheiratet war, die Berufung initiiert hatte.

26 Vgl. McGuckin 2001, 241–242.

27 In der Edition der *Sources Chrétiennes* und derjenigen der *Fontes Christiani* tragen diese fünf Reden die Nummern 27, 28, 29, 30 und 31. Die Texte wurden in den 1990er Jahren ins Englische und ins Deutsche übersetzt und damit einem größeren Kreis von Forschenden und Interessierten zugänglich gemacht: 1991 erschien eine englische Übersetzung von Lionel Wickham und Frederick Williams mit einer Einleitung und einem Kommentar von Frederick W. Norris (Norris 1991). 1996 veröffentlichte Hermann Josef Sieben in der Reihe *Fontes Christiani* eine deutsche Übersetzung, auch sie mit einer Einleitung und erläuternden Kommentaren (Sieben 1996). Beide Übersetzungen gehen vom griechischen Text in der kritischen Edition von Paul Gallay und Maurice Jourjon in Reihe der *Sources Chrétiennes* aus (Gallay/Jourjon 1978). Wo die in dieser Arbeit verwendeten eigenen Übersetzungen von den bestehenden abweicht, werden die verschiedenen Meinungen jeweils diskutiert.

Die Bezeichnung *Theologische Reden* findet sich nicht explizit in den Handschriften, sondern nur in gedruckten Ausgaben, es gibt aber dennoch gute Gründe dafür, sie als zusammengehörig zu betrachten: Die Reden werden in den Handschriften als Gruppe überliefert. Gerade die Titel der *Dritten* und *Vierten Theologischen Rede*, Περὶ Υἱοῦ λόγος α' und Περὶ Υἱοῦ λόγος β', markieren deren Zusammenhang. Das stärkste Argument für die literarische Einheit der *Theologischen Reden* ist jedoch, dass Gregor selbst sie als ein Ganzes betrachtete und ihre Einheitlichkeit durch nachträgliche Überarbeitung unterstrich, vgl. Gallay/Jourjon 1978, 7–9; Sieben 1996, 50–55. Die gängige Hypothese besagt, dass Gregor zunächst die Reden 27, 29, 30 und 31 durch gegenseitige Verweise miteinander verband und in einem zweiten Schritt die Rede 28 hinzufügte, ohne aber die Bezüge abzugleichen. Entsprechend begänne die Rede 29 nun mit einem Verweis auf Rede 27 anstatt auf die vorangehende Rede 28. Eine solche Redaktionsgeschichte ist möglich, jedoch keineswegs zwingend (vgl. unten, S. 100, Anm. 215). Zur Manuskripttradition vgl. Gallay/Jourjon 1978, 15–24; Norris 1991, 71–80; Sieben 1996, 55–63.

wurde Gregor später mit dem Titel „der Theologe" (ὁ Θεολόγος) geehrt. Der Name dieser Reden rührt nicht daher, dass sie die Gesamtheit des christlichen Glaubens zusammenfassten, wie es das heutige Verständnis der Bezeichnung nahe legen könnte. *Theologische Reden* werden sie deshalb genannt, weil sie von Theo-Logie im eigentlichen, spätantiken Sinn des Wortes handeln: Ihr Thema ist die Rede von Gott selbst, die Rede von Gottes Einheit und Trinität. Sie gelten bis heute als Quintessenz von Gregors theologischer Arbeit und werden zu den wichtigsten Texten für die Entstehung der christlichen Trinitätslehre gezählt.[28]

Gegenüber einer Untersuchung von Gregors Theologie, die sich ausschließlich auf dessen *Theologische Reden* stützt, bestehen berechtigte Vorbehalte. Während in der älteren Forschung zu Gregor der Fokus unbestritten auf den *Theologischen Reden* lag, ist in neueren Untersuchungen, vor allem aus dem englischen Sprachraum, das Bewusstsein für den größeren Zusammenhang von Gregors Werk gewachsen.[29] Dessen reiches und vielfältiges Schriftenkorpus umfasst nicht nur Reden, sondern auch zahlreiche Briefe und Gedichte. Wird Gregors Theologie ausgehend von einzelnen, isolierten Schriften dargestellt, besteht die Gefahr, dass wichtige Aspekte seines Denkens vernachlässigt werden.[30] Dieser Tatsache trägt die vorliegende Arbeit insofern Rechnung, als sie in ihrem zweiten Teil das gesamte Redenkorpus Gregors berücksichtigt. Ein zweiter Vorbehalt gegenüber einer Auseinandersetzung mit Gregor, die hauptsächlich auf den *Theologischen Reden* beruht, bezieht sich darauf, dass diese zu großen Teilen polemisch sind. Es wird befürchtet, dass die Polemik die eigentliche Position des Autors verschleiern und verfälschen könnte.[31] Tatsächlich spart Gregor nicht mit Anspielungen, Seitenhieben, Spott und Ironie. Dabei hat er in erster Linie Eunomius und dessen Anhänger im Blick, wendet sich aber auch gegen andere Denkrichtungen und Gruppierungen, die seine Überzeugungen nicht teilen.[32] Allerdings scheint mir die Befürchtung, auf Gregors Äußerungen in

28 Vgl. McGuckin 2001, 264; Sieben 1996, 26–41; Gallay/Jourjon 1978, 7–65.

29 So wurden in den letzten Jahrzehnten vermehrt auch Gregors Gedichte ediert, übersetzt und interpretiert, z. B. in Knecht 1972; Meier 1989; Sundermann 1991; Sykes/Moreschini 1997; Domiter 1999; Simelidis 2009; Kuhn 2014.

30 Diesen Einwand äußert etwa Beeley 2008, ix.

31 Dieser Einwand gegenüber einer Beschäftigung mit Gregors *Theologischen Reden* als Quellen für seine Theologie wurde am 14.08.2015 im Rahmen des von Prof. Dr. Katharina Heyden geleiteten Workshops *Palamas and Akindynos in dispute on divine energies* auf der International Conference on Patristic Studies in Oxford 2015 geäußert und diskutiert, vgl. Heyden 2018a/b. Auch Norris 1991, Sieben 1996 und Beeley 2008 richten ihr Augenmerk bei der Interpretation der *Theologischen Reden* besonders auf die Auseinandersetzung mit Eunomius.

32 Gallay/Jourjon 1978 und Sieben 1996 gehen davon aus, dass Gregor mit seiner Kritik in den *Theologischen Reden* besonders auf Eunomius und seine Anhänger zielt. Norris 1991, 53–71 macht in seiner Einführung zu den *Theologischen Reden* vier verschiedene Gruppen von Gegnern aus: *Neuarianer, Pneumatomachen, Heiden* und *Andere.*

Zu den Hauptstreitpunkten in der Kontroverse um Eunomius gehört die Frage nach der Unerkennbarkeit von Gottes Wesen die Lehre von den Gottesnamen. Zu diesem Aspekt des philosophiegeschichtlichen Hintergrunds vgl. Radde-Gallwitz 2018 und DelCogliano 2010 sowie die Kolloquiumsbände zu Gregor von Nyssas *Contra Eunomium,* Brugarolas Brufau 2018, Karfíková 2007 und Leemans/Cassin 2014.

der kritischen Auseinandersetzung mit anders denkenden Theologen sei kein Verlass, unbegründet: Das Thema der *Theologischen Reden* ist die Theologie – also die Frage, ob und wie Gott erkennbar ist und wie von Gott und Gottes Beziehung zu Menschen und Welt angemessen gesprochen werden kann. Gregor reagiert sehr empfindlich, wenn er den Eindruck hat, andere machten in diesen Angelegenheiten unhaltbare Aussagen. Entsprechend ist er doch gerade hier herausgefordert, seine eigenen Positionen unmissverständlich auszudrücken: Der polemische Charakter dieser Reden ist Ausdruck von Gregors Leidenschaft im Bezug auf die Rede von Gott. Nicht *trotzdem*, sondern gerade *deswegen* ist es sinnvoll und zielführend, sich in der Frage nach Gregors Verständnis von der Unfassbarkeit und der Erfahrbarkeit Gottes auf die *Theologischen Reden* zu stützen.

Bei *or.* 27 beginnend, folgt die Untersuchung von Gregors theologischen Aussagen über Gottes Unfassbarkeit und Erfahrbarkeit mittels genauer und sorgfältiger Lektüre (*close reading*) dicht dem Verlauf der *Theologischen Reden*. Besonderes Gewicht liegt dabei auf dem detaillierten Nachvollzug der Argumentationsstruktur und auf der sprachlichen Analyse wichtiger Schlüsselbegriffe. Wo es zum Verständnis hilfreich ist, werden theologische und philosophische Traditionen zentraler Motive beleuchtet und kulturelle, gesellschaftliche und politische Hintergründe erläutert.

Den größten Gewinn mögen Leserinnen und Leser aus der Lektüre dieser Untersuchung schöpfen, wenn sie die fünf *Theologischen Reden* kennen und diese parallel zu der Kommentierung mitlesen. Gleichwohl ist es das Bestreben dieser Arbeit, Gregors Texte so darzustellen, dass die Ergebnisse der Studie auch ohne die gleichzeitige Lektüre der Quellen nachvollziehbar werden.

2.3 Quellen und Methode im zweiten Teil

Nach Gregors Verständnis steht der theologisch-theoretischen Auseinandersetzung mit dem Göttlichen (θεολογία) das „Eingedenksein Gottes" (μεμνῆσθαι bzw. μνήμη Θεοῦ) gegenüber. Anders als die Theologie, die sich Gott geistig-intellektuell anzunähern versucht, versteht er unter dem Eingedenksein Gottes eine Haltung, welche das gesamte Leben eines gläubigen Menschen prägt und bestimmt. Zu Beginn der *Ersten Theologischen Rede* unterscheidet Gregor drei Aspekte des Eingedenkseins Gottes: „meditieren" (μελετεῖν), „künden" (διηγεῖσθαι) und „preisen" (εὐλογεῖν).[33] Die Begriffe stellen nach Gregors Verständnis verschiedene Aspekte gelebten Glaubens dar und stehen für drei grundlegende Dimensionen christlicher Existenz, die in einer heutigen Sprache als *ethische*, *ästhetische* und *liturgische Dimension* bezeichnet werden können.[34] Als Theologe des vierten Jahrhunderts verwendet Gregor selbst diese modernen Begriffe verständlicherweise nicht. Als Kategorien, die sich

33 Vgl. Greg. Naz., *or.* 27,4 [FC 22, 74.13–15].

34 Wie das Eingedenksein Gottes als Gegenüber zur Theologie aus Gregors Reden hervorgeht, ist Gegenstand des Kapitels III 1. Die drei Dimensionen christlicher Glaubenspraxis werden jeweils am Anfang der entsprechenden Kapitel erläutert.

aus seinen Schriften heraus ergeben, eignen sie sich zur Untersuchung seines Werks jedoch wesentlich besser als andere, bereits etablierte Unterteilungen.

So vermögen etwa die traditionellen kirchlichen Grundvollzüge als Raster zur Systematisierung von Gregors Aussagen zur Unfassbarkeit und zur Erfahrbarkeit Gottes in Bezug auf die praktischen Aspekte christlichen Lebens nicht zu überzeugen: Zwar hat auch die Unterscheidung von *Martyria* (Zeugnis, Verkündigung), *Leiturgia* (Gottesdienst, gemeinsames Gebet, Eucharistie), *Diakonia* (Dienst am Nächsten bzw. an Christus) und *Koinonia* (Gemeinschaft) ihre Wurzeln in der alten Kirche.[35] Bei Gregor spielen die Begriffe jedoch mit nur wenigen Nennungen eine kleine Rolle; als Gruppe kommen sie überhaupt nicht vor. Schwerer wiegt aber die Tatsache, dass die später definierten Grundvollzüge der Kirche in Gregors Denken nicht genügend auseinanderzuhalten sind und somit in ihrer Darstellung zu allzu vielen Überschneidungen und Wiederholungen geführt hätten. So lässt sich in Gregors Denken die christliche Zeugenschaft (*Martyria*) auf keinen Fall vom Dienst am Mitmenschen (*Diakonia*) und der Gemeinschaft (*Koinonia*) trennen. Gregors große Liebe zur Sprache, in der sich die Schönheit des Wortes Gottes spiegeln kann, lässt sich allein durch die Verkündigung (*Martyria*) nicht einfangen. Gregors Einstellung zum Schönen und sein eigenes Streben nach Schönheit sind zwar Aspekte der Liturgie (*Leiturgia*), aber eben noch viel mehr als diese. Und nicht zuletzt manifestiert sich auch das Mysterium, das Zusammenkommen von Gott und Welt, zwar in besonderer Weise in der Liturgie, lässt sich aber unmöglich auf diese beschränken.

Gregors Haltung in der Frage nach der Unfassbarkeit und der Erfahrbarkeit Gottes in der *ethischen*, der *ästhetischen* und der *liturgischen Dimension* christlicher Glaubenspraxis wird anhand zentraler Begriffe und Motive exemplarisch untersucht und dargestellt.

Im Blick auf die *ethische Dimension* steht dabei einerseits die asketische Praxis im Vordergrund; diese drückt sich in der inneren Reinigung (κάθαρσις) des Menschen bzw. in seiner Einübung in den Tod (μελετή θανάτου) aus. Wichtige Quellen sind hier insbesondere Gregors Grabreden für seine Schwester (*or.* 8), und seinen Vater (*or.* 18), wo er die verstorbenen Familienmitglieder als ideale Christin und als idealen Christen darstellt. Doch die Reinigung des Menschen und die Einübung in den Tod sind in Gregors Denken so wesentliche Motive, dass sich dazu über sein gesamtes Redenkorpus verstreut wichtige Aussagen finden. Zentral für die Frage nach einer guten Lebensführung ist bei Gregor andererseits seine Vorstellung eines gelungenen Miteinanders unter den Menschen. Hier drängt sich die vertiefte Auseinandersetzung mit der Rede *Über die Liebe zu den Armen* (*or.* 14, Περὶ φιλοπτωχίας) auf.

35 Zu den Grundvollzügen der Kirche vgl. Miggelbrink 2003, 122–141. Miggelbrink erkennt bei der Dreiergruppe von *Martyria*, *Leiturgia* und *Diakonia*, die bei Calvin als „soteriologisches Grundraster" und ab dem 18. Jahrhundert in der katholischen Theologie erscheint, „eine gewisse systematische Nähe zu der alten Ämter-Christi-Lehre" wie sie Justin der Märtyrer als erster formulierte. Die *Koinonia* kam erst während des Zweiten Vatikanischen Konzils (1962–1965) als vierter Grundvollzug dazu.

Im Mittelpunkt des Kapitels über Gregors Aussagen zu der *ästhetischen Dimension* christlicher Lebenspraxis steht einerseits die Frage nach dem Vermögen menschlicher Wahrnehmung (αἴσθησις) und andererseits der Logos (λόγος), der Ausdruck, in dem sich bei Gregor Gottes Wort und menschliche Worte treffen. Neben einem neuerlichen Blick auf die *Zweite Theologische Rede* (*or.* 28) liegt hier ein Schwerpunkt auf Gregors Festreden, insbesondere der Weihnachtsrede (*or.* 38, Εἰς τὰ Θεοφάνια), der Rede über die Taufe (*or.* 40, Εἰς τὸ βάπτισμα) sowie der Rede am Sonntag nach Ostern (*or.* 44, Εἰς τὴν καινὴν Κυριακήν). Doch auch hier müssen zu einer umfassenden Darstellung Aussagen aus Gregors gesamtem Redenkorpus berücksichtigt werden.

In der *liturgischen Dimension* christlichen Glaubenslebens stellt bei Gregor „Mysterium" (μυστήριον) einen wichtigen Kristallisationspunkt im Zusammenkommen von Gott und Welt dar. Die Suche nach diesem Wort führt, wenig verwunderlich, vor allem zu den Reden, die Gregor zu großen christlichen Festen gehalten hat. Es sind dies insbesondere die Rede *Zur Theophanie* bzw. wörtlich: „Zur Erscheinung Gottes" (*or.* 38, Εἰς τὰ Θεοφάνια), die Rede *Zum Fest der Lichter* bzw. zu Epiphanias (*or.* 39, Εἰς τὰ Φῶτα) und die Rede *Zur Taufe* (*or.* 40, Εἰς τὸ βάπτισμα).[36] Nur wenige Monate nach den *Theologischen Reden* gehalten, entstanden diese *Epiphaniereden* unter grundlegend anderen Voraussetzungen: Im November 380 hatte Kaiser Theodosius I. dem amtierenden Bischof von Konstantinopel, Demophilos, angeboten, den Bischofsthron zu behalten, wenn er bereit ist, das nizänische Bekenntnis zu unterzeichnen und der Wesensgleichheit von Vater und Sohn zuzustimmen. Als dieser ablehnte, musste er den Bischofssitz räumen und die Stadt verlassen.[37] Kurz darauf wurde Gregor von Theodosius in sein Amt als neuer Bischof von Konstantinopel eingesetzt.[38] Hatte er die *Theologischen Reden* als geistlicher Leiter einer Minderheitskirche gehalten, predigte Gregor nun in seiner Funktion als Bischof der Hauptstadt des östlichen Römischen Reiches. Mit dem neuen Amt gingen für ihn auch neue Anforderungen an seine Person einher. Als Vertreter der offiziell geltenden Lehre sprach er nun zu einem viel größeren, breiteren und wohl auch weniger gebildeten Publikum als zuvor in der Anastasia-Kirche. Im Vordergrund stand nun weniger die Kritik an Eunomius als vielmehr das Bestreben, die Mehrheit der Bevölkerung für den nizänischen Glauben zu gewinnen. Ähnlich wie die *Theologischen Reden* bilden auch die *Epiphaniereden* eine Gruppe. Verbunden sind sie einerseits thematisch und andererseits durch ihre Entstehungszeit. Gregor

36 Die Rede zu Pfingsten (*or.* 41), die nach der heute üblichen Zählung folgende, wurde bereits im Frühsommer 380 gehalten, vgl. McGuckin 2001, 272.

37 Nach McGuckin 2001, 240, Anm. 48; 325 musste Demophilos ins Exil gehen. Elm 2003, 21 geht davon aus, dass sich Demophilos in den Vororten von Konstantinopel aufhielt und dort weiterhin die Liturgie feierte.

38 Eine sehr anschauliche Beschreibung dieser Ereignisse findet sich bei McGuckin 2001, 325–329. Als Quelle dient ihm dabei Gregors autobiographisches Gedicht *De Vita Sua*, das sehr stark von dessen späterer Sicht auf die Geschehnisse geprägt ist.

hielt die Rede *Zur Theophanie* (*or.* 38, Εἰς τὰ Θεοφάνια) vermutlich am 25. Dezember 380.[39] Die Reden *Zum Fest der Lichter* bzw. zu Epiphanias (*or.* 39, Εἰς τὰ Φῶτα) und *Zur Taufe* (*or.* 40, Εἰς τὸ βάπτισμα) wurden wahrscheinlich am 6. und 7. Januar 381 gehalten und gehören inhaltlich eng zusammen.[40] „Fest der Lichter" (τὰ Φώτα) ist der Name eines zweitägigen kirchlichen Festes, das an die Taufe Jesu im Jordan erinnert.[41] Anlässlich dieses Feiertags stellt Gregor den Menschen als Geschöpf in einer Notlage dar, das der Rettung durch Gott dringend bedarf; er beschreibt die Menschwerdung und Taufe des Sohnes als Voraussetzungen zur Rettung des Menschen.[42] In *or.* 40 zeigt Gregor, wie dem Menschen diese Erlösung durch die Taufe zuteilwird.[43]

Anders als im ersten Teil dieser Arbeit, wo ausgewählte Reden auf ihre Aussagen zu Gottes Unfassbarkeit und Erfahrbarkeit hin gelesen, analysiert und kommentiert werden, ist das Vorgehen im zweiten Teil ein systematisches: Die für die verschiedenen Dimensionen christlichen Lebens zentralen Motive werden vorgestellt, analysiert und systematisch verbunden.

---

39 Ob Weihnachten während Gregors Zeit in Konstantinopel am 25. Dezember oder am 6. Januar gefeiert wurde, lässt sich nicht abschließend klären. Das traditionelle Datum zur Feier der Geburt Jesu war in Konstantinopel bis anhin der 6. Januar, doch unter Kaiser Theodosius I., der ursprünglich aus Spanien stammte und mit dem westlichen Kirchenkalender vertraut war, wurde das Fest auf den 25. Dezember gelegt. Es ist also gut möglich, dass Gregor der erste war, der Weihnachten in Konstantinopel an diesem Tag feierte. Vgl. McGuckin 2001, 337; Förster 2007, 180–187.

40 Vgl. Greg. Naz., *or.* 40,1 [SC 358, 198], wo die Rede über die Taufe ausdrücklich als Fortsetzung von *or.* 39 bezeichnet wird. Aus keiner der beiden Reden geht eindeutig hervor, ob Gregor sie zu Beginn des Jahres 380 oder 381 gehalten hat, vgl. Moreschini 1990, 16–22. Moreschini tendiert zu einer Datierung auf 381, worin ihm McGuckin 2001, 340 und Matz 2012, 39 folgen. Ich schließe mich dieser Reihe an. Förster 2007, 184 geht davon aus, dass Gregor selbst das Fest der Lichter am 6. Januar eingeführt hat, gewissermaßen als Ersatz für das verschobene Weihnachtsfest.

41 Mossay 1965, 24–28 hat gezeigt, dass die Bezeichnung „Fest der Lichter" (τὰ Φώτα) nur während kurzer Zeit im Gebrauch war. Schon Chrysostomos, der nur eine Generation jünger war als Gregor, verwendete stattdessen die Bezeichnung Epiphanias, die sich fortan durchsetzen sollte.

42 Für *or.* 39 ergibt sich folgende Gliederung: Einleitung (1–2), Abgrenzung von Festen und Kulten der Griechen (3–6), Heilswirken des Logos (7–10), Trinitätslehre/Theologie (11–12), Mysterium: Weihnachten und Taufe Christi (13–16), fünf Typen der Taufe, insbesondere Tränentaufe (17–19), Schluss/Aufforderung (20).

43 Eine Gliederung dieser umfangreichen Rede ist nicht ganz einfach. Grob lässt sich die folgende Struktur erkennen: Einleitung (1–4), Gott ist Licht (5–6), verschiedene Wirkungen der Taufe (7–10), Aufruf zur Taufe und Argumente gegen den Taufaufschub (11–30), Erhalten und Bewahren der Taufe (31–35), Erleuchtung und Reinigung als Wirkungen der Taufe (36–40), Verbindung von Taufe und Trinitätstheologie (41–43), Schluss (44–46).

3. Hellenistische Bildung und christlicher Glaube – Voraussetzungen zu Gregors Denken

3.1 Grieche und Christ?

In keiner seiner Reden zeigt sich Gregor von Nazianz so offen wütend und verletzt wie in *or.* 4, der *Ersten Rede gegen Julian*, wo er über den Kaiser schreibt:[44]

> Obwohl die Bildung allen vernünftigen Wesen gemeinsam [ist], missgönnte er [die Bildung] den Christen, als gehörte sie ihm allein; er, der, meinte, der Gebildetste zu sein, dachte am unvernünftigsten über die Bildung.[45]

Grund für Gregors Zorn ist das sogenannte Rhetorenedikt vom 17. Juni 362, ein Gesetz des Kaisers Julian, welches zur Folge hatte, dass christliche Lehrer nicht mehr an öffentlichen Schulen unterrichten durften.[46] Es scheint, dass sich Gregor durch dieses Gesetz in seinem Selbstverständnis als Christ und zugleich als Grieche und Gelehrter zutiefst angegriffen fühlte. Gleichzeitig Christ und griechisch gebildeter Mensch zu sein – das ist ein zentrales Thema für Gregors Leben und Theologie, und seine Haltung gegenüber dem Griechentum ist vielschichtig. In einem Brief an Kandianos, einen hohen Beamten aus Kappadokien, nennt er diesen einen

---

44 Gregor zeichnet in seinen Schriften ein ausschließlich negatives Bild von Julian, das dessen Wahrnehmung in der Folge stark geprägt hat. Einen differenzierten Eindruck vermittelt das kürzlich erschienene Julian-Handbuch von Rebenich 2020.

45 Greg. Naz., *or.* 4,4 [SC 309, 92]: ὢν κοινῶν ὄντων λογικοῖς ἅπασιν, ὡς ἰδίων αὐτοῦ, Χριστιανοῖς ἐφθόνησεν, ἀλογώτατα περὶ λόγων διανοηθεὶς, ὁ πάντων, ὡς ᾤετο, λογιώτατος.

46 Einen kompakten Überblick zum sogenannten Rhetorenedikt bietet Klein 1981. Klein zeigt, dass Julians Gesetz über den Unterricht in erster Linie politisch begründet war: „Julian hielt seine Verordnung für ein geeignetes Mittel, um in Zukunft seine Herrschaft durch die Erziehung zuverlässiger Amtsträger abzusichern. [...] Nicht aus reinem Bekehrungseifer möchte er die Widerstrebenden zum Glauben der Väter zurückführen, sondern weil er weiß, dass nur eine mit ihm in Glauben und Bildung geeinte Elite fähig und willens ist, ihm in Zukunft die hart erkämpfte Herrschaft zu erhalten." (Klein 1981, 90–91) Es ging Julian dabei keineswegs darum, christliche Schüler vom Unterricht auszuschließen, im Gegenteil. Klein fasst zusammen: „Es war Julians erklärte Absicht, die christlichen Lehrer von den öffentlichen Schulen auszuschließen. Auch wenn man ihm zugesteht, dass ihm an der Verbesserung des Schulbetriebs insgesamt gelegen war, so ist die Hauptstoßrichtung unverkennbar. Die Gewähr, sein Ziel zu erreichen, bietet ihm einmal die Forderung, dass die Moral der Lehrenden höher zu bewerten sei als die fachliche Eignung, zum anderen jene Gleichsetzung von moralischer Integrität und Bekenntnis zum Väterglauben; denn nur so konnte nach seiner Ansicht heidnisches Überlieferungs- und Bildungsgut von den Lehrern ohne inneren Zwiespalt an die kommenden Generationen weitergegeben werden. An der strikten Durchführung seines Vorhabens lässt er im übrigen keinen Zweifel. Die hierzu eingefügten Sicherungen sind wohl der beste Beweis dafür, wie ernst es dem Kaiser mit dem Edikt war, und wieviel ihm an der Rückgewinnung christlicher Jünglinge zum alten Götterglauben gelegen war." (Klein 1981, 76–77). Vgl. auch den Artikel im Julian-Handbuch von Vössing 2020.

„Griechen gemäß der Religion“[47] und macht damit deutlich, dass er zwischen dem Griechentum als Kultus und dem Griechentum als Sprache und Bildungskultur unterscheidet. Der kultische Aspekt des Griechentums ist für ihn als Christ nicht annehmbar. Hingegen stellt das Griechentum im Sinn von Sprache und Bildung einen grundlegenden Teil seiner Identität dar. Julian wirft er vor, die verschiedenen Aspekte durcheinander zu bringen:

> Zuerst veränderte er böswillig die Bezeichnung, damit es scheint, als ob das Wort ‚Grieche‘ zur Religion gehöre, jedoch nicht zur Sprache. Und dadurch vertrieb er uns – wie Diebe von einem fremden Gut! – von den Wissenschaften.[48]

Später in *or.* 4 kommt Gregor noch einmal auf die Frage nach der Begrifflichkeit zurück und erläutert die verschiedenen Bedeutungen von „hellenisieren“ bzw. „griechisch sein“ oder „griechisch sprechen“ (ἑλληνίζειν) aus seiner Sicht:

> Denn zu welchem Hellenisieren gehören die Wissenschaften, sowohl wie es gesagt als auch wie es verstanden wird? An dieser Stelle werde ich dir, der du dich an den Gleichnamigkeiten festhältst, die Kraft der Benennung darlegen; das Kundgetane [ist] entweder durch einen Begriff Verschiedenheit oder durch Verschiedenes dasselbe oder durch Anderes anders. Du wirst sagen, dass dies [hellenisieren] entweder zur Religion gehört, oder unzweifelhaft zum Volk und zu den ersten, die die Kraft der Sprache gefunden haben.[49]

Gregor zeigt schlüssig, dass das „ἑλληνίζειν“ für die griechischen Kulte keine Voraussetzung im Sinn einer heiligen Vorschrift darstellt.[50] Und sogar, wenn diejenigen, die der Sprache nach hellenisieren, dieselben wären wie die, die der Religion nach hellenisieren, wäre dies noch kein Grund, die Christen von der Bildung auszuschließen: Denn nur weil die beiden Aspekte bei *einigen* zusammenfallen, müssen sie das nicht bei *allen* tun. Schließlich, so Gregor, sind Goldgießen und Malen auch nicht dasselbe, nur weil einer gleichzeitig Goldgießer und Maler ist.[51] Gregor führt die Frage

---

47 Greg. Naz., *epist.* 10,13 [Gallay (Hg.) (Bd. 1) 1964, 15]:῞Ελλην […] τὴν θρησκείαν. Eine identische Formulierung findet sich auch in *or.* 4,91 [SC 309, 228]. In *or.* 39,5 [SC 358, 158] gibt Gregor an, dass der Begriff θρησκεία auf den Kult der Thrakier (Θρᾴκιοι) zurückgeführt werde. Diese Etymologie ist jedoch unzutreffend, vgl. Moreschini 1990, 158–159, Anm. 7.

48 Greg. Naz., *or.* 4,5 [SC 309, 92]: Πρῶτον μὲν, ὅτι κακούργως τὴν προσηγορίαν μετέθηκεν ἐπὶ τὸ δοκοῦν, ὥσπερ τῆς θρησκείας ὄντα τὸν῞Ελληνα λόγον, ἀλλ' οὐ τῆς γλώσσης· καὶ διὰ τοῦτο, ὡς ἀλλοτρίου καλοῦ φῶρας, τῶν λόγων ἡμᾶς ἀπήλασεν […]. Der Begriff λόγοι ließe sich in diesem Zusammenhang auch mit „Bildung“ übersetzen. „Wissenschaften“ erscheint mir passender, weil dadurch der griechische Plural auch im Deutschen zum Ausdruck kommt.

49 Greg. Naz., *or.* 4,103 [SC 309, 252]: Τίνος γὰρ τοῦ ἑλληνίζειν εἰσὶν οἱ λόγοι καὶ τοῦ πῶς λεγομένου καὶ νοουμένου;῞Ιν' ἐγώ σοι διέλω τὴν τοῦ ὀνόματος δύναμιν, ὦ περὶ τὰς ὁμωνυμίας ἔχων σύ, καὶ τὰ δηλούμενα ἢ μιᾷ προσηγορίᾳ διάφορα ἢ διαφόροις ταὐτὰ ἢ ἑτέραις ἕτερα. ἢ γὰρ τῆς θρησκείας εἶναι τοῦτο φήσεις, ἢ τοῦ ἔθνους δηλαδὴ, καὶ τῶν πρῶτον εὑρισκομένων τῆς διαλέκτου τὴν δύναμιν.

50 Vgl. Greg. Naz., *or.* 4,103 [SC 309, 252–254].

51 Vgl. Greg. Naz., *or.* 4,104 [SC 309, 254–256].

ad absurdum, indem er überlegt, ob das „Hellenisieren“ im Sinn von Griechisch-Sprechen für Christen nur im Bereich der gebildeten Sprache, oder auch in der Alltagssprache verboten sei:

> Wenn aber auch die einfache und schmucklose Rede zum Hellenisieren gehört, warum enthaltet ihr uns dann nicht auch diese vor, und überhaupt jede griechische Lautäußerung, wie auch immer sie sei und wie auch immer sie daherkommt?[52]

Wie hoch der Stellenwert ist, den Gregor der griechischen Bildung beimisst, wird in der Grabrede auf seinen Freund Basilius noch einmal deutlicher. Hier stellt Gregor sie der christlichen Bildung als gleichwertig gegenüber und übt Kritik an Christen, die sich ihr verschließen:

> Ich meine aber, dass alle vernünftigen [Menschen] darin übereinstimmen, dass die Bildung unter allen unseren Gütern das erste ist – und zwar nicht allein die vornehme und unsere, die sich, all das unter Wissenschaften [seiende] Gezierte und Ehrgeizige verachtend, allein an die Erlösung und die Schönheit des Gedachten[53] hält, sondern auch die Bildung außen, die die Mehrzahl der Christen bespeit, als ob sie hinterlistig und trügerisch [wäre] und weit von Gott weg triebe, da sie schlecht wissen/informiert sind.[54]

Gregor argumentiert, keine Bildung sei von sich aus nützlich oder schädlich, sondern es hänge immer davon ab, zu welchem Ziel sie eingesetzt werde. Gregor selbst will von der griechischen Bildung das „Untersuchende“ (τὸ ἐξεταστικόν) und das „wissenschaftlich Betrachtende“ (τὸ θεωρητικόν) übernehmen, lehnt hingegen ab, was „zu den Dämonen, in die Verirrung und den Abgrund des Verderbens“ führt (ὅσον δὲ εἰς δαίμονας φέρει καὶ πλάνην καὶ ἀπωλείας βυθὸν). Wer aber die griechische Bildung insgesamt verurteilt, ist in Gregors Augen töricht (σκαιός) und unkultiviert (ἀπαίδευτος).[55]

Es ist Gregor offensichtlich wichtig, Anteil zu haben am „ἑλληνίζειν“ im Sinn der Sprachkenntnis und -gewandtheit. Hingegen benutzt er das Wort ἕλλην, „Grieche“, auch oft, um die Unterscheidung von Griechen und Christen auszudrücken.[56]

---

52 Greg. Naz., *or.* 4,105 [SC 309, 256].

53 Gregor verwendet mit „τὰ νοούμενα“, den geistig wahrnehmbaren Dingen bzw. den Ideen, einen Begriff, der von Platon geprägt wurde (etwa in *pol.* 6,507b [ed. Rufener/Szlezák, 548–549]), der aber auch bei Paulus (Röm 1,20) belegt ist, und bekräftigt damit sein Argument, dass die Bildung und die dazu gehörende Sprache Christen und Nichtchristen gemein ist.

54 Greg. Naz., *or.* 43,11 [SC 384, 136–138]: Οἶμαι δὲ πᾶσιν ἀνωμολογῆσθαι τὸν νοῦν ἐχόντων, παίδευσιν τῶν παρ' ἡμῖν ἀγαθῶν εἶναι τὸ πρῶτον. Οὐ ταύτην μόνην τὴν εὐγενεστέραν καὶ ἡμετέραν, ἣ πᾶν τὸ ἐν λόγοις κομψὸν καὶ φιλότιμον ἀτιμάζουσα μόνης ἔχεται τῆς σωτηρίας καὶ τοῦ κάλλους τῶν νοουμένων, ἀλλὰ καὶ τὴν ἔξωθεν, ἣν οἱ πολλοὶ Χριστιανῶν διαπτύουσιν, ὡς ἐπίβουλον καὶ σφαλερὰν καὶ Θεοῦ πόρρω βάλλουσαν, κακῶς εἰδότες.

55 Vgl. Greg. Naz., *or.* 43,11 [SC 384, 138].

56 So in Greg. Naz., *or.* 4,38 [SC 309, 138]; *or.* 4,88 [SC 309, 222]; *or.* 4,91 [SC 309, 228]; *or.* 4,93 [SC 309, 234]. Als alternative Begriffe für Nichtchristen verwendet Gregor regelmäßig das bereits

Neben dem Substantiv ἀσέβεια[57] und dem Adjektiv ἄθεος[58] verwendet er ἑλληνικός, „griechisch", regelmäßig zur Abgrenzung von nichtchristlichem Leben und Verhalten, so im Zusammenhang mit griechischen bzw. heidnischen Festzeiten[59] oder Wettkämpfen, an denen teilzunehmen er nicht empfiehlt.[60] Über seine Mutter sagt Gregor lobend, sie habe jeden Kontakt mit griechischen – hier eindeutig im Sinn von *heidnischen* – Frauen vermieden und weder griechische Erzählungen noch Theatergesänge hören wollen.[61] Manchmal wird ἑλληνικός zusätzlich mit πλάνη, „Verirrung" verstärkt.[62] Ob Ἕλλην, „Grieche" und ἑλληνικός, „griechisch" positiv oder negativ gefärbt sind und ob Gregor damit die Sprache und Bildungskultur meint, die ihm nahe ist, oder ob er sich dabei auf Kult und Unterhaltung bezieht, die er zurückweist, muss in den jeweiligen Texten von Fall zu Fall aus dem Zusammenhang entschieden werden.[63]

Aus Gregors Äußerungen geht der hohe Stellenwert hervor, den er der Bildung beimisst. In der Frage, ob und wie er in seiner Sprache zwischen dem Wesen und dem Wirken Gottes unterscheidet, ist es deshalb unumgänglich, sich einen Eindruck von seinen Kenntnissen der antiken Philosophie zu verschaffen.

3.2 Bildungsweg

3.2.1 Kindheitsjahre

Gregor von Nazianz wurde um 329/30 in Arianzos geboren und wuchs hier zusammen mit der älteren Schwester Gorgonia und dem jüngeren Bruder Caesarius auf. Die Mutter, Nonna, stammte aus einer christlichen Familie und war die geistliche Leiterin innerhalb der Familie.[64] Der Vater, Gregor der Ältere, war von seiner Frau

biblisch belegte τά ἔθνη, „die Völker" (vgl. *or.* 2,83; 86; 89; 109 [SC 247, 198. 202. 204. 228]) oder οἱ ἔξωθεν, „die Außenstehenden" (vgl. *or.* 18,7 [PG 35, 993.2]).

57 Vgl. Greg. Naz., *or.* 4,5 [SC 309, 92].

58 Vgl. Greg. Naz., *or.* 5,29 [SC 309, 352]; *or.* 5,33 [SC 309, 360].

59 Vgl. Greg. Naz., *or.* 5,35 [SC 309, 364].

60 Vgl. Greg. Naz., *or.* 7,16 [SC 405, 220].

61 Vgl. Greg. Naz., *or.* 18,10 [PG 35, 996.31–997.6].

62 Vgl. Greg. Naz., *or.* 4, 88 [SC 309, 220]; *or.* 18,5 [PG 35, 992.50–51].

63 Eine kurze und informative Einführung zu der einenden bzw. trennenden Deutung und Wirkung des Griechentums in der Spätantike bietet Athanassiadi-Fowden 1981, 1–12. Lampe 1961, 451 gibt als mögliche Bedeutungen für ἑλληνίζω „speak Greek", „practise paganism" und „be pagan" an; als Bedeutungen von ἑλληνικός nennt er „greek" und „pagan". In der vorliegenden Arbeit wird ἑλληνικός je nach Kontekt mit „griechisch" bzw. „hellenisch" oder aber mit „nichtchristlich" bzw. „heidnisch" oder „pagan" übersetzt.

64 Vgl. Greg. Naz., *or.* 18,6–10 [PG 35, 992–997], speziell 18,8, wo Gregor über seine Mutter sagt: καὶ τὰ μὲν ἄλλα τοῦ ἀνδρὸς κρατεῖσθαι νόμῳ συζυγίας ἄριστον εἶναι κρίνουσα, τῆς εὐσεβείας δὲ οὐκ αἰσχυνομένη παρέχειν ἑαυτὴν καὶ διδάσκαλον. (Im Übrigen befand sie es für richtig, sich in der Ehe an das Gesetz des Mannes zu halten; in Glaubensangelegenheiten aber schämte sie sich nicht, sich als Lehrerin anzubieten.)

zum Christentum bekehrt worden[65] und seit einigen Jahren Bischof der nächsten größeren Stadt, Nazianz. Die Familie verfügte über ein beachtliches Vermögen und Gregors Eltern waren entschlossen, ihren Söhnen Zugang zu der besten verfügbaren Bildung zu verschaffen.

In den ersten Lebensjahren wurde Gregor stark von seiner Mutter geprägt. Durch sie verinnerlichte er eine „tiefverwurzelte und visionäre Form von Christentum",[66] die ihn sein Leben lang begleiten sollte. Möglich, dass es für die Mutter, die konsequent alles Heidnische ablehnte,[67] nicht nur einfach war, als ihre Söhne in ein durch und durch griechisch geprägtes Bildungssystem eintraten.[68] Doch wie es sich für einen Jungen aus der Oberschicht gehörte, begann Gregor im Alter von etwa 13 Jahren (zwischen 342 und 344) zusammen mit seinem Bruder Caesarius die Ausbildung beim Grammatikos in Nazianz.[69] Während einer kurzen Zeit wurden die beiden auch von ihrem Onkel Amphilokios auf seinem Anwesen in Ionikum unterrichtet. Vielleicht lernte Gregor bereits hier seine Cousine Theodosia kennen, in deren Haus in Konstantinopel er Jahre später seine *Theologischen Reden* halten sollte.

Auf die Grundschulausbildung nahe des Heimatdorfes folgte der Grammatik- und Rhetorikunterricht im hundert Kilometer entfernten Caesarea (Kappadokien). Es ist wahrscheinlich, dass Gregor hier, nun etwa 16 Jahre alt, zum ersten Mal Basilius begegnete, den er einige Jahre später in Athen wieder treffen sollte.[70]

3.2.2 Caesarea Maritima

Nun folgte ein langer Bildungsaufenthalt im Ausland (347–358). Die erste Station dieser Bildungsreise war Caesarea Maritima (Palaestina), das im 4. Jahrhundert als eine christliche Universitätsstadt galt. Hier hatte Origenes im 3. Jahrhundert seine berühmte Bibliothek gegründet; namhafte Persönlichkeiten wie der Kirchengeschichtsschreiber Eusebius, Pamphilos der Märtyrer und der in Kappadokien sehr beliebte und angesehene Gregor Thaumaturgos („der Wundertäter") hatten in Caesarea studiert und mit Origenes zusammengearbeitet.[71] Auch der junge Gregor von

65 Vgl. Greg. Naz., *or.* 18,11 [PG 35, 997]. Vorher hatte er zu der jüdisch-christlichen Sekte der Hypsistarier gehört, vgl. *or.* 18,5 [PG 35, 992].

66 So McGuckin 2001, 35.

67 Vgl. Greg. Naz., *or.* 18,10 [PG 35, 996].

68 Dies vermutet McGuckin 2001, 35. Tatsächlich gab es in der Spätantike kaum christlich geprägte höhere Bildungsstätten. War Eltern in jener Zeit an einer standesgemäßen Erziehung gelegen, hatten sie keine andere Möglichkeit, als ihre Kinder in den vorhandenen Schulen ausbilden zu lassen, vgl. Klein 1981, 83–86.

69 Gregor erwähnt dies in der Trauerrede für seinen Bruder, Greg. Naz., *or.* 7,6 [SC 405, 190].

70 In Greg. Naz., *or.* 43,13 [FC 384, 142.144], der Trauerrede auf Basilius, erwähnt Gregor, dass sein Freund in Caesarea in Kappadokien zur Schule gegangen ist, und dass er, Gregor, dort den Leiter und Lehrer für sein eigenes Reden kennengelernt hat. Dabei meint er mit großer Sicherheit Basilius.

71 Vgl. McGuckin 2001, 37.

Nazianz kam hier mit dem Werk des Origenes in Berührung, über den McGuckin schreibt: „Origenes selbst war vor dem Hintergrund einer professionellen Karriere als Grammatiker und Rhetoriklehrer zum Studium der biblischen Schriften gelangt. Er forderte, dass christliche Gelehrte ein asketisches Leben in Zurückgezogenheit und Einsamkeit führen sollten. Sein Werk war erfüllt vom Geist mystischer Einsicht. Er hatte die Vision von einem Christentum, in dem er die biblische Offenbarung und die hellenistische, philosophische Kultur in Einklang bringen konnte – durch intellektuellen Eklektizismus und inspiriert von einer höchst personalen Logos-Mystik."[72] Origenes' Theologie sollte Gregor fürs Leben prägen. Darüber hinaus erlebte der junge Mann in Caesarea auch hautnah mit, wie sowohl die Partei der Arianer als auch die der nizänisch orientierten Christen das Erbe von Origenes für sich zu deuten und zu beanspruchen suchten.

Die Bibliothek von Caesarea enthielt neben den Schriften christlicher Autoren auch eine Fülle von Werken aus der griechischen Welt. So konnte Gregor hier auch sein Wissen in den Bereichen Philosophie, Astronomie und Ethik vertiefen.[73] Seine große Leidenschaft, die er in jener Zeit entdeckte, galt jedoch der Literatur und der Rhetorik.[74] Unter der Leitung von Thespesios[75] lernte Gregor eine „Kombination aus Philosophie, Literatur, Literaturkritik und Überredungskunst."[76] Es ist davon auszugehen, dass hier das Fundament jener Rhetorik gelegt wurde, die Gregor während seiner gesamten Zeit als Redner beibehalten sollte.[77]

Während der Zeit, als Origenes hier gelehrt hatte, war es üblich gewesen, dass sich die Schüler mit allen Richtungen der griechischen Philosophie vertraut mach-

72 McGuckin 2001, 38: „Origen himself had come to biblical study from the background of professing a career as Grammarian and teacher of rhetoric. He called for the Christian scholar to adopt a life of retired solitude, and professional ascetism. His work was suffused with a spirit of mystical insight. His vision of Christianity was one in which he attempted to harmonize biblical revelation and Hellenistic philosophical culture through an intellectual eclecticism guided and inspired by a highly personal Logos-mysticism."

73 Welche philosophischen Schriften in besagter Bibliothek tatsächlich vorhanden waren, lässt sich heute nicht mehr feststellen. Gregor Thaumaturgos schreibt am Ende seiner Ausbildungszeit in seiner Lobrede auf Origenes (Greg. Thaum., *pan. Or.* 152 [SC 24, 184]): Φιλοσοφεῖν μὲν γὰρ ἠξίου ἀναλεγομένους τῶν ἀρχαίων πάντα ὅσα καὶ φιλοσόφων καὶ ὑμνῳδῶν ἐστι γράμματα πάσῃ δυνάμει, μηδὲν ἐκποιουμένους μηδ' ἀποδοκιμάζοντας – οὐδέπω γὰρ οὐδὲ τὴν κρίσιν ἔχειν –. (Denn er hielt es für richtig, dass wir Philosophie trieben, indem wir unter Einsatz unserer ganzen Kraft alle vorhandenen Schriften der alten Philosophen und Dichter lasen, ohne etwas zu übergehen oder zu verwerfen, denn, so meinte er, wir könnten ja darüber noch gar kein Urteil fällen. [Übs. Guyot])

74 In Greg. Naz., *or.* 7,6 [SC 405,192] schreibt Gregor: ἐγὼ μὲν τοῖς κατὰ Παλαιστίνην ἐγκαταμείνας παιδευτηρίοις, ἀνθοῦσι τότε, κατὰ ῥητορικῆς ἔρωτα, ὁ δὲ τὴν Ἀλεξάνδρου πόλιν καταλαβών (Ich blieb wegen meinem Verlangen nach Rhetorik in den damals blühenden Schulen Palaestinas, während er [Gregors Bruder Caesarius] sich nach Alexandrien begab).

75 McGuckin 2001, 41 ordnet ihn der sogenannten zweiten Sophistik zu.

76 Beeley 2008, 7: „a combination of philosopy, literature, literary criticism, and the art of persuasion".

77 Vgl. Beeley 2008, 8.

ten. Der Lehrer wachte als kritischer Exeget und Gesprächspartner über die Lektüre.[78] Dies entspricht der gängigen Unterrichtsmethode in den griechischen Philosophenschulen und es ist durchaus denkbar, dass ein solcher Unterrichtsstil auch über Origenes' Lebenszeit hinaus gepflegt wurde.[79]

3.2.3 Alexandria

Von Caesarea Maritima führte der Weg weiter nach Alexandria, in die Stadt, die während der ersten Jahrhunderte unserer Zeitrechnung das Zentrum der christlichen Philosophie gewesen war.[80] Gegen das Ende des 2. Jahrhunderts hatte Klemens hier, in diesem lebendigen Bildungsumfeld, philosophische, biblische und literarische Traditionen miteinander zur Einführung in die christliche Erkenntnis verbunden und verwoben und Regeln für den richtigen Gebrauch der Heiligen Schrift formuliert.[81] Hier hatte Origenes Anfang des 3. Jahrhunderts zunächst als Grammatiklehrer gearbeitet und später religiösen Unterricht unter wissenschaftlichen Vorzeichen erteilt.[82] Sowohl Klemens als auch Origenes setzten für das Studium der Heiligen Schrift Kenntnisse der Philosophie voraus. Mehr noch, es scheint, dass die beiden im 2. und 3. Jahrhundert auch ihren Stundenplan den Lehrkursen der Platoniker angeglichen und sich für die Ausbildung in der Bibelexegese an den Handbüchern und Einleitungsschriften der paganen Philosophie orientiert hatten.[83]

Während Gregors Aufenthalt (347–348) wirkten hier zwei weitere bedeutende Theologen: Didymos der Blinde war Lehrer an der theologischen Schule, das Bischofsamt bekleidete Athanasius, ein berühmter Verfechter des nizänischen Dogmas. Ob Gregor mit einem oder sogar mit beiden in direktem Kontakt stand, muss offen bleiben.[84] Doch obwohl sie sich vielleicht nie persönlich begegnet sind, scheint die Theologie des alexandrinischen Bischofs Gregor nachhaltig beeinflusst

---

78 So weiß es Gregorios Thaumaturgos, das „Bindeglied" zwischen Origenes und den Kappadokiern, zu berichten, vgl. Jaeger 1985, 51.

79 Vgl. Jaeger 1985, 51.

80 Ein umfassendes Bild von Alexandria als geistiger Metropole, Bildungshauptstadt und Schmelztiegel der Kulturen und Religionen zeichnen die Einzelstudien im Band zu Alexandria in der Reihe COMES, vgl. Georges/Albrecht/Feldmeier 2013.

81 Zu Klemens von Alexandria und seinem Werk im alexandrinischen Bildungsumfeld vgl. Sedlak 2013, 435–444.

82 Zu Origenes' Wirken in Alexandria, den Lehrinhalten seines Unterrichts und insbesondere zu der entsprechenden Quellenlage vgl. ebd. Gemeinhardt 2013, 445–473.

83 Vgl. Kobusch 2006, 33.

84 Beeley 2008, 8 bezweifelt, dass sie sich begegneten; McGuckin 2001, 44 f. hält es für möglich, dass Gregor in der zweiten Hälfte des Jahres 348 Vorlesungen von Didymos hörte, nimmt aber an, dass er Athanasius nur durch die spätere Lektüre von dessen Schriften kannte. Gegen die persönliche Bekanntschaft mit Athanasius könnte nach McGuckin sprechen, dass Gregor in einer im Jahr 380 in Konstantinopel gehaltenen Lobrede (*or.* 21) auf den alexandrinischen Bischof einige Tatsachen aus dessen Leben durcheinander bringt.

zu haben.[85] Ziemlich sicher ist, dass Gregor hier (wie auch schon in Caesarea) seine Kenntnisse der Heiligen Schrift und der Schriftauslegung weiter vertiefen konnte.

Wahrscheinlich war Gregor nach Alexandria gereist, um seinen Bruder Caesarius zu begleiten, der sich hier in Physik und Medizin weiterbilden wollte. Und es scheint, dass sich auch Gregor hier grundlegende Kenntnisse der in diesen Fächern aneignete. Doch ihn selbst, den Liebhaber von Rhetorik, Literatur und Philosophie, zog es ins Zentrum der griechischen Kultur und Bildung, nach Athen.

3.2.4 Athen

Athen ist der bei Weitem am häufigsten erwähnte Studienort in Gregors Schriftenkorpus. Die Stadt ist als Heimat der Rhetorik und zahlreicher philosophischer Schulen der Schluss- und Höhepunkt von Gregors ausgedehnter Bildungsreise, ja „das Symbol schlechthin"[86] für die pagane Bildung. In seinem autobiographischen Gedicht *De vita sua* beschreibt Gregor in leidenschaftlichen Worten die Anziehungskraft, die Athen auf ihn ausübte. Gleichzeitig fühlt er sich offenbar dazu aufgefordert, den Vorrang des christlichen Glaubens vor der griechischen Bildung hervorzuheben:[87]

> Bartlos war noch die Wange, doch hatte mich schon ein heißes Verlangen nach Bildung gepackt. Denn ich trachtete danach, die Bastardbildung der Echtbürtigen zur Helferin zu geben, damit sich die nicht überhöben, die sich auf nichts anderes verstehen als allein auf die eitle und leere Schönrednerei, welche auf dem Wohllaut der Kehlen beruht, und damit ich mich nicht fangen ließe von den Schlingen ihrer Spitzfindigkeiten. Das aber kam mir nie in den Sinn, etwas über die Lehren zu stellen, in denen ich erzogen worden war. Was aber dem hitzigen Gemüt junger Leute immer widerfährt, dass es von ungeordneten Antrieben leicht entfacht wird, wie ein junges Pferd, das in die Rennbahn stieg, voll Feuer, so erging es mir.[88]

---

85 McGuckin 2001, 45 beschreibt den Einfluss des Athanasius auf Gregors Glauben und Theologie wie folgt: „Athanasios' concept of the incarnation of a perfectly divine Logos as the only sure way to secure the concept of redemption of the whole human race, collectively caught up into the divine life, or deified in God's hominization, was an idea that struck deep roots in Gregory's mind […]".

86 Breitenbach 2003, 197.

87 Gregor hat *De vita sua* vermutlich im Jahr 382 verfasst, also kurz nachdem er vom Konzilsvorsitz in Konstantinopel zurückgetreten war und sich auf sein Landgut Karbala in Arianz zurückgezogen hatte. Das autobiographische Gedicht wird oft als Versuch Gregors angesehen, der Kritik an seiner Person ein ‚wahres' Bild seines Lebens entgegenzuhalten und sich so zu rechtfertigen. Soll *De vita sua* als Quelle von Informationen über Gregors Bildung hinzugezogen werden, darf der apologetische Charakter dieser Schrift nicht aus dem Blick geraten. Vgl. Jungck 1974, 13.

88 Übs. Jungck; Greg. Naz., *dvs* 112–124 [ed. Jungck 1974, 58–61]: ἄχνους παρειά, τῶν λόγων δ' ἔρως ἐμέ θερμός τις εἶχε. καὶ γὰρ ἐζήτουν λόγους δοῦναι βοηθοὺς τοὺς νόθους τοῖς γνησίοις, ὡς μήτ' ἐπαίροινθ' οἱ μαθόντες οὐδὲ ἕν πλὴν τῆς ματαίας καὶ κενῆς εὐγλωττίας, τῆς ἐν ψόφοις τε καὶ λάρυγξι κειμένης, μήτ' ἐνδεοίμην πλεκτάναις σοφισμάτων. ἐκεῖνο δ' οὔποτ' εἰς ἐμὴν ἦλθε φρένα, πρόσω τι θεῖναι τῶν ἐμῶν παιδευμάτων. ὅπερ δὲ πάσχει θερμότης ἀεὶ νέων, ὁρμαῖς ἀτάκτοις εὐκόλως ῥιπίζεται, ὡς πῶλος ᾄττων εἰς δρόμους θυμοῦ πλέως, πέπονθα τοῦτο.

Die Jahreszeit war für die Reise denkbar ungünstig, was Gregor aber nicht davon abhalten konnte, im Spätherbst 348 die Fahrt übers Mittelmeer anzutreten. Auf der Höhe von Zypern geriet das Schiff in einen bösen Sturm, der unter anderem zur Folge hatte, dass die Süßwasservorräte im Schiffsbauch ausliefen und die Seereisenden fürchten mussten zu verdursten.[89] Gregor beschreibt dramatisch, wie er Christus verzweifelt um Hilfe anflehte und versprach, er würde für ihn leben, sollte er der Gefahr entrinnen.[90] In der Regel wird diese Passage als Hinweis darauf gedeutet, dass er sich nach der Ankunft in Athen auch umgehend taufen ließ.[91]

„Dann Athen und ‚Logoi'",[92] vermerkt Gregor in seiner Autobiographie knapp, wobei er mit λόγοι sowohl die Bildung im weiteren als auch die Rhetorik im engeren Sinn meinen kann. Über seine Athener Studienjahre gibt er sich dann jedoch auffallend wortkarg und schreibt nur: „Von dort aber sollen andere berichten wie wir [d. h. er und Basilius] in Ehrfurcht vor Gott weilten und als erstes die Ersten Dinge erkannten."[93] Offenbar ist Gregor in seinem Lebensrückblick nicht daran gelegen, Unterrichtsinhalte zu benennen und aufzuzählen. Viel wichtiger ist es ihm festzuhalten, dass für ihn und Basilius auch in der Hauptstadt der paganen Bildung stets der christliche Glaube an erster Stelle stand. Er betont, dass er und sein Freund weniger an jugendlichen Ausschweifungen interessiert gewesen seien als vielmehr am „ruhigen Leben"[94]. Ob dies den Tatsachen entspricht, lässt sich nicht überprüfen. Sicher ist nur, das Gregor als 52-jähriger Mann den Leserinnen und Lesern seiner Autobiographie dieses Selbstbild vermitteln will. Zu diesem Bild gehört auch die Freundschaft zu Basilius, die in der Erinnerung an Athen ausgiebig gepriesen wird.[95] Gregor gibt an, dass er Athen mit knapp dreißig Jahren, also um das Jahr 358 herum, verließ und nach Kappadokien in die Heimatstadt zurückkehrte.[96]

3.3 Lehrinhalte

3.3.1 Unterricht in Athen

Wie der Unterricht in Athen aussah und was er beinhaltete, lässt sich nicht leicht feststellen. Gregor selbst macht den einzigen direkten Hinweis dazu in der Grabrede für Basilius, wo er als dessen Studienfächer Rhetorik, Grammatik, theoretische und

89 Vgl. Greg. Naz., *dvs* 130–210 [ed. Jungck 1974, 60–64]. Es handelt sich um eine sehr stilisierte Passage, in der Gregor möglicherweise eine Parallele zieht zu Zeno, dem Gründer der Stoa, der nach einem Seesturm den Philosophenmantel anzog, vgl. *or.* 4,72 [SC 309, 186].

90 Greg. Naz., *dvs* 198 [ed. Jungck 1974, 62]: σοὶ ζήσομ', εἰ φύγοιμι δισσὸν κίνδυνον.

91 Berechtigte Zweifel an dieser Annahme hat Breitenbach, vgl. Breitenbach 2003, 157–158.

92 Übs. Jungck; Greg. Naz., *dvs* 211 [ed. Jungck 1974, 64].

93 Übs. Jungck; Greg. Naz., *dvs* 211–213 [ed. Jungck 1974, 64]: τἀκεῖσε δὲ ἄλλοι λεγόντων, ὡς μεν ἐν φόβῳ θεοῦ ἀνεστράφημεν πρῶτα τὰ πτῶτ' εἰδότες·

94 Greg. Naz., *dvs* 216 [ed. Jungck 1974, 64]: διεξήειμεν ἥσυχον βίον.

95 Vgl. Greg. Naz., *dvs* 214–236 [ed. Jungck 1974, 64].

96 Greg. Naz., *dvs* 239 [ed. Jungck 1974, 64]: ἤδη τριακοστόν μοι σχεδὸν τοῦτ' ἦν ἔτος.

praktische Philosophie, Astronomie, Geometrie, Arithmetik und Medizin nennt.[97] Da die beiden Freunde miteinander studierten, dürften sich ihre Unterrichtsfächer zumindest in Teilen gedeckt haben. Allerdings bleibt auch diese Aufzählung sehr allgemein: Sie entspricht dem antiken Kanon der *artes liberales*, wobei die theoretische und praktische Philosophie wohl für Dialektik und Logik steht. Nicht erwähnt wird die Musik: Gregor hat sie vergessen oder absichtlich ausgelassen, vielleicht, weil Basilius tatsächlich keinen Schwerpunkt auf dieses Fach gelegt hatte. Dafür nennt er ergänzend die Medizin. Ob Basilius und Gregor diese Fächer tatsächlich alle eingehend studiert hatten und mit welchen Schriften und Handbüchern sie vertraut waren, lässt sich aus dieser Passage nicht herauslesen. Gregor geht es in *or.* 43 in erster Linie darum, die umfassende Bildung des Basilius darzustellen sowie dessen Wissen und Fähigkeiten zu loben. Immerhin gibt er mit der Reihenfolge ihrer Aufzählung einen Hinweis darauf, wie er die einzelnen Fächer gewichtet: Dass die Rhetorik an der Spitze steht, ist weder eine Notwendigkeit noch ein Zufall, sondern lässt darauf schließen, dass Gregor diesem Fach besondere Bedeutung beimisst.

Als mögliche Lehrer Gregors in Athen werden in der Forschung übereinstimmend die Namen von Himerios und Prohairesios genannt. Ersterer gilt als herausragender Sophist, also als Rhetor und Literat, des 4. Jahrhunderts.[98] Zwischen 400 und 420 im kleinasiatischen Bithynien geboren, hatte Himerios selbst in Athen studiert und war mehrere Jahre als Rhetoriklehrer in Konstantinopel tätig gewesen. 352 war er nach Attika zurückgekehrt, wo sich offenbar auch Kappadokier in seinem Schülerkreis befanden.[99] Dass Gregor zu ihm in den Unterricht ging, lässt sich zwar nicht beweisen, ist aber durchaus möglich.[100]

Mit Prohairesios war Gregor ziemlich sicher persönlich bekannt. Davon zeugt das Epitaphion, das er über ihn geschrieben hat.[101] Es ist gut möglich, dass Gregor schon in Kappadokien von Prohairesios gehört hatte und ihn in Athen gezielt aufsuchte.[102] Außerdem war er wahrscheinlich Christ.[103] In ihm fand Gregor ein Vorbild und den Beweis, dass Literatur und Religion sich nicht gegenseitig ausschließen müssen, sondern Hand in Hand gehen können. Außerdem scheint Prohairesios einen sehr einfachen, wenn nicht sogar asketischen Lebensstil gepflegt zu haben, der Gregor beeindruckte.[104]

97 Greg. Naz., *or.* 43,23 [SC 384, 174–176].

98 Für eine Einführung in Leben und Werk des Himerios vgl. Völker 2013, 1–49.

99 Vgl. Him., *or.* 18 [Völker 2013, 196–197].

100 Vgl. Breitenbach 2003, 148. McGuckin 2001, 58 nennt Himerios sogar „one of Gregory's main teachers in Athens".

101 Vgl. Greg. Naz., *epit.* 5 [PG 38,13].

102 Breitenbach 2003, 148–149.

103 Breitenbach 2003, 149, Anm. 134 zeigt überzeugend, dass dies nicht gesichert ist: Einer Bemerkung des Philosophen und Geschichtsschreibers Eunapios von Sardes zufolge war Prohairesios möglicherweise, aber nicht zwingend Christ. Anders als etwa McGuckin 2001, 61–62 hält Breitenbach 2003, 149 fest: „Er war ein herausragender Rhetor in Athen, der möglicherweise auch Christ war - mehr kann man nicht sagen." McGuckin 2001, 60 nennt ihn, in Anlehnung an Eunapios „the unrivalled King of Rhetoric in Athens".

104 McGuckin 2001, 61–62.

Der Rhetorikunterricht erfolgte traditionellerweise in drei Stufen: Zunächst wurde, beginnend bei Aristoteles, die Theorie vermittelt, dann folgte das Studium klassischer rhetorischer Muster aus dem antiken Schrifttum und schließlich wurde das Gelernte in Übungen, den sogenannten μελέται, in die Praxis umgesetzt.[105] Der Redekunst, wie er sie in Athen gelernt hat, blieb Gregor bis ins Alter treu. So orientierte er sich an zahlreichen Stellen in seinen Reden an früheren Rhetoren, etwa an Isokrates, Demosthenes, Dion und Aristides, die er wohl bereits im Studium kennengelernt hatte.[106] Manche ihrer Schriften wird Gregor in voller Länge selbst gelesen haben,[107] andere Redewendungen und vorgeprägte Sprachbilder, die er in seine Reden einfließen lässt, waren vermutlich in der in seinem Umfeld gesprochenen Sprache bekannt und gängig.

3.3.2 Rhetorik und Philosophie

Über das Verhältnis von Philosophie und Rhetorik in der Spätantike bestehen in der Forschung bis heute unterschiedliche Meinungen. Nach traditionellem Verständnis zeichnete sich das Verhältnis zwischen den beiden Wissenschaften in vorchristlicher Zeit durch Kritik und Ablehnung aus, wobei sich die Beziehung in den ersten christlichen Jahrhunderten etwas entspannte. Dennoch werden Rhetorik und Philosophie nach diesem Verständnis als zwei verschiedene Dinge betrachtet, die zwar im Austausch standen, aber doch nebeneinander stattfanden.[108] Jüngere Untersuchungen relativieren die behauptete Trennung jedoch bereits für die vorchristliche Zeit und betonen insbesondere für die Spätantike eine enge Verquickung der beiden Disziplinen: Dass in Athen im 4. Jahrhundert Schulen existierten, die ihre jeweilige Philosophie im Sinne einer Lebenshaltung lehrten, ist unbestritten – vermittelt wurde die jeweilige Lehre aber eben doch durch die Rhetorik. Gleichzeitig spielten philosophische Schriften auch in der Rhetorikausbildung eine wichtige Rolle. So dürfte im 4. Jahrhundert in Athen eine *philosophische Rhetorik* gelehrt worden sein,

---

105 Vgl. Irmscher 1992, 163.

106 Eine umfangreiche Zusammenstellung von übernommenen Wendungen und Anlehnungen an frühere Rhetoriker präsentiert Wyss 1983, 801–806. Ebenso findet sich hier eine umfassende Darstellung von Anspielungen und Zitaten aus der früheren griechischen Literatur.

107 So vermutet es Jaeger 1985, 77.

108 Diese Haltung vertritt etwa der deutsche Altphilologe Johannes Irmscher. Er unterscheidet zwischen der Rhetorik, die „auf Allgemeingültigkeit und demgemäß auf ein breites Publikum orientiert" gewesen sei, und der Philosophie, welche sich „an eine Elite [wandte], an einen begrenzten Kreis von Persönlichkeiten, die nicht nur Bildung suchten, sondern nach idealer Lebensführung trachteten." (Irmscher 1992, 163) Er sieht die philosophischen Schulen als hierarchische Systeme mit einem Philosophen im Philosophenmantel als Oberhaupt, Lehrer, Meister und Beichtvater, der seine Schüler nicht nur mit den Klassikern der jeweiligen Schule vertraut machen, sondern sie auch zu einer entsprechenden Weltanschauung und Lebenshaltung führen soll. Demgegenüber versteht er die Rhetorik als ideologisch ‚unverfängliche' Disziplin, mit der sich entsprechend eine größere Zahl von Schülern beschäftigte. Das Verhältnis zwischen den beiden Ausrichtungen beschreibt er als „ein dialektisches, ein gegenseitiges Nehmen und Geben, in dem freilich die Rhetorik zu allen Zeiten die Oberhand behielt." (Irmscher 1992, 163)

die Elemente platonischer Philosophie mit aristotelischer Logik verknüpfte und in Einklang zu bringen versuchte.[109] Diese zweite Sichtweise passt zu einem neuplatonisch beeinflussten Umfeld und überzeugt gerade im Blick auf den Unterricht von Himerios: Wenn bei ihm auch die Kunst der Rede im Vordergrund stand, zeigte er doch „ein lebhaftes Interesse an der Philosophie",[110] insbesondere an Platon.[111] Wenn Gregor also tatsächlich bei Himerios studierte, ist die Wahrscheinlichkeit groß, dass er bei ihm nicht nur für den Rhetorikunterricht bestimmte Sammlungen von Platontexten kennenlernte, sondern dass darüber hinaus das Studium der Originaldialoge (allen voran *Phaidros*, *Politeia*, *Nomoi*, *Symposion* und *Phaidon*) Teil der Ausbildung war.[112]

Es ist charakteristisch für die neuplatonisch geprägte Spätantike, dass auch die einzelnen Philosophenschulen nicht mehr unvereinbar nebeneinander standen. So wurden bereits ab dem 1. Jahrhundert die *Kategorien* des Aristoteles über die Grenzen des Peripatos hinaus gelesen und diskutiert – und sie hatten auch in den Lehrplänen der platonischen Schulen ihren festen Platz. Allerdings nahm das Wissen über Aristoteles aus erster Hand bereits ab dem 3. Jahrhundert wieder ab. Heute bestehen unterschiedliche Meinungen darüber, ob etwa Origenes Aristoteles aus eigener Lektüre kannte und wenn ja, welche seiner Texte.[113] Dasselbe dürfte auch für Gregor und seine Kenntnisse des Aristoteles gelten.

Dass Gregor, der als großer christlicher Rhetor in die Geschichte eingegangen ist, voller Verlangen nach den λόγοι nach Athen aufgebrochen ist,[114] wird meistens dahingehend gedeutet, dass es sein Ziel war, sich in der Redekunst weiterzubilden. Dann liegt die Annahme nahe, dass er sich nicht einer der hier ansässigen philosophischen Schulen anschloss, sondern ausschließlich den Unterricht von Rhetoriklehrern besuchte. Das kann den Tatsachen entsprechen, muss aber nicht. Wahrscheinlicher scheint mir, dass Gregor mit dem Begriff λόγοι spielt und in voller Absicht ein Wort wählt, das nicht nur die Rhetorik, sondern auch die umfassende

---

109 Überzeugend zeigt dies in seiner Einleitung zu den fünf *Theologischen Reden* Norris 1991, 17–39.

110 Völker 2013, 26.

111 Vgl. auch Elders 1994, 133 sowie Moreschini 1997, 12 f.

112 Nach Norris 1991, 30–31 lässt sich noch auf einem anderen Weg einiges über Gregors Bildung herausfinden: Über die Schriften des Rhetors Sopatros von Apamaia (gest. zwischen 330 und 337), der wahrscheinlich in Athen ebenso wie Gregor ein Schüler des Himerios war. Aus seinem Schriftenkorpus geht hervor, dass Sopatros nicht nur Platons *Gorgias*, sondern auch die Abhandlungen des Aristoteles über Logik (und zwar nicht nur die *Rhetorik*) sowie stoische Ansichten über das Verhältnis von Rhetorik und Logik kannte. Wenn tatsächlich sowohl Sopatros als auch Gregor Schüler des Himerios waren, dann liegt die Annahme nahe, dass sie bei ihrem Lehrer ähnliche Dinge gelernt haben und beide in die Tradition der philosophischen Rhetorik eingeordnet werden können. Norris hält es für möglich, dass Himerios in der Ausbildung beider Schüler Schriften des Hermogenes verwendete.

113 Vgl. Betegh 2010, 29–30.

114 Vgl. Greg. Naz., *dvs* 112–113 [ed. Jungck 1974, 58].

griechische Bildung meint.[115] Es leuchtet ein, dass Gregor gerade in *De vita sua*, einer Apologie seiner selbst, nicht daran gelegen ist, seine Begeisterung für das Griechentum mehr als nötig zum Ausdruck zu bringen. Die Sprache war Gregors Leidenschaft und sein Mittel, sich mit der Welt und dem Glauben auseinanderzusetzen. Gewiss spielte sie in seinem Studium eine gewichtige, ja wahrscheinlich die wichtigste Rolle. Doch es wäre geradezu naiv anzunehmen, dass sich der junge, neugierige Gregor mit seinem „hitzigen Gemüt“[116] in seiner Studienzeit von allem ferngehalten hätte, was über die Rhetorik hinausging oder nicht zu hundert Prozent der christlichen Lehre entsprach. So wird er bereits in Caesarea Maritima in der von Origenes gegründeten Bibliothek mit philosophischen Schriften in Berührung gekommen sein. In Athen dürften die Dialoge Platons und die aristotelische Logik Teil seines regulären Unterrichts gewesen sein. Und darüber hinaus ist ihm zuzutrauen, dass er sich, weitab der streng christlichen Mutter und des zahlenden Vaters, die Freiheit nahm, in verschiedene philosophische Schulen Einblick zu gewinnen, sich mit wichtigen Schriften vertraut zu machen und sich darüber selbst ein Urteil zu bilden.

3.4 Gregor und die Philosophie

3.4.1 Der Begriff „φιλοσοφία“

In Gregors Briefen und Reden tauchen die Begriffe φιλοσοφία, aber auch φιλοσοφεῖν und φιλόσοφος regelmäßig auf und nehmen dabei unterschiedliche Bedeutungen an.[117] Gregor unterscheidet zwischen denjenigen „außen“, die

---

115 Dazu passt die Aussage Gregors, er habe danach getrachtet, den „echten Logoi“ die „Bastard-Logoi“ als Helfer zu geben (γὰρ ἐζήτουν λόγους δοῦναι βοηθοὺς τοὺς νόθους τοῖς γνησίοις). Hier ist es angebracht, „λόγοι“ wie Jungck mit „Bildung“ zu übersetzen, da die Gegenüberstellung von christlicher und heidnischer Rhetorik kaum Sinn machte. Greg. Naz., *dvs* 113–114 [ed. Jungck 1974, 58].

116 Greg. Naz., *dvs* 121 [ed. Jungck 1974, 60]: θερμότης.

117 Diese können hier nur skizziert werden. Ich halte mich dabei an die bis heute maßgebliche Untersuchung von Anne-Marie Malingrey. Malingrey 1961, 207–261 stellt das Bedeutungsspektrum von φιλοσοφία und verwandten Begriffen bei Gregor, Basilius und Gregor von Nyssa kompakt und umfassend dar. Sie zeigt dabei nicht nur die zahlreichen Übereinstimmungen unter den Kappadokiern auf, sondern weist auch auf ihre jeweiligen Eigenheiten in der Verwendung der Begriffe hin. Grundsätzlich macht Malingrey 1961, 222 bei den Kappadokiern zwei verschiedene Traditionsstränge im Gebrauch von „φιλοσοφία“ aus. Einerseits verstehen und verwenden sie das Wort im Sinn der klassischen antiken Bildung, welche die Philosophie als ihren ersten und wichtigsten Teil betrachtet. Andererseits sind sie beeinflusst von Klemens von Alexandria, der die Philosophie als allgemeine intellektuelle Kultur deutet, und von Origenes, der darunter eine christliche Lebenshaltung versteht, welche alle Bereiche des Lebens im Licht der Offenbarung betrachtet. Malingrey 1961, 234 zufolge ist es maßgeblich den drei Kappadokiern zu verdanken, dass die Wortgruppe rund um die Philosophie (φιλοσοφία), die von der griechischen Tradition geformt wurde, ab dem 4. Jahrhundert auch in die christliche Sprache Eingang fand.

philosophieren, und den „Unseren".[118] Während „unsere" (ἡμέτερα) Philosophie das Christentum bezeichnet, steht die „Philosophie außen" (ἔξω oder ἔξωθεν φιλοσοφία) für die nichtchristliche Philosophie. Der Begriff ist dabei nicht wertend zu verstehen. Ob die philosophische Bildung und die damit einhergehende Redegewandtheit zum Wohl oder zum Übel dienen, hängt nach Gregors Überzeugung von den Menschen ab, die von ihr Gebrauch machen: Für gute Menschen stellt sie einen Gewinn dar, für schlechte Menschen wird sie jedoch zu einem Ansporn zur Schlechtigkeit.[119] Im Bezug auf die „Philosophie außen" dient φιλοσοφία bei allen Kappadokiern in der traditionellen Weise als Bezeichnung philosophischer Schulen, also: die Philosophie Platons, die Philosophie des Epikur etc. Doch auch unter Christen wird philosophiert: Wie Basilius und Gregor von Nyssa versteht auch Gregor unter φιλοσοφεῖν persönliches inneres Reflektieren, die intellektuelle Anstrengung zur Lösung einer Frage – und zwar in jeder wissenschaftlichen Disziplin. Die φιλοσοφία kann darüber hinaus die intellektuellen bzw. spirituellen Aspekte bezeichnen, die einer Tätigkeit oder einem Handwerk – etwa der Medizin – zu Grunde liegen.[120] In einem allgemeinen Sinn verwenden die drei Kappadokier φιλοσοφία zur Bezeichnung der Gesamtheit moralischer Werte, die in einer Gesellschaft – nicht nur unter Christen – geteilt werden. In dieser Hinsicht können heidnische und christliche Hörerinnen zu Gregors Zeit φιλοσοφία gleichermaßen verstehen.[121]

Schließlich versteht Gregor das christliche Leben im weiteren und das zurückgezogene, mönchische Leben im engeren Sinne als φιλοσοφία. So sagt er nach der Rückkehr von seiner Flucht zu Basilius in den Pontos, er habe zugunsten seiner alternden Eltern darauf verzichtet, als Philosoph, sprich: als Mönch, zu leben.[122] Neben den Bedeutungen von φιλοσοφία, die das Denken und Reflektieren sowie verschiedene Denkschulen umfassen, hat der Begriff bei Gregor also auch einen spirituellen Sinn. Sie ist für ihn eine Strategie moralischer Askese, die dem Menschen hilft, seine Leidenschaften im Zaum zu halten, einen vernünftigen Umgang mit dem Leiden zu finden und in seinem Leben auf die Vervollkommnung hinzuarbeiten.[123]

3.4.2 Gregors Urteil über philosophische Schulen

Ein explizit freundliches Urteil über die griechischen Philosophen findet man bei Gregor nicht ohne Weiteres. Zwar erkennt er an, dass einige von ihnen dem Christentum nahe gekommen seien,[124] doch insgesamt nimmt Gregor in seinen Äuße-

118 Vgl. Greg. Naz., *or.* 43,66 [SC 384, 272]: Τίς τῶν τὰ ἔξωθεν φιλοσοφούντων ἢ τὰ ἡμέτερα; Ebenso in Greg. Naz., *or.* 25,4 [SC 248, 164].

119 Vgl. Greg. Naz., *or.* 4,30 [SC 309, 124–126].

120 Malingrey 1961, 220.

121 Malingrey 1961, 225–227.

122 Vgl. Greg. Naz., *or.* 2,103 [SC 247, 222].

123 Vgl. Greg. Naz., *epist.* 31 [Gallay (Hg.) (Bd. 1) 1964, 38–39]; Malingrey 1961, 230–232; Kertsch 1974, 282.

124 Vgl. Greg. Naz., *or.* 31,5 [FC 22, 280.14].

rungen *über* Philosophen und Philosophie eher eine kritisch-spottende Haltung ein. So zählt er in *or.* 27,10 eine ganze Reihe von philosophischen Themen auf, die er, gewiss nicht ohne Ironie, als „ehrenwerte Gegenstände“ (ὑποθέσεις φιλοτίμους) bezeichnet – also als Themen, über die man getrost diskutieren kann, ohne dabei in Gefahr zu geraten, aber auch ohne sich dem Wesentlichen, Gott, zu nähern. Dazu gehören das „Schweigen des Pythagoras“, die „orphischen Bohnen“, und die „neuere Prahlerei über das ‚er selbst hat es gesagt‘“, eine Anspielung auf die Pythagoreer.[125] Aus dem Bereich der platonischen Philosophie nennt er die Ideen, die Reinkarnationen, die Seelenwanderung, die Anamnesis (Wiedererinnerung), die „unschönen durch die schönen Körper zur Seele hinführenden Liebesbegehren“. Es folgen die „Gottlosigkeit des Epikur“, seine Lehre von den Atomen und seine „unphilosophische Lust“. Aus der Schule des Aristoteles führt Gregor die „kleinliche Vorsehung“, das „Künstliche“, die „sterblichen Worte über die Seele“ und das „Menschliche der Lehren“ auf. Der Stoa attestiert er Stolz, den Kynikern Gier und Rohheit.[126] Die „Leere und die Fülle“ sind eine Anspielung auf Demokrit. Dieser Rundumschlag wird gekrönt von einem bunten Strauß von Begriffen aus heidnischen Kulten, darunter Götter, Opfer, Götterbilder, Dämonen, Wahrsagerei, Beschwörung von Göttern und Seelen sowie der Glaube an die Macht der Gestirne.[127] So, wie Gregor mit Begriffen aus dem Bereich der Philosophie und aus nichtchristlichen Kulten um sich wirft, drängt sich die Vermutung auf, dass er dabei auf ein philosophisches Allgemeinwissen zurückgreift, welches er auch bei seinen Zuhörern voraussetzen kann. Aus der plakativen Aufzählung lassen sich jedoch keine Schlüsse darüber ziehen, ob seine Kenntnisse von den jeweiligen philosophischen Konzepten über das Wissen um deren Existenz hinausgehen.

In der Rede gegen Julian (*or.* 4,43) nennt Gregor eine Reihe von Philosophen und Philosophenschulen, bei denen der spätere Kaiser zur Schule gegangen sei: „In diesen Dingen haben ihn die ‚Platoniker‘, die ‚Chrysippiker‘, der berühmte Peripatos, die ehrwürdige Stoa und diejenigen, die Elegantes lauthals krächzen,

---

125 Vgl auch Greg. Naz., *or.* 4,102 [SC 309,250–252], wo Gregor zeigt, dass das Verhältnis der Pythagoreer gegenüber Pythagoras, das sich im Ausspruch „αὐτὸς ἔφα“ (er selbst hat es gesagt) spiegelt, nichts anderes ist als Glaube.

126 Eigentlich: „die Vulgariät“, „die Ordinarität“, doch in Ermangelung einer passenden deutschen Substantivbildung macht es Sinn, „τὸ ἀγοραῖον“ wie Sieben 1996, 91 mit „Rohheit“ zu übersetzen.

127 Greg. Naz., *or.* 27,10 [FC 22, 88.2–90.5]: Βάλλε μοι Πυθαγόρου τὴν σιωπήν, καὶ τοὺς κυάμους τοὺς Ὀρφικούς, καὶ τὴν περὶ τὸ „Αὐτὸς ἔφα“ καινοτέραν ἀλαζονείαν. βάλλε μοι Πλάτωνος τὰς ἰδέας, καὶ τὰς μετενσωματώσεις καὶ περιόδους τῶν ἡμετέρων ψυχῶν, καὶ τὰς ἀναμνήσεις, καὶ τοὺς οὐ καλοὺς διὰ τῶν καλῶν σωμάτων ἐπὶ ψυχὴν ἔρωτας· Ἐπικούρου τὴν ἀθείαν, καὶ τὰς ἀτόμους, καὶ τὴν ἀφιλόσοφον ἡδονήν· Ἀριστοτέλους τὴν μικρολόγον πρόνοιαν, καὶ τὸ ἔντεχνον, καὶ τοὺς θνητοὺς περὶ ψυχῆς λόγους, καὶ τὸ ἀνθρωπικὸν τῶν δογμάτων· τῆς Στοᾶς τὴν ὀφρύν, τῶν Κυνῶν τὸ λίχνον τε καὶ ἀγοραῖον. βάλλε μοι τὸ κενόν, τὸ πλῆρες τῶν ληρημάτων, ὅσα περὶ θεῶν ἢ θυσιῶν, περὶ εἰδώλων, περὶ δαιμόνων ἀγαθῶν τε καὶ κακοποιῶν, ὅσα περὶ μαντείας, θεαγωγίας, ψυχαγωγίας, ἄστρων δυνάμεως, τερατεύονται.

Vgl. dazu die entsprechenden Anmerkungen von Sieben 1996, 88–91.

ausgebildet."[128] Die ersten vier Beispiele stehen für die philosophischen Systeme, welche in der Spätantike in allen Bildungszentren verbreitet sind, das letzte ist eine ironische Bezeichnung der Rhetorik.[129] Dass es hier mehr um Polemik als um sachliche Information über die Bildung Julians geht, wird im weiteren Verlauf der Rede deutlich (*or.* 4,44 f.). Ohne sie noch einmal ausdrücklich zu benennen und immer noch in spöttisch ironischem Ton, übt Gregor an den verschiedenen Philosophenschulen harsche Kritik:[130] Platon wirft er vor, er könne zwar mit Worten Staaten gründen, diese aber nicht in die Tat umsetzen. Andere Philosophen lehrten, so Gregor, dass es überhaupt keinen Gott gebe, oder sie würden die göttliche Vorsehung leugnen und stattdessen an den Zufall oder an die Macht der Sterne glauben; der Vorwurf der Leugnung der Vorsehung wird sich an die Adresse des Aristoteles richten.[131] Die Kritik, nur nach Lust zu streben und diese als das Ziel des menschlichen Lebens anzusehen, gilt den Epikureern.[132] Und wenn Gregor missbilligend bemerkt, manchen sei die Tugend nichts als ein schönes Wort und habe über das Leben hinaus keine Bedeutung, sprich: es gebe kein Gericht, vor dem sich der Mensch zu verantworten habe, wird er die Stoa im Blick haben. Es folgt eine pauschale Verurteilung der Weisen (σοφοί), bzw. der Philosophen:

> Entweder gab es unter jenen Weisen keinen, der sich dieser Dinge bewusst gewesen wäre, sondern [jeder] blieb sozusagen vom tiefen Schlamm und der lichtlosen Dunkelheit des Irrtums und der Unwissenheit vollkommen bedeckt, war geistig nicht so weit gereinigt, um die Strahlen der Wahrheit zu erblicken, sondern wie ein Wurm um die Dinge unten und um das Sinnliche herum zu kriechen, und konnte sich nichts über den Dämonen vorstellen und es nicht wert sein, zum Schöpfer hinaufzusteigen. Oder, wenn einer etwas mehr durchblickte, nahm er die Vernunft und nicht Gott zum Führer, ließ sich vom Glaubwürdigsten mitschleppen, und von dem, was die meisten anzog, weil es ihnen nahe war.[133]

---

128 Greg. Naz., *or.* 4,43 [SC 309, 142]: Ταῦτα Πλάτωνες αὐτὸν, καὶ Χρύσιπποι, καὶ ὁ λαμπρὸς Περίπατος καὶ ἡ σεμνὴ Στοὰ, καὶ οἱ τὰ κομψὰ λαρυγγίζοντες ἐξεπαίδευσαν·

129 Vgl. Breitenbach 2003, 203–204 weist darauf hin, dass sich ähnliche Verurteilungen derselben Philosophenschulen auch bei anderen Autoren finden, dann aber oft unter Einschluss der vierten philosophischen Hauptrichtung, des Epikureismus, sowie des in Athen entstandenen Kynismus, die beide an der zitierten Stelle nicht genannt sind. Gregor selbst bringt die philosophischen Schulen hier insofern durcheinander, als er die Stoa zusammen mit ihrem Vertreter Chrysippos doppelt erwähnt.

130 Greg. Naz., *or.* 4,44 [SC 309, 144]: Πῶς δὲ οὐ θαυμάζειν ἄξιον τούτους, οἳ καὶ λόγῳ πλάττουσι πόλεις, τὰς ἔργῳ συστῆναι μὴ δυναμένας, καὶ τὰς σεμνὰς τυραννίδας μονονοὺ προσκυνοῦσι, καὶ τὸν ὀβολὸν ὑπὲρ τοὺς θεοὺς ἄγουσι μετὰ τῆς ὀφρύος· καὶ οἱ μὲν οὐδὲ εἶναι Θεὸν τὸ παράπαν, οἱ δὲ οὐ προνοεῖν τῶν τῇδε δογματίζουσιν, ἀλλ' εἰκῇ καὶ ὡς ἔτυχε τὸ πᾶν φέρεσθαι, οἱ δὲ ἀστράσιν ἄγεσθαι καὶ σχηματισμοῖς ἀνάγκης, οὐκ οἶδ' ὑπὸ τίνος ἀγομένοις καὶ ὅθεν· οἱ δὲ εἰς ἡδονὴν τὸ πᾶν φέρειν, καὶ τοῦτο εἶναι πέρας ζωῆς ἀνθρωπίνης ὑπολαμβάνουσιν; Ἡ ἀρετὴ δὲ αὐτοῖς ἄλλως ὄνομα εὐπρεπὲς, καὶ οὐδὲν τοῦ παρόντος βίου μακρότερον, οὐδέ τις ἐξέτασις τῶν ἐνταῦθα βεβιωμένων ὕστερον τὴν ἀδικίαν συστέλλουσα.

131 In Greg. Naz., *or.* 27,10 [FC 22, 88.9 f.] sagt Gregor dies noch einmal ausdrücklich.

132 Ebenfalls ausdrücklich in Greg. Naz., *or.* 4,72 [SC 309, 186] und in *or.* 27,10 [FC 22, 88.9 f.].

133 Greg. Naz., *or.* 4,44 [SC 309, 144]: Ἢ γὰρ οὐ συνεῖδέ τις ταῦτα τῶν παρ' ἐκείνοις σοφῶν, ἀλλὰ βαθεῖ βορβόρῳ, τὸ δὴ λεγόμενον, καὶ ἀφεγγεῖ ζόφῳ πλάνης καὶ ἀγνοίας συνεκαλύφθη, μηδ'

Gregor rückt die verschiedenen Philosophenschulen in ein schlechtes Licht und verfolgt dabei ein klares Ziel. Dass Julian bei diesen Lehrern studiert hat, soll zur Begründung dafür dienen, dass er sich später gegen seinen Vetter Konstantios II. wandte, von dem ihm die Caesarenwürde übertragen worden war. Er schreibt: „Ist es also verwunderlich, dass, wenn einer von solchen Lehren ausgeht, und von solchen Führern geleitet wird, er dann auch dem, der ihm Vertrauen schenkte und ihn durch Ehren auszeichnete, trotz des Vertrauens und trotz der Ehren Bosheit erweist?“[134]

Neben diesen Stellen, an denen Gregor die griechischen Philosophen pauschal verurteilt, finden sich in seinen Schriften aber auch auch Passagen und Reden, in denen er sich positiver über die griechische Philosophie äußert. So hat Gregor zwei Lobreden auf den kynischen Philosophen Maximos Heron verfasst, der dem Christentum aus seiner Sicht nahe steht.[135] Gregor zeigt sich hier zufrieden darüber, dass dieser Philosoph den (zu ergänzen: aristotelischen) Peripatos, die (zu ergänzen: platonische) Akademie, die „ehrwürdige Stoa“[136] und das „Selbsttätige Epikurs mitsamt seinen Atomen und der Lust“[137] zurückweist. Offenbar ist Gregor daran gelegen, Gemeinsamkeiten zwischen Maximos-Heron und seiner eigenen Person aufzuzeigen und weist dazu auf philosophische Richtungen hin, die sie beide ablehnen.

Lobende Worte über verschiedene Philosophen findet Gregor auch in zwei Briefen an Philagrius,[138] einen ehemaligen Studienkollegen, der auch Gregors Bruder Caesarius kannte.[139] Nach Caesarius' Tod wechseln Gregor und Philagrios einige Briefe, in denen sie sich über den Verlust des Bruders bzw. Freundes oder Bekannten und über ihre Trauer austauschen. Außerdem scheint Philagrios an einer körperlichen Krankheit zu leiden. In der Frage nach dem Umgang mit Trauer und Leiden zitiert Gregor Platon ausdrücklich und ganz ohne Spott und Ironie: „Für das Zukünftige statt des Gegenwärtigen sollst du leben, indem du – dies sagt Platon – das

---

ὅσον προσβλέψαι ταῖς τῆς ἀληθείας αὐγαῖς καθαρθεὶς τὴν διάνοιαν, ἀλλὰ περὶ τὰ κάτω καὶ τὴν αἴσθησιν ἰλυσπώμενος, καὶ μηδὲν ὑπὲρ τοὺς δαίμονας φαντασθῆναι δυνηθείς, καὶ διαρθῆναι τοῦ πεποιηκότος ἀξίως· ἢ εἴ τις διέβλεψε καὶ μικρὸν, ὡς ὁδηγῷ λόγῳ, καὶ μὴ Θεῷ χρώμενος, ὑπὸ τοῦ πιθανωτέρου παρεσύρη, καὶ τοῦ μᾶλλον τοὺς πολλοὺς ἕλκοντος δι᾽ ἐγγύτητα.

134 Greg. Naz., *or.* 4,45 [SC 309, 146]: Τί οὖν θαυμαστὸν τὸν ἐκ τοιούτων μὲν ὁρμώμενον δογμάτων, ὑπὸ τοιούτων δὲ κυβερνητῶν εὐθυνόμενον, οὕτω καὶ τῷ πεπιστευκότι φανῆναι κακὸν τὸν πιστευθέντα, καὶ τῷ τιμήσαντι τὸν τιμηθέντα;

135 Es sind dies: Greg. Naz., *or.* 25 [SC 284, 156–205] und *or.* 26 [SC 284, 224–273]. Gregor und Maximos sind einander zunächst freundschaftlich verbunden. Als Gregor aber erfährt, dass Maximos seine Macht heimlich ausgebaut hat und es ihm gelingt, sich zum Bischof von Konstantinopel weihen zu lassen, zerbricht die Freundschaft, vgl. McGuckin 2001, 312–313.

136 Gregor verwendet das Adjektiv „σεμνός“.

137 Greg. Naz., *or.* 25,6 [SC 284, 169]: Διὰ τοῦτο Περιπάτους μὲν, καὶ Ἀκαδημίας, καὶ τὴν σεμνὴν Στοὰν, καὶ τὸ αὐτόματον Ἐπικούρου μετὰ τῶν ἀτόμων καὶ τῆς ἡδονῆς, ἐρίῳ στέψας, ὥς τις ἐκείνων τὸν ποιητὴν, ὡς ποππωτάτῳ πέμπει καὶ ἀποκρούεται.

138 Greg. Naz., *epist.* 31 [Gallay (Hg.) (Bd. 1) 1964, 38–39] und *epist.* 32 [Gallay (Hg.) (Bd. 1) 1964, 40–42].

139 Vermutlich studierten die drei eine Zeitlang gemeinsam, vgl. Greg. Naz., *epist.* 30 [Gallay (Hg.) (Bd. 1) 1964–1967, 37–38].

Leben hier zu einer Einübung in den Tod machst und, um es wie er zu sagen, nach Kräften die Seele löst, sei es vom Körper oder vom Grab."[140] Indem er offen seine Anerkennung für einzelne Philosophen ausdrückt, geht Gregor in *epist.* 32 sogar noch einen Schritt weiter. Das Glück sei eine tugendmäßige Seelenwirkung (ψυχῆς ἐνέργεια κατ' ἀρετὴν), soweit stimmt Gregor für einmal sogar Aristoteles zu und hat dabei wohl dessen *Nikomachische Ethik* vor Augen.[141] Während ihm die aristotelische Vorstellung, dass das Glück des Menschen auch von äußeren Umständen abhängig sei, missfällt, zeigt sich Gregor aber von anderen philosophischen Schulen ehrlich beeindruckt: „Ich lobe aber das Jugendliche und Hochgesinnte der Stoiker, die sagen, keine äußeren Dinge könnten einen am Glück hindern [...]."[142] Als Beispiele für Nichtchristen, die in ihrer Haltung dem Leiden gegenüber den Stoikern ähneln, nennt Gregor Anaxarchos, Epiktet und Sokrates. Letzteren kritisiert Gregor aber heftig für seine Päderastie.[143]

Zusammenfassend kann man sagen, dass Gregors Beurteilung der griechischen Philosophenschulen insgesamt eher negativ ausfällt, aber stark vom Kontext abhängig ist. In den Briefen zeigt sich Gregor gegenüber der griechischen Philosophie freundlicher und aufgeschlossener als in den Reden[144] und in Fragen der Ethik aufgeschlossener als in jenen der Metaphysik.

3.4.3 Philosophisches in Gregors Reden

In der Forschung lag das Augenmerk lange Zeit vornehmlich auf Gregors Äußerungen *über* die Philosophie, die tatsächlich oft eher kritisch und negativ ausfallen.[145] Zu Beginn des 20. Jahrhunderts begann sich die Fragestellung zu verändern. Das

140 Greg. Naz., *epist.* 31 [Gallay (Hg.) (Bd. 1) 1964, 39]: ζῆν ἀντὶ τοῦ παρόντος τῷ μέλλοντι, θανάτου μελέτην – τοῦτο ὅ φησι Πλάτων – τὸν τῇδε βίον ποιούμενον καὶ λύοντα τὴν ψυχὴν τοῦ εἴτε σώματος, εἴτε σήματος, κατ' ἐκεῖνον εἰπεῖν, ὅση δύναμις. Das Zitat stammt aus Platons *Phaidon*, vgl. unten, S. 195, Anm. 127.

141 Vgl. Aristot., *Eth. Nic.* A 13 [ed. Gigon/Nickel 2001, 48].

142 Greg. Naz., *epist.* 32 [Gallay (Hg.) (Bd. 1) 1964, 41]: Ἐπαινῶ δὲ τῶν ἀπὸ τῆς Στοᾶς τὸ νεανικόν τε καὶ μεγαλόνουν, οἳ μηδὲν κωλύειν φασὶ πρὸς εὐδαιμονίαν τὰ ἔξωθεν [...].

143 Vgl. Greg. Naz., *or.* 27,10 [FC 309, 186].

144 Dies hat unter anderen Meredith 2012, 147 beobachtet; er schreibt: „When we turn to his letters, he [Gregor] makes it clear that he was extremely well versed in Greek literature from the numerous quotations he makes from them in the course of his letters. It may be that the ostensive purpose of his *Orations* precluded too precise a reference to non-Christian writers. Letters allowed more scope for literary vanity."

145 So bemerkt etwa der deutsche Philosoph und Theologe Johannes Nepomuk Huber (1830–1879): „Wie schon erwähnt, blühten zu gleicher Zeit neben Gregor von Nyssa sein Bruder Basilius der Große und dessen Freund Gregor von Nazianz in Kappadozien. Auch die beiden letzten waren Bewunderer des Origenes gewesen und hatten zu Athen neben anderen Wissenschaften bei heidnischen Lehrern auch Philosophie gehört. Dieselbe machte jedoch keinen nachhaltigen Eindruck auf ihre Gemüther; erfüllt von der christlichen Überzeugung kehrten sie sich in der Folge ganz von ihr ab und gaben sich unbedingt der Kirchenlehre hin, vor Allem bestrebt, ihr richtiges und volles Verständnis sich anzueignen. So finden wir bei ihnen keine eigenthümlichen Ideen." (Huber 1859, 212)

Interesse verschob sich von Gregors Beurteilung von philosophischen Schulen und Lehren hin zur Frage, wie er in seinem Denken und Schreiben durch griechisch-philosophisches Gedankengut beeinflusst wurde. Diese Herangehensweise hat sich als ungleich schwieriger erwiesen, erfordert sie doch umfassende Kenntnisse nicht nur der Schriften Gregors, sondern auch der griechischen Philosophen. Unter diesem neuen Blickwinkel wurde aber auch deutlich, dass Gregor von der Philosophie wesentlich stärker beeinflusst war, als es seine Äußerungen darüber vermuten lassen.

Basierend auf den zu seiner Zeit zugänglichen Studien, etwa denen von Claudio Moreschini, hat der Altphilologe Bernhard Wyss im *Reallexikon für Antike und Christentum* (RAC) Stellen aus Gregors Schriftenkorpus gesammelt, in denen sich dieser explizit oder implizit auf griechische Philosophen bezieht.[146] Diese Zusammenstellung gilt bis heute als maßgeblich. Am häufigsten finden sich bei Gregor Anklänge an Platon, Aristoteles, die Stoa und den Neuplatonismus. Im Folgenden soll nur skizziert werden, was für die Frage nach der Unterscheidung zwischen dem unfassbaren Wesen und dem Erfahrbaren Wirken Gottes von unmittelbarer Bedeutung ist.

Offenbar teilt Gregor Platons dualistisches Weltbild, nach dem sich der sichtbare und der geistig erfassbare Kosmos gegenüberstehen.[147] Die Vorstellung, dass das, was sinnlich erfahrbar ist, nicht identisch ist mit dem dahinter liegenden Wesen (bei Platon die „Idee"), wird Gregor also vertraut gewesen sein. Gerade in der Frage nach der Erkennbarkeit Gottes greift das platonische Konzept für ihn allerdings zu kurz. Das wird besonders in Gregors *Zweiter Theologischen Rede* deutlich, wo er schreibt:

> Dass es zwar schwierig sei, Gott zu begreifen, aber unmöglich, ihn [mit Worten] auszudrücken, wie einer von den griechischen Philosophen philosophiert hat, scheint mir nicht ungeschickt gesagt, will er doch durch das „schwierig" zeigen, dass er [Gott] begriffen hat, durch das „unausdrückbar" dem Beweis aber entgehen. Meine Meinung aber ist, dass es unmöglich ist, [Gott] auszudrücken, aber noch unmöglicher, ihn zu begreifen. [...] Gänzlich unmöglich und ausgeschlossen, ein derartiges Ding mit dem Verstand zu erfassen, ist es aber nicht nur den durch Nachlässigkeit Verdorbenen und den zur Erde Geneigten, sondern auch den viel Höheren und denen, die Gott lieben, und in gleicher Weise jeder geborenen [bzw. geschaffenen]Natur.[148]

146 Vgl. Wyss 1983, 819–835.

147 Vgl. Wyss 1983, 825.

148 Greg. Naz., *or.* 28,4 [FC 22, 98.19–100.9]: Θεὸν νοῆσαι μὲν χαλεπόν, φράσαι δὲ ἀδύνατον, ὥς τις τῶν παρ᾽Ἕλλησι θεολόγων ἐφιλοσόφησεν, – οὐκ ἀτέχνως ἐμοὶ δοκεῖν, ἵνα καὶ κατειληφέναι δόξῃ τὸ χαλεπὸν εἰπεῖν, καὶ διαφύγῃ τῷ ἀνεκφράστῳ τὸν ἔλεγχον. Ἀλλὰ φράσαι μὲν ἀδύνατον, ὡς ὁ ἐμὸς λόγος, νοῆσαι δὲ ἀδυνατώτερον. Τὸ μὲν γὰρ νοηθὲν τάχα ἄν λόγος δηλώσειεν, εἰ καὶ μὴ μετρίως ἀλλ᾽ ἀμυδρῶς γε, τῷ μὴ πάντῃ τὰ ὦτα διεφυαρμένῳ καὶ νωθρῷ τὴν διάνοιαν. Τὸ δὲ τοσοῦτον πρᾶγμα τῇ διανοίᾳ περιλαβεῖν πάντως ἀδύνατον καὶ ἀμήχανον, μὴ ὅτι τοῖς καταβεβλακευμένοις καὶ κάτω νεύουσιν, ἀλλὰ καὶ τοῖς λίαν ὑψηλοῖς τε καὶ φιλοθέοις, καὶ ὁμοίως πάσῃ γεννητῇ φύσει [...]. Gregor entnimmt das Zitat aus Plat., *Tim.* 28 c, vgl. Sieben 1996, 98, Anmerkung 12.

Besonders für Gregors Argumentation in den *Theologischen Reden* spielt die Erkenntnistheorie eine bedeutende Rolle – und allem voran eine realistische Einschätzung dessen, was Sprache vermag und wo ihre Grenzen sind. Gregor legt Wert darauf, dass zwischen den Worten und ihrer Bedeutung ein Unterschied besteht: Die Natur, das Wesen, steckt in einem Ding selbst, und nicht in seiner Bezeichnung. Entsprechend wird das Wesen eines Dings nicht durch seine Bezeichnung, durch seinen Namen offenbart.[149] Grundlagen für sein Verhältnis zu Sprache und Namen kann Gregor in unterschiedlichen philosophischen Systemen gefunden haben. Naheliegend wäre es, eine Beeinflussung durch Platons *Kratylos* oder *Gorgias* anzunehmen. Denn auch wenn Platon letztlich nicht dabei stehen bleibt, stellt er den Skeptizismus in diesen beiden Werken dennoch als Möglichkeit des Denkens dar. Mögliche Vorbilder finden sich aber auch im *Phaidon*, in Aristoteles' *Hermeneutika*, bei Epikur sowie in mittel- und neuplatonischen Schriften, die den Unterschied zwischen Namen und Wesen einer Sache stark machen.[150]

Insgesamt findet sich in Gregors Schriftenkorpus eine große Anzahl von Zitaten, Motiven und Anspielungen aus dem Werk Platons.[151] Dabei nennt er ihn aber kaum mit Namen, sondern spricht nur von „den Alten" (*carm.* 1,2,10,157/9 [PG 37,691 f.]) oder von „einem der griechischen Philosophen" (*or.* 28,4). Außerdem zitiert Gregor wie die meisten anderen Kirchenväter nicht wortwörtlich, sondern aus dem Gedächtnis.[152] Und so lässt sich auch aus der Gesamtheit der Zitate und Anlehnungen nicht eindeutig darauf schließen, ob Gregor Platons Schriften tatsächlich aus eigener Lektüre kannte, oder ob er auf ein Halbwissen zurückgreift, das in den gebildeten Kreisen seiner Zeit selbstverständlich war. Außerdem tauchen wichtige Kernsätze aus der platonischen Philosophie vor Gregor bereits bei anderen Theologen auf – so vor allem bei Origenes, den Gregor kannte und hoch achtete. Es ist also auch nicht ausgeschlossen, dass seine Platonkenntnisse zu großen Teilen aus den Schriften des Origenes stammen.

Über Aristoteles verliert Gregor kaum je ein freundliches Wort. Das bedeutet jedoch nicht, dass dessen Werk spurlos an ihm vorbeigegangen ist. Immerhin sind die einzigen philosophischen Schriften, von denen bekannt ist, dass Gregor sie besitzt, von Aristoteles. Im Brief an den Rechtsanwalt und Statthalter Olympianos

149 Dies kommt besonders in der *Vierten Theologischen Rede* zum Ausdruck, Greg. Naz., *or.* 31,7 [FC 22,284–286], *or.* 31,10 [FC 22,290–292] und noch deutlicher in *or.* 31,19–20 [FC 22,306–310]. Vgl. Norris 1991, 33.

150 Vgl. Norris 1991, 34.

151 Vgl. Wyss 1983, 824–827.

152 Vgl. Meredith 2012, 147; andere Forschende, wie etwa Jaeger 1985, 78, gehen eher davon aus, dass Gregor die Schriften, die er zitiert, auch selbst gelesen hat: „His homilies are full of classical allusions; he has a full command of Homer, Hesiod, the tragic poets, Pindar, Aristophanes, the Attic orators, the Alexandrian modernists, but also of Plutarch and Lucian and the writers of the Second Sophistic movement, who are the direct models of his style. […] He quotes or alludes to Plato many times, obviously from personal acquaintance with many of his dialogues."

bittet Gregor um die Rückgabe des Buches mit den Briefen des Aristoteles.[153] Um welche Briefe es sich dabei handelt, ist freilich unklar. Wenn Gregor Aristoteles für die „kleinliche Vorsehung" (Ἀριστοτέλους τὴν μικρολόγον πρόνοιαν), das „Künstliche" (τὸ ἔντεχνον), die „sterblichen Worte über die Seele" (τοὺς θνητοὺς περὶ ψυχῆς λόγους) und das „Menschliche der Lehren" (τὸ ἀνθρωπικὸν τῶν δογμάτων) kritisiert,[154] zeigt er, dass er von der Philosophie des Aristoteles eine Vorstellung hatte. Allerdings erlag Gregor beim ersten dieser vier Punkte wohl einem Irrtum: Keine der heute überlieferten Texte des Aristoteles weisen darauf hin, dass dieser sich negativ über die göttliche Vorsehung geäußert hätte. Dies tat hingegen der Autor der pseudo-aristotelischen Schrift *Über die Welt*, die Gregor vielleicht kannte und sie, ebenso wie seine Zeitgenossen, für echt hielt.[155] Woran sich Gregor bei den anderen drei Punkten stört, lässt sich teilweise aus weiteren seiner Reden erschließen. Das „Künstliche" lässt sich mit *or.* 25,6 in Verbindung bringen, wo Gregor über „irgendwelche Kategorien, Analysen und Mischungen"[156] spottet.[157] In *or.* 32,25 unterstellt Gregor Aristoteles „die verdrehte Kunst"[158] beim Sprachgebrauch und zielt damit auf die in seinen Augen spitzfindige aristotelische Dialektik.[159] Dass Gregor die Philosophie des Aristoteles als besonders „menschlich", also die Transzendenz nicht berücksichtigend, betrachtet, könnte der gängigen Auffassung seiner Zeit entsprechen: Im Zuge des Neuplatonismus wurde in der Spätantike nach Möglichkeiten gesucht, aristotelische und platonische Philosophie in Einklang zu bringen. Der Philosoph Porphyrios (geb. um 233 in Tyros, gest. zwischen 301 und 305 in Rom) hatte eine mögliche Lösung vorgestellt, indem er die aristotelische Logik den innerweltlichen Belangen und die Ideenlehre des Platon dem Bereich des Transzendenten zuordnete.

Trotz aller Kritik an Aristoteles zeigt Gregor, dass er mit dessen Gedankenwelt und Sprache bestens vertraut ist: In zahlreichen Reden verwendet er daraus charakteristische Begriffe und Wendungen.[160] Es ist zumindest möglich, dass Gregor sie aus eigener Lektüre kennt. Auf jeden Fall weiß er die „spitzfindige" Dialektik und Syllogistik des Peripatos nicht nur zu kritisieren, sondern auch anzuwenden. Das zeigt die Auseinandersetzung mit den Eunomianern in *or.* 29, aber auch in den übrigen *Theologischen Reden* überdeutlich: Geschickt zerpflückt er die Argumente der Gegner, widerlegt sie oder führt sie in wenigen gedanklichen Schlenkern ad absurdum.[161]

---

153 Greg. Naz., *epist.* 234 [Gallay (Hg.) (Bd. 2) 1967, 125].

154 Greg. Naz., *or.* 27,10 [FC 22, 88.2–90.5].

155 Vgl. Wyss 1983, 827.

156 Greg. Naz., *or.* 25,6 [SC 284, 170]: οὐδὲ κατηγορίαι τινὲς καὶ ἀναλύσεις καὶ μίξεις.

157 So Wyss 1983, 827.

158 Greg. Naz., *or.* 32,25 [SC 318, 136]: τεχνῶν τὴν κακοτεχνίαν.

159 Vgl. Wyss 1983, 827.

160 Vgl. die Übersicht bei Wyss 1983, 828–829.

161 Focken 1912 hat gezeigt, dass Gregor in seiner *Dritten Theologischen Rede*, *or.* 29,2;10;11;12 und 16 Enthymeme nach aristotelischer Manier anwendet. Vgl. auch Norris 1991, 26.

Auch aus der Tradition der Stoa lässt Gregor immer wieder Gedanken und Begriffe in seine Reden einfließen.[162] So übernimmt er beispielsweise in der *Zweiten Theologischen Rede* die Definition von Weisheit als „Fähigkeit in der Betrachtung der Dinge, seien sie göttlich oder menschlich",[163] und an gleicher Stelle auch für den „Logos" (der hier wohl mit „göttliche Vernunft" übersetzt werden kann), „als entweder in uns ruhend oder sich verbreitend."[164] In derselben Rede muten auch Gregors Lobgesang auf die Schöpfung und die damit einhergehende Erkenntnis, *dass Gott ist*, stoisch an. Beeindruckt zeigt sich Gregor aber vor allem von der stoischen Ethik. Seine positive Haltung gegenüber der stoischen Tugendethik kommt auch in der *Ersten Theologischen Rede* zum Ausdruck, wo er die Vorstellung von der *einen* Tugend übernimmt: „[Zu Gott] gibt es nur *einen* [Weg] wegen der Tugend. Denn [die Tugend ist nur] *eine*, auch wenn sie sich in viele [Tugenden] teilt."[165]

Die für die Bildungs- und Denkwelt des 4. Jahrhunderts wohl bedeutendste philosophische Strömung ist jedoch der Neuplatonismus. Passagen, die auf neuplatonisches Gedankengut hinweisen, sind in Gregors Werk zahlreich, jedoch nicht immer eindeutig auszumachen.[166] An verschiedenen Stellen in seinen Reden verwendet Gregor Bezeichnungen für Gott, die stark an Plotin erinnern – beispielsweise, wenn er von der „ersten Ursache" (πρῶτον αἴτιον bzw. πρώτη αἰτία) spricht.[167] Auch in der Lichtmetaphorik, die im Zusammenhang mit Gott an zahlreichen Stellen von Gregors Reden auftaucht, scheint neuplatonisches Denken auf. Dass sich Gregor in der Entwicklung seiner Trinitätstheologie mit neuplatonischen Überlegungen über das Eine und das Viele auseinandergesetzt hat, wird besonders in der *Dritten Theologischen Rede* deutlich. Hier zitiert er aus dem Gedächtnis einen „der unter den Griechen Philosophierenden",[168] und meint damit mit ziemlicher Sicherheit Plotin, der den Übergang von der Einheit zur Vielheit (christlich gesprochen: vom Vater zur Zeugung des Sohnes) als „Überfließen der Güte" (ὑπέρχυσιν ἀγαθότητος)[169] bezeichnet. Von dieser Vorstellung grenzt sich Gregor entschieden ab, benutzt aber im gleichen Abschnitt auch selbst Formulierungen, die, so Wyss, ohne neuplatonische Anregung kaum denkbar wären – so etwa den Satz: „Deshalb

162 Vgl. zu diesem Abschnitt Wyss 1983, 830–833.

163 Greg. Naz., *or.* 28,13 [FC 22, 120.1–3]: εἰ δὲ καὶ σοφίαν, τίνα παρὰ τὴν ἕξιν, καὶ τὴν ἐν τοῖς θεωρήμασιν, εἴτε θείοις, εἴτε καὶ ἀνθρωπίνοις;

164 Greg. Naz., *or.* 28,13 [FC 22, 118.19–20]: λόγον δὲ τίνα παρὰ τὸν ἡσυχάζοντα ἐν ἡμῖν, ἢ χεόμενον;

165 Greg. Naz., *or.* 27,8 [FC 22, 84.15–16]: μίαν μὲν διὰ τὴν ἀρετήν· μία γάρ, κἂν εἰς πολλὰ σχίζηται·

166 Vgl. zu diesem Abschnitt Wyss 1983, 833–835.

167 Greg. Naz., *or.* 28,31 [FC 22, 166.1] bzw. *or.* 31,14 [FC 22, 300.12]. Vgl. Plot., *Enn.* III 1,1 [ed. Bréhier 1956, 6].

168 Greg. Naz., *or.* 29,2 [FC 22, 172.8]: ὅ τῶν Ἕλλησι φιλοσοφησάντων.

169 Greg. Naz., *or.* 29,2 [FC 22, 172.7]. Vgl. Plot., *Enn.* II 9,3 [ed. Bréhier 1956, 114]; *Enn.* V 4,1 [ed. Bréhier 1956, 80].

ist die Einheit von Anfang an in Bewegung auf die Zweiheit hin, bis sie bei der Dreiheit zum Stehen kommt.“[170]

Für die Suche nach Neuplatonischem bei Gregor gilt dasselbe wie bei den anderen genannten Philosophenschulen: Spuren und Anklänge sind vorhanden, manche davon gehen bestimmt auf persönliche Textlektüre zurück, anderes wird er aus Kommentaren oder Textsammlungen gekannt haben und manches gehörte wohl auch einfach zum Allgemeinwissen und zum Sprachgebrauch der Zeit.[171]

Schließlich hat der Neuplatonismus für Gregors Bildung aber auch jenseits der Details seiner Lehre eine große Rolle gespielt: Erst diese philosophische Strömung hat den Graben zwischen platonischer und aristotelischer Philosophie so weit überwunden, dass im Bildungswesen des 4. Jahrhunderts beide Denksysteme mit- bzw. neben- oder übereinander bestehen konnten.

3.4.4 Eine widersprüchliche Beziehung

Wie sich zeigt, hat Gregor kein eindeutiges Verhältnis zur griechischen Philosophie. Da, wo er ausdrücklich dazu Stellung nimmt, fällt sein Urteil fast immer kritisch aus. Positiv äußert er sich nur an wenigen Stellen, am ehesten in ethischen Belangen, wo er den Umgang von griechischen Philosophen mit dem Leiden lobt. Doch es finden sich in Gregors Schriften auch zahlreiche weitere Spuren aus den unterschiedlichen philosophischen Schulen. Nur in einem kleinen Teil der Fälle handelt es sich dabei um ausdrückliche Zitate. Er nennt deren Urheber kaum je mit Namen. In den meisten Fällen übernimmt Gregor einzelne Begriffe, Gedanken und Wendungen, die sich mal mehr, mal weniger konkret Werken der antiken Philosophie zuordnen lassen. Manchmal nutzt er philosophische Gedanken, um seine eigenen Argumente zu stützen, an anderen Stellen führt er sie an, um sie zugunsten seiner eigenen Sicht gleich wieder zu verwerfen. Gregor kann also – ebenso wie sein theologisches Vorbild Origenes – als pragmatischer Eklektiker bezeichnet werden, bei dem die Heilige Schrift zwar einen Ehrenplatz besitzt, der sich aber auch die Freiheit nimmt, Bibelzitate mit philosophischen Passagen sachdienlich zu kombinieren.[172]

Ein Blick auf Gregors Bildungsweg legt nahe, dass er manche der antiken philosophischen Werke, auf die er sich bezieht und aus denen er sich bedient, aus erster Hand kennt. Da Gregor aber aus dem Gedächtnis zitiert und, wie es scheint, Gedanken oft assoziativ verknüpft, ist es unmöglich, aus seinen Schriften Rückschlüsse

---

170 Greg. Naz., *or.* 29,2 [FC 22, 172.1–3]: διὰ τοῦτο μονὰς ἀπ' ἀρχῆς εἰς δυάδα κινηθεῖσα, μέχρι τριάδος ἔστη.

171 So liegt Wyss 1983, 834 sicher richtig, wenn er schreibt: „Immer wieder ist die Nähe zum Neuplatonismus spürbar. Freilich ist es kaum möglich, abzugrenzen, wo er christl. Gedanken, zumal bereits ‚platonisierte', selbständig in neuplatonischer Richtung weiterführt, wo er allenfalls unmittelbar aus Plotin schöpft, wo aus christl. ‚Platonikern', im bes. aus Origenes, doch auch aus Basileios, mit dessen Einfluss hier immer zu rechnen ist."

172 Vgl. McGuckin 2001, 58. Dieser geht sogar so weit, dass er sagt: „This was to be his greatest contribution to the history of Christian ideas: his synthetic ingenuity."

auf seine philosophische Bibliothek zu ziehen. Es muss deshalb offen bleiben, welche philosophischen Werke Gregor wie gut kannte. Das macht es nicht leicht, aus den griechischen Traditionen sichere Grundlagen für seine Unterscheidung zwischen dem unfassbaren Wesen und dem erfahrbaren Wirken Gottes zu ziehen. Nichtsdestotrotz lassen sich dazu einige Anhaltspunkte gewinnen, welche für die weitere Gregor-Lektüre nützlich sein können.

In Gregors Umgang mit der griechischen Philosophie lässt sich vorerst eine Dreiteilung erkennen: In ethischen Belangen orientiert er sich an der Stoa und an Persönlichkeiten, die in seinen Augen ein „stoisches“ Verhalten an den Tag legen – so etwa Sokrates. Dialektik und Logik hat Gregor im Sinn des Aristoteles gelernt, während er in Fragen der Metaphysik am stärksten von platonisch-neuplatonischem Gedankengut geprägt ist.

Ungeachtet dessen, ob Gregor die entsprechenden Werke in voller Länge kannte, ob er Auszüge daraus in Anthologien gelesen hatte oder ob er auf philosophisches Allgemeinwissen zurückgriff, wird er mit den philosophischen Überlegungen zur Erkenntnistheorie vertraut gewesen sein. Das Bewusstsein, dass das, was wahrgenommen oder bezeichnet werden kann, nicht mit der Sache selbst identisch ist, gehörte zum geistigen Allgemeingut in den gebildeten Kreisen in Gregors Zeit.

Gregor geht so weit, dass er dieses erkenntnistheoretische Prinzip auch auf Gott anwendet. Vor dem Hintergrund eines biblisch-alttestamentlichen Schöpfungsglaubens kann er aber den Erkenntnisoptimismus eines Platon oder eines Aristoteles nicht teilen. Nach dem Grundsatz, dass der Topf nicht klüger sein kann als der Töpfer, besteht in Gregors Theologie ein unüberwindbarer Graben zwischen dem Immanenten und dem Transzendenten. Dies zeigt sich gerade in seinem Menschenbild besonders deutlich.

3.5 Anthropologische Grundlagen

Die Art und Weise, wie der Mensch Gott erkennen, erfahren und von Gott reden kann, hängt eng mit der Beschaffenheit des Menschen selbst zusammen. Für die Darstellung von Gregors Verständnis von Gottes Unfassbarkeit und Erfahrbarkeit spielt sein Menschenbild, seine Anthropologie, deshalb immer wieder eine zentrale Rolle. Und gerade hier wird die Verbindung von philosophischer Bildung und christlichem Glauben in Gregors Denken besonders deutlich.[173]

Gregor versteht die Welt als Schöpfung Gottes. Der Gottheit, die Gregor in diesem Zusammenhang auch als „Gutheit“ (ἀγαθότης) bezeichnet, „genügte es nicht,

173 Im Folgenden wird Gregors Auffassung von der Natur des Menschen grob skizziert. Eine vertiefte Auseinandersetzung mit einzelnen relevanten Stellen erfolgt in den beiden Hauptteilen dieser Arbeit an den jeweiligen Orten. Die Informationen in diesem Kapitel beruhen hauptsächlich auf die sehr umfassende Studie über die Anthropologie des Gregor von Nazianz von Anna-Stina Ellverson 1981. Darüber hinaus sei verwiesen auf Volp 2006, der die Anthropologien antiker christlicher Autoren zusammenfassend darstellt.

sich nur in der Schau ihrer selbst zu bewegen",[174] weshalb sie sich nach außen wandte und die Welt ins Dasein rief. So entstand zuerst die geistige und dann auch die materielle Wirklichkeit, wobei Gregor erstere als höher und gottähnlicher, letztere als niedriger und Gott ferner einstuft.[175] Er vertritt damit ein grundsätzlich dualistisches Weltbild.

Innerhalb dieser zweifachen Schöpfung nimmt der Mensch in Gregors Augen eine besondere Stellung ein: Er ist ein geistig-materielles Wesen, also ein Gebilde, das aus grundsätzlich verschiedenen und gegensätzlichen Elementen zusammengesetzt und dadurch in beiden Wirklichkeiten beheimatet ist.[176] Gregor bezeichnet den Menschen regelmäßig als „Mischung" (κρᾶμα oder μίξις)[177] und drückt sein Wesen durch eine Reihe von Gegensätzen aus: Er ist „klein und groß, nieder und erhaben, sterblich und unsterblich, irdisch und himmlisch, jenes mit der Welt [hier] unten, dieses mit Gott, jenes mit dem Fleisch, dieses mit dem Geist."[178]

Von dieser gemischten Natur des Menschen spricht Gregor in seinen Reden mit unterschiedlichen Begriffen. Häufig tauchen die Wortpaare Körper und Seele (σῶμα/ψυχή) sowie Fleisch und Geist (σάρξ/πνεῦμα) auf. Weitere Begriffe, die Gregor für den nicht-materiellen Teil des Menschen verwendet, sind der Verstand (νοῦς) und der Logos (λόγος), ein griechisches Wort mit einem breiten Bedeutungsspektrum, das die Vernunft ebenso mit einschließt wie den göttlichen Logos, die Zuwendung Gottes zur Welt.[179] Bei der genauen Lektüre von Gregors Reden fällt auf, dass er die Begriffe nicht immer widerspruchsfrei benutzt. Manchmal behandelt er

174 Greg. Naz., *or.* 38,9 [SC 358, 120].

175 Vgl. Greg. Naz., *or.* 38,9–11 [SC 358, 120–126]. In *or.* 38,9 bedient er sich der Metapher des Lichts und spricht von Gott als dem ersten Licht (πρώτη λαμπρότης) und von den „englischen und himmlischen Mächten" (ἀγγελικαί δυνάμεις και οὐράνιοι), die die geistige Welt ausmachen, als „zweite Leuchten" (λαμπρότητες δεύτεραι). An verschiedenen Stellen in seinen Reden spricht Gregor von der geistigen Welt als fest und beständig, während die materielle Schöpfung fließender und vergänglich ist, vgl. Greg. Naz., *or.* 2,74 [SC 247, 186–188]; *or.* 7,19 [SC 405, 226–228]; *or.* 17,4 [PG 35, 969.24–972.11]; *or.* 18,3 [PG 35, 988.22–989.4]; *or.* 18,42 [PG 35, 1040.38–1041.25]. Gregor folgt in dieser Weltsicht Platon, der den Dingen je reiner geistlich sie sind, desto mehr Sein zuspricht.

176 Gregor versteht den geistig-materiellen Menschen in Analogie zu der zweifachen Schöpfung und nennt ihn deshalb in *or.* 28,22 [FC 22, 142.6–7] auch „Mikrokosmos" (μικρός κόσμος). Die Vorstellung, der Mensch sei aus einem geistigen und einem körperlichen Teil zusammengesetzt, findet sich bereits bei den Vorsokratikern und ist in der Spätantike allgemein akzeptiert, vgl. Volp 2006, 22–28.

177 Κρᾶμα erscheint in *or.* 14,7 [PG 35, 865.41], *or.* 27,7 [FC 22, 82.1], *or.* 28,3 [FC 22, 98.18] und *or.* 38,11 [SC 358, 124], von μίξις spricht Gregor in *or.* 28,22 [FC 22, 138.14] und 38,11 [SC 358, 124]. Gregor verwendet die Begriffe synonym. Die Begriffe haben einen stoischen Hintergrund, vgl. Portmann 1954.

178 Greg. Naz., *or.* 7,23 [SC 405, 240]: Μικρός […] καὶ μέγας, ταπεινὸς καὶ ὑψηλός, θνητὸς καὶ ἀθάνατος, ἐπίγειος καὶ οὐράνιος, ἐκεῖνα μετὰ τοῦ κάτω κόσμου, ταῦτα μετὰ τοῦ Θεοῦ, ἐκεῖνα μετὰ τῆς σαρκός, ταῦτα μετὰ τοῦ πνεύματος. Vgl. auch Greg. Naz., *or.* 2,75 [SC 247, 188]; 14,7 [PG 35, 865.24–46]; 38,11 [SC 358, 126].

179 Vgl. dazu das Kapitel III 3. zur *ästhetischen Dimension* von Gregors Glaubenspraxis, unten, S. 211–230.

sie synonym, an anderen Stellen kommt ihnen eine je eigene, unterschiedliche Bedeutung zu.[180] Eine besondere Bedeutung für die Beziehung zu Gott hat in seinem Denken die Seele (ψυχή): Sie ist ihrer Herkunft nach göttlich und deshalb erfüllt von einer starken Sehnsucht nach Gott, oder nach „oben“ (ἄνωθεν), wie Gregor es oft nennt.[181]

Ausgehend von Gen 1,26 und in Übereinstimmung mit der Lehre der frühen Kirche vertritt Gregor die Vorstellung von der Gottebenbildlichkeit des Menschen. Er spricht dabei vom „Bild“ (εἰκών): Nach seiner Auffassung schuf Gott die ersten Menschen im Paradies zuerst als reine Geistwesen nach Gottes Ebenbild (κατ᾽εἰκόνα).[182] Allerdings war der Mensch als solches Geschöpf offenbar noch nicht vollkommen – warum sonst hätten Adam und Eva sich dem Gebot Gottes widersetzt und die Frucht vom Baum der Erkenntnis gegessen (Gen 3,6)? Gregor versteht den Menschen im Paradies als eine Art unreife bzw. kindliche Variante seiner selbst.[183] Als Folge ihrer Übertretung mussten Adam und Eva das Paradies verlassen,[184] und die Menschen gelangten so zu der Form, in der sie heute auf der Erde leben. Gregor deutet die Bekleidung von Adam und Eva mit Röcken aus Fell (Gen 3,21) als das Anziehen des „dichteren, sterblichen Fleisches“ (παχυτέρα σάρκα καὶ θνητή).[185] Gleichzeitig mit dem Eintritt in die materielle Welt kam der Mensch also auch zu seinem materiellen Körper. Als geistig-materielles Mischwesen ist der Mensch zusammengesetzt und deshalb instabil und anfällig für Unfrieden und Leidenschaften.[186]

Ziel des Menschen ist es nun, die Gottferne zu überwinden und sich Gott wieder anzunähern. Allerdings geht es hier nicht darum, wieder in den Zustand des unreifen, kindlichen ersten Adam zurückzukehren, sondern darum, zu einer geläuterten,

---

180 Vgl. Ellverson 1981, 21.

181 Vgl. Ellverson 1981, 22–27.

182 So etwa in Greg. Naz., *or.* 1,4 [SC 247, 76]; *or.* 2, 22 [SC 247, 118]; *or.* 3,7 [SC 247, 250]; *or.* 6,14 [SC 405, 156]; *or.* 8,6 [SC 405, 256]; *or.* 14,6 [PG 35, 865.12]; *or.* 14,7 [PG 35, 865.43]; *or.* 14,14 [PG 35, 876.9]; *or.* 14,20 [PG 35, 884.25]; *or.* 17,9 [PG 35, 976.28]; *or.* 32,27 [SC 318, 142]; *or.* 34,12 [SC 318, 218].

183 Vgl. Ellverson 1981, 52–54. Für Gregor drückt sich die Unreife Adams dadurch aus, dass dieser selbst noch nicht reif war für die Frucht vom Baum und damit für die volle Erkenntnis Gottes: Wie für einen Säugling, der erst Milch trinken kann, die Nahrung der Erwachsenen ungeeignet ist, war die Frucht vom Baum der Erkenntnis auch für Adam zu schwere Kost, vgl. Greg. Naz., *or.* 38,12 [SC 358, 126–128]; *or.* 39,7 [SC 358, 160].

184 Wie es in Gregors Denken genau zu ihrem Fall kam, verhandelt Ellverson in ihrer Studie ausführlich und diskutiert dabei auch unterschiedliche Forschungsmeinungen. Ellverson selbst geht davon aus, dass Gregor, anders als Origenes, nicht an einen Fall Adams innerhalb der geistigen Welt – so wie bei Luzifer – denkt, sondern an eine mildere Variante des Falls, nämlich in der materiellen Welt. In dieser Vorstellung schützt der Körper den Menschen gewissermaßen vor einer allzu großen und unerträglichen Nähe zu Gott, vgl. Ellverson 1981, 61–68.

185 Vgl. Greg. Naz., *or.* 38,12 [SC 358, 130].

186 Dahinter steht die platonische Vorstellung, dass nur, was einfach ist, auch beständig ist. Für Gregor bedeutet das: Gott allein ist ganz eins bzw. ganz einfach und deshalb ohne Sünde, vgl. Ellverson 1981, 60–61.

erwachsenen Beziehung zu Gott zu finden: Der Mensch soll mit Gott vereinigt, ja selbst Gott werden.[187] Den zahlreichen Stellen, an denen Gregor in seinen Reden von der Vergöttlichung des Menschen spricht, steht seine Überzeugung entgegen, nach der zwischen Gott und Mensch, also zwischen Schöpfer und Geschöpf, eine unüberwindbare Kluft besteht.[188] So gesehen kann der Mensch nicht im *wörtlichen Sinn* (κυρίως) Gott werden.[189] Hier lässt Gregor seine Leserinnen und Hörerinnen ein Stück weit im Ungewissen: Was er unter der Vergöttlichung des Menschen *genau* versteht, sagt er an keiner Stelle in seinen Reden.

Unbestritten ist für Gregor, dass dem Menschen die Vereinigung mit Gott nicht aus eigener Kraft gelingen kann. Überhaupt, so ist er überzeugt, vermag nur Göttliches zu vergöttlichen;[190] wenn auch der Mensch bis zu einem gewissen Grad die Möglichkeit hat, mitzuwirken oder sich zu widersetzen, kann doch einzig Gott den Abstand zwischen sich und der Schöpfung überwinden.

---

187 Gregor verwendet dazu die folgenden Begriffe: Vergöttlichung (θέωσις) etwa in *or.* 11,5 [SC 405,340], *or.* 17,9 [PG 35, 976.47], und *or.* 21,2 [SC 270,114], *or.* 23,12 [SC 270,340], *or.* 25,2 [SC 284,160], *or.* 25,16 [SC 284,196] und *or.* 39,16 [SC 358, 184]; Gott werden (Θεὸς γίγνεσθαι) etwa in *or.* 7,23 [SC 405, 240], *or.* 25,2 [SC 284,160], *or.* 29,19 [FC 22, 210.16] und *or.* 30,4 [FC 22, 226.12]; zu Gott machen (θεοῦν) etwa in *or.* 34,12 [PG 36, 252.30], *or.* 38,11 [SC 358, 126] und *or.* 40,42 [SC 358, 296]; zu Gott machen (θεοποιεῖν bzw. ποιεῖν Θεὸν) etwa in *or.* 2,22 [SC 247, 120], *or.* 30,14 [FC 22, 252.17] und *or.* 31,4 [FC 22, 280.7].

Gregor war der erste christliche Autor, der den Begriff θέωσις verwendete. Zu Hintergrund und Entwicklung des Begriffs bei Gregor vgl. Maslov 2012.

188 Zwischen Mensch und Gott besteht ein unüberwindbarer Graben – diese Überzeugung ist in der Spätantike doppelt begründet: einerseits von Seiten der griechischen Philosophie und andererseits durch den biblischen bzw. alttestamentlichen Schöpfungsglauben. So kann Gregor in *or.* 29,4 [FC 22, 176.6–7] unmissverständlich sagen: Οὐ γὰρ Θεὸς τὸ κτιζόμενον· (Denn das Geschaffene ist nicht Gott!) Ganz deutlich drückt Gregor diese Überzeugung auch in seiner Abschiedsrede am Konzil von Konstantinopel (*or.* 42) im Sommer 381 aus: Die letzte Gelegenheit nutzend, um auf den Verlauf des Konzils einzuwirken, stellt er in *or.* 42,14–18 [SC 384, 78–88] noch einmal in kompaktester Form seine Trinitätslehre vor, vgl. McGuckin 2001, 87. Im Zusammenhang mit der Frage nach dem Wesen des Sohnes schreibt er in *or.* 42,17 [SC 384, 86]: Εἰ μὲν Θεὸς, οὐ κτίσμα· […] Εἰ κτίσμα δὲ, οὐ Θεός· (Wenn er Gott ist, ist er kein Geschöpf. […] Wenn er ein Geschöpf ist, ist er nicht Gott.)

189 Vgl. Greg. Naz., *or.* 42,17 [SC 384, 86].

190 Vgl. Greg. Naz., *or.* 31,28 [FC 22, 326].

II. Theologische Grundlegung

1. Die *Erste Theologische Rede*

1.1 Wie soll man philosophieren? (*or.* 27,1–3)

In der Einleitung zu Gregors erster *Theologischer Rede* braust Zuhörern und Lesern ein wortgewaltiger Sturm entgegen. Die Rede (λόγος) gilt denjenigen, die im Bezug auf den Logos (λόγος) besonders gewandt sind bzw. meinen, es zu sein. Gregor zeigt sich damit bereits im ersten Satz kämpferisch.[1] Während sich das erste „λόγος" eindeutig mit „Wort" im Sinn von „Rede" übersetzen lässt, ist die Bedeutung des anderen „λόγος" umfassender: Hier denkt Gregor nicht nur an die Sprachgewandtheit, sondern auch an die Vernunft, und darüber hinaus an den Logos im theologischen Sinn, an das Wort Gottes, das in die Schöpfung eintritt und Gott offenbart.[2] Mit denen also, die sich sowohl im Umgang mit der Sprache als auch im Umgang mit dem großen Mysterium (μέγα μυστήριον) Gottes allzu versiert geben, will Gregor nun abrechnen. An ihre Adresse richtet er heftige Vorwürfe: Gregor nennt seine Gegner Sophisten und Wortverdreher und unterstellt ihnen Überheblichkeit (ὑβρίστρια) in theologischen Angelegenheiten; darüber hinaus vermisst er bei ihnen die zum Reden dazugehörenden Taten (πράξεις). In Gregors Augen sind seine Gegner gänzlich vom Weg des rechten Glaubens (εὐσεβείας ὁδός) abgekommen. Dies zeigt sich daran, und das ist Gregors Hauptkritikpunkt, dass sie nur auf jene Fragen schauen, die sie nicht nur selbst stellen, sondern auch selbst beantworten können[3] – in Gregors Augen eine unlautere und für die Theologie ganz und gar unangebrachte Vorgehensweise. Denn wer sich in der Rede von Gott nur noch innerhalb des eigenen Verstehens bewegt, macht aus dem großen Mysterium ein kleines Kunststückchen (τεχνύδριον).[4] Damit liegt das Thema der Rede auf dem Tisch: Was ist eine angemessene Art, von Gott und Gottes Beziehung zu den Menschen

---

1 Gregor nennt seine Gegner in keiner der *Theologischen Reden* beim Namen. Seine Kritik richtet sich jedoch in den meisten Fällen gegen Eunomius.

2 Bereits Sieben 1996, 66, Anm. 2 kommentiert: „Bei λόγος ist natürlich der ganze Bedeutungsreichtum des Begriffs mitzuhören."

3 Greg. Naz., *or.* 27,2 [FC 22, 68.8–9]: βλέπουσι μόνον, ὅ τι δήσωσιν ἢ λύσωσι τῶν προβαλλομένων.

4 Gregor dürfte hier an 1Tim 3,16 denken, wo der Briefschreiber das große Mysterium (μέγα μυστήριον) mit dem Offenbarungsgeschehen Gottes in Jesus Christus gleichsetzt: ὸς ἐφανερώθη ἐν σαρκί, ἐδικαιώθη ἐν πνεύματι, ὤφθη ἀγγέλοις, ἐκηρύχθη ἐν ἔθνεσιν, ἐπιστεύθη ἐν κόσμῳ, ἀνελήμφθη ἐν δόξῃ. (Er, der offenbart wurde im Fleisch, gerecht gesprochen im Geist, geschaut von den Engeln, verkündigt unter den Völkern, im Glauben erkannt in aller Welt, aufgenommen in Herrlichkeit.) Zur Bedeutung von μυστήριον bei Gregor vgl. unten, III 4, S. 230–249.

und der Welt zu sprechen? Oder, in anderen Worten: Was ist eine angemessene Art, Theologie zu treiben?

Was es beim Theologisieren zu beachten gilt, skizziert Gregor in einer kurzen Inhaltsangabe seiner Rede:[5] Das Philosophieren[6] über bzw. treffender: *um* Gott (περὶ θεοῦ φιλοσοφεῖν) ist nicht eines jeden Sache (οὐ παντός). Es bedingt, dass sich jemand bereits bewährt hat und in der Schau (θεωρία) fortgeschritten ist:[7] Das, worüber theoretisch gesprochen wird, muss auch durch spirituelle Übung und Erfahrung abgedeckt sein. Damit eng verbunden ist die körperliche und seelische Läuterung, die Gregor für Theologen fordert. Andernfalls ist das Theologisieren nicht nur ergebnislos, sondern kann sogar gefährlich werden, ebenso wie die Sonnenstrahlen für das schwache Auge schädlich sind.[8] Man kann auch nicht zu jeder Zeit (οὐδὲ πάντοτε) Theologie treiben – es ist dazu eine innere und äußere Ruhe nötig. Das „Hegemonikon" (ἡγεμονικόν), hier im origenischen Sinn als Herz, welches zur Gotteserkenntnis fähig ist, zu lesen,[9] muss leer sein von hinderlichen Eindrücken und Verwirrungen. Um Gott zu erkennen (γνῶναι Θεόν), muss man frei werden (δεῖ σχολάσαι),[10] nur dann kann der philosophierende Mensch den richtigen Augenblick (καιρός) erfassen und über die Richtigkeit der Theologie

---

5 Vgl. Greg. Naz., *or.* 27,3 [FC 22, 70.14–74.8].

6 Gregor übernimmt den antiken Sinn des Wortes „Philosophie", wie er bei Platon und von den Stoikern gepflegt wurde. Demnach ist Philosophie nicht nur bloße Theorie und Wissen, sondern meint eine Lebensweise, eine Lebenshaltung (Vgl. Kobusch 2006, 34). Entsprechend lässt sich „Philosophieren" bei Gregor als „die rechte Art zu leben" (Kobusch 2006, 34) verstehen. Gerade die mönchische Lebensweise wird bei den Kappadokiern oft als „Philosophie" bezeichnet (vgl. Kobusch 2006, 35). Vgl. auch oben, I 3.4, S. 36f.

7 Während Sieben 1996, 73 θεωρία als „Schau" versteht und dies eindrücklich belegt (vgl. ebenda, Anm. 23), hat sich Norris 1991, 218 für die Übersetzung „a sound footing in study" entschieden. Letzteres ergibt angesichts von Gregors Anliegen, die Theologie nicht auf die intellektuell-logische Ebene engzuführen, wenig Sinn.

8 Gregor übernimmt das Bild aus Plat., *Phaid.* 48 [ed. Dirlmeier, 144] (die bei Sieben 1996, 72, Anm. 25 angegebene Stelle – *Phaid.* 76b – ist falsch.

9 Mit ἡγεμονικόν verwendet Gregor einen Begriff aus der stoischen Philosophie, wo damit das „Zentralorgan der Seele" bezeichnet wird. Vorläufer davon finden sich bereits bei Plat., *Tim.* 41c [ed. Zeckl 1992, 56] und Aristot., *Eth. Nic.* Γ 6 [ed. Gigon/Nickel 2001, 106]. Im Verlauf der Philosophiegeschichte verschiebt sich die Bedeutung des ἡγεμονικόν allerdings vom Seelen*teil* hin zum ganzen Empfindenden, zum eigentlichen Ich des Menschen. So verwendet Orig., *In Is. hom.* 6,5 [ed. Fürst/Hengstermann 2009, 271–272] den Begriff „als das ‚Herz' (in einem Pascals ‚cœur' verwandten Sinne), das, von Gott erleuchtet, allein für göttliche Geheimnisse rezeptionsfähig ist, d.h. das Hegemonikon avanciert zu einer Art Prinzip menschlicher Verinnerlichung." (Kobusch 1974, 1030–1031) Vor dem Hintergrund von Gregors philosophischer Bildung ist es durchaus denkbar, dass er dem stoischen Begriff und seinen Vorläufern während seiner Ausbildung begegnet ist. Angesichts seiner Bewunderung für Origenes scheint es jedoch naheliegender, ἡγεμονικόν bei Gregor im Sinn seines theologischen Vorbildes zu lesen.

10 Norris 1991, 218 erkennt darin eine Anspielung auf Ps 45,11, wo es heißt: σχολάσετε καὶ γνῶτε ὅτι ἐγώ εἰμι ὁ θεός. Wenn auch mit dem Verb σχολάζω nur eine schwache Parallele gegeben ist, so besteht thematisch doch eine Nähe zwischen dem Psalm und Gregors Rede: In Ps 45,10 wird Gott als derjenige bezeichnet, der Kriege beendet und Kriegsmaterial vernichtet. Die Auf-

urteilen. Weiter ist es nicht vor allen Hörern (οὐδὲ πᾶσιν) möglich, Theologie zu treiben. Es kommen nur diejenigen in Frage, welche die Sache ernsthaft und aufrichtig (διὰ σπουδῆς) angehen. Und schließlich lässt sich nicht über alle Dinge (οὐδὲ πάντα) philosophieren, sondern nur über das, was sowohl für einen selbst zugänglich (ἐφικτός) als auch den Fähigkeiten der Hörer angemessen ist. Diese Fähigkeiten reichen nach Gregors Verständnis nicht bei allen Menschen gleich weit. Und unangemessene Themen können für die Zuhörer auch Gefahren bergen.

Gregor bearbeitet die skizzierten Themen in seiner Rede nicht in der Reihenfolge, die er in der Einleitung beschreibt. Er beginnt mit der Frage nach dem *Wann?* (Abschnitt 4), fährt fort mit dem *Vor wem?* (Abschnitte 5–6), mit dem *Wer?* (Abschnitte 7–8) und behandelt zuletzt die Frage nach den *Worüber?* (Abschnitte 9–10).[11] Gregor beschreibt dadurch eine Steigerung von den einfacheren und harmloseren zu den schwierigeren und gewichtigeren Themen.

1.2 Die richtige Zeit (*or.* 27,4)

Wann also ist die richtige Zeit für die Theologie? Gregor unterscheidet zwischen „Gottes eingedenk sein" (μεμνῆσθαι Θεοῦ) und „Theologie treiben" (θεολογεῖν). Ersteres ist zu jeder Zeit angebracht, ja sogar notwendig, Letzteres jedoch nur zu bestimmten Zeiten. Was er unter „Gottes eingedenk sein" versteht, veranschaulicht Gregor mit Zitaten aus der Heiligen Schrift: Man soll „Tag und Nacht nachsinnen" (μελετᾶν ἡμέρας καὶ νυκτὸς, vgl. Ps 1,2), also Gott innerlich zu jeder Tages- und Nachtzeit meditieren;[12] man soll am Abend, am Morgen und am Mittag von Gott erzählen und künden (ἑσπέρας καὶ πρωὶ καὶ μεσημβρίας διηγεῖσθαι, vgl. Ps 54,18); und man soll Gott zu jeder Zeit preisen (εὐλογεῖν τὸν κύριον ἐν παντὶ καιρῷ, vgl. Ps 33,2). Durch die Wahl dieser drei Psalmzitate beschreibt Gregor eine zweifache Steigerung: Die Abfolge „meditieren" – „erzählen" – „preisen" macht deutlich, dass „μεμνῆσθαι Θεοῦ" neben der stillen, innerlichen Auseinandersetzung auch den äußerlich vernehmbaren Ausdruck umfasst – dazu gehört besonders auch die liturgische Verehrung Gottes. Gleichzeitig betont er mit der Aufzählung „Tag und Nacht" – „am Abend, am Morgen und am Mittag" – „zu jeder Zeit", dass man sich

---

forderung „σχολάσετε" lässt sich dort im Sinne von „lasst ab vom Kriegstreiben" bzw. allgemeiner „von den Dingen der Welt, die die Menschen beschäftigen" verstehen. Vor dem Hintergrund des Streits, den Gregor mit seinen Gegnern führt, ergibt das Psalmzitat Sinn.

11 Norris 1991, 32 sieht eine Verbindung zwischen dieser Aufzählung und der Stasislehre des Hermogenes (ca. 160–225), die Gregor während seines Studiums in Athen bei Himerios kennengelernt hat und an der er sich seiner Meinung nach auch hier orientiert.

12 „Auch ich stimme mit denen überein, die das Schriftzitat empfehlen, nach dem man Tag und Nacht meditieren soll" (Κἀγὼ τῶν ἐπαινούντων εἰμὶ τὸν λόγον, ὃς μελετᾶν „ἡμέρας καὶ νυκτὸς διακελεύεται") sagt Gregor in *or.* 27,4 [FC 22, 74.12–14]. Er nimmt damit nicht nur ein bekanntes Psalmwort auf, sondern markiert auch seine Nähe zur Tradition des Mönchtums, wo das unablässige Gebet zum Lebensideal gehörte.

Gott in jedem Moment vergegenwärtigen soll.[13] Anders verhält es sich mit dem „Theologietreiben" (θεολογεῖν).[14] Gregor hält weder die Theologie (θεολογία) noch die Lehre (διδασκαλία) für verwerflich, wohl aber die falsche Zeit dafür (ἀκαιρία) und die Maßlosigkeit (ἀμετρία). Offensichtlich befindet sich das Theologietreiben, zu dem auch die Lehre gehört, auf einer anderen Ebene als das Gottes-Eingedenksein. Letzteres beschreibt eine bestimmte Lebensweise, die ernsthaftes theologisches Nachdenken überhaupt erst ermöglicht: Es umfasst nach Gregors Verständnis die praktischen Aspekte christlichen Lebens. Was Gregor hingegen unter Theologietreiben versteht, sagt er selbst nicht ausdrücklich. Es liegt aber nahe, dass es im Gegensatz zum Nachsinnen, Künden und Preisen eine intellektuelle, sich an den Gesetzen der Logik orientierende Auseinandersetzung mit Gott meint.[15]

1.3 Die richtigen Hörer (*or.* 27,5–6)

Um Theologie zu treiben, ist neben der richtigen Zeit auch ein bestimmtes Umfeld, eine bestimmte Hörerschaft (ἀκοή) nötig.[16] Zur Eröffnung dieses Themas spricht Gregor die Zuhörer seiner Rede mit „Freunde und Brüder"[17] an. Nach der kämpferischen Einleitung in die Rede kommt diese Anrede zunächst unerwartet. Auf den ersten Blick scheint es möglich, dass Gregor hier nur die in seiner Sicht rechtgläubigen Christen anspricht, während er seine theologischen Gegner als derart weit vom Weg abgekommen betrachtet, dass sie mit den Heiden auf einer Stufe stehen. Da er als Erläuterung zur Anrede „Freunde und Brüder" aber schreibt: „ich nenne euch nämlich trotzdem Brüder, auch wenn ihr euch nicht brüderlich benehmt",[18] könnte auch der Eindruck entstehen, dass Gregor seine theologischen Gegner zu vereinnahmen und eine Art christlicher Übereinstimmung gegenüber Nichtchristen

---

13 Ein viertes Zitat, „κοιταζόμενον, διανιστάμενον, ὁδοιποροῦντα" (Dtn 6,7) drückt mit den unterschiedlichen menschlichen Tätigkeiten „Niederlegen", „Weggehen" und „auf der Straße Gehen" ebenfalls die die Ununterbrochenheit aus, die das Eingedenksein Gottes auszeichnen soll.

14 So übersetzt, meines Erachtens treffend, Sieben 1996, 75; möglich wäre auch das deutsche Verb „theologisieren", das allerdings im heutigen Sprachgebrauch eine abwertende Färbung annehmen kann.

15 Die Unterscheidung zwischen dem Theologietreiben (θεολογεῖν) und dem Eingedenksein Gottes (μεμνῆσθαι Θεοῦ) bestimmt maßgeblich die Struktur der vorliegenden Arbeit. Hier, im ersten Teil, geht es um die Theologie. Gegenstand des zweiten Teils sind Gregors Aussagen über die praktischen Aspekte christlichen Lebens.

16 Gregor stellt die Zuhörerschaft (ἀκοή) und den Theologen (θεολόγος) einander als zwei Größen gegenüber. Bei Letzterem ist wohl nicht zuerst an einen Theologen im Sinn der modernen Berufsbezeichnung zu denken. Vielmehr dürfte Gregor darunter grundsätzlich einen Menschen verstehen, der öffentlich Aussagen zu theologischen Fragen macht, so wie er es selbst in der Anastasia-Kirche in Konstantinopel tut.

17 Greg. Naz., *or.* 27,5 [FC 22, 76.3]: ὦ φίλοι καὶ ἀδελφοί.

18 Greg. Naz., *or.* 27,5 [FC 22, 76.3–4]: ἀδελφοὺς γὰρ ὑμᾶς ἔτι καλῶ, καίπερ οὐκ ἀδελφικῶς ἔχοντας.

herzustellen versucht. In Wirklichkeit verhält es sich mit der Zuordnung aber wesentlich komplexer. Dies wird im Verlauf von *or.* 27,5–6 deutlich.

Gregor mahnt zu Vernunft (λογισμός) sowie zu Diskretion und Zurückhaltung (εὐλαβεία) in theologischen Angelegenheiten[19] und warnt, man müsse innerhalb der eigenen Grenzen (εἴσω τῶν ἡμετέρων ὅρων) philosophieren. Das bedeutet in diesem Zusammenhang: nicht vor jeder Zuhörerschaft, unabhängig davon, ob diese einheimisch oder fremd, feindlich oder freundlich gestimmt ist. Von wem er sich hier distanziert, sagt Gregor ausdrücklich nicht. Offenbar ist ihm daran gelegen, dass weder die Zugehörigkeit zu bestimmten ethnischen Gruppen noch persönliche Sympathien und Abneigungen dafür ausschlaggebend sind, ob jemand richtig philosophiert. Die Grenze, von der Gregor spricht, muss auf einer anderen Ebene verlaufen.

Gregor befürchtet, dass diejenigen, welche „in ihren eigenen Lehren die Kraft nicht haben",[20] sich seine eigenen Schwächen zu Nutze machen und sie gegen ihn verwenden könnten. Es gilt deshalb zu vermeiden, dass theologische Themen vor profanen bzw. ungeheiligten Hörerschaften (βεβήλους ἀκοαί) verhandelt werden. Außerdem ist darauf zu achten, dass über die geheimnisvollen Dinge in einer dem Geheimnis angemessenen Weise und über heilige Dinge in heiliger Weise gesprochen wird.[21] Theologische Fragen sollen im Geheimen (μυστικῶς), also nicht in der Öffentlichkeit verhandelt werden.[22] Doch die Bedeutung von „geheim" erschöpft sich nicht in der Nichtöffentlichkeit: Auch das „große Geheimnis" (μέγα μυστήριον) aus *or.* 27,2 ist den Hörern und Lesern der Rede noch im Sinn und klingt hier mit. In der „heiligen Weise" des Sprechens lässt sich zudem die Wortgruppe „meditieren", „erzählen" und „preisen" mithören, die das ständige Eingedenksein Gottes umschreibt.[23]

In der Theologie ist denn auch beim Schweigen (σιωπή) und beim Wort (λόγος) besonderer Anstand angebracht.[24] Als Gegensatz zum Schweigen liest sich λόγος zunächst noch als „Wort" oder „Rede". Doch wenn Gregor fortfährt: „Denn zusammen mit den anderen Namen und Kräften Gottes halten wir auch den Logos in

---

19 Dabei verwendet er, wohl in Anlehnung an Plat., *Phaidr.* 246 [ed. Buchwald 1964, 58], das sprachliche Bild von hitzigen Pferden.

20 Greg. Naz., *or.* 27,5 [FC 22, 76.16–17]: οὐκ ἐν τοῖς ἑαυτῶν δόγμασιν ἔχουσι τὴν ἰσχύν.

21 Greg. Naz., *or.* 27,5 [FC 22, 78.2–3]: μυστικῶς τὰ μυστικὰ φθέγγεσθαι, καὶ ἁγίως τὰ ἅγια. Es handelt sich um einen klassischen *Parallelismus Membrorum*. Die Bedeutung des Adverbs „μυστικῶς" reicht nach Lampe 1961, 894 von „secretly" über „mystically" bis hin zu „sacramentally", „spiritually" und „mysteriously". Außerdem kann es in der Liturgie auch „in a low voice", „mit leiser Stimme" bedeuten.

22 Gregor verdeutlicht das, indem er das Beispiel antiker Mysterienkulte anführt, deren Mitglieder auf Geheimhaltung großen Wert legten (Greg. Naz., *or.* 27,5 [FC 22, 78.37]); vgl. Sieben 1996, 78, Anm. 35.

23 Vgl. Greg. Naz., *or.* 27,4.

24 Vgl. Greg. Naz., *or.* 27,5 [FC 22, 78.7–10].

Ehren",[25] beginnt der Begriff auch hier wieder zu schillern. Gregor spielt mit dem Wort, und indem er es nicht in eine Richtung festlegt, macht er den Zusammenhang zwischen dem gesprochenen Wort und dem Logos, durch den sich Gott in der Welt offenbart, umso stärker.

Als Beispiele für heikle theologische Gebiete nennt Gregor die „Zeugung und Schöpfung Gottes" (γέννησις Θεοῦ και κτίσις) sowie „Gott aus den nicht-seienden Dingen" (Θεός ἐξ οὐκ ὄντων).[26] Doch in der Theologie geht es nicht nur um inhaltliche, sondern auch um methodische Fragen. Dafür stehen die Begriffe „Trennung" (τομή), „Dihärese" (διαίρεσις) und „Analyse" (ἀνάλυσις), die dem gebildeten spätantiken Hörer augenblicklich die griechische Philosophie, verkörpert durch ihre beiden prominentesten Vertreter Platon und Aristoteles, ins Gedächtnis rufen.[27] Gregor ist überzeugt: Wer theologische Fragen nur kleinlich und exakt untersuchen und nach den Methoden der griechischen Philosophen erörtern will,[28] braucht gar nicht erst ins Gespräch einzusteigen. Sonst ist es, als würde man den eigenen Ankläger zum Richter erklären. Denn: Dem Geheimnis Gottes ist mit reiner Logik niemals beizukommen.

Nicht nur für die Theologen selbst, sondern für alle, die mithören wollen, sieht Gregor neben der methodischen Übereinstimmung auch gewisse moralische Voraussetzungen, die für die Beschäftigung mit Theologie nötig sind. Wer sich in diesen Belangen noch auf einer niederen Stufe befindet,[29] ist weder des Philosophierens noch des Zuhörens würdig. Hintergrund dieser Aussage dürfte sein, was bereits in der Einleitung der Rede zur Sprache kam: Wer Theologie treiben will, muss seelisch und körperlich möglichst rein sein.[30] So unterscheiden sich die reinen und dadurch geheiligten Hörer von der profanen Hörerschaft.

---

25 Greg. Naz., *or.* 27,5 [FC 22, 78.9–10]: ὅτι καὶ λόγον πρεσβεύομεν μετὰ τῶν ἄλλων τοῦ Θεοῦ προσηγοριῶν καὶ δυνάμεων.

26 Vgl. Greg. Naz., *or.* 27,6 [FC 22, 78.12–14]. Sieben 1996, 79, Anm. 37 erkennt in dieser Aufzählung „bekannte Schlagworte aus innerchristlichen Kontroversen, vor allem im Zusammenhang mit dem Arianismus." Dies trifft nur teilweise zu. Mindestens mit den letzten beiden Begriffen, διαίρεσις und ανάλυσις, zielt Gregor auf die griechische Philosophie.

27 Bei διαίρεσις handelt es sich um Platons Methode der Begriffseinteilung: Durch immer weitere Gliederung bzw. meistens Zweiteilung (διχοτομία) werden die speziellen auf immer allgemeinere Begriffe zurückgeführt. Nach Platons Denken kann man auf diese Weise im Idealfall bis zum „untersten, nicht mehr weiter teilbaren Artbegriff (ἄτμητον εἶδος)" vordringen (vgl. Hager 1974, 242–244). Die ἀνάλυσις stellt ihrerseits den methodischen Kern von Aristoteles' Beweis- und Methodenlehre dar. Als logisches Denken in Form von Syllogismen steht die Analyse in der Spätantike als Inbegriff für Wissenschaftlichkeit (vgl. Oeing-Hanhoff 1971, 232–248).

28 Greg. Naz., *or.* 27,6 [FC 22, 78.13–14]: ὁ πικρὸς τῶν λεγομένων ἐξεταστής.

29 Was das bedeutet, veranschaulicht Greg. Naz., *or.* 27,6 [FC 22, 78.16–20] mit kulturellen und religiösen Eigenheiten, die üblicherweise den Griechen (hier im Sinn von „Heiden") zugeschrieben werden. Als Beispiele nennt er: Ehebruch (μοιχεία), Knabenliebe (παιδοφθορία), Verehrung der Leidenschaften (προσκυνῶν τὰ πάθη) sowie die Unfähigkeit, sich mit den Gedanken über den Körper zu erheben (μηδὲν ὑπὲρ τὸ σῶμα διανοηθῆναι) und die Vorstellung von Göttern, die ihrerseits für beschämende Handlungen bekannt sind (ἑαυτῷ στήσας θεούς, καὶ τούτους ἐπὶ τοῖς αἰσχίστοις γνωριζομένους).

30 Vgl. Greg. Naz., *or.* 27,3 [FC 22, 72.1–5].

In seinen Ausführungen vermeidet es Gregor bewusst, darüber zu urteilen, wer zu der guten und wer zu der profanen Hörerschaft gehört, denn dies muss jeder für sich entscheiden. Das Kriterium ist zum einen, ob jemand Gregors Vorstellung dessen, *wie* philosophiert werden soll, teilt. Zum anderen ist es die geistliche Lebensführung der Beteiligten. Wer in beiden Bereichen, also im methodischen wie im ethisch-moralischen, auf der richtigen Seite steht, darf sich zu den anfangs (*or.* 27,5) angesprochenen Freunden und Brüdern zählen.

1.4 Der richtige Theologe (*or.* 27,7–8)

Nachdem die Frage nach der Zuhörerschaft geklärt ist,[31] wendet Gregor den Blick auf sich selbst, auf den Theologen (ὁ θεολόγος), den er mit einer Statue (ἀνδριάς) vergleicht: Daran gilt es nun zu schnitzen, feilen und schleifen, um das Idealbild des Theologen erstrahlen zu lassen.[32] Wie bereits in der Frage nach der Hörerschaft kommt Gregor auch hier einerseits auf die Methoden und andererseits auf die ethisch-moralischen Voraussetzungen der Theologie zu sprechen. Jetzt, wo es um den idealen Theologen geht, wird er sogar noch deutlicher und fragt: „Was soll der übermäßige Ehrgeiz und das Reden bis die Zunge fransig ist, wenn es um den Logos geht?“[33] Denn obwohl er selbst außerordentlich sprachgewandt ist, stört sich Gregor in der Theologie am Überfluss der Worte: Theologe ist nicht, wer „die Hände faltet und die Zunge bewaffnet.“[34]

Gefragt sind vielmehr eine innere Haltung und das Einüben einer entsprechenden christlichen Lebensführung, zu der Gastfreundschaft, Bruder- und Gattenliebe, Jungfräulichkeit, Armenfürsorge, Psalmengesang, Nachtwachen, Bußtränen, Fasten und die Annäherung an Gott durch das Gebet gehören – alles Glaubensäußerungen, die in der Heiligen Schrift bezeugt sind und in den Evangelien auch Jesus Christus zugeschrieben werden.[35] Außerdem soll der Theologe den Körper dem Geist unterordnen, das Leben zu einer Einübung in den Tod machen und Herr der Leidenschaften werden.[36] Die ganze Passage ist geprägt von Verben in der ersten Person Plural – Gregor konstruiert ein rhetorisches Wir, das ihn selbst und die Zuhörer

31 Gregor verwendet das biblische Bild von den Dämonen, die in die Schweineherde fahren und in den Abgrund stürzen (Mk 5,9–13; Lk 8,30–33).

32 Nach Sieben 1996, 80, Anm. 39 steht hinter diesem Bild möglicherweise Plot., *Enn.* I 6,9 [ed. Bréhier 1954, 105] oder von Plat., *pol.* 2,361d [ed. Rufener/Szlezák, 114–115].

33 Greg. Naz., *or.* 27,7 [FC 22. 80.14–15]: τίς ἡ τοσαύτη περὶ τὸν λόγον φιλοτιμία καὶ γλωσσαλγία; Bei γλωσσαλγία handelt es sich um eine Wortschöpfung Gregors.

34 Greg. Naz., *or.* 27,7 [FC 22. 80.15–16]: τί τὰς χεῖρας δήσαντες τὰς γλώσσας ὡπλίσαμεν;

35 Vgl. dazu Gregors Ausführungen zur asketischen Praxis unten, S. 182–196.

36 Vgl. Greg. Naz., *or.* 27,7 [FC 22, 80.14–82.9]. Neben biblisch verankerten Bestandteilen gelebten Glaubens nimmt Gregor hier auch Elemente aus der griechischen Philosophie auf. Deutlich spürbar ist der platonisch-neuplatonische Materie-Geist-Dualismus. Die Äußerung über das Leben als Einübung in den Tod entnimmt Gregor Plat., *Phaid.*, vgl. unten, S. 195, Anm. 127.

seiner Rede einschließt. Die ermahnenden Worte gelten sowohl seinen Anhängern als auch den theologischen Gegnern.

Nach dem Blick auf die Lebensführung des Theologen behandelt Gregor nun das Thema der theologischen Wege (ὁδοὺς) bzw. Methoden – dies nun allerdings in einer ganz anderen sprachlichen Form: Hatte er zuvor vorwurfsvoll ermahnende Worte gefunden, legt er seine Gedanken nun in Form eines sokratischen Dialogs dar. Gregor stellt damit seine griechische Bildung und den souveränen Umgang mit dem klassischen Erbe unter Beweis. Er spricht den erdachten Gesprächspartner direkt in der Du-Form an und nennt ihn, wenig schmeichelhaft, einen Dialektiker und Schwätzer (διαλεκτικὲ καὶ λάλε). „Ein paar kleine Dinge" (τὶ μικρόν) will er ihn fragen, und fordert ihn mit den Worten zur Antwort auf, mit denen Gott im Hiobbuch von Hiob verlangt: „Du aber antworte!"[37] Diese Anlehnung und die Bezeichnung Gottes als „der sich durch Sturm und Wolken hindurch kundtut"[38] ist sicher nicht zufällig: In der sogenannten ersten Gottesrede antwortet Gott auf Hiobs Klagen und Vorwürfe. Dabei wird Gottes Übermacht und Unermesslichkeit im Gegensatz zu der menschlichen Ohnmacht und Begrenztheit betont. Anhand der Ordnung der Schöpfung kann der Mensch die Macht und Größe Gottes erahnen, doch niemals in ihrer Ganzheit erfassen. Gott bleibt hinter dem Schöpfungswirken verborgen. Er teilt sich Hiob zwar aus dem Sturm und aus den Wolken mit, doch gleichzeitig bleibt er darin verhüllt.[39] Mit diesem Schriftzitat nimmt Gregor die Pointe des folgenden Dialogs bereits vorweg: Verstand und Theorie (λόγος καὶ θεωρία) allein sind kein verlässlicher Weg zur Erkenntnis Gottes.[40]

In seinem Dialog entfaltet Gregor nun die Frage nach den Wegen der Annäherung an Gott und verwendet dazu das biblische Bild der „Bleiben bzw. Wohnungen bei Gott" (μοναὶ παρὰ τῷ Θεῷ): Bei Gott gibt es viele Wohnungen (Joh 14,29), die alle bezogen werden müssen; die Wohnungen sind die Ruhe (ἀνάπαυσιν) und Herrlichkeit (δόξα), die dort drüben (ἐκεῖθεν) für die Seligen (μακαρίοις) bereitliegen.[41] Die Wege (ὁδοὺς) zu den Wohnungen sind die verschiedenen πολιτεῖαι

37 Greg. Naz., *or.* 27,8 [FC 22, 82.16]: σὺ δὲ ἀποκρίναι (vgl. Hi 38,3: σὺ δέ μοι ἀποκρίθητι).

38 Greg. Naz., *or.* 27,8 [FC 22, 82.16–17]: ὁ διὰ λαίλαπος καὶ νεφῶν χρηματίζων (vgl. Hi 38,1: εἶπεν ὁ κύριος τῷ Ιωβ διὰ λαίλαπος καὶ νεφῶν).

39 Im Alten Testament gilt der Sturm als Zeichen der Erscheinung Gottes. Der Gottesname יהוה wurde in der Forschung immer wieder mit „Sturm" und „Brausen" in Verbindung gebracht und es bestehen wichtige Hinweise darauf, dass der Gott, der Hiob antwortet, „Züge eines altorientalischen Sturmgottes hat", vgl. Ritter-Müller 2000, 142–145. Es ist gut möglich, dass Gregor die alttestamentliche Nähe zwischen יהוה und dem Sturm bewusst war. Darüber hinaus liegt hier auch das Bild der Wolke nahe, das er in *or.* 28,2 einführen wird. Ebenfalls zu den Gottesreden im Hiobbuch vgl. Keel 1978.

40 Vgl. Greg. Naz., *or.* 27,8 [FC 22, 84.21–22]. Bisweilen erscheint θεωρία bei Gregor im Sinne der Schau, also der Erfahrung Gottes, so etwa in *or.* 27,3 [FC 22, 72.1–3]. Im Zusammenhang des Textes ist der Begriff hier jedoch eindeutig als „Theorie" (im Gegensatz zur Praxis) zu lesen.

41 Vgl. Greg. Naz., *or.* 27,8 [FC 22, 82.17–84.4]. Mit den Bibelstellen (Kol 1,5; 2Tim 4,8), die Sieben 1996, 85 zum Vergleich angibt, stimmt Gregor zwar dem Sinn nach überein, doch die Parallelen sind so zart, dass sie auch zufällig sein könnten.

und προαιρέσεις – die Begriffe lassen sich hier im Sinn von „Lebensweisen" übersetzen.[42] Diese führen dem Glauben entsprechend an unterschiedliche Orte. Jeder Mensch soll nun nach seinen Möglichkeiten und Fähigkeiten diese Wege gehen. Wenn es aber doch viele Wege zu Gott gibt, warum ist dann in der Schrift die Rede von dem einen, engen Weg (Mt 7,13–14)? So Gregors anschließende Frage. Der fiktive Antwortende deutet das Bild richtig als Tugend, die *eine* ist, auch wenn sie sich in mehrere teilt:[43] Eng ist der Weg der Tugend, weil er nicht von vielen begangen wird, im Gegensatz zum Weg der Schlechtheit (κακία), auf dem sich viele bewegen. Der Weg der Tugend, den Gregor zu Beginn seiner Überlegungen zu Charakter und Lebenswandel des Theologen skizziert hat, orientiert sich am Leben Jesu Christi und ist grundlegende Voraussetzung für jede Art von Theologie. Der Weg zu Gott ist der Weg des einen Christus; die einzelnen Schritte müssen in unterschiedlichen Lebenszusammenhängen immer wieder neu getan werden.[44] Gregor kritisiert, dass sich seine Gegner von allen möglichen Wegen der Annäherung an Gott nur noch an den Weg der Vernunft und der Theorie (λόγος und θεωρία) halten, den er spöttisch als Geschwätzigkeit und Gaukelei (ἀδολεσχία und τεραστεία) bezeichnet. Im Umkehrschluss bedeutet dies jedoch auch, dass Gregor Vernunft und Theorie, wenn ernst- und tugendhaft betrieben, zumindest auch als *einen* möglichen Weg der Annäherung anerkennt.

Gregor zeigt in seinem Dialog, dass das, was für die Zuhörerschaft gilt, in noch höherem Maß auch für den Theologen gilt: Jedem theologischen Nachdenken und Reden muss eine entsprechende christliche Lebensführung vorausgehen. Die intellektuellen Fähigkeiten des Theologen sind wichtig, aber nicht alleine zielführend. Bemerkenswert ist auch, dass Gregor an einer Vielzahl von Wegen zur Annäherung an Gott festhält.

42 Sieben 1996, 85 übersetzt: „Lebensweisen und Lebenspläne", Norris 1991, 222 „patterns of life and avocations." Vgl. Greg. Naz., *or.* 14,5, wo Gregor die verschiedenen Tugenden als verschiedene Wege zum Heil und zu den verschiedenen Wohnungen bei Gott bezeichnet.

43 Greg. Naz., *or.* 27,8 [FC 22, 84.15–16]: Μίαν [ὁδὸν] μὲν διὰ την ἀρετήν· μία γάρ, κἂν εἰς πολλὰ σχίσηται· Hinter dieser Vorstellung der vielen Wege und des einen Wegs steht der Gedanke der Antakoluthie der Tugenden (vgl. dazu Horn 1970, 5–28). Sieben 1996, 84, Anm. 49 führt diese Anspielung Gregors auf die stoische Tugendlehre zurück. Der Gedanke findet sich jedoch bereits vor der Stoa in Aristot., *Eth. Nic.* Z [ed. Gigon/Nickel 2001, 236–269]. Wichtiger dürfte für Gregor aber eine Stelle bei Origenes sein (Orig., *Scholia in Matth.* [PG 17, 304.11–23]). Dieser legt hier das Gleichnis von den zehn Jungfrauen (Mt 25,1–13) auf die menschlichen fünf Sinne hin aus, die insgesamt nur dann gut sein können, wenn auch jeder einzelne Sinn gut ist. Dabei setzt Origenes die Übereinstimmung der einen Tugend mit den einzelnen Tugenden als Referenz voraus. In seinem Denken gehen die Tugenden aus dem Wesen Christi hervor, vgl. Orig., *Scholia in Matth.* [PG 17, 304.15–18]. Für Origenes ist Jesus Christus also vollkommene Tugend. Gregor hat diesen Gedanken übernommen.

44 Gregor wird den Gedanken in *or.* 30,21 [FC 22, 272] wieder aufnehmen.

1.5 Die richtigen Themen (*or.* 27,9–10)

Es bleibt die letzte der vier eingangs gestellten Fragen: Worüber soll, worüber kann man theologisieren? Gregor leitet zu diesem Thema über, indem er das Bild eines idealen Theologen zeichnet – eines Theologen, der so fortgeschritten ist, dass er Gott ebenso nahe gekommen ist wie die großen Figuren der Bibel:

> Sei es also so: Du bist hoch, höher als die hohen Dinge, sogar über den Wolken, wenn du so willst, du siehst Unsichtbares, du hörst Unsagbares, du wirst gerade hinter Elija [in den Himmel] erhoben, du wirst gleich nach Mose der Erscheinung Gottes für würdig befunden, du bist gleich nach Paulus im Himmel.[45]

Diese Einleitung ist gut nachvollziehbar, wenn man bedenkt, dass in Gregors Verständnis Verfassung und Fähigkeiten des Theologen dafür entscheidend sind, worüber und wie weit man Theologie treiben kann. In der Frage nach den Themen, über die man sprechen kann, geht Gregor vom Idealtheologen aus. Damit ist auch klar, dass für Menschen, die erst ein kurzes Stück des Glaubensweges zurückgelegt haben, die weniger rein und in der Schau noch nicht fortgeschritten sind,[46] nur entsprechend harmlosere Themen in Frage kommen.

Ob Gregor Gotteserfahrungen, wie sie in den genannten Schriftzitaten beschrieben werden, grundsätzlich für möglich hält, oder ob er damit deren Unmöglichkeit für Normalsterbliche signalisieren und über seine Gegner spotten will, bleibt hier offen. Doch die Kritik, die er übt, ist eindeutig: Selbst wenn sich jemand für einen überaus begabten Theologen hält, darf er auf keinen Fall schwächere Menschen (ἀσθενεστέρους) dazu verführen, in einer unangemessenen Weise Theologie zu betreiben – zu groß ist die Gefahr, dass die Theologie sich dann in der Dialektik, in der logischen Abhandlung erschöpft.

Erst jetzt kommt Gregor auf die Inhalte der Theologie zu sprechen. „Sind dir die anderen Dinge nichts [wert]?“ fragt er, „Muss die Zunge [d. h. die Sprache] ganz und gar herrschen, und zügelst du nicht den Geburtsschmerz des Wortes?“[47] Offensichtlich hat Gregor Mühe mit Menschen, die dauernd und unkontrolliert reden. Dass Gregor hier nicht mehr nur die Art und Weise der Theologie, sondern auch ihre Inhalte meint, ist zunächst nicht ganz offensichtlich. Deutlich wird es erst, wenn er schreibt: „Du hast doch viele andere ehrenhafte Themen [zur Verfügung].

---

45 Greg. Naz., *or.* 27,9 [FC 22, 86.4–7]: Ἔστω δέ· ὑψηλὸς σύ, καὶ ὑψηλῶν πέρα, καὶ ὑπὲρ τὰς νεφέλας, εἰ βούλει, ὁ τῶν ἀθεάτων θεατής, ὁ „τῶν ἀρρήτων“ ἀκροατής, ὁ μετὰ Ἠλίαν μετάρσιος, καὶ ὁ μετὰ Μωσέα θεοφανείας ἠξιωμένος, καὶ μετὰ Παῦλον οὐράνιος. Gregor spielt auf eine ganze Reihe von Bibelstellen an, so Ex 3,2; 19,20; 33,18–23; 2Kön 2,11 und 2Kor 12,1–4.

46 Vgl. Greg. Naz., *or.* 27,3 [FC 22, 72.1–3].

47 Greg. Naz., *or.* 27,9 [FC 22, 86.18–20]: Καὶ οὐδαμοῦ σοι τἆλλα; Καὶ τὴν γλῶσσαν δεῖ δυναστεύειν πάντως, καὶ οὐ κατέχεις τὴν ὠδῖνα τοῦ λόγου;

Dorthin lenke deine Krankheit und es wird Nutzen bringen."[48] Als Beispiele für Themen, in denen Theologen gefahrlos ihre Redefreude ausleben können, nennt Gregor die philosophischen Lehren von Pythagoras über Platon und Epikur bis zu Aristoteles.[49] Doch auch unter den eigenen, sprich: den christlichen Glauben betreffenden Angelegenheiten (περὶ τὰ σά), gibt es Gebiete, über die ohne Gefahr und doch mit einigem Nutzen philosophiert werden kann:

> Philosophiere meinetwegen über die Welt und die Welten, die Materie, die Seele, die besseren und die schlechteren vernunftbegabten Naturen, über Auferstehung, Gericht, Vergeltung und die Leiden Christi.[50]

Gregor lässt in dieser Aufzählung die Frage nach dem Wesen Gottes nicht nur aus, sondern unterscheidet diese Themen sogar ausdrücklich von Gott selbst, indem er schreibt:

> Mit Gott werden wir jetzt kaum in Kontakt kommen, etwas später aber vielleicht vollkommener, in Christus Jesus selbst, unserem Herrn, dem die Herrlichkeit gebührt in Ewigkeit.[51]

Die genannten theologischen Themen gehören zu der den Menschen zugewandten Seite Gottes, zu Gottes Wirkweisen: Sie beschreiben entweder das Geschaffene (Welt, Materie, Seele, vernunftbegabte Naturen) oder aber Gottes Heilswirken an

48 Greg. Naz., *or.* 27,9 [FC 22, 86.20–88.2]:"Ἔχεις καὶ ἄλλας πολλάς τε καὶ φιλοτίμους. Ἐκεῖ τρέψον μετὰ τοῦ χρησίμου τὴν νόσον.

49 Vgl. oben, S. 37 ff. Gregor erlaubt sich hier ein Witzlein: Das „pythagoreische Schweigen" (Πυθαγόρου ἡ σιωπή) (Greg. Naz., *or.* 27,10 [FC 22, 88.3]) spielt auf die Tradition an, nach der die Kandidaten zur Aufnahme in die Philosophenschule ein fünfjähriges Noviziat in Schweigen und Gehorsam absolvieren mussten. Dass Gregor gerade diese Philosophenschule zuerst nennt, ist sicher kein Zufall, wünscht er sich doch für die Theologie insgesamt mehr Ruhe und weniger Gerede. Vgl. McGuckin 2001, 283; Norris 1991, 98.

50 Greg. Naz., *or.* 27,10 [FC 22, 90.9–11]: Φιλοσόφει μοι περὶ κόσμου ἢ κόσμων, περὶ ὕλης, περὶ ψυχῆς, περὶ λογικῶν φύσεων βελτιόνων τε καὶ χειρόνων, περὶ ἀναστάσεως, κρίσεως, ἀνταποδόσεως, Χριστοῦ παθημάτων.

Gregor benutzt hier nun nicht mehr βάλλε μοι („falle meinetwegen her über") wie bei den zuvor genannten Philosophenschulen, sondern φιλοσόφει μοι. Sieben 1996, 91, Anm. 75 und 76 verweist für die Auflistung der „erlaubten" theologischen Gebiete auf Orig., *princ.* I praef. 5–10 [TzF 24, 92–98] sowie auf Gregors *or.* 2,35 f. Tatsächlich findet sich in *or.* 2,35–36 eine Aufzählung von Themen, welche diejenigen in *or.* 27,10 enthält; allerdings werden dort noch weitere Themen genannt, die hier nicht begegnen – so das für Gregor enorm wichtige Thema der Trinität. Bei Origenes kommen die Themen zwar ebenfalls vor, allerdings auch hier nicht isoliert, sondern neben anderen in der einleitenden Inhaltsangabe zu seinen Prinzipienbüchern. Meines Erachtens ist es daher unwahrscheinlich, dass Gregor die Themenliste von Origenes übernommen hat. Viel eher handelt es sich bei Gregors *or.* 27,10 um eine Aufzählung von gängigen theologischen Themen, welche das Wesen Gottes und die Trinität freilich bewusst auslässt.

51 Greg. Naz., *or.* 27,10 [FC 22, 90.13"15]: Θεῷ δὲ ἐντευξόμεθα, νῦν μὲν ὀλίγα, μικρὸν δὲ ὕστερον ἴσως τελεώτερον, ἐν αὐτῷ Χριστῷ Ἰησοῦ τῷ κυρίῳ ἡμῶν, ᾧ ἡ δόξα εἰς τοὺς αἰῶνας·

Während sich ὀλίγος im klassischen Griechisch eher mit „wenig" übersetzen lässt, hat das Wort in der Sprache des Neuen Testaments stärker die Bedeutung „kaum" angenommen.

den Menschen (Auferstehung, Gericht, Vergeltung, Leiden Christi).[52] Im Gegensatz dazu bleibt Gott selbst ganz verborgen. Darüber, ob das so bleiben muss, äußert sich Gregor nur sehr zurückhaltend: „Vielleicht vollkommener" werden wir Gott nahe kommen – und wenn, dann in Jesus Christus selbst. Wann dies geschehen soll, sagt er nicht. Hier muss deshalb offen bleiben, ob die tiefere Erkenntnis und Annäherung an Gott in den folgenden Reden zu erwarten ist,[53] ob sie den gläubigen Menschen am Ende seines Erdenlebens oder sogar bei der Wiederkunft Christi erwartet. Für letzteres spricht die Tatsache, dass Gregor die Schlussdoxologie aus Offb 1,6 übernimmt. Indem er ganz am Schluss von *or.* 27,10 in das Lob Christi einstimmt, schließt Gregor den Bogen, den er in *or.* 27,4 zu spannen begann: Dort hatte er dazu aufgefordert, Gott zu jeder Zeit zu meditieren, von Gott zu künden und ihn zu preisen. Jetzt, wo er genau das tut, ist der Boden für die nächste *Theologische Rede* geebnet.

1.6 Zwischenfazit

Gegenstand der fünf Theologischen Reden *ist die Theo-logie im eigentlichen Sinn des Wortes: die Rede von Gott. Um Theologie zu treiben – also, um für die Verhüllung und die Offenbarung Gottes eine möglichst angemessene Sprache zu finden – sind, so Gregor, bestimmte Voraussetzungen nötig. In seiner* Ersten Theologischen Rede *legt er diese Voraussetzungen dar. In Gregors Augen sind für die Theologie erstens die richtige Zeit, zweitens die richtigen Beteiligten – sowohl Theologen als auch Zuhörende – und drittens die richtigen Themen nötig.*

Die Theologie bedarf des richtigen Augenblicks (καιρός), sie braucht begrenzte Zeiten ohne Ablenkung.

Ob das theologische Nachdenken und Sprechen gelingt, hängt maßgeblich von der Verfassung der beteiligten Menschen ab: Sowohl die Theologen als auch die Zuhörenden müssen sich durch ihre Lebenspraxis, die für Gregor immer auch eine asketische Lebensführung ist, gereinigt haben, bevor sie sich mit der Theologie beschäftigen. Außerdem müssen sie sich darüber im Klaren sein, dass ihr eigenes Erkenntnisvermögen äußerst beschränkt ist.

Schließlich lassen sich auch dann, wenn die Voraussetzungen zur Theologie ideal sind, nicht alle theologischen Fragen gleich weit ergründen. Gregor unterscheidet zwischen Themen, die die Schöpfung oder Gottes Heilswirken betreffen, und Gott selbst. Erstere sind dem Menschen und seinem Verstehen zumindest theoretisch zugänglich. Gott selbst bleibt hingegen verborgen, ist jenseits der Welt und steht damit über jedem Verstehen. Wenn auch nicht ausdrücklich, unterscheidet Gregor hier in der Sache doch

52 Auf die Ökonomie (οἰκονομία) Gottes wird Gregor in *or.* 29,18 zurückkommen. Dort steht sie im Gegensatz zum Wesen (οὐσία) Gottes, das verborgen bleibt. Zur Unterscheidung zwischen Fragen, über die zu diskutieren sich lohnt, und anderen, die das Vermögen der Menschen bei Weitem übersteigen, ruft Gregor auch in *or.* 22,11 [SC 270, 242] auf.

53 So vermutet es Sieben 1996, 91, Anm. 77.

zwischen dem erfahrbaren Wirken und dem unfassbaren Wesen Gottes. Er wird diese Unterscheidung in den kommenden Reden weiter ausführen und verfeinern.

Gregor äußert grundsätzliche Skepsis gegenüber einer allzu großen Selbstverständlichkeit im Umgang mit dem Logos (λόγος). Der Begriff Logos ist dabei in seiner ganzen Bedeutungsvielfalt zu verstehen: Logos als Wort Gottes – also als Gottes Äußerung und Hinwendung zur Welt, als Offenbarung und als Jesus Christus – aber auch Logos als das menschliche Wort und insbesondere die menschliche Rede von Gott. Weder das eine noch das andere darf so behandelt werden, als könnte der Mensch darüber verfügen. Denn es liegt in der Natur der Theologie, dass sie sich mit Fragen beschäftigt, die sie letztlich nicht beantworten kann. Wo immer in der Theologie vor allem von Dingen gesprochen wird, die der Mensch zu verstehen und auf die er eine Antwort zu haben glaubt, ist nach Gregors Einschätzung Misstrauen angezeigt.

Gregor unterscheidet grundsätzlich zwischen dem „Theologietreiben" (θεολογεῖν) und dem „Eingedenksein Gottes" (μεμνῆσθαι Θεοῦ). Während er unter ersterem eine sprachlich-intellektuelle und logische Auseinandersetzung mit dem Göttlichen versteht, umfasst letzteres die praktische Lebensweise eines Christen, einer Christin. Diese Unterscheidung, die mit unterschiedlichen Weisen der Rede von Gott einhergeht, wird in den folgenden Kapiteln weiter entfaltet. Bereits hier, in der Ersten Theologischen Rede, *wird aber deutlich: Auch wenn es sich bei der Theologie und dem gelebten Glauben um zwei grundlegend verschiedene Dinge handelt, dürfen diese auf keinen Fall voneinander getrennt werden. Gregor fordert eindringlich eine Übereinstimmung von theologischem Nachdenken und Sprechen und der Lebenspraxis des Theologen, der Theologin. Die richtige Glaubenspraxis muss dem Theologietreiben immer vorausgehen. Nur wer sich das Geheimnis Gottes zu jeder Zeit vergegenwärtigt, darüber meditiert, davon kündet und Gott verehrt und preist, ist der Theologie würdig. Und auch für das Theologietreiben selbst gilt: Jede noch so ausgeklügelte Logik ist für sich allein nutzlos, wenn die beteiligten Menschen nicht körperlich und seelisch gereinigt sind. Ob und wie weit theologisches Denken und Sprechen gelingen, hängt nach Gregors Verständnis ganz direkt mit der inneren Verfassung der Beteiligten zusammen.*

2. Die *Zweite Theologische Rede*

2.1 Reden mit Gottes Wohlwollen, Mitwirken und Inspiration (*or.* 28,1)

Durch die vorangehende Rede ist der Theologe geläutert, die Anforderungen an die Zuhörer sind geklärt, die richtige Zeit für die Theologie steht fest und die Themen sollen dem Fassungsvermögen der Beteiligten entsprechen: In der Einleitung zu *or.* 28 fasst Gregor den Inhalt der vorangehenden Rede kurz zusammen und kündet an, sich nun der Theologie selbst zuzuwenden. Fast scheint es so, als sammle Gregor seine Kräfte, um sich dann ins Abenteuer zu stürzen. Dazu ist auch göttliche Hilfe nötig:

> Auf, lasst uns nun zu der Rede über die Theologie voranschreiten! Schutzpatrone der Rede sollen der Vater, der Sohn und der Heilige Geist sein, um die es in dieser Rede geht, damit der eine uns wohlwollend sei, der andere mitwirke und der dritte uns inspiriere. Oder vielmehr geschehe die eine Erleuchtung aus der einen Gottheit, die in ihrer Vielfalt eine und in ihrer Verbundenheit vielfältig ist, was wiederum paradox ist.[54]

Gregor schreibt den drei Personen der Trinität unterschiedliche Tätigkeiten zu: Zum Vater gehört das Wohlwollen (εὐδοκεῖν), zum Sohn das Mitwirken (συνεργεῖν) und zum Heiligen Geist die Inspiration (ἐμπνεῖν). Die drei Begriffe signalisieren, dass die verschiedenen Aspekte Gottes in unterschiedlicher Nähe bzw. Distanz zum Menschen stehen: Während der Vater mit seinem „Wohlwollen" in einem nicht bestimmten Abstand verbleibt, schwingt im „Mitwirken" des Sohnes die wirkende Nähe Gottes zum Menschen bereits mit. Noch näher kommt Gott dem Menschen im Heiligen Geist: „Inspiration" ist „Ein-blasen"; durch den Heiligen Geist wird Gott dem Menschen innerlich. Zwar ist die Unterscheidung zwischen der Unfassbarkeit und der Erfahrbarkeit Gottes für diese Aussagen keine zwingende Voraussetzung, sie lässt sich damit aber ohne Weiteres vereinbaren: Der sich in größerer Distanz befindende Vater kann dann als diejenige Person der Trinität verstanden werden, die für die Unzugänglichkeit Gottes steht, während der Sohn und der Geist für den Menschen nahbar und erfahrbar werden.[55] Klar ist für Gregor, dass die Erleuchtung dem Menschen nur durch das Zusammenspiel aller drei göttlichen Personen zuteilwerden kann. Doch das *Wie* dieses Geschehens ist paradox (παράδοξον), es widerspricht im Wortsinn der üblichen Erfahrung und entzieht sich dadurch dem menschlichen Denken und Verstehen.

---

54 Greg. Naz., *or.* 28,1 [FC 22, 92.11–16]: φέρε, τοῖς τῆς θεολογίας ἤδη προσβῶμεν λόγοις, προστησάμενοι τοῦ λόγου τὸν Πατέρα, καὶ τὸν Υἱόν, καὶ τὸ Πνεῦμα τὸ ἅγιον, περὶ ὧν ὁ λόγος, ὥστε τὸν μὲν εὐδοκεῖν, τὸν δὲ συνεργεῖν, τὸ δὲ ἐμπνεῖν· μᾶλλον δὲ μίαν ἐκ τῆς μιᾶς θεότητος γενέσθαι τὴν ἔλλαμψιν ἑνικῶς διαιρουμένην, καὶ συναπτομένην διαιρέτως, ὃ καὶ παράδοξον.

55 Gregor wird auf diese Unterscheidung in seiner *Vierten Theologischen Rede* (*or.* 30,3.5) wieder zurückkommen. Die Zuordnung unterschiedlicher Tätigkeiten zu den einzelnen Personen der Trinität existiert bereits in der zweiten Hälfte des 2. Jahrhunderts. So beschreibt Irenaeus von Lyon das Tun von Vater, Sohn und Geist im Blick auf die Vervollkommnung des Menschen in ähnlicher Weise: Vom Vater kommen das Wohlwollen und die Aufforderung dazu, der Sohn leistet seinen Dienst dazu und der Geist nährt und stärkt den Menschen auf diesem Weg. Er schreibt in Iren. *adv. haer.* IV 38,3 [FC 8/4, 338–339]: Διὰ ταύτης τῆς τάξεως καὶ τῶν τοιούτων ῥυθμῶν καὶ τῆς τοιαύτης ἀγωγῆς, ὁ γενητὸς καὶ πεπλασμένος ἄνθρωπος κατ' εἰκόνα καὶ ὁμοίωσιν γίνεται τοῦ ἀγενήτου Θεοῦ, τοῦ μὲν Πατρὸς εὐδοκοῦντος καὶ κελεύοντος, τοῦ δὲ Υἱοῦ ὑπουργοῦντος καὶ πράσσοντος, τοῦ δὲ Πνεύματος τρέφοντος καὶ αὔξοντος, τοῦ δὲ ἀνθρώπου ἠρέμα προκόπτοντος καὶ ἀνερχομένου πρὸς τὸ τέλειον, πλησίον τουτέστι τοῦ ἀγενήτου γινομένου· (Durch diese Ordnung, derartige Harmonie und solche Leitung wird der geschaffene und geformte Mensch Bild und Gleichnis des ungeschaffenen Gottes, wobei der Vater gutheißt und befiehlt, der Sohn aber wirkt und gestaltet, der Geist ernährt und vermehrt, der Mensch allmählich vorankommt und zur Vollkommenheit aufsteigt, das heißt in die Nähe des Ungeschaffenen gelangt. [Übs. Brox])

2.2 Mitten in die Wolke (*or.* 28,2–4)

Um das göttliche Wesen und um die Frage, ob und wie der Mensch Gott erkennen kann, geht es in *or.* 28,2–21. Gregor eröffnet das Thema fulminant und bilderreich mit der Schilderung des Aufstieges auf den Gottesberg – ein biblisches Bild, das er aus Ex 19 und Ex 24 übernimmt. Gregor identifiziert sich mit Mose, redet in der ersten Person und schmückt die Geschichte reich aus.[56]

Beherzt[57] (προθύμως) und gleichzeitig beklommen (ἀγωνιῶντι) steigt Gregor auf den Berg, mitten hinein in die Wolke, die ihn umgibt, um mit Gott zusammenzukommen (Θεῷ συγγένομαι).[58] Anhand von biblischen Figuren, aber auch von solchen, die er selbst hinzudichtet, zeigt Gregor auf, dass nicht alle Menschen dazu bestimmt und befähigt sind, den Berg zu besteigen, in die Wolke einzudringen und Gott zu begegnen. Entsprechend dem Wert bzw. Maß ihrer Reinheit (κατᾶ τὴν ἀξίαν τῆς καθάρσεως) dürfen sie sich Gott nähern oder müssen ihm fernbleiben: Diejenigen, die Mose sehr nahe sind – wie Aaron –, sollen mit auf den Berg steigen und sogar in die Wolke eintreten; wer den Ältesten gleicht, soll zwar mit auf den Berg kommen, aber der Wolke und den zuckenden Blitzen fern bleiben; die meisten werden den Berg, der gleichzeitig Bedrohung und Wunder (ἀπειλήν τε ὁμοῦ και θαῦμα) ist, nur von unten betrachten können; und die Menschen schließlich, die den wilden Tieren ähnlich sind, müssen dem Berg ganz fern bleiben.[59] Der Logos, der auf dem Berg von den wilden Tieren bzw. den der Theologie unwürdigen Menschen weit entfernt ist, will in „festen steinernen Tafeln eingeschrieben sein",[60] schreibt Gregor.[61] Die Tafeln sind auf beiden Seiten beschrieben, und je nach ihrer Reinheit bekommen die Menschen dann eine oder aber beide Seiten der Gesetzestafeln zu sehen: „Der eine [Teil] ist für die vielen, die unten bleiben, der andere für die wenigen, die oben ankommen."[62] Offenbar stellt sich Gregor Gesetzestafeln vor, auf deren Vorderseite die bekannten biblischen Gesetze eingraviert sind, während

56 Um ca. 390 wird Gregor von Nyssa das Bild in seiner *Vita Moysis* weiter entfalten.

57 So die treffende Übersetzung von Sieben 1996, 93.

58 Das Verb συγγίγνομαι hat laut Lampe 1961, 1266 in erster Linie die Bedeutung „be born with" und wird bei Gregor auch entsprechend benutzt (vgl. Greg. Naz., *or.* 38,4).

59 Vgl. Greg. Naz., *or.* 28,2 [FC 22, 94.3–96.11]. Das Bild vom Berg und vom Aufstieg entsprechend den unterschiedlichen Stufen menschlicher Läuterung steht in direktem Zusammenhang mit Gregors Aussagen über den „richtigen Theologen" in *or.* 27,7–8 [FC 22, 80–86], vgl. oben, S. 57 ff.

60 Greg. Naz., *or.* 28.2 [FC 22,96.11–12]: βούλεται γὰρ τούτων ἀποχωρήσας πλαξὶ στερραῖς καὶ λιθίναις ἐγγράφεσθαι. Vgl. Gen 24,12; 31,18; 32,15–19.

61 Nach Norris 1991, 225 und Sieben 1996, 97 meint Gregor hier mit λόγος seine eigene Rede. Jedoch zwingt der griechische Text keineswegs zu einer solchen Interpretation. Außerdem weiß Gregor sehr wohl um die Unvollkommenheit seiner menschlichen Sprache und wird sich zu solcher Überheblichkeit kaum hinreißen lassen. Er meint hier eindeutig den göttlichen Logos.

62 Greg. Naz., *or.* 28.2 [FC 22,96,14 f.]: τὸ μὲν τοῖς πολλοῖς καὶ κάτω μένουσι, τὸ δὲ τοῖς ὀλίγοις καὶ ἄνω φθάνουσιν.

die spirituelle Dimension der Gesetze auf der Rückseite geschrieben steht und nur von eingeweihten, fortgeschrittenen Gläubigen erkannt werden kann.[63]

Nachdem Gregor in die Rolle des Mose geschlüpft ist und sich damit selbst als einen Theologen höchster Reinheit darstellt, möchte man als Zuhörerin bzw. Leserin gerne erfahren, was sich nun auf dem Gipfel des Berges abspielt: Wem oder was begegnet der Theologe im Innern der Wolke? Wer, was und wie ist Gott? Doch Gregor lässt sich nicht zu Spekulationen hinreißen. Vielmehr bezeichnet er mit reichen Bildern die unüberschreitbare Grenze zwischen Geschöpfen und Gott. Er betont, dass Gott sogar für die fähigsten und am weitesten fortgeschrittenen Theologen immer unerkennbares, unfassbares Geheimnis bleibt:

> Ich lief schnell, um mich Gottes zu bemächtigen, und so kam ich auf den Berg und durchschritt die Wolke und war drinnen, abseits von der Materie und von den materiellen Dingen, und in mir so weit wie möglich gesammelt. Als ich aber hinblickte, sah ich kaum Gottes Rückseite. Und dies obwohl ich gedeckt war durch den Felsen, den für uns Fleisch gewordenen göttlichen Logos.[64]

Hat Gregor hier nur geschickt ein veranschaulichendes Beispiel konstruiert? Oder steht hinter diesem Text tatsächlich ein persönliches mystisches Kontemplationserlebnis? Mindestens sucht er diesen Eindruck zu vermitteln. „So weit wie möglich gesammelt" will Gregor Gott nun endlich begreifen. Gregor erinnert seine Hörerinnen und Leserinnen damit an *or.* 27,3: Der richtige Zeitpunkt für die Theologie ist dann, wenn der Geist nicht mehr durch äußere Dinge aufgewühlt wird, sondern wenn eine innere Ruhe und Klarheit gegeben ist. Der Ort der Begegnung mit Gott ist „abseits von der Materie und den materiellen Dingen". So begegnen in diesem kurzen Textabschnitt gleich zwei Motive aus der Denkwelt des Neuplatonismus: Der Aufstieg auf den Berg erinnert an Plotins Aufstieg der Seele und die Entfernung vom Materiellen ist ein Merkmal der obersten Stufen der neuplatonischen Welt-

63 Vermutlich denkt Gregor dabei an Ex 32,15–19, wo tatsächlich von beidseitig beschriebenen Gesetzestafeln die Rede ist. Dass die eine Seite des Gesetzes für alle und die andere Seite nur für ausgewählte Menschen sichtbar ist, wird in der Bibel jedoch nirgends erwähnt (vgl. Sieben 1996, 96, Anm. 6). Möglicherweise denkt Gregor an Origenes' Aussagen über das geistliche Gesetz. Orig., *princ.* I praef. 8 [TzF 24, 94] schreibt: „De quo totius ecclesiae una sententia est, esse quidem omnem legem spiritalem, nin tamen ea, quae spirat lex, esse omnibus nota nisi his solis, quibus gratia spiritus sancti in verbo sabientiae ac scientiae condonatur." (Darin ist die gesamte Kirche einer Meinung: dass das ganze Gesetz geistlich ist, dass jedoch der geistliche Gehalt des Gesetzes nicht allen bekannt ist, sondern nur jenen, denen die Gnade des heiligen Geistes im Wort der Weisheit und Erkenntnis geschenkt wird.) In eine ähnliche Richtung geht *De principiis* IV 1,6 [TzF 24, 688], wo Origenes schreibt, das Licht des Gesetzes sei durch eine Decke verborgen und leuchte erst durch das Kommen Jesu Christi auf. Ein Anklang an die Unterscheidung zwischen dem Buchstaben des Gesetzes und dessen geistlicher Bedeutung findet sich bereits in Greg. Naz., *or.* 20,2 [SC 270, 60].

64 Greg. Naz., *or.* 28,3 [FC 22, 96.17–22]: Ἔτρεχον μὲν ὡς Θεὸν καταληψόμενος, καὶ οὕτως ἀνῆλθον ἐπὶ τὸ ὄρος, καὶ τὴν νεφέλην διέσχον, εἴσω γενόμενος ἀπὸ τῆς ὕλης καὶ τῶν ὑλικῶν, καὶ εἰς ἐμαυτὸν ὡς οἷόν τε συστραφείς. Ἐπεὶ δὲ προσέβλεψα, μόλις εἶδον Θεοῦ τὰ ὀπίσθια· καὶ τοῦτο τῇ πέτρᾳ σκεπασθείς, τῷ σαρκωθέντι δι' ἡμᾶς Λόγῳ·

ordnung.[65] Gregor beschreibt also den höchstmöglichen Punkt, an den Menschen in der Theologie gelangen können. Der Zeitpunkt ist gut, der Theologe innerlich gesammelt, die Zuhörer, die nicht zum Aufstieg taugen, wurden vom Berg ferngehalten. Im Sinne von *or.* 27 sind die Voraussetzungen für die Erkenntnis Gottes optimal. Endlich wird das Geheimnis um Gottes Wesen gelüftet! Doch die Erwartungen werden nicht erfüllt: Zuoberst auf dem Berg, mitten in der Wolke, ist nicht mehr zu sehen als Gottes Rückseite (Θεοῦ τὰ ὀπίσθια).[66] Gregor übernimmt das Bild aus Ex 33. Dort begehrt Mose, Gottes Herrlichkeit (δόξα) zu sehen. Als Gott vorüberzieht, stellt er sich in den Schutz eines Felsens und als er hinter Gott herblickt, muss er sich mit dessen Rückansicht begnügen.[67] Wie vor ihm bereits Origenes legt auch Gregor diese Erzählung nicht wörtlich aus, sondern deutet sowohl den Felsen als auch die Rückseite Gottes allegorisch.[68] Der Felsen steht für den „für uns Fleisch gewordenen Logos“ (vgl. Joh 1,14): Jesus Christus ist es, der als Schutz vor der überwältigenden Wirklichkeit Gottes die Nähe zum Geheimnis erst ermöglicht. Gleichzeitig markiert er die Grenze zwischen Mensch und Gott, die selbst der gewandteste Theologe niemals überschreiten kann. Tatsächlich wird Christus so

65 Plotin sieht die Welt als ein hierarchisch geordnetes Ganzes, an dessen Spitze das „Eine“, τὸ ἕν, steht. Aus diesem höchsten Prinzip geht als höchstes Seiendes der Geist, ὁ νοῦς, hervor und aus diesem wiederum die Seele, ἡ ψυχή. Die ganze Welt ist also aus dem Einen hervorgegangen (Plotin spricht von Emanation, Ausfluss) und besteht aus verschiedenen Stufen, wobei jede Stufe aus der nächsthöheren hervorgebracht wurde. Die seelischen und geistigen Wirklichkeiten stehen in dieser Hierarchie ganz oben, die Materie hingegen unten. Der Mensch steht als körperlich-seelische Verbindung dazwischen: Die Seele gehört dem Ewigen an und ist hinabgestiegen in die Welt der Materie und des Körpers. Ziel der Seele ist es, wieder zum Ewigen hinaufzusteigen. Und je näher die Seele ihrem Ursprung kommt, desto weiter ist sie vom Materiellen entfernt, vgl. Ries 2013, 150–152.

66 In Ex 33,23 steht nicht das von Gregor verwendete τὰ ὀπίσθια, sondern τὰ ὀπίσω. Zwar nennt Lampe 1961, 966–967 für beides als Bedeutung „back“ und „hinder parts“, schreibt aber zu τὰ ὀπίσθια ausdrücklich, dass es nicht im wortwörtlichen Sinn gelesen werden dürfe. Wenn Gregor die gleiche Septuaginta vorlag, die auch heute überliefert ist, ist es denkbar, dass er mit Absicht τὰ ὀπίσθια anstelle von τὰ ὀπίσω verwendet, um dadurch einen höheren Abstraktionsgrad zu erreichen. In Ex 33,20–23 wird nicht vom Stein, sondern von der Hand Gottes gesagt, dass sie Mose deckt, das verwendete Wort ist aber auch dort σκεπάζω (decken). Was Moses im Text zu Gesicht bekommt, sind τὰ ὀπίσω. Vermutlich ist diese leichte Verschiebung darauf zurückzuführen, dass Gregor aus dem Gedächtnis zitiert.

67 Vgl. Ex 33,12–23. Dahinter steht die alttestamentliche Überzeugung, dass sterben muss, wer Gott sieht. So gebietet Gott Mose in Ex 19,21, das Volk nicht zum Gottesberg vordringen zu lassen, weil es sonst umkommen würde. Umgekehrt bitten die Israeliten und Israelitinnen Mose in Ex 20,19, er möge an Gottes Stelle zu ihnen sprechen, damit sie nicht sterben müssen. In Lev 16,2 kündet Gott an, im Heiligtum in einer Wolke über der Bundeslade zu erscheinen und warnt zugleich, Aaron dürfe das Zelt nicht zu jeder Zeit betreten, sonst müsse er sterben. Die Warnung gilt auch für alle anderen, die im Heiligtum Dienst tun, vgl. Num 4,20. Nach Dtn 5,24–26 ist unter normalen Umständen sogar das Hören von Gottes Stimme tödlich.

68 Vgl. Orig., *princ.* II 4,3 [TzF 24, 336]: „Das ist natürlich in mystischem Sinne zu verstehen wie alle Worte Gottes.“ (Quae utique cum eo sunt intellegenda sacramento, quo intellegi convenit dicta divina.)

zum Mit-Wirkenden an der Theologie (vgl. *or.* 27,1). Im Schutz des Felsens kommt Gregor Gott so nahe wie menschenmöglich:

> Und wie ich ein wenig hervorlugte, [sah ich] nicht die erste und unvermischten Natur, die von ihr selbst, ich meine von der Trinität, erkannt wird, soweit sie innerhalb des ersten Vorhanges bleibt und von den Kerubim zusammen bedeckt wird, sondern die letzte, die bis zu uns kommt [wörtlich: sondern soweit sie am Ende befindlich ist und bis zu uns kommt]. Sie aber ist, soweit ich erkenne, die Größe in den Geschöpfen und den von ihm hervorgebrachten und verwalteten Dingen, oder, wie der göttliche David es nennt, Herrlichkeit. Diese Dinge sind nämlich die Rückseite Gottes, das, was nach ihm von ihm erkennbar ist, so wie die Schatten und Bilder der Sonne auf den Wassern den schwachen Sehkräften die Sonne zeigt, weil es nicht möglich ist, sie selbst anzuschauen, weil das reine Licht über die Wahrnehmung siegt.[69]

Die „erste und unvermischte Natur"[70] erkennt Gregor nicht. Sie ist das göttliche Wesen (οὐσία) der Trinität und kann nur von ihr selbst erkannt werden. Wie in der biblischen Exoduserzählung steht der Vorhang auch hier für die Verhüllung des Allerheiligsten.[71] Die Botschaft ist eindeutig: Was innerhalb der Trinität geschieht, bleibt innerhalb der Trinität![72] Nur der äußerste Teil von Gott reicht bis in die menschliche Fassungskraft hinein. Gregor erklärt nicht, ob er damit den sich „am weitesten außen" befindenden Teil von Gottes *Wesen* (φύσις) meint, oder etwas, was

69 Greg. Naz., *or.* 28,3 [FC 22, 96.22–98.4]: καὶ μικρὸν διακύψας, οὐ τὴν πρώτην τε καὶ ἀκήρατον φύσιν, καὶ ἑαυτῇ, λέγω δὴ τῇ Τριάδι, γινωσκομένην, καὶ ὅση τοῦ πρώτου καταπετάσματος εἴσω μένει καὶ ὑπὸ τῶν χερουβὶμ συγκαλύπτεται, ἀλλ' ὅση τελευταία καὶ εἰς ἡμᾶς φθάνουσα. Ἡ δέ ἐστιν, ὅσα ἐμὲ γινώσκειν, ἡ ἐν τοῖς κτίσμασι καὶ τοῖς ὑπ' αὐτοῦ προβεβλημένοις καὶ διοικουμένοις μεγαλειότης, ἤ, ὡς ὁ θεῖος Δαυὶδ ὀνομάζει, μεγαλοπρέπεια. Ταῦτα γὰρ Θεοῦ τὰ ὀπίσθια, ὅσα μετ' ἐκεῖνον ἐκείνου γνωρίσματα, ὥσπερ αἱ καθ' ὑδάτων ἡλίου σκιαὶ καὶ εἰκόνες ταῖς σαθραῖς ὄψεσι παραδεικνῦσαι τὸν ἥλιον, ἐπεὶ μὴ αὐτὸν προσβλέπειν οἷόν τε, τῷ ἀκραιφνεῖ τοῦ φωτὸς νικῶντα τὴν αἴσθησιν.

70 Gregor geht von einem Grundsatz der antiken griechischen Philosophie aus: Die erste Natur, das höchste Prinzip lässt in sich keine weitere Unterscheidung oder Teilung zu, sie ist, wie Plotin es sagt, *das Eine*.

71 Das Bild vom Vorhang und von den Kerubim übernimmt Gregor aus Ex 26,31–33 und 36,35–38. Möglich wäre auch eine Anspielung auf die Berufungsvision des Jesaia in Jes 6,1–3, allerdings hätte Gregor dann die Kerubim mit den Serafim verwechselt.

72 Möglich ist, dass Gregor hier die folgende Eun., *Frag. ii* [ed. Vaggione 1987, 178–179] zugeschriebene Aussage über die Erkenntnis Gottes widerlegen will: „God does not know anything more about his own essence than we do, nor is that essence better known to him and less to us; rather, what-ever we ourselves know about it is exactly what he knows, and, conversely, that which he knows is what you will find without change in us." (Übs. Vaggione) (Ὁ θεὸς περὶ τῆς ἑαυτοῦ οὐσίας οὐδεν πλέον ἡμῶν ἐπίσταται, οὐδέ ἐστιν αὕτη μᾶλλον μὲν ἐκείνῳ, ἧττον δὲ ἡμῖν ἀλλ'ὅπερ ἂν εἰδείμεν ἡμεῖς περὶ αὐτῆς, τοῦτο πάντως κἀκεῖνος οἶδεν, ὃ δ' αὖ πάλιν ἐκεῖνος, τοῦτο εὑρήσεις ἀπαραλλάκτως ἐν ἡμῖν.) Allerdings sind von Eunomius keine Schriften direkt überliefert. Das *Fragment ii* stammt aus der *Kirchengeschichte* des Konstantinopolitaner Kirchenhistorikers Sokrates Scholastikos (ca. 381–440). Da die Schriften des Eunomius in der Folge nur von orthodoxen Theologen, die ihn als Häretiker betrachten, überliefert wurden, sind Eunomius-Zitate stets mit Vorsicht zu genießen.

zwar zu Gott gehört, aber nicht Gottes Wesen ist. In den Diskussionen des 14. Jahrhunderts um die göttlichen Energien dürfte diese Aussage von Gregor als Argument für die Existenz göttlicher Energien gedient haben.[73] Tatsächlich bietet die Stelle eine gewisse Offenheit nach dieser Richtung hin. Gregor übersetzt das Bild von der Rückseite Gottes in die Gegenwart seiner Zuhörerinnen und Leserinnen, drückt dabei aber Zurückhaltung und Bescheidenheit aus: „Soweit ich erkenne" (ὅσα ἐμὲ γινώσκειν), schreibt er, handle es sich dabei um die in der Schöpfung wahrnehmbare Größe (μεγαλειότης) Gottes. Diese in der Welt erfahrbare Macht nennt Gregor nach dem Vorbild der Davidspsalmen Gottes „Majestät" (μεγαλοπρέπεια).[74] Er vergleicht sie mit der Sonne, die sich im Wasser spiegelt: Der Bewunderung des Spiels von Schatten und Bildern ist der Mensch gewachsen, nicht jedoch dem direkten Anblick der Sonne. Möglicherweise spielt Gregor hier auch auf Platons Höhlengleichnis an. Allerdings besteht ein gewaltiger Unterschied zwischen dem Gleichnis Platons und der Aussage von Gregor: Platon traut dem Philosophen zu, nach genügend Übung und Gewöhnung mitten ins Sonnenlicht blicken zu können, während Gregor dies gerade für unmöglich hält![75] Mit seinem Vergleich zeigt er deutlich die Grenze auf, die dem menschlichen Begreifen gesetzt ist: So sehr der Lichtglanz auf dem Wasser auch glitzert und leuchtet – er ist dennoch niemals die Sonne. Gregor fasst die Botschaft der Erzählung seines Aufstiegs auf den Berg denn auch so zusammen:

> So also wirst du Theologie treiben, sogar wenn du Moses wärest und der Gott des Pharao[76], sogar wenn du wie Paulus bis zum dritten Himmel gelangtest, oder wenn du unsagbare Worte hörtest. Sogar wenn du höher würdest als jener, wenn du des Stan-

---

73 Lampe 1961, 966 weist unter dem Stichwort ὀπίσθιον einerseits darauf hin, dass der Begriff nicht wörtlich gelesen werden soll. Als zweite Bedeutung gibt er an: „interpreted of divine attributes or energies" im Unterschied zu Gottes „incomprehensible and incommunicable essence" und verweist auf eben diese Stelle bei Gregor von Nazianz; dies ist mit großer Wahrscheinlichkeit der mit dem Energienstreit des 14. Jahrhunderts verbundenen Wirkungsgeschichte zuzuschreiben.

74 Tatsächlich werden in der Septuaginta mit einer Ausnahme (Ps 110) alle Psalmen, in denen μεγαλοπρέπεια vorkommt, David zugeschrieben. Bemerkenswert ist, dass sich Gregor gerade auf diejenigen Psalmen bezieht, in denen die Schöpfung gepriesen wird. Der Begriff μεγαλοπρέπεια taucht im Psalter erstmals in Ps 8,2 auf, wo es heißt: Κύριε ὁ κύριος ἡμῶν, ὡς θαυμαστὸν τὸ ὄνομά σου ἐν πάσῃ τῇ γῇ, ὅτι ἐπήρθη ἡ μεγαλοπρέπειά σου ὑπεράνω τῶν οὐρανῶν. (Herr, unser Herr, wie wunderbar ist dein Name auf der ganzen Erde: denn erhoben ist deine Hoheit über die Himmel hinaus.) Es ist dieser Psalm, in dem wenige Verse weiter unten (Ps 8,5) die berühmte Frage gestellt wird: τί ἐστιν ἄνθρωπος, ὅτι μιμνῄσκῃ αὐτοῦ, ἢ υἱὸς ἀνθρώπου, ὅτι ἐπισκέπτῃ αὐτόν; (Was ist der Mensch, dass du seiner gedenkst, der Sohn des Menschen, dass du dich um ihn kümmerst?) Weiterhin findet sich der Begriff im Psalter an den folgenden Stellen: Ps 20,6; Ps 28,4; Ps. 70,8 sowie in Ps 67,35, Ps 95,6, Ps 110,3 und Ps 144,5.12, hier jeweils in Zusammenhang mit dem Lob Gottes.

75 Vgl. Plat., *pol.* 7, 514a–517a [ed. Rufener/Szlezák, 566–575], besonders 516a.

76 Es handelt sich um eine Anlehnung an Ex 7,1, wo es heißt: καὶ εἶπεν κύριος πρὸς Μωυσῆν λέγων Ἰδοὺ δέδωκά σε θεὸν Φαραω, καὶ Ααρων ὁ ἀδελφός σου ἔσται σου προφήτης· (Und der Herr sagte zu Mose: Siehe, ich habe dich zu einem Gott für Pharao gemacht, und Aaron, dein Bruder, wird dein Prophet sein.)

> des und der Klasse der Engel würdig wärst. Denn sogar jedes himmlische und überhimmlische Ding, und sei es der Natur nach viel höher als wir, und näher bei Gott, ist von Gott und von der vollkommenen Erkenntnis, die uns, das zusammengesetzte und niedrige und von der Last nach unten gedrückte Gemisch, so sehr übersteigt, immer noch weit entfernt.[77]

Zwischen Gott und dem Theologen besteht ein unendlicher Unterschied, ein unüberbrückbarer Graben. Dies gilt nicht nur für den Menschen, sondern schlechthin für *alle* geschaffenen Dinge, seien es auch Wesen, die noch so weit über dem Menschen stehen wie etwa die Engel. Die Tatsache, dass Gottes Wesen ungeteilt und ungeschaffen ist, die Natur eines jeden Geschöpfs aber geschaffen und zusammengesetzt, lässt keinen anderen Schluss zu: Der Mensch kann Gottes Wesen nicht begreifen.

Dieser Grundsatz ist Gregor so wichtig, dass er noch einmal ansetzt und ihn ausdrücklich auch zur griechischen Philosophie in Bezug stellt:

> Dass es zwar schwierig sei, Gott zu begreifen, aber unmöglich, ihn [mit Worten] auszudrücken, wie einer von den griechischen Philosophen philosophiert hat, scheint mir nicht ungeschickt gesagt, will er doch durch das „schwierig" zeigen, dass er [Gott] begriffen hat, durch das „unausdrückbar" dem Beweis aber entgehen. Meine Meinung aber ist, dass es unmöglich ist, [Gott] auszudrücken, aber noch unmöglicher, ihn zu begreifen.[78]

Mit dem Philosophen meint Gregor ziemlich sicher Platon, in dessen Dialog *Timaios* es heißt: „Also den Urheber und Vater dieses Weltalls aufzufinden, ist schwer, nachdem man ihn aber auffand, ihn allen zu verkünden, unmöglich."[79] Gregor lässt diese Argumentation nicht gelten. Er mutmaßt, Platon habe auf diese Weise dem Beweis seiner Gotteserkenntnis entgehen wollen – einem Beweis, der in Gregors Augen ohnehin zum Scheitern verurteilt ist. Im Gegensatz zu Platon meint Gregor, Dinge, die begriffen seien, müssten mindestens einigermaßen treffend auch auszudrücken sein. Was nicht aussagbar ist, ist demnach auch nicht be-

---

77 Greg. Naz., *or.* 28,3 [FC 22, 98.11–18]: Οὕτως οὖν θεολογήσεις, κἂν ᾖς Μωυσῆς καὶ Φαραὼ Θεός, κἂν μέχρι τρίτου κατὰ τὸν Παῦλον οὐρανοῦ φθάσῃς, καὶ ἀκούσῃς ἄρρητα ῥήματα· κἂν ὑπὲρ ἐκεῖνον γένῃ, ἀγγελικῆς τινὸς ἢ ἀρχαγγελικῆς στάσεώς τε καὶ τάξεως ἠξιωμένος. Κἂν γὰρ οὐράνιον ἅπαν, κἂν ὑπερουράνιόν τι, καὶ πολὺ τὴν φύσιν ὑψηλότερον ἡμῶν ᾖ, καὶ ἐγγυτέρω Θεοῦ, πλέον ἀπέχει θεοῦ καὶ τῆς τελείας καταλήψεως, ἢ ὅσον ἡμῶν ὑπεραίρει τοῦ συνθέτου καὶ ταπεινοῦ καὶ κάτω βρίθοντος κράματος.

78 Greg. Naz., *or.* 28,4 [FC 22, 98.19–100.3]: Θεὸν νοῆσαι μὲν χαλεπόν, φράσαι δὲ ἀδύνατον, ὥς τις τῶν παρ ῞Ελλησι θεολόγων ἐφιλοσόφησεν, – οὐκ ἀτέχνως ἐμοὶ δοκεῖν, ἵνα καὶ κατειληφέναι δόξῃ τὸ χαλεπὸν εἰπεῖν, καὶ διαφύγῃ τῷ ἀνεκφράστῳ τὸν ἔλεγχον. Ἀλλὰ φράσαι μὲν ἀδύνατον, ὡς ὁ ἐμὸς λόγος, νοῆσαι δὲ ἀδυνατώτερον.

79 Plat., *Tim.* 28 c [ed. Zeckl 1992, 30]: τὸν μὲν οὖν ποιητὴν καὶ πατέρα τοῦδε τοῦ παντὸς εὑρεῖν τε ἔργον καὶ εὑρόντα εἰς πάντας ἀδύνατον λέγειν. Sieben 1996, 98, Anm. 12 vermutet, dass Gregor das Zitat von Hermes Trismegistos übernommen hat. Angesichts von Gregors Bildungsweg besteht allerdings kein Anlass zum Zweifel daran, dass er Platons *Timaios* aus eigener Lektüre kannte, vgl. oben, S. 34 ff.

griffen.[80] Für Gregor sind Sprache und Erkenntnis demnach deckungsgleich. Und er wiederholt: Die Erkenntnis Gottes ist schlichtweg keiner materiellen geschaffenen Natur (γεννητὴ φύσις)[81] möglich – ganz gleich, ob sie sich auf einer niederen oder einer höheren Seinsstufe befindet.[82] Ob das auch für die nicht körperhaften, „höheren und geistigen Naturen" (ταῖς ἀνωτέρω καὶ νοεραῖς φύσεσιν) gilt, darüber vermag Gregor nur Vermutungen anzustellen:

> Weil sie nahe bei Gott und vom Licht ganz um- bzw. erleuchtet sind, können sie möglicherweise klar erkennen, wenn auch nicht gänzlich, dann doch immerhin vollkommener und deutlicher als wir, die einen mehr und die anderen weniger, je nach ihrer Klasse.[83]

Offensichtlich denkt Gregor dabei an eine Art überhimmlischen Zwischenbereich. Und er traut geistigen Naturen, die sich in der Weltordnung auf einer sehr viel höheren Stufe befinden als der Mensch, durchaus eine weiterreichende Erkenntnis Gottes zu.[84] Doch selbst hier hält er an der unüberwindbaren Grenze zwischen Schöpfer und Geschaffenem, zwischen dem Ungeteilten und dem Zusammengesetzten fest. Er bleibt dabei: Kein geschaffenes Wesen vermag Gott ganz zu begreifen. Unter dieser Voraussetzung müssen Gregors gesamte *Theologische Reden* gelesen werden.

2.3 Das offenbar anwesende Geheimnis (*or.* 28,5–6)

Doch zurück zu der menschlichen Erkenntnis. Anhand von ausgewählten Zitaten zeigt Gregor, dass die Unbegreiflichkeit Gottes auch in der Heiligen Schrift verankert ist. So „übersteigt schon nur der Friede Gottes jedes geistige Wahrnehmungsvermögen"[85] und dasselbe gilt für die Dinge, die „weder Augen gesehen, noch

80 Vgl. Greg. Naz., *or.* 28,4 [FC 22, 100.3–5].

81 Das griechische Adjektiv γεννητός (mit Doppel-„ν") hat im Zusammenhang mit der innertrinitarischen Beziehung des Vaters und des Sohnes üblicherweise die Bedeutung „gezeugt" im Gegensatz zu „geschaffen", γενητός (mit einfachem ν). Doch aus dem Zusammenhang der Rede wird deutlich, dass Gregor γεννητός hier ebenfalls im Sinn von „geschaffen" verwendet. Möglich ist auch, dass die Worte im Laufe der Überlieferung durcheinander gerieten: Drei der edierten Handschriften lesen hier γενητός, vgl. Greg. Naz., *or.* 28,4 [FC 22,100, Apparatus 9].

82 Vgl. Greg. Naz., *or.* 28,4 [FC 22, 100.6–9].

83 Greg. Naz., *or.* 28,4 [FC 22, 100.12–13]: αἳ διὰ τὸ πλησίον εἶναι Θεοῦ, καὶ ὅλῳ τῷ φωτὶ καταλάμπεσθαι, τυχὸν ἂν καὶ τρανοῖντο, εἰ καὶ μὴ πάντη, ἀλλ' ἥμων γε τελεώτερόν τε καὶ ἐκτυπώτερον, καὶ ἄλλων ἄλλαι πλεῖον ἢ ἔλαττον, κατὰ τὴν ἀναλογίαν τῆς τάξεως. Mit ἂν … τρανοῖντο verwendet Gregor einen Optativ, der entweder eine bescheidene subjektive Behauptung, eine reine Vermutung oder aber einen Wunsch ausdrückt. Fast erhält man den Eindruck, dass Gregor den hohen geistigen Naturen die Erkenntnis gönnen möchte.

84 Möglicherweise denkt Gregor dabei an die vernunftbegabten Wesen, von denen Orig., *princ.* II 9, 1–3 [TzF 24, 399–407] spricht.

85 Greg. Naz., *or.* 28,5 [FC 22, 100.17–18]: ἡ εἰρήνη τοῦ Θεοῦ μόνον ὑπερέχει πάντα νοῦν. Vgl. Phil 4,7.

Ohren gehört haben, noch der Verstand geschaut hat, oder höchstens ein kleines bisschen."[86] Doch sogar mit der geschaffenen Natur verhält es sich nicht viel anders als mit den übernatürlichen Dingen: „Auch von der Schöpfung [hast du] kein genaues Verständnis, denn, glaube mir, auch von ihr hast du nur Schatten."[87] Gregor belegt auch diese Aussage mit einem Schriftzitat und führt Ps 8,4 an: „Ich werde die Himmel sehen, Werke deiner Hände, den Mond und die Sterne."[88] Dabei ist für Gregors Argumentation besonders wichtig, dass das Verb „sehen" (ἰδεῖν) im Futur steht: Nicht einmal die natürlichen, sinnlich wahrnehmbaren Dinge können wir jetzt ganz erfassen – sondern erst später. Wenn wir also schon die Schöpfung nicht zu begreifen vermögen, wie viel weniger dann den Schöpfer, der hinter dem Geschaffenen steht:[89]

> Doch noch weit vor diesen [den natürlichen] Dingen ist diejenige Natur unfassbar und unbegreiflich, die über diesen Dingen steht, und aus der diese kommen. Und ich meine dabei nicht [die Unbegreiflichkeit], *dass* sie ist, sondern *was* sie ist. Denn unsere Verkündigung ist nicht leer und unser Glaube nicht vergeblich; es ist nicht das, was wir lehren. Nimm unsere Aufrichtigkeit nicht wieder zum Anlass für Gottlosigkeit und Verleumdung und dazu, dich über uns zu erheben, weil wir unser Nichtwissen zugeben! Die Überzeugung, *dass* etwas ist, unterscheidet sich nämlich vom Wissen, *was* es ist, in höchstem Maße.[90]

Der Mensch kann erkennen, *dass* jenseits der Schöpfung etwas ist, aber nicht, *was* es ist. Das bedeutet aber weder das Ende der Verkündigung noch des Glaubens: Zugegebenes Nichtwissen ist in Gregors Verständnis kein Makel, sondern Merkmal theologischer Aufrichtigkeit. Und diese Aufrichtigkeit führt zur Erkenntnis, dass ein himmelweiter Unterschied besteht zwischen der Überzeugung, *dass* Gott ist, und dem Wissen, *was* Gott ist. Nicht umsonst verwendet Gregor dazu zwei unterschiedliche Verben: Zum Erkennen, *dass* Gott ist, gehört das Überzeugtsein (πεπεῖσθαι), das mit dem Glauben (πίστις) verwandt ist. Dem Erkennen, *was* Gott ist, entspricht das Wissen (εἰδέναι), das mit dem Sehen, dem Durchblicken und mit dem Intellekt verbunden ist. Dieses analytisch-intellektuelle Wissen um Gott ist dem Menschen nicht zugänglich. Hier entzieht sich das Geheimnis Gottes der menschlichen Erkenntnis.

---

86 Greg. Naz., *or.* 28,5 [FC 22, 100.20–21]: τὰ μήτε ὀφθαλμοῖς ὁρατά, μήτε ὠσὶν ἀκουστά, μήτε διανοίᾳ θεωρητά, κατὰ μικρὸν γοῦν. Vgl. 1Kor 2,9.

87 Greg. Naz., *or.* 28,5 [FC 22, 100.21–23]: οὐδὲ ἡ τῆς κτίσεως ἀκριβὴς κατανόησις – καὶ γὰρ καὶ ταύτης πείσθητι τὰς σκιὰς ἔχειν μόνον.

88 Greg. Naz., *or.* 28,5 [FC 22, 100.23–24]: Ὄψομαι τοὺς οὐρανούς, ἔργα τῶν δακτύλων σου, σελήνην καὶ ἀστέρας. Vgl. Ps 8,4.

89 Gregor wird dieses Argument in *or.* 28,22–31 weiter entfalten.

90 Greg. Naz., *or.* 28,5 [FC 22, 102.2–9]: ἀλλὰ πολὺ πρὸ τούτων ἡ ὑπὲρ ταῦτα, καὶ ἐξ ἧς ταῦτα, φύσις ἄληπτός τε καὶ ἀπερίληπτος· λέγω δέ, οὐχ ὅτι ἔστιν, ἀλλ' ἥτις ἐστίν. Οὐ γὰρ κενὸν τὸ κήρυγμα ἡμῶν, οὐδὲ ματαία ἡ πίστις ἡμῶν, οὐδὲ τοῦτό ἐστιν ὃ δογματίζομεν – μὴ πάλιν τὴν εὐγνωμοσύνην ἡμῶν ἀθείας λάβῃς ἀρχὴν καὶ συκοφαντίας, καὶ κατεπαρθῇς ὡς ὁμολογούντων τὴν ἄγνοιαν. Πλεῖστον γὰρ διαφέρει τοῦ εἶναί τι πεπεῖσθαι τὸ τί ποτέ ἐστι τοῦτο εἰδέναι.

Doch auch wenn Gott dem Wissen verborgen bleibt, ist die Tatsache von Gottes Sein in der Schöpfung erfahrbar:

> Denn dass Gott, die alles schaffende und erhaltende Ursache, ist, das lehren uns das Sehvermögen und die natürliche Ordnung: Ersteres trifft auf die sichtbaren Dinge, die schön festgesetzt wurden und sich doch fortbewegen, die, um es so zu sagen, auf unbewegte Weise bewegt und getragen werden; Letztere lässt durch die sichtbaren und geordneten Dinge auf deren Urheber schließen. Denn wie könnte sonst das All gegründet oder zusammengesetzt worden sein, wenn nicht Gott alle Dinge ins Sein gebracht hätte und sie zusammenhalten würde?[91]

Zweierlei ist nötig, um von der Schöpfung auf den Schöpfer zu schließen, und beides ist so offensichtlich und einfach, dass Gregor von seinen Zuhörerinnen und Leserinnen kaum Widerspruch erwartet: Das eine ist die sichtbare Welt in ihrer Wohlordnung – sie ist gegeben, ist an jeder Ecke, an jedem Ende dieser Welt erkennbar. Das andere ist das menschliche Sehvermögen, die Sehkraft der Augen, aber darüber hinaus auch der staunende Blick, der bereit ist, hinter den sichtbaren Dingen das Geheimnis zu erahnen. Wenn er Gott „die alles schaffende und erhaltende Ursache" (πάντων ποιητικὴν τε καὶ συνεκτικὴν αἰτίαν) nennt, denkt Gregor wohl nicht nur an den biblischen Schöpfergott, sondern auch an philosophische Bezeichnungen Gottes, wie sie bei Aristoteles, aber auch bei Plotin und den Stoikern zu finden sind.[92] Und wenn er von den Dingen spricht, die „auf unbewegte Weise bewegt und getragen werden" (ἀκινήτως κινούμενοι), ist der Anklang an den unbewegten Beweger (ἀκίνητος κινῶν) kaum überhörbar. Doch Gregors Argumentation speist sich nicht nur aus der griechischen Welt, sondern auch aus der Sprache der Psalmen, welche die Schöpfung besingen.[93] Indem er seine Position geschickt mit der philosophischen *und* mit der biblischen Tradition verknüpft, verleiht er seiner Aussage allgemeinere Gültigkeit.

Mit einem Bild aus Platons *Phaidon* bringt Gregor sein Anliegen auf den Punkt. Er vergleicht den Schluss von der Schöpfung auf den Schöpfer mit einem Menschen, der eine schön gebaute Zither betrachtet und ihrem Klang lauscht: Die kunstvolle Gestaltung des Instruments lässt an den Instrumentenbauer denken, auch wenn er nicht da ist; die schönen Klänge rufen Gedanken an den Spieler wach, auch wenn

---

91 Greg. Naz., *or.* 28,6 [FC 22, 102.10–17]: Τοῦ μὲν γὰρ εἶναι Θεόν, καὶ τὴν πάντων ποιητικήν τε καὶ συνεκτικὴν αἰτίαν, καὶ ὄψις διδάσκαλος, καὶ ὁ φυσικὸς νόμος· ἡ μὲν τοῖς ὁρωμένοις προσβάλλουσα, καὶ πεπηγόσι καλῶς καὶ ὁδεύουσι, καὶ ἀκινήτως, ἵνα οὕτως εἴπω, κινουμένοις καὶ φερομένοις· ὁ δὲ διὰ τῶν ὁρωμένων καὶ τεταγμένων τὸν ἀρχηγὸν τούτων συλλογιζόμενος. Πῶς γὰρ ἂν καὶ ὑπέστη τόδε τὸ πᾶν, ἢ συνέστη, μὴ Θεοῦ τὰ πάντα καὶ οὐσιώσαντος καὶ συνέχοντος;

92 Vgl. Norris 1991, 111.

93 So etwa Ps 8, den er bereits zur Eröffnung des Themas der Erkenntnis Gottes aus der Schöpfung zitiert hat. Etwas entfernter könnte auch Ps 18 als Hintergrund in Frage kommen. Möglicherweise meint Gregor mit den „festgesetzten Dingen, die sich doch fortbewegen" die Himmelskörper Sonne, Mond und Sterne, die in den genannten Psalmen eine Rolle spielen.

er nicht zu sehen ist.[94] Gregor überträgt dieses Bild auf die Erkenntnis Gottes in der Welt und folgert:

> So ist auch uns das Schaffende und das, was die geschaffenen Dinge bewegt und erhält, offenbar, auch wenn es vom Denken nicht umfasst werden kann. Und sehr unverständig ist, wer den natürlichen Beweisen nicht folgt und nicht aus freiem Willen bis zu diesem [Schaffenden] voranschreitet. Aber das, was wir uns vorgestellt und ausgemalt haben, oder was die Vernunft skizziert hat, das ist nicht Gott.[95]

Gott offenbart sich durch die Schöpfung und bleibt dem Menschen doch verborgen. Erfahrbar ist die schaffende Kraft, doch das Denken kann sie nicht erfassen. Der Mensch ist aufgefordert, sich Gott so weit wie möglich anzunähern, doch nichts von all dem, was wir denken können, ist Gott. In den Worten Gregors stehen das Offenbarsein und das Verhülltsein Gottes in allernächster Nähe beieinander und geraten dennoch nicht durcheinander. Gregor nennt Gott das Schaffende (τὸ ποιητικόν). Die Tatsache, dass die geschaffenen Dingen (τὰ πεποιημένα) bewegt und erhalten werden, lassen auf das Sein dieses Schaffenden schließen.[96] Von diesem Gedanken ist es nur ein kleiner Schritt zu der Vorstellung göttlicher Kräfte oder Energien, die in die Welt hinein- und in ihr weiterwirken.[97] So ist die Annäherung von Gott und Mensch hier als eine Bewegung aufeinander zu lesen: Gott tritt erschaffend und erhaltend in diese Welt ein, und der Mensch soll so weit wie möglich zu Gott voranschreiten. Doch auch hier hält Gregor an seinem Grundsatz der Nicht-Fassbarkeit Gottes fest. Er fragt rhetorisch:

> Wenn je irgendjemand dieses [das Schaffende] durch das Überlegen erfasst hat, wo ist dann der Beweis? Wer war es, der bis in den letzten Bereich der Weisheit gereicht hat? Wer wurde je eines so großen Geschenks für würdig befunden? Wer hat je den Mund seines Denkens so weit aufgemacht und den Geist eingesogen, dass er durch den Geist, der alles erforscht und erkannt hat und sogar die Tiefen Gottes [kennt], Gott begriffen

---

94 Vgl. Greg. Naz., *or.* 28,6 [FC 22, 102.17–21] und Plat., *Phaid.* 73d [ed. Dirlmeier, 58]; allerdings traut Gregor dem Menschen hier mehr Erkenntnis zu als Platon es tut. Dieser schließt nämlich von der Zither nur auf den Besitzer des Instruments, nicht aber, wie Gregor, auf den Instrumentenbauer, vgl. Sieben 1996, 102, Anm. 15.

95 Greg. Naz., *or.* 28,6 [FC 22, 102.21–26]: Οὕτω καὶ ἡμῖν τὸ ποιητικὸν δῆλον, καὶ τὸ κινοῦν καὶ τηροῦν τὰ πεποιημένα, κἂν μὴ διανοίᾳ περιλαμβάνηται· καὶ λίαν ἀγνώμων ὁ μὴ μέχρι τούτων προϊὼν ἑκουσίως καὶ ταῖς φυσικαῖς ἑπόμενος ἀποδείξεσιν. Ἀλλ᾽ οὐδὲ τοῦτο εἶναι Θεόν, ὅπερ ἐφαντάσθημεν, ἢ ἀνετυπωσάμεθα, ἢ λόγος ὑπέγραψεν.

96 Sieben 1996, 103 übersetzt „Οὕτω καὶ ἡμῖν τὸ ποιητικὸν δῆλον, καὶ τὸ κινοῦν καὶ τηροῦν τὰ πεποιημένα" wie folgt: „So ist uns auch das Wesen offenbar, das das Geschaffene schafft, bewegt und erhält". Da Gregors Anliegen aber gerade der Unerkennbarkeit des *Wesens* Gottes gilt, ist die Übersetzung von ποιητικὸν mit dem deutschen „Wesen" unglücklich gewählt.

97 Auch wenn Gregor an keiner Stelle in seinem Schriftenkorpus explizit von der aristotelischen ἐνέργεια spricht, ist davon auszugehen, dass er das Konzept entweder aus eigener Aristoteles-Lektüre kannte oder aber dass es in gebildeten Kreisen zum Allgemeinwissen gehörte. Aristoteles unterscheidet zwischen δύναμις und ἐνέργεια, zwischen der Möglichkeit bzw. der Potenz eines Dings und der Aktualisierung der Potenz, die sich in der heraustretenden ἐνέργεια verwirklicht. Vgl. Bradshaw 2004, 1–24 und Schlüter 1971, 135–138.

hätte – so, dass er nicht mehr weitergehen muss, weil er das letzte Ziel des Verlangens, auf das hin alles Drängen und aller Lebenswandel und alles Denken des hohen [Menschen] ausgerichtet ist, schon erreicht hat?[98]

Gregor lässt die gestellten Fragen unbeantwortet, doch die Lösung liegt auf der Hand: Es gibt keinen Beweis, kein Vordringen zur letzten Weisheit, keine vollkommene Erkenntnis.

2.4 Grenzen der Vernunft (*or.* 28,7–13)

Aus der Schöpfung erkennt der Mensch, *dass* Gott ist. Diese Argumentation hat Gregor abgeschlossen. Nun will er aber auch den zweiten Teil seiner These unter Beweis stellen: Der Mensch kann nicht erkennen, *was* Gott ist. Seine erste Frage, anhand derer Gregor aufzeigt, dass das Göttliche[99] nicht auf dem Weg der Logik (λογικαί ἐφόδοι) erfassbar ist, lautet: „Ist es [das Göttliche] also ein Körper?“[100] In wenigen, geschickten Zügen führt Gregor das Thema gezielt ins Absurde, und legt seinen Zuhörerinnen und Leserinnen die Antwort geradezu in den Mund: Natürlich ist Gott kein Körper![101] Interessant ist, dass Gregor, obwohl er das Wesen Gottes für unbegreiflich hält, darüber – zwar negative, aber dennoch – Aussagen macht. So argumentiert er, Körper seien von Natur aus zusammengesetzt und daher immer auch von Trennung und Auflösung bedroht. „Auflösung aber“, so Gregor, „ist Gott und der ersten Natur vollkommen fremd.“[102] Trotz seiner Beharrlichkeit im Bezug

98 Greg. Naz., *or.* 28,6 [FC 22, 102.26–104.8]: Εἰ δέ τις ἐν περινοίᾳ τούτου ποτὲ κἂν ἐπὶ ποσὸν ἐγένετο, τίς ἡ ἀπόδειξις; Τίς οὕτως εἰς ἔσχατον σοφίας ἀφίκετο; τίς τοσούτου χαρίσματος ἠξιώθη ποτέ; Τίς οὕτω τὸ στόμα τῆς διανοίας ἤνοιξε καὶ εἵλκυσε πνεῦμα, ἵνα τῷ τὰ πάντα ἐρευνῶντι καὶ γινώσκοντι καὶ τὰ βάθη τοῦ θεοῦ πνεύματι θεὸν καταλάβῃ, καὶ μηκέτι τοῦ πρόσω δέηται, τὸ ἔσχατον ὀρεκτὸν ἔχων ἤδη, καὶ εἰς ὃ πᾶσα σπεύδει καὶ πολιτεία τοῦ ὑψηλοῦ καὶ διάνοια;

Bemerkenswert ist die Verwendung von ὀρεκτὸν: Verwandt mit dem Wort ὄρεξις bringt es „Appetit“ auf Gott und Lust an der Theologie um Ausdruck.

99 Tatsächlich vollzieht Gregor einen Wechsel in der Begrifflichkeit: Hat er bisher meist von „Gott“ (ὅ Θεός) gesprochen, verwendet er in *or.* 28,7–11 mehrmals auch abstrakter „das Göttliche“ (τὸ θεῖον) – wohl um die Vorstellung, Gott sei ein Körper, noch absurder erscheinen zu lassen.

100 Greg. Naz., *or.* 28,7 [FC 22, 104.12]: Πότερον σῶμα;

101 Das hatte in Gregors Zeit wohl auch keine theologische Richtung behauptet. Indem er die Behauptung, Gott sei ein Körper, ins Absurde führt, ebnet Gregor das Terrain, um auch die Meinung der Eunomianer, Gottes Wesen könne durch das „ungezeugt“ (αγέννητος) erfasst werden, zu widerlegen. Vgl. Sieben 1996, 104–105, Anm. 17. In *or.* 28,8 [FC 22, 106.5–108.14] zeigt Gregor anhand von weiteren möglichen Einwänden gegen die Körperlosigkeit Gottes, dass Gott nicht nach menschlichen Maßstäben bemessen werden kann. Ausgehend von zwei Schriftstellen, in denen es heißt, dass Gott Himmel und Erde bzw. den Erdkreis erfüllt (Jer 23,24 und Sap 1,7), wendet sich Gregor erst gegen die stoische Lehre von der wechselseitigen Durchdringung von Körpern, dann gegen die platonisch-aristotelische Vorstellung des fünften Elements und schließlich gegen die Vorstellung, Gott sei ein Engelskörper.

102 Greg. Naz., *or.* 28,7 [FC 22, 104.19–20]: λύσις δὲ ἀλλότριον πάντη Θεοῦ καὶ τῆς πρώτης φύσεως.

auf die Unfassbarkeit Gottes übernimmt Gregor hier offenbar eine traditionelle philosophische und theologische Meinung, die sich durchaus auf das göttliche Wesen bezieht.[103] Aus seinen Ausführungen über die Unkörperlichkeit Gottes zieht Gregor Schlüsse über das Benennen dessen, was Gott ist:

> Was soll es also, [zu sagen,] er sei der Natur und dem Wesen nach ohne Ursprung, ohne Veränderung und ohne Begrenzung? Ganz im Gegenteil, das Ganze zu umfassen, *was* er ist, und darüber weiter zu spekulieren und zu forschen, das bleibt dem vorbehalten, der wirklich den Geist Gottes hat und in der Schau vollkommener ist.[104]

Wer nur sagt, was Gott *nicht* ist, ist von verlässlichen Aussagen über Gottes Wesen weit entfernt. Doch auch wer nur einzelne Eigenschaften nennen kann, kommt einer genauen Bezeichnung nicht näher. Die Frage ist, ob dies im Bezug auf Gott überhaupt gelingen kann. Hat Gregor noch in seiner Erzählung vom Aufstieg auf den Berg und vom Eindringen in die Wolke (*or.* 28,2–3) in aller Entschiedenheit erklärt, es sei unmöglich, Gottes Wesen zu erkennen, scheint er hier von seiner Meinung abzuweichen: Wer den „Geist Gottes“[105] hat und in der Schau, bzw. der Kontemplation weiter fortgeschritten ist, der kann „das Ganze“ erfassen und dem steht es zu, weiter zu forschen und Aussagen darüber zu machen. Wer eine Sache, beispielsweise ein Rind, ein Pferd oder einen Menschen, bezeichnen will, der muss sowohl deren Eigenschaften als auch das Subjekt (ὑποκείμενον), das Darunter-Liegende benennen können.[106] Gleiches gilt, so Gregor, auch für die Rede von Gott:

---

103 In der antiken griechischen Philosophie galt seit Platon der Grundsatz der Einheit und Unteilbarkeit des ersten Prinzips.

104 Greg. Naz., *or.* 28,9 [FC 22, 110.3–8]: Τί γὰρ ὄντι αὐτῷ κατὰ τὴν φύσιν καὶ τὴν ὑπόστασιν ὑπάρχει τὸ μὴ ἀρχὴν ἔχειν, μηδὲ ἐξίστασθαι, μηδὲ περατοῦσθαι; Ἀλλ᾽ ὅλον τὸ εἶναι περιλαμβάνειν λείπεται προσφιλοσοφεῖν τε καὶ προσεξετάζειν τῷ γε νοῦν Θεοῦ ἀληθῶς ἔχοντι καὶ τελεωτέρῳ τὴν θεωρίαν. Der Begriff ὑπόστασις wird in den gängigen Übersetzungen (Gallay/Jourjon 1978, 119; Norris 1991, 228; Sieben 1996, 111) übereinstimmend und treffend als Synonym zu φύσις, Natur, interpretiert. Mit τελεωτέρῳ verwendet Gregor einen Komparativ und drückt so seine eigene Zurückhaltung aus: Kein Mensch ist in der Schau (θεωρία) vollkommen, sondern höchstens vollkommener im Vergleich mit anderen Menschen.

105 Sieben 1996, 111 gibt an, dass Gregor die Formulierung νοῦς Θεοῦ aus 1Kor 2,14 übernimmt. Allerdings ist dort und in der gesamten Perikope stets ausschließlich von πνεῦμα Θεοῦ die Rede. Thematisch passt 1Kor 2,6–16 jedoch tatsächlich gut zu Gregors Rede. Paulus schreibt: τίς γὰρ οἶδεν ἀνθρώπων τὰ τοῦ ἀνθρώπου εἰ μὴ τὸ πνεῦμα τοῦ ἀνθρώπου τὸ ἐν αὐτῷ; οὕτως καὶ τὰ τοῦ θεοῦ οὐδεὶς ἔγνωκεν εἰ μὴ τὸ πνεῦμα τοῦ θεοῦ. ἡμεῖς δὲ οὐ τὸ πνεῦμα τοῦ κόσμου ἐλάβομεν ἀλλὰ τὸ πνεῦμα τὸ ἐκ τοῦ θεοῦ, ἵνα εἰδῶμεν τὰ ὑπὸ τοῦ θεοῦ χαρισθέντα ἡμῖν· (Denn wer unter den Menschen kennt das, was des Menschen ist, wenn nicht der Geist des Menschen, der in ihm ist? So hat auch niemand erkannt, was Gottes ist, außer der Geist Gottes. Wir aber haben nicht den Geist der Welt erhalten, sondern den Geist, der aus Gott ist, damit wir erkennen, was uns von Gott geschenkt ist.) Paulus meint damit Jesus Christus und seinen Opfertod am Kreuz, der für den natürlichen Menschen Torheit (μωρία) ist und nur mit der Hilfe des Geistes Gottes verstanden werden kann. Dieser christologische Bezug ist in *or.* 28,9 noch nicht erkennbar. Er wird aber in der *Dritten*, *Vierten* und *Fünften Theologischen Rede* an Bedeutung gewinnen.

106 Vgl. Greg. Naz., *or.* 28,9 [FC 22, 110.8–13]. Die Aussage erinnert an die aristotelischen Kategorien, wonach eine Sache einerseits ein Wesen und andererseits verschiedene Eigenschaften

> Ebenso darf auch, wer die Natur des Seienden sorgfältig erforscht, nicht dabei stehen bleiben, zu sagen, was er [der Seiende, Gott] nicht ist; sondern er muss, zusätzlich zum Sagen, was er nicht ist, auch sagen, was er ist […].[107]

Grundsätzlich ist an dieser Aussage nichts auszusetzen. Doch lässt sie sich auf Gott anwenden? Es entsteht der Eindruck, dass Gregor seine Hörerinnen und Leserinnen auf die Schippe nehmen will – besonders wenn er noch betont, es sei doch so viel leichter und kürzer, zu sagen, was etwas ist, als alles zu sagen, was etwas nicht ist. Spätestens wenn er schelmisch fragt: „Ist das denn nicht für jeden offensichtlich?"[108], wird klar: Gregor glaubt nicht daran, dass jemand sagen kann, was Gott ist.

Die nächste Frage, anhand derer Gregor die Grenzen logischer Beweisführung in der Theologie auslotet, lautet: „Ist das Göttliche nirgendwo, oder ist es irgendwo?"[109] Auch diese Frage führt nach wenigen Windungen in eine Sackgasse: Wenn etwas nirgends ist, dann kann es auch nicht existieren; wenn es aber irgendwo ist, dann zwingend innerhalb der uns vorstellbaren Welt, was im Fall Gottes keinen Sinn ergibt; oder aber, es existiert außerhalb, doch dann stellt sich die unlösbare Frage nach der Grenze zwischen dem Innerhalb und dem Außerhalb des Alls:

> Ich sage noch nicht einmal, das Göttliche müsse begrenzt sein, wenn unser Denkvermögen es fassen kann. Denn auch das Erfassen ist eine Art der Begrenzung.[110]

Die Frage nach dem Ort Gottes führt ebenso an die Grenzen des logischen Denkens wie zuvor bereits die Frage, ob Gott ein Körper sei: Gott bleibt unbegreiflich. Selbst dann, wenn jemand von sich glaubte, er habe Gott erfasst, wäre dies nichts anderes als eine Selbsttäuschung, ist doch das Erfassen selbst wiederum nichts anderes als Begrenzung (περιγραφή), Um-schreibung und deshalb unendlich weit davon entfernt, Gott zu erfassen.

Bevor Gregor in seiner Rede einen Schritt weitergeht, bringt er noch einmal auf den Punkt, was bisher gesagt worden ist – nämlich, dass die menschliche Vernunft die Gottheit nicht fassen kann. Dabei lässt Gregor die Gelegenheit nicht aus, den theologischen Zeitgeist zu kritisieren: Nicht mehr das Wahre und Einfache (τὸ γενναῖον καὶ ἁπλοῦν) sei gefragt, sondern das Verdrehte und Rätselhafte (τὸ σκολιὸν καὶ γριφοειδὲς). In diesem Zusammenhang gibt Gregor einen interessanten Hinweis darauf, was er unter Wirken (ἐνέργεια), versteht. Er zitiert aus Mt 7,20 und schreibt:

besitzt, nämlich „Was-Sein (*ti esti*), Quantität (*poson*), Qualität (*poion*), Relation (*pros ti*), Ort (*pou*), Zeit (*pote*), So-Liegen (*keisthai*), Haben (*echein*), Tun (*poiein*) und Leiden (*paschein*)." (Buchheim 2015, 26).

107 Greg. Naz., *or.* 28,9 [FC 22, 110.13–16]: οὕτως οὐδὲ ἐκεῖ στήσεται μέχρι τοῦ εἰπεῖν ἃ μὴ ἐστιν ὁ τὴν τοῦ ὄντος πολυπραγμονῶν φύσιν, ἀλλὰ δεῖ, πρὸς τῷ εἰπεῖν ἃ μὴ ἐστι, καὶ ὅ ἐστιν εἰπεῖν […].

108 Greg. Naz., *or.* 28,9 [FC 22, 112.4]:"Η τοῦτο μὲν παντὶ δῆλον;

109 Greg. Naz., *or.* 28,10 [FC 22, 112.6]: πότερον οὐδαμοῦ τοῦτο, ἢ ἔστιν ὅπου;

110 Greg. Naz., *or.* 28,10 [FC 22, 112.22–24]: καὶ οὔπω λέγω τὸ περιγραπτὸν πάντως εἶναι τὸ θεῖον, καὶ εἰ διανοίᾳ καταληπτόν· ἓν γὰρ περιγραφῆς εἶδος καὶ ἡ κατάληψις.

> Ebenso wie der Baum anhand seiner Früchte erkannt wird, sage ich euch, dass die Dunkelheit, die derartige Lehren hervorbringt [wörtl.: bewirkt], an der Finsternis des Gesagten erkannt wird.[111]

Eine Sache kann also nur etwas bewirken, was selbst in ihr enthalten ist: Der gute Baum bringt gute Früchte, die Finsternis ebenso dunkle Lehren – wie eben die Vorstellung, Gottes Wesen sei erfassbar. Denn für Gregor gilt eindeutig und unumstößlich:

> Dass das Göttliche für das menschliche Denkvermögen unfassbar ist, und dass es nicht möglich ist, sich alles, was es ist, vorzustellen.[112]

Doch warum ist Gott nicht begreifbar? Gregor sagt hier zunächst nur, womit die Unfassbarkeit Gottes nichts zu tun hat. Sie geht nämlich auf keinen Fall auf Gottes etwaige Missgunst (φθόνος) gegenüber dem Menschen zurück. Eifersucht und Leidenschaften, wie unter den Göttern aus den griechischen Sagen üblich, sind Gott fern und daher kein Grund dafür, dass sich die göttliche Natur nicht begreifen lässt.[113] Gegenüber ihren Geschöpfen, und gegenüber dem Menschen im Besonderen, erweist sich diese denn auch ausschließlich als gut und souverän. Auch macht sich Gott nicht dadurch wichtig, dass Gott unfassbar ist – wenn solches Verhalten bereits für einen anständigen Menschen unangebracht ist, wie viel weniger dann für Gott.[114] Gregor überlegt, ob die Unfassbarkeit Gottes vielleicht als Schutz für die Menschen vor ihrer eigenen Überheblichkeit dient:

> Und so besteht die Wohltat [Gottes] wenigstens für die, die Verstand haben, darin, dass die Wohltat nicht einfach griffbereit ist.[115]

Als letztmögliche, eigentlich anzustrebende Wohltat sieht Gregor demnach tatsächlich den direkten, unverschleierten Kontakt mit Gott. Jedoch ist die Gefahr zu groß, dass sich ein Mensch, dem diese Wohltat in seinem Erdenleben zuteil würde, in Höhen verstiege, denen er nicht gewachsen ist, nur um dann umso tiefer zu fallen.[116] Deshalb besteht die dem Menschen angemessene Wohltat Gottes gerade darin, dass Gott sich nicht fassen lässt. Ein anderer Erklärungsversuch für die Unfassbarkeit Gottes lautet:

---

111 Greg. Naz., *or.* 28,11 [FC 22, 114.4–6]: ὡς ἐκ τῶν καρπῶν τὸ δένδρον γινώσκεσθαι, λέγω δὲ τὸ ἐνεργοῦν τὰ τοιαῦτα δόγματα σκότος ἐκ τοῦ ζόφου τῶν λεγομένων.

112 Greg. Naz., *or.* 28,11 [FC 22, 114.11–12]: Τὸ μὴ ληπτὸν εἶναι ἀνθρωπίνῃ διανοίᾳ τὸ θεῖον, μηδὲ ὅλον ὅσον ἐστὶ φαντάσεσθαι·

113 Gregor lehnt sich an Plat., *Phaidr.* 247 c [ed. Buchwald 1964, 62] an, wo es heißt: [...] φθόνος γὰρ ἔξω θείου χόρου ἵσταται ([...] der Neid stellt sich außerhalb des göttlichen Reigens (Übs. Buchwald) (vgl. Sieben 1996, 115, Anm. 31).

114 Vgl. Greg. Naz., *or.* 28,11 [FC 22, 114.13–116.2].

115 Greg. Naz., *or.* 28,12 [FC 22, 116.11–12]: καὶ οὕτως εὐεργεσία καθίσταται τὸ μὴ πρόχειρον τῆς εὐεργεσίας, τοῖς γε νοῦν ἔχουσι.

116 Vgl. Sieben 1996, 116, Anm. 35; Norris 1991,117, nach denen sich Gregor an Jes 14,12 anlehnt und auf den Fall des Luzifer anspielt.

> Möglich ist auch, dass für diejenigen, die hier [in dieser Welt] gereinigt wurden und sich bis zum Ersehnten lange in Geduld geübt haben, dort [in der anderen Welt, im Jenseits] ein größerer Preis für ihre Bemühungen und für ihr leuchtendes Leben bereit steht.[117]

Viel weiter mag Gregor in seinen Mutmaßungen über das Warum der Unerkennbarkeit Gottes jedoch nicht gehen: Über diese Fragen sollen seiner Ansicht nach jene philosophieren, die sich dafür interessieren, doch er stellt ihnen keine großen Erfolge in Aussicht: Ebenso wie Gott unfassbar ist, ist auch Gottes Unfassbarkeit unerklärlich.

Das, was den Menschen von der Erkenntnis Gottes abhält, ist in Gregors Augen immer die Materie. Der Mensch bleibt durch seine Körperlichkeit von Gott getrennt.[118] Wenn Gregor erklärt, warum dies so ist, wird deutlich, dass der Grund nicht in einer spröden Leibfeindlichkeit liegt, sondern im menschlichen Denken von Anfang an angelegt ist: Auch wenn der Geist (νοῦς) noch so sehr versucht, sich von den sichtbaren, materiellen Dingen ab- und dem Unsichtbaren zuzuwenden, so wird der Mensch als körperliches, in einer materiellen Welt lebendes Wesen sein Denken doch nie ganz vom Materiellen lösen können.[119] Gregor zeigt dies anhand von Begriffen, die in der theologischen und philosophischen Tradition als Bezeichnung der ersten Natur (πρώτη φύσις) dienen. Als Beispiele nennt er Geist (πνεύμα), Feuer (πῦρ), Licht (φώς), Liebe (ἀγάπη), Weisheit (σοφία), Gerechtigkeit (διακαιοσύνη), Geist/Verstand (νούς) und Wort/Logos (λόγος).[120] Dadurch, dass sich unser Denken im Bereich des sinnlich Wahrnehmbaren bewegt, rufen diese Begriffe in unserem Kopf augenblicklich zahlreiche Bilder und Bedeutungen wach, die von Gott jedoch weit entfernt sind. Selbst wenn wir uns also bewusst sind, dass keines dieser Bilder Gott zu beschreiben vermag, und versuchen, alles Genannte

---

117 Greg. Naz., *or.* 28,12 [FC 22, 116.16–19]: Τυχὸν δέ, ἵν' ᾖ τι πλέον ἐκεῖθεν ἆθλον φιλοπονίας καὶ λαμπροῦ βίου τοῖς ἐνταῦθα κεκαθαρμένοις καὶ μακροθυμοῦσι πρὸς τὸ ποθούμενον.

118 Vgl. Greg. Naz., *or.* 28,12 [FC 22, 116.21–23]. Nur einigen Wenigen gelingt es, ein kleines bisschen durch die Verhüllung hindurchzuschauen. Gregor denkt hier wohl an die in *or.* 28,2–3 beschriebene Wolkenerfahrung. Er verwendet sogar noch einmal das gleiche Wort: διακύπτω.

119 Vgl. Greg. Naz., *or.* 28,12 [FC 22, 118.8–11]. Gregors Bild vom Menschen, der einerseits nach den unsichtbaren Dingen (ἀόρατα) strebt und andererseits in der materiellen Welt verhaftet ist, passt zu der neuplatonischen Auffassung des Menschen als eine Art Amphibienwesen zwischen oben und unten, zwischen der geistigen und der materiellen Welt. Vgl. Halfwassen 2004, 128–135.

120 Vgl. Greg. Naz., *or.* 28,13 [FC 22, 118.12–14]. Sieben 1996, 119 bzw. 118, Anm. 36 geht davon aus, dass Gregor die Begriffe allesamt der Heiligen Schrift entnommen hat, und nennt die Stellen, aus denen er zitiert haben soll. Allerdings finden sich in der Bibel nur „Geist" (πνεῦμα, Joh 4,24), „Feuer" (πῦρ, Dtn 4,24), „Liebe" (ἀγάπη, 1Joh 4,16) und „Logos" (λόγος, Joh 1,1) als Bezeichnungen Gottes. Dass er „Licht" (φῶς), sei, sagt in Joh 9,5 Jesus von sich. „Weisheit" (σοφία, Hi 12,13), „Gerechtigkeit" (δικαιοσύνη Ps 102,17) und „Geist" bzw. „Verstand" (νοῦς, Jes 40,13) werden Gott zwar zugeschrieben, doch wird mit diesen Begriffen nicht Gottes Wesen bezeichnet.

miteinander zu denken, werden wir Gott nicht erfassen können. Das Dilemma, das Gregor hier beschreibt, ist letztlich kein anderes als der unüberwindbare Graben zwischen Schöpfer und Geschöpfen. Gregor wiederholt einmal mehr, was er schon in den ersten Sätzen seiner Rede predigt:

> Also sehnt sich jede geistbegabte Natur nach Gott und der ersten Ursache. Sie zu erfassen ist aber aus den genannten Gründen unmöglich.[121]

2.5 Zweierlei Wege (*or.* 28,14–17)

Gott ist nicht erfassbar. Gregor hat schlüssig gezeigt, dass an dieser Tatsache nicht zu rütteln ist. Doch was nun? Wie können wir Menschen mit dieser Einsicht umgehen? Nachdem alle Bemühungen, Gott mit der Vernunft zu erfassen, ins Leere gelaufen sind, sieht Gregor zwei Wege, um nach dem Scheitern (ζημία) weiterzugehen – einen, den er verwirft, und einen, den er selbst gehen wird.[122]

Zu verwerfen ist nach Gregor, „auf die sichtbaren Dinge zu schauen und eines davon zu Gott zu machen."[123] Dabei sind die Möglichkeiten beinahe grenzenlos. Gregor bietet einen ganzen Katalog von Dingen, die Menschen sich zu ihren Göttern machen können oder gemacht haben:[124] Sonne, Mond, Sterne, ja den ganzen Himmel, dann die vier Elemente, oder einfach das, was den Menschen jeweils als am schönsten und eindrücklichsten erscheint. Als Götter sind Bilder (εἰκόνας) und Skulpturen (πλάσματα) verehrt worden, aber auch Menschen, seien es verstorbene Verwandte oder Fremde, seien es Lebendige, die besonders mächtig, stark und schön erscheinen.[125] Schließlich, so Gregor, würden sogar die menschlichen Leidenschaften verkörpert und zu Göttern erhoben – wie bereits in *or.* 27,6 ein Vorwurf an die Adresse der Griechen. Dass sich Menschen irdische Dinge zu

121 Greg. Naz., *or.* 28,13 [FC 22, 120.14–16]: ἐπεὶ ἐφίεται μὲν πᾶσα λογικὴ φύσις θεοῦ καὶ τῆς πρώτης αἰτίας· καταλαβεῖν δὲ ἀδυνατεῖ, δι' ἃς εἶπον αἰτίας.

122 Er bezeichnet diesen zweiten Anlauf als δεύτερος πλοῦς, „zweite Seefahrt". Die Wendung tritt auch in Platons *Phaidon* 99d [ed. Dirlmeier, 144; deutsch: Ebert 2004, 63] auf, vgl. Sieben 1996, 120, Anm. 40.

123 Greg. Naz., *or.* 28,13 [FC 22, 120.18]: πρὸς τὰ ὁρώμενα βλέψαι, καὶ τούτων τι ποιῆσαι θεόν. Möglicherweise denkt Gregor dabei an Sap 13, wo die Vergötterung der Elemente und die fehlende Erkenntnis des Urhebers der Schöpfung kritisiert werden.

124 Vgl. Greg. Naz., *or.* 28,14–15 [FC 22, 122.6–126.2].

125 Sieben 1996, 124, Anm. 46 sieht darin eine Anspielung auf Euhemerius von Messene, „der die Götter als berühmte Menschen der Vorzeit deutete". Das mag sein, doch muss man auf der Suche nach den Hintergründen dieser Aussage Gregors meines Erachtens nicht so weit gehen: Er wird auch an Röm 1,23 denken und außerdem eine Vorstellung vom römischen Kaiserkult gehabt haben, der vor noch nicht allzu langer Zeit beigelegt worden war. Während die Kaiser zunächst erst nach deren Tod als „vergöttlicht" angesehen wurden, ließen sich etwa Caligula (Kaiser von 37–41), Nero (54–68), Domitian (81–96), Commodus (180–192) und Decius (249–251) bereits zu Lebzeiten als göttlich verehren. Zu der Verehrung des Kaiserbildes in der Spätantike vgl. Raschle 2016, dort speziell zu Gregor 486–487; Barceló 2003.

Göttern erheben, ist in Gregors Augen eine List des Bösen.[126] Dieser macht sich die Sehnsucht der Menschen nach Gott zu Nutze, und wenn sie wie Blinde nach dem Weg tasten, nimmt er sie bei der Hand und führt sie ins Verderben und in den Tod.

Der Weg, den Gregor für sich wählt und den er in seiner Rede empfiehlt, ist ein anderer:

> Uns aber, die wir nach Gott verlangten und es nicht aushielten, dass es keine Führung und keine Lenkung gibt, nahm die Vernunft in Empfang. Sie wandte sich den sichtbaren Dingen zu und traf auf die Dinge, die von Anfang an da waren, blieb aber nicht bei ihnen stehen. Es wäre nämlich der Vernunft nicht angemessen, die Führung den Dingen zu geben, die uns in der Wahrnehmung ebenbürtig sind. Und so führt [die Vernunft] zu dem, was über diesen Dingen steht, und durch das sich für jene das Sein ergibt.[127]

Nach Gregor ist es die göttliche Vernunft, die auf den richtigen Weg der Gotteserkenntnis führt. Der Begriff λόγος kann hier so übersetzt werden, handelt es sich doch um den von Gott gegebenen Logos, die göttliche Vernunft. Sie bietet den Suchenden Führung und Lenkung in die richtige Richtung und ist damit die direkte Gegenspielerin des Bösen. Gewiss: Auch wer sich von der göttlichen Vernunft leiten lässt, muss sich an die sichtbaren Dinge halten – dies ergibt sich, wie Gregor bereits gezeigt hat, aus der Natur des Menschen –, doch bleibt er nicht bei diesen stehen.[128] Für den vom göttlichen Logos geleiteten Menschen sind die geschaffenen, sichtbaren Dinge nicht das Ziel des Weges, sondern erst ihr Ausgangspunkt. Von hier aus führt die göttliche Vernunft hin zu der ersten Natur, zu Gott. Wie bereits früher in seiner Rede führt Gregor als Beweis für die Wirklichkeit Gottes die Geordnetheit der himmlischen und der irdischen Dinge und der Elemente an.[129] So schreibt er auch hier:

---

126 Vgl. Greg. Naz., *or.* 28,15 [FC 22, 126.2–8]. Wie sich aus den auf -ων endenden Partizipialformen ergibt, meint Gregor mit πονηρός hier nicht *das* Böse, sondern *den* Bösen, und denkt dabei wohl an den Teufel.

127 Greg. Naz., *or.* 28,16 [FC 22, 126.9–15]: ἡμᾶς δὲ ὁ λόγος δεξάμενος ἐφιεμένους Θεοῦ, καὶ μὴ ἀνεχομένους τὸ ἀνηγεμόνευτόν τε καὶ ἀκυβέρνητον, εἶτα τοῖς ὁρωμένοις προσβάλλων καὶ τοῖς ἀπαρχῆς ἐντυγχάνων, οὔτε μέχρι τούτων ἔστησεν – οὐ γὰρ ἦν λόγου δοῦναι τὴν ἡγεμονίαν τοῖς ὁμοτίμοις κατὰ τὴν αἴσθησιν –, καὶ διὰ τούτων ἄγει πρὸς τὸ ὑπὲρ ταῦτα, καὶ δι᾽ οὗ τούτοις τὸ εἶναι περίεστι. SIEBEN 1996, 127 ersetzt δέχομαι mit „an der Hand nehmen". Der Sinn bleibt jedoch in beiden Übersetzungen gleich: Während die Einen vom Bösen an der Hand genommen (hier ausgedrückt durch ein Partizip von χειραγωγεῖν) und in die Irre geleitet werden, werden die Anderen von der Vernunft geführt.

128 Es wäre, so Gregor, nicht vernunftgemäß, sich von den sichtbaren, irdischen Dingen leiten zu lassen, weil sie der Wahrnehmung (αἴσθησις) nach auf derselben Stufe stehen wie der Mensch. Dahinter dürfte die Unterscheidung aus Plot., *Enn.* V 5,1,1–19 [ed. BRÉHIER 1956, 105] zwischen dem Wissen des Geistes (εἰδέναι) und der sinnlichen Wahrnehmung (αἴσθησις) stehen. Ersteres ist täuschungsfrei und dem Geist ureigen, während Letzteres stets angezweifelt werden muss. Vgl. HALFWASSEN 2004, 59–61.

129 Wenn Gregor in *or.* 28,16 [FC 22,20–21] fragt: τί τὸ ταῦτα κεκινηκὸς καὶ ἄγον τὴν ἄληκτον φορὰν καὶ ἀκώλυτον; (Was ist es, das diese Dinge in Bewegung gesetzt hat und den unaufhörlichen

> Ist es also nicht der Handwerker dieser Dinge, der in alles Vernunft hineingelegt hat, gemäß derer das All getragen und gelenkt wird? Wer aber ist der Handwerker dieser Dinge? Ist es nicht der, der diese Dinge gemacht und ins Sein geführt hat?[130]

Fast könnte der Eindruck entstehen, dass Gregor in seinem Gedanken- und Redegang wieder am selben Punkt steht wie bereits in *or.* 28,6. Doch dort hatte er nur gesagt, dass die Betrachtung der wohlgeordneten Schöpfung zur Erkenntnis führen muss, *dass* Gott ist. Jetzt geht er einen Schritt weiter und verbindet den Weg der Erkenntnis Gottes mit dem λόγος, der göttlichen Vernunft:

> So ist es die aus Gott kommende Vernunft, die allem eingepflanzt und das erste Gesetz in uns ist, und die mit allem verbunden ist, die uns von den sichtbaren Dingen aus zu Gott hinaufgeführt hat.[131]

Während Gregor die Erkenntnis Gottes durch das menschliche logische Denken (ἀνθρωπινὴ διάνοια, vgl. *or.* 28,11) für unmöglich hält, traut er der Vernunft (λόγος) offenbar mindestens eine Annäherung an Gott zu. Die Betrachtung der Schöpfung und der ihr innewohnenden Ordnung führt deshalb zu Gott, weil Gott selbst mit seinem Logos, der göttlichen Vernunft, in jedem Ding von dessen Anfang an gegenwärtig ist. So erkennt sich die Vernunft in der Schönheit und Ordnung der Natur wieder und erahnt darin Gott.[132] Dass Gregor die Erfahrung Gottes in der Schöpfung für möglich hält, bedeutet aber nicht, dass der Grundsatz, der am Anfang seiner Rede steht, nicht mehr gelten würde. Einmal mehr betont er:

> Was Gott seiner Natur und seinem Wesen nach ist, das hat weder jemals ein Mensch herausgefunden, noch wird es je [irgendjemand] herausfinden.[133]

---

und ungehinderten Gang lenkt?), zitiert er frei aus Platons Gesetzen, vgl. Plat., *leg.* X 896 [ed. Bury 1961, 336–340]. Dass er sich hier offen auf Platon berufen kann, zeigt, dass er zwischen den religiösen griechischen Kulten, die er kurz zuvor scharf verurteilt hatte, und dem philosophischen Erbe, an dem er durch seine Bildung teilhat, klar zu unterscheiden weiß (vgl. Norris 1991,119).

130 Greg. Naz., *or.* 28,16 [FC 22,126.22–24]: Ἄρ᾽ οὐχ ὁ τεχνίτης τούτων, καὶ πᾶσι λόγον ἐνθείς, καθ᾽ ὃν τὸ πᾶν φέρεταί τε καὶ διεξάγεται; Τίς δὲ ὁ τεχνίτης τούτων; Ἄρ᾽ οὐχ ὁ πεποιηκὼς ταῦτα καὶ εἰς τὸ εἶναι παραγαγών;

131 Greg. Naz., *or.* 28,16 [FC 22,128.5–8]: Οὕτως ὁ ἐκ θεοῦ λόγος, καὶ πᾶσι σύμφυτος, καὶ πρῶτος ἐν ἡμῖν νόμος, καὶ πᾶσι συνημμένος, ἐπὶ Θεὸν ἡμᾶς ἀνήγαγεν ἐκ τῶν ὁρωμένων.

Der Dativ πᾶσι kann als Maskulin oder als Neutrum übersetzt werden. Da sich in *or.* 28,16 wenige Zeilen weiter oben aus dem Zusammenhang die neutrale Form ergibt, wird hier wieder ebenso übersetzt.

132 Die Vorstellung von der göttlichen Vernunft, die alles durchdringt und in der sich die – ebenfalls von Gott gegebene – menschliche Vernunft wiedererkennt, erinnert an die stoische Logoslehre. Gemäß der stoischen Überzeugung ist der Logos „eine kosmische pneumatische Kraft, welche als immanentes Prinzip das Weltgeschehen bestimmt" und ordnet. Als solche ist der Logos gleichbedeutend mit dem Göttlichen und dem Schicksal, vgl. Verbeke 1980, 495; Löhr 2009, 336–338.

133 Greg. Naz., *or.* 28,17 [FC 22,128.8–9]: Θεόν, ὅ τί ποτε μέν ἐστι τὴν φύσιν καὶ τὴν οὐσίαν, οὔτε τις εὗρεν ἀνθρώπων πώποτε, οὔτε μὴ εὕρῃ.

Zu beachten ist, dass Gregor φύσις und οὐσία als Synonyme verwendet.

Und trotzdem verharrt Gregor nicht bei der Tatsache der Unfassbarkeit Gottes. Die Berührung mit Gott, so ist er überzeugt, wird dem Menschen dereinst vergönnt sein:

> Meiner Meinung nach wird er [der Mensch] es herausfinden, sobald dieses Gottähnliche und Göttliche, ich meine unseren Geist und unsere Vernunft, sich mit dem ihm Verwandten vereinigt, und wenn das Bild wieder zu seinem Urbild, nach dem es jetzt Verlangen spürt, hinaufgestiegen ist. Und das ist, wie mir scheint, die wichtigste philosophische Aussage: Dass wir erkennen werden, wie auch wir erkannt worden sind. All das, was jetzt ist, ist nur ein winziger Ausfluss, der bis zu uns reicht, wie ein kleiner Schein eines großen Lichts.[134]

War Gregors Nähe zum Neuplatonismus zuvor vage spürbar, so wird sie spätestens jetzt offenkundig: Er verwendet Geist (νοῦς) und Vernunft (λόγος) als Synonyme und versteht beides als das dem Menschen innerliche Göttliche, das danach strebt, sich wieder mit seinem Ursprung zu vereinigen. Das Menschenbild, von dem Gregor ausgeht, lässt an Plotins Seelenlicht denken, das nach seiner Heimat im geistigen Lichtreich strebt.[135] Wenn Gregor vom Bild spricht, das zu seinem Urbild zurückkehren will, wird der Bezug zur (neu-)platonischen Gedankenwelt deutlich spürbar.[136] Und auch mit der Rede von Ausfluss (ἀπορροή) und Licht (φῶς) übernimmt Gregor wichtige Elemente aus Plotins Sprache.[137] Doch stützt er sich nicht ausschließlich auf das philosophische Erbe, sondern auch auf die Heilige Schrift. Dass der Mensch nach Gottes Ebenbild geschaffen sei, sagt bereits der erste Schöpfungsbericht (Gen 1,27). Und was Gregor als „wichtigste philosophische Aussage" ankündet, ist ein beinahe wörtliches Zitat aus 1Kor 13,12, wo es heißt: „Denn jetzt sehen wir alles in einem Spiegel, in rätselhafter Gestalt, dann aber von Angesicht zu Angesicht. Jetzt ist mein Erkennen Stückwerk, dann aber werde ich ganz erken-

134 Greg. Naz., *or.* 28,17 [FC 22,128.11–15]: Εὑρήσει δέ, ὡς ἐμὸς λόγος, ἐπειδὰν τὸ θεοειδὲς τοῦτο καὶ θεῖον, λέγω δὲ τὸν ἡμέτερον νοῦν τε καὶ λόγον, τῷ οἰκείῳ προσμίξῃ, καὶ ἡ εἰκὼν ἀνέλθῃ πρὸς τὸ ἀρχέτυπον, οὗ νῦν ἔχει τὴν ἔφεσιν. Καὶ τοῦτο εἶναί μοι δοκεῖ τὸ πάνυ φιλοσοφούμενον, ἐπιγνώσεσθαι ποτε ἡμᾶς, ὅσον ἐγνώσμεθα. Τὸ δὲ νῦν εἶναι βραχεῖά τις ἀπορροὴ πᾶν τὸ εἰς ἡμᾶς φθάνον, καὶ οἷον μεγάλου φωτὸς μικρὸν ἀπαύγασμα.

135 Die Aufstiegsbewegung der Seele hin zum göttlichen Einen ist zentraler Inhalt von Plotins Philosophie bzw. Anthropologie. Nach seinem Verständnis „kommt das Kompositum [der Mensch] dadurch zustande, dass die Seele einen Lichtstrahl (*phôs*, I 1,7,4) oder ein immaterielles Abbild (*eidolon*, I 1,8,17) ihrer selbst aus sich hervorgehen lässt, das den körperlichen Organismus als sein immanent organisierendes Prinzip strukturiert und belebt, so dass aus *ihm* und dem Körper ein einheitliches Wesen entsteht (I 1,7,1–6). Dieses Seelenlicht oder Seelenbild spielt damit für den einzelnen Organismus genau die gleiche Rolle wie die ebenfalls immaterielle *natura naturans* als logoshafte Formkraft für die erscheinende Natur im Ganzen" (Halfwassen 2004, 131).

136 Für Plotin ist der Körper ein Abbild der Seele. Porphyrios berichtet in seiner *Vita Plotini*, Plotin habe „sich geweigert, sich von einem Maler oder Bildhauer porträtieren zulassen, mit der Begründung, ein Porträt sei nur ein ‚Abbild des Abbildes' […]." (Halfwassen 2004, 27).

137 Sieben 1996, 129 sieht darin eine Anlehnung an Sap 7,26 und Hebr 1,3. Das ist sicher nicht falsch, doch im Zusammenhang der Rede muss der Nähe zum Neuplatonismus das größere Gewicht beigemessen werden.

nen, wie ich auch ganz erkannt worden bin."[138] Schließlich gibt Gregor aber auch zu bedenken, dass jede menschliche Erkenntnis Gottes stets nur mit menschlichen Maßstäben, nie aber an der ganzen Wirklichkeit Gottes gemessen werden darf. Bei einer ersten Lektüre dieser Passage scheint kein Zweifel daran zu bestehen, dass Gregor die Einswerdung mit Gott erst im Leben nach dem Tod des Menschen erwartet. Doch wählt er wirklich den eschatologischen Notausgang? Eine zweite Lektüre des Textes zeigt, dass Gregor an keiner Stelle ausdrücklich sagt, dass die Berührung des Logos im Menschen, der göttlichen Vernunft, mit ihrem Ursprung ausschließlich erst nach dem Tod stattfinden wird – ebenso wenig wie dies in 1Kor 13,12 gesagt ist. Die Möglichkeit, dass Gregor eine mystische Vereinigung von Mensch und Gott bereits in diesem Leben für vorstellbar hält, muss hier zumindest offen bleiben.

2.6 Ein kleines Werkzeug für große Werke (*or.* 28,18–21)

Gregor legt Wert darauf, dass seine theologischen Aussagen stets im Einklang mit der Heiligen Schrift stehen. So versucht er auch jetzt, seine Aussagen über die Annäherung des Menschen an Gott und die dennoch unumstößliche Tatsache der Unfassbarkeit des göttlichen Wesens biblisch zu untermauern. Er beruft sich dazu auf Figuren aus dem Alten und dem Neuen Testament und beginnt dabei wortwörtlich bei Adam und Eva: Da ist Enosch, Neffe von Kain und Abel, von dem Gregor sagt, er habe auf die Anrufung Gottes gehofft, aber nicht auf Erkenntnis Gottes (vgl. Gen 4,26). Von Henoch, Sohn des Enosch, heißt es in Gen 5,24, Gott habe ihn hinweggenommen, was Gregor als Entrückung interpretiert.[139] Da in der Bibel von keiner Rückkehr Henochs die Rede ist, äußert sich Gregor zurückhaltend: „So ist es nicht klar, ob er die Natur Gottes umfasst hat oder umfassen wird."[140] Trotz seiner Nähe zu Gott wird es auch Noah nicht anders ergangen sein und selbst der große Stammvater Abraham „hat Gott nicht als Gott gesehen, sondern als Menschen bewirtet."[141] Schließlich gilt sogar für Jakob, von dem es heißt, dass Gott ihm im Traum erschien und zu ihm sprach, und dass er mit Gott rang,[142] was für jeden Menschen gilt:

138 1Kor 13,12: βλέπομεν γὰρ ἄρτι δι' ἐσόπτρου ἐν αἰνίγματι, τότε δὲ πρόσωπον πρὸς πρόσωπον· ἄρτι γινώσκω ἐκ μέρους, τότε δὲ ἐπιγνώσομαι καθὼς καὶ ἐπεγνώσθην. Zu φιλοσοφία vgl. oben S. 36f.

139 Vermutlich drückt die Formulierung „μετέθηκεν αὐτὸν ὁ θεός" eher das Sterben des gottgefälligen Menschen aus.

140 Greg. Naz., *or.* 28,18 [FC 22,130.3–4]: οὔπω δὲ δῆλον, εἰ Θεοῦ φύσιν περιλαβών, ἢ περιληψόμενος.

141 Greg. Naz., *or.* 28,18 [FC 22,130.9]: Θεὸν δὲ οὐχ ὡς Θεὸν εἶδεν, ἀλλ' ὡς ἄνθρωπνω ἔθρεψε. Vgl. Gen 18,1–15.

142 In *or.* 28,18 [FC 22,130.15–17] äußert Gregor Zweifel an einer wortwörtlichen Interpretation der Passage und werweißt: „was auch immer das ist, der Ringkampf Gottes gegen den Menschen, vielleicht ist es ja eine Prüfung der menschlichen Tugend an Gott?" (ἥτις ποτέ ἐστιν ἡ πάλη θεοῦ πρὸς ἄνθρωπον, ἢ τάχα τῆς ἀνθρωπίνης ἀρετῆς πρὸς θεὸν ἀντεξέτασις).

> Weder er selbst noch irgendeiner nach ihm aus den zwölf Stämmen, deren Vater er war, hat sich bis heute gerühmt, Gottes ganze Natur oder Erscheinung in sich aufzunehmen bzw. zu begreifen.[143]

Um dies zu bekräftigen nennt Gregor Figuren aus weiteren Büchern der Bibel: Gott weist den Propheten Elija an, er solle sich auf einen Berg stellen, verspricht, er werde an ihm vorübergehen und zeigt sich schließlich als zarter Windhauch (vgl. 3Kön 19,11–12), der dem Elija, so Gregor, „die Anwesenheit Gottes, und das ist nicht seine Natur, schattenhaft skizziert."[144] Gregor erinnert an Manoach, der seiner Frau zurief: „Wir sind zugrunde gerichtet, denn wir haben Gott gesehen!"[145] (Ri 13,22) Doch, so Gregors Überzeugung, wird Manoach nicht Gott, sondern nur Gottes Boten gesehen haben, weil er nach dieser Begebenheit offenbar noch weiterlebte. Gregor liest Manoachs Ausruf als Hinweis darauf, „dass für den Menschen sogar eine göttliche Erscheinung zu viel ist, geschweige denn dessen Natur."[146] Diese Erfahrung hat, so Gregor, der Jünger Petrus gemacht, als Jesus ihm und den Jüngern in der Nacht auf dem See erschien und sie erschraken, weil sie ihn für ein Gespenst hielten (vgl. Mk 6,49).[147] Und auch den großen biblischen Propheten Jesaja und Ezechiel traut Gregor viel, aber nicht alles zu: Jesaja berichtet in seiner Berufungsvision, er habe Gott auf dem Thron sitzend gesehen (Jes 6,1–3), doch Gregor deutet die Serafim, von denen Jesaja erzählt, als Bedeckung Gottes, die Gott rings herum (κύκλῳ αὐτοῦ) umgeben.[148] Ezechiel berichtet von einer wilden, rauschhaften Vision von Gestalten und Rädern zwischen Himmel und Erde (vgl. Ez 1,4–28) und sagt schließlich: „Dies war die Erscheinung der Gestalt der Herrlichkeit des Herrn"[149] Geschah es am Tag, was nur Heiligen vergönnt ist? Oder handelt es sich um eine nächtliche Vision, was Gregor als „untrüglich" einstuft? War es ein Eindruck auf

143 Greg. Naz., *or.* 28,18 [FC 22,132.2–4]: ἐκεῖνο δὲ οὔτε αὐτὸς οὔτε τις ὑπὲρ αὐτὸν μέχρι σήμερον ἐκαυχήσατο τῶν δώδεκα φυλῶν, ὧν πατὴρ ἦν, ὅτι Θεοῦ φύσιν ἢ ὄψιν ὅλην ἐχώρησεν.

144 Greg. Naz., *or.* 28,19 [FC 22,132.6–7]: τὴν τοῦ Θεοῦ παρουσίαν, καὶ ταῦτα οὐ φύσιν ἐσκιαγράφησεν. Die Unterscheidung zwischen der Anwesenheit Gottes und der göttlichen Natur erfolgt in 3Kön 19,11–12 nicht ausdrücklich, lässt sich aber durchaus mit der Schriftstelle vereinbaren. Gregor sieht das Zitat auch als Beweis seiner These, dass der Mensch aus der Schöpfung erkennen kann, *dass* Gott, aber nicht, *was* Gott ist (Greg. Naz., *or.* 28,5–6).

145 Ri 13,22: Θανάτῳ ἀποθανούμεθα, ὅτι θεὸν ἑωράκαμεν.

146 Greg. Naz., *or.* 28,19 [FC 22, 132.13–14]: ὡς οὐ χωρητῆς οὔσης ἀνθρώποις οὐδὲ φαντασίας θείας, μὴ ὅτι γε φύσεως·

147 Auf die gleichen biblischen Figuren, Manoach und Petrus, verweist Gregor bereits in *or.* 9,1 [SC 405, 302].

148 Dass die Serafim Gott bedecken und den Propheten damit von Gott abschirmen, hat in der Bibel keine Grundlage. In Jes 6,1–3 heißt es nämlich: καὶ σεραφιν εἱστήκεισαν κύκλῳ αὐτοῦ, ἓξ πτέρυγες τῷ ἑνὶ καὶ ἓξ πτέρυγες τῷ ἑνί, καὶ ταῖς μὲν δυσὶν κατεκάλυπτον τὸ πρόσωπον καὶ ταῖς δυσὶν κατεκάλυπτον τοὺς πόδας καὶ ταῖς δυσὶν ἐπέταντο (Und Seraphin standen rings um ihn, sechs Flügel hatte der eine und sechs Flügel hatte der andere, und mit zweien bedeckten sie das Antlitz und mit zweien bedeckten sie die Füße, und mit zweien flogen sie). Das Verb κατακαλύπτω taucht im Jesajatext also durchaus auf, doch hat Gregor es wohl mit Absicht auch als Bedeckung Gottes umgedeutet.

149 Ez 1,28: αὕτη ἡ ὅρασις ὁμοιωματος δόξης κυρίου.

den leitenden Seelenteil (ἡγεμονικόν)?[150] Oder eine andere, unaussprechliche Art der Prophetie? Gregor gibt unumwunden zu, dass er diese Sorte von prophetischer Schauung nicht zu beurteilen vermag und sagt:

> Aber der Gott der Propheten weiß es, und die, an denen solche Dinge gewirkt werden.[151]

Offensichtlich deutet Gregor die verschiedenen Visionen und Gotteserfahrungen, von denen in der Bibel berichtet wird, als erfahrbares Wirken Gottes. Dem Menschen kommt dabei eine passive Rolle zu: An ihnen werden „solche Dinge" gewirkt (sie sind ἐνεργούμενοι), während das Aktive, das Wirkende Gott ist. Doch auch dieses Wirken Gottes führt bei den Menschen nur zu begrenzter Erkenntnis:

> Gleichwohl waren weder die, von denen die Rede ist, noch irgendjemand anderes von ihrer Art in der Wirklichkeit und im Wesen des Herrn, so wie es geschrieben ist, noch haben sie die Natur Gottes gesehen oder erklärt.[152]

Durch das Wirken Gottes werden Menschen zu Zeugen von Gottes Anwesenheit, Macht, Kraft und Herrlichkeit. Das Wirken vermittelt aber nicht Gottes Wesen. Es gibt keinen Einblick ins Innerste Gottes. So hoch Gregor die biblischen Stammväter und Propheten auch achtet, und so ernst er deren Erfahrungen mit dem Göttlichen nimmt, bleibt er seiner Linie dennoch treu: Niemand erkennt, was Gott der Natur nach ist.

Den Abschluss der Reihe von biblischen Autoritäten macht Paulus. Gregor erinnert an dessen Aufstieg in den dritten Himmel (vgl. 2Kor 12,2–4) und meint, hätte Paulus über seine Entrückung berichten können, so „wüssten wir jetzt über Gott etwas mehr."[153] Doch es entspricht gerade der Natur dieser Dinge, dass sie unaussprechlich sind (vgl. 2Kor 12,14), und Gregor gibt zu bedenken:

> Weil [diese Dinge] unaussprechlich waren, sollen sie von uns auch mit Schweigen geehrt werden.[154]

Gregor argumentiert mit den Worten von Paulus aus 1Kor 13,9.12, dass das menschliche Erkennen zu Teilen (ἐκ μέρους) geschehe und dass „sich alles Wissen hier unten nicht über die Spiegel und Rätsel erhebt, denn es bleibt bei den kleinen Abbildern von der Wahrheit stehen."[155] Gregor ist sich bewusst, dass es den Anschein haben könnte, als strenge er sich in theologischen Angelegenheiten einfach nicht

150 Gregor nimmt damit den Begriff wieder auf, den er bereits in *or.* 27,3 eingeführt hat.

151 Greg. Naz., *or.* 28,19 [FC 22, 134.6–7]: ἀλλ᾽ οἶδεν ὁ τῶν προφητῶν Θεός, καὶ οἱ τὰ τοιαῦτα ἐνεργούμενοι.

152 Greg. Naz., *or.* 28,19 [FC 22, 134.7–10]: Πλὴν οὔτε οὗτοι περὶ ὧν ὁ λόγος, οὔτε τις ἄλλος τῶν κατ᾽ αὐτούς, ἔστη ἐν ὑποστήματι καὶ οὐσίᾳ Κυρίου, κατὰ τὸ γεγραμμένον, οὐδὲ Θεοῦ φύσιν ἢ εἶδεν ἢ ἐξηγόρευσεν.

153 Greg. Naz., *or.* 28,20 [FC 22, 134.13]: τάχα ἄν τι περὶ Θεοῦ πλέον ἔγνωμεν.

154 Greg. Naz., *or.* 28,20 [FC 22, 134.14–15]: Ἐπεὶ δὲ ἄρρητα ἦν, καὶ ἡμῖν σιωπῇ τιμάσθω.

155 Greg. Naz., *or.* 28,20 [FC 22, 134.19–22]: Διὸ καὶ πᾶσαν τὴν κάτω γνῶσιν οὐδὲν ὑπὲρ τὰ ἔσοπτρα καὶ τὰ αἰνίγματα τίθεται, ὡς ἐν μικροῖς τῆς ἀληθείας ἱσταμένην ἰνδάλμασιν. Vgl. 1Kor 13,12.

genug an. Doch er beteuert, dem sei nicht so: Es handle sich dabei tatsächlich um Dinge, die nicht jetzt (νῦν), sondern irgendwann später (πότε) ertragen werden können.[156] Er fasst zusammen:

> Sicher ist jede Wahrheit und jede Rede schwer zu erkennen und kaum sichtbar: Es ist, als versuchten wir, mit einem kleinen Werkzeug Großes zu schaffen, wenn wir mit der menschlichen Weisheit die Erkenntnis der seienden Dinge verfolgen, und [wenn wir] uns mit den Wahrnehmungen, oder [zumindest] nicht ohne die Wahrnehmungen den geistigen Dingen zuwenden, und von ihnen [den Wahrnehmungen] herumgetrieben und in die Irre geleitet werden. Und wir können nicht näher an die Wahrheit herangehen, wenn wir mit dem nackten Geist auf die nackten Dinge treffen und der Geist von den erfassten Dingen geprägt wird. Die Rede über Gott aber wird, je vollkommener sie ist, desto schwieriger, und bei ihr gibt es mehr Einwände und schwierigere Lösungen.[157]

Gregor ist sich der Grenzen menschlichen Erkennens bewusst: Groß ist die Wahrheit, der menschliche Geist ist klein. So versucht der Mensch, zu den seienden Dingen[158] vorzudringen, doch dabei kommt ihm stets das Sinnlich-Wahrnehmbare in die Quere. Der direkte Kontakt des nackten Geistes mit der unverhüllten Wirklichkeit der Dinge gelingt deshalb nicht. Was für die irdischen Dinge gilt, trifft, so Gregor, in viel höherem Maß auch für Gott zu – und der Weg wird, je weiter sich der Mensch vom Materiellen löst, umso schwieriger und störungsanfälliger.[159] Mit dieser Passage stimmt Gregor Hörerinnen und Leserinnen auf den zweiten Teil seiner

---

156 Vgl. Greg. Naz., *or.* 28,20 [FC 22, 134.22–136.4].

157 Greg. Naz., *or.* 28,21 [FC 22, 136.6–14]: Πᾶσα μὲν οὖν ἀλήθεια καὶ πᾶς λόγος δυστέκμαρτός τε καὶ δυσθεώρητος· καὶ οἷον ὀργάνῳ μικρῷ μεγάλα δημιουργοῦμεν, τῇ ἀνθρωπίνῃ σοφίᾳ τὴν τῶν ὄντων γνῶσιν θηρεύοντες, καὶ τοῖς νοητοῖς προσβάλλοντες μετὰ τῶν αἰσθήσεων, ἢ οὐκ ἄνευ αἰσθήσεων, ὑφ' ὧν περιφερόμεθα καὶ πλανώμεθα, καὶ οὐκ ἔχομεν γυμνῷ τῷ νοΐ γυμνοῖς τοῖς πράγμασιν ἐντυγχάνοντες μᾶλλόν τι προσιέναι τῇ ἀληθείᾳ, καὶ τὸν νοῦν τυποῦσθαι ταῖς καταλήψεσιν. Ὁ δὲ περὶ Θεοῦ λόγος, ὅσῳ τελεώτερος, τοσούτῳ δυσεφικτότερος, καὶ πλείους τὰς ἀντιλήψεις ἔχων καὶ τὰς λύσεις ἐργωδεστέρας.

Die Aussage, dass die sinnlichen Wahrnehmungen den Menschen in die Irre leiten, wird Gregor aus Platons *Phaidon* 65d4–66a8 [ed. Dirlmeier, 30–32; deutsch: Ebert 2004, 23–24] und 83a [ed. Dirlmeier, 92; deutsch: Ebert 2004, 45] übernommen haben, vgl. Sieben 1996, 137, Anm. 70.

158 Eine Anlehnung an die platonisch-neuplatonische Denkwelt, in der das Seiende als die Idee eines Dings auf einer höheren Stufe als das Wahrnehmbare steht.

159 Gregor illustriert dies mit je einem Beispiel aus der Philosophie und aus der Heiligen Schrift: Er vergleicht den Weg zur Erkenntnis Gottes mit dem Bild eines Reiters und seiner Pferde, das er Plat., *Phaidr.* 246 [ed. Buchwald 1964, 58] entleiht. Während bei den Göttern beide Seelenpferde göttlich sind und mühelos dem reinen Sein zustreben, ist beim Menschen nur das eine edler Herkunft. So lässt sogar das kleinste Hindernis, die zarteste Bewegung des Zügels das empfindsame Tier abrupt anhalten oder jäh die Richtung ändern. Das andere Beispiel ist der König Salomo aus der Heiligen Schrift. Dieser kommt in jungen Jahren zu Weisheit (vgl. 3Kön 3,4–15), doch im Alter scheint er, so Gregor, herausfinden zu wollen, wie weit er sich von ebendieser Weisheit entfernen kann – wahrscheinlich spielt er dabei auf Salomos Ausschweifungen in 3Kön 11 an. Als Erklärung für diesen Wandel vermutet Gregor, dass Salomo, je weiter er in die Tiefen Gottes hineingeschritten sei, desto mehr von Schwindel ergriffen wurde und schließlich rückwärts aus der Weisheit herausfloh. Vgl. Greg. Naz., *or.* 28,21 [FC 22, 136.14–24].

Rede ein, in der er zeigen wird, dass für den Menschen bereits die Erkenntnis der geschaffenen Dinge eine Überforderung ist, die Erkenntnis Gottes uns aber um ein Unendliches übersteigt. Noch einmal lässt Gregor Paulus sprechen, der „versucht, ich sage nicht: an Gottes Natur, denn er wusste, dass dies ganz und gar unmöglich ist, sondern nur an die Entscheidungen Gottes zu gelangen."[160] (Vgl. Röm 11,33). Bereits die Erkenntnis der Entscheidungen bzw. des Willens Gottes ist für den Menschen ein Weg mit einer klaren Richtung – nämlich ein Weg des Aufstiegs zu Gott –, der aber niemals enden wird.[161]

2.7 Was ist der Mensch? (*or.* 28,22)

Im zweiten Teil seiner Rede (*or.* 28,22–30) fasst Gregor die Wunder der Schöpfung in schwelgende, staunende Sprache. Als erstes blickt er dabei auf sich selbst, auf die menschliche Natur (ἀνθρωπίνη φύσις):

> Was ist unsere Mischung? Was die Bewegung? Wie wird das Unsterbliche mit dem Sterblichen vermengt? Wie ströme ich nach unten und werde nach oben getragen? Wie bewegt sich die Seele herum? Wie gibt sie Leben und wie hat sie an den Leidenschaften Teil?[162]

Das anthropologische Konzept, das hinter diesen grundsätzlichen Fragen über die menschliche Natur steht, stimmt überein mit Gregors Aussagen in *or.* 28,17: Die Vorstellung des Menschen als geistig-körperliches Mischwesen, das dem Irdischen verhaftet ist und dennoch nach dem Göttlichen strebt, stammt aus der platonisch-neuplatonischen Denkwelt.[163] Gregor fährt fort mit zahlreichen weiteren Fragen über den Geist, die Erschaffung des Menschen, über die körperliche und geistige Ernährung, die familiäre Liebe, über die Vielfalt unter den Menschen und darüber, wie die einzelnen Menschen sterben und gezeugt werden, die Menschheit aber im-

---

160 Greg. Naz., *or.* 28,21 [FC 22, 136.24–138.1]: πειρᾶται μὲν ἐφικέσθαι, οὔπω λέγω τῆς τοῦ Θεοῦ φύσεως, τοῦτο γὰρ ᾔδει παντελῶς ἀδύνατον ὄν, ἀλλὰ μόνον τῶν τοῦ Θεοῦ κριμάτων·

161 Vgl. Greg. Naz., *or.* 28,21 [FC 22, 138.1–13].

162 Greg. Naz., *or.* 28,22 [FC 22, 138.14–16]: τίς ἡ μίξις ἡμῶν; τίς ἡ κίνησις; Πῶς τὸ ἀθάνατον τῷ θνητῷ συνεκράθη; Πῶς κάτω ῥέω, καὶ ἄνω φέρομαι; Πῶς ψυχὴ περιφέρεται; Πῶς ζωὴν δίδωσι, καὶ πάθους μεταλαμβάνει;

Anstelle von περιφέρεται lesen wichtige Kodices περιγράφεται. Auch diese zweite Lesart hat ihre Berechtigung, und die Übersetzung müsste dann lauten: „Wie lässt sich die Seele umschreiben?"

163 Dass die Seele Leben spendet, ja die Welt erschafft, schreibt Plot., *Enn.* V 1,2,1–9 [ed. Bréhier 1956, 16], vgl. dazu Halfwassen 2004, 109–114 und zu Plotins Anthropologie Volp 2006, 27–28. Gregor sieht den Leib und die Seele des Menschen als grundsätzlich verschieden an, wobei er das Geistige deutlich höher und positiver wertet als das Körperliche. Dennoch ist der Mensch in Gregors Augen kein Mängelwesen; sonst könnte er ihn nicht so rühmen, wie er es in *or.* 28,22 tut. Gerade dadurch, dass der Mensch mit der Seele auch eine göttliche Komponente in sich trägt und auf Gottebenbildlichkeit hin ausgerichtet ist, erhält er seine Würde. Vgl. oben, I 3.5, S. 47–50 und speziell zur theologischen Begründung der menschlichen Würde bei Gregor Volp 2006, 166–172.

mer weiter besteht.[164] Gregor stellt diese Fragen nicht, weil er von seinen Hörerinnen und Leserinnen eine Antwort erwartet, sondern gerade um zu zeigen, dass diese Fragen schlichtweg unbeantwortbar sind: Der Mensch ist sich selbst ein Rätsel. „Viel ließe sich noch philosophieren",[165] meint Gregor, über die Gestalt des Körpers, die Gliedmaßen, deren Anordnung gleichzeitig dem Nutzen und der Schönheit dient, über die Stimme und das Gehör, die Kommunikation, über die Augen, die sich den sichtbaren Dingen zuwenden und den Geist, der sich zu den unsichtbaren Dingen hinwendet, über den Schlaf, die Träume, das Gedächtnis, ja, „um es kurz zu sagen, alles, durch das diese kleine Welt, der Mensch, verwaltet wird."[166]

2.8 Was ist die Welt? (*or.* 28,23–27)

Nun kommt Gregor auf die „anderen Lebewesen" (τὰ ἄλλα ζῷα) zu sprechen und hebt an zu einer Lobrede auf alle Lebewesen, die Land, Wasser und Lüfte erfüllen. Da sind zuerst die Tiere der Erde. Gregor bezeichnet sie nicht mit Namen, sondern nennt die unermessliche Vielfalt ihrer Gestalten und Lebensweisen, indem er stets Gegensätze nennt: Manche Tiere leben in Herden, andere als Einzelgänger; die einen sind wild, die anderen zahm; manche sind beinahe vernünftig und lernfähig, andere unvernünftig und unfähig zu lernen; die einen arbeiten gern, die anderen sind träge. Ohne die einzelnen Tiere zu benennen, zeichnet Gregor mit seinen Worten ein Panorama der ganzen Tierwelt.[167] Doch auch das Wasser ist belebt, hier bewegt sich die „schwimmende Natur" (νηκτὴ φύσις), Tiere, die durchs flüssige Element gleiten als könnten sie fliegen, auch sie mit ihren Eigenheiten und Eigentümlichkeiten.[168] Luft und Wälder sind erfüllt von den unterschiedlichsten Vögeln. Gregor lobt den Gesang und die Schönheit von Zikaden, Schwänen, Pfauen,[169] und sein Staunen und Rühmen verweist dabei stets auf deren Urheber. Dies wird deutlich, wenn Gregor fragt:

> Wer ist es, der einer Zikade den Steg auf der Brust gegeben hat und die Lieder und Trillereien auf den Zweigen [...]? Wer ist es, der einem Schwan den Gesang zusammenwebt [...]?[170]

---

164 Vgl. Greg. Naz., *or.* 28,22 [FC 22, 138.17–140.12].

165 Greg. Naz., *or.* 28,22 [FC 22, 140.13]: Πολλὰ δ' ἂν ἔτι φιλοσοφήσαις [...].

166 Greg. Naz., *or.* 28,22 [FC 22, 142.6–7]: καὶ συντόμως εἰπεῖν, ὅσοις ὁ μικρὸς οὗτος κόσμος διοικεῖται, ὁ ἄνθρωπος. Die Vorstellung des Menschen als Mikrokosmos stammt aus der stoischen Philosophie, vgl. Volp 2006, 166–167.169.

167 Vgl. Greg. Naz., *or.* 28,23 [FC 22, 142.8–144,6].

168 Vgl. Greg. Naz., *or.* 28,24 [FC 22, 144,7–14].

169 Vgl. Greg. Naz., *or.* 28,24 [FC 22, 144,15–146.8]. Gregor zählt auch die Zikade zu den Vögeln. Sieben 1996, 146, Anm. 83 bemerkt, die Beschreibung des Pfaus sei bei antiken Rhetoren ein beliebtes Thema.

170 Greg. Naz., *or.* 28,24 [FC 22, 144,17–21]: Τίς ὁ δοὺς τέττιγι τὴν ἐπὶ στήθους μαγάδα, καὶ τὰ ἐπὶ τῶν κλάδων ᾄσματά τε καὶ τερετίσματα [...]; Τίς ὁ κύκνῳ συνυφαίνων τὴν ᾠδὴν [...]; Zu der Auslegung der ersten Gottesrede im Hiobbuch vgl. Keel 1978, 51–125.

Das wiederholte τὶς, wer, erinnert an die sogenannte erste Gottesrede in Hi 38–39, worin der Schöpfer selbst rhetorisch nach dem Wer hinter der Schöpfung und der Ordnung der Welt fragt. Dort wie hier drängt sich die Antwort unüberhörbar zwischen den Zeilen hervor und ins Bewusstsein von Hörerinnen und Leserinnen: Gott!

Es mutet etwas sonderbar an, wenn Gregor mitten in seinem Lob auf die Tierwelt auf einmal auf die Frauen zu sprechen kommt. Doch verdienen sie unter den Lebewesen wegen ihrer Weisheit zum Weben und der Fähigkeit zum Sticken seine besondere Bewunderung. Er bezieht sich dabei allerdings tatsächlich auf Hi 38,36.[171] Interessant ist, dass Gregor die Kunstfertigkeit als σοφία, Weisheit, sieht, die näher zu Gott führt:

> Das [Weben und Sticken] gehört zu einem vernunftbegabten Lebewesen, das außerordentlich weise ist und bis zu den himmlischen Dingen fortschreitet.[172]

Das Lob auf das Weben und Sticken dient Gregor als Überleitung zum nächsten Bereich der Tierwelt, dem er sich zuwenden wird: der Kunstfertigkeit, der Arbeitsfreude und dem Organisationstalent verschiedener Tiere.[173] Gregor lobt die sechseckigen, sorgfältig und exakt geformten Waben der Bienen und die Netze der Spinnen, die, kaum sichtbar, doch gleichzeitig Wohnung und Fangnetz ihrer Erbauerinnen sind. Die anmutigen Formationen der fliegenden Kraniche vergleicht Gregor mit den Werken berühmter griechischer Künstler wie Phidias, Zeuxis oder Polygnot, und die Ameisen verdienen seine Bewunderung durch ihre Staatenbildung und ihre weise Voraussicht beim Anlegen von Vorräten. Hinter all diesen Fähigkeiten aus dem Tierreich steht in Gregors Verständnis dieselbe ordnende göttliche Vernunft (λόγος), von der er bereits in *or.* 28,16 sprach.

Ebendiese Ordnung und Weisheit bewundert Gregor auch, wenn er die Welt der Pflanzen und Steine betrachtet:[174] Hier paaren sich Schönheit und Nutzen, eine Vielfalt und Fülle von Früchten, Wurzeln, Säften, Blumen, Düften, denen je wieder heilsame Kräfte innewohnen.[175] So liegt die Natur wie ein Gastmahl (πανδαισίᾳ) vor

171 Vgl. Greg. Naz., *or.* 28,24 [FC 22, 146.9–12]. Gregor zitiert aus Hi 38,36 – und hier haben die Übersetzer der Septuaginta offenbar ganz anders gelesen als spätere Übersetzer. In der hebräischen Bibel (BHS) lautet der Text: מִי־שָׁת בַּטֻּחוֹת חָכְמָה אוֹ מִי־נָתַן לַשֶּׂכְוִי בִינָה. Die Septuaginta liest: τίς δὲ ἔδωκεν γυναιξὶν ὑφάσματος σοφίαν ἢ ποικιλτικὴν ἐπιστήμην; (Wer hat den Frauen die Weisheit zum Weben und die Fähigkeit zum Sticken gegeben?) Und auch die verschiedenen deutschen Übersetzungen sind sich uneinig. So heißt es bei Luther (1984): „Wer gibt die Weisheit in das Verborgene? Wer gibt verständige Gedanken?“, während die Neue Zürcher Bibel liest: „Wer hat dem Ibis Weisheit verliehen und wer dem Hahn Einsicht gegeben?“ Tatsache ist, dass Gregor offensichtlich der Text der Septuaginta vorlag.

172 Greg. Naz., *or.* 28,24 [FC 22, 146.11–12]: Ζώου λογικοῦ τοῦτο, καὶ περιττοῦ τὴν σοφίαν, καὶ μέχρι τῶν οὐρανίων ὁδεύοντος.

173 Vgl. Greg. Naz., *or.* 28,25 [FC 22, 146.13–148.16].

174 Vgl. Greg. Naz., *or.* 28,26 [FC 22, 148.17–150.11].

175 Gregor spricht von der Kraft dieser Pflanzenbestandteile als δυνάμεις und verwendet den Begriff damit im aristotelischen Sinn als Potenz.

dem Menschen ausgebreitet. Sie bietet nicht nur, was unbedingt nötig ist, sondern auch, was dem Genuss dient:

> Damit du, wenn nicht sonst, Gott aus dem, was er wohlgetan hat, erkennest, und durch die Angewiesenheit [wörtl.: das Bedürfen] deiner selbst einsichtiger werdest.[176]

Doch auch die Erde,[177] das Meer, die Schönheit von Wäldern, Flüssen und Quellen, Wasserfontänen und warmen Bädern[178] künden von Gott – und nicht weniger beachtenswert als jedes einzelne dieser Dinge ist in Gregors Augen die Beziehung, in der sie zueinander stehen.[179] „Sage, wie und woher diese Dinge kommen!", fordert er auf, „Was ist das für ein großes, ungekünsteltes Gewebe?"[180] Gleich einem Reiseführer durchs Wunderland Erde führt Gregor seine Zuhörerinnen und Leserinnen weiter, stellt in rasendem Tempo Fragen, und die Antwort auf jede Frage ist einzig Gott: Gemäß seinem Willen (θέλημα) steht die Erde fest; ihre Ebenen und Gebirge sind nichts anderes als das Zeichen seiner Großtat (μεγαλουργία).[181] Das Meer ist riesengroß und gleichzeitig zahm, bleibt es doch innerhalb seiner Grenzen. „Was ist es, das [Größe und Zahmheit] zusammengeführt hat? Was hat sie verbunden?",[182] fragt Gregor, und spottet über diejenigen, die glauben, im Bereich des Irdischen auf diese Frage eine Antwort zu finden: „Haben sie etwas darauf zu sagen, die Naturforscher und diejenigen, die im Blick auf die eitlen Dinge weise sind, und die – gerade wie das Meer mit einem Schöpfgefäß – so große Dinge mit ihrem Denken messen?"[183] Natürlich nicht, denn: „Eine Anordnung hat er [d. h. Gott] um die Oberfläche des Wassers gebunden. *Das* ist die Fessel der feuchten Natur!"[184]

So wird Gregor in seiner Rede immer eifriger und atemloser, Fragen und Antworten zum Wasser und seinen vielen Erscheinungsformen folgen in rasendem

---

176 Greg. Naz., *or.* 28,26 [FC 22, 150.9–11]: ἵν', εἰ μή τι ἄλλο, ἐξ ὧν εὐεργετῇ, γνωρίσῃς θεόν, καὶ τῷ δεῖσθαι γένῃ σεαυτοῦ συνετώτερος.

177 Gregor nennt sie ἡ κοινὴ πάντων μήτηρ, die gemeinsame Mutter von allem, vgl. Greg. Naz., *or.* 28,26 [FC 22, 148.12–13].

178 Diese werden bereits in Aristot., *meteor.* 2,2 354b15 [ed. Lee 1952, 130–132] erwähnt, vgl. Sieben 1996, 151, Anm. 102.

179 Vgl. Greg. Naz., *or.* 28,26 [FC 22, 150.12–25].

180 Greg. Naz., *or.* 28,26 [FC 22, 150.23–24]: Εἰπὲ πῶς καὶ πόθεν ταῦτα – τί τὸ μέγα τοῦτο καὶ ἄτεχνον ὕφασμα [...]; Der Begriff ὕφασμα, Gewebe, steht im Zusammenhang mit dem „Weben" des Schwanengesangs und mit der Webkunst der Frauen in *or.* 28,24 – offenbar benutzt Gregor den Begriff nicht nur im wörtlichen, sondern auch im übertragenen Sinn, wenn er eine besondere Kunstfertigkeit ausdrücken will. Ἄτεχνον ist wohl im Sinne von „nicht [von Menschen] gemacht" zu verstehen.

181 Vgl. Greg. Naz., *or.* 28,26 [FC 22, 152.1–11].

182 Greg. Naz., *or.* 28,27 [FC 22, 152.15–16]: Τί τὸ συναγαγόν; Τί τὸ δῆσαν; Vgl. Hi 38,8–11.

183 Greg. Naz., *or.* 28,27 [FC 22, 152.20–22]: Ἔχουσί τι λέγειν οἱ φυσικοὶ καὶ σοφοὶ τὰ μάταια, καὶ κυάθῳ μετροῦντες ὄντως τὴν θάλασσαν, τὰ τηλικαῦτα ταῖς ἑαυτῶν ἐπινοίαις; Das Messen des Meeres mit dem Schöpflöffel ist eine sprichwörtliche Wendung, vgl. Sieben 1996, 152, Anm. 103.

184 Greg. Naz., *or.* 28,27 [FC 22, 152.24–154.1]: Πρόσταγμα ἐγύρωσεν ἐπὶ πρόσωπον ὕδατος. Τοῦτο τῆς ὑγρᾶς φύσεως ὁ δεσμός. Den ersten der beiden Sätze zitiert Gregor wörtlich aus Hi 26,10.

Tempo aufeinander. In seiner großen Begeisterung hebt er nun zum letzten Teil der Rede an und schwingt sich hinauf in die Lüfte.[185]

2.9 Was ist der Himmel? (*or.* 28,28–31)

„Doch los, verlass jetzt die Erde und das, was mit ihr zu tun hat, erhebe dich auf den Flügeln des Denkens in die Luft, damit die Rede auf ihrem Weg fortschreitet!", fordert Gregor seine Zuhörerinnen und Leserinnen auf und kündet an: „Von dort werde ich dich hinaufführen zu den himmlischen Dingen, zum Himmel selbst und zu Dingen, die noch über dem Himmel stehen." Doch ist ihm auch bewusst, dass seine Sprache dort oben an ihre Grenzen stoßen wird: „Bei den folgenden Dingen zögert die Rede, sich ihnen weiter zu nähern, sie wird aber dennoch hinzu schreiten soweit es erlaubt ist."[186]

Gregor preist die Luft, sie ist es, die Menschen atmen, Vögel fliegen und Winde wehen lässt. Die Luft verbindet als Lebensatem Körper und Seele, sie ist Trägerin von Wort und Licht – beides im physikalischen Sinn gedacht.[187] Die Luft ist auch derjenige Raum, in dem sich das Wetter abspielt, von hier kommen Tau, Regen, Blitz und Donner, und Gregor wird nicht müde, immer wieder zu fragen, welche ordnende Macht hinter diesen Phänomenen steht. Wie geschieht die Verteilung von Regen und Trockenheit? Wer hält das Maß? Gregor bleibt den Hörerinnen und Leserinnen die Antwort schuldig. Sie kennen sie schon: Gott.[188]

Doch es bleibt keine Zeit, um beim Wetter zu verweilen, denn schon führt Gregor weiter, über die Luft hinaus, in den Himmel.[189] Je weiter er sich von der Erde wegbewegt, desto schwieriger wird es in seinen Augen, Vorgänge zu verstehen. Bereits hier, bei Sonne, Mond und Sternen gilt:

---

185 Greg. Naz., *or.* 28,27 [FC 22, 154.13–14] äußert sich selbst zum Stil seiner Rede: καὶ αὐτὸς κατατρυφήσω τοῦ λόγου, θεοῦ τὴν τρυφὴν ἐξηγούμενος· (Auch ich selbst werde in meiner Rede schwelgerisch, während ich von Gottes Überfluss künde!)

186 Greg. Naz., *or.* 28,28 [FC 22, 154.15–20]: Ἄγε δὴ γῆν ἀφεὶς καὶ τὰ περὶ γῆν, πρὸς τὸν ἀέρα κουφίσθητι τοῖς τῆς διανοίας πτεροῖς ἵνα σοι καθ' ὁδὸν ὁ λόγος προΐῃ· Κἀκεῖθεν ἀνάξω σε πρὸς τὰ οὐράνια, καὶ τὸν οὐρανὸν αὐτόν, καὶ τὰ ὑπὲρ οὐρανόν. Καὶ τοῖς ἑξῆς ὀκνεῖ μὲν προσβῆναι ὁ λόγος, προσβήσεται δὲ ὅμως ὁπόσον ἔξεστι.

Das Bild vom Denken, das sich auf Flügeln erhebt, übernimmt Gregor aus Plat. *Phaidr.* 248c [ed. Buchwald 1964, 64]. Dort spricht Platon allerdings nicht vom Denken, sondern von der Seele und ihrer Wiederkehr, vgl. Sieben 1996, 154, Anm. 104. Das erste λόγος, das in diesen Zeilen auftritt, kann fraglos als „Rede" übersetzt werden. Entsprechend habe ich auch das zweite λόγος gleich übersetzt. Allerdings nimmt der Begriff beim zweiten Mal bereits wieder die Färbung der göttlichen Vernunft an.

187 Vgl. Greg. Naz., *or.* 28,28 [FC 22, 154.21–156.4].

188 Vgl. Greg. Naz., *or.* 28,28 [FC 22, 156.5–158.6]. Gregor hält sich in seinem Fragen weiterhin an das Hiobbuch und zitiert wiederum an mehreren Stellen aus der ersten Gottesrede, Hi 38,1–40,2.

189 Vgl. Greg. Naz., *or.* 28,28–30 [FC 22, 158.7–164.3].

> Der Glaube leite uns mehr als die Vernunft, wenn du wirklich die Schwachheit [der Vernunft] in Bezug auf die näheren Dinge erfahren und als Vernunft erkannt hast, zu erkennen, was über der Vernunft liegt, so dass du nicht gänzlich auf der Erde und um die Erde herum bist, und sogar dies selbst, die Unkenntnis, nicht erkennst.[190]

Dass die Luft für Gregor umso dünner wird, je weiter er sich von der Erde entfernt, überrascht nicht. Dass er aber hier den Glauben (πίστις) der Vernunft (λόγος) gegenüberstellt und diesen sogar für wichtiger hält als jene, erstaunt. Immerhin hat Gregor in *or.* 28,16 gerade diesen Logos als göttliche Vernunft vorgestellt, die den Menschen hinter den sichtbaren Dingen die unsichtbare, ordnende göttliche Kraft erahnen lässt. Damit war der Logos dort die Voraussetzung zu staunendem, glaubendem Sehen. Hier steht er nun im Gegensatz zum Glauben, ist aber trotzdem nicht minder wichtig: Der Logos, die Vernunft hat die Aufgabe, die eigenen Grenzen zu erkennen. Nur die Vernunft erkennt, was sie übersteigt. Das bedeutet: Wer keine Vernunft hat, weiß nicht einmal um sein eigenes Unwissen.[191]

Noch bevor jemand sich fragt, wer den Himmel bewegt und wer die Sterne angeordnet hat, soll er sich darüber klar werden, wie weit die eigenen astronomischen Kenntnisse reichen. Gregor macht kein Hehl daraus, dass die Astronomie ein schwieriges Gebiet ist. Denn wie soll jemand die Dinge am Himmel verstehen, wenn er nicht durchschaut, was zu seinen Füßen liegt?[192] Doch selbst wer in der Astronomie weit fortgeschritten ist, kann sich nur auf Beobachtungen stützen und seine Theorien darauf aufbauen. Die Dinge selbst lassen sich nicht erfassen.[193] Die meisten Zuhörerinnen und Leserinnen werden sich bereits hier eingestehen müssen, dass ihr Wissen um die Sterne und ihre Bewegungen sehr begrenzt ist. Wieviel weniger werden sie dann die „Ursache der Ordnung und der Bewegung" (τῆς τάξεως αἰτία καὶ τῆς κινήσεως) begreifen! Die Sonne leuchtet und wärmt die Welt und ermöglicht so erst das Leben. Sie bringt Tag, Nacht und die Jahreszeiten hervor, sie ist ein unbegreifliches Wunder. Platon schrieb: „Die Sonne ist in den sinnlichen Dingen, was Gott in den geistigen Dingen ist."[194] Gregor teilt diese Auffassung: „Diese [die Sonne] nämlich [ist es,] die die Sehkraft erleuchtet, wie jener [Gott] den Geist; diese ist auch das Schönste unter den sichtbaren, jener unter den

190 Greg. Naz., *or.* 28,28–30 [FC 22, 158.8–12]: Πίστις δὲ ἀγέτω πλέον ἡμᾶς ἢ λόγος, εἴπερ ἔμαθες τὸ ἀσθενὲς ἐν τοῖς ἐγγυτέρω, και λόγον ἔγνως τὸ γνῶναι τὰ ὑπὲρ λόγον, ἵνα μὴ παντελῶς ἐπίγειος ᾖς ἢ περίγειος, ἀγνοῶν καὶ αὐτὸ τοῦτο τὴν ἄγνοιαν.

191 Auch wenn Gregor es nicht ausdrücklich benennt, dürfte im Hintergrund dieser Aussage auch das berühmte οἶδα οὐκ εἰδώς (Ich weiß, dass ich nicht weiß.) von Sokrates stehen.

192 Nicht zu wissen, was sich vor den eigenen Füßen befindet, ist ein griechisches Sprichwort, dahinter steht die von Plat., *Tht.* 174a [ed. Fowler 1961, 120] erzählte Geschichte, in der der Philosoph Thales in ein Loch fällt, während er den Himmel betrachtet, vgl. Norris 1991, 128; Sieben 1996, 158, Anm. 107.

193 Vgl. Greg. Naz., *or.* 28,29 [FC 22, 158.13–160.7].

194 Vgl. Greg. Naz., *or.* 28,30 [FC 22,160.22–23]: Τοῦτο ἐν αἰσθητοῖς ἥλιος, ὅπερ ἐν νοητοῖς Θεός. Vgl. Plat., *pol.* 6,508c [ed. Rufener/Szlezák, 552–553]. Gregor hat die Stelle bereits in *or.* 21,1 [SC 270, 110] zitiert.

gedachten Dingen."[195] Doch damit ist für Gregor das Geheimnis nicht gelüftet. Er fragt noch einmal grundsätzlicher:

> Aber was ist es, das sie [die Sonne] von Anfang an in Bewegung gebracht hat? Was ist es, das sie unaufhörlich bewegt und sie herumführt [...]?[196]

Immer dann, wenn er eine scheinbar verlässliche Aussage über Gott trifft (wie etwa den Vergleich mit der Sonne), kratzt Gregor wieder an der Oberfläche seiner Gewissheit und stößt auf neue Rätsel. Und es ist ihm selbst klar, dass dieses Vorgehen in die Sprachlosigkeit führt: „Ich weiß nicht, was einer, der die Sonne anblickt, sagen soll."[197]

Jetzt tut Gregor den letzten Schritt in seiner Rede und überschreitet die Grenze zwischen den sichtbaren und den unsichtbaren Dingen (ὁρατά καὶ ἀόρατα).[198] Er fragt:

> Sollen wir uns, [...] indem wir den ersten Vorhang teilen und die sinnliche Wahrnehmung überschreiten, ins Heilige, in die geistige und himmlische Natur, hineinbeugen?[199]

Das Bild vom „ersten Vorhang" stammt aus Hebr 9,1–5.[200] Dort beschreibt der Briefschreiber die alttestamentliche Stiftshütte und erzählt von einem *zweiten* Vorhang (τὸ δεύτερον καταπέτασμα). Das lässt darauf schließen, dass sich davor bereits ein erster befindet. Die Unterscheidung ist für das Verständnis von Gregors Theologie nicht unwesentlich: Offensichtlich denkt er an zwei Vorhänge, von denen der erste

---

195 Greg. Naz., *or.* 28,30 [FC 22,162.1–3]: Αὐτὸς γὰρ ὄψιν φωτίζων, ὥσπερ ἐκεῖνος νοῦν· αὐτὸς καὶ τῶν ὁρωμένων ἐστὶ τὸ κάλλιστον, ὥσπερ ἐκεῖνος τῶν νοουμένων.

196 Greg. Naz., *or.* 28,30 [FC 22,162.3–4]: Ἀλλὰ τί τὸ κινῆσαν αὐτὸν ἀπ᾽ ἀρχῆς; Τί δαὶ τὸ ἀεὶ κινοῦν καὶ περιάγον [...];

197 Greg. Naz., *or.* 28,30 [FC 22,162.8–9]: Ἢ οὐκ οἶδ᾽ ὅ τι χρὴ λέγειν ἡλίῳ προσβλέψαντα. Was für die Sonne gilt, gilt auch für den Mond und die Sterne: Kein Mensch kann ganz verstehen, wie sie verbunden sind und bewegt werden, vgl. Greg. Naz., *or.* 28,30 [FC 22,162.17–164.3]. Wiederum lehnt sich Gregor an Hi 38,31 an. Das Unverständnis in astronomischen Belangen dient Gregor auch als Argument gegen die Sterndeutung, vgl. *or.* 27,10.

198 Nach Sieben 1996, 165 übernimmt Gregor die Formulierung „ὁρατῶν τε καὶ ἀοράτων" aus Kol 1,16. Das ist zwar nicht ausgeschlossen, doch überrascht die Wendung im Zusammenhang der Rede kaum. Bereits in *or.* 28,13 hat Gregor sie verwendet und als Gegensatzpaar, das die gesamte Schöpfung meint, dürften sie zum üblichen spätantiken Gedankengut gehören. Außerdem kennt Gregor die Formulierung aus dem Bekenntnis von Nicäa (325), die im Nicäno-Konstantinopolitanum (381) übernommen wird.

199 Greg. Naz., *or.* 28,31 [FC 22, 164.7–9]: [...] τὸ πρῶτον καταπέτασμα διασχόντες, καὶ ὑπερβάντες τὴν αἴσθησιν, εἰς τὰ ἅγια παρακύψωμεν, τὴν νοητὴν φύσιν καὶ ἐπουράνιον;

200 Und nicht, wie Sieben 1996, 165 angibt, aus Ex 26,31. Denn dort und in den umliegenden Versen wird zwar die Stiftshütte beschrieben, jedoch ist stets nur von *einem* Vorhang die Rede. Dazu passt auch, dass nach Hebr 9,2 der Bereich zwischen erstem und zweitem Vorhang als ἅγια bezeichnet wird. Dass es sich dabei um ein Neutrum Plural handeln muss, wird in Hebr 9,3 ersichtlich, wenn das Allerheiligste, wörtlich: das Heilige des Heiligen, als ἅγια ἁγίων bezeichnet wird.

die Außenwelt vom Heiligtum trennt, der zweite aber innerhalb des Heiligtums das Allerheiligste abschirmt. Wenn er also sagt, dass er den ersten Vorhang durchschreitet und die geistigen Naturen und die überhimmlischen Dinge sieht, dann bedeutet das auch, dass er eben nicht den zweiten Vorhang durchschreitet und somit nicht bis zum Allerheiligsten, zu Gottes Wesen vordringt. Wer die sinnliche Wahrnehmung hinter sich lässt, erhält einen Einblick[201] in einen Bereich, der Gott näher ist als die materiellen Dinge, und wird geistige und himmlische Naturen zu Gesicht – oder nun wohl besser: zu Geist – bekommen. Doch diese gehören immer noch zu der geschaffenen Natur und sind nicht Gott selbst. Die Schwierigkeit, Sprache für diese Wesen zu finden, begegnet Gregor allerdings schon hier. Unkörperliches lässt sich einfach nur sehr schwer beschreiben; allzu bald gerät die Sprache an ihre Grenzen:[202]

> Du siehst, wie uns über unserer Rede schwindlig wird.[203]

Der Schwindel ergreift Gregor an der Stelle, wo das Denken und Formulieren aufhören. Hier gibt es keinen anderen Weg mehr, als sich auf die Bezeichnungen zu stützen, welche die Heilige Schrift und die theologische Tradition für die himmlischen Wesen kennen.[204] Und obwohl sich Gregor schon nahe an der Sprachlosigkeit befindet, macht er doch noch Aussagen über diese Wesen: Sie sind rein und gut. Sie

---

201 Gregor verwendet das Verb παρακύπτω auch in *or.* 31,8.21 im Zusammenhang mit dem Einblick in göttliche Angelegenheiten. Ähnlich ist es auch in Joh 20,11: Maria Magdalena weint vor dem Grab Jesu, schaut dann ins Grab hinein (παρέκυψεν εἰς τὸ μνημεῖον) und erblickt die beiden Engel. Weiter erinnert das Wort auch an das verwandte διακύπτω, hervorlugen, mit dem Gregor zu Beginn seiner Rede (*or.* 28,3) beschrieben hat, wie er auf dem Berg hinter dem Felsen hervor blickt, um Gott zu schauen.

202 Als Beispiel für diese Tatsache nennt Gregor Ps 103,4, wo es von Gott heißt: ὁ ποιῶν τοὺς ἀγγέλους αὐτοῦ πνεύματα καὶ τοὺς λειτουργοὺς αὐτοῦ πῦρ φλέγον (der seine Engel zu Winden macht und seine Diener zu loderndem Feuer). Dass aber anderswo auch Gott (Gregor spricht hier vom πρῶτον αἴτιον, nach Wyss 1983, 834 übernimmt er die Bezeichnung von Plotin) selbst als Feuer (Hebr 12,29) oder als Windhauch (3Kön 19,11–12) beschrieben wird, ist für Gregor der Beweis, dass die Sprache in diesen Belangen an ihre Grenzen gelangt, vgl. Greg. Naz., *or.* 28,31 [FC 22, 164.9–15].

203 Greg. Naz., *or.* 28,31 [FC 22, 164.17]: Ὁρᾷς ὅπως ἰλιγγιῶμεν περὶ τὸν λόγον [...]. Gregor dürfte den gleichen Schwindel meinen wie den in *or.* 28,1, der Salomo ergriff, je näher er in seiner Weisheit an Gott herangelangte (vgl. oben, I 3.6, S. 87, Anm. 159).

204 Dort werden sie Engel (ἄγγελοι), Erzengel (ἀρχάγγελοι), Throne (θρόνοι), Herrschaften (κυριότητες), Prinzipien (ἀρχαί), Mächte (ἐξουσίαι), Leuchten (λαμπρότητες), Aufstiege (ἀναβάσεις), geistige Mächte (νοερές δυνάμεις) und Geistwesen (νοῖ) genannt, vgl. Greg. Naz., *or.* 28,31 [FC 22, 164.19–21]. Sieben 1996, 165 gibt in seiner Übersetzung einige Bibelstellen an, an die Gregor gedacht haben könnte. Etwas rätselhaft bleibt „Aufstiege" (ἀναβάσεις). Sieben 1996, 164, Anm. 122 bringt den Begriff mit der Jakobsleiter (Gen 28,10–22) in Verbindung. Die überzeugendere Erklärung findet sich jedoch bei Gregor selbst: In *or.* 14,21 [PG 35, 884.51] hat er bereits von den Aufstiegen gesprochen; Aufstiege errichtet in seinem Herzen, wer zwischen Vergänglichem und Unvergänglichem, also zwischen Geschaffenem und Göttlichem zu unterscheiden vermag und in seinem Lebenswandel die Prioritäten auf die richtige Seite legt.

tanzen um Gott, die erste Ursache (πρῶτον αἴτιον), herum einen ewigen Tanz. Von diesem reinsten Licht sind sie erleuchtet und dieses Licht geben sie weiter:

> Sie sind so sehr von der Schönheit gestaltet und geprägt, dass sie selbst zu Lichtern werden und anderen leuchten können durch die Zuflüsse und Anteile des ersten Lichts; als Diener des göttlichen Willens, kräftig durch die natürliche und die errungene Stärke; sie durchreisen alles, stehen allen überall bereitwillig bei, sowohl durch Dienstbereitschaft als auch wegen der Leichtigkeit ihrer Natur.[205]

In Gregors Vorstellung sind die himmlischen Wesen, Engel, oder Mächte, wie er sie nennt, ganz nahe bei Gott. Sie strahlen in Gottes Licht, in Gottes Schönheit sind sie schön. Doch sie sind auch ganz und gar Teil der Schöpfung: Sie durchstreifen die ganze Welt, und können grundsätzlich überall anwesend sein und allen erscheinen. Jedes dieser Wesen ist für einen Teil der bewohnten Erde (οἰκουμένη) zuständig, doch alle haben dasselbe Ziel:

> Sie führen alles auf *eines* hin, zu der *einen* Vereinigung mit dem, der alles geschaffen hat.[206]

So, wie Gregor die geistigen Wesen beschreibt, sind sie nur noch durch eine haarfeine, beinahe nicht mehr erkennbare Linie von Gott getrennt. Als engste Mitwirkende Gottes ist es ihre Aufgabe und ihr Vermögen, die Geschöpfe zur Vereinigung mit dem *Einen* zu führen.[207] Hier, am höchsten Punkt, in der Vereinigung mit Gott, wird die Grenze für den Bruchteil eines Augenblicks durchlässig.[208] Doch fast scheint es, als erschrecke Gregor darüber, wie weit er gegangen ist, als zucke er zurück und müsse die rechte Ordnung wiederherstellen:

> Sie [die himmlischen Wesen] lobsingen der göttlichen Größe, sie sind ewige Betrachtende der ewigen Herrlichkeit, nicht damit Gott verherrlicht werde – dem Vollkom-

205 Greg. Naz., *or.* 28,31 [FC 22, 166.4–10]: τοσοῦτον τῷ καλῷ μορφουμένας καὶ τυπουμένας, ὥστε ἄλλα γίνεσθαι φῶτα καὶ ἄλλους φωτίζειν δύνασθαι ταῖς τοῦ πρώτου φωτὸς ἐπιρροαῖς τε καὶ διαδόσεσι· λειτουργοὺς θείου θελήματος, δυνατὰς ἰσχύι φυσικῇ τε καὶ ἐπικτήτῳ, πάντα ἐπιπορευομένας, πᾶσι πανταχοῦ παρούσας ἑτοίμως, προθυμίᾳ τε λειτουργίας καὶ κουφότητι φύσεως·

206 Greg. Naz., *or.* 28,31 [FC 22, 166.12–13]: πάντα εἰς ἓν ἀγούσας, πρὸς μίαν σύννευσιν τοῦ τὰ πάντα δημιουργήσαντος· Sieben 1996, 167 übersetzt σύννευσις mit „Wink". Das trifft meines Erachtens Gregors Intention nicht. Im Bild des Aufstiegs, das Gregor mit seinem Gang durch die Schöpfung bis hin zum Himmel und darüber hinaus beschreibt, macht es Sinn, als höchsten Punkt die Vereinigung mit Gott zu sehen. Lampe 1961, 1334 nennt Greg. Naz., *or.* 28,31 als Beispiel für die Interpretation von σύννευσις als Vereinigung mit Gott.

207 Die Bezeichnung Gottes als ἕν erinnert sehr stark an Plotin, vgl. Halfwassen 2004, 32–58. Im neuplatonischen Stufendenken existiert keine unüberwindbare Grenze zwischen dem Menschen und Gott – alles ist einzig eine Frage des Aufstiegs, „die Einung mit dem Absoluten ist [...] die äußerste Erfahrung von Transzendenz." (Halfwassen 2004, 58) Im Hintergrund dieser Aussage von Gregor steht aber auch Joh 10,30, wo Jesus sagt: ἐγὼ καὶ ὁ πατὴρ ἕν ἐσμεν. (Ich und der Vater sind eins.)

208 Mit der Zuspitzung der Rede auf die Annäherung an Gott in *or.* 28,22–31 erläutert Gregor das Bild des Aufstiegs auf den Berg, das in *or.* 28,2–3 ganz am Anfang steht.

> menen, das auch den anderen die Güter verteilt, kann nichts hinzugefügt werden –, sondern damit das Wohltun auch den ersten Naturen nach Gott nicht fehlt.[209]

Nun sind die Verhältnisse wieder geklärt: Gott ist vollkommen, das reine Licht, und alles, was nicht Gott ist, leuchtet nicht von sich aus, sondern speist sich einzig und allein aus dieser Quelle.

So kommt Gregor zum Ende seiner *Zweiten Theologischen Rede*. Wenn sie ihres Inhalts würdig war, so gilt sein Dank der Trinität.[210] Doch selbst wenn er mit seiner Sprache am Thema gescheitert sein sollte, hat die Rede in Gregors Augen ihr Ziel dennoch erreicht:

> Darum wurde ja gerungen: darzulegen, dass sogar die Dinge der zweiten Natur stärker sind als der Verstand, ganz zu schweigen von der ersten und einzigen [Natur], die ich zögere, Natur über allem zu nennen.[211]

Wenn also die Rede über die Theologie nicht an ihren Inhalt, nämlich Gott, heranzureichen vermochte, dann ist gerade dies der Beweis dafür, was Gregor in ihr auf mannigfaltige Weise auszudrücken versuchte: Gott übersteigt den menschlichen Verstand und das menschliche Sprachvermögen in jeglicher Weise.[212]

2.10 Zwischenfazit

In der Ersten Theologischen Rede *hat Gregor die Voraussetzungen zur Theologie geklärt. In der* Zweiten Theologischen Rede *geht es ihm nun um die Theologie selbst und damit um die Frage, wie weit der Mensch Gott erkennen und entsprechend auch von Gott reden kann. Als Illustration des menschlichen Strebens nach der Erkenntnis Gottes dienen Gregor die Bilder des Aufstiegs auf den Gottesberg und des Eindringens in die Wolke um dessen Gipfel – Motive, die er aus Ex 19, 24 und 33 übernimmt und verknüpft.*

Wie er es in der Ersten Theologischen Rede *stark betont hat, spielt auch hier die Verfassung des Menschen eine zentrale Rolle bei dessen Annäherung an Gott: Auf den*

209 Greg. Naz., *or.* 28,31 [FC 22, 166.1–17]: ὑμνῳδοὺς θείας μεγαλειότητος, θεωροὺς δόξης αἰδίου καὶ αἰδίως, οὐχ ἵνα δοξασθῇ Θεός, – οὐ γὰρ ἔστιν ὅ προστεθήσεται τῷ πλήρει, τῷ καὶ τοῖς ἄλλοις χορηγῷ τῶν καλῶν, – ἀλλ' ἵνα μὴ λείπῃ τὸ εὐεργετεῖσθαι καὶ ταῖς πρώταις μετὰ Θεὸν φύσεσι;

210 In *or.* 28,1 hat Gregor die drei Personen der Trinität als Schutzpatrone seiner Rede angerufen. Indem er jetzt auf sie zurückkommt (er spricht ja während der ganzen Rede an keiner anderen Stelle von der Trinität), wird deren schützender Beistand sichtbar, den sich Gregor eingangs von der Rede erhofft hat und der sich wie ein Bogen über den gesamten Text spannt.

211 Greg. Naz., *or.* 28,31 [FC 22, 166.20–23]: Τοῦτο γὰρ ἠγωνίζετο παραστῆσαι, ὅτι νοῦ κρείττων καὶ ἡ τῶν δευτέρων φύσις, μὴ ὅτι τῆς πρώτης καὶ μόνης, ὀκνῶ γὰρ εἰπεῖν, ὑπὲρ ἅπαντα.

212 Dieses Übersteigen ist derart umfassend, dass nicht einmal die Benennung Gottes als „Natur über allem“ zulässig ist, können für das Wesen Gottes doch Bestimmungen wie „über“ gar nicht zutreffen. Vgl. Gallay/Jourjon 1978, 175, Anm. 3; Sieben 1996, 167, Anm. 126.

Berg und in die Wolke gelangen nur diejenigen, die durch ihre Glaubenspraxis größtmögliche Reinheit erreicht haben. Doch im Innern der Wolke ist selbst einem idealen Theologen höchstens der Blick auf Gottes Rück- bzw. Außenseite vergönnt. Was er dort wahrnimmt, die Rück- bzw. Außenseite Gottes, steht bei Gregor für Gottes Herrlichkeit, für Gottes Wirken, das sich in der Erschaffung und Erhaltung der Welt manifestiert.

Gregor übersetzt dieses Bild vom Aufstieg des Theologen auf den Berg und seiner Begegnung mit Gott – bzw. eben mit Gottes Rückseite – in eine einfache sprachliche Formel: Der Mensch kann unmöglich erkennen, was *Gott ist, aber er muss zwingend erfahren,* dass *Gott ist. Wenn Gregor zwischen dem* Dass *und dem* Was *Gottes unterscheidet, unterscheidet er in der Sache zwischen Gottes unfassbarem Wesen und Gottes erfahrbarem Wirken.*

Nach Gregors Überzeugung ist es dem Menschen schlechthin unmöglich, Gottes Wesen zu erkennen: Zwischen Schöpfer und Schöpfung besteht ein Unterschied, der aus der Sicht und im Bezug auf das Vermögen der Geschöpfe unüberwindbar ist. Nichts, was geschaffen ist und damit den Gesetzen von Raum, Zeit und Materie unterliegt, vermag sich über diese Bedingungen zu erheben und das Schaffende zu erfassen. So können selbst die höchsten der Geschöpfe, die rein geistigen Naturen, Gottes Wesen nicht begreifen. Die „erste und unvermischte Natur" wird einzig von der Trinität selbst erkannt. Für Gregor liegen Erkenntnis und Sprache sehr nahe beieinander, ja sie sind eigentlich deckungsgleich. Er ist deshalb überzeugt, dass Gott der Unbegreiflichkeit wegen auch nicht treffend zu benennen ist. Im Umkehrschluss bedeutet dies: Wo die Sprache nicht mehr weiter kommt, stößt auch die Erkenntnis an ihre Grenzen. Jeder Versuch, Gott abschließend zu benennen, also Gott nach den Gesetzen der Logik mit positiven und negativen Aussagen zu beschreiben, ist in Gregors Augen deshalb von vornherein zum Scheitern verurteilt.

Während die Erkenntnis, was *Gott ist, dem Menschen absolut unzugänglich bleibt, drängt sich ihm die Erfahrung,* dass *Gott ist, hingegen geradezu auf. Wer die vielfältige Schönheit der Schöpfung und die der Natur innewohnende Ordnung betrachtet und bestaunt, muss – so Gregors Überzeugung – darin Gottes Herrlichkeit erfahren.*

Diesem Staunen verleiht Gregor in seiner Zweiten Theologischen Rede *ausgiebig Ausdruck: Er hebt an zu einem überschwänglichen Hymnus auf die Schönheit und Ordnung der Natur, auf Gottes „Außenseite", Gottes Wirken. Beim Naheliegendsten, bei sich selbst, dem Menschen, beginnend, schreitet Gregor fort zu der Welt mit all den Pflanzen und Tieren, die sie bevölkern; dann wendet er sich dem Himmel und den Gestirnen und schließlich sogar dem überhimmlischen Bereich der rein geistigen Wesen zu. Hier ergreift den Theologen der Schwindel, die Sprache erreicht ihre Grenzen und die Rede gelangt zu ihrem Höhepunkt. Mit seinen Worten hat Gregor sein Publikum zu den eigenen Erfahrungen göttlichen Wirkens heran- und darüber hinaus geführt. Doch selbst hier, wo sich die menschliche Sprache längst von der Logik gelöst hat, gilt immer noch: Die Schöpfung ist Schöpfung und nicht Gott: Gottes Wesen bleibt unfassbar.*

Trotz – oder gerade wegen – der Unfassbarkeit Gottes verspürt der Mensch eine ständige Sehnsucht nach Gott. Vom Logos, der göttlichen Vernunft geleitet, kann und soll der Mensch nach Gott streben. Für Gregor ist klar, dass das Streben nach Gott zumindest in diesem Leben nichts anderes als eine ständige Annäherung sein kann. Ob eine Vereinigung mit Gott später, am Ende eines Menschenlebens oder am Ende der Welt, möglich ist, lässt er offen. Aufgabe der göttlichen Vernunft ist es aber nicht nur, immer weiter nach Gott hin zu streben; ebenso muss sie ihre eigenen Grenzen, die Grenzen des Verstehens, erkennen und wahren.

So stark wie in keiner anderen verbindet Gregor in seiner Zweiten Theologischen Rede *Elemente aus der jüdisch-christlichen und der griechisch-philosophischen Tradition. Das zentrale Motiv des Aufstiegs und der Entfernung von allem Materiellen – sowohl bei der Beschreibung des Berges und der Wolke als auch im kunstvoll gestalteten literarischen Aufstieg von der Erde bis zu den obersten Bereichen des Himmels – trägt ebenso biblische wie auch platonische Züge. Auch wenn Gregor von Gott als der ersten Ursache spricht, übernimmt er deutlich die Sprache der griechischen Philosophie. In seinem Loben klingt die Sprache der Psalmen und der Gottesreden aus dem Hiobbuch an. Die trinitarische Rede, welche die verbleibenden drei* Theologischen Reden *prägt, spielt hier jedoch noch kaum eine Rolle. Gregors Überlegungen zur Unfassbarkeit und zur Erfahrbarkeit Gottes sollen sein Publikum und seine Leserschaft – ungeachtet ihrer philosophischen und religiösen Haltung – lediglich durch Beobachtung und vernünftiges Denken überzeugen. So spricht Gregor in* or. *28 einzig ganz zu Beginn vom Vater, vom Sohn und vom Heiligen Geist. Dort beschreibt er die trinitarischen Personen als drei Aspekte Gottes, die in unterschiedlicher Beziehung zum Menschen stehen. Der Vater bürgt für die Gütigkeit und das Wohlwollen Gottes, verbleibt aber in unbestimmter Distanz zum Menschen und bürgt damit für die Transzendenz. Hingegen kommen Sohn und Geist dem Menschen nahe und drücken Aspekte von Gottes Wirken aus: Der Sohn wirkt beim theologischen Nachdenken, Schreiben und Reden mit; der Geist in-spiriert und steht für den Aspekt Gottes, der dem Menschen innerlich ist. Mit dieser Einleitung in die Rede legt Gregor eine theologische Spur, die er in den nun folgenden Reden wieder aufnehmen wird.*

Die christliche Tradition und die Philosophie stehen in der Zweiten Theologischen Rede *weitgehend im Einklang. Diese Übereinstimmung ist kein Zufall. Sie dient Gregor als Argument für die allgemeine Gültigkeit seiner Aussage: Gottes Wesen ist verborgen und unfassbar, doch Gottes Wirken wird in der Schöpfung erfahrbar. Letztlich endet die* Zweite Theologische Rede *aber in einem Dilemma: Wenn es keine Gott angemessene Sprache gibt und sich der Mensch zwischen dem Bilderüberfluss des göttlichen Wirkens und der Bildlosigkeit des göttlichen Wesens zu verlieren droht – wie kann Gott dem Menschen dann nahe sein und ihn sogar retten? Mit seinen ersten beiden* Theologischen Reden *hat Gregor den Boden geebnet, auf dem er nun die trinitarische Rede von Gott als tragfähiges Konzept darstellen will.*

3. Die *Dritte Theologische Rede*

3.1 Die Meinung über den Sohn soll ans Licht kommen (*or.* 29,1)

In *or.* 28 hat Gregor seine Meinung über das menschliche Fassungsvermögen bzw. Fassungs*un*vermögen in Bezug auf Gott kundgetan. Er hielt sich dabei fast ausschließlich an das Wahrnehmbare, an das Erfahrbare, an Gottes Wirken. Über Gottes Wesen oder Gottes „Innenleben" machte er kaum Aussagen. In *or.* 29, der *Dritten Theologischen Rede*, mit dem Titel *Erste Rede über den Sohn* (Περὶ Υἱοῦ λόγος α') wendet sich Gregor nun der Trinität zu. Thema sind jetzt die Beziehungen innerhalb der Gottheit, insbesondere die Beziehung zwischen dem Vater und dem Sohn.[213] Im Vertrauen auf den Heiligen Geist (τῷ ἁγίῳ Πνεύματι θαρρήσαντες) will Gregor seine Meinung über die Gottheit kundtun.[214] Er kündet an, in seiner Rede einem zweiteiligen Aufbau zu folgen: Zuerst soll die eigene Lehre dargestellt und anschließend diejenige der Gegner widerlegt werden.[215]

213 Aus der Formulierung geht hervor, dass Greg. Naz., *or.* 29,1 [FC 22, 168.1–4] dabei an etwas bereits Gesagtes anknüpft. Gallay/Jourjon 1978, 177, Anm. 1 und Sieben 1996, 169, Anm. 2 gehen davon aus, dass Gregor sich dabei auf die *Erste Theologische Rede* (*or.* 27) bezieht und die *Zweite Theologische Rede* (*or.* 28) später eingefügt wurde. Allerdings zeigt Norris 1991, 71–80 überzeugend, dass es nicht möglich ist, in dieser Frage haltbare Schlüsse zu ziehen. Entsprechend gilt nach Norris 1991, 132 auch hier: „nothing in its [the oration's] second sentence demands that it originally followed Oration 27 rather than Oration 28."

214 Zu Beginn von *or.* 28 hat Gregor seine Rede unter den Schutz der Trinität gestellt, sie jedoch in der Folge kaum thematisiert. Dasselbe tut er am Anfang der *Dritten Theologischen Rede*: Obwohl ihr Thema die Beziehung zwischen dem Vater und dem Sohn ist, spricht Gregor im Vertrauen auf den Heiligen Geist und bringt so den „abwesenden Dritten" mit ins Spiel.

215 Vgl. Greg. Naz., *or.* 29,1 [FC 22, 170.1–4]. Gregor verwendet einen rhetorischen Gemeinplatz, indem er schreibt, die Kritik an der gegnerischen Position sei ein Leichtes, während es zu der Darstellung der eigenen Meinung eines frommen und vernünftigen Mannes (ἀντρὸς εὐσεβοῦς καὶ νοῦν ἔχοντος) bedürfe, vgl. Greg. Naz., *or.* 29,1 [FC 22, 168.6]; Norris 1991, 132.

Unumstritten werden in der Forschung *or.* 29,1 und *or.* 29,21 als Einleitung bzw. Schluss der Rede verstanden. Über die Abgrenzung der Hauptteile besteht hingegen keine Einigkeit: Gallay/Jourjon 1978, 44–47 geben in der Einführung zu den Reden in der Ausgabe der *Sources Chrétiennes* an, der erste Teil (Darlegung der eigenen Lehre) umfasse *or.* 29,2–16, der zweite Teil (Widerlegung der gegnerischen Position) *or.* 29,17–20. Auch Sieben 1996, 47 geht davon aus, dass Gregor der angekündigten Gliederung folgt. Anders als Gallay und Jourjon macht er aber als ersten Teil *or.* 29,2–3 und als zweiten (in sich weiter gegliederten) Teil *or.* 29,4–16 aus. Er sieht *or.* 29,17–20 als einen zusätzlichen dritten Teil, den er mit *Die Gottheit des Sohnes nach der Heiligen Schrift* betitelt. Beide Gliederungsvorschläge vermögen nicht ganz zu überzeugen: Gregor legt seine Meinung über die Trinität nur in *or.* 29,2 positiv dar (vgl. auch Norris 1991, 132). In *or.* 29,3–16 prüft und verfeinert er seine Position, indem er Fragen abarbeitet, von denen manche, aber sicher nicht alle auf seine theologischen Gegner zurückgehen. In *or.* 29,17–20 stellt Gregor Argumente aus der Heiligen Schrift zusammen, die für die Gottheit des Sohnes sprechen. Entweder gehört dieser letzte Teil für Gregor zu der Widerlegung der gegnerischen Position oder aber er folgt in seiner Rede nicht dem angekündigten zweiteiligen Aufbau.

3.2 Bewegt geeinte Dreiheit (*or.* 29,2)

Über Gott, so beginnt Gregor seine Ausführungen, gibt es drei verbreitete Meinungen. Er nennt sie ἀναρχία, πολυαρχία und μοναρχία, was soviel bedeuten dürfte wie: Atheismus, Polytheismus und Monotheismus.[216] Die ersten beiden Konzepte lehnt Gregor entschieden ab, führen sie doch in seinen Augen zwangsläufig zur Unordnung (ἀταξία).[217] Er selbst steht für die μοναρχία, für den Monotheismus ein:

> Ein Monotheismus aber, den nicht *eine einzige* Person beschreibt – auch das Eine kann sich nämlich gegen sich selbst auflehnen und zu Vielem werden –, sondern [ein Monotheismus], der in einer Gleichwertigkeit der Natur besteht, in der Einhelligkeit des Willens, in der Übereinstimmung der Bewegung, und der Vereinigung derer, die aus diesem einen sind, was doch bei der geschaffenen Natur unmöglich ist, so dass sie, wenn sie sich auch in der Zahl unterscheidet, dem Wesen nach nicht geteilt werden kann.[218]

Eine Gottheit in drei Personen gleichen und gleichwertigen Wesens, gleichen Willens und gleicher Bewegung – so versucht Gregor seine Vorstellung von der Trinität in Worte zu fassen. Doch er ist sich auch hier bewusst, dass die Beschreibung, die er gibt, bruchstückhaft und unzulänglich bleibt, lässt sich das Göttliche doch nicht mit Bildern aus dem Bereich des Erfahr- und Denkbaren beschreiben. Die Einigkeit von Willen und Bewegung und die Vereinigung Dreier aus Einem zu eben diesem Einen ruft im menschlichen Denken Bilder hervor, die von Gott weit entfernt sind. Gregor ist sich bewusst, wie schwer es dem menschlichen Verstand fällt, gleichzeitig die Einheit und die Dreiheit Gottes zu denken. Denn warum und wie werden aus einem drei? Gregor fährt fort:

> Deshalb wurde die Einheit von Anfang an auf die Zweiheit hin bewegt, bis sie bei der Dreiheit stehen blieb.[219]

Die Frage, wie aus dem Einen (τὸ ἕν) das Viele hervorgehen kann, beschäftigte den Neuplatonismus bereits im 3. Jahrhundert. Mit der Entwicklung und Verfeinerung der Trinitätslehre wird das Problem auch für christliche Theologen drängend. Mit der Aussage über die Einheit, die sich auf die Zweiheit hin bewegt und bei der Drei-

---

216 Vgl. Norris 1991, 133; Sieben 1996, 170, Anm. 7.

217 Dass Gregor Gott nicht in der Unordnung, sondern im Gegenteil, in der Ordnung erkennt, wurde in *or.* 28 sehr deutlich.

218 Greg. Naz., *or.* 29,2 [FC 22, 170.16–172.1], eigene Hervorhebung in der Übersetzung: μοναρχία δέ, οὐχ ἣν ἓν περιγράφει πρόσωπον – ἔστι γὰρ καὶ τὸ ἓν στασιάζον πρὸς ἑαυτὸ πολλὰ καθίστασθαι· – ἀλλ᾽ ἣν φύσεως ὁμοτιμία συνίστησι, καὶ γνώμης σύμπνοια, καὶ ταὐτότης κινήσεως, καὶ πρὸς τὸ ἓν τῶν ἐξ αὐτοῦ σύννευσις, ὅπερ ἀμήχανον ἐπὶ τῆς γεννητῆς φύσεως, ὥστε κἂν ἀριθμῷ διαφέρῃ, τῇ γε οὐσίᾳ μὴ τέμνεσθαι. In den Handschriften ist γεννητῆς besser belegt als γενητῆς, doch wie bereits in *or.* 28,4 (vgl. oben, S. 42 f., Anm. 264) legt der Zusammenhang als Übersetzung dennoch „geschaffen" anstelle von „gezeugt" nahe, vgl. Sieben 1996, 172, Anm. 11.

219 Greg. Naz., *or.* 29,2 [FC 22, 172.1–3]: Διὰ τοῦτο μονὰς ἀπ᾽ ἀρχῆς εἰς δυάδα κινηθεῖσα, μέχρι τριάδος ἔστη.

heit stehen bleibt, lehnt sich Gregor mit großer Wahrscheinlichkeit an Plotin an.[220] Offensichtlich akzeptiert er die neuplatonische Vorstellung einer Bewegung des einen hin zu zweien und schließlich zu dreien. Hingegen lehnt er es entschieden ab, von einem „Überfließen der Gutheit" (ὑπέρχυσιν ἀγαθότητος) zu sprechen, „wie es einer von den philosophierenden unter den Griechen zu sagen wagte [...]."[221] Das Problem bei der Vorstellung des „Überfließens" besteht darin, dass es Gedanken an eine unfreiwillige Zeugung wecken könnte – oder an eine Zeugung, die – weder gewollt noch ungewollt – einfach so passiert. Alles Unfreiwillige und Begrenzte ist aber in Gregors Denken nicht mit Gott vereinbar. Indem er die Vorstellung des Überfließens ablehnt, macht er deutlich, wie weit weg dieser Vorgang von allem Gegenständlichen und Begrifflichen ist. Ebenso wie er in *or.* 28 zeigte, wie eng der menschliche Verstand begrenzt und wie unmöglich deshalb die Erkenntnis des göttlichen Wesens ist, gibt Gregor auch hier zu verstehen: Wie die Trinität in sich zusammenspielt, erschließt sich dem Menschen nicht. Die Rede von Vater, Sohn und Geist ist für Gregor aber ein gangbarer Weg, um in der Theologie dennoch sprachfähig zu bleiben:

> Und dies [der durch drei Personen bestimmte Monotheismus] ist für uns der Vater, der Sohn und der Heilige Geist. Der eine ist Erzeuger und Hervorbringer, und zwar leidensfrei, zeitlos und unkörperlich. Von den anderen ist das eine ein Gezeugtes, das andere aber ein Hervorgegangenes, oder ich weiß nicht, wie man diese Dinge benennen will, wenn man die sichtbaren Dinge gänzlich weglässt.[222]

Der Vater zeugt den Sohn und bringt den Heiligen Geist hervor, ohne zu leiden, außerhalb der Zeit und jenseits von allem Materiellen – das ist die Darlegung seiner

---

220 Vgl. Plot., *Enn.* V 2 [ed. Bréhier 1956, 33–35]. Die Nähe von Gregors *or.* 29,2, und besonders den Zusammenhang zwischen seiner Aussage über die Bewegung stellte bereits Dräseke 1906, 172 fest. Vgl. auch: Moreschini 1997, 22–23; Norris 1991, 134–135; Sieben 1996, 172, Anm. 13.

221 Greg. Naz., *or.* 29,2 [FC 22, 172.8–9]: ὃ τῶν παρ' Ἕλλεσι φιλοσοφησάντων εἰπεῖν ἐτόλμησεν [...]. Sehr wahrscheinlich spielt Gregor dabei auf Plot., *Enn.* V 2,1.3–9 [ed. Bréhier 1956, 34–35] an, wo es heißt: Πῶς οὖν ἐξ ἁπλοῦ ἑνὸς οὐδεμιᾶς ἐν ταὐτῷ φαινομένης ποικιλίας, οὐ διπλόης οὔτινος ὁτουοῦν;῞Η ὅτι οὐδὲν ἦν ἐν αὐτῷ, διὰ τοῦτο ἐξ αὐτοῦ πάντα, καὶ ἵνα τὸ ὂν ᾖ, διὰ τοῦτο αὐτὸς οὐκ ὄν, γεννητὴς δὲ αὐτοῦ· καὶ πρώτη οἷον γέννησις αὕτη· ὂν γὰρ τέλειον τῷ μηδὲν ζητεῖν μηδὲ ἔχειν μηδὲ δεῖσθαι οἷον ὑπερερρύη καὶ τὸ ὑπερπλῆρες αὐτοῦ πεποίηκεν ἄλλο· (Aber wie kann es [das zweite Prinzip] aus dem absolut einfachen Einen stammen, da in diesem sich keinerlei Vielfältigkeit, keine Zweifachheit (*diploê*) von irgendetwas zeigt? Darum, weil nichts in Ihm war, eben darum kann Alles aus Ihm stammen; gerade damit das Sein (*on*) existieren kann, ist Jener (das Eine) selbst nicht Sein, ist aber dessen Erzeuger. Und diese nur vergleichsweise so genannte Zeugung ist die ursprüngliche: Da nämlich Jenes absolut vollkommen ist – denn Es sucht nichts, hat nichts und bedarf nichts –, ist Es gleichsam übergeflossen (*hoion hypererrhyê*) und Seine Überfülle (*hyperplêres*) hat ein Anderes hervorgebracht. [Übs. Halfwassen 2004, 89]) Vgl. auch Norris 1991, 134; Sieben 1996, 172, Anm. 16; Meredith 2012, 99.

222 Greg. Naz., *or.* 29,2 [FC 22, 172.3–7]: Καὶ τοῦτό ἐστιν ἡμῖν ὁ Πατήρ, καὶ ὁ Υἱός, καὶ τὸ ἅγιον Πνεῦμα· ὁ μὲν γεννήτωρ καὶ προβολεύς, λέγω δὲ ἀπαθῶς, καὶ ἀχρόνως, καὶ ἀσωμάτως· τῶν δέ, τὸ μὲν γέννημα, τὸ δὲ πρόβλημα, ἢ οὐκ οἶδ' ὅπως ἄν τις ταῦτα καλέσειεν, ἀφελὼν πάντη τῶν ὁρωμένων.

theologischen Meinung, die Gregor angekündigt hat, und das ist die am weitesten reichende Aussage, zu der er bereit ist. Dabei ist ihm auch hier bewusst, dass er mit seinem menschlichen, von der sinnlichen Wahrnehmung geprägten Denken bereits wieder das Ziel verfehlt und dass seine Sprache die Wirklichkeit Gottes nicht zu erfassen vermag: Es ist schlicht nicht möglich, sich denkend von allen sichtbaren Dingen zu verabschieden. Und sollte dies doch einmal gelingen, so wäre das Denken längst überwunden. Beinahe scheint es, als wähle Gregor die trinitarische Sprache in Ermangelung einer besseren Alternative. Immerhin sei diese Sprechweise bereits biblisch belegt:

> Deshalb bleiben wir innerhalb unserer Grenzen und sprechen vom Ungezeugten, vom Gezeugten und vom aus dem Vater Hervorgegangenen, wie es Gott selbst und das Wort irgendwo sagen.[223]

3.3 Zeit- und körperlose Zeugung (*or.* 29,3–5)

In *or.* 29,3–16 prüft und verfeinert Gregor seine Meinung über die Trinität, die er in *or.* 29,2 vorgestellt hat. Eine Serie von Fragen und Behauptungen über den Vater und den Sohn bildet die „dialogische Folie",[224] vor der Gregor seine eigene Position befragt und weiter ausformuliert. Dabei will er den Eindruck vermitteln, dass all diese Fragen von theologischen Gegnern an ihn herangetragen werden. Möglicherweise ist es für Gregors Publikum in der Tat offensichtlich, aus welchen theologischen Denkrichtungen die vorgebrachten Einwände kommen. Heute lassen sie sich jedoch meist nicht mehr eindeutig einer von Gregors Gegenparteien zuordnen. Es ist denkbar, dass manche der Anfragen auch rein rhetorischer Natur sind.[225]

Den Anfang der Reihe macht die Frage: „Wann geschehen diese Dinge?"[226] – also: Wann wird der Sohn gezeugt und wann geht der Heilige Geist aus dem Vater hervor?

---

223 Greg. Naz., *or.* 29,2 [FC 22, 172.13–174.3]: Διὰ τοῦτο ἐπὶ τῶν ἡμετέρων ὅρων ἱστάμενοι τὸ ἀγέννητον εἰσάγομεν, καὶ τὸ γεννητόν, καὶ τὸ ἐκ τοῦ πατρὸς ἐκπορευόμενον, ὥς πού φησιν αὐτὸς ὁ θεὸς καὶ λόγος. Gregor denkt dabei vielleicht an Joh 15,26 – so vermutet es Sieben 1996, 175. Vom Philosophieren innerhalb der eigenen Grenzen spricht Gregor bereits in *or.* 27,5. Dort bedeutete die Wendung, dass in einem Kreis von Menschen Theologie getrieben werden soll, die sowohl methodisch als auch moralisch mit Gregor übereinstimmen. Gregor dürfte hier an seine Aussage in *or.* 27,5 denken und signalisieren, dass er sich theologisch in die nizänische Tradition einreiht.

224 Norris 1991, 135.

225 Gregor weist die Fragen, die er in *or.* 29 behandelt, an keiner Stelle der Rede konkreten Personen zu. Es ist aber naheliegend, dass es sich bei den Gegnern, die Gregor in den *Theologischen Reden* im Blick hat, um Aëtius, Eunomius und ihre Anhänger handelt. Nach Norris 1991, 135 richten sich Gregors Hauptargumente in *or.* 29 denn auch an diese beiden.

226 Greg. Naz., *or.* 29,3 [FC 22, 174.4]: Πότε οὖν ταῦτα; Eleganterweise verzichtet Gregor in seiner Frage auf ein Verb, das ja zwingend eine grammatikalische Zeit einführen würde. Einige Zeilen weiter unten verwendet Gregor dann Verben im Perfekt. Um die beiden Sprechweisen voneinander abzugrenzen, ergänze ich die fehlenden Verben im Präsens und übernehme dann mit Gregor die Vergangenheitsform.

Bereits diese einfache Frage führt wieder an den Rand des menschlichen Vorstellungsvermögens. Die Antwort lautet: „Diese Dinge sind jenseits eines Wann“[227] – nämlich dann, wenn der Vater ist. Von dem aber sagt Gregor: „Es gab keine Zeit, da es ihn nicht gab.“[228] So ist also der Sohn gezeugt worden, als der Vater nicht gezeugt worden ist und der Geist ist hervorgegangen, als der Sohn nicht hervorgegangen ist, sondern „in einer Weise gezeugt worden ist, die zeitlos und jenseits jeder [Fassungskraft der] Vernunft ist.“[229] Auch der mögliche Einwand, was einen Ursprung habe (also Sohn und Geist), könne nicht ewig sein, verliert unter diesen Voraussetzungen seine Kraft: Solange etwas als Ursprung den Vater hat, ist es ewig.[230] Gregor zeigt mit diesen Überlegungen, dass das Nachdenken über Ursprung, Zeugung und Hervorgehen von Vater, Sohn und Geist nicht in zeitlichen Kategorien geschehen kann.

Ebenso wenig wie die Zeugung des Sohnes innerhalb der Zeit gedacht werden darf, darf sie körperlich gedacht werden. Denn ungeachtet dessen, ob der Sohn als Gezeugtes oder als Geschöpf angenommen wird, wie es Gregor seinen Gegnern unterstellt, gilt: Sobald jemand dabei an materiell-körperliche Vorgänge denkt, liegt er falsch. In beiden Fällen würde es für den Vater Erleiden (πάθος) und damit Veränderung bedeuten – nach dem Grundsatz der Unveränderlichkeit Gottes schließt Gregor dies jedoch von vornherein aus.[231] Weil die Zeugung des Sohnes innerhalb der Gottheit geschieht, kann sie also schlichtweg nicht verstanden werden:

> Bei dem, dessen Sein nicht [dem unseren] gleich ist, bei dem ist auch die Zeugung verschieden.[232]

Innerhalb der Gesetze der Logik müsste der Vater denn auch dadurch Vater sein, dass er gezeugt hat – und wäre es damit nicht von Anfang an gewesen. Auch auf diesen möglichen Einwand antwortet Gregor in ähnlicher Weise: Wer nicht angefangen hat zu sein – sprich: wer ursprungslos und ewig ist –, der kann auch Vater sein, ohne damit angefangen zu haben. So ist der Vater von allem Anfang an Vater und der Sohn von allem Anfang an Gezeugter.[233] Jenseits von Zeit und Materie bleibt die Beziehung von Vater und Sohn für den menschlichen Verstand im Dunkeln.

---

227 Greg. Naz., *or.* 29,3 [FC 22, 174.4]: Ὑπὲρ τὸ πότε ταῦτα.

228 Greg. Naz., *or.* 29,3 [FC 22, 174.4]: Οὐκ ἦν ὅτε οὐκ ἦν. Gregor spielt dabei auf die Aussage „Es gab eine Zeit, da es ihn nicht gab.“ an, die den Arianern zugeschrieben und im Bekenntnis von Nizäa (325) verworfen wird, vgl. Hauschild/Drecoll 2016, 78. 80–81.

229 Greg. Naz., *or.* 29,3 [FC 22, 174.9–10]: γεγέννεται ἀχρόνως καὶ ὑπὲρ λόγον.

230 Vgl. Greg. Naz., *or.* 29,3 [FC 22, 174.16–176.3].

231 Vgl. Greg. Naz., *or.* 29,4 [FC 22, 176.7–20]. Gregor führt seine Überlegungen ins Absurde und er spottet, wenn Zeugung körperlich verstanden werde, dann müsse man sich auch über Paarungen, Schwangerschaften und Fehlgeburten Gedanken machen.

232 Greg. Naz., *or.* 29,4 [FC 22, 176.20–21]: ᾧ τὸ εἶναι μὴ ταὐτόν, τούτῳ καὶ τὸ γεννᾷν διάφορον.

233 Vgl. Greg. Naz., *or.* 29,5 [FC 22, 178.1–13].

3.4 Willentliche oder unwillentliche Zeugung (*or.* 29,6–7)

In *or.* 29,2 hat sich Gregor gegen eine unfreiwillige Zeugung des Sohnes ausgesprochen. Jetzt kommt er auf das Thema zurück und geht auf die Alternative zwischen willentlicher (βουληθείς) und unwillentlicher (μὴ βουλόμενος) Zeugung ein. Beides ist für Gregor nicht haltbar: Der Vater kann nicht unwillentlich - also im plotinischen Sinn des Überfließens - zeugen,[234] denn dann unterläge er einer Art Zwang. Zwang ist Gott jedoch grundsätzlich fremd. Zeugt der Vater den Sohn hingegen willentlich, so Gregor, ist der Sohn nicht Sohn des Vaters, sondern des Willens - auch dies ein Gedanke, den er für ganz und gar abwegig hält und auf den er mit spöttischer Ablehnung reagiert.[235] Warum Gregor die Vorstellung einer willentlichen Zeugung für derart verwerflich hält, wird deutlich, wenn er seine Auffassung von Ursache und Wirkung erklärt:

> Ich glaube, dass wir, wenn wir nicht betrunken [sondern bei klarem Verstand] sind, sehen, dass der Wollende und der Wille, der Zeugende und die Zeugung, der Sprechende und das Wort verschiedene Dinge sind. Die einen bedeuten das, was bewegt, die anderen doch vielmehr die Bewegung. Das Gewollte gehört also nicht dem Willen - es folgt ihm nämlich nicht in jedem Fall -, noch das Gezeugte der Zeugung, noch das Gehörte dem Ausruf, sondern dem Wollenden bzw. dem Zeugenden und dem Sprechenden.
>
> Die Dinge Gottes stehen aber noch über all dem, bei ihm ist die Zeugung vielleicht auch der Wille zum Zeugen, aber die Zeugung ist nicht größer als der Wille. Wenn wir dies gänzlich akzeptieren, dann steht nichts zwischen den beiden.[236]

Gregor zeigt anhand von drei Begriffsketten (Wollender - Wille - Gewolltes; Zeugender - Zeugung - Gezeugtes; Sprechender - Wort - Gehörtes), wie Ursache, Wirken und Wirkung nach den Gesetzen der Logik zusammenhängen: Zwischen Ursache und Ergebnis stehen Wille, Zeugung und Wort als Bewegung und Beziehung. Sie sind selbst immer nur das, was Ursache und Wirkung verbindet, was sie zueinander in Bezug setzt, aber sie sind weder Subjekt noch Objekt. Angesichts der Vorstellung einer willentlichen Zeugung befürchtet Gregor, dass der Wille, der als Name der Beziehung zwischen dem Wollenden (dem Vater) und dem Gewollten (dem Sohn) steht, an die Stelle des Wollenden tritt und diesen überflüssig macht.

---

234 Gregor verwendet in der Darstellung der gegnerischen Frage das Perfekt, wählt aber in seinen Erwiderungen jeweils Partizipien im Aorist oder Präsens, die auf keine Zeitebene schließen lassen. Ich versuche, diese Zeitlosigkeit durch die Verwendung des Präsens wiederzugeben.

235 Vgl. Greg. Naz., *or.* 29,6 [FC 22, 180.1–7].

236 Greg. Naz., *or.* 29,7 [FC 22, 182.20]: Ἀλλ᾽ ἕτερον ἐστιν, οἶμαι, θέλων ἐστὶ καὶ θέλησις, γεννῶν καὶ γέννησις, λέγων καὶ λόγος, εἰ μὴ μεθύομεν· τὰ μὲν ὁ κινούμενος, τὰ δὲ οἷον ἡ κίνησις. Οὔκουν θελήσεως τὸ θεληθέν – οὐδὲ γὰρ ἕπεται πάντως· – οὐδὲ τὸ γεννηθὲν γεννήσεως, οὐδὲ τὸ ἀκουσθὲν ἐκφωνήσεως, ἀλλὰ τοῦ θέλοντος, καὶ τοῦ γεννήσαντος, καὶ τοῦ λέγοντος. Τὰ τοῦ θεοῦ δὲ καὶ ὑπὲρ πάντα ταῦτα, ᾧ γέννησίς ἐστιν ἴσως ἡ τοῦ γεννᾶν θέλησις, ἀλλ᾽ οὐδὲν μέσον, εἴ γε καὶ τοῦτο δεξόμεθα ὅλως, ἀλλὰ μὴ καὶ θελήσεως κρείττων ἡ γέννησις.

Gregor wird später in seiner Rede in *or.* 29,16 noch einmal auf das Thema der Beziehung zurückkommen – es ist für sein Verständnis der Trinität außerordentlich wichtig: Vater, Sohn und Geist sind in Beziehung miteinander verbunden. Sie dürfen und können jedoch niemals durch die Beziehung ersetzt werden, sondern bleiben immer selbst die handelnden Personen.

Doch was nach menschlich-logischem Verständnis Sinn ergibt, trifft nicht automatisch auch auf Gott zu. Gregor gibt zu bedenken, dass die Dinge Gottes über den irdischen Dingen stehen und die menschliche Erkenntnis weit übertreffen. Bei Gott könnte daher der Wille zum Zeugen mit der Zeugung identisch sein. Damit entkräftet Gregor sein eigenes Argument, wer an eine willentliche Zeugung glaube, glaube an den Willen statt an den Zeugenden. Allerdings macht er mit dem vielleicht (ἴσως) auch deutlich, dass er nur Vermutungen anstellen, aber keine allgemein gültigen Aussagen machen kann und will.[237]

3.5 Zeugung und Wesensgleichheit? (*or.* 29,8)

„Wie ist nun [der Sohn] gezeugt worden?",[238] fragt Gregor und gibt die einzige Antwort, die er für zulässig hält, gleich selbst:

> Die Zeugung [des Sohnes] wäre keine große Sache, wenn sie von dir verstanden würde, du, der du nicht einmal von deiner eigenen Zeugung Kenntnis hast, und dich schämst, über das Wenige, das du von ihr begriffen hast, zu sprechen.[239]

Wer nicht einmal seine eigene Zeugung versteht, kann erst recht nicht die Zeugung des Sohnes verstehen, die ja zu den „innergöttlichen Angelegenheiten" gehört. Bereits die Zusammensetzung (σύμπηξις), Bildung (μόρφωσις) und Geburt bzw. Erscheinung (φανέρωσις) des Menschen ist zu wunderbar, um begriffen zu werden. Die Bindung der Seele an den Körper, des Geistes an die Seele und des Verstandes an den Geist (ψυχῆς πρὸς σῶμα δεσμόν, νοῦ πρὸς ψυχήν, λόγου πρὸς νοῦν) ist ebenso rätselhaft wie die Entwicklung des Menschen und die körperlichen und geistigen

237 Um die Frage nach der willentlichen oder unwillentlichen Zeugung noch weiter zuzuspitzen und ihre Unsinnigkeit zu zeigen, geht Gregor in *or.* 29,7 [FC 22, 182.20] noch einen Schritt weiter und fragt: Θέλων Θεὸς ὁ Πατήρ, ἢ μὴ θέλων; (Ist der Vater willentlich oder unwillentlich Gott?)

Als Überleitung zum nächsten Schritt in seiner Darlegung fragt Gregor: Πῶς οὖν γεγέννηται; (Wie ist nun [der Sohn] gezeugt worden?) (Greg. Naz., *or.* 29,7 [FC 22, 182.20–21]) Seinen Gegnern legt er die Geschaffenheit des Sohnes durch den Willen (βούλησις) und die Vernunft (λόγος) des Vaters in den Mund. Diese Vorstellung macht in Gregors Augen keinen Sinn. Der Grund, den er dafür angibt, vermag jedoch nicht zu überzeugen: Der göttliche Wille und die göttliche Vernunft vermögen seiner Ansicht nach den Sohn deshalb nicht zu schaffen, weil sie nicht über genügend Kraft (δύναμις) verfügen – zumindest sei dies bei den Menschen so. Die Argumentation erstaunt, weil Gregor sonst immer wieder betont, dass irdische Gesetze bei Gott nicht gelten, vgl. den vorangehenden Redeabschnitt *or.* 29,7, den er mit diesem Argument abschließt.

238 Greg. Naz., *or.* 29,8 [FC 22, 184.4]: Πῶς οὖν γεγέννηται;

239 Greg. Naz., *or.* 29,8 [FC 22, 184.4–6]: Οὐκ ἂν ἦν μεγάλη ἡ γέννησις, εἰ σοὶ κατελαμβάνετο, ὃς οὐδὲ τὴν ἰδίαν ἐπίστῃ γέννησιν, ἢ μικρόν τι ταύτης κατείληφας, καὶ ὅσον αἰσχύνῃ λέγειν·

Vorgänge, die in ihm stattfinden.[240] Und selbst wenn jemand seine eigene Zeugung ganz und gar verstanden haben sollte, steht es ihm nicht zu, über Gottes Zeugung Aussagen zu machen:

> Und nicht einmal dann darfst du über Gottes Zeugung philosophieren: Es ist nämlich nicht ungefährlich.[241]

Die Zeugung des Sohnes gehört Gregors Meinung nach zu dem Bereich Gottes, der dem Menschen nicht zugänglich ist. Sie entzieht sich seinem Begreifen. Doch wenn etwas nicht begriffen wird, ist das noch lange kein Beweis dafür, dass es etwas nicht gibt, neckt Gregor seine Gegner. Außerdem entspringt jede Rede von Fließen (ῥεύσεις), Unterscheidungen (διαιρέσεις) und Teilungen (τομαί) körperlich-materiellem Denken und wird das Geschehen zwischen Vater und Sohn nicht treffen.[242] Deshalb rät Gregor:

> Die Zeugung Gottes soll durch Schweigen geehrt werden.[243]

Wichtig ist es für den Menschen zu erkennen, *dass* der Sohn gezeugt ist. *Wie* das geschieht, werden hingegen nicht einmal die Engel erfahren. Was zwischen dem Vater und dem Sohn geschieht, befindet sich also jenseits der Schöpfung und damit jenseits des menschlichen Verstandes:[244]

> Du willst, dass ich dir das Wie darlege? [Die Zeugung geschieht] so, wie es nur der Vater, der zeugte, weiß, und der Sohn, der gezeugt wurde. Alles, was darüber hinaus geht, ist von Wolken verborgen und entzieht sich deiner Kurzsichtigkeit.[245]

---

240 Vgl. Greg. Naz., *or.* 29,8 [FC 22, 184.7–14]. Gregor argumentiert auf die gleiche Weise wie in *or.* 28,22–31: Wie soll Gott erfasst werden, wenn dem Menschen schon der Bereich des Irdischen unverständlich ist (argumentum a fortiori).

241 Greg. Naz., *or.* 29,8 [FC 22, 184.15–16]: καὶ μηδὲ τότε φιλοσοφήσῃς θεοῦ γέννησιν· οὐ γὰρ ἀσφαλές. Die Wendung οὐ [...] ἀσφαλές kommt in den *Theologischen Reden* noch an drei weiteren Stellen vor, nämlich in *or.* 27,3 (für einen unreinen Menschen ist es gefährlich, Reines zu berühren), in *or.* 28,3 (für einen unvorbereiteten Menschen ist es gefährlich, nahe an den Gottesberg heranzutreten) und in *or.* 31,26 (es wäre gefährlich gewesen, den Sohn oder den Geist zu früh als göttlich zu verkünden). In den ersten drei Reden verwendet Gregor οὐ [...] ἀσφαλές jeweils eindeutig an Stellen, wo Menschen in Gefahr laufen, die Grenze zum Göttlichen zu überschreiten.

242 Sieben 1996, 184, Anm. 32 identifiziert die Begriffe als „Schlagwörter der zeitgenössischen theologischen Kontroversen". Von διαίρεσις sprach Gregor bereits in *or.* 27,6.

243 Greg. Naz., *or.* 29,8 [FC 22, 186.3–4]: Θεοῦ γέννησις σιωπῇ τιμάσθω. Die Wendung σιωπῇ τιμάσθω benutzt Gregor auch in *or.* 28,20, wo er von der Erfahrung des Paulus im dritten Himmel (2Kor 12,2–4) und von der Unmöglichkeit, sie in Worte zu fassen, spricht. Dass ihm das Schweigen wichtig ist, drückt Gregor aber auch in *epist.* 107–114; 116–119 [Gallay (Hg.) (Bd. 2) 1967, 5–11] aus. Schließlich thematisiert er das Schweigen in seinen beiden Gedichten *Über das Schweigen in der Fastenzeit*, *Carm.* II,1,34A/B, vgl. Kuhn 2014.

244 Vgl. *or.* 28,31, wo Gregor die Engel als sehr nahe bei Gott, aber eben doch immer noch als geschaffene Wesen beschreibt.

245 Greg. Naz., *or.* 29,8 [FC 22, 186.6–8]: Βούλει παραστήσω τὸ πῶς; Ὡς οἶδεν ὁ γεννήσας πατήρ, καὶ ὁ γεννηθεὶς υἱός. Τὸ δὲ ὑπὲρ ταῦτα νέφει κρύπτεται, τὴν σὴν διαφεῦγον ἀμβλυωπίαν.

3.6 Schon immer da oder erst geworden? (*or.* 29,9)

Von Anfang an (ἀπ' ἀρχῆς) war Gott eins in dreien, so hat es Gregor ganz zu Beginn seiner Rede (*or.* 29,2) gesagt. Doch wenn der Sohn gezeugt sein soll, war er dann auch schon von Anfang an? Oder anders ausgedrückt: „Hat [der Vater] nun einen [bereits] Seienden gezeugt, oder einen Nicht-Seienden?"[246] So stellt Gregor die nächste Frage vor und tut sie sogleich als dummes Geschwätz (ληρήματα) ab. Denn diese Frage macht für ihn höchstens in Bezug auf den Menschen Sinn. Dieser besteht, so Gregor, teilweise aus dem Seienden (ἐξ ὄντων), sprich: der Seele, und teilweise aus dem Nicht-Seienden (ἐξ οὐκ ὄντων), also dem Körper.[247] Gregor akzeptiert also weder die eine noch die andere Alternative und verwirft die Frage. Er ist überzeugt: Dialektik funktioniert bei Gott nicht. Anhand von drei kurzen Sätzen zeigt Gregor, dass das Denken in gegensätzlichen Begriffen bereits in irdischen Dingen versagen kann: Die Frage „Ist die Zeit in der Zeit oder ist sie nicht in der Zeit?"[248] lässt sich ebenso wenig beantworten wie die Frage „Warst du bei deiner Zeugung anwesend?"[249] Genauso führt auch die Aussage „Jetzt lüge ich."[250] geradewegs in die Ausweglosigkeit. Wenn die Dialektik, die stets zwischen wahr und falsch unterscheiden muss und von sich wechselseitig ausschließenden Gegensätzen lebt, schon hier an ihre Grenzen kommt, wie viel mehr dann erst bei Gott? Denn dort gilt nicht entweder-oder, sondern sowohl-als-auch:

> Ist das nun so verwunderlich, dass ebenso wie hier die Gegensätze zusammenfallen, so auch dort beides falsch sein kann und sich deine Klügelei als Dummheit entpuppt?[251]

Die Rede vom *Wie* der Zeugung des Sohnes erinnert an die Unterscheidung zwischen *dass* und *was* in göttlichen Angelegenheiten, die Gregor bereits in *or.* 28,5 machte. Auch die verhüllende Wolke lässt an *or.* 28,2–3 denken: Auch dort markierte sie klar die Grenze zwischen dem, was sich dem Menschen von Gott offenbart und dem, was immer verhüllt bleibt. *Or.* 29,8 weist insgesamt auffallend viele Parallelen zu *or.* 28 auf. Dass sich der Abschnitt 9 auch ganz organisch in den Verlauf von *or.* 29 einfügt, ist meines Erachtens ein gutes Argument für die Annahme, dass die von Gregor intendierte und heute gängige auch der ursprünglichen Reihenfolge der Reden entspricht.

246 Greg. Naz., *or.* 29,9 [FC 22, 186.9]: Ὄντα οὖν γεγέννηκεν, ἢ οὐκ ὄντα;

247 Vgl. Greg. Naz., *or.* 29,9 [FC 22, 186. 10–14]. In Gregors Verständnis ist Gott das absolute Sein, vgl. Greg. Naz., *or.* 30,18. Je näher sich ein Wesen bei Gott befindet, desto weniger ist es materiell und desto mehr ist es „seiend". Die Seele ist als immaterieller Teil des Menschen deshalb „seiender" als der Körper. Diese Aussage über das Wesen des Menschen passt zu Gregors anthropologischen Aussagen in *or.* 28,22.28. Zur Anthropologie vgl. oben, I 3.5, S. 47–50.

248 Greg. Naz., *or.* 29,9 [FC 22, 188.5]: Ὁ χρόνος ἐν χρόνῳ, ἢ οὐκ ἐν χρόνῳ;

249 Greg. Naz., *or.* 29,9 [FC 22, 188.14–15]: σεαυτῷ δὲ γεννωμένῳ παρῆς;

250 Greg. Naz., *or.* 29,9 [FC 22, 188.8]: Νῦν ἐγὼ ψεύδομαι.

251 Greg. Naz., *or.* 29,9 [FC 22, 188.12–14]: Τί οὖν θαυμαστόν, ὥσπερ ἐνταῦθα συμβαίνει τὰ ἐναντία, οὕτως ἐκεῖσε ἀμφότερα ψεύδεσθαι, καὶ οὕτω σοι τὸ σοφὸν ἠλίθιον ἀναφανήσεται;

3.7 Wesensgleich und ewig unvollendet? (*or.* 29,10–13)

„Sie sagen aber, das Ungezeugte und das Gezeugte seien nicht dasselbe."[252] – so der nächste Einwand der Gegner, auf den Gregor eingeht.[253] Er antwortet darauf zunächst mit einem Zirkelschluss: Wenn das Gezeugte und das Ungezeugte nicht dasselbe sind, dann ist der Vater nicht dasselbe wie der Sohn und dann wäre einer von ihnen nicht mehr in der Gottheit (θεότης). Da aber der Vater und der Sohn beide vom selben göttlichen Wesen sind, ist der Einwand sinnlos.[254] Dieses Argument vermag Gregors Gegner wohl kaum zu überzeugen. Es dürfte sie sogar eher in ihrer Meinung bestärken, nach der der Vater und der Sohn nicht gleichen Wesens sind. Doch nun behandelt Gregor eingehender die Frage nach der Wesensgleichheit durch Zeugung: Ganz klar unterscheidet er zwischen „zeugen" (γεννάω) und „schaffen" (κτίζω). Während durch den Vorgang des Schaffens in jedem Fall etwas Wesensfremdes entsteht, bedeutet das Zeugen, dass notwendigerweise etwas Wesensgleiches hervorgebracht wird.[255] Gregor erklärt, nur das Gezeugtsein und das Ungezeugtsein *als solche* seien nicht dasselbe; sie können aber sehr wohl unterschiedliche Eigenschaften desselben Wesens sein. Dasselbe gilt für weitere Eigenschaften des göttlichen Wesens, die Gregor als gegeben ansieht: die Unsterblichkeit bzw. Unvergänglichkeit (τὸ αθάνατον), das Freisein von Bösem (τὸ ἄκακον) und die Unveränderlichkeit (τὸ ἀναλλοίωτον). Auch sie sind Eigenschaften, die Gottes Wesen zukommen, aber nicht das, was dieses Wesen ausmacht.[256]

Unvergänglichkeit, Freisein von Bösem, Unveränderlichkeit und sogar Ungezeugtsein sind Eigenschaften, die auch andere Wesen haben können.[257] Anders verhält es sich mit dem göttlichen Wesen:

> Was aber nur Gott hat, und was ihm eigen ist, das ist das Wesen.[258]

Gottes Wesen (οὐσία) lässt sich also weder durch irgendeinen anderen – auch durch keinen negativen – Begriff bestimmen, noch lässt es sich mit irgendetwas vergleichen: Es ist einzig, einfach und allein, was es ist:

---

252 Greg. Naz., *or.* 29,10 [FC 22, 190.1]: Ἀλλ' οὐ ταὐτόν, φησι, τὸ ἀγέννητον καὶ τὸ γεννητόν.

253 Eunomius und Aëtius lehnen die Wesensgleichheit des Vaters und des Sohnes entschieden ab, vgl. Eun., *Apol.* 20–22 [ed. Vaggione 1987, 58–62]. Dieser Einwand dürfte also tatsächlich aus ihrer Gruppe kommen.

254 Vgl. Greg. Naz., *or.* 29,10 [FC 22, 190.2–5].

255 Vgl. Greg. Naz., *or.* 29,10 [FC 22, 190.9–13].

256 Vgl., Greg. Naz., *or.* 29,10 [FC 22, 190.13–21].

257 Sieben 1996, 192, Anm. 38 geht davon aus, dass nach Gregor die Eigenschaften Unvergänglichkeit, Freisein von Bösem und Unveränderlichkeit auch den Engeln zukommen. Dieser argumentiert in *or.* 29,11 [FC 22, 192.5–8] weiter, auch Adam sei nicht gezeugt (sondern geschaffen) und dennoch Mensch. Das Argument überzeugt kaum, zumal Gregor regelmäßig betont, dass vom Menschen nicht auf Gott geschlossen werden darf.

258 Greg. Naz., *or.* 29,11 [FC 22, 192.1–2]: Ὃ δὲ μόνου θεοῦ καὶ ἴδιον, τοῦτο οὐσία.

> Was ist nun das Wesen Gottes? Deinem Wahnsinn entspringt es, dies zu fragen – du, der du auch die [göttliche] Zeugung vorwitzig erforschst! Für uns ist es etwas Großes, dass wir es vielleicht irgendwann, und zwar später, erfahren, wenn wir von der Finsternis und der Dichte [der Materie] befreit sind, so wie es das Versprechen des Wahrhaftigen besagt. Das mag jedenfalls von denjenigen gedacht und geglaubt werden, die sich auf dies hin reinigen.[259]

Das Wesen Gottes ist für den Menschen nicht fassbar, zumindest nicht während seines Erdenlebens: Zu dicht ist die Materie des Körpers, der dadurch ein Hindernis für das göttliche Licht darstellt. Deutlicher als in *or.* 28,17 gibt Gregor hier zu verstehen, dass er die Erkenntnis des göttlichen Wesens (οὐσία) – wenn überhaupt – erst für „später" erwartet, also erst nach dem irdischen Tod des Menschen. Er gibt dabei nicht an, sich auf sicheres Wissen zu berufen, sondern vielmehr auf ein Versprechen des „Wahrhaftigen".[260] Diese Verheißung gilt in Gregors Augen denjenigen, die schon während ihres irdischen Daseins an ihrer Läuterung arbeiten.[261]

Wer also in diesem Leben von Gott reden will, darf von Gottes Eigenschaften reden. Doch hier liegt für Gregor auch schon die unüberschreitbare Grenze:

> Ist es nicht klar, dass, wenn wir überhaupt nach dem Wesen Gottes, was auch immer es ist, suchen, die Eigenheit unangetastet bleibt?[262]

Beim Versuch, dem göttlichen Wesen näher zu kommen, kann und darf der Mensch dessen Eigenheit (ἰδιότης) nicht berühren. Nach Gregors Meinung kann also sehr wohl gesagt werden, dass der Vater ungezeugt ist und der Sohn gezeugt – und zwar deshalb, weil das Ungezeugtsein nur eine Eigenschaft meint, also etwas, was sich außerhalb des Wesens befindet. Dasselbe dürfte bei Gregor für jede Aussage gelten, die von Gott gemacht wird: Allein die Tatsache, *dass* etwas gesagt werden kann, ist schon der Beweis dafür, dass von einer Eigenschaft, aber nicht vom Wesen die Rede ist. Die Eigenheit, die nicht berührt werden darf und kann, das ist das Göttliche selbst. Es entzieht sich jedem Denken, jeder Beschreibung.[263]

---

259 Greg. Naz., *or.* 29,11 [FC 22, 192.15–20]: Τίς οὖν οὐσία Θεοῦ; Τῆς σῆς ἀπονοίας τοῦτο λέγειν, ὃς πολυπραγμονεῖς καὶ τὴν γέννησιν. Ἡμῖν δὲ μέγα, κἂν εἴ ποτε καὶ εἰς ὕστερον τοῦτο μάθοιμεν, λυθέντος ἡμῖν τοῦ ζόφου καὶ τῆς παχύτητος, ὡς ἡ τοῦ ἀψευδοῦς ὑπόσχεσις. Τοῦτο μὲν οὖν καὶ νοείσθω καὶ ἐλπιζέσθω τοῖς ἐπὶ τούτῳ καθαιρομένοις.

260 Durch den Optativ mit ἄν gibt Gregor deutlich zu verstehen, dass er nur eine Vermutung anstellt. Wen er mit ἀψευδής meint, sagt er nicht explizit, doch dürfte Sieben 1996, 193 richtig liegen, wenn er die Stelle mit Tit 1,2 in Verbindung bringt, wo von Gott die Rede ist. Die Verheißung, dass wir dereinst mehr erkennen werden als jetzt, lässt – wie bereits in *or.* 28,17 – an 1Kor 13,12 denken.

261 Die Dichte der Materie und die Läuterung wurden in den *Theologischen Reden* bisher bereits mehrfach thematisiert. In *or.* 27,7–8 beschrieb Gregor die persönliche Läuterung als Grundvoraussetzung zur Theologie für jeden Menschen. In *or.* 28,12 wird die Läuterung als Lebensform genannt, die Belohnung nach dem Tod verspricht.

262 Greg. Naz., *or.* 29,12 [FC 22, 194.10–12]: Ἢ δῆλον ὅτι, τῆς ἰδιότητος ἀκινήτου μενούσης, ζητήσομεν οὐσίαν θεοῦ, ἥτις ποτέ ἐστιν, εἴπερ ζητήσομεν;

263 Norris 1991, 145 deutet ἰδιότης gerade anders, nämlich als Eigenschaft außerhalb des Wesens: „For Gregory and his followers, it [‚unbegotten'] describes a ‚personal characteristic',

Den möglichen Einwand, wenn der Vater mit dem Zeugen nicht aufgehört habe,[264] dann sei die Zeugung unvollendet und müsse irgendwann beendet werden, will Gregor nicht gelten lassen. Der Grundsatz, dass alles, was einen Anfang hat, auch ein Ende haben muss und umgekehrt, lässt sich seiner Meinung nach nicht auf Gott anwenden; auch er entspringt einem Denken, das sich nicht vom Körperlichen lösen kann. Schließlich gibt es, so Gregor, auch andere, etwas leichter verständliche Dinge, die wohl einen Anfang, aber kein Ende haben: die Seele (ψυχή) und die engelhaften Naturen (ἀγγελικαί φύσεις).[265]

3.8 Namen und Dinge (*or.* 29,13–15)

Es entsteht der Eindruck, dass Gregor sich nicht weiter mit dem Anfangen und Aufhören beschäftigen will und deshalb ziemlich abrupt das Thema wechselt: Bei Lebewesen gibt es jeweils für eine Art (εἶδος) einen Begriff, zum Beispiel Pferd, Ochse oder Mensch, der sagt, was das Lebewesen ist, und ausschließt, was es nicht ist. So funktioniert die Sprache auch bei Gott:

> So hat auch Gott *ein* Wesen, *eine* Natur und *eine* Benennung, auch wenn zusammen mit den Gedanken über ihn auch seine Namen unterschieden werden. Und das, was im eigentlichen Sinn so genannt wird, ist Gott. Das, was der Natur nach [Gott] ist, das wird auch wahrhaftig [Gott] genannt – wenn die Wahrheit für uns wirklich nicht in den Namen, sondern in den Dingen liegt.[266]

Wenn auch Menschen für Gott immer wieder neue Namen finden, ist doch Gottes Wesen *eines*. Eine Unterscheidung zwischen etwas, was wirklich Gott, also von göttlichem Wesen ist, und etwas, was nur „Gott" genannt wird, ist in Gregors Augen unmöglich, geht doch die Wirklichkeit der Dinge der Sprache stets voraus. Etwas ist entweder Gott oder es ist nicht Gott. Etwas dazwischen oder eine Mischung zwischen Gott und Nicht-Gott kann es also ebenso wenig geben wie einen Sohn, der nur „Gott" genannt wird, aber eigentlich von anderem Wesen ist als der Vater. Dies ist hier Gregors Hauptanliegen: Der Sohn ist ebenso von göttlichem Wesen wie der

---

ἰδιότης, something out-side the essence." Im Zusammenhang mit dem vorangehenden Redeabschnitt *or.* 29,11, wo es heißt: Ὃ δὲ μόνου θεοῦ καὶ *ἴδιον*, τοῦτο οὐσία, und zusammen mit der Aufforderung, die ἰδιότης nicht zu berühren, ergibt diese Deutung von Norris meines Erachtens wenig Sinn.

264 Gregor sagt dies zwar nicht ausdrücklich, doch können seine Aussagen über die Zeitlosigkeit der Zeugung (*or.* 29,2–3) darauf schließen lassen.

265 Vgl. Greg. Naz., *or.* 29,13 [FC 22, 196.11].

266 Greg. Naz., *or.* 29,13 [FC 22, 196.22–198.3], eigene Hervorhebung in der Übersetzung: οὕτω δὲ καὶ Θεοῦ μίαν οὐσίαν εἶναι, καὶ φύσιν, καὶ κλῆσιν, κἂν ἐπινοίαις τισὶ διαιρουμέναις συνδιαιρῆται καὶ τὰ ὀνόματα· καὶ ὃ μὲν ἂν κυρίως λέγηται, τοῦτο καὶ εἶναι Θεόν· ὃ δ' ἂν ᾖ κατὰ φύσιν, τοῦτο καὶ ἀληθῶς ὀνομάζεσθαι· εἴπερ μὴ ἐν ὀνόμασιν, ἀλλ' ἐν πράγμασίν ἐστιν ἡμῖν ἡ ἀλήθεια.

Vater.[267] Entsprechend kann es unter den beiden keine Über- oder Unterordnung dem Wesen nach geben.[268]

3.9 Der Vater als Wesen oder als Wirken? (*or.* 29,16)

Einen besonders „verwunderlichen" (ἀξιάγαστον) Einwand gegen seine Meinung über den Sohn (*or.* 29,2) hat sich Gregor für den Schluss der Reihe aufgespart:

> Ist „Vater", fragen sie, eine Bezeichnung des Wesens oder des Wirkens [...]?[269]

Wesen (οὐσία) und Wirken (ἐνέργεια) werden hier als zwei Dinge präsentiert, die sich gegenseitig ausschließen: Wenn etwas οὐσία ist, dann kann es nicht gleichzeitig ἐνέργεια sein.[270] Gregor grenzt sich von dieser Entweder-Oder-Konstruktion ab. Mit „sie fragen" (φησίν) und mit der Verwendung der direkten Rede macht er deutlich, dass diese Frage von außen an ihn herangetragen wird. Gregor unterstellt den Fragenden, sie wollten ihn mit dieser Alternative in Bedrängnis bringen.[271] Dennoch scheint er die Unterscheidung der beiden Begriffe grundsätzlich

267 Gregor argumentiert hier ähnlich wie Bas., *c. Eunom.* 2,4 [SC 305, 18–22], vgl. Norris 1991, 149; Sieben 1996, 198, Anm. 44. Gregor veranschaulicht seine Aussage, indem er ein zoologisches Beispiel konstruiert: Der Landhund und der Seehund teilen miteinander den Namen „Hund", sind verschiedener Art, und doch beide gleichwertig, vgl. Greg. Naz., *or.* 29,14 [FC 22, 198.7–200.20].

268 Vgl. Greg. Naz., *or.* 29,15 [FC 22, 200.21–202.14].

269 Greg. Naz., *or.* 29,16 [FC 22, 202.16–17]: Ὁ πατήρ, φησιν, οὐσίας, ἢ ἐνεργείας ὄνομα [...];

270 Möglicherweise steckt hinter dieser Unterscheidung die Kategorienlehre des Aristoteles, vgl. unten, S. 144.

271 Es ist nicht zwingend, aber gut möglich (so bereits vgl. Norris 1991, 151), dass Gregor das logische Dilemma in *or.* 29,16 aus Eun., *Apol.* 23 [ed. Vaggione 1987, 62–64] konstruiert: ἡμεῖς δὲ κατὰ τὰ μικρῷ πρόσθεν ῥηθέντα τὴν ἐνέργειαν ἐκ τῶν ἔργων κρίνοντες, οὐκ ἀσφαλὲς οἰόμεθα δεῖν ἑνοῦν τῇ οὐσίᾳ, τὴν μὲν ἄναρχον ἁπλήν τε καὶ ἀτελεύτητον εἰδότες, τὴν δ' ἐνέργειαν οὐκ ἄναρχον ἢ γὰρ ἂν ἦν, καὶ τὸ ἔργον ἄναρχον, οὔτ' ἀτελεύτητον, ἐπεὶ μηδὲ οἷόν τε παυσαμένων τῶν ἔργων ἄπαυστον εἶναι τὴν ἐνέργειαν. λίαν γὰρ μειρακιῶδες καὶ φρενὸς νηπίας ἀγέννητον καὶ ἀτελεύτητον λέγειν τὴν ἐνέργειαν, ταὐτὸν τῇ οὐσίᾳ τιθεμένους, μηδενὸς τῶν ἔργων ἀγεννήτως γίγνεσθαι δυναμένου μηδ' ἀτελευτήτως. ἐκ γὰρ τούτων συμβαίνει δυοῖν θάτερον, ἢ τὴν ἐνέργειαν ἄπρακτον εἶναι τοῦ θεοῦ ἢ τὸ ἔργον ἀγέννητον. εἰ δ' ἑκάτερον τούτων ὁμολογουμένως ἄτοπον, ἀληθὲς τὸ λειπόμενον, ἀρχομένων τε τῶν ἔργων μὴ ἄναρχον εἶναι τὴν ἐνέργειαν, παυομένων τε μὴ ἄπαυστον. (Nach dem, was gerade eben gesagt wurde, beurteilen wir aber das Wirken aus den Werken, und wir halten es nicht für ungefährlich, es mit dem Wesen vereinen zu müssen. Das [Wesen] kennen wir nämlich als anfangslos, einfach und endlos, das Wirken aber als nicht anfangslos (denn wenn es das wäre, dann wäre auch das Werk anfangslos). [Das Wirken] ist aber auch nicht endlos, denn wenn die Werke aufhören, dann kann das Wirken auch nicht endlos sein. Also ist es sehr kindisch und dumm, zu sagen, das Wirken sei ungezeugt und endlos, denn wir würden es dem Wesen gleich stellen, da keines der Werke ungezeugt und endlos werden kann. Daraus können zwei [Schlüsse] folgen: Entweder ist das Wirken Gottes untätig oder das Werk ungeschaffen. Wenn wir beides als unangebracht/widersinnig betrachten, dann ist das, was übrig bleibt, wahr: Wenn die Werke einen Anfang haben, ist das Wirken nicht anfangslos, wenn sie [die Werke] ein Ende haben, dann ist [das Wirken] nicht ohne Ende.).

zu akzeptieren. Sein Erstaunen gilt nicht dem Gegensatz von Wesen (οὐσία) und Wirken (ἐνέργεια), sondern der Idee, „Vater" mit dem einen oder dem anderen zu identifizieren:

> Wenn wir nämlich sagen „des Wesens", dann geben wir zu, dass der Sohn von anderem Wesen ist, denn eines ist das Wesen Gottes, dieses aber hat, wie sie [sagen] der Vater vorher in Besitz genommen.[272]

Es gibt ein einziges göttliches Wesen – diesen Grundsatz teilen Gregor und seine Gegner. Wenn „Vater" also die Bezeichnung für dieses Wesen ist, dann ist der Sohn nicht Gott, denn er ist nicht Vater. Würde Gregor dieser Aussage zustimmen, gäbe er zu, dass der Sohn von anderem Wesen ist als der Vater. Das Problem liegt auf der Hand: Er widerspräche sich damit selbst, liegt ihm doch in der ganzen Rede daran, die Gottheit des Sohnes zu beweisen. Doch auch die andere Alternative führt in eine Sackgasse:

> Wenn [wir] aber [sagen] „des Wirkens", dann bekennen wir [den Sohn] klar als Geschaffenes, aber nicht als Gezeugtes. Wo nämlich der Wirkende [ist], da [ist] auf jeden Fall auch das Gewirkte. Und wie das Geschaffene gleich dem Schaffenden [sein soll], wünschen sie zu wissen.[273]

Wenn „Vater" die Bezeichnung eines Wirkens (ἐνεργείας) wäre, so Gregor, dann wäre der Sohn ein Geschaffenes (ποίημα). Auch dieser Aussage will Gregor auf keinen Fall zustimmen, denn auch sie führt unweigerlich zum genauen Gegenteil seiner Meinung.[274] Allerdings wiederholt Gregor bei der Begründung seiner Meinung nicht das Substantiv „Wirken" (ἐνέργεια), nach dem ursprünglich gefragt wurde, sondern verwendet die beiden Partizipien „Wirkender" (ἐνεργῶν) und „Gewirktes" (ἐνεργούμενον). Über diese beiden sagt Gregor, dass sie in jedem Fall (πάντως) zusammengehören: Wo ein Wirkender, ist, da ist immer auch ein Gewirktes – dieser Grundsatz ist nicht zuletzt durch die Logik der Sprache bedingt. Doch in welchem Verhältnis steht das Wirken zum Wirkenden und zum Gewirkten? Naheliegend wäre die Vorstellung, dass das Wirken vom Wirkenden ausgeht und das Gewirkte

---

Gregor argumentiert in *or.* 29,16 nach einem ähnlichen Schema wie Eunomius. Auch nimmt er den von Eunomius benutzten Begriff „ἄτοπος", wieder auf.

272 Greg. Naz., *or.* 29,16 [FC 22, 202.17–20]: εἰ μὲν οὐσίας φήσομεν, συνθησομένους ἑτεροούσιον εἶναι τὸν υἱόν, ἐπειδὴ μία μὲν οὐσία θεοῦ, ταύτην δέ, ὡς οὗτοι, προκατείληφεν ὁ πατήρ· Das Wort προκαταλαμβάνω, *vorher in Besitz nehmen*, wird in der antiken griechischen Literatur oft im Zusammenhang mit militärisch-strategischen Berichten verwendet, vgl. Liddell/Scott 1966, 1484. Dieser Ton klingt wohl auch hier mit. Gregor unterstreicht mit dieser Anspielung zusätzlich, wie absurd eine solche Vorstellung im Zusammenhang mit Gott ist.

273 Greg. Naz., *or.* 29,16 [FC 22, 202.20–204.1]: εἰ δὲ ἐνεργείας, ποίημα σαφῶς ὁμολογήσοντας, ἀλλ' οὐ γέννημα. οὗ γὰρ ὁ ἐνεργῶν, ἐκεῖ πάντως καὶ τὸ ἐνεργούμενον. καὶ πῶς τῷ πεποιηκότι ταὐτὸν τὸ πεποιημένον, θαυμάζειν φήσουσι.

274 Das Geschaffene kann mit dem Schaffenden niemals wesensgleich sein. Einzig Zeugung bringt Wesensgleiches hervor. Gregor hat diese Unterscheidung in *or.* 29,10 ausdrücklich benannt (vgl. oben, II 3.7, S. 109). Diesen Grundsatz zweifeln offensichtlich auch Gregors Gegner nicht an.

zur Folge hat. Dann wäre sie das, was von der Ursache zum Ergebnis führt. Hier scheint jedoch der Wirkende im zweiten Satz an die Stelle des Wirkens zu treten. Gregor vermeidet es bewusst, vom Vater als „Wirken“ (ἐνέργεια) zu sprechen. Für ihn ist der Vater – ebenso wie die anderen beiden trinitarischen Personen – aufgrund seiner Gottheit, wenn überhaupt, als „Wirkender“ (ἐνεργῶν), als Ursache denkbar.[275] Deutlicher als an irgendeiner anderen Stelle in seinen Reden bringt Gregor hier zum Ausdruck, wie er das Wirken (ἐνέργεια) versteht: Wenn der Vater in die Kategorie des Ungeschaffenen gehört, der Sohn als Gewirktes (ἐνεργούμενον) aber eindeutig (σαφῶς) etwas Geschaffenes (ποίημα) ist, dann versteht Gregor das Wirken als etwas, was sogar dann, wenn es vom Ungeschaffenen ausgeht, etwas Geschaffenes bewirkt. Damit gehört das Wirken in dieselbe Kategorie wie das „Schaffen“.

Beide Alternativen – der Vater als Wesen oder der Vater als Wirken – hätten Gregor dazu gedrängt, die Gottheit des Sohnes zu leugnen. Doch Gregor ist kein Freund von exklusiven Alternativen.[276] Er grenzt sich vom *tertium non datur* ab, um ein Drittes, Wahreres (ἀληθέστερον)[277] zu sagen:

> Dass, ihr Allerweisesten, „Vater“ weder die Benennung eines Wesens noch eines Wirkens ist, sondern der Beziehung und dessen, wie sich der Vater zum Sohn verhält oder wie der Sohn zum Vater.[278]

Aus der logischen Bredouille befreit stellt Gregor nun den beiden Alternativen seine eigene Meinung gegenüber: „Vater“ ist weder die Bezeichnung eines Wesens (οὐσία) noch eines Wirkens (ἐνέργεια), sondern der Beziehung (σχέσις), das heißt: wie sich Vater und Sohn zueinander verhalten.[279] Gregor traut der Sprache hier in göttlichen Angelegenheiten ebenso viel zu wie in menschlichen Belangen:

---

275 Dahinter steckt derselbe Gedanke wie bereits in *or.* 29,7: Gott, also alle Personen der Trinität, sind immer selbst Handelnde und nicht Ergebnisse des Handelns.

276 Das hat Gregor bereits in *or.* 29,9 gezeigt, als es um die Frage ging, ob der Vater einen Seienden oder einen Nicht-Seienden gezeugt habe. Hier bezeichnet er die Aufforderung, sich für die eine oder andere Möglichkeit zu entscheiden, als διαίρεσις: Die Methode stammt aus der griechischen Philosophie, wo sie von Platon begründet und dann von Aristoteles kritisiert und verfeinert wurde. Dass Gregor hier von διαίρεσις spricht, ist wohl kein Zufall: Die Argumentation in *or.* 29,16 ist insgesamt stark von der aristotelischen Logik geprägt, die ihrerseits in der διαίρεσις gründet. Zu διαίρεσις: Gigon 1965, 734; Hager 1972, 242–244.

277 Greg. Naz., *or.* 29,16 [FC 22, 204.3]. Interessant ist die Verwendung des Komparativs ἀληθέστερον. Möglicherweise vermeidet Gregor die positive Form ἀληθές, um zu zeigen, dass menschliche Sprache über Gott niemals wirklich wahre Aussagen machen kann.

278 Greg. Naz., *or.* 29,16 [FC 22, 204.3–6]: ὅτι οὔτε οὐσίας ὄνομα ὁ πατήρ, ὦ σοφώτατοι, οὔτε ἐνεργείας, σχέσεως δὲ καὶ τοῦ πῶς ἔχει πρὸς τὸν υἱὸν ὁ πατήρ, ἢ ὁ υἱὸς πρὸς τὸν πατέρα. Der ironisch-spottende Vokativ ὦ σοφώτατοι (oh ihr Allerweisesten!) verstärkt die Ablehnung der vorher genannten Alternativen zusätzlich.

279 Der Begriff σχέσις taucht in der Trinitätslehre bereits vor Gregor in Ps. Athan., *dial. trin.* 1,25 [PG 28, 1153.54–1156.1] auf, dort allerdings nicht im Zusammenhang mit der Frage nach der ἐνέργεια: Θεὸς, τὴν φύσιν δηλοῖ, τὸ δὲ Πατὴρ, τὴν σχέσιν τὴν πρὸς τὸν Υἱόν. (‚Gott‘ bezeichnet die Natur, ‚Vater‘ aber die Beziehung zum Sohn.).

> Denn wie bei uns diese Benennungen das Echte und das Vertraute kundtun, so bezeichnen sie auch dort [bei Gott] Naturgleichheit des Gezeugten mit dem, das gezeugt hat.[280]

Weder die Bezeichnung „Vater" noch die Bezeichnung „Sohn" sagt für sich etwas über das Wesen der jeweiligen Person aus. Das einzige, was sich daraus ablesen lässt, ist die Verwandtschaft zwischen den beiden: Der Sohn ist vom Vater gezeugt und daher mit ihm wesensgleich. Im Fall von Gott bedeutet das: Wenn der Vater von göttlichem Wesen ist, dann ist es auch der Sohn.

Damit hat Gregor eigentlich bewiesen, was er beweisen wollte. Doch lässt er es nicht dabei bleiben, sondern spielt seinen Zuhörerinnen und Leserinnen zuliebe auch die theologischen Folgen durch, die sich ergäben, wenn der Vater tatsächlich die Bezeichnung eines Wesens (οὐσία) wäre:[281] Der Sohn würde mit-eingeführt (συν-άγω) und nicht dem Vater entfremdet (ἀλλοτριώσει). Das heißt, er wäre dem Wesen nach ebenfalls Gott. Als Erklärung dafür nennt Gregor den gesunden Menschenverstand (κοιναὶ ἔννοιαι)[282] und die Bedeutungsmöglichkeiten dieser Bezeichnungen (τῶν κλήσεων τούτων δύναμις) – also die Tatsache, dass bei den Menschen Vater und Sohn durch die Zeugung verwandt und einander dadurch wesensgleich sind.

In gleicher Weise geht Gregor auch noch einmal auf die Möglichkeit ein, dass Vater ein Wirken (ἐνέργεια) bezeichnet:

> Auch nehmen wir an, wenn es euch gefällt, er [der Vater] sei [die Bezeichnung] eines Wirkens. Auch auf diese Weise werdet ihr uns nicht fassen. Dieses Selbe [den Sohn]

280 Greg. Naz., *or.* 29,16 [FC 22, 204.6–8]: ὡς γὰρ παρ' ἡμῖν αἱ κλήσεις αὗται τὸ γνήσιον καὶ οἰκεῖον γνωρίζουσιν, οὕτω κἀκεῖ τὴν τοῦ γεγεννημένου πρὸς τὸ γεγεννηκὸς ὁμοφυίαν σημαίνουσιν.

281 Vgl. Greg. Naz., *or.* 29,16 [FC 22, 204.9–14]. Gregor schreibt „euch zuliebe" (ὑμῶν χάριν) und lässt dabei offen, ob er damit die ihm zugewandten oder die gegnerischen Hörer und Leser meint.

282 Der Begriff „κοιναὶ ἔννοιαι" stammt aus der stoischen Logik und ist dort im Bereich der Erkenntnistheorie bedeutsam. Nach stoischer Lehre gelangen Eindrücke (φαντασίαι) über die Wahrnehmung (αἴσθησις) ins menschliche Bewusstsein (ἡγεμονικόν) und treffen hier auf bereits vorhandene Vorstellungen (προλήψεις oder φυσικαὶ ἔννοιαι). Diese wiederum helfen, neue Eindrücke zu strukturieren und einzuordnen. Die κοιναὶ ἔννοιαι, die „allgemeinen Begriffe", sind nun die auf den προλήψεις basierenden Verallgemeinerungen. In der stoischen Philosophie dienen die κοιναὶ ἔννοιαι zur Überprüfung und Bestätigung zentraler Lehren, doch sie werden nicht als Gemeinplätze verstanden, die auf alle Lebensbereiche anwendbar sind. Allerdings übernehmen auch nicht-stoische Autoren den Begriff der κοιναὶ ἔννοιαι, benutzen ihn aber freier und damit auch unschärfer – etwa um innerhalb einer Lehre gültige Axiome zu beschreiben. Teilweise tritt der Begriff auch völlig losgelöst vom stoischen philosophischen System auf – so etwa bei den Neuplatonikern Ammonios und Proklos. Vgl. Todd 1973, 47–75. Letzteres dürfte auch auf Gregor zutreffen: Obwohl dieser der stoischen Philosophie einiges abgewinnen kann, denkt er hier wohl kaum stoisch, sondern versteht unter den κοιναὶ ἔννοιαι den gesunden Menschenverstand bzw. das, was er selbst innerhalb der Theologie für richtig hält, vgl. Norris 1991, 151, der in seinem Kommentar zu *or.* 29 keine Verbindung zu der stoischen Philosophie bemerkt.

> dürfte er als das Wesensgleiche gewirkt haben, wenn auch die Annahme eines Wirkens in Bezug auf dieses [den Sohn] ohnehin fehl am Platz ist.[283]

Anders als oben, wo Gregor Wirken und Schaffen gleichsetzte und für das Werden des Sohnes beides ausschloss, sagt er jetzt: Der Sohn wird sich sogar dann als wesensgleich mit dem Vater herausstellen, wenn er vom Vater gewirkt ist.[284] Das Wirken (ἐνέργεια) wird also hier als etwas beschrieben, was Wesensgleiches hervorbringt. Es fällt damit in dieselbe Kategorie wie das Zeugen.[285] Indem er das Wirken als einen Akt des Zeugens denkt, widerspricht Gregor aber ganz offensichtlich den Aussagen, die er zuvor darüber gemacht hat.[286] Diese Argumentation ist auf den ersten Blick nicht konsequent. Im größeren Zusammenhang von *or.* 29 ergibt sie jedoch Sinn: Ziel der Rede ist es, die Gottheit des Sohnes zu beweisen. Von diesem Ziel her und auf dieses Ziel hin sind auch Gregors Aussagen in *or.* 29,16 zu lesen. Der Grund dafür, dass Gregor Wirken hier auf einmal im Sinn von Zeugung akzeptiert, steckt in den Worten αὐτὸ τοῦτο und im Artikel τὸ vor ὁμοούσιον. Die Verbindung von αὐτὸ und τοῦτο stellt auf Griechisch das stärkste mögliche Demonstrativpronomen dar und lässt sich mit „dieses selbe" oder „genau dieses" übersetzen und

---

283 Greg. Naz., *or.* 29,16 [FC 22, 204.9–14]: ἔστω καὶ ἐνεργείας, εἰ τοῦτο δοκεῖ· οὐδὲ οὕτως ἡμᾶς αἱρήσετε. αὐτὸ δὲ τοῦτο ἐνηργηκὼς ἂν εἴη τὸ ὁμοούσιον, εἰ καὶ ἄτοπος ἄλλως ἡ τῆς περὶ τοῦτο ἐνεργείας ὑπόληψις.

Mit τοῦτο meint Gregor ohne Zweifel den Sohn. Die Neutrumform lässt sich gut begründen: Im ganzen Abschnitt *or.* 29,16 werden neutrale Substantive auf den Sohn bezogen: ποίημα, γέννημα, ἐνεργούμενον, πεποιημένον. Τοῦτο fügt sich ebenso wie ὁμοούσιον nahtlos in die Reihe dieser Neutra ein. Ἐνηργηκὼς legt als aktives, maskulines Partizip Perfekt nahe, dass es sich auf den Vater (πατήρ) bezieht.

284 Ebenso wie oben, wo Gregor nach dem Wirken (ἐνέργεια) gefragt wird und dann vom Wirkenden (ἐνεργῶν) spricht, wählt er auch hier die Partizipialform des Verbs. Allerdings wählt er nun nicht das Partizip Präsens, sondern das Partizip Perfekt ἐνηργηκὼς.

285 Die Verwendung des Partizip Perfekt unterstreicht diese inhaltliche Aussage auch formal: Das Perfekt drückt „immer den mit der Haupthandlung gleichzeitigen dauernden Zustand" (Kaegi 2008, 141) aus. Die Form ist hier wohl nicht zufällig gewählt: Das Zusammen von aktiver Handlung und dauerndem Zustand entspricht theologisch Gregors Aussagen über den Zeitpunkt der Zeugung des Sohnes in *or.* 29,3: πῶς οὖν οὐ συνάναρχα, εἰ συναΐδια; ὅτι ἐκεῖθεν, εἰ καὶ μὴ μετ᾽ ἐκεῖνο. τὸ μὲν γὰρ ἄναρχον, καὶ ἀΐδιον· τὸ ἀΐδιον δέ, οὐ πάντως ἄναρχον, ἕως ἂν εἰς ἀρχὴν ἀναφέρηται τὸν πατέρα. οὐκ ἄναρχα οὖν τῷ αἰτίῳ· δῆλον δὲ τὸ αἴτιον ὡς οὐ πάντως πρεσβύτερον τῶν ὧν ἐστιν αἴτιον· οὐδὲ γὰρ τοῦ φωτὸς ἥλιος. (Warum sind sie [d. h. Sohn und Geist] nun nicht mitanfangslos, wenn sie mitewig sind? Weil sie von dort [d. h. vom Ewigen, vom Vater] [sind/kommen], wenn auch nicht gemäß jenem. Denn das Anfangslose ist auch ewig; das Ewige aber ist durchaus nicht ohne Ursprung, solange es sich in seinem Ursprung auf den Vater bezieht. Nicht anfangslos sind sie [Sohn und Geist] also wegen der Ursache. Es ist aber offensichtlich, dass die Ursache durchaus nicht älter ist als das, dessen Ursache sie ist: auch die Sonne ist nicht älter als das Licht.)

286 Allerdings argumentiert Gregor mit weniger Überzeugung: Anstelle von „eindeutig" (σαφῶς) wie oben, verwendet er hier mit ἂν εἴη einen Optativ, der „zum Ausdruck einer bloßen Möglichkeit (dürfte, könnte, möchte wohl), einer bescheidenen Behauptung" dient, Kaegi 2008, 145.

markiert damit, dass es sich von allem anderen abhebt und als solches einzigartig ist. In dieselbe Richtung weist auch der Artikel τὸ vor ὁμοούσιον: Es handelt sich nicht um *irgendetwas* von gleichem Wesen, sondern um *das* Wesensgleiche, um *den einen* Sohn Gottes. Für Gregor stehen das Gezeugtsein und damit die Gottheit des Sohnes so außer Zweifel, dass sie in diesem speziellen Fall ihrerseits die Bedeutung von Wirken (ἐνέργεια) bestimmen: *Weil* das Gewirkte hier genau *dieser eine* Sohn ist, ist es *das* Wesensgleiche. Nur in diesem einen Fall kann Gregor „wirken" im Sinn von „zeugen" akzeptieren. Die Vorstellung, dass der Sohn gewirkt sei, ist in Gregors Augen also nicht zwingend falsch. Er macht aber sehr deutlich, dass er diese Art, über die Beziehung von Vater und Sohn zu sprechen, nicht befürwortet und sagt deshalb abschließend, die Annahme eines Wirkens sei in dieser Angelegenheit fehl am Platz (ἄτοπος).[287]

287 Die meisten neueren Übersetzungen interpretieren diesen Nebensatz in diesem Sinne: Sieben 1996, 205 übersetzt: „denn der Vater hätte genau das hervorgebracht, was ihm wesensgleich ist, so sehr im übrigen die Vorstellung eines aktiven Wirkens in diesem Fall absurd ist"; Gallay/Jourjon 1978, 211.213: „Le Père aurait produit celui-là même qui lui est consubstantiel, quoique votre opinion sur l'action le concerne soit, par ailleurs, absurde"; und Norris 1991, 255: „He will actively have produced that very consubstantiality, even if the assumption of active production's being involved here is decidedly odd." Eine abweichende Übersetzung findet sich in Alexis Torrance's Aufsatz mit dem Titel *Precedents for Palamas' Essence-Energies Theology in the Cappadocian Fathers.* Hier heißt es: „The ὁμοούσιον would indeed be the result of this ἐνέργεια [that is, of the father], or otherwise the conception of an ἐνέργεια in this matter would be absurd" (Torrance 2009, 59). Nach der oben beschriebenen Interpretation dieses Satzes hält sich Gregor eindeutig zurück, von ἐνέργεια im Sinn von „Zeugung" zu sprechen; hingegen wird diese Begriffsbedeutung hier geradezu vorausgesetzt. Während sich die Übersetzung des Hauptsatzes mit einigem guten Willen noch mit dem griechischen Text vereinbaren lässt, wird spätestens beim Nebensatz klar, dass Torrance sich nicht auf denselben Originaltext beziehen kann wie die anderen Übersetzungen: Aus einem εἰ καὶ lässt sich auch in einer sehr freien Übertragung kein „or otherwise" machen. Ein Blick in den kritischen Apparat bestätigt diese Vermutung: Der von Gallay/Jourjon in den *Sources Chrétiennes* edierte und von Sieben übernommene Text basiert auf den zehn ältesten überlieferten Handschriften aus dem 9. bis 11. Jahrhundert und der wichtigsten Druckausgabe, der Edition der Kongregation von Saint-Maur von 1778 (vgl. Gallay/Jourjon 1978, 15–24), deren Text von J. P. Migne leicht ergänzt und in die *Patrologia Graeca* übernommen wurde. Interessanterweise lesen zwei der Handschriften (nämlich der *Codex Ambrosianus E 49–50,* 9. Jh., in Mailand und der *Codex Parisianus Coislin 51,* 10. Jh., in Paris) sowie der erwähnte gedruckte Text nicht **εἰ** καὶ ἄτοπος ἄλλως ἡ τῆς περὶ τοῦτο ἐνεργείας ὑπόληψις, sondern *ἤ* καὶ ἄτοπος ἄλλως ἡ τῆς περὶ τοῦτο ἐνεργείας ὑπόληψις (vgl. Greg. Naz., *or.* 29,16 [FC 22,204, Apparatus 13], eigene Hervorhebung). Für die Interpretation des Abschnittes und für das Verständnis von Gregors Auffassung von ἐνέργεια ist der kleine Unterschied zwischen εἰ und ἤ nicht ganz unbedeutend. Zwar gehören die beiden Codices, die ἤ καὶ lesen, zu den älteren der überlieferten Handschriften, doch es sprechen gute Gründe dafür, dass εἰ καὶ (wofür sich Gallay/Jourjon entschieden haben) die ursprüngliche Lesart ist. Der Satz überzeugt mit ἤ καὶ syntaktisch nicht, was für Gregor untypisch wäre. In seinen *Theologischen Reden* verwendet er ἤ καὶ selten, und wenn, dann um Fragesätze einzuleiten (so in *or.* 28,7 [FC 22, 104, 13]; *or.* 28,7 [FC 22, 104, 18]; *or.* 29,10 [FC 22, 190, 18]; *or.* 29,12 [FC 22, 194, 9]; *or.* 31,11 [FC 22, 294, 6]; *or.* 31,23 [FC 22, 314, 19]) und nur ausnahmsweise als „oder auch" (so in *or.* 29,4 [FC 22, 176, 15]; *or.* 31,13 [FC 22, 298, 7]) oder zum Ausdruck eines Komparativs (so in *or.* 28,2 [FC 22, 96, 5]). Viel häufiger (14 Mal) tritt εἰ καὶ auf. Es wird – wie in *or.* 29,16 – fast immer zur Einleitung eines konzessiven Nebensatzes

Siegesgewiss und mit unverhohlener Ironie schließt Gregor die Überlegungen zu Wesen und Wirken, und damit die Reihe von möglichen Einwänden gegen seine Meinung über den Sohn ab. So hebt er an zum letzten Teil seiner Rede: Hier sollen seine Gegner zeigen, ob sie aus den göttlichen Worten (ἐκ τῶν θείων λογίων) ebenso viel Kraft zu schöpfen vermögen wie aus ihren logischen Gedankenspielen und rhetorischen Kniffen (λογισμοῖς).[288]

3.10 Gottes Natur und das Heilswirken (*or.* 29,17–20)

Aus Benennungen des Sohnes in der Heiligen Schrift habe er dessen Gottheit erfasst, schreibt Gregor, und führt sogleich entsprechende Schriftzitate aus dem Neuen Testament, aber auch aus Jesaja und den Psalmen an.[289] Er nennt aber auch eine Reihe von Bibelstellen, die als Argumente gegen die Gottheit des Sohnes gelesen werden könnten – etwa, dass Jesus schläft, hungrig oder müde ist, dass er weint, Todesangst erleidet und am Kreuz stirbt.[290] Doch Gregor will diese Zitate nicht als Einwände gelten lassen und nennt stattdessen das Prinzip, nach dem die Aussagen der Heiligen Schrift über Jesus gedeutet werden müssen: Es gilt, zwischen den höheren und den niedrigeren Aussagen zu unterscheiden. Während erstere sich auf die Gottheit und die höhere Natur (τῇ θεότητι καὶ τῇ κρείττονι φύσει) beziehen, sprechen letztere von der zusammengesetzten, menschlichen Natur – von derjenigen Natur also, die Gott um der Menschen Rettung willen angenommen hat.[291]

Dies erscheint zunächst nur als eine Richtlinie zur Auslegung von Aussagen über Jesus Christus in der Heiligen Schrift. In Wirklichkeit steckt dahinter jedoch eine grundlegende Unterscheidung, die für Gregors theologisches Denken und Sprechen höchst bedeutsam ist: Wer nämlich die biblischen Aussagen über die göttliche Natur von denjenigen über die menschliche Natur des Sohnes zu unterscheiden weiß, wird mit der Gottheit aufsteigen, sich nicht länger mit den sichtbaren Dingen zufrieden geben, sondern sich zu den geistigen Dingen erheben und dadurch „erkennen,

verwendet. Es ist gut möglich, dass ἢ καὶ auf den in byzantinischer Zeit beginnenden Itazismus zurückgeht (dabei werden, wie im Neugriechischen, Eta und Epsilon-Iota beide als „i" ausgesprochen und sind akustisch leicht zu verwechseln). Diese Textvariante kann deshalb als unbedeutend ausgeschieden werden. Torrance gibt für diese Stelle nicht an, auf welche Textausgabe er sich beruft. Möglich wäre, dass er sich an den Text von Migne (PG 36,96) hält, der ἢ καὶ liest. Dass er sich bei den meisten anderen Gregor-Zitaten auf die Edition der *Sources Chrétiennes* stützt und später in seinem Aufsatz (Torrance 2009, 59, Anmerkung 42) direkt auf SC 250 verweist, zeigt jedoch eindeutig, dass ihm diese Ausgabe vorlag. Er wird sich daher bewusst für die alternative Lesart entschieden haben.

288 Vgl. Greg. Naz., *or.* 29,16 [FC 22, 204.15–18].

289 Vgl. Greg. Naz., *or.* 29,17 [FC 22, 206.1–208.2].

290 Vgl. Greg. Naz., *or.* 29,18 [FC 22, 208.3–18].

291 Vgl. Greg. Naz., *or.* 29,18–19 [FC 22, 208.19–210.6]. Dasselbe Auslegungsprinzip findet sich bereits bei Athanasius, vgl. Sieben 1996, 208, Anm. 54.

was Ausdruck der [göttlichen] Natur und was Ausdruck des Heilswirkens ist.“[292] Gregor unterscheidet hier erstmals in seinen Schriften ausdrücklich zwischen der Natur (φύσις) bzw. dem Wesen Gottes und dem Heilswirken Gottes in der Welt (οἰκονομία).[293] Während das Wesen jedes menschliche Denken übersteigt und sich dem Verstehen entzieht, ist das Heilswirken die nach außen gewandte Seite Gottes, sein in der Welt erkennbares Wirken, das in Jesus Christus seinen Höhepunkt findet. In ihm kommt beides zusammen, in seiner Person sind Gott und Mensch aufs Innigste vereint (συνανακεράννυμαι). Dabei gewinnt die göttliche über die menschliche Natur überhand; dies öffnet Gregor (der hier stellvertretend für alle Menschen steht) den Weg, so weit Gott zu werden, wie Gott Mensch geworden ist.[294]

3.11 Die Vernunft und das Geheimnis (*or.* 29,21)

Ebenso wie er seine Rede mit einer klar umrissenen Einleitung begonnen hat, beendet Gregor sie mit einem klaren Schluss. Über weite Strecken hat seine nun endende Abhandlung von logischer Argumentation gelebt. Doch jetzt, im letzten Abschnitt des Textes, gibt Gregor zu verstehen, dass er Logik und Vernunft als Methode in theologischen Angelegenheiten eigentlich nicht billigt – sie sind in seinen Augen vielmehr überflüssig und entleeren das Evangelium. Gregor betont, er habe sich dieser Werkzeuge um seiner Gegner willen bedient. Doch es sind Werkzeuge, denen er mit großem Misstrauen gegenübersteht:

> Denn wann immer wir uns das Vermögen der Vernunft vorhalten, während wir das Glauben vernachlässigen, beseitigen wir durch Untersuchungen auch das Glaubwürdige des Geistes; dann unterliegt die Vernunft der Größe der Dinge – sie wird

292 Greg. Naz., *or.* 29,18 [FC 22, 210.6–7]: γινώσκῃς, τίς μὲν φύσεως λόγος, τίς δὲ λόγος οἰκονομίας.

293 In früheren Reden und Briefen spricht Gregor bereits von οἰκονομία im Sinn von Heilswirken (so in *or.* 2,24 [SC 247, 120]; *or.* 2,106 [SC 247, 226]; *or.* 7,4 [SC 405, 188]; *epist.* 8 [Gallay (Hg.) (Bd. 1) 1964, 11], hier jedoch nicht in Abgrenzung zur göttlichen Natur. Noch einmal ganz explizit benennt Gregor die Unterscheidung in *or.* 45,4 [PG 36, 628.35–37]: Ταῦτά μοι περὶ Θεοῦ πεφιλοσοφήσθω τανῦν. Οὐδὲ γὰρ ὑπὲρ ταῦτα καιρὸς, ὅτι μὴ θεολογία τὸ προκείμενον ἡμῖν, ἀλλ' οἰκονομία. (Das ist alles was ich im Moment über Gott zu philosophieren habe. Denn jetzt ist nicht die Zeit, weiterzugehen, ist doch jetzt nicht die Theologie unser Thema, sondern das Heilswirken.) Allerdings unterscheidet er dort nicht wie in *or.* 29 zwischen der Natur Gottes und dem Heilswirken, sondern zwischen der Theologie und dem Heilswirken. Dadurch wird deutlich: In der Theologie geht es um die Frage nach dem Reden von Gottes Wesen. Die Erfahrbarkeit des Wirkens Gottes in der geschaffenen Welt hingegen ist Gegenstand der Rede vom Heilswirken.

294 Vgl. Greg. Naz., *or.* 29,19 [FC 22, 210.13–16]. Gregor belegt diese Aussage, indem er aus der Heiligen Schrift beinahe unzählige Antithesen konstruiert, welche zeigen sollen, wie Gottheit und Menschlichkeit des Sohnes einander widersprechen und gleichzeitig zusammengehören, vgl. Greg. Naz., *or.* 29,19–20 [FC 22, 212.1–216.16]. Gregor entnimmt die Zitate wiederum vor allem dem Neuen Testament, aber auch den Psalmen, Jesaja und dem Hohelied. Ein Beispiel:'Επειράσθη ὡς ἄνθρωπος, ἀλλ' ἐνίκησεν ὡς Θεός [...]. (Er wurde als Mensch versucht, aber er siegte als Gott [...].) [FC 22, 212.16–17].

aber gänzlich unterliegen, da sie aus einem schwachen Werkzeug unseres Denkens aufbricht –; was geschieht? Die Schwäche der Vernunft erscheint als [Schwäche] des Geheimnisses. Und so wird eine Entäußerung des Kreuzes als das Gezierte der Vernunft aufgezeigt, wie auch Paulus meint. Denn der Glaube ist die Erfüllung unserer Vernunft.[295]

Bereits in *or.* 28,21 hat Gregor den menschlichen Verstand als ein „kleines Werkzeug" (μικρόν ὄργανον) bezeichnet, das nicht dazu taugt, die große Frage nach Gott zu bearbeiten. Diesen Gedanken nimmt er hier wieder auf: Wer sich in seinem theologischen Nachdenken nur an die Vernunft hält, den Glauben aber außen vorlässt, wird sehr rasch an Grenzen stoßen. Und wer sein eigenes Denkvermögen zum Maßstab der Wirklichkeit macht, wird die Wirklichkeit Gottes nicht erfahren. Das Problem, das daraus entsteht, liegt für Gregor auf der Hand: Nicht das Denkvermögen, sondern das Geheimnis (μυστήριον), Gott, wird damit in Frage gestellt.[296] Die Fähigkeit, logisch präzise zu denken und gewandt zu sprechen, verdrängt also, für sich allein genommen, den Glauben.[297] Dennoch ist der hochgebildete Sprachliebhaber Gregor weit davon entfernt, die Vernunft gänzlich zu verwerfen. Er ist überzeugt: Gepaart mit dem Glauben findet sie ihre Erfüllung. In Gregors Verständnis ist es dieses Hand-in-Hand-Gehen von Glauben und Vernunft, das der Trinitätslehre ihre Kraft verleiht. Daraus erwächst wiederum eine gottgefällige Lebensweise, die dem gläubigen Menschen den Weg eröffnet „bis zu einem vollkommeneren Offenbarwerden des Ersehnten [...]."[298] Der richtige Glaube wird also, so Gregor, dereinst zu einer tieferen Erkenntnis Gottes führen. Wie bereits in *or.* 29,16 begnügt er sich jedoch auch hier mit dem Komparativ: Seine Hoffnung zielt auf eine Erkenntnis, die verglichen mit der gegenwärtigen oder mit derjenigen anderer Theologen größer ist, nicht aber auf die vollkommene Erkenntnis des Wesens Gottes.

---

295 Greg. Naz., *or.* 29,21 [FC 22, 218.6–14]: Ὅταν γὰρ τὸ τοῦ λόγου δυνατὸν προβαλλώμεθα, τὸ πιστεύειν ἀφέντες, καὶ τὸ τοῦ Πνεύματος ἀξιόπιστον ταῖς ζητήσεσι λύσωμεν, εἶτα ἡττηθῇ τοῦ μεγέθους τῶν πραγμάτων ὁ λόγος, – ἡττηθήσεται δὲ πάντως, ἀπὸ ἀσθενοῦς ὀργάνου τῆς ἡμετέρας διανοίας ὁρμώμενος, – τί γίνεται; Τὸ ἀσθενὲς τοῦ λόγου τοῦ μυστηρίου φαίνεται· Καὶ οὕτω κένωσις τοῦ σταυροῦ τὸ τοῦ λόγου κομψὸν ἀναδείκνυται, ὡς καὶ Παύλῳ δοκεῖ. Ἡ γὰρ πίστις τοῦ καθ' ἡμᾶς λόγου πλήρωσις.

296 Zur Bedeutung von μυστήριον bei Gregor vgl. unten, S. 230–249.

297 Gregor stützt dieses Argument mit einem Zitat von Paulus aus 1Kor 1,17, wo es heißt: οὐ γὰρ ἀπέστειλέν με Χριστός βαπτίζειν ἀλλά εὐαγγελίζεσθαι, οὐκ ἐν σοφίᾳ λόγου, ἵνα μὴ κενωθῇ ὁ σταυρὸς του Χριστοῦ. (Denn Christus hat mich nicht gesandt, zu taufen, sondern das Evangelium zu verkündigen – nicht mit beredter Weisheit, damit das Kreuz Christi nicht seines Sinnes entleert werde.)

298 Greg. Naz., *or.* 29,21 [FC 22, 220.5–6]: μέχρις ἀναδείξεως τελεωτέρας τῶν ποθουμένων [...].

3.12 Zwischenfazit

In seiner Zweiten Theologischen Rede *hat Gregor deutlich gemacht, dass das Wesen Gottes für den Menschen zumindest zu Lebzeiten auf keine Art und Weise erfassbar ist. Nun beschreibt er die trinitarische theologische Rede als Weg der Wahl, um einerseits die Unfassbarkeit des göttlichen Wesens zu wahren und andererseits die Geschichte Jesu unmissverständlich als Offenbarung Gottes zu deuten. Gregor beschreibt seine Trinitätslehre in ihrer knappsten Form als Rede von Vater, Sohn und Heiligem Geist, wobei der erste zeugt und hervorbringt, der zweite gezeugt und der dritte hervorgegangen ist. Thema der* Dritten Theologischen Rede *ist das Verhältnis von Vater und Sohn.*

Gregor ist sich bewusst, dass auch die trinitarische Rede von Gott ihre Schwierigkeiten birgt: Wenn von Vater und Sohn, von Ungezeugtsein und Zeugung die Rede ist, tauchen im menschlichen Denken unweigerlich Bilder auf, mit deren Hilfe der Verstand das Gedachte zu erfassen sucht. Dies ist aber schlechthin unmöglich. Denn ebenso wie Gregor in or. *28 zwischen Gottes* Dass *und Gottes* Was *unterschieden hat, muss auch zwischen dem* Dass *und dem* Wie *der Zeugung des Sohnes unterschieden werden:* Dass *der Sohn gezeugt ist, ist für Gregor unumstößliche Glaubensgewissheit. Hingegen hält er es für unsinnig, nach dem* Wie *der Zeugung des Sohnes zu fragen; sie gehört zu demjenigen Bereich Gottes, der dem Menschen unzugänglich ist. Deshalb führt auch jede Frage nach der Zeit, dem Ort und der Art der Zeugung geradewegs in die Ausweglosigkeit.*

Ganz klar unterscheidet Gregor zwischen „schaffen" (κτίζειν) und „zeugen" (γεννῆσαι). Während durch das erste immer etwas Wesensanderes hervorgebracht wird, entsteht nach Gregors Verständnis durch Zeugung – und nur durch Zeugung! – etwas Wesensgleiches. In der Frage nach der Zeugung des Sohnes zählt für Gregor letztlich denn auch nur dieses eine: Jesus Christus ist der gezeugte Sohn und deshalb wesensgleich mit dem Vater. Entsprechend bedeuten „Gezeugtsein" oder „Ungezeugtsein" nicht das Wesen Gottes, sondern nur Gottes Eigenschaften – genauso wie „Unsterblichkeit", „Gutheit" oder „Unveränderlichkeit". Anders als das eine Wesen sind die zahlreichen Eigenschaften Gottes denk- und aussagbar. Gregor hält damit an seiner Meinung aus der vorangehenden Rede fest: Das göttliche Wesen selbst lässt sich durch keinen geeigneten Begriff beschreiben und festlegen. Hingegen sind die Eigenschaften als diejenigen Informationen von Gott, die sich aus Gottes Schöpfungs- und Offenbarungswirken schließen lassen, wahrnehmbar und in Sprache fassbar. Deutlicher als in or. *28 bringt Gregor jedoch hier zum Ausdruck, dass er auf tiefere Erkenntnis, auch des Wesens Gottes, nach dem Tod hofft.*

Insbesondere der erste Teil der Rede ist durch logische Argumentation nach aristotelischer Manier geprägt. Mittels vernünftiger Schlussfolgerungen bearbeitet Gregor Fragen nach der Zeugung und dem Wesen des Sohnes und führt sein Publikum und seine Leserschaft dabei gezielt an die Grenzen menschlicher Vernunft und Erkenntnis. Wie ein roter Faden zieht sich durch die Dritte Theologische Rede *denn auch Gregors*

Überzeugung, dass Gott die Logik in jeglicher Hinsicht übersteigt: Jede Aussage über das göttliche Wesen steht unter dem Vorbehalt, dass sie ebenso gut zutreffen wie auch nicht zutreffen könnte.

Dass sich Gott jeder Entweder-oder-Alternative von vornherein entzieht, zeigt Gregor am deutlichsten anhand der Frage, ob „Vater" die Bezeichnung eines Wesens (οὐσία) oder eines Wirkens (ἐνέργεια) sei. Auch lässt sich hier einiges über Gregors Verständnis vom Wirken Gottes erschließen: Eindeutig gehört das Wirken in dieselbe Kategorie wie das Schaffen. Sowohl das Wirkende als auch das Schaffende bringen etwas ihnen Wesensfremdes hervor. Wenn Gott wirkt, bewirkt Gott etwas, was nicht göttlichen Wesens ist. Das Wirken ist deshalb ganz grundsätzlich vom Zeugen, das Wesensgleiches hervorbringt, zu unterscheiden. Zeugung geschieht innerhalb der Trinität zwischen Vater und Sohn oder unter den geschaffenen Naturen, jedoch nie zwischen den beiden Sphären. Gottes Schaffen und Wirken manifestieren sich in der Welt, jedoch ohne dem menschlichen Verstand das Wesen Gottes zu vermitteln oder zu enthüllen. „Vater" ist in Gregors Denken also ebenso wie „Sohn" ein Beziehungsbegriff. Zwar ist dem Menschen nicht zugänglich, wie die Beziehung zwischen dem Vater und dem Sohn innertrinitarisch funktioniert. Nach außen hin garantieren die Begriffe „Vater" und „Sohn" dem Menschen aber, dass Jesus Christus tatsächlich göttlichen Wesens, mithin der sich nach außen wendende Aspekt Gottes ist.

Zum abschließenden Beweis der Gottheit des Sohnes zieht Gregor im zweiten Teil der Rede entsprechende Zitate aus der Heiligen Schrift heran. Dass sich dort einerseits Aussagen finden, die Jesus Christus göttlich, andererseits aber auch solche, die ihn als ausgesprochen menschlich beschreiben, führt Gregor auf die zwei Naturen Christi zurück: Die „hohen" Aussagen beziehen sich auf dessen Gottheit, natürlich immer unter dem Vorbehalt, dass sie das göttliche Wesen nicht zu erfassen vermögen; die „niederen" Aussagen beziehen sich auf die Menschlichkeit Christi, auf sein Leben und Handeln in der Welt.

Gregor weitet dieses bibelhermeneutische Prinzip aus zu einer Unterscheidung, die für seine Theologie von größter Bedeutung ist: Als Gegensatz zum göttlichen Wesen (οὐσία) führt Gregor den Begriff „Heilswirken" (οἰκονομία) ein. Während das Wesen Gottes unfassbar bleibt und sich dem menschlichen Denken und Verstehen entzieht, ist das Heilswirken die nach außen gewandte Seite Gottes, der Sammelbegriff für alles Wirken Gottes, das der Mensch wahrnehmen und erfahren kann.

Aus Gregors Überlegungen zum Verhältnis von Vater und Sohn wird deutlich, dass er die in or. 28 *dargestellte Unterscheidung zwischen dem* Dass *und dem* Was *Gottes auch auf die Trinität überträgt: Das göttliche Wesen, das dem Vater und dem Sohn gemeinsam ist, und damit auch die Art und Weise ihrer Verbindung sind unfassbar. Hingegen wird im Sohn Jesus Christus Gottes Wirken erfahrbar. Angewendet auf die Trinitätslehre handelt es sich bei Gregors Unterscheidung zwischen Gottes unfassbarem Wesen und Gottes erfahrbarem Wirken sachlich um das im theologischen Diskurs später formulierte Begriffspaar der immanenten und der ökonomischen Trinität.*

4. Die *Vierte Theologische Rede*

4.1 Wider die Einwände gegen die Gottheit des Sohnes (*or.* 30,1)

Ein Rückblick auf die vorangehende Rede eröffnet die neue und verdeutlicht den starken Zusammenhang zwischen den beiden Texten. Gregor erinnert seine Zuhörerinnen und Leserinnen an die zwei großen Themen in *or.* 29, nämlich an den Beweis für die Gottheit des Sohnes einerseits anhand logischer Beweisführung und andererseits aus der Heiligen Schrift. Er wiederholt den Grundsatz der Auslegung biblischer Aussagen über Jesus Christus, den er zum Ende der letzten Rede festgehalten hat: Die höheren und Gott entsprechenden Bibelstellen beziehen sich auf die göttliche Natur des Sohnes, die Stellen aber, die vom Sohn in niedriger, menschlicher Weise sprechen, beziehen sich auf dessen menschliche Natur. Allerdings sei er, so Gregor, bei seinen Ausführungen noch nicht auf jede einzelne Stelle eingegangen. Dies will er nun in seiner zweiten Rede über den Sohn nachholen und zehn Schriftstellen behandeln, die seinen Gegnern als Einwände gegen die Gottheit des Sohnes dienen.[299]

4.2 „Der Herr hat mich geschaffen" – vom Ursprung des Sohnes (*or.* 30,2–3)

Bereits in *or.* 29,13 hat Gregor angekündigt, sich noch einmal genauer mit Spr 8,22 auseinanderzusetzen. Dieses Versprechen löst er jetzt ein. „Der Herr hat mich erschaffen als Anfang seiner Wege auf seine Werke hin", zitiert er aus dem *Buch der Sprüche.*[300] Dass die Weisheit (σοφία), die hier spricht, gleichbedeutend ist mit Christus, steht für ihn außer Frage.[301] Doch obwohl im Bibeltext eindeutig von

299 Gregor geht auf diese Bibelstellen in *or.* 30,2–16 ein. Die Zitate, bzw. Zitatgruppen, die er von eins bis zehn nummeriert, sind keine Wiederholung der Bibelstellen aus *or.* 29,17–19, sondern entsprechen zum größten Teil den überlieferten Argumenten von Eunomius, vgl. Norris 1991, 55.160–176; Sieben 1996, 224, Anm. 3. In der Anordnung der Bibelstellen lässt sich eine Reihenfolge erahnen, die dem Verlauf des Heilswirkens folgt: Gregor beginnt mit dem Ursprung des Sohnes (*or.* 30,2–3) und stellt sich dann der Frage nach der Dauer der Herrschaft Christi auf Erden (*or.* 30,4–6). Eine Reihe von Bibelstellen behandelt das Verhältnis zwischen dem menschgewordenen Sohn und dem Vater (*or.* 30,7–14). Die Frage nach dem Wissen um die letzten Tage schließt die Serie ab (*or.* 30,15–16).

300 Spr 8,22: κύριος ἔκτισέν με ἀρχὴν ὁδῶν αὐτοῦ εἰς ἔργα αὐτοῦ.

301 Philon von Alexandria hat als erster den Logos ausdrücklich mit der Weisheit (σοφία) identifiziert. Darin sind ihm Justin, Klemens von Alexandria und Origenes gefolgt, vgl. Löhr 2009, 345–404. Gregor wird der Gleichsetzung von Logos bzw. Christus und Weisheit im Laufe seines Lebens verschiedentlich begegnet sein – etwa während seiner langen Bildungsreise, die ihn unter anderem nach Alexandria führte. Gut möglich, dass Gregor den Gedanken von seinem theologischen Vorbild Origenes übernommen hat. Für diesen ist der „Logos […] nach Joh. 1,1 im Anfang (ἀρχή); dieser Anfang aber ist laut Prov. 8,22 die Weisheit (σοφία […]). Als ἀρχή ist

„schaffen" (κτίζω) die Rede ist, will Gregor die Stelle nicht als Beweis für das Geschaffensein des Sohnes lesen. Als Argument dafür dient ihm die Tatsache, dass es in der Septuaginta nur drei Verse später heißt: „bevor die Berge festgemacht wurden, vor allen Hügeln zeugte er mich."[302] Gregor folgt in seiner Auslegung beider Verse dem Grundsatz von den zwei Naturen des Sohnes: Das „geschaffen" bezieht er auf dessen menschliche, das „gezeugt" hingegen auf dessen göttliche Natur.

In Jesus Christus, der die Weisheit ist, vereinen sich also Gott und Mensch; Gregor spricht dabei von „Mischung" (μίξις).[303] Diese Mischung ist es, die dem Menschen den Weg öffnet, selbst mit Gott verflochten zu werden und selbst „Gott zu werden" (γενέσθαι Θεόν) – so fasst Gregor das Heilsgeschehen in kürzester Form zusammen.[304] Und wie bereits zu Beginn der *Zweiten Theologischen Rede* (*or.* 28,1) ist für ihn auch hier eindeutig, welche Rolle der Vater und der Sohn in diesem Geschehen einnehmen:

> Diese Dinge [d. h. das Heilsgeschehen] aber geschahen einerseits mit dem Wirken des Gezeugten, und andererseits mit dem Wohlwollen des Zeugers.[305]

Auch hier bleibt der Vater in größerem Abstand zum Menschen, während der Sohn mit seinem Wirken für die erfahrbare Seite Gottes steht. Das Tun von Vater und Sohn ist nicht dasselbe, und doch sind die beiden Handlungsweisen auf keine Weise voneinander trennbar: Nur mit dem Wohlwollen des Vaters, das nicht nur dessen Fernsein, sondern auch den Einklang der beiden trinitarischen Personen ausdrückt, verwirklicht sich für den Menschen das Heilsgeschehen. Anders als in *or.* 28,1 erwähnt Gregor den Heiligen Geist hier mit keinem Wort. In der *Vierten Theologischen Rede* geht es noch einmal um den Vater und den Sohn. Der Geist wird erst in der nächsten Rede wieder zur Sprache kommen.

Christus Schöpfer (δημιουργός). Prov. 8,22 wird hinzugezogen. Hier bezeichnet sich die Weisheit selbst als ἀρχή. Dass der Logos in der Weisheit ist (Joh. 1,1) bedeutet dann: Christus ist Weisheit im Hinblick auf das Denken des Ganzen und der einzelnen Begriffe, Logos hingegen, indem er dieses Denken der Weisheit an die vernünftige Kreatur kommuniziert [...]: σοφία auf Gott bezogen, λόγος auf die Schöpfung." (Löhr 2009, 397–398) Vgl. zur Verbindung von Christus und Sophia Hainthaler 2017 und Krüger 2011, zur Rezeption des Johannesprologs Bruns 2011,11–15 und zur Sophia bei Origenes Arnold 2017.

302 Spr 8,25: πρὸ τοῦ ὄρη ἑδρασθῆναι, πρὸ δὲ πάντων βουνῶν γεννᾷ με. Nach heutiger Auslegung dürfte es sich bei den verschiedenen Verben des Schaffens in Spr 8,22–25 (κτίζω, θεμελιόω, ποιέω, γεννάω) eher um eine Reihe kunstvoll gestalteter Parallelismen handeln.

303 Der Begriff μίξις kommt aus der stoischen Philosophie, vgl. Portmann 1954.

304 Vgl. Greg. Naz., *or.* 30,3 [FC 22, 226.7–19].

305 Greg. Naz., *or.* 30,3 [FC 22, 226.19–21]: γέγονε γὰρ ταῦτα ἐνεργείᾳ μὲν τοῦ γεννήματος, εὐδοκίᾳ δὲ τοῦ γεννήτορος. Sieben 1996, 227 übersetzt: „All das Genannte geschah durch das Wirken des Erzeugten, aber zum Wohlgefallen dessen, der gezeugt hat." Meines Erachtens gibt es keinen Grund, die beiden Dative ἐνεργείᾳ und εὐδοκίᾳ unterschiedlich zu übersetzen. Bei beiden handelt es sich um instrumentale Dative: ἐνέργεια und εὐδοκία ermöglichen überhaupt erst das Heilsgeschehen.

4.3 Die Königsherrschaft Christi – zeitlich oder ewig? (*or.* 30,4–6)

Nur wenig später spricht Gregor wiederum vom Wirken des Sohnes und vom Wohlwollen des Vaters. In *or.* 30,4–6 setzt er sich mit der Frage auseinander, wie die Aussage des Apostels Paulus zu verstehen ist, der vom „Herrschen des Sohnes als König *bis*“ (βασιλεύειν ἄχρι) spricht – lässt doch das *bis* als Ausdruck zeitlicher Begrenzung auf ein erwartetes Ende der Herrschaft des Sohnes schließen. Paulus erwartet, dass sich der Sohn, sobald ihm alles unterworfen ist, selbst dem Vater unterwirft.[306] Denn kann die Herrschaft des Sohnes, wenn dieser tatsächlich Gott ist, überhaupt enden? Gregor deutet das Wort von der Unterwerfung des Sohnes jedoch nicht als Äußerung über die Ontologie von Vater und Sohn, sondern vielmehr als Aussage über Gottes Heilswirken in der Welt – es geht also um Heilswirken (οἰκονομία), nicht um das Wesen (οὐσία)! Entsprechend versteht er unter „Unterwerfung“ die Erfüllung des väterlichen Willens (ἡ τοῦ πατρικοῦ θελήματος πλήρωσις).[307] Der Wille des Vaters wird dann erfüllt sein, wenn der Mensch sich durch Erkenntnis (τῇ ἐπίγνωσει) und Verwandlung (τῇ μεταποιήσει)[308] Christus unterwirft. Dieses Heilsgeschehen können Vater und Sohn nur gemeinsam vollbringen:

> Sowohl unterwirft der Sohn [alle Dinge] dem Vater als auch der Vater dem Sohn, der eine als Wirkender, der andere als Wohlwollender, was wir auch früher gesagt haben.[309]

Auch hier unterscheidet Gregor zwischen dem Tun des Sohnes und dem des Vaters. Ersterer ist „Wirkender“ (ἐνεργῶν) und steht für das erfahrbare Heilswirken Gottes. Dieses aber hat seinen Ursprung ganz im Unfassbaren: Es ist untrennbar mit dem Vater verbunden und wird durch dessen Wohlwollen überhaupt erst ermöglicht.

Jede Handlung und jede Äußerung Jesu hat also eine pädagogische Funktion, die zur Erlösung des Menschen führen soll: „Alle diese Dinge werden für uns auf wunderbare Weise inszeniert und geflochten.“[310] Oder aber, vermutet Gregor, die Menschenliebe (φιλανθρωπία) Gottes ist so groß, dass Gott in der Gestalt Jesu jede

---

306 Vgl. 1Kor 15,28: ὅταν δὲ ὑποταγῇ αὐτῷ τὰ πάντα, τότε [καὶ] αὐτὸς ὁ υἱὸς ὑποταγήσεται τῷ ὑποτάξαντι αὐτῷ τὰ πάντα, ἵνα ᾖ ὁ θεὸς [τὰ] πάντα ἐν πᾶσιν. (Wenn ihm dann alles unterworfen ist, wird auch er, der Sohn, sich dem unterwerfen, der ihm alles unterworfen hat, damit Gott alles in allem sei.) Gregor führt noch weitere Bibelstellen an, die er auf ein Ende der Königsherrschaft Christi hin liest: Apg 3,21 und Ps 109,1.

307 Greg. Naz., *or.* 30,5 [FC 22, 230.17].

308 Lampe 1961, 519 gibt als wichtigste Bedeutung von ἐπίγνωσις „knowledge, esp. of divine truth“ an.

Es klingen verschiedene Bedeutungen von μεταποίησις mit: In Greg. Naz., *or.* 40,3 steht der Begriff im Zusammenhang mit der Transformation des einzelnen Menschen durch die Taufe, in *or.* 21,25 meint Gregor damit die Verwandlung der ganzen Welt bei der Wiederkunft Christi.

309 Greg. Naz., *or.* 30,5 [FC 22, 230.17–19]: Ὑποτάσσει δὲ καὶ Υἱὸς Πατρί, καὶ Υἱῷ Πατήρ, ὁ μὲν ἐνεργῶν, ὁ δὲ εὐδοκῶν, ὃ καὶ πρότερον εἴπομεν.

310 Greg. Naz., *or.* 30,6 [FC 22, 232.12–13]: ἃ δραματουργεῖται καὶ πλέκεται θαυμασίως ὑπὲρ ἡμῶν. Auf die Vorstellung einer göttlichen Pädagogik wird Gregor in *or.* 31,25–27 zurückkommen.

menschliche Erfahrung durch eigenes Erleiden erfahren will.[311] So führt der Sohn als nach außen gewandte Seite Gottes durch sein Wirken die Menschen zu ihrer Vollendung. Das heißt: Sie werden „ganz gottähnlich sein und den ganzen und einzigen Gott in sich aufnehmen."[312] Eine Aussage über die Art und Weise des göttlichen Wesens macht Gregor indes auch hier nicht.

4.4 Der Vater: größer, stärker, anders? (*or.* 30,7–14)

Nun beschäftigen Gregor weitere Fragen, die sich aus der Heiligen Schrift ergeben: Ist der Vater größer als der Sohn, so wie es Jesus einmal selbst sagt? Unterscheidet Jesus selbst zwischen sich und Gott und nimmt sich damit selbst aus der Gottheit heraus? Muss er das Leben, das Gericht, die Herrschaft und die Ehre vom Vater empfangen, weil er sie sich selbst nicht geben kann? Kann der Sohn nur das tun, was er den Vater tun sieht? Was bedeutet es, dass der Sohn gekommen ist, um den Willen des Vaters zu erfüllen? Tut er dann nicht seinen eigenen Willen? Ist der Gesandte jemand anderes als der wahre Gott? Und wenn Jesus bei Gott für uns Menschen eintritt – tut er dies dann als Untergebener, als Bittsteller? Diesen Fragen[313] geht Gregor in *or.* 30,7–14 nach und argumentiert dabei in gewohnter Art und Weise: Der Vater ist dem Ursprung nach größer, aber nicht dem Wesen nach. Christus ist von zweifachem Wesen, und jede biblische Aussage, die seiner Gottheit widerspricht, muss seiner menschlichen Natur zugeschrieben werden. Zur Begründung für sein Verständnis der verschiedenen Bibelstellen zieht Gregor weitere Schriftzitate hinzu, die die erstgenannten abschwächen oder sie in ein anderes Licht stellen.

Mehr Platz als den anderen Themen räumt Gregor der Frage ein, in welcher Beziehung das Tun von Vater und Sohn zueinander stehen. Was hat es zu bedeuten, dass „der Sohn von sich aus nichts tun kann, wenn er es nicht den Vater tun sieht"?[314] Zunächst unterscheidet Gregor verschiedene Bedeutungen von „Nichtkönnen" (μὴ δύνασθαι): Es kann das Unvermögen einer Person oder eines Tieres ausdrücken, etwas zu tun, oder aber bedeuten, dass etwas nicht gewollt ist. „Nichtkönnen" kann auch heißen, dass es unvernünftig wäre, wenn etwas wäre oder geschähe. Oder aber, dass es für den Menschen überhaupt unmöglich ist, etwas zu tun oder zu erreichen – was natürlich nicht bedeutet, dass dasselbe auch für Gott

311 Vgl. Greg. Naz., *or.* 30,6 [FC 22, 234.1–14].

312 Greg. Naz., *or.* 30,6 [FC 22, 236.3–4]: ὅλοι θεοειδεῖς, ὅλου Θεοῦ χωρητικοὶ καὶ μόνου.

313 Gregor dürfte dabei von folgenden Bibelstellen ausgehen: Joh 14,28 (*or.* 30,7); Joh 20,17 (*or.* 30,8); Joh 5,26 (*or.* 30,9); Joh 5,19 (*or.* 30,10–11); Joh 6,38 (*or.* 30,12); Joh 17,3; Lk 18,19 (*or.* 30,13) und Hebr 7,25 (*or.* 30,14), vgl. SIEBEN 1996, 237–255.

314 Joh 5,19. Vgl. Greg. Naz., *or.* 30,10 [FC 22, 240.1–2]. Gregor gibt die Selbstaussage Jesu in Joh 5,19 in indirekter Rede wieder. SIEBEN 1996, 241–245 übersetzt ποιέω mit „wirken". Auch wenn eine solche Interpretation mit Gregors Aussagen im Einklang steht, ist diese Übersetzung meines Erachtens irreführend und unnötig.

gilt.[315] Von allen diesen Bedeutungen von „Nichtkönnen“ grenzt Gregor einen weiteren Sinn ab: Es ist „das absolut Unmögliche und Unannehmbare“ (τὸ παντελῶς ἀδύνατον καὶ ἀνεπίδεκτον) – nämlich, dass die Gemeinsamkeit von Vater und Sohn auf irgendeine Weise entzweit werden könnte:

> So ist es unmöglich und ausgeschlossen, dass der Sohn etwas tut, was der Vater nicht tut. Denn alles, was der Vater hat, kommt auch dem Sohn zu, so wie umgekehrt auch alles, was der Sohn hat, dem Vater zukommt. Nichts also [ist] eigen, weil [alles] gemeinsam ist. Denn auch das Sein selbst [ist] gemeinsam und von gleicher Ehre, auch wenn es dem Sohn vom Vater her zukommt.[316]

Ebenso wie der Vater und der Sohn gleichen Wesens sind, ist auch ihr Tun ein- und dasselbe. Doch wie ist das zu verstehen? Auf keinen Fall, so Gregor, darf man sich das Verhältnis zwischen dem Tun des Vaters und des Sohnes vorstellen wie eine Zeichnung, die nur eine ungefähre Wiedergabe der Vorlage (ἀρχέτυπον) sein kann:

> Es ist ohne Zweifel, dass der Vater zwar die Formen dieser Dinge prägt, das Wort sie aber verwirklicht, nicht sklavisch, auch nicht unwissend, sondern sowohl verständig als auch gebietend, und, um es passender zu sagen, in der Art und Weise des Vaters? So fasse ich nämlich das „was durch den Vater geschieht, das tut in ähnlicher Weise auch der Sohn“ auf – nicht als eine Ähnlichkeit der Dinge, die [durch sie] geworden sind, sondern als eine Gleichwertigkeit der Macht. Und dasselbe dürfte auch das „der Vater ist bis jetzt am Werk und der Sohn auch“ bedeuten.[317]

Die Gemeinsamkeit von Vater und Sohn darf also nicht so verstanden werden, dass das Ergebnis ihres Tuns jeweils das Gleiche ist, sondern dass es zwischen ihnen keine Über- oder Unterordnung gibt in der Macht, mit der sie handeln. Und doch lässt sich aus diesen Sätzen Gregors auch eine Reihenfolge des Tuns herauslesen: Das Tun entspringt der einen Gottheit, sein Ursprung ist jenseits von Raum und Zeit – dafür steht der Vater. Doch Gott wäre nicht Gott, würde sich Gottes Handeln nicht in Raum und Zeit offenbaren und so zu erfahrbarer Wirklichkeit werden – für diesen Aspekt steht das nach außen gehende Wort Gottes, der Sohn.[318] Dieses

315 Vgl. Greg. Naz., *or.* 30,10 [FC 22, 240.1–242.8].

316 Greg. Naz., *or.* 30,11 [FC 22, 242.13–18]: Οὕτως ἀδύνατον καὶ ἀνεγχώρητον ποιεῖν τι τὸν Υἱόν, ὧν οὐ ποιεῖ ὁ Πατήρ. Πάντα γὰρ ὅσα ἔχει ὁ Πατήρ, τοῦ Υἱοῦ ἐστίν· ὡς ἔμπαλιν τὰ τοῦ Υἱοῦ τοῦ Πατρός. Οὐδὲν οὖν ἴδιον, ὅτι κοινά. Ἐπεὶ καὶ αὐτὸ τὸ εἶναι κοινὸν καὶ ὁμότιμον, εἰ καὶ τῷ Υἱῷ παρὰ τοῦ Πατρός.

317 Greg. Naz., *or.* 30,11 [FC 22, 244.11–18]: Ἢ δῆλον ὅτι τῶν αὐτῶν πραγμάτων τοὺς τύπους ἐνσημαίνεται μὲν ὁ Πατήρ, ἐπιτελεῖ δὲ ὁ Λόγος, οὐ δουλικῶς, οὐδὲ ἀμαθῶς, ἀλλ᾽ ἐπιστημονικῶς τε καὶ δεσποτικῶς, καὶ οἰκειότερον εἰπεῖν, πατρικῶς; Οὕτω γὰρ ἐγὼ δέχομαι τὸ ἅπερ ὑπὸ τοῦ Πατρὸς γίνεται, ταῦτα καὶ τὸν Υἱὸν ὁμοίως ποιεῖν· οὐ κατὰ τὴν τῶν γινομένων ὁμοίωσιν, ἀλλὰ κατὰ τὴν τῆς ἐξουσίας ὁμοτιμίαν. Καὶ τοῦτο ἂν εἴη τὸ ἕως ἄρτι καὶ τὸν Πατέρα ἐργάζεσθαι, καὶ τὸν Υἱόν· Im ersten Zitat nimmt Gregor Joh 5,19 wieder auf, das zweite stammt aus Joh 5,17.

318 Der Gedanke, dass Gott mit dem Logos die Schöpfung ins Dasein ruft, sie ordnet, erhält und in der Welt gegenwärtig ist, existiert schon lange vor Gregor. Im ersten biblischen Schöpfungsbericht (Gen 1) erschafft Gott die Welt durch das Wort. Der Prolog des Evangeliums nach

Handeln Gottes kann durchaus als ein Wirken in die Welt verstanden werden. Doch obwohl dieses Wirken seinen Ursprung im trans-zendenten Bereich hat, vermittelt es nicht Gottes Wesen, sondern nur Gottes offenbare „Außenseite". Gregor zeigt dies, indem er als Beispiel für das gemeinsame Tun von Vater und Sohn auf die „Ordnung bzw. Verteilung und Erhaltung" der Schöpfung, „die sie gemacht haben" (τὴν ὧν πεποιήκασιν οἰκονομίαν τε καὶ συντήρησιν) verweist. Über die Winde und die Erde sagt er:

> Er macht die Winde zu seinen Boten, er gründet die Erde auf ihrer Festigkeit. Ein einziges Mal wurden sie gegründet und sind geworden. Er macht den Donner stark und er schafft den Wind. Zwar hat der Logos sie ein einziges Mal aufgestellt, doch das Wirken hält bis jetzt an.[319]

Gregor hat bereits gezeigt, dass er Jesus Christus in gut spätantiker Tradition mit der Weisheit (σοφία) und dem Wort bzw. dem Logos (λόγος) gleichsetzt. Als kommunikative, nach außen gewandte Seite Gottes ist der Sohn selbst der Schöpfer. Das Schöpfungshandeln des Logos ist in Gregors Denken immer ein zweifaches – nämlich einerseits das einmalige Erschaffen der Welt und andererseits die Ordnung und Erhaltung der Schöpfung. Letzteres bezeichnet er als Wirken (ἐνέργεια):[320] Der Logos Gottes wirkt in der Schöpfung ewig ordnend und erhaltend weiter.

Johannes nimmt die Schöpfungsmittlerschaft des Logos wieder auf und beschreibt ihn als göttliche Hypostase, als Mittler zwischen Gott und der Welt, der in die Schöpfung eintritt. Ebenso wie mit den biblischen Zeugnissen dürfte Gregor aber auch mit den (diesen teilweise zu Grunde liegenden) philosophischen Lehren vertraut sein. Die stoische Philosophie kennt den Logos nicht nur als göttliches, der Schöpfung innewohnendes Prinzip; ihr wird überdies die Unterscheidung zwischen dem λόγος ἐνδιάθετος, dem Verstand, und dem λόγος προφορικός, dem geäußerten Wort zugeschrieben – dort allerdings immer im Bezug auf den Menschen. Eine zentrale Rolle nimmt der Logos in der Lehre des Philon von Alexandria ein. Dieser betont die Unsagbarkeit und Unerkennbarkeit des Wesens Gottes und versteht den Logos als Gottes Hypostase, als „die kommunikative, der Schöpfung zugewandte Seite dieses Gottes." (Löhr 2009, 354) Klemens von Alexandria hat Philons Logos-Theologie aufgenommen und verarbeitet. In seinem Denken ist der Logos ein- und dasselbe wie der Sohn Jesus Christus „und als solcher zugleich Schöpfer, kosmologisches Prinzip, heilsgeschichtlicher Agent und Diener des Vaters, Erzieher, philosophischer Lehrer und Seelenführer." (Löhr 2009, 380) Der Gedanke des Logos als kommunikative, sich nach außen wendende Seite Gottes findet sich wieder in der Theologie des Origenes. Vgl. Kelber 1976; Löhr 2009, 327–404; Bruns 2011, 7–46.

319 Greg. Naz., *or.* 30,11 [FC 22, 244.20–24]: […] ποιεῖσθαι τοὺς ἀγγέλους αὐτοῦ πνεύματα, καὶ θεμελιοῦσθαι τὴν γῆν ἐπὶ τὴν ἀσφάλειαν αὐτῆς· ἅπαξ ἡδρασμένα τε καὶ γενόμενα· καὶ στερεοῦσθαι βροντήν, καὶ κτίζεσθαι πνεῦμα, ὧν ἅπαξ μὲν ὁ λόγος ὑπέστη, συνεχὴς δὲ καὶ νῦν ἡ ἐνέργεια. Gregor zitiert aus Ps 103,4–5, und Am 4,13, wobei er von der Schöpfung im Präsens spricht und das ἐθεμελίωσεν aus Ps 103,5 sogar in ein θεμελιοῦσθαι, einen Infinitiv Präsens, umwandelt, der eine unabgeschlossene Handlung bezeichnet, vgl. Sieben 1996, 244, Anm. 28.

320 Sieben 1996, 245 bezieht in seiner Übersetzung ἐνέργεια auf die geschaffenen Dinge wie Wind und Donner. Der griechische Text bedingt eine solche Deutung nicht zwingend. Vor dem Hintergrund der Logostheologie und der Weisheitstradition, die auf Gregors *or.* 30 einen starken Einfluss haben, ergibt es meines Erachtens mehr Sinn, ἐνέργεια auf den Logos und sein Wirken in der Welt zu beziehen: Wind und Donner sind Beispiele für das, was der Logos einmal gewirkt hat und nun weiterhin wirkt.

Ähnlich wie mit dem gemeinsamen Tun von Vater und Sohn verhält es sich auch mit dem Willen (θέλημα). Zwar finden sich in den Evangelien Aussagen Jesu, die den Schluss zulassen, sein Wille und der Wille des Vaters seien nicht das Gleiche (so in Joh 6,38 und in der Getsemane-Szene in Mt 26,39), doch Gregor liest diese Stellen andersherum: Der Sohn hat gerade keinen eigenen Willen, weil der Wille des Vaters und sein Wille auf keine Art und Weise getrennt werden können. Ebenso wie es *eine* Gottheit gibt, gibt es auch nur *einen* Willen, der immer beiden gemeinsam ist.[321] Anders als für seine Gegner ergibt in Gregors Denken eine Unterscheidung zwischen dem einzig wahren und guten Göttlichen und Jesus Christus keinen Sinn.[322] Entsprechend abwegig ist für ihn denn auch die Vorstellung, der Sohn würde beim Vater für den Menschen eintreten und an dessen Stelle mit ihm verhandeln: Gregor will den Sohn nicht als einen verstehen, der an des Menschen Stelle vor dem Vater wie ein Sklave niederfallen und ihn anflehen muss, sondern als Mittler (μεσίτης), der sowohl mit dem Menschen als auch mit Gott auf gleicher Ebene steht.[323]

4.5 Die letzten Tage (*or.* 30,15–16)

Was einen Anfang hat, hat auch ein Ende. Diesem Gesetz ist alles Irdische unterworfen, und Gott allein weiß, wann der letzte Tag, die letzte Stunde kommt. Doch weiß es auch der Sohn oder weiß es nur der Vater? Während seine Gegner das Wissen um das Weltende offenbar nur letzterem zutrauen, ist Gregor überzeugt, dass der Sohn „es zwar als Gott weiß, als Mensch aber sagt, er wisse es nicht (Mk 13,32)."[324] Doch er begründet die Kenntnis der letzten Tage noch auf eine andere Weise:

> Gleich wie in jedem anderen Fall muss auch die Erkenntnis der größten Dinge zur Ehre des Erzeugers auf die Ursache zurückgeführt werden.[325]

Wie bereits in *or.* 29,15 steht hinter dieser Aussage auch hier die Überzeugung, dass es zwischen Vater und Sohn keine wesenhafte Über- bzw. Unterordnung gibt. Zwar ist der Vater als Erzeuger der Ursprung des Sohnes, doch dem Wesen nach sind sie unterschiedslos gleich. Das Wissen um den Zeitpunkt der letzten Tage ist etwas, was zu Gott, der ersten Natur (πρώτη φύσις), gehört und ihr eigen ist. Und weil Vater und Sohn beide von göttlichem Wesen sind, teilen sie auch die Kenntnis des Weltendes. Für Gregor fängt das Unbegreifliche also nicht nur da an, wo der Mensch Gott sehr nahe kommt, sondern auch da, wo im Lauf der Welt und des Heilswirkens das Zeitliche ans Ewige grenzt: bei der Schöpfung und am Ende der Welt. Was der

321 Vgl. Greg. Naz., *or.* 30,12 [FC 22, 246.1–248.16].

322 Vgl. Greg. Naz., *or.* 30,13 [FC 22, 248.17–252.7].

323 Vgl. Greg. Naz., *or.* 30,14 [FC 22, 252.7–254.2].

324 Greg. Naz., *or.* 30,15 [FC 22, 254.15–16]: γινώσκει μέν ὡς Θεός, ἀγνοεῖν δέ φησιν ὡς ἄνθρωπος.

325 Greg. Naz., *or.* 30,16 [FC 22, 256.3–4]: ὥσπερ τῶν ἄλλων ἕκαστον, οὕτω δὲ καὶ ἡ γνῶσις τῶν μεγίστων ἐπὶ τὴν αἰτίαν ἀναφερέσθω τιμῇ τοῦ γεννήτορος.

Mensch als Zeit wahrnimmt und überblickt, wird umfasst von einer Ewigkeit, die einzig und allein Gott kennt.

Eine Auflistung von weiteren Zitaten aus dem Neuen Testament, die die Gottheit des Sohnes in Frage stellen könnten – auch hier: sie beziehen sich alle auf dessen menschliche Natur –, schließt den ersten Teil der Rede ab. Gregor kündet an, sich nun der Vielzahl von Benennungen des Sohnes zuzuwenden.[326]

4.6 Namen Gottes (*or.* 30,17–19)

Das Grundsätzlichste schickt Gregor gleich voraus:

> Das Göttliche ist unbenennbar.[327]

Es ist kein Zufall, dass Gregor, nachdem er in den vorangehenden Abschnitten der Rede meist die Begriffe „Vater", „Sohn" und „Gott" gewählt hatte, nun vom „Göttlichen" (θεῖον) spricht: Gregor wählt den abstrakteren Begriff, weil er hier das Wesen Gottes meint. Es ist weder mit dem Vater noch mit dem Sohn gleichzusetzen, es ist jenseits jeder Vorstellung von Materie, Eigenschaft und Person, es ist einzig und allein, was es ist.[328] Es kann nicht benannt werden, weil es auch nicht erkannt werden kann:

> Weder hat nämlich je jemand [die] ganze Luft geatmet, noch hat ein Geist das Wesen Gottes gänzlich begriffen oder eine Stimme es umfasst. Aber indem wir aus den Dingen um ihn [Gott] herum die Dinge skizzieren, die ihn betreffen, sammeln wir die eine oder andere dunkle und schwache Vorstellung bald aus diesem, bald aus jenem. Und so ist für uns der beste Theologe nicht derjenige, der das Ganze gefunden hat, denn die Gebundenheit fasst das Ganze nicht, sondern wer immer eine größere Vorstellungskraft hat als ein anderer, und in sich selbst mehr Bilder oder Schatten, oder wie wir sie auch nennen, der Wahrheit zusammengeführt hat.[329]

---

326 Vgl. Greg. Naz., *or.* 30,16 [FC 22, 256.20–258.5].

327 Greg. Naz., *or.* 30,17 [FC 22, 258.6]: Τὸ θεῖον ἀκατονόμαστον.

328 Vgl. Greg. Naz., *or.* 29,11. Zum Schluss, dass es für das Göttliche keinen Namen geben kann, gelangt man, so Gregor, einerseits durch vernünftige Gedanken (λογισμοί), und andererseits, wenn man sich an den „ältesten und weisesten Hebräern" ein Beispiel nimmt. Nach Norris 1991, 177 spricht Gregor dabei nicht das jüdische unaussprechliche יהוה-Tetragramm an, sondern die Tatsache, dass frühe christliche Übersetzungen den Gottesnamen nicht vom Hebräischen ins Griechische mitübersetzten, sondern die hebräischen Schriftzeichen beibehielten.

329 Greg. Naz., *or.* 30,17 [FC 22, 258.14–260.4]: Οὔτε γὰρ ἀέρα τις ἔπνευσεν ὅλον πώποτε, οὔτε οὐσίαν Θεοῦ παντελῶς ἢ νοῦς κεχώρηκεν, ἢ φωνὴ περιέλαβεν. Ἀλλ' ἐκ τῶν περὶ αὐτὸν σκιαγραφοῦντες τὰ κατ' αὐτὸν, ἀμυδράν τινα καὶ ἀσθενῆ καὶ ἄλλην ἀπ' ἄλλου φαντασίαν συλλέγομεν. Καὶ οὗτος ἄριστος ἡμῖν θεολόγος, οὐχ ὃς εὗρε τὸ πᾶν, οὐδὲ γὰρ δέχεται τὸ πᾶν ὁ δεσμός, ἀλλ' ὃς ἐάν ἄλλου φαντασθῇ πλέον, καὶ πλεῖον ἐν ἑαυτῷ συναγάγῃ τὸ τῆς ἀληθείας ἴνδαλμα, ἢ ἀποσκίασμα, ἢ ὅ τι καὶ ὀνομάσομεν. Gregor wiederholt diese Aussage fast wörtlich in *or.* 45,3. Den Zusammenhang zwischen Erkenntnis und Benennbarkeit hat Gregor bereits in *or.* 28,4 dargelegt.

Gottes Wesen lässt sich nicht erfassen und aussprechen, nur aus den „Dingen um ihn herum" (τὰ περὶ αὐτὸν) gewinnen wir eine umrisshafte Vorstellung von Gott. Doch was sind diese Dinge um Gott herum? Verschiedene spätere Autoren sahen in dieser Formulierung den Beweis dafür, dass Gregor dabei von einer Art göttlicher Energien ausging.[330] Gregor spricht in diesem Zusammenhang jedoch nicht von einem Wirken. Ein Blick in seine weiteren Reden zeigt, dass er bei den „Dingen um Gott herum" an Engel oder engelhafte Mächte (ἄγγελοι, ἀγγελικαί δυνάμεις) denkt.[331] In seinem Denken erfüllen diese Himmelswesen die Aufgabe von Mittlern zwischen Gott und der Welt. Gregor verbindet damit weniger die Vorstellung von Boten, die Nachrichten Gottes überbringen, sondern versteht sie vielmehr als derart unkörperlich, durchlässig und nahe bei Gott, dass sie Gottes Licht nicht daran hindern, in die tieferen Schichten der Schöpfung hineinzudringen. Darüber darf aber nicht vergessen werden, dass auch sie zu der geschaffenen Natur gehören und deshalb von Gottes Wesen grundlegend unterschieden sind.[332] Wie die Engelwesen ist in Gregors Denken auch Gottes Wirken (ἐνέργεια) immer als etwas zu verstehen, das nicht aus sich selbst heraus handelt bzw. wirkt, sondern als etwas, was von Gott gewirkt wird.[333] So steht beides sicher in einer gewissen Nähe zueinander. Allerdings spricht Gregor in seinen Reden zwar vom Wirken des Sohnes und des Geistes, aber nicht vom Wirken der Gottheit im Sinn eines Wirkens des göttlichen Wesens. Die „Dinge um Gott herum" oder Engelwesen werden jedoch nur mit Gott,

---

330 Vgl. Larchet 2010, 165, der die Diskussionen um die palamitische Energienlehre anspricht.

331 In *or.* 41,11 [SC 358, 338] beschreibt Gregor den Heiligen Geist als etwas, was „wirkt in den engelhaften und himmlischen Mächten und in all den Naturen, die die ersten sind nach Gott und sich um ihn herum finden" (ἐν ταῖς ἀγγελικαῖς καὶ οὐρανίοις δυνάμεσι καὶ ὅσαι πρῶται μετὰ Θεὸν καὶ περὶ Θεόν), was aber auch in Propheten und Patriarchen und in den Jüngern Jesu wirkte (ἐνήργει). Hier sind die περὶ Θεόν eindeutig als Synonym zu den „engelhaften und himmlischen Mächten" zu verstehen. Ebenso ist in *or.* 38,9 [SC 358, 120] die Rede von den „zweiten Lichtern" (λαμπρότητες δεύτεραι), von rein geistigen, körperlosen und nichtmateriellen Wesenheiten, die um Gott herum sind (περὶ Θεὸν) und als erste aus Gott erleuchtet wurden (τὰ πρῶτα ἐκ Θεοῦ λαμπομένας). Als Engelmächte sind „τὰ περὶ Θεόν" weiter in *or.* 6,12 [SC 405, 152] und *or.* 44,3 [PG 36, 609.22] beschrieben. Und in *or.* 9,1 [SC 405,300] spricht Gregor von der Berufungsvision des Jesaja und nennt dabei ausdrücklich „die Serafim um ihn [Gott] herum" (τὰ περὶ αὐτὸν σεραφίμ).

Zu Gregors Engelvorstellungen vgl. Bergmann 1995, 170–173. Bergmann entnimmt Gregors Schriften, dass die Engel in zweifacher Weise Dienende sind: „Dienst vor Gott und Dienst an der Schöpfung und den Menschen. Ihr Dienst an Gott vollziehe sich in der Kreisbewegung des guten Friedens um Gott, während sich ihr Dienst an der Schöpfung in von Räumlichkeit und Zeitlichkeit unbegrenzten Bewegungen vollziehe." (171) Die Aufgabe der Engel, die in „nahezu so vollkommener friedlicher Gemeinschaft" (170) leben wie die trinitarischen Personen selbst, sei es, die göttliche Güte zu offenbaren. Darüber hinaus seien sie mit dem Schutz von Menschen, Städten und Völkern betraut.

332 Dass Gregor diese Engelwesen oder himmlischen Mächte als der geschaffenen Natur zugehörig betrachtet, hat er in *or.* 28,31 [FC 22, 167] deutlich gezeigt.

333 Gregor wird dies in *or.* 31,6 ausdrücklich sagen.

aber nicht mit den einzelnen trinitarischen Personen in Verbindung gebracht. Sie vermitteln dem Menschen einen Eindruck davon, wie ein ganz geistiges Geschöpf sein könnte, sind aber selbst nicht göttlich.[334]

Die Geschöpflichkeit, die für die Engel gilt, gilt auch für den Menschen, der in einem sehr viel höheren Maß an Gebundenheit lebt – in der Verbindung von Seele und Körper, von Geist und Materie. Wie weit ein Theologe auf seinem Weg fortgeschritten ist, darf denn auch nicht am Ganzen, an Gottes Wesen, gemessen werden. Vergleichen lassen sich die Dinge nur mit ihresgleichen: Die Erkenntnis Gottes lässt sich also nicht an Gott selbst, sondern immer nur am Grad der Erkenntnis anderer Theologen messen. Entsprechend verwendet Gregor hier auch nur Komparative: So hat jemand vielleicht mehr Erfahrungen des Göttlichen gesammelt als ein anderer, doch die menschliche Erkenntnis bleibt immer Abbild und Schatten der Wahrheit.

Wie soll man also vom Göttlichen sprechen? Welches Wort ist dem Wesen Gottes am ehesten angemessen? „Gott" (Θεός) oder „der Seiende" (ὁ ὤν), findet Gregor, scheinen die geeignetsten Bezeichnungen für das Unaussprechliche, wobei er dem Namen „der Seiende" den Vorzug gibt. „Gott" (Θεός) lässt sich etymologisch von „laufen" bzw. „rennen" (θέειν) oder von „brennen" bzw. „leuchten" (αἴθειν) ableiten. Und diese Verben wecken im menschlichen Denken wiederum Bilder, die der materiellen Welt angehören und mit Gott unvereinbar sind.[335] Hingegen wurde der Name „der Seiende" (ὁ ὤν) nicht nur Mose offenbart,[336] sondern ist auch wesentlich abstrakter und deshalb als Bezeichnung für die Natur Gottes besser geeignet:

> Wir suchen nämlich die Natur, das Sein an sich, das mit nichts Anderem verbunden ist. Das Sein aber ist ein wahrhaft Eigenes Gottes und ein Ganzes, weder durch das vor ihm noch durch das nach ihm – denn nicht war es noch wird es sein – begrenzt oder beschränkt.[337]

---

334 Beeley 2008, 103 deutet die περὶ αὐτόν als dasjenige von Gottes Wesen, was von Gott erkannt werden kann: „Although we cannot entirely comprehend God being (κατ᾽αὐτόν), nevertheless we do perceive something of the ‚edge' of God's being, as it were (περὶ αὐτόν), a small extension of it, as we saw above (28,3). Even though the mind, by reason of its natural limitations, knows God through created images and ideas, which are shadows compared to God's supreme reality and which, taken together, produce only an image of God's truth, nevertheless, through these images God himself is known to the believer, as the ‚edge' of God's being, his outer parts, are truly seen." Angesichts dessen, dass Gregor die „Dinge um Gott herum" als nicht materielle, aber dennoch geschaffene Wesen versteht, ist die Interpretation von Beeley meines Erachtens unzutreffend.

335 Diese Etymologie findet Gregor bei Platon, Theophilus, Klemens von Alexandria und Eusebius von Caesarea. Vgl. für die Stellenangabe Sieben 1996, 261, Anm. 52.

336 Vgl. Ex 3,14: καὶ εἶπεν ὁ θεὸς πρὸς Μωυσῆν᾽Εγώ εἰμι ὁ ὤν· (Da sagte Gott zu Mose: Ich bin der Seiende!)

337 Greg. Naz., *or.* 30,18 [FC 22, 260.17–262.3]: Ἡμεῖς δὲ φύσιν ἐπιζητοῦμεν, ᾗ τὸ εἶναι καθ' ἑαυτό, καὶ οὐκ ἄλλῳ συνδεδεμένον· τὸ δὲ ὂν ἴδιον ὄντως Θεοῦ, καὶ ὅλον, μήτε τῷ πρὸ αὐτοῦ, μήτε τῷ μετ' αὐτόν, οὐ γὰρ ἦν, ἢ ἔσται, περατούμενον ἢ περικοπτόμενον.

Gerade in der Heiligen Schrift finden sich aber auch andere Bezeichnungen Gottes, die sich nicht auf den Vater, den Sohn oder den Geist beziehen, sondern auf das, was den dreien gemeinsam ist, auf ihr Wesen. Diese weiteren Bezeichnungen dienen nach Gregors Meinung immer dazu, entweder Gottes Macht (ἐξουσία) oder aber Gottes Heilswirken (οἰκονομία) auszudrücken.[338] Alle weniger abstrakten Namen Gottes ergeben sich aus Erfahrungen, die Menschen mit dem Göttlichen gemacht haben und machen: aus der Furcht vor Strafen, aus der Hoffnung auf Rettung und aus der Einübung der Tugenden. So hilft die Verwendung dieser Namen den Gläubigen, die Tugenden zu verinnerlichen und bringt sie dadurch der Vollkommenheit (τέλειον) und der Ähnlichkeit (οἰκείωσις) mit Gott näher. Hingegen sind „Vater" (Πατήρ), „Sohn" (Υἱός) und „Heiliger Geist" (Πνεῦμα τὸ ἅγιον) Namen, die den Personen innerhalb der Gottheit zugeschrieben werden und das Verhältnis ausdrücken sollen, in dem sie zueinander stehen.[339]

4.7 Namen des Sohnes (*or.* 30,20–21)

Gregor schließt seine Rede ab, indem er Bezeichnungen Jesu Christi aus der Heiligen Schrift auflistet. Es sind Namen, die er als Ausdruck einerseits der Wesensgleichheit des Sohnes mit dem Vater und andererseits seines Handelns gegenüber den Menschen versteht.[340] Gregor geht nicht auf alle Bezeichnungen in gleicher Tiefe ein. Deshalb seien hier auch nur diejenigen herausgehoben, denen er besondere Aufmerksamkeit schenkt: Den Anfang der Reihe macht „Sohn" (Υἱός): Jesus ist Sohn des Vaters, weil er von diesem kommt und dem Wesen nach mit ihm gleich ist. Auch die Bezeichnung „Wort" (λόγος) (Joh 1,1) hat für Gregor eine große Bedeutung. Sie macht den engen Zusammenhang (τὸ συναφές) zwischen dem Vater und dem Sohn deutlich und zeigt, dass der Sohn Ausdruck des Vaters nach außen (τὸ ἐξαγγελτικόν), also in die Schöpfung hinein, ist. „Vielleicht," so Gregor, „könnte

338 Als Beispiele für Namen, die sich auf die Macht beziehen, nennt Gregor in *or.* 29,10 [FC 22, 262.4–14] unter anderem „Allherrscher" (Παντοκράτωρ) (2Kor 6,18), „König" (Βασιλεύς) (Ps 23,10) und „Herr" (Κύριος) (Jes 1,9); als Bezeichnungen, die das heilsgeschichtliche Wirken ausdrücken sollen, zum Beispiel: „Gott der Rettung" (Θεός τοῦ σῴζειν) (Ps 67,21); „Gott der Rache" (Θεός ἐκδικήσεων) (Ps 93,1) oder „Gott Abrahams, Isaaks und Jakobs" (Θεός Ἀβραὰμ και Ἰσαὰκ καὶ Ἰακώβ) (Ex 3,6).

339 Vgl. Greg. Naz., *or.* 30,19 [FC 22, 262.4–264.5].

340 Gregor unterscheidet auch hier zwischen Bezeichnungen, die sowohl der göttlichen als auch der menschlichen und solchen, die eher der menschlichen Natur Christi zukommen. Als Beispiele für erstere nennt er „Sohn" (Υἱός), „Einziggeborener" (μονογενής), „Wort" (λόγος), „Weisheit" (σοφία), „Macht" (δύναμις), „Wahrheit" (ἀλήθεια), „Bild" (εἰκών), „Licht" (Φῶς), „Leben" (ζωή), „Gerechtigkeit" (δικαιοσύνη), „Heiligung" (ἁγιασμός), „Erlösung" (ἀπολύτρωσις) und „Auferstehung" (ἀνάστασις); als Namen, die eher die menschliche Natur Christi bezeichnen, nennt er „Mensch" (ἄνθρωπος), „Menschensohn" (υἱός ἀνθρώπου), „Christus" (Χριστός), „Weg" (ὁδός), „Pforte" (θύρα), „Hirte" (ποιμήν), „Schaf" (πρόβατον), „Lamm" (ἀμνός), „Hohepriester" (ἀρχιερεύς) und „Melchisedek" (Μελχισεδέκ), vgl. Greg. Naz., *or.* 30,20–21 [FC 22, 264.6–270.18], dort auch mit Angabe der jeweiligen Bibelstellen.

man auch sagen, dass sich [der Sohn zum Vater] wie die Definition zum Definierten verhält [...].“[341] Und er beruft sich auf Joh 14,9, wenn er sagt:

> Und der Sohn ist ein kurzer und einfacher Beweis der Natur des Vaters.[342]

Offensichtlich hat Gregor eine Scheu davor, Jesus Christus als Offenbarung der *Natur* (φύσις) des Vaters zu bezeichnen: Dass er hier vom „Beweis“ (ἀπόδειξις) spricht, und nicht zum Beispiel von „Offenbarung“ (φανέρωσις) oder „Enthüllung“ (ἀποκάλυψις), dürfte sich seiner Überzeugung verdanken, dass das Wesen Gottes nie begriffen werden kann. Der Sohn offenbart Gott als Gottes nach außen gewandte Seite – doch immer noch in einer für Menschen erfahrbaren Art und Weise.[343] Als „Weisheit“ (σοφία) (1Kor 1,30) verfügt der Sohn gleichermaßen über das „Wissen um die göttlichen wie um die menschlichen Dinge“.[344] Er hat in beide Bereiche Einblick und kann deshalb zwischen Gott und der Schöpfung vermitteln. Als „Macht“ (δύναμις) erhält der Sohn die geschaffenen Dinge im Sein. In eine ähnliche Richtung weist die Bezeichnung Jesu Christi als Bild (εἰκών) Gottes (Kol 1,15). Allerdings betont Gregor hier, dass die Ähnlichkeit zwischen dem Vater und dem Sohn noch weiter gehe, als dies bei einem solchen Verhältnis normalerweise der Fall ist: Der Sohn ist nicht einfach eine Nachahmung (μήνημα) des Urbildes (ἀρχέτυπον), nicht nur das „unbewegte [Abbild] eines bewegten [Bildes]“ (ἀκίνητος κινουμένου), sondern vielmehr das „lebendige [Abbild] eines lebendigen [Bildes]“ (ζῶντος, και ζῶσα). Der Sohn ist nach Gregors Verständnis also eher „dasselbe“ (ταὐτὸν μᾶλλον) wie der Vater als nur eine Kopie (ἀφομοίωμα).[345]

Zusammen mit den Bezeichnungen Jesu Christi, die eher seine menschliche Natur ausdrücken, beschreibt Gregor das Wirken des Sohnes in der Welt und bei den

---

341 Greg. Naz., *or.* 30,20 [FC 22, 264.12–13]: τάχα δ' ἂν εἴποι τις, ὅτι καὶ ὡς ὅρος πρὸς τὸ ὁριζόμενον [...].

342 Greg. Naz., *or.* 30,20 [FC 22, 264.15–16]: καὶ σύντομος ἀπόδειξις καὶ ῥᾳδία τῆς τοῦ πατρὸς φύσεως ὁ Υἱός.

343 Sieben 1996, 265 übersetzt ἀπόδειξις mit „Offenbarung“. Gerade weil Gregor ausdrücklich von der Natur des Vaters schreibt, scheint mir jedoch die wörtlichere und zurückhaltendere Übersetzung von ἀπόδειξις als „Beweis“ angebrachter. Dafür spricht auch Gregors Verwendung des Begriffs in den gesamten *Theologischen Reden*: Er verwendet ihn fast ausschließlich im Sinn von „Beweis“, „Beleg“ oder „Nachweis“ (so in Greg. Naz., *or.* 28,6 [FC 22, 102.25]; *or.* 28,6 [FC 22, 104.2]; *or.* 28,29 [FC 22, 160.12–13]: ἀπόδειξις; *or.* 31,18 [FC22, 306.18]: ἀπόδειξις; *or.* 31,22 [FC 22, 312.19]), einmal sogar als „mathematischer Beweis“ (Greg. Naz., *or.* 28,25 [FC 22, 148.4]). Nur in Greg. Naz., *or.* 30,6 [FC 22, 232.23] könnte ἀπόδειξις auch die Bedeutung „Offenbarung“ annehmen: Dort bezeichnet Gregor die Taten Jesu Christi als ἀπόδειξις, Beweis oder Offenbarung der inneren Gesinnung. Interessant ist hier überdies auch, dass Gregor auf einen bestimmenden Artikel vor ἀπόδειξις verzichtet. Hätte er Christus als einzigen Beweis Gottes darstellen wollen, hätte sich das ἡ angeboten.

344 Greg. Naz., *or.* 30,20 [FC 22, 264.19–20]: ἐπιστήμη θείων τε καὶ ἀνθρωπίνων πραγμάτων. Sieben 1996, 265, Anm. 58 vermutet hinter dieser Unterscheidung die stoische Definition von Weisheit.

345 Vgl. Greg. Naz., *or.* 30,20 [FC 22, 266.5–13].

Menschen: Dadurch, dass er Mensch (ἄνθρωπος) wurde und einen Körper (σώμα) angenommen hat, wird er für den Menschen fassbar. Doch nicht nur den Körper hat der Sohn angenommen, sondern auch Seele (ψυχή) und Geist (νοῦς) – also alles, was den Menschen ausmacht, außer der Sünde. Der Sohn ist gleichzeitig Mensch und „durch das, was in ihm erkannt wird, sichtbarer Gott" (Θεὸς ὁρώμενος, διὰ τὸ νοούμενον) und Heiligung des Menschen.[346] Auch der Name „Christus" (Χριστός), „der Gesalbte", bezeichnet die Gott-Menschlichkeit des Sohnes, wird doch damit die Salbung der Menschlichkeit Jesu durch die Gottheit ausgedrückt. Allerdings verhält es sich auch mit der Salbung bei Gott nicht gleich wie beim Menschen:

> „Christus" aber [wird er genannt] wegen der Gottheit. Denn diese ist die Salbung der Menschheit, die sie aber nicht wie bei anderen Gesalbten durch ein Wirken heiligt, sondern durch die Gegenwart des Salbenden als Ganzes. Werk dieser [der Gegenwart] ist es, dass das Salbende auf „Mensch" hört und dass das Gesalbte zu Gott gemacht wird.[347]

Das Alte Testament erzählt von Königen, Propheten und Priestern, die gesalbt werden.[348] Durch die Salbung mit Öl wird ausgewählten Personen Kraft, Stärke und Macht übertragen. Und gerade bei Priestern steht die Salbung auch für Heiligung und die besonders enge Beziehung zu Gott. An verschiedenen Stellen wird im Alten Testament Gott selbst als der Salbende genannt (1Sam 10,1; 1Sam 15,17; Ps 89,21). Durch die Salbung wird der Geist Gottes verliehen (1Sam 16,13). So handelt auch dann, wenn ein Prophet oder ein Priester salbt, eigentlich Gott. Der Gesalbte wird deshalb als von Gott erwählt und beauftragt betrachtet. Aufgrund seiner breiten Kenntnis der Heiligen Schrift wird Gregor mit diesen Erzählungen und mit der Bedeutung der Salbung vertraut sein. Und obwohl die Salbung auch dann, wenn Könige, Priester und Propheten sie empfangen, eine besondere Nähe zu Gott bewirkt, grenzt Gregor die Salbung Jesu von all diesen Salbungen ab. Jesus ist nicht irgendein Gesalbter, sondern *der* Gesalbte, der Messias (מָשִׁיחַ), der Christus (Χριστός). Während andere Menschen bei der Salbung durch ein Wirken (ἐνέργεια)

---

346 Vgl. Greg. Naz., *or.* 30,21 [FC 22, 268.11–18].

347 Greg. Naz., *or.* 30,21 [FC 22, 270.1–5]: Χριστὸς δέ, διὰ τὴν θεότητα· χρίσις γὰρ αὕτη τῆς ἀνθρωπότητος, οὐκ ἐνεργείᾳ κατὰ τοὺς ἄλλους χριστοὺς ἁγιάζουσα, παρουσίᾳ δὲ ὅλου τοῦ χρίοντος· ἧς ἔργον ἄνθρωπον ἀκοῦσαι τὸ χρίον, καὶ ποιῆσαι θεὸν τὸ χριόμενον. Die Neutrumformen im letzten Satz könnten daher rühren, dass Gregor von den zwei Teilen (τὰ μέρα) spricht, die in Jesus Christus zusammenkommen.

348 Erwähnt werden in der Bibel Saul (1Sam 9,16; 1Sam 10,1; 1Sam 15,1.17), David (1Sam 16,13; 2Sam 2,4.7; 2Sam 3,39; 2Sam 5,3.17; 2Sam 12,7; Ps 89,21; 1Chr 11,3; 1Chr 14,8) und Salomo (1Kön 1,34.39.45; 1Kön 5,15; 1Chr 29,22), aber auch Jehu (1Kön 19,16; 2Kön 9,2.6.12; 2Chr 22,7), Joasch (2Kön 11,12; 2Chr 23,11), Joahas (2Kön 23,30) und Hasael, der König von Damaskus (1Kön 19,15). In 1Kön 19,16 trägt Gott Elija auf, er solle Elischa in den prophetischen Dienst einsetzen und zum Propheten an seiner statt salben. Nach dem Untergang des Königtums ging der Akt der Salbung in nachexilischer Zeit auf den Hohenpriester über (Ex 29,7; Lev 8,12; Lev 21,10; Sach 4,14). Später wurden möglicherweise alle Priester mit der Salbung bedacht (Ex 28,41; Ex 30,30; Ex 40,15). Zur Salbung vgl. Willmes 1999 und Prenner 2004.

geheiligt werden, ist die Salbung des Christus solcher Art, dass der Salbende, Gott, in dem Gesalbten ganz und gar gegenwärtig wird – so sehr, dass dieser gleichzeitig Mensch und Gott ist. Auch hier zeigt Gregor deutlich, dass das Wirken (ἐνέργεια) dem Menschen die Gottheit zwar näher bringt und ihre Anwesenheit verheißt, jedoch nicht das göttliche Wesen transportiert. Das Wesen Gottes bleibt innerhalb der Gottheit, an der nur die drei Personen der Trinität ganz Anteil haben. Was Gregor hier über das Wirken (ἐνέργεια) sagt, passt zu seinen Aussagen in *or.* 29,16. Gleich wie dort vermittelt das Wirken Gottes dem Menschen auch hier nicht Gottes Wesen. Und ebenso wie dort will Gregor die Beziehung zwischen dem Vater und dem Sohn auch hier nicht als „Wirken" (ἐνέργεια) bezeichnen. Das Wirken Gottes hat seinen Ort zwischen Gott und der Schöpfung, es lässt den Menschen auf das „Dass" Gottes aufmerksam werden, doch das *Was*, das göttliche Wesen bleibt für alles Geschöpfliche unfassbar.[349]

Und doch kommt Gott dem Menschen ganz nahe – im Sohn, der ihn als „Weg" (ὁδός) (Joh 14,6) durch sich selbst führt, als „Tür" (θύρα) (Joh 10,9), durch die er ihn einlässt. Er ist „Hirte" (ποιμήν) (Joh 10,11) seiner Herde, die er zu Gott führt, doch er ist auch „Schaf" (πρόβατον) (Jes 53,7) und „Lamm" (ἀμνός) (Jes 35,7; Joh 1,29), weil er vollkommen ist und sich als Schlachtopfer hingibt. Und ebenso wie er das Opfer ist, ist er auch der Opfernde, der Hohepriester (ἀρχιερεύς) (Hebr 6,20).[350] Gregor ruft seine Zuhörerinnen und Leserinnen dazu auf, durch diese Bezeichnungen des Sohnes zu „wandeln", das heißt, sie in ihrem Leben zu meditieren. Denn die verschiedenen Namen des Sohnes sind nach Gregors Verständnis Wegweiser, nicht nur für ein gutes irdisches Leben, sondern auch für den stetigen Aufstieg des Menschen zu Gott.[351] Der Mensch, der sich diese Namen zum Vorbild und Ziel seines Handelns und Strebens macht, wird, so Gregor, selbst Gott werden (γενέσθαι Θεός). Garant dafür ist der Sohn selbst: „Jesus Christus, körperlich und geistig derselbe, gestern und heute und in alle Ewigkeit."[352]

4.8 Zwischenfazit

Hat Gregor in der vorangehenden Rede die Gottheit des Sohnes aus den innertrinitarischen Beziehungen heraus zu beweisen gesucht, geht es ihm in der Vierten Theologischen Rede *um den Nachweis der Gottheit Jesu Christi aus dessen Wirken in der*

349 Die Unterscheidung zwischen dem *Dass* und dem *Was* Gottes hat Gregor in *or.* 28,5–6 dargelegt.

350 Vgl. Greg. Naz., *or.* 30,21 [FC 22, 270.11–13].

351 Den gleichen Gedanken formuliert Gregor von Nazianz bereits in *or.* 2,98 [SC 247, 216–218]. Sieben 1996, 272, Anm. 67 bezeichnet die Namen des Sohnes als ein „Modell der Nachfolge", das Gregor von Nazianz und Gregor von Nyssa beide vertreten. Hofer 2013, 52 sieht den Ursprung dieser Namenstheologie bereits bei Origenes.

352 Greg. Naz., *or.* 30,21 [FC 22, 272.6–8]: Ἰησοῦς Χριστός, χθὲς καὶ σήμερον σωματικῶς, ὁ αὐτὸς πνευματικῶς, καὶ εἰς τοὺς αἰῶνας τῶν αἰώνων.

Welt. Jesus Christus ist diejenige „Mischung" (μίξις), in der Gott und Mensch aufs Engste vereint sind. Er eröffnet dem Menschen dadurch den Weg, auf dem dieser zur Vollendung kommen und ebenfalls Gott werden kann (γενέσθαι Θεός).

Von größter Bedeutung ist es für Gregor dabei, dass das Handeln des Sohnes stets mit dem Handeln des Vaters im Einklang steht. Das Heilswirken ist ihr gemeinsames Tun; die trinitarischen Personen tragen in unterschiedlicher Weise dazu bei, doch besteht zwischen ihnen keine Über- oder Unterordnung. Wie bereits zu Beginn der Zweiten Theologischen Rede *spricht Gregor auch hier vom Vater als Wohlwollendem und vom Sohn als Wirkendem. Als Wirkender ist der Sohn der nach außen gewandte Aspekt Gottes, der Mittler (μεσίτης) zwischen Gott und der Welt. Sein Wirken ist für den Menschen erfahrbar, doch es hat seinen Ursprung in der Transzendenz. Für letztere steht der Vater; er garantiert in Gregors Theologie den erkenntnistheoretischen Vorbehalt. So bleibt Gregor seiner Überzeugung, nach der das Wesen Gottes nicht erfassbar ist, auch in der* Dritten Theologischen Rede *weiterhin treu.*

Was nicht erkannt wird, kann auch nicht benannt werden, hat Gregor in or. 28,4 *festgehalten. Entsprechend diesem Grundsatz kann es für das göttliche Wesen auch keinen treffenden Namen geben. Wer Theologie treiben will, kann dennoch nicht umhin, Gott mit Worten zu benennen. Im Wissen um die engen Grenzen der Sprache macht Gregor drei Kategorien von Namen für Gott aus, die in der Theologie jeweils eine eigene Funktion haben: Die am besten geeignete, weil abstrakteste, Bezeichnung des Wesens Gottes ist in Gregors Augen „der Seiende" – wenn auch dieser Name, das Wesen natürlich nicht trifft, sondern nur die Funktion eines Platzhalters für das Unfassbare sein kann. Die Namen der trinitarischen Personen „Vater", „Sohn" und „Geist" sollen für den Menschen das Verhältnis ausdrücken, in dem diese zueinander stehen und garantieren, dass das, was der Mensch von Gott erfahren kann, seinen Ursprung tatsächlich im unfassbaren Wesen Gottes hat. Die unzähligen Bilder, die die Bibel für Gott verwendet, sind als Ausdruck der göttlichen Macht und des göttlichen Heilswirkens (οἰκονομία) zu lesen.*

Auch für Jesus Christus findet sich in der Heiligen Schrift eine Vielzahl von Bezeichnungen. Gregor deutet sie einerseits als Beweis für dessen göttliches Wesen und andererseits als Ausdruck von dessen Wirken in der Welt: Als Sohn (Υἱός) ist Jesus Christus wesensgleich mit dem Vater; als Logos (λόγος) Ausdruck des Vaters in die Schöpfung hinein; als Weisheit (σοφία) hat er Einsicht in die göttlichen wie in die menschlichen Angelegenheiten; als Macht (δύναμις) ist er Erhalter der Schöpfung und als Bild (εἰκών) Gottes lebendiges Abbild auf der Welt. Die menschliche Natur, die der Sohn angenommen hat, wird von der göttlichen Natur gesalbt und überwunden, weshalb Jesus auch der Christus, der Gesalbte (Χριστός) genannt wird.

Als Gesalbter ist Jesus Christus Prototyp der Vergöttlichung des Menschen. Dabei unterscheidet Gregor die Salbung Jesu durch die Gottheit grundsätzlich von der Salbung, die einem Menschen zukommen kann. Wird ein Mensch, zum Beispiel ein König, gesalbt, ist das eigentlich Salbende zwar ebenfalls das Göttliche, doch die Salbung geschieht durch ein Wirken (ἐνέργεια): Sie bewirkt zwar eine Heiligung, vermittelt aber nicht das Wesen Gottes. In Jesus Christus hingegen ist das Wesen Gottes ganz und gar gegenwärtig. Wie bereits in der Dritten Theologischen Rede *wird auch hier deutlich, dass für Gregor Wirken zwischen den trinitarischen Personen, also innerhalb der Gottheit, nicht denkbar ist. Von Wirken (ἐνέργεια) spricht er nur im Zusammenhang mit der Beziehung zwischen Gott und der Schöpfung. Wenn Gregor ganz am Schluss seiner Rede dazu aufruft, die Bezeichnungen des Sohnes zu meditieren, schließt er gedanklich an seine* Erste Theologische Rede *(*or. *27,4) an, wo er das Meditieren (μελετεῖν) Gottes als essentielle Voraussetzung zum Theologietreiben beschrieb.*

Gregor setzt sich in der gesamten Vierten Theologischen Rede *intensiv mit den Texten der Bibel auseinander. Dabei dient ihm die Unterscheidung zwischen der menschlichen und der göttlichen Natur Jesu Christi, die er in der vorangehenden Rede festgehalten hat, auch hier als hermeneutischer Grundsatz. Deutlicher als in den ersten drei* Theologischen Reden *tritt hier Gregors starke Prägung durch die Weisheits- und Logostheologie zu Tage: Jesus Christus ist der Logos Gottes und damit Schöpfungsmittler und Kristallisationspunkt des göttlichen Heilswirkens. Er ist der sich nach außen wendende Aspekt Gottes, der die Schöpfung ins Dasein gebracht hat und der sie bis in die Gegenwart ordnet, durchwaltet und erhält.*

5. Die *Fünfte Theologische Rede*

5.1 Ein fremder, der Schrift ferner Gott? (*or.* 31,1–2)

In seiner *Fünften Theologischen Rede* mit dem Titel Περὶ τοῦ Ἁγίου Πνεύματος legt Gregor seine Lehre vom Heiligen Geist dar. Gleich im ersten Satz gibt er zu verstehen, dass seine Ausführungen die Kenntnis und das Verständnis seiner Reden über den Sohn (*or.* 29 und *or.* 30) zur Grundlage haben. Wenn er selbstsicher sagt, dass er mit den beiden vorangehenden Reden die wilden Tiere (θηρία), die sich dem Berg in ungebührlicher Weise nähern wollten, vertrieben hat, wird klar, dass Gregor auch seine *Zweite Theologische Rede* als bekannt voraussetzt.[353] Über die Gliederung seines Textes macht er indes keine Angaben.[354] Stattdessen steigt er direkt mit einem möglichen Widerspruch gegen die Gottheit des Heiligen Geistes ein:

353 In *or.* 28,2–4 hatte er den Weg zur Gotteserkenntnis mit dem Aufstieg auf den Gottesberg und mit dem Eindringen in die Wolke auf dessen Gipfel verglichen. Dies ist jedoch nur denjenigen Menschen möglich, die durch ihre Glaubenspraxis zu größtmöglicher Reinheit gelangt sind.

354 Die Ansichten über den Aufbau der Rede gehen in der Fachliteratur auseinander: Sieben 1996, 49–50 unterteilt in *Einleitung* (1–2), *I. Positive Darlegung der Lehre über den Heiligen Geist* (3–6), *II. Widerlegung der Einwände gegen die Gottheit des Heiligen Geistes* (7–30, aufgeteilt in drei Themenblöcke, wobei der erste die Abschnitte 7–12, der zweite 13–20 und der dritte 21–30 umfasst) und *Schluss* (31). Warum Sieben die Abschnitte 32 und 33 in seinem Gliederungsvorschlag nicht erwähnt, bleibt unklar. Gallay/Jourjon 1978, 51–56 machen ebenfalls eine *Einleitung* (1–2) aus, dann folgen I. „affirmation de la foi" (3–10), II. „les objections des Pneumatomaques" (11–20), III. „la grande question du silence des Écritures" (21–30) und IV. „ultime évocation trinitaire" (31–33). Das Problem bei diesem Gliederungsvorschlag ist, dass er die Abschnitte 3 bis 10

> Was willst du, sagen sie, über den Heiligen Geist sagen? Woher führst du uns einen fremden und unschriftgemäßen Gott ein?[355]

Es kommen verschiedene theologische Gruppen in Frage, die den Heiligen Geist als Teil der Gottheit ablehnen und von denen eine solche Anfrage kommen könnte. Tatsächlich, so Gregor, gleicht die theologische Landschaft seiner Zeit einem weit verzweigten Netz von Flussläufen: Manche begegnen sich an einigen Stellen und fließen zusammen, anderswo, das heißt, in anderen Fragen, gehen sie wiederum weit auseinander. Das macht es nicht einfach, zu erkennen, welche Gruppen in welchen Punkten miteinander einig sind und wo sie sich gegenseitig bekämpfen.[356] Doch nicht nur die Vielfalt der Haltungen gegenüber dem Heiligen Geist erschwert es, über das Thema zu sprechen. Gregor drückt auch seinen Unmut darüber aus, dass es überhaupt nötig ist, eine solche Rede zu halten, weil er sich selbst in Gefahr sieht, von der Fülle der Fragen aufgerieben zu werden. Er erhofft sich deshalb den Beistand eben dieses Heiligen Geistes, dessen Gottheit er in seiner Rede zu beweisen versucht. Dadurch, dass er den Geist für seine Rede zu Hilfe bittet, macht Gregor seine Haltung gleich zu Beginn der Rede deutlich: Der Geist existiert. Er lässt sich anrufen. Er ist Gott.[357]

---

zusammenfasst, obwohl Abschnitt 7 mit „Ἐνταῦθα σὸς ὁ λόγος" („Jetzt hast du das Wort") klar anzeigt, dass nun in der Auseinandersetzung ein neuer Schritt folgt. Ich halte mich im Groben an die Gliederung von Gallay/Jourjon, folge dabei aber den thematischen Blöcken, die Gregor bearbeitet und teile die Abschnitte 3–20 in 3–6, 7–11, 12 und 13–20.

355 Greg. Naz., *or.* 31,1 [FC 22, 274.4–6]: Τί δ' ἂν εἴποις, φασί, περὶ τοῦ Ἁγίου Πνεύματος; Πόθεν ἡμῖν ἐπεισάγεις ξένον θεὸν καὶ ἄγραφον;

356 Als mögliche Gruppen, die sich gegen Gregors Lehre von der Gottheit des Heiligen Geistes aussprechen, kommen allen voran die Neuarianer um Eunomius und Aëtius sowie die Pneumatomachen in Frage. Die ersten bestreiten bereits die Gottheit des Sohnes und sind für Gregor Anlass, die beiden Reden über den Sohn (*or.* 29 und *or.* 30) zu schreiben. Für diese theologische Gruppe, die als Quelle des Seins nur den Vater annimmt, hat nicht nur der Sohn, sondern auch der Geist keinen Anteil an der Gottheit. Die zweiten haben ihre polemische Bezeichnung „Pneumatomachen", „Geistbekämpfer" von Athanasius erhalten. Sie akzeptieren wie Gregor die Gottheit des Sohnes, lehnen die Gottheit des Geistes aber ab und verstehen ihn als eine göttliche Kraft, die zwar über den Engelwesen, aber deutlich unter Gott steht, vgl. Hauschild/Drecoll 2016, 97. Vgl. auch Norris 1991, 183–184.

357 Vgl. Greg. Naz., *or.* 31,2 [FC 22, 274.13–276.6]. Gregor kündet in seiner Einleitung an, er werde in seiner Rede nicht genau darauf eingehen, wie in der Heiligen Schrift vom „Geist" oder vom „Heiligen Geist" die Rede sei und verweist auf andere, die darüber bereits philosophiert haben. Er dürfte dabei an Bas., *spir.* 19,48 [FC 12, 218–220] denken, vgl. Greg. Naz., *or.* 31,2 [FC 22, 276.7–13] sowie Sieben 1996, 276, Anm. 8.

5.2 Verkündigung des Geistes (*or.* 31, 3–6)

Das Argument, der Heilige Geist sei ein fremder (ξένος) und unrechtmäßig eingeführter (παρέγγραπτος, wörtlich: „ein nebeneingeschriebener") Gott, will Gregor nicht gelten lassen: Wer sich dabei auf die Bibel beruft und behauptet, der Heilige Geist sei dort nicht bezeugt, will, so Gregor, mit seiner Buchstabentreue nur die eigene Gottlosigkeit (ἀσέβεια) verhüllen. Denn der Geist steht in keiner Weise im Widerspruch zu der Heiligen Schrift, ist er überzeugt und bezieht zum Beweis dafür ein- und dieselbe Bibelstelle auf alle drei Personen der Trinität: „Er war das wahre Licht, das jeden Menschen erleuchtet, der zur Welt kommt."[358] (Joh 1,9) – diese Aussage lässt sich, so Gregors Überzeugung, auf den Vater, den Sohn und den Heiligen Geist gleichermaßen anwenden. Ja, mehr noch: Alle drei zusammen sind es, die die Erleuchtung des Menschen bewirken. Und dabei ist der Geist das Licht *im* Menschen, das zur Erkenntnis der beiden anderen Lichter und damit des einen, großen, göttlichen Lichtes führt:

> Das ist es, was David [schon] früher erschienen ist, als er sagte: „In deinem Licht werden wir Licht sehen." Und nun haben *wir* geschaut und *wir* predigen – indem wir das Licht, das der Sohn ist, aus dem Licht des Vaters im Licht, das der Geist ist begreifen: die kurze und schlichte Theologie der Trinität.[359]

Das Licht des Geistes ist es, das dem Menschen die Augen öffnet. In diesem Licht kann er sehen, was der Sohn ist: nämlich das Licht der Welt, das direkt und ungetrübt aus dem Licht des Vaters kommt. Um zu erkennen, dass Gottes Licht in der Welt gegenwärtig ist, ist also der Heilige Geist unbedingt nötig. Und indem Gregor zur Gewähr einen Davidspsalm[360] herbeizieht, zeigt er, dass der Geist weder eine neue Erfindung noch ohne Grundlage in der Schrift ist. Er ist überzeugt, dass diejenigen, die das Licht gesehen, oder anders gesagt: *im* Heiligen Geist *den* Sohn *aus* dem Vater erkannt haben, diese Erkenntnis auch verkünden müssen.[361] Gregor gibt damit zu verstehen, dass ihn nicht nur äußere Umstände, sondern auch eine innere Verpflichtung dazu bewegen, diese Rede zu halten.

Doch was ist das für ein Geist, der hier verkündet werden soll? Er ist, so Gregor, gleichursprünglich mit dem Vater und dem Sohn:

---

358 Greg. Naz., *or.* 31,3 [FC 22, 278.3–4]: Ἦν τὸ φῶς τὸ ἀληθινόν, ὃ φωτίζει πάντα ἄνθρωπον ἐρχόμενον εἰς τὸν κόσμον.

359 Greg. Naz., *or.* 31,3 [FC 22, 278.8–13]: Τοῦτό ἐστιν ὃ καὶ Δαβὶδ ἐφαντάσθη πρότερον, λέγων· Ἐν τῷ φωτί σου ὀψόμεθα φῶς. Καὶ νῦν ἡμεῖς καὶ τεθεάμεθα καὶ κηρύσσομεν, ἐκ φωτὸς τοῦ Πατρὸς φῶς καταλαμβάνοντες τὸν Υἱὸν ἐν φωτὶ τῷ Πνεύματι, σύντομον καὶ ἀπέριττον τῆς Τριάδος θεολογίαν.

360 Ps 35,10: ἐν τῷ φωτί σου ὀψόμεθα φῶς. (In deinem Licht werden wir Licht sehen.)

361 Vgl. Greg. Naz., *or.* 31,3 [FC 22, 278.12–17]. Wenn Gregor schreibt, er werde auf einen hohen Berg (ὄρος ὑψηλὸν) steigen, um den Geist zu verkünden, erinnert das nicht nur an seine *or.* 28,2, sondern auch an Mt 5,14.

> Wenn das eine [von ihnen] von Anfang an war, dann auch die drei. Wenn du das eine [aus der Gottheit] nach unten wirfst, dann wage ich zu sagen: Setzt auch die [anderen] beiden nicht nach oben.[362]

Wenn eine der drei Personen der Trinität an der Gottheit Anteil hat, dann haben alle drei an ihr Anteil. Von Anfang an (ἀπ' ἀρχῆς), so Gregor, war die Gottheit eine in dreien, und dieser Anfang ist im Sinn von Joh 1,1 als nicht bestimmbare Zeit des Ursprungs Gottes zu verstehen – es gab also weder eine Zeit, in der der Sohn nicht war, noch eine Zeit, in der der Geist nicht war.[363] Nur so, als Einheit in Dreiheit, ist die Gottheit vollkommen. Und was der Geist zu der Vollkommenheit (τελείωσις) der Gottheit beiträgt, drückt Gregor so aus:

> Wie aber ist [die Gottheit] vollkommen, wenn ihr etwas zur Vollkommenheit fehlt? Irgendwie aber fehlt ihr etwas, solange sie die Heiligkeit nicht hat. Und wie könnte sie [die Heiligkeit] haben, wenn sie diesen [den Heiligen Geist] nicht hätte?[364]

Die Gottheit hat ihre Heiligkeit dadurch, dass der *heilige* Geist Gott ist. Zur Vollkommenheit der Gottheit gehört die Heiligkeit (τὸ ἅγιον) dazu. Und da Gott nicht anders als vollkommen gedacht werden kann, ist es für Gregor nicht vorstellbar, dass der Geist irgendwann später zu der Gottheit dazugestoßen und entsprechend von anderer Qualität ist. Außerdem: Was nicht von Anfang an ist, ist nicht Gott, sondern innerhalb der Zeit und damit innerhalb der Schöpfung. Was zur Schöpfung gehört, steht für Gregor auf derselben Stufe wie der Mensch. Und was mit dem Menschen auf derselben Stufe steht, wird ihn niemals zu Gott machen oder ihn mit Gott vereinen (συνάπτει) können. In Gregors Verständnis tut der Heilige Geist aber genau das. Es ist für ihn deshalb unvorstellbar, den Heiligen Geist nicht als göttlich anzunehmen.[365] Unausgesprochen bleibt hier, was Gregor unter der Vereinigung des Menschen mit Gott genau versteht. Vor dem Hintergrund der ersten vier *Theologischen Reden* liegt der Gedanke an eine fortschreitende Annäherung an Gott nahe. Weiter unten, in *or.* 31,28, wird Gregor zeigen, wie groß der Stellenwert ist, den der Heilige Geist in diesem Prozess inne hat.

---

362 Greg. Naz., *or.* 31,4 [FC 22, 278.19–21]: Εἰ τὸ ἓν ἦν ἀπ' ἀρχῆς, καὶ τὰ τρία. Εἰ τὸ ἓν κάτω βάλλεις, τολμῶ καὶ λέγω, μηδὲ τὰ δύο θῇς ἄνω.

363 Gregor spielt auf Arius an, der sagte: ἦν ποτε ὅτε οὐκ ἦν („Es gab eine Zeit, als er [der Sohn] nicht war.") Er bezieht diese Aussage, die im Bekenntnis von Nizäa zitiert wird, nicht nur auf den Sohn, sondern auch auf den Geist, vgl. Hauschild/Drecoll 2016, 78.

364 Greg. Naz., *or.* 31,4 [FC 22, 278.22–280.2]: Τελεία δὲ πῶς, ᾗ λείπει τι πρὸς τελείωσιν; Λείπει δέ πως, μὴ ἐχούσῃ τὸ ἅγιον· ἔχοι δ' ἂν πῶς, μὴ τοῦτο ἔχουσα;

365 Dieses Argument ist ein Zirkelschluss. Nämlich: Nur was von Anfang an ist, ist Gott. – Was nicht von Anfang an ist, ist nicht Gott. – Was nicht Gott ist, kann den Menschen nicht mit Gott vereinen. – Der Heilige Geist vereint aber den Menschen mit Gott. – Also ist der Heilige Geist von Anfang an und er ist Gott. Der Gedankengang ergibt nur dann Sinn, wenn die Hörerin oder Leserin Gregor darin zustimmt, dass der Geist Gott ist und den Menschen mit Gott vereint. Die Aussage, der Geist sei Gott, ist biblisch (Joh 4,24) und für Gregor deshalb wohl nicht hinterfragbar. Jedoch kann er gerade bei seinen Gegnern kaum voraussetzen, dass auch sie den Geist als göttlich im Sinn von „wesensgleich mit dem Vater" annehmen.

Zunächst aber skizziert Gregor verschiedene Meinungen über den Heiligen Geist.[366] Er unterscheidet dabei grob zwischen den „Sadduzäern" (Σαδδουκαῖοι), den „Griechen" (Ἕλληνες) und den „Weisen unter uns" (οἱ καθ' ἡμᾶς σοφοί). Die erste Gruppe dürfte stellvertretend für die Juden stehen. Über sie sagt Gregor, dass sie überhaupt nicht an einen Geist glauben, ebenso wenig wie an Engel oder die Auferstehung.[367] Bei den Griechen, so Gregor, haben die „theologischeren, die sich uns [d. h. den Christen] mehr angenähert haben" (οἱ θεολογικώτεροι, καὶ μᾶλλον ἡμῖν προσεγγίσαντες), sich den Geist zwar vorstellen können, doch wurden sie sich über die Bezeichnung nicht einig.[368] Mit den „Weisen unter uns" meint Gregor – vielleicht mit leicht spöttischem Unterton – die Christen. Auch hier gehen die Meinungen auseinander. Gregor unterscheidet vier innerchristliche Haltungen gegenüber dem Geist: Die einen verstehen ihn als ein Wirken (ἐνέργεια), die zweiten als ein Geschöpf (κτίσμα), die dritten als Gott (θεός) und die vierten vermögen sich für keine dieser Positionen zu entscheiden und enthalten sich einer Äußerung. Während Zuhörerinnen und Leserinnen zu Gregors Zeit vielleicht genau wussten, auf welche Personen oder theologischen Gruppen er anspielt, lassen sich die verschiedenen Meinungen heute nicht mehr eindeutig zuordnen:[369] Mit denjenigen, die den Geist als ein Wirken verstehen, könnte Gregor Eunomius und seine Gleichgesinnten meinen.[370] Jedoch würde Eunomius auch in die zweite Gruppe, die den Geist als ein Geschöpf versteht, passen.[371] Möglicherweise denkt Gregor hier aber auch an die

---

366 Vgl. Greg. Naz., *or.* 31,5 [FC 22, 280.9–282.12].

367 Vermutlich entnimmt Gregor diese Informationen über die Sadduzäer Apg 23,8. Allerdings ist dort die Rede von einer innerjüdischen Spaltung: Während die Sadduzäer den Geist, die Engel und die Auferstehung ablehnten, bejahten die Pharisäer dies alles.

368 Als Beispiele für Bezeichnungen, die die Griechen dem Geist gegeben haben, nennt Gregor den „νοῦς τοῦ παντός" (Geist des Alls) und „θύραθεν νοῦς" (Geist von außen [wörtl.: von außerhalb der Tür]).

369 Leicht voneinander abweichende Zuordnungen liefern Norris 1991, 189; Sieben 1996, 280–281, Anm. 19–22; Hauschild/Drecoll 2004, 332, Anm. 265.

370 Eunomius schreibt in seiner *Apol.* 25 [ed. Vaggione 1987, 68], der Geist sei „ein Drittes sowohl gemäß der Natur als auch der Ordnung, auf Anweisung des Vaters und durch das Wirken des Sohnes entstanden" (τρίτον καὶ φύσει καὶ τάξει, προστάγματι τοῦ πατρός, ἐνεργείᾳ δὲ τοῦ υἱοῦ γενόμενου). Wenige Zeilen später, in *Apol.* 26 [ed. Vaggione 1987, 68], heißt es dann, dass „diejenigen, die zwar glauben, der Tröster sei eine Art Wirken Gottes" (Τοὺς γάρ τοι πεπιστευκότας ἐνέργειαν εἶναι τινα τοῦ θεοῦ τον παράκλητον), und trotzdem meinen, er sei göttlichen Wesens, „sehr dumm und von der Wahrheit weit abgetrennt" (λίαν εὐήθεις καὶ πολὺ τῆς ἀληθείας ἀπεσχοινισμένοι) sind. Tatsächlich scheint Eunomius also den Geist als vom Sohn gewirkt, aber auch selbst als Wirken zu bezeichnen. Offenbar stimmen Gregor und Eunomius in ihrer Einstellung zum Wirken (ἐνέργεια) insofern überein, als sie beide nicht davon ausgehen, dass ein Wirken etwas Wesensgleiches bewirkt!

371 Vgl. Eun., *Apol.* 25 [ed. Vaggione 1987, 68], wo es heißt, der Geist solle „an dritter Stelle geehrt werden als erstes, höheres als alle und einziges derartiges Geschöpf des Einziggeborenen" (τρίτῃ χώρᾳ τιμώμενον ὡς πρῶτον καὶ μεῖζον πάντων καὶ μόνον τοιοῦτον τοῦ μονογενοῦς ποίημα), da er zwar nicht über die Gottheit und die Schöpfungsmacht (θεότης καὶ δημιουργική δύναμις), wohl aber über die Macht zur Heiligung und zur Lehre (ἁγιαστική καὶ διδασκαλική [δύναμις]) verfüge.

Pneumatomachen.[372] Mit der Gruppe derer, die gegenüber dem Geist keine Stellung beziehen, könnten ebenfalls die Pneumatomachen gemeint sein.[373] Sogar innerhalb der Gruppe, zu der sich Gregor selbst zählt, bestehen Unterschiede in der Haltung gegenüber dem Geist: Während die einen ihn nur in ihrem Denken verehren,[374] wagen es andere – unter ihnen auch Gregor –, seine Gottheit laut und deutlich zu verkünden. Dies ist für Gregor die einzig sinnvolle und richtige Einstellung.[375]

Mit all denen, die überhaupt nicht an die Existenz des Geistes glauben, oder mit den „unsinnig Daherredenden unter den Griechen" (οἱ ληροῦντες ἐν Ἕλλησι) will sich Gregor gar nicht länger auseinandersetzen.[376] Den anderen, den „Weisen unter uns", wie er sie zuvor genannt hat, hat er hingegen sehr wohl etwas zu sagen:

> Man muss gewiss annehmen, dass der Heilige Geist entweder zu den an und für sich bestehenden [Dingen] oder zu den in einem anderen wahrgenommenen [Dingen] gehört. Davon nennen die, die sich in diesen [Dingen] auskennen, das eine „Wesen", das andere aber „Hinzugekommenes".[377]

Voraussetzung für die richtige Erkenntnis des Heiligen Geistes ist eine grundlegende Unterscheidung, die Gregor aus der griechischen Philosophie übernimmt: Der Geist ist entweder ein „Wesen" (οὐσία) oder aber ein „Hinzugekommenes" (συμβεβηκός). Er ist also in seinem Sein entweder selbständig oder aber er ist etwas, was nur im Bezug auf etwas anderes ist und diesem als vergängliche Eigenschaft zufällig zukommt.[378] Natürlich ist letzteres für Gregor undenkbar; der Geist muss für ihn ein Wesentliches (οὐσία) sein. Er begründet dies wie folgt:

> Wenn er nun aber Hinzugekommenes ist, dann dürfte er ein Wirken Gottes sein. Was anderes [könnte er sein], oder wessen? Denn dies ist er irgendwie eher und vermeidet die Zusammensetzung. Und wenn er ein Wirken ist, dann wird er offensichtlich gewirkt werden und nicht wirken – und zugleich mit dem Gewirkt-Werden wird er

372 Diese Meinung vertritt Sieben 1996, 281, Anm. 20.

373 So Norris 1991, 189. Sieben 1996, 282, Anm. 22 vermutet, Gregor spiele auf Eustathius von Sebaste an.

374 Gregor denkt dabei wohl an Basilius, vgl. Norris 1991, 189; Sieben 1996, 282, Anm. 23.

375 Vgl. Greg. Naz., *or.* 31,5 [FC 22, 282.3–12].

376 Vgl. Greg. Naz., *or.* 31,6 [FC 22, 282.13–15].

377 Greg. Naz., *or.* 31,6 [FC 22, 282.16–19]: Τὸ Πνεῦμα τὸ ἅγιον ἢ τῶν καθ' ἑαυτὸ ὑφεστηκότων πάντως ὑποθετέον, ἢ τῶν ἐν ἑτέρῳ θεωρουμένων· ὧν τὸ μὲν οὐσίαν καλοῦσιν οἱ περὶ ταῦτα δεινοί, τὸ δὲ συμβεβηκός.

378 Die Einteilung des Seienden in zwei Kategorien geht auf Platon zurück. Dieser unterscheidet grundsätzlich zwischen dem, was unbezogen, also *aus sich selbst* ist (τὰ καθ' αὑτά) und so erkannt werden kann, und dem, was bezüglich ist, also die Dinge, die in ihrem Sein auf das An-Sich-Seiende bezogen sind (τὰ πρὸς ἕτερα). Aristoteles übernimmt diese Grundunterscheidung, formuliert sie in seiner Kategorienschrift weiter aus und prägt das Begriffspaar οὐσία/συμβεβηκότα (Wesen/Hinzugekommenes): Dem einen, selbständigen Wesen (οὐσία) eines Dings stehen die unselbständigen hinzugekommenen Eigenschaften (συμβεβηκότα) gegenüber, die sich in Quantität, Qualität, Relation, Wo/Ort, Wann/Zeit, Lage, Haben, Tun/Wirken und Leiden äußern. Das ins Lateinische übertragene Begriffspaar „Substanz" und „Akzidens" hat sich auch in der deutschsprachigen Philosophie durchgesetzt, vgl. Halfwassen 1998, 495–497.

> aufhören. Denn so beschaffen ist das Wirken. Wie also wirkt er, und sagt Dinge und bestimmt, und wird betrübt, und wird erzürnt, alles [Eigenschaften] die klar zu einem gehören, der sich selbst bewegt, und nicht zu einer Bewegung?[379]

Wenn der Geist nicht ein Wesen ist – und dies ist ja die Überzeugung der Eunomianer –, dann muss er ein Hinzugekommenes, also eine Eigenschaft eines Wesens sein. Und wenn er ein Hinzugekommenes ist, dann tatsächlich – auch dies trifft die Meinung der Gegner – am ehesten ein Wirken (ἐνέργεια) Gottes. Hinter dieser Vermutung[380] steht nicht zuletzt auch die Kategorienlehre des Aristoteles: Wenn er eine Eigenschaft ist, muss der Geist als Quantität, Qualität, Relation, Wo/Ort, Wann/Zeit, Lage, Haben, Tun/Wirken oder Leiden beschrieben werden. Offenbar erscheint Gregor von diesen Kategorien diejenige des Tuns bzw. des Wirkens als die passendste. Immerhin trägt diese Auffassung dem Grundsatz der Einheit und Einfachheit Gottes Rechnung.[381] Dennoch vermag ihn die Vorstellung, der Geist sei ein Wirken, nicht zu überzeugen. Wenn nämlich der Geist ein Wirken (ἐνέργεια) ist, dann wird er gewirkt und wirkt nicht selbst, und sobald er nicht mehr gewirkt wird, hört er zu existieren auf. Gregor begründet seine Haltung mit dem Zeugnis der Heiligen Schrift. Dieses genießt in seinem Denken einen deutlich höheren Stellenwert als philosophische Überlegungen und entscheidet letztlich die Frage: In der Bibel ist vom Geist deutlich als einem *Bewegenden*, nicht als einem *Bewegten* die Rede. Die Aussage, dass der Geist wirkt (1Kor 12,11),[382] spricht oder Menschen zu einem ihnen zugedachten Dienst bestimmt (vgl. Apg 13,2), dass er über Worte der Menschen traurig oder über ihren Ungehorsam wütend werden kann (Eph 4,30; Jes 63,10), ist für Gregor ein Beweis dafür, dass der Geist nicht eine Bewegung (κίνησις) ist, die von einem anderen ausgeht. Er bewegt sich selbst (κινούμενον), und ist folglich kein Wirken (ἐνέργεια).[383] Wenn er aber kein Wirken ist, dann ist

379 Greg. Naz., *or.* 31,6 [FC 22, 282.19–284.6]: Εἰ μὲν οὖν συμβέβηκεν, ἐνέργεια τοῦτο ἂν εἴη Θεοῦ. Τί γὰρ ἕτερον, ἢ τίνος; Τοῦτο γάρ πως μᾶλλον καὶ φεύγει σύνθεσιν. Καὶ εἰ ἐνέργεια, ἐνεργηθήσεται δῆλον ὅτι, οὐκ ἐνεργήσει, καὶ ὁμοῦ τῷ ἐνεργηθῆναι παύσεται. Τοιοῦτον γὰρ ἡ ἐνέργεια. Πῶς οὖν ἐνεργεῖ, καὶ τάδε λέγει, καὶ ἀφορίζει, καὶ λυπεῖται, καὶ παροξύνεται, καὶ ὅσα κινουμένου σαφῶς ἐστίν, οὐ κινήσεως;

380 Gregor verwendet mit ἂν εἴη wiederum einen Optativ mit ἄν, um eine unsichere Vermutung auszudrücken.

381 Denn der so verstandene Geist ist unselbständig und kann deshalb keine Gedanken an eine Zusammensetzung innerhalb von Gott wachrufen.

382 Vgl. Greg. Naz., *or.* 31,29 [FC 22, 330.14.18]; vgl. unten, S. 155, Anm. 433.

383 Vgl. Bergmann 1995, 165, der dazu schreibt: „Was Gottes Geist für Gregor von der Energie unterscheidet, ist die Fähigkeit seiner Selbstbewegung. Eine Energie folgt einer Wirkursache. Der Heilige Geist ist jedoch Wirkursache seiner selbst, ohne dabei in Ruhe zu sein. Im Unterschied zur Energie wirkt Gottes Geist seine eigene Bewegung." Die Vorstellung, der Geist sei ein Gewirktes (ἐνέργημα) lehnt Gregor auch in Greg. Naz., *or.* 32,5 [SC 318,94] ab – sie findet sich in einer Aufzählung von falschen Haltungen gegenüber dem Geist, der Gregor seine eigene, einzig richtige Position gegenüberstellt. Hingegen bezeichnet Gregor den Geist an verschiedenen Stellen als Wirkenden. So zum Beispiel in *or.* 12,1 [PG 35, 844.23]: Χθὲς ἐνήργει τὴν σιωπήν (Gestern hat er das Schweigen gewirkt).

er überhaupt kein Hinzugekommenes – alle anderen Kategorien hat Gregor ja als weniger passend ausgeschlossen –, sondern ein Wesen. Und auch diese Einsicht drängt wieder zu einer Unterscheidung:

> Wenn er aber irgendein Wesen ist, und nicht etwas um ein Wesen [d. h. eine hinzugekommene Eigenschaft] herum, dann wird er gewiss entweder als Geschöpf verstanden werden, oder als Gott. Etwas, das zwischen diesen beiden [ist], oder das an keinem der beiden teilhat oder aus den beiden zusammengesetzt ist, dürften sich wohl nicht einmal diejenigen ausdenken, welche die Bockhirsche erfunden haben.[384]

Ein Wesen gehört entweder zu den geschaffenen Dingen oder es ist ungeschaffen und damit Gott. Etwas dazwischen gibt es für Gregor nicht – diese Vorstellung ist für ihn noch absonderlicher als die Erfindung des Bockhirsches (τραγέλαφος), eines Fabelwesens aus der orientalischen Literatur.[385] Dass die Meinung, der Geist sei ein Geschöpf, für Gregor unannehmbar ist, liegt auf der Hand. Er begründet:

> Aber wenn er ein Geschöpf ist, wie [können] wir an ihn glauben, oder in ihm vollendet werden? Es ist nämlich nicht dasselbe, an etwas zu glauben, und etwas über etwas zu glauben. Das eine kommt der Gottheit zu, das andere einem jeden Ding.[386]

Während sich der Glaube *über* etwas auf jedes beliebige Ding beziehen kann, kann der Glaube *an* etwas nur Gott allein zukommen. Die Unterscheidung zwischen dem Glauben *über* etwas (πιστεύειν τι περὶ τι) und dem Glauben *an* etwas (πιστεύειν εἴς τι) dürfte im heutigen Sprachgebrauch dem „glauben“ im Sinn von „für wahr halten“ im Gegensatz zum „glauben“ im Sinn von „vertrauen“ entsprechen. Doch an den Geist lässt sich nicht nur glauben, er ist es auch, in dem die gläubige Christin zur Vollendung gelangt.[387] In *or.* 28,1 sowie in *or.* 30,3.5 hat Gregor gezeigt, dass er

384 Greg. Naz., *or.* 31,6 [FC 22, 284.7–10]: Εἰ δὲ οὐσία τις, οὐ τῶν περὶ τὴν οὐσίαν, ἤτοι κτίσμα ὑποληφθήσεται, ἢ θεός. Μέσον γάρ τι τούτων, ἤτοι μηδετέρου μετέχον, ἢ ἐξ ἀμφοῖν σύνθετον, οὐδ' ἂν οἱ τοὺς τραγελάφους πλάττοντες ἐννοήσαιεν.

385 Gregor wählt ein treffendes Bild: Beim Bockhirsch oder Tragelaphen handelt es sich um ein phantastisches Mischwesen aus Bock (τράγος) und Hirsch (ἔλαφος), vgl. Richter 2002. Das Fabeltier aus zwei Tieren, die sich in der Realität niemals kreuzen bzw. mischen ließen, drückt für ihn die Unmöglichkeit der Vermischung von Geschaffenem und Ungeschaffenem aus. Anders als für Gregor ist eine solche strenge Unterscheidung für die Eunomianer nicht zwingend. Für sie ist eine Abstufung des Göttlichen durchaus denkbar, vgl. dazu Norris 1991, 191.

386 Greg. Naz., *or.* 31,6 [FC 22, 284.10–13]: Ἀλλ' εἰ μὲν κτίσμα, πῶς εἰς αὐτὸ πιστεύομεν, ἢ ἐν αὐτῷ τελειούμεθα; Οὐ γὰρ ταὐτόν ἐστι πιστεύειν εἴς τι, καὶ περὶ αὐτοῦ πιστεύειν. Τὸ μὲν γάρ ἐστι θεότητος, τὸ δὲ παντὸς πράγματος.

387 Während Gallay/Jourjon 1978, 287 und Hauschild/Drecoll 2004, 333 τελειούμεθα mit „devenir parfaits“ bzw. „vollendet werden“ übersetzen, entscheiden sich Norris 1991, 190.282 und Sieben 1996, 285 für die Bedeutung „getauft werden“. Tatsächlich kann das griechische Verb τελειόω (vollenden) im Sinn von „taufen“ verwendet werden oder steht in engem Zusammenhang mit der Taufe, vgl. Lampe 1961, 1383–1384. So spricht Gregor etwa in *or.* 40 von der Taufe, die *durch* den Heiligen Geist vollkommen macht (vgl. *or.* 40,43 [SC 358, 298]; *or.* 40,44 [SC 358, 302]), von der Taufe als Vollendung (τελείωσις) (vgl. *or.* 40,3 [SC 358, 202]; *or.* 40,18 [SC 358, 236]; *or.* 40,22 [SC 358, 246]; *or.* 40,28 [SC 358, 262]), vom Taufenden, also dem Heiligen Geist,

den drei Personen der Trinität unterschiedliche Verhaltensweisen gegenüber dem Menschen zuschreibt: Während der Vater mit seinem Wohlwollen (εὐδοκεῖν) an der Erlösung beteiligt ist, gehört zum Sohn das Mitwirken (συνεργεῖν); vom Heiligen Geist hingegen kommt die Inspiration (ἐμπνεῖν). Die große Nähe des Geistes zum Menschen, die Gregor zu Beginn der *Zweiten Theologischen Rede* ausdrückt, begegnet auch hier wieder. Nicht gewirkt, sondern selbst Wirkender, bewirkt der Heilige Geist die Vollendung des Menschen – dessen unaufhörliche Annäherung an Gott. Für Gregor ist klar: Nichts, was nicht selbst göttlich ist, kann den Menschen zu Gott führen.[388] Da der Geist aber in genau dieser Weise am Menschen wirkt, muss er zwingend Gott sein:

> Wenn er Gott ist, ist er kein Geschöpf und kein Geschaffenes und kein Mitsklave, und überhaupt nichts von [den Dingen] niedrigen Namens.[389]

Der Heilige Geist hat das göttliche Wesen mit dem Vater und dem Sohn gemeinsam – er *ist* Gott. Entsprechend ist für Gregor jedes Denken und Sprechen, das ihn als Teil der geschaffenen Welt versteht und bezeichnet, unangebracht.

5.3 Gezeugter oder ungezeugter Geist? (*or.* 31,7–11)

Nachdem Gregor seine Meinung über den Heiligen Geist kundgetan hat, ist er bereit, sich mit populärer Kritik an dessen Gottheit auseinanderzusetzen. Der erste Einwand, dem er sich stellt, heißt:

> Auf jeden Fall ist der Geist ungezeugt oder gezeugt.[390]

Woher Gregor diese Alternative nimmt, ist nicht sicher. Vielleicht unterstellt er sie stillschweigend Eunomius,[391] doch lehnt dieser in seiner *Apologie* ebenfalls beide genannten Möglichkeiten ab.[392] Denkbar wäre auch, dass Gregor, nachdem er in

als Vollender (τελειοποιός, vgl. *or.* 40,26 [SC 358, 258] bzw. τελειοτής, vgl. *or.* 40,44 [SC 358, 302]) und vom Getauften als Vollendetem (τελειούμενος, vgl. *or.* 40,31 [SC 358, 268]). Aufgrund der Nähe von Taufe und Vollendung des Menschen in Gregors Denken verfehlt die Übersetzung von Norris und Sieben hier den Sinn der Aussage sicher nicht ganz. Hingegen findet sich in den *Theologischen Reden* keine Stelle, an der τελειόω und τελείωσις zwingend mit „taufen" bzw. „Taufe" übersetzt werden müssten. Entsprechend besteht meines Erachtens auch hier kein Grund, τελειόω anders als nahe am griechischen Text mit „vollenden" zu übersetzen.

388 So sagt er es in *or.* 31,4.

389 Greg. Naz., *or.* 31,6 [FC 22, 284.13–15]: Εἰ δὲ Θεός, ἀλλ' οὐ κτίσμα, οὐδὲ ποίημα, οὐδὲ σύνδουλον, οὐδ' ὅλως τι τῶν ταπεινῶν ὀνομάτων. Als σύνδουλος, „Mitsklave" werden in der Bibel und in der patristischen Literatur Sklaven desselben Herrn bezeichnet. Der Begriff wird auch als Bezeichnung für Christen im Allgemeinen verwendet, vgl. Lampe 1961, 1313.

390 Greg. Naz., *or.* 31,7 [FC 22, 284.17–18]: Ἢ ἀγέννητον πάντως, ἢ γεννητόν.

391 So vermutet es Norris 1991, 282.

392 Vgl. Eun., *Apol.* 25 [ed. Vaggione 66–68]. Im Gegenteil zu Gregor folgert Eunomius, dass der Geist nicht in derselben Art und Weise göttlichen Wesens ist wie der ungezeugte Vater.

seinen Reden über den Sohn (*or.* 29 und *or.* 30) die Zeugung als Garantie für die Gottheit Jesu Christi so stark gemacht hat, nun den Weg ebnen muss für eine andere Form von Beziehung, die aber ebenfalls sowohl den Vater als auch den Sohn am göttlichen Wesen teilhaben lässt. Klar ist, dass für Gregor der Geist weder ungezeugt noch gezeugt sein kann.[393] Ähnlich wie bereits in *or.* 29,9 und in *or.* 29,16 entzieht sich Gregor auch hier der Forderung, sich zwischen zwei unbefriedigenden Lösungen zu entscheiden und schlägt ein Drittes vor.[394]

Als angemessene Weise, von der Beziehung zwischen dem Vater und dem Geist zu sprechen, sieht Gregor das „Hervorgegangen" (τὸ ἐκπορευτόν). Gregor beruft sich dabei auf Joh 15,26, wo Jesus selbst sagt: „Wenn der Fürsprecher kommt, den ich euch vom Vater aus senden werde, der Geist der Wahrheit, der vom Vater ausgeht, wird er Zeugnis ablegen über mich."[395] Es ist kaum erstaunlich, dass die nächste Frage, die Gregor stellt, lautet:

> Was aber ist das Hervorgehen [des Geistes]?[396]

Schon zwei Mal in seinen *Theologischen Reden* hat Gregor – zwar rhetorisch, aber ausdrücklich – die Frage nach dem Inneren Gottes gestellt. In *or.* 29,8 fragte er: „Wie ist nun [der Sohn] gezeugt worden?"[397] In *or.* 29,11 lautete die Frage: „Was ist nun das Wesen Gottes?"[398] An beiden Stellen hat er die Möglichkeit einer Antwort auf diese Fragen weit von sich gewiesen: Ebenso wie das Wesen Gottes ist der innertrinitarische Zeugungsvorgang für den Menschen unbegreiflich. Ja, es ist wahnsinnig und sogar gefährlich, danach zu fragen. Und wie bei der Frage nach dem Wesen Gottes und der Zeugung des Sohnes gibt es für Gregor auch hier nur eine einzige mögliche Antwort:

> Erkläre du mir das Ungezeugtsein des Vaters, und ich werde dir die Natur der Zeugung des Sohnes und des Hervorgehens des Geistes erklären, und wir werden beide den Verstand verlieren beim Versuch, in die Geheimnisse Gottes hineinzuspähen.[399]

---

393 Beides führt in Gregors Augen zu unhaltbaren Folgerungen – nämlich, dass der Vater nicht der einzige Ursprungslose ist, oder aber, dass Sohn und Geist Geschwister sind, oder – noch paradoxer –, dass der Geist durch den Sohn gezeugt und deshalb eine Art „Enkelgott" des Vaters ist, vgl. Greg. Naz., *or.* 31,7 [FC 22, 284.18–286.3].

394 Wie in seinen *Theologischen Reden* bereits mehrmals zuvor argumentiert Gregor, dass sich menschliche Sprache und Gesetzmäßigkeiten nicht auf Gott übertragen lassen. Als Beispiel dafür nennt er „Gott" (Θεός) und „Vater" (Πατήρ): Zwar sind beide mit männlichen Substantiven benannt, doch das bedeutet keineswegs, dass Gott deshalb männlich wäre, vgl. Greg. Naz., *or.* 31,7 [FC 22, 286.6–18].

395 Joh 15,26: Ὅταν ἔλθῃ ὁ παράκλητος ὅν ἐγὼ πέμψω ὑμῖν παρὰ τοῦ πατρός, τὸ πνεῦμα τῆς ἀλήθείας ὅ παρὰ τοῦ πατρὸς ἐκπορεύεται, ἐκεῖνος μαρτυρήσει περὶ ἐμοῦ.

396 Greg. Naz., *or.* 31,7 [FC 22, 286.11]: Τίς οὖν ἡ ἐκπόρευσις;

397 Greg. Naz., *or.* 29,8 [FC 22, 184.4]: Πῶς οὖν γεγέννηται;

398 Greg. Naz., *or.* 29,11 [FC 22, 192.15]: Τίς οὖν οὐσία Θεοῦ;

399 Greg. Naz., *or.* 31,8 [FC 22, 288.11–14]: Εἰπὲ σὺ τὴν ἀγεννησίαν τοῦ Πατρός, κἀγὼ τὴν γέννησιν τοῦ Υἱοῦ φυσιολογήσω, καὶ τὴν ἐκπόρευσιν τοῦ Πνεύματος, καὶ παραπληκτίσομεν ἄμφω εἰς Θεοῦ μυστήρια παρακύπτοντες·

Wie das Ungezeugtsein des Vaters und die Zeugung des Sohnes gehört auch das Hervorgehen des Geistes zu demjenigen Bereich Gottes, der sich dem Menschen, seinem Denken und Verstehen vollkommen entzieht und verborgen bleibt. Auch bei der Begründung, warum Erkenntnis in dieser Angelegenheit unmöglich ist, bleibt Gregor seiner Linie treu: Wenn der Mensch schon unfähig ist, die Schöpfung zu begreifen, wie soll er dann Gott in der ganzen Tiefe verstehen?[400]

Dass der Geist hervorgegangen und nicht wie der Sohn gezeugt ist, darf ihm, so Gregor, auf keinen Fall als Makel angerechnet werden. Denn innerhalb der einfachen und ungetrennten Gottheit besteht zwar Unterschiedenheit, doch geht diese nicht auf einen Mangel oder auf eine Abstufung des Wesens zurück. Vielmehr bestehen die Unterschiede zwischen den Personen der Trinität in ihren jeweiligen Beziehungen (σχέσεις) untereinander und in der Art und Weise ihres Offenbarwerdens (ἔκφανσις) nach außen, also hin zum Menschen.[401] Und er bringt seine Trinitätslehre in knappster Form auf den Punkt:

> Eines sind die Drei hinsichtlich der Gottheit, und das Eine ist drei hinsichtlich seiner Besonderheiten.[402]

So weit, so gut. Doch sieht sich Gregor jetzt mit der Frage konfrontiert, warum denn der Sohn und der Geist, also zwei vom Vater kommende und mit ihm wesensgleiche Dinge, nicht einfach zwei Söhne sind. Nur wer in seinem Denken ganz den irdischen Dingen verhaftet sei, könne überhaupt auf eine derartige Frage kommen, kontert er sogleich. Und ein Denken und eine Sprache, die sich an irdische Maßstäbe halten, werden Gott niemals gerecht. Doch Gregor ist sich bewusst, dass auch ihm nur diese Sprache zur Verfügung steht. Als Beweis dafür, dass aus unterschiedlich Entstandenem wiederum Dinge gleichen Wesens entstehen können, nennt er Lebewesen, die sich selbst vernichten und wieder hervorbringen oder die aus sich selbst hervorgehen und sich verwandeln und umgestalten.[403] Schließlich erinnert Gregor daran, dass auch die Bibel von Wesensgleichem erzählt, das auf unterschiedliche Weise zum Sein gekommen ist: Adam wurde von Gott gebildet (vgl. Gen 2,7), Eva wurde aus der ihm entnommenen Rippe gemacht und ist damit ein „Ausschnitt" (τμῆμα) aus Adam (vgl. Gen 2,21–23), und deren Sohn Set wurde von den beiden Eltern gezeugt. Sie sind je auf unterschiedliche Art entstanden und teilen doch miteinander das menschliche Wesen.[404]

---

400 Vgl. Greg. Naz., *or.* 31,8 [FC 22, 288.14–18]. Erstmals in seinen *Theologischen Reden* hat Gregor das Argument in *or.* 28,22–31 angewandt.

401 Vgl. Greg. Naz., *or.* 31,9 [FC 22, 288.21–290.12].

402 Greg. Naz., *or.* 31,9 [FC 22, 290.10–11]: Ἓν τὰ τρία θεότητη, καὶ τὸ ἓν τρία ταῖς ἰδιότησιν.

403 Möglicherweise denkt Gregor an den Phönix, der verbrennt und aus der Asche neu ersteht, an die Metamorphose der Raupe zum Schmetterling oder der Kaulquappe zum Frosch, vgl. Sieben 1996, 292, Anm. 42.

404 Vgl. Greg. Naz., *or.* 31,11 [FC 22, 292.17–294.12]. Gregor fühlt sich herausgefordert, seinen Sprachgebrauch zu rechtfertigen und sagt in *or.* 31,11 [FC 22, 292.22–294.3]: Λέγω δὲ ταῦτα, οὐκ

5.4 Gebet und Verehrung im und durch den Geist (*or.* 31,12)

Wenn der Geist Gott ist, dann muss er auch verehrt werden können. Doch wo im Alten oder im Neuen Testament ist davon die Rede? Gregor kündet an, auf die Frage später noch tiefer einzugehen[405] und gibt für den Moment folgende Antwort:

> Der Geist ist es, in dem wir verehren und durch den wir beten.[406]

Gott *im* und *durch den* Geist zu verehren, bedeutet für Gregor, dass „der [Geist] das Gebet und die Verehrung sich selbst entgegenbringt."[407] Als Person der Trinität ist der Heilige Geist nicht von anderem Wesen als der Vater oder der Sohn. Hingegen unterscheidet sich sein Verhältnis zum Menschen von dem der beiden anderen: Er ist Mittler zwischen Gott und dem Menschen. Er ist es, der das Gebet überhaupt erst ermöglicht und es nicht im Nirgendwo verhallen lässt. Und der Geist ist dem Menschen so nahe, ja innig, dass er ihn wiederum dazu befähigt, sein eigenes, göttliches Wesen, das er mit dem Vater und dem Sohn gemeinsam hat, zu verehren. Das heißt: Als nach außen gewandte Seite Gottes ermöglicht der Geist das menschliche Gebet und die Verehrung Gottes. Als Person der Trinität wird seinem göttlichen Wesen ebendiese Verehrung zuteil.[408]

ἐπὶ τὴν θεότητα φέρων τὴν πλάσιν, ἢ τὴν τομήν, ἤ τι τῶν ὅσα σώματος [...], ἐπὶ δὲ τούτων θεωρῶν, ὡς ἐπὶ σκηνῆς, τὰ νοούμενα. Οὐδὲ γὰρ οἷόν τε τῶν εἰκαζομένων οὐδὲν πρὸς πᾶσαν ἐξικνεῖσθαι καθαρῶς τὴν ἀλήθειαν. (Ich aber sage diese Dinge nicht, um das Formen, oder das Ausschneiden oder sonst irgendetwas Körperliches auf Gott anzuwenden, sondern, um in diesen sichtbaren Dingen wie auf einer Bühne die geistigen Dinge [zu betrachten]. Denn es ist solchen Vergleichen nicht möglich, rein an die ganze Wahrheit heranzureichen.)

405 In *or.* 31,28 wird Gregor kurz auf die Verehrung des Geistes zurückkommen und argumentieren: Nur was Gott ist, darf verehrt werden; der Geist vergöttlicht (θεόω) den Menschen durch die Taufe; wie aber könnte etwas Nicht-Göttliches vergöttlichen? In *or.* 31,29–30 wird Gregor eine Vielzahl an Bibelstellen aufführen, die die Gottheit des Geistes beweisen und damit auch seine Verehrung rechtfertigen sollen.

406 Greg. Naz., *or.* 31,12 [FC 22, 294.18–19]: τὸ πνεῦμά ἐστιν, ἐν ᾧ προσκυνοῦμεν, καὶ δι' οὗ προσευχόμεθα. Als Schriftbelege für seine Aussage zitiert Gregor aus Joh 4,24, Röm 8,26 und 1Kor 14,15.

407 Greg. Naz., *or.* 31,12 [FC 22, 296.2–3]: αὐτὸ ἑαυτῷ τὴν εὐχὴν προσάγειν καὶ τὴν προσκύνησιν.

408 Gregor fügt an: An der Tatsache der Wesensgleichheit des Geistes mit dem Vater und dem Sohn vermag auch die Aussage aus Joh 1,3 nichts zu ändern. Dort heißt es: πάντα δι' αὐτοῦ ἐγένετο (alles ist durch ihn [den Logos] geworden). Da der Geist nicht zu den gewordenen (im Sinne von geschaffenen) Dingen gehört, wurde er auch nicht durch den Logos, also den Sohn, geschaffen. Vielmehr sind die beiden von gleicher Würde (ὁμότιμοι) und sollen zusammen verherrlicht werden (συνδοξαζόμενοι), was natürlich auch für den Vater gilt, vgl. Greg. Naz., *or.* 31,12 [FC 22, 299.7–25].

5.5 Drei Götter? (*or.* 31,13–20)

Die Frage, die Gregor nun bespricht, nennt er den Hauptinhalt (κεφάλαιον) seiner Rede. Sie lautet:

> Wenn es einen Gott gibt und noch einen Gott und noch einen Gott, warum gibt es dann nicht drei Götter?[409]

Die Antwort an die Gruppe der Pneumatomachen, die zwar die Gottheit des Sohnes, nicht aber die Gottheit des Geistes anerkennen, liegt auf der Hand: Führte die Verehrung des Geistes tatsächlich zum Tritheismus, müsste bereits die Verehrung des Sohnes als Ditheismus gelten. Die Argumente, mit denen sich die Pneumatomachen gegen den Vorwurf der Zweigötterei verteidigen, lassen sich nämlich in gleicher Weise auch gegen den Vorwurf der Dreigötterei verwenden.[410] Beiden, den Pneumatomachen und den Eunomianern, hält Gregor seine eigene Trinitätstheologie entgegen:

> Wir haben *einen* Gott, weil die *Gottheit* eine ist.[411]

Sie, die Gottheit, ist in ihrem Wesen in keiner Art und Weise getrennt – nicht in der Reihenfolge ihres Ursprungs, nicht im Willen, nicht in der Macht (δύναμις). Die erste Ursache (πρώτη αἰτία), das göttliche Wesen, ist den drei Personen der Trinität gemeinsam, und zwar zeitlos (ἀχρόνως) und gleichherrlich (ὁμοδόξως).[412]

Der christliche Trinitätsglaube, so Gregor, ist von jeder Art von Polytheismus weit entfernt. Er lässt sich deshalb auch in keiner Weise mit der Götterwelt der Griechen vergleichen. Zwar lehren die griechischen Philosophen, dass es nur eine einzige Gottheit (θεότης) gebe, doch die Realität sieht anders aus: Ebenso wie es zwar nur *ein* Menschengeschlecht gibt, aber viele Menschen, verehren die Griechen auch eine Vielzahl von Göttern. Der Widerspruch zwischen Philosophie und Verehrung lässt die griechische Gottes- bzw. Götterlehre in Gregors Augen erst recht unglaubwürdig erscheinen. Ganz anders verhält es sich mit der Trinität: Hier ist jede der drei

---

409 Greg. Naz., *or.* 31,13 [FC 22, 298.5–6]: Εἰ Θεός, φησί, καὶ Θεός, καὶ Θεός, πῶς οὐχὶ τρεῖς θεοί;

410 Vgl. Greg. Naz., *or.* 31,13 [FC 22, 298.10–21].

411 Greg. Naz., *or.* 31,14 [FC 22, 300.2]: Ἡμῖν εἷς θεός, ὅτι μία θεότης·

412 Vgl. Greg. Naz., *or.* 31,14 [FC 22, 300.1–13]. In seinem Kommentar zu *or.* 31,15 problematisiert Norris 1991, 198 die Verwendung der Bezeichnung πρώτη αἰτία (erste Ursache). Er verweist auf *or.* 29,15 und versteht jene Textpassage dahingehend, dass Gregor den Vater mit der ersten Ursache gleichsetzt. Meines Erachtens drängt sich dort eine solche Deutung allerdings keineswegs auf und führt damit auch hier zu keinen Problemen. Denn bereits früher in seinen *Theologischen Reden* (so in *or.* 28,13, *or.* 28,31 und *or.* 29,2) hat Gregor ausdrücklich von der ersten Ursache (πρώτη αἰτία bzw. πρώτον αἴτιον) gesprochen. Ebenso wie hier hat er den Begriff auch dort stets als Bezeichnung des Wesens Gottes verwendet und ihn keiner der trinitarischen Personen zugeschrieben.

Personen mit den jeweils anderen nicht weniger eins als mit sich selbst, weil sie sich in ihrem Wesen (οὐσία) und in ihrer Macht (δύναμις) vollkommen entsprechen.[413]

Schließlich kann die Trinität für Kritiker auch ein rechnerisches Problem darstellen. „Dinge gleichen Wesens werden zusammengezählt. [...] Dinge, die ungleichen Wesens sind, werden nicht zusammengezählt,“[414] so der Einwand, den Gregor den Eunomianern zuschreibt. Diese versuchen der Gefahr des Polytheismus zu entgehen, indem sie selbst den Vater, den Sohn und den Geist gerade *nicht* als wesensgleich verstehen. In *or.* 31,18–20 zeigt Gregor, dass dieses Argument nicht funktioniert. So lassen sich seiner Ansicht nach auch Dinge unterschiedlichen Wesens unter einer Zahl zusammenfassen. Umgekehrt bedeutet die Tatsache, dass Dinge zusammengezählt werden können, noch lange nicht, dass sie deshalb auch gleichen Wesens sind.[415] Und so ist Gregor überzeugt: Wenn die rechnerische Logik bereits in irdisch-materiellen Angelegenheiten keine allgemeine Gültigkeit besitzt, dann erst recht nicht bei Gott.

5.6 Der Geist in der Heiligen Schrift (*or.* 31,21–30)

So wendet sich Gregor nun dem letzten großen Einwand gegen die Gottheit des Geistes zu – nämlich, dass dieser in der Heiligen Schrift nicht bezeugt sei. Er benennt das Problem ganz kurz als das „Ungeschrieben“, das heißt „die Ungeschriebenheit“ (τὸ ἄγραφον). Gregor schickt voraus, dass das Thema bereits mehrfach bearbeitet worden sei – und zwar von Theologen, die sich nicht leichtfertig mit den biblischen Texten auseinandergesetzt haben, sondern die „den Buchstaben durchdrungen und in [die Schrift] hineingeschaut haben, und deshalb für würdig befunden wurden, die verborgene Schönheit zu sehen und von der Erleuchtung der Erkenntnis hell erleuchtet wurden.“[416] Anstatt also sofort eine Sammlung von Schriftzitaten zu servieren, die das Gegenteil beweisen sollen, stellt Gregor zu Beginn seiner Auseinandersetzung mit dem Thema fest, dass vom Heiligen Geist in der Bibel kaum ausdrücklich als „Gott“ die Rede ist. Doch bedeutet diese Nicht-Ausdrücklichkeit für ihn noch lange nicht, dass die Heilige Schrift über den Geist nichts zu sagen hat.

Grundsätzlich, erklärt Gregor, gibt es im Verhältnis von Dingen und der Sprache über sie vier mögliche Varianten: Manche Dinge existieren nicht und von ihnen wird trotzdem gesprochen; andere Dinge existieren zwar, doch wird von ihnen nicht gesprochen; wieder andere existieren nicht und es wird auch nicht von ihnen

413 Vgl. Greg. Naz., *or.* 31,15–16 [FC 22, 300.14–304.6].

414 Greg. Naz., *or.* 31,157 [FC 22, 304.9]: Τὰ ὁμοούσια συναριθμεῖται [...]. οὐ συναριθμεῖται δὲ τὰ μὴ ὁμοούσια.

415 Vgl. Greg. Naz., *or.* 31,18 [FC 22, 304.20–310.24].

416 Greg. Naz., *or.* 31,21 [FC 22, 312.6–8]: ἀλλὰ διασχόντες τὸ γράμμα καὶ εἴσω παρακύψαντες, τὸ ἀπόθετον κάλλος ἰδεῖν ἠξιώθησαν, καὶ τῷ φωτισμῷ τῆς γνώσεως κατηυγάσθησαν.

gesprochen; und dann gibt es noch diejenigen Dinge, die existieren und von denen auch gesprochen wird.[417] Für jede dieser Möglichkeiten führt Gregor nun Beispiele an. Als Dinge, die nicht existieren und von denen dennoch die Rede ist, nennt er eine Reihe von Tätigkeiten, die Gott in der Heiligen Schrift zugeschrieben werden – etwa, dass Gott schläft, aufwacht, zornig ist, schreitet oder dass Gott als Thron die Kerubim hat. Da Gott nicht leiblich zu denken ist, ist klar, dass diese Tätigkeiten auch nicht wirklich existieren:

> Das ist etwas, was nicht ist – es wird [in unserer Vorstellung] immer wieder gemacht. Denn wir haben, soweit es uns möglich ist, die Dinge Gottes mit Dingen aus unserem Bereich benannt.[418]

So bezeichnet der Mensch seine Erfahrung von Gottferne als Schlaf Gottes. Wenn er hingegen eine Erfahrung macht, die er als erneute Zuwendung Gottes deutet, spricht er vom Erwachen. Wer erfahrenes Leid als gerechtfertigte Strafe für seine Vergehen versteht, wird vom Zorn Gottes sprechen. Und weil die Gegenwart Gottes, Gottes Wirken (ἐνεργεῖν) mal hier und mal dort erfahren wird, sprechen die Menschen davon, dass Gott schreitet. Dasselbe gilt, wenn die Rede ist vom Flug Gottes, von Gottes Antlitz oder von Gottes Hand.[419] Gregor fasst zusammen:

> Und so zeichnete jede Kraft oder jedes Wirken Gottes für uns immer wieder dieses oder jenes [Bild] aus dem körperlichen Bereich.[420]

Hörerinnen und Leserinnen erhalten hier nicht nur einen Einblick in Gregors Auslegung der Schrift und ihrer Metaphern, sondern erfahren auch mehr darüber, was er unter Kräften (δυνάμεις) und das Wirken (ἐνεργείαι) Gottes versteht: Gottes Kräfte und Wirken sind für den Menschen wahrnehmbar. Hingegen versagt die menschliche, am Materiellen orientierte Sprache, wenn sie solche Erfahrungen zu beschreiben versucht. Deshalb gibt es den Schlaf, das Erwachen, den Zorn, das Schreiten, Fliegen und die Zuwendung Gottes nicht wirklich. Was aber Wirklichkeit ist, ist das unaussprechliche Handeln Gottes, das Menschen erst dazu bewegt, in solchen Bildern tastend für ihre Erfahrung nach Sprache zu suchen. Zwar äußert sich Gregor hier nicht dazu, ob die Äußerungen Gottes, welche hinter diesen Wahrnehmungen und sprachlichen Bildern stehen, dessen Wesen vermitteln oder nicht. Im Zusammenhang der vorangehenden *Theologischen Reden* (*or.* 27–30), vor allem aber vor dem Hintergrund von *or.* 28 liegt eine Antwort nahe: Kräfte und Wirken gehören zu der erfahrbaren „Außenseite" Gottes,[421] sind aber eben nicht

---

417 Vgl. Greg. Naz., *or.* 31,22 [FC 22, 312.17–19].

418 Greg. Naz., *or.* 31,22 [FC 22, 314.1–2]: Τοῦτο οὐκ ὂν ἀνεπλάσθη. Ὠνομάσαμεν γάρ, ὡς ἡμῖν ἐφικτόν, ἐκ τῶν ἡμετέρων τὰ τοῦ Θεοῦ.

419 Gregor entnimmt diese Beispiele vor allem dem Psalmen, aber auch aus den Büchern Genesis, Jesaja und Daniel. Für die Angaben der einzelnen Bibelstellen vgl. Sieben 1996, 313–315.

420 Greg. Naz., *or.* 31,22 [FC 22, 314.15–17]: καὶ ἄλλη τις ὅλως τῶν τοῦ Θεοῦ δυνάμεων ἢ ἐνεργειῶν ἄλλο τι τῶν σωματικῶν ἡμῖν ἀνεζωγράφησεν.

421 Vgl. Greg. Naz., *or.* 28,3.

die göttliche Natur. Gregor sagt nicht ausdrücklich, wie er mit dem Begriffspaar Kraft-Wirken (δύναμις-ἐνέργεια) umgeht.[422] Es scheint, dass er die beiden Worte als Synonyme verwendet. Möglich ist aber auch, dass er bei dem Wort Kraft (δύναμις) an die vermögende Macht Gottes denkt, die sich dem Menschen erweisen, aber auch vorenthalten kann. Die Aussage, dass Gott „schläft", würde demnach die erfahrene Abwesenheit, das Wirken (ἐνέργεια) hingegen die erfahrene, handelnde Anwesenheit Gottes bedeuten.[423]

Gregor fährt mit seiner Rede fort und liefert die angekündigten Belege für die anderen möglichen Varianten des Verhältnisses zwischen den Dingen und dem Sprechen über sie. Als Dinge, die zwar existieren, aber von denen nicht gesprochen wird, nennt Gregor allgemein akzeptierte theologische Grundsätze wie die Ungezeugtheit, die Ursprungslosigkeit und die Unsterblichkeit Gottes: Nirgends, so Gregor, sind sie in der Heiligen Schrift ausdrücklich ausgesagt, doch sie ergeben sich unbezweifelbar aus ihr. Als Dinge, die nicht existieren, und von denen auch nicht gesprochen wird, führt Gregor die Bosheit des Göttlichen, eine viereckige Kugel, die Anwesenheit der Vergangenheit oder einen nicht-zusammengesetzten Menschen an.[424] Und als Beispiele für Dinge, die existieren und von denen auch die Rede ist, nennt er Gott, den Menschen, Engel, das Gericht und – in einem geschickten Seitenhieb – die Nichtigkeit der Argumente seiner Gegner. Aus diesen Überlegungen zu der Wirklichkeit der Dinge und der Sprache über sie folgert Gregor, dass nicht nur wahr ist, was ausdrücklich ausgesagt wird. Vielmehr ist es in seinen Augen zu-

422 Die Unterscheidung von δύναμις und ἐνέργεια geht auf Aristoteles zurück. So heißt es in Aristot., *metaph.* IX, 6, 1048 a 35– 1048 b 6 [ed. Ross 1970, 1048] über ἐνέργεια: [...] ὡς τὸ οἰκοδομοῦν πρὸς τὸ οἰκοδομικόν, καὶ τὸ ἐγρηγορὸς πρὸς τὸ καθεῦδον, καὶ τὸ ὁρῶν πρὸς τὸ μῦον μὲν ὄψιν δὲ ἔχον, καὶ τὸ ἀποκεκριμένον ἐκ τῆς ὕλης πρὸς τὴν ὕλην, καὶ τὸ ἀπειργασμένον πρὸς τὸ ἀνέργαστον. ταύτης δὲ τῆς διαφορᾶς θατέρῳ μορίῳ ἔστω ἡ ἐνέργεια ἀφωρισμένη θατέρῳ δὲ τὸ δυνατόν. (Wie sich das Bauende verhält zum Baukundigen, so verhält sich auch das Wachende zum Schlafenden, das Sehende zu dem, was zwar die Augen verschließt, aber doch den Gesichtssinn hat, das aus dem Stoff Herausgearbeitete zum Stoff, das Fertige zum Unfertigen. In diesem Gegensatz soll durch das erste Glied die Energeia, durch das andere das δυνατόν (die Potenz) bezeichnet werden. [Übs. Schlüter 1971]) Nach Aristoteles kann ἐνέργεια Bewegung (κίνησις) bzw. Tätigkeit (ποιεῖν) sein (und damit zu den Akzidentien zählen), sie kann aber auch Wesen (οὐσία) sein. Hingegen bedeutet δύναμις traditionell „Kraft" oder „Vermögen", also nicht die Tat an sich, sondern die Möglichkeit und Voraussetzung dazu, vgl. Schlüter 1971, 135–137. Dass Gregor aus allen möglichen biblischen Beispielen als erstes den Schlaf und das Erwachen Gottes (Ps 77,65) nennt, kann ein Zufall sein. Denkbar ist aber auch, dass Gregor bei seinem Sprechen von δύναμις und ἐνέργεια an die *Metaphysik* des Aristoteles denkt und als erstes ein Beispiel wählt, das sowohl aus der Bibel als auch aus der Philosophie bekannt ist.

423 Es fällt auf, dass Gregor darauf verzichtet, die verschiedenen Wirkweisen Gottes einzelnen Personen der Trinität zuzuschreiben. Der Wirkende scheint hier zunächst einfach Gott zu sein. Weiter unten wird sich aber herausstellen, dass Gregor jedes in der Gegenwart erfahrbare Handeln Gottes der Wirkung des Heiligen Geistes zuschreibt.

424 Vgl. Greg. Naz., *or.* 31,23 [FC 22, 314.18–316.17]. Indem Gregor Dinge beim Namen nennt, von denen er gerade gesagt hat, dass sie weder existieren noch ausgesagt werden, widerspricht er eigentlich seinem eigenen Argument.

lässig und nötig, aus dem Gesagten auch implizite Inhalte abzuleiten – so auch die Gottheit des Geistes aus der Heiligen Schrift.[425]

Es mag also sein, dass die Rede vom göttlichen Heiligen Geist in der Schrift nicht offenkundig, sondern verschleiert ist. Das mindert in Gregors Augen aber keineswegs die Botschaft, sondern hat vielmehr seinen guten Grund. Er versteht die Bibel mit ihren beiden Testamenten als Zeugnis einer fortschreitenden und zunehmenden Offenbarung Gottes und spricht dabei von drei „Erdbeben" (σεισμοί): Das Alte Testament erzählt von der Abwendung von den Götzen und der Hinwendung zum Gesetz, das Neue Testament vom Übergang vom Gesetz zum Evangelium; das Evangelium schließlich kündet ein drittes „Erdbeben" an, nämlich den – eschatologisch zu verstehenden – „Übergang von hier zu den Dingen dort, die nicht mehr bewegt oder erschüttert werden."[426] Etwas ist beiden Testamenten gemeinsam: Die Veränderungen, von denen sie berichten, geschehen nicht plötzlich, sondern nach und nach – in einer dem Menschen angemessenen Geschwindigkeit bzw. Langsamkeit. Denn Gregor versteht das ganze Heilswirken als pädagogisches Handeln Gottes an den Menschen;[427] nicht durch Gewaltanwendung, sondern durch Überzeugungskraft soll der Mensch dazu gebracht werden, das Evangelium anzunehmen:

> Durch stückweise Umstellungen wurden sie [die Menschen] heimlich zum Evangelium gebracht.[428]

Der Mensch sollte nicht durch eine zu schnelle oder zu umfassende Offenbarung Gottes bzw. der Trinität überfordert werden, wäre es für ihn doch nicht sicher (οὐ ἀσφαλές), sondern geradezu gefährlich.[429] Gregor vergleicht nun dieses Fortschreiten der Offenbarung Gottes in der Heiligen Schrift mit der fortschreitenden Erkenntnis des Menschen in der Theologie:

> Das Alte [Testament] verkündete deutlich den Vater, den Sohn aber [nur] dunkel. Das Neue [Testament] offenbarte den Sohn und wies auf die Gottheit des Geistes hin. Nun wohnt der Geist unter uns und gewährt uns eine klarere Offenbarung seiner selbst.[430]

---

425 Vgl. Greg. Naz., *or.* 31,24 [FC 22, 316.18–318.14].

426 Greg. Naz., *or.* 31,25 [FC 22, 318.19–21]: τὴν ἐντεῦθεν ἐπὶ τὰ ἐκεῖσε μετάστασιν, τὰ μηκέτι κινούμενα, μηδὲ σαλευόμενα. Nach Sieben 1996, 319 bezieht sich Gregor dabei auf Hebr 12,28.

427 Greg. Naz., *or.* 31,25 [FC 22, 320.7–8] sagt ausdrücklich, dass Gott nach der Art von Pädagogen (παιδαγωγικῶς) und Ärzten (ἰατρικῶς) handelt.

428 Greg. Naz., *or.* 31,25 [FC 22, 320.18–19]: ταῖς κατὰ μέρος μεταθέσεσι κλαπέντες ἐπὶ τὸ εὐαγγέλιον. Als Beispiel dafür nennt Greg. Naz., *or.* 31,25 [FC 22, 320.19–22] Paulus, der von der Beschneidung und der rituellen Reinigung weg und zum bekennenden Sprechen hin kam. Während er erstere als „Entgegenkommen" (οἰκονομία) Gottes wertet, sieht Gregor letzteres als Ausdruck der „Vollkommenheit" (τελειότης).

429 Vgl. Greg. Naz., *or.* 31,26 [FC 22, 322.7–16]. Zu οὐ ἀσφαλές vgl. auch Greg. Naz., *or.* 29,8.

430 Greg. Naz., *or.* 31,26 [FC 22, 322.4–7]: Ἐκήρυσσε φανερῶς ἡ Παλαιὰ τὸν Πατέρα, τὸν Υἱὸν ἀμυδρότερον. Ἐφανέρωσεν ἡ Καινὴ τὸν Υἱόν, ὑπέδειξε τοῦ Πνεύματος τὴν θεότητα. Ἐμπολιτεύεται νῦν τὸ Πνεῦμα, σαφεστέραν ἡμῖν παρέχον τὴν ἑαυτοῦ δήλωσιν. Mit σαφεστέραν verwendet Gregor einen Komparativ. In den vorangehenden Reden hat er diese grammatische Form oft verwendet,

Die Offenbarungsbewegung, die im Alten Testament ihren Anfang nimmt, setzt sich im Neuen Testament fort, doch ist sie damit keineswegs abgeschlossen. Die Erleuchtung des Menschen, also die Erkenntnis Gottes als Vater, Sohn und Geist, entfaltet sich in der Gegenwart immer wieder neu und immer vollkommener. So ist Gregor überzeugt, dass sogar den Jüngern Jesu nur so viel an Erkenntnis zugemutet wurde, wie sie zu verkraften imstande waren. Was sie zu ihrer Zeit und in ihrer Situation überfordert hätte, blieb vor ihnen verhüllt – so auch die Gottheit des Heiligen Geistes. Diese sollte erst später, also in Gregors erlebter Gegenwart, offenbar werden.[431] Die fortschreitende Entfaltung der Offenbarung Gottes ist in Gregors Verständnis auch Modell und Vorbild für die Theologie. Weder soll alle Erkenntnis auf einmal kundgetan, noch darf sie bis zum Schluss zurückgehalten werden; es gilt, eine angemessene Geschwindigkeit einzuhalten. Ein Beispiel dafür, wie diese Art und Weise, Theologie zu treiben, in der Praxis umzusetzen ist, erleben Hörerinnen und Leserinnen in Echtzeit mit: Gregor selbst beschreitet diesen Weg im Verlauf seiner fünf *Theologischen Reden*. Ausgehend von den Voraussetzungen zur Theologie (*or.* 27) und der Unerkennbarkeit des göttlichen Wesens (*or.* 28) entwickelt Gregor seine Lehre vom Vater und vom Sohn (*or.* 29 und *or.* 30) und vom Heiligen Geist (*or.* 31). In kunstvoller Beiläufigkeit begründet er hier seine Argumentation und stellt sie auf das Fundament der Heiligen Schrift.

Auf dieser Grundlage kommt Gregor zu seiner Meinung über den Heiligen Geist: Ebenso wie der Vater Gott ist und der Sohn Gott ist, ist auch dieser Gott. Ungetrennt in ihrer Herrlichkeit, in der Ehre, im Wesen und in der Herrschaft sollen sie auch gemeinsam verehrt werden.[432] In der Beziehung Gottes zum Menschen kommt dem Geist eine besondere Bedeutung zu. Er vergöttlicht (θεόω) ihn durch die Taufe und öffnet ihm den Zugang zu der fortschreitenden Annäherung an Gott. Gregor nennt das Wirken des Geistes eine „wahrhaft goldene und heilbringende Kette":[433]

---

wenn er sich scheute, von der Offenbarung Gottes in allzu absoluter Weise zu sprechen. Dies dürfte auch hier der Fall sein. Gregor erkennt innerhalb des Neuen Testaments eine fortschreitende Offenbarung des Heiligen Geistes: Wird dieser in den Evangelien erst sachte, dann deutlicher angekündigt, erleben die Jünger dessen Ankunft an Pfingsten hautnah mit, vgl. Greg. Naz., *or.* 31,26 [FC 22, 322.17–324.5].

431 Vgl. Greg. Naz., *or.* 31,27 [FC 22, 324.11–24]. Ohne die Stelle zu nennen, beruft sich Gregor bei dieser Aussage auf Joh 16,12–13, vgl. Sieben 1996, 325. Nach Norris 1991, 206–207 ist die theologische Vorstellung, dass die Offenbarung Gottes in der Bibel beginnt und über sie hinaus ihrer Vollendung zustrebt, genuin kappadokisch.

432 Vgl. Greg. Naz., *or.* 31,28 [FC 22, 326.1–9].

433 Greg. Naz., *or.* 31,28 [FC 22, 326.11–12]: χρυσῆ τις ὄντως σειρὰ καὶ σωτήριος. Gregor verwendet mit der „goldenen Kette" ein Bild, das er entweder direkt aus Hom., *Il.* 8,19 [ed. Rupé 2013, 248.19] oder aber aus Plat., *Tht.* 153 c-d [ed. Fowler 1961, 44–45] übernimmt, vgl. Sieben 1996, 327, Anm. 93. Gregor spricht hier nicht selbst vom „Wirken" des Geistes. Der Zusammenhang der Rede, vor allem auch der folgende Abschnitt (*or.* 31,29) legen es aber nahe, „Wirken" als Überbegriff für das Tun des Heiligen Geistes in der Welt zu verwenden.

> Denn vom Geist [kommt] für uns die Wiedergeburt; von der Wiedergeburt [kommt] die Erneuerung; von der Erneuerung aber [kommt] die Erkenntnis der Würde des Erneuernden.[434]

Der Heilige Geist ist gleichermaßen Begleiter auf dem Weg zu Gott, und die Tür, die diesen Weg eröffnet. Die vom Geist gewirkte Taufe ist es, in der der Mensch wiedergeboren wird. Durch sie tritt er ein in den Prozess zunehmender Annäherung an Gott; auf diesem Weg der Annäherung erfährt der Mensch eine fortwährende Neubildung bzw. Erneuerung (ἀνάπλασις); die Erneuerung wiederum lässt den Menschen immer klarer und deutlicher denjenigen erfahren, der da an ihm wirkt – nämlich den Geist selbst, der seiner Würde und seinem Wesen nach Gott ist.[435]

Was Gregor bisher über das Zeugnis der Heiligen Schrift über den Geist gesagt hat, richtet sich an all jene, die der Meinung waren, dass solche Zeugnisse in der Bibel fehlten. Er wollte zeigen, dass die Gottheit des Geistes selbst ohne explizite Aussagen aus der Schrift zu beweisen ist.[436] Selbst glaubt er aber keineswegs, dass die Schrift über den Geist schweigt. Im Gegenteil: Einen ganzen Schwarm von Zeugnissen (τῶν μαρτυριῶν ἑσμός) will er nun ins Feld führen. Er teilt die Schriftzitate in drei Gruppen ein.[437] Im ersten, kürzesten Abschnitt[438] erinnert Gregor an die enge Verbindung von Jesus Christus und dem Heiligen Geist, von der die Evangelien und die Apostelgeschichte erzählen: Der Geist kommt über Maria und bewirkt so die Menschwerdung Jesu; bei der Taufe im Jordan erscheint der Geist in der Gestalt einer Taube aus dem Himmel, in allem seinem Tun und Handeln wird Jesus vom Geist geleitet und begleitet; an Pfingsten tritt der Geist schließlich anstelle von Jesus in die Welt. Die Anwesenheit des Heiligen Geistes bezeugt in diesen Schriftzitaten, dass Jesus mit göttlicher Vollmacht handelt. Für Gregor folgt daraus: Was kann dann der Geist anderes sein als Gott? Im zweiten Abschnitt[439] nennt Gregor Bezeichnungen des Heiligen Geistes, die er vor allem den Paulusbriefen, aber auch dem Evangelium nach Johannes, Jesaja und der Weisheit Salomos entnimmt, und die nach seinem Verständnis die Gottheit des Geistes aussagen. Im dritten und längsten Abschnitt[440] zitiert Gregor schließlich Stellen aus dem Alten

---

434 Greg. Naz., *or.* 31,28 [FC 22, 326.12–15]: Καὶ παρὰ μὲν τοῦ Πνεύματος ἡμῖν ἡ ἀναγέννησις· παρὰ δὲ τῆς ἀναγεννήσεως ἡ ἀνάπλασις· παρὰ δὲ τῆς ἀναπλάσεως ἡ ἐπίγνωσις τῆς ἀξίας τοῦ ἀναπλάσαντος.

435 Vgl. dazu die Ausführungen zu den Sakramenten der Kirche, unten S. 240–247.

436 Vgl. Sieben 1996, 328–329, Anm. 94.

437 Die Angabe aller Schriftzitate findet sich in der Übersetzung von Lionel Wickham und Frederick Williams in Norris 1991, 295–297 und bei Sieben 1996, 329–333. Norris 1991, 209 geht davon aus, dass Gregor die Schriftzeugnisse der ersten Gruppe an die Adresse der Pneumatomachen richtet, die Zitate aus der zweiten und dritten Gruppe hingegen an die Eunomianer. Das kann sein, ist aber keineswegs zwingend.

438 Vgl. Greg. Naz., *or.* 31,29 [FC 22, 328.3–6].

439 Vgl. Greg. Naz., *or.* 31,29 [FC 22, 328.6–15].

440 Vgl. Greg. Naz., *or.* 31,29 [FC 22, 328.15–332.6].

und dem Neuen Testament, die das Wirken des Geistes in der Welt beschreiben. Er schickt voraus:

> Es ist nämlich [der Geist], der alle diese Dinge tut. Er erfüllt alles mit dem Sein. Er hält alles zusammen. Entsprechend [seinem] Wesen erfüllt er die Welt, doch für die Welt ist er nicht zu fassen aufgrund seiner Macht.[441]

Diese Aussage steht, ähnlich einer Überschrift, am Anfang einer langen Liste von verschiedenen Handlungsweisen des Geistes in der Welt: Die ganze Welt ist erfüllt vom Wirken des Geistes, doch erschöpft sich sein Wesen längst nicht in dem, was die Welt fassen und erfassen kann. Es entspricht dem Wesen des Geistes – und damit dem Wesen Gottes –, die Welt zu erfüllen, doch kann dieses Wesen wegen seiner Macht, also der Göttlichkeit, nicht gefasst werden. Gleich einem farbenprächtigen Feuerwerk lässt Gregor nun eine Fülle von biblischen Aussagen über den Heiligen Geist auf seine Zuhörerinnen und Leserinnen herabregnen. Auch wenn er es nicht ausdrücklich sagt, scheint Gregor die verschiedenen Schriftzitate doch in losen Gruppen thematisch zusammenzufassen. So lässt sich aus der Aufzählung eine Zeile von Eigenschaften des Geistes herauslesen: Der Geist ist nicht passiv, sondern aktiv Handelnder; er ist gleichwesentlich mit den anderen beiden Personen der Trinität; er hat die schöpferische Kraft Gottes – in der Schöpfung der Welt, aber auch in der Erneuerung des Menschen durch die Taufe und in der Auferstehung; er ist allwissend und handelt in vollkommener Souveränität; er ist es, der den Menschen umgestaltet, vollendet und vergöttlicht; er verteilt den Menschen ihre Gaben und weist ihnen entsprechende Aufgaben zu. Bei letzterem stützt sich Gregor auf 1Kor 12, wo Paulus Begabungen von Mitgliedern der christlichen Gemeinde beschreibt, die alle auf denselben Urheber zurückgehen: „Die uns zugeteilten Gaben sind verschieden, der Geist jedoch ist derselbe; die Dienste sind verschieden, der

441 Greg. Naz., *or.* 31,29 [FC 22, 328.15–330.2]: καὶ γὰρ ποιητικὸν τούτων ἁπάντων· πάντα τῇ οὐσίᾳ πληροῦν, πάντα συνέχον· καὶ γὰρ ποιητικὸν τούτων ἁπάντων· πάντα τῇ οὐσίᾳ πληροῦν, πάντα συνέχον· πληρωτικὸν κόσμου κατὰ τὴν οὐσίαν, ἀχώρητον κόσμῳ κατὰ τὴν δύναμιν· Die zweimalige Verwendung von οὐσία lässt bei der Übersetzung einigen Interpretationsspielraum offen: Erfüllt der Geist die Welt mit seinem – also dem göttlichen – Wesen oder verleiht er ihr „nur" das Sein, also ihre Existenz? Während sich Lionel Wickham und Frederick Williams in Norris 1991, 295 zweimal für „sein Sein" („his being") – also das göttliche Sein – entscheiden, wählt Sieben 1996, 329–331 in beiden Fällen das neutrale „Sein". Beide Varianten treffen Gregors Punkt meines Erachtens nicht ganz. Auch wenn Gregor das Sein bzw. Existieren der Schöpfung in seinen *Theologischen Reden* meist nicht als οὐσία, sondern als τὸ εἶναι bezeichnet (so etwa in *or.* 28,16 [FC 22, 126.15.24], *or.* 29,4 [FC 22, 176.20] und *or.* 30,11 [FC 22, 242.17], geht es hier im ersten Teil seiner Aussage nicht um das göttliche Wesen des Geistes. Die Passage erinnert stark an *or.* 28,6 [FC 22, 102.16–17], wo Gregor von Gott als demjenigen spricht, der „alle Dinge ins Sein gebracht hat und sie zusammenhält" (τὰ πάντα καὶ οὐσιώσαντος καὶ συνέχοντος). Diese Interpretation dürfte auch hier die zutreffende sein. Hingegen ist οὐσία im zweiten Teil der Aussage durchaus als Wesen des Geistes zu verstehen. „Entsprechend seinem Wesen die Welt erfüllend" (πληρωτικὸν κόσμου κατὰ τὴν οὐσίαν) und „aufgrund seiner Macht von der Welt nicht zu fassen" (ἀχώρητον κόσμῳ κατὰ τὴν δύναμιν) stehen einander als Gegensätze gegenüber.

Herr aber ist derselbe; das Wirken der Kräfte ist verschieden, Gott jedoch ist derselbe, der alles in allem wirkt. [...] Dies aber [d. h. die Gaben] wirkt ein und derselbe Geist, der jedem auf besondere Weise zuteil, so wie er will."[442] Ausgehend von diesem Schriftzitat kann Gregor vom Heiligen Geist sagen: „Er wirkt alles, was Gott wirkt"[443] und „er ist vielgewandt in seinem Wirken."[444] Das gilt nicht nur für die verschiedenen Gaben, die Menschen vom Heiligen Geist empfangen; das vielfältige Handeln des Geistes umfasst vielmehr alle Bereiche des menschlichen Lebens. Schlicht jede Erfahrung mit Gott, die Menschen in der Gegenwart – also nach der Auffahrt Jesu Christi in den Himmel – machen können, ist eine Erfahrung, die durch den Geist gewirkt wird.

Ebenso wie bereits in der Auseinandersetzung mit Schriftzeugnissen über den Sohn, geht Gregor auch hier kurz auf Stellen ein, die in niedrigerer Weise vom Geist sprechen (ὅσα δὲ κἀνταῦθα λέγεται ταπεινότερον). Dazu zählen für ihn Aussagen aus der Schrift, die vom Geist als einem Passiven sprechen – so etwa wenn es heißt, er werde gegeben, gesandt, ausgeteilt oder geschenkt.[445] Nach Gregors Verständnis sollen solche Schriftzitate zeigen, woher der Geist kommt (ἵνα τὸ ἐξ οὗ δειχθῇ) – nämlich aus der unfassbaren ersten Ursache (πρώτη αἰτία).[446]

5.7 Ein Bild für Gott? (*or.* 31,31–33)

Gregor kommt zum Schluss seiner Rede, der gleichzeitig auch den Schluss der gesamten fünf *Theologischen Reden* darstellt. Hier überdenkt er noch einmal ganz grundsätzlich die Möglichkeit von Bildern für das Wesen Gottes:

> Obwohl auch ich für mich viel und mit eindringlichem Geist nachgedacht und die Sache nach allen Richtungen hin geprüft und irgendein Bild für ein derartiges Ding

442 1Kor 12,4–6.11: Διαιρέσεις δὲ χαρισμάτων εἰσίν, τὸ δὲ αὐτὸ πνεῦμα· καὶ διαιρέσεις διακονιῶν εἰσίν, καὶ ὁ αὐτὸς κύριος· καὶ διαιρέσεις ἐνεργημάτων εἰσίν, ὁ δὲ αὐτὸς θεὸς ὁ ἐνεργῶν τὰ πάντα ἐν πᾶσιν· [...] πάντα δὲ ταῦτα ἐνεργεῖ τὸ ἓν καὶ τὸ αὐτὸ πνεῦμα διαιροῦν ἰδίᾳ ἑκάστῳ καθὼς βούλεται.

443 Greg. Naz., *or.* 31,29 [FC 22, 330.14]: ἐνεργοῦν ὅσα Θεός.

444 Greg. Naz., *or.* 31,29 [FC 22, 330.18]: πολύτροπον ταῖς ἐνεργείαις. Sieben 1996, 331 führt die Aussage inhaltlich zutreffend auf 1Kor 12,11 zurück. Allerdings taucht das Wort πολύτροπος dort nirgends auf. Hingegen erinnert πολύτροπος stark an den Anfang von Hom., *Od.* [ed. Weiher/Heubeck 2013, 6]. Als Kenner und Liebhaber antiker literarischer Werke dürfte Gregor den Begriff nicht zufällig gewählt haben. In einem Aufsatz hat Kakridis, 1921, 288–291 gezeigt, dass πολύτροπος seit jeher zwei unterschiedliche Bedeutungen kannte: Etymologisch liegt „vielgewandert" nahe. Metaphorisch verstanden und jünger ist „vielgewandt", also „wendig" oder auch „listig". Gregor geht es in seiner Auflistung von Bibelzitaten auch, aber längst nicht nur um die Allgegenwart des Geistes, sondern vielmehr um dessen unendlich vielfältige Wirkweisen. Entsprechend scheint mir eine Übersetzung mit „vielgewandt" sinnvoll.

445 Die Angabe der Schriftzitate ist wiederum in den Übersetzungen von Lionel Wickham und Frederick Williams in Norris 1991, 297 und bei Sieben 1996, 333 nachzuschlagen.

446 Vgl. Greg. Naz., *or.* 31,30 [FC 22, 332.17–24].

gesucht habe, fand ich unter den Dingen unten [d. h. den irdischen Dingen] nichts, das man auf die göttliche Natur übertragen kann.[447]

Gregor stellt zwei Bilder vor, die seiner Ansicht nach zwar eine kleine Ähnlichkeit (μικρά ὁμοίωσις) mit Gott haben, aber zum größeren Teil doch nicht zutreffen. Das erste Bild ist das einer „Quelle" (ὀφθαλμός), „entspringenden Wassers" (πηγή) und eines „Flusses" (ποταμός), wobei das erste für den Vater, das zweite für den Sohn und das dritte für den Geist steht.[448] Der Vergleich vermag Gregor aus zwei Gründen nicht zu überzeugen: Einerseits, weil er kein Fließen und damit keine Unstetigkeit der Gottheit annehmen will, und andererseits, weil das Wasser – wenn auch in unterschiedlicher Gestalt – eben doch eine Einheit ist.[449] Ein anderes Bild, das unter Theologen gerne verwendet wird, ist das von „Sonne" (ἥλιος), „Strahl" (ἀκτίς) und „Licht" (φῶς). Auch hier ist Gregor zurückhaltend: Erstens besteht die Gefahr, dass die nicht-zusammengesetzte Natur Gottes zusammengesetzt gedacht wird; zweitens legt das Bild nahe, dass nur die Sonne, also der Vater, göttlichen Wesens ist, während der Sohn und der Geist als Strahl und Licht nur unselbständige Kräfte (δυνάμεις) Gottes sind. Die etwas ausgeklügeltere Vorstellung eines Sonnenstrahls, der sich im Wasser spiegelt und an einer Wand als flimmerndes, tanzendes Licht sichtbar wird, lehnt Gregor ebenfalls ab. Auch hier ist die Sonne allein Ursprung des Strahls und des Lichts, und der Gedanke an Zusammensetzung, Fließen und Unstetigkeit liegt nahe.[450] So kann es in Gregors Augen schlichtweg keine zutreffende bildhafte Darstellung Gottes geben; denn selbst, wenn ein Element des Bildes passt, trifft der größere Teil nicht zu und muss verworfen werden.[451]

---

447 Greg. Naz., *or.* 31,31 [FC 22, 334.1–4]: Ὡς ἔγωγε πολλὰ διασκεψάμενος πρὸς ἐμαυτὸν τῇ φιλοπραγμοσύνῃ τοῦ νοῦ, καὶ πανταχόθεν τὸν λόγον εὐθύνας, καὶ ζητῶν εἰκόνα τινὰ τοῦ τοσούτου πράγματος, οὐκ ἔσχον ᾧτινι χρὴ τῶν κάτω τὴν θείαν φύσιν παραβαλεῖν.

448 Gregor sagt selbst, dass bereits andere an dieses Bild für Gott gedacht haben, und Sieben 1996, 334–335, Anm. 98 nennt als mögliche Bezüge Athenagoras, Tatian, Justin, Tertullian, Athanasius von Alexandrien, Ps. Gregor von Nyssa und Gregor Thaumaturgos. Das griechische Wort ὀφθαλμός bedeutet wörtlich „Auge". Vor Gregor von Nazianz hat bereits Gregor Thaumaturgos den Begriff im Sinn von „Quelle" verwendet, vgl. Lampe 1961, 988. Doch nicht nur ὀφθαλμός, sondern auch πηγή bedeutet „Quelle". Lionel Wickham und Frederick Williams lösen das Problem, indem sie „a source, a spring, and a river" übersetzen, vgl. Norris 1991, 298. Sieben 1996, 335 entscheidet sich weniger treffend für „eine Quelle, einen Fluss, einen Strom". Mit meiner Übersetzung versuche ich, der Unterscheidung zwischen dem zu Grunde liegenden, unsichtbaren Ursprung der Quelle, dem sichtbaren Entspringen des Wassers und dem Fließen des Flusses Rechnung zu tragen.

449 Vgl. Greg. Naz., *or.* 31,31 [FC 22, 334.4–14].

450 Bergmann 1995, 438, Anm. 441 vertritt die Meinung, dass Gregor in diesem Bild „die *Verschiedenheiten der Bewegungen* im gemeinsamen Bewegungsvorgang des Leuchtens und die *Einheit der Dreiheit* ästhetisch veranschaulichen" will. Meines Erachtens ist das Bild für Gregor jedoch auch deshalb reizvoll, weil die tanzenden und flimmernden Reflexionen des Lichts an der Mauer das vielfältige Wirken des Geistes auf der Welt veranschaulichen.

451 Vgl. Greg. Naz., *or.* 31,32–33 [FC 22, 334.15–338.4]. Die letzte Bemerkung dürfte Gregor hinzugefügt haben, weil er sich in seinen Reden ja einer ganzen Fülle von Bildern bedient.

Was bleibt also dem Theologen, wenn er weiterhin Theologie treiben will? In einem einzigen, langen Satz fasst Gregor zusammen:

> Am Ende schien es mir also am besten zu sein, sowohl die Bilder als auch die Schatten fahren zu lassen, da sie trügerisch und von der Wahrheit meilenweit entfernt sind, und mich selbst an Gott angemessenere Vorstellungen und an wenige Worte zu halten; mich dem Heiligen Geist als Führer anzuvertrauen, die Erleuchtung von dorther [d. h. vom Geist] zu empfangen und sie bis am Schluss als reine Partnerin und Begleiterin zu bewahren; meinen Weg durch diese Welt zu durchschreiten, und die Andern nach Kräften davor zu überzeugen, den Vater, den Sohn und den Heiligen Geist zu verehren – die eine Gottheit und Kraft; denn ihm ist alle Herrlichkeit, Ehre und Macht in Ewigkeit. Amen.[452]

Von allen Bildern für Gott Abschied nehmen – das ist am Ende seiner fünf *Theologischen Reden* das Rezept, das Gregor empfiehlt. Die Unbegreiflichkeit des göttlichen Wesens lässt keinen anderen Schluss zu. Und doch ist es die Lebensaufgabe eines jeden gläubigen Menschen, im Geist immer weiter aufzusteigen und sich Gott immer mehr anzunähern. Wer die Bilder hinter sich lässt, wird sich von konkreten Vorstellungen mehr und mehr lösen müssen und sich an „Gott angemessenere Vorstellungen" (εὐσεβέστεραι ἔννοιαι) halten – darunter versteht Gregor wohl die Rede von Vater, Sohn und Geist. Zwar sind auch die trinitarischen Personen letztlich nichts anderes als Bilder für Gott. Doch weil Gregor sie als Beziehungsbegriffe sieht, sind sie in seinen Augen wesentlich abstrakter und deshalb weniger trügerisch und irreführend als andere Bilder. Je weiter der Mensch auf seinem Weg der Erkenntnis Gottes aufsteigt, umso geringer wird das Vermögen der Worte. Sind es zunächst noch „wenige Worte" (ὀλίγα ῥήματα), an die er sich halten kann, wird er gezwungenermaßen auch diese bald aufgeben. Was nun folgen muss, sind nicht mehr nur Worte, sondern das ganze gelebte Leben der gläubigen Christinnen und Christen. Diesen Weg des Aufstiegs und der Erkenntnis kann der Mensch nicht von sich aus beschreiten. Er ist dazu auf den göttlichen Beistand des Heiligen Geistes angewiesen. In ihm vergegenwärtigt sich Gott dem Menschen, und die durch ihn gewirkte Erleuchtung führt und begleitet den Menschen durch diese Welt auf seinem Weg der Erkenntnis Gottes. Neben dem eigenen Erkenntnisweg ist es auch Aufgabe des Menschen, anderen die Trinität zu verkünden. Nachdem Gregor über fünf ganze Reden hinweg von Gott geredet und dabei nicht gerade wenige Worte verloren hat, dürfte diese Aussage nicht zuletzt auch seiner eigenen Rechtfertigung dienen. Und

---

452 Greg. Naz., *or.* 31,33 [FC 22, 338.5–15]: Τέλος οὖν ἔδοξέ μοι κράτιστον εἶναι τὰς μὲν εἰκόνας χαίρειν ἐᾶσαι καὶ τὰς σκιάς, ὡς ἀπατηλὰς καὶ τῆς ἀληθείας πλεῖστον ἀποδεούσας, αὐτὸν δὲ τῆς εὐσεβεστέρας ἐννοίας ἐχόμενον, ἐπ᾽ ὀλίγων ῥημάτων ἱστάμενον, ὁδηγῷ τῷ Πνεύματι χρώμενον, ἣν ἐντεῦθεν ἔλλαμψιν ἐδεξάμην, ταύτην εἰς τέλος διαφυλάσσοντα, ὡς γνησίαν κοινωνὸν καὶ συνόμιλον, τὸν αἰῶνα τοῦτον διαπορεύεσθαι διατέμνοντα, καὶ τοὺς ἄλλους πείθειν εἰς δύναμιν προσκυνεῖν Πατέρα, καὶ Υἱόν, καὶ τὸ ἅγιον Πνεῦμα, τὴν μίαν θεότητά τε καὶ δύναμιν, ὅτι αὐτῷ πᾶσα δόξα, τιμή, κράτος, εἰς τοὺς αἰῶνας τῶν αἰώνων· Ἀμήν.

hat Gregor seine *Erste*, *Dritte* und *Vierte Theologische Rede* jeweils mit einem Lob auf den Sohn, Jesus Christus, abgeschlossen,[453] stimmt er jetzt, am Ende der *Fünften Theologischen Rede* ins Lob der gesamten Trinität ein.

5.8 Zwischenfazit

Die Fünfte Theologische Rede *ist dem Heiligen Geist gewidmet. Gregors Ziel ist es, dessen Gottheit und damit auch die trinitarische Rede von Gott insgesamt unter Beweis zu stellen.*

Zunächst entfaltet Gregor in or. *31 seine eigene Lehre vom Heiligen Geist: Als dritte Person der Trinität ist der Geist gleichursprünglich und wesensgleich mit dem Vater und dem Sohn. Als heiliger Geist trägt er zur Gottheit die Heiligkeit bei – erst mit ihm ist Gott dem Menschen so nahe, dass dieser zu Vollkommenheit und zur Vereinigung mit Gott geführt wird. Durch ihn erreicht der Mensch die Erkenntnis, dass Jesus Christus aus dem Vater, also Gottes Sohn, ist, und dass sich Gott in ihm offenbart. Und im Heiligen Geist gelangt der Mensch zu der Erfahrung, dass Gott wie in Jesus Christus in jedem Menschen gegenwärtig ist. Gregors zentrales Anliegen in der letzten seiner* Theologischen Reden *ist es, die Erleuchtung des Menschen als gemeinsames Wirken aller trinitarischen Personen glaubhaft zu machen.*

Besonders ausführlich geht Gregor bei der Darstellung seiner eigenen Lehre des Heiligen Geistes auf die Frage ein, ob dieser ein Wesen (οὐσία) oder eine hinzugekommene, vergängliche Eigenschaft (συμβεβικός) sei – eine ursprünglich platonische Unterscheidung. Daran entscheidet sich für ihn, ob der Geist Gott ist oder nicht. Für Gregor ist klar, dass der Geist nur ein Wesen bezeichnen kann – und zwar kein Geschöpf, sondern Gott. Denn Gregor ist überzeugt: An etwas Geschaffenes lässt sich nicht glauben und durch etwas Geschaffenes kann der Mensch nicht zur Vollkommenheit gelangen. Nur Gott selbst kann den Menschen vergöttlichen.

Die Vorstellung, der Geist sei eine unselbständige Eigenschaft (συμβεβικός) Gottes, lehnt Gregor entschieden ab: Er wäre dann am ehesten als ein Wirken (ἐνέργεια) zu verstehen. Dieses ist in seinen Augen jedoch per se unselbständig: Es wird gewirkt und ist deshalb von etwas Wirkendem abhängig. Innerhalb der Trinität würde Wirken also zu wesenhaften Unterschieden führen, was für Gregor undenkbar ist. Er argumentiert, dass der Geist in der Bibel ausdrücklich als souverän Handelnder auftritt. Als Gott ist der Geist nicht anders denkbar denn als selbst Bewegender, Wirkender.

Nachdem er seine Haltung erklärt hat, geht Gregor auf eine Reihe von möglichen Einwänden gegen die Gottheit des Geistes ein. In der Dritten *und* Vierten Theologischen Rede *hat Gregor die Zeugung als einzigen Vorgang dargestellt, der etwas Wesensgleiches zur Folge hat. Der Geist darf aber nach seinem Verständnis weder als*

453 Vgl. Greg. Naz., *or.* 27,10 [FC 22, 90.15]; *or.* 29,21 [FC 22, 220.6–7]; *or.* 30,21 [FC 22, 272.6–8].

ungezeugt noch als gezeugt bezeichnet werden. Herausgefordert, eine zweite innertrinitarische Bewegung zu benennen, die die Wesensgleichheit des Geistes mit dem Vater wahrt, führt Gregor deshalb das Hervorgehen (ἐκπόρευσις) ein. Wie das göttliche Wesen und die Zeugung des Sohnes gehört auch das Hervorgehen des Geistes zum inneren Bereich Gottes und entzieht sich dem menschlichen Verstehen.

Den Vorwurf, er spreche von drei Göttern, weist Gregor weit von sich. In seinem Verständnis sind die trinitarischen Personen eins im Blick auf ihre Gottheit (θεότης) und damit in ihrer Macht, Würde und Zeitlosigkeit. Dieses Eine aber ist drei im Blick auf seine Besonderheiten (ἰδιότητες), das heißt in der Art ihrer Beziehungen untereinander sowie in der Art ihres Verborgenbleibens und Offenbarwerdens. Dem Heiligen Geist kommt die Rolle zu, dem Menschen Gott zu vergegenwärtigen: Er ist dem Menschen innerlich und ermöglicht ihm so erst das Gebet zu Gott und die Verehrung Gottes.

Im letzten und längsten Teil seiner Rede geht Gregor auf die Frage ein, ob und wie der Heilige Geist in der Schrift bezeugt ist. Er zeigt, dass Menschen, wenn sie ihre Erfahrungen mit Gott in Sprache zu fassen versuchen, Worte und Bilder aus dem materiellen Bereich wählen, obwohl Gott zeit- und körperlos ist. Gregor bezeichnet das, was Menschen von Gott erfahren können ausdrücklich als Kräfte (δυνάμεις) und Wirkweisen (ἐνέργειαι). Im Gegensatz zum Wesen oder zu den innertrinitarischen Vorgängen des Zeugens und Hervorgehens gehören diese für ihn zu Gottes Außenseite und sind als solche für den Menschen erfahrbar. Was aber wahrnehmbar und beschreibbar ist, ist nicht Gottes Wesen.

In der Frage nach dem Wirken Gottes bleibt Gregor auch in dieser Rede bei der Haltung, die sich auch in den übrigen Theologischen Reden abgezeichnet hat: Innertrinitarisch ist Wirken für ihn undenkbar, da es eine Rangordnung zur Folge hätte. Das Wirken Gottes hat seinen Ort zwischen dem Sohn bzw. dem Geist und der Welt. Es macht Gottes Heilshandeln erfahrbar und lässt dadurch auf die Tatsache des Seins – in Gregors Worten aus or. 28: auf das Dass – Gottes schließen; es vermittelt aber nie das Was Gottes, also Gottes Wesen.

Gregor deutet die Heilige Schrift als Zeugnis fortschreitender und zunehmender Offenbarung Gottes. Er versteht das ganze Heilswirken als pädagogisches Handeln Gottes, wobei dem Menschen immer nur so viel an Erkenntnis zugemutet wird, wie dieser zu verkraften imstande ist. Dieses Geschehen, das mit dem Alten Testament beginnt und im Neuen Testament fortgesetzt wird, reicht über die Bibel hinaus, hinein in die erlebte Gegenwart Gregors sowie seines Publikums und seiner Leserschaft: Der Sohn lässt sich aus dem Alten Testament nur erahnen, wird aber im Neuen Testament offenbar. Auf den Geist weist das Neue Testament hin, doch seine Offenbarung entfaltet sich im Hier und Jetzt.

Gregor vollzieht diese Bewegung zunehmender Offenbarung in seinen fünf Theologischen Reden nach: Von den Voraussetzungen zum Theologietreiben (or. 27) und der Unfassbarkeit Gottes (or. 28) ausgehend, entfaltet er mit seinen Reden vom Sohn (or. 29 und or. 30) und vom Heiligen Geist (or. 31) Stück für Stück seine Trinitätslehre. Es ist bezeichnend, dass er den Vater, der für die Unfassbarkeit und Unaussprechlich-

keit Gottes steht, in keiner der Reden diskutiert: Gregor erreicht dadurch Übereinstimmung von Form und Inhalt seiner Reden.

In seiner ersten Theologischen Rede *hat Gregor die Unterscheidung zwischen Gottes unfassbarem Wesen und Gottes erfahrbarem Wirken grob skizziert. Im Lauf der folgenden Reden hat er sie weiter ausformuliert und entfaltet, bis sie nun, mit der vollständigen Trinität zu einem vorläufigen Ende gelangt ist: Der Vater steht für die unfassbare, verborgene Seite Gottes. Der Sohn ist als einmalig fleischgewordener Logos Gottes der Prototyp der Offenbarung Gottes in der Welt. Der Heilige Geist wirkt immer wieder neu, er ist die Vergegenwärtigung der Offenbarung Gottes im Augenblick. Innerhalb des Heilshandelns Gottes an den Menschen kommen dem Sohn Jesus Christus und dem Heiligen Geist die entscheidenden Rollen zu: Ersterer ist der Beweis der Offenbarung und Gegenwart Gottes in der Welt. Letzterer bewirkt die Wiedergeburt des Menschen: Der Geist ist derjenige Aspekt Gottes, der Gott im Hier und Jetzt vergegenwärtigt. Er ist es, der den Menschen in die Bewegung des Aufstiegs zu Gott hineinnimmt und ihn auf diesem Weg leitet. Für Gregor ist damit jede Erfahrung Gottes, die Menschen in der Gegenwart machen können, geistgewirkte Erfahrung.*

Wo diese Orte sind, an denen der Mensch nach Gregors Verständnis Gott im Heiligen Geist durch den Sohn aus dem Vater Gott erfährt, ist Thema der nächsten Kapitel.

III. Praktische Entfaltung

1. Ein anderer Zugang: Eingedenksein Gottes als gelebter Glaube

1.1 Theologie treiben oder Gottes gedenken?

In seinen fünf *Theologischen Reden* hat Gregor ausführlich Theologie betrieben: Er hat seine Trinitätslehre dargestellt und die Grenzen theologischen Denkens und Sprechens sorgfältig ausgelotet und beschrieben. Dabei wurde deutlich, dass Gregor dem theologischen Nachdenken zutraut, die vielfältigen Wirkweisen Gottes – genauer: des Sohnes und des Geistes – als solche zu erkennen, und dass dieses Erkennen Schritt für Schritt zu der Gewissheit führt, *dass* Gott ist und sich der Welt zuwendet. Was hingegen aus dem Nachdenken über die Wirkweisen Gottes nicht hervorgehen kann, ist die Erkenntnis, *was* Gott ist. Das Wesen Gottes, das dem Vater, dem Sohn und dem Geist gemein ist, bleibt dem menschlichen Denken und Sprechen unbegreiflich und verborgen. Dennoch finden sich in Gregors Schriften immer wieder Aussagen, die den Eindruck vermitteln, dass er sich nicht konsequent an seine Position der Unfassbarkeit Gottes hält. Im Gegenteil: Gerade, wenn Gregor von der Wiedergeburt, der Erleuchtung oder der Vergöttlichung des Menschen spricht, entsteht der Eindruck, dass er eine sehr große Nähe von Gott und Mensch für möglich hält.

Wie lassen sich diese beiden gegensätzlichen Haltungen vereinbaren? In seiner *Ersten Theologischen Rede* beschreibt Gregor die Voraussetzungen, die zur Theologie nötig sind. Dabei unterscheidet er zwischen dem „Theologietreiben“ (θεολογεῖν) und dem „Eingedenksein Gottes“ (μεμνῆσθαι Θεοῦ):[1]

> Ich sage nicht, dass man nicht zu jeder Zeit Gottes eingedenk sein soll. [...] Gottes eingedenk zu sein, ist wichtiger als zu atmen. Und, wenn ich das so sagen darf, man soll eigentlich gar nichts Anderes als das tun. Auch ich gehöre zu denen, die das Wort empfehlen, das befiehlt, Tag und Nacht zu meditieren, und am Abend und am Morgen und am Mittag zu künden und den Herrn zu jeder Zeit zu preisen; und wenn auch [das Wort] von Mose gesagt werden muss, wenn man sich niederlegt, wenn man aufsteht, wenn man eine Reise unternimmt, oder was auch immer man tut, man soll sich durch

1 Das griechische μιμνήσκω (μεμνῆσθαι ist der mediopassive Infinitiv perfekt) kann auf Deutsch in zwei unterschiedlichen Richtungen übersetzt werden: Wird es als „erinnern“ interpretiert, bezieht es sich im heutigen Sprachgebrauch auf etwas Vergangenes. Hingegen deutet die Übersetzung „Eingedenksein“ bzw. „Gedächtnis“ darauf hin, dass das Ins-Gedächtnis-Gerufene durch das Gedenken gegenwärtig wird. Gregor geht es, wenn er von μεμνῆσθαι Θεοῦ spricht, klar um diese zweite Bedeutung. Entsprechend verwende ich im Folgenden das Substantiv „Eingedenksein“ und, zugunsten eines leichteren Leseflusses „Gedächtnis“ sowie die Verben „gedenken“ und „eingedenk sein“.

das Gedächtnis Gottes auf die Reinheit hin prägen lassen. Was ich verhindern will, ist also nicht das ständige Gedächtnis, sondern das [ständige] Theologietreiben.[2]

Theologie zu treiben ist nach Gregors Verständnis eine intellektuelle Tätigkeit: Nach den Gesetzen der Logik erforscht der Theologe das Vermögen von Denken und Sprechen in Bezug auf Gott. Aufgabe der Theologie ist es nicht nur, so weit wie möglich zu denken, sondern auch, die Grenzen des Denkens und des Sprechens auszuloten und zu kennzeichnen. Das Theologietreiben als intellektueller Vorgang braucht bestimmte Voraussetzungen: Geeignete beteiligte Menschen, einen entsprechenden Ort, die richtigen Themen und eine passende und beschränkte Zeit.[3] Dem Eingedenksein Gottes kommt indes eine andere Rolle zu: Es soll zu jeder Zeit (πάντοτε) stattfinden. Es kommt noch vor dem Atmen, ist also noch elementarer als diejenige Körperfunktion, die zum Leben am unmittelbarsten notwendig ist. Der Mensch, so Gregor, soll eigentlich gar nichts anderes tun, als Gottes eingedenk zu sein. Sich Gott zu vergegenwärtigen und den Geist auf Gott auszurichten, schafft erst den Raum, in dem der gläubige Mensch lebt. Das Gedächtnis Gottes ist Voraussetzung nicht nur für theologisches Nachdenken und Sprechen, sondern für das Leben überhaupt. Anhand dreier Psalmworte beschreibt Gregor genauer, was er unter dem Gedächtnis Gottes versteht: Es bedeutet, Gott „Tag und Nacht zu meditieren" (vgl. Ps 1,2),[4] von Gott „Abends und morgens und mittags will ich erzählen" (Ps 54,18)[5] und „den Herrn loben zu jeder Zeit" (vgl. Ps 33,2).[6] Das Gedächtnis Gottes kommt in diesen Aspekten christlicher Glaubenspraxis zum Ausdruck und wird durch sie seinerseits eingeübt und gefestigt. So prägt und formt (τυπόω) das Gedächtnis Gottes den Menschen auf immer größere Reinheit (καθαρότητα) hin und führt zu immer größerer Annäherung an Gott.[7]

---

2 Greg. Naz., *or.* 27,4 [FC 22, 74.9–19]: Καὶ οὐ λέγω τοῦτο μὴ δεῖν πάντοτε μεμνῆσθαι Θεοῦ. [...] Μνημονευτέον γὰρ Θεοῦ μᾶλλον ἢ ἀναπνευστέον· καί, εἰ οἷόν τε τοῦτο εἰπεῖν, μηδὲ ἄλλο τι ἢ τοῦτο πρακτέον. Κἀγὼ τῶν ἐπαινούντων εἰμὶ τὸν λόγον, ὃς μελετᾶν ἡμέρας καὶ νυκτὸς διακελεύεται, καὶ ἑσπέρας καὶ πρωῒ καὶ μεσημβρίας διηγεῖσθαι, καὶ εὐλογεῖν τὸν κύριον ἐν παντὶ καιρῷ· εἰ δεῖ καὶ τὸ Μωυσέως εἰπεῖν, κοιταζόμενον, διανιστάμενον, ὁδοιποροῦντα, ὅ τι οὖν ἄλλο πράττοντα, καὶ τῇ μνήμῃ τυποῦσθαι πρὸς καθαρότητα. Ὥστε οὐ τὸ μεμνῆσθαι διηνεκῶς κωλύω, τὸ θεολογεῖν δέ·

3 Vgl. Greg. Naz., *or.* 27,3 [FC 22, 70.16–74.8].

4 Ps 1,1–2: Μακάριος ἀνήρ, ὅς [...] ἐν τῷ νόμῳ αὐτοῦ μελετήσει ἡμέρας καὶ νυκτός. Hier bezieht sich der Aufruf auf das dauernde Meditieren des Gesetzes Gottes.

5 Ps 54,18: ἑσπέρας καὶ πρωῒ καὶ μεσεμβρίας διηγήσομαι.

6 Ps 33,2: Εὐλογήσω τὸν κύριον ἐν παντὶ καιρῷ.

7 Bereits in *or.* 3,7 [SC 247, 250–252] hat Gregor zwischen Theologie und gelebtem Glauben unterschieden und der nazianzenischen Gemeinde letzteren ans Herz gelegt: Τὸ δὲ εὐσεβὲς, μὴ ἐν τῷ πολλάκις περὶ Θεοῦ λαλεῖν, ἀλλ' ἐν τῷ τὰ πλείω σιγᾷν εἶναι τιθέμενοι· γλῶσσα γὰρ ὄλισθος ἀνθρώποις μὴ λόγῳ κυβερνωμένη· καὶ ἀκινδυνοτέραν ἀκοὴν ἀεὶ λόγου νομίζοντες ὥστε τι μανθάνειν ἥδιον ἢ διδάσκειν περὶ Θεοῦ, τὴν μὲν ἀκριβεστέραν τούτων ἐξέτασιν τοῖς οἰκονόμοις τοῦ λόγου παραχωροῦντες, αὐτοὶ δὲ λόγῳ μὲν εὐσεβοῦντες ὀλίγα, ἔργῳ δὲ πλείονα, καὶ τῇ τηρήσει τῶν νόμων μᾶλλον ἢ τῷ θαυμάζειν τὸν νομοθέτην τὸ περὶ αὐτὸν φίλτρον ἐπιδεικνύμενοι, φεύγοντες κακίαν, διώκοντες ἀρετὴν, πνεύματι ζῶντες, πνεύματι στοιχοῦντες, τούτῳ τὴν γνῶσιν

Der Zusammenhang, den Gregor zwischen dem Eingedenksein Gottes und der Reinheit herstellt, wird auch in seinem Predigen als Priester und Seelsorger sichtbar. Für die kappadokischen Bauern war das Jahr 373 kein gutes Jahr. Im Frühling waren die Blüten der Reben erfroren, was den Ausfall der Weinernte bedeutete; im frühen Sommer zerstörte ein Hagelsturm das wachsende Getreide auf den Feldern. Gregors Vater, Bischof von Nazianz, war zu dieser Zeit bereits hochbetagt und vermochte nicht auf die Schwierigkeiten zu reagieren. Also musste Gregor diese Aufgabe selbst übernehmen und richtete sich mit *or.* 16 an seine Gemeinde.[8] Herausgefordert, eine Antwort zu geben auf die Frage nach dem Sinn des Leidens und danach, wie die Güte Gottes mit dem erfahrenen Übel in der Welt zusammengedacht werden kann,[9] deutet Gregor die Not, die über die Bevölkerung von Nazianz gekommen ist, als pädagogisches Handeln Gottes:

> Es ist besser, jetzt erzogen und gereinigt zu werden, als zu den Qualen im Jenseits geschickt zu werden, denn dann wird die Zeit der Strafe sein, nicht der Reinigung. Wie nämlich derjenige stärker ist als der Tod, der Gottes hier gedenkt, wie es am besten von dem göttlichen David weise gesagt worden ist, so gibt es für die Verstorbenen im Hades kein Bekenntnis und keine Besserung. Denn hier [d. h. im Diesseits] hat Gott das Leben und das Handeln zusammengeschlossen, dort [d. h. im Jenseits] aber ist die Prüfung dessen, was man gemacht hat.[10]

Während der Dauer seines Lebens – und nur so lange! – hat der Mensch die Aufgabe und die Möglichkeit zu lernen, sich von Gott erziehen zu lassen und sich zu reinigen. Dies, so Gregor, mag zwar manchmal unangenehm sein, ist aber doch viel besser, als nach dem Tod für Fehler zu büßen. Denn während der Mensch zu Lebzeiten selbst über sein Handeln entscheiden kann, ist es dazu im Jenseits zu spät. Entsprechend ruft Gregor seine kappadokische Gemeinde dazu auf, die erlebte Not als Chance zu deuten. In Anlehnung an Ps 6,6, in dem es heißt: „Denn im Tod ist nie-

---

ἕλκοντες, […]. (Die Frömmigkeit aber liegt nicht darin, dass man viel über Gott spricht, sondern darin, dass man zu den meisten Dingen schweigt. Die Zunge ist nämlich wie ein glitschiger Untergrund für die Menschen, bei denen sie nicht von der Vernunft gelenkt wird [d. h. sie werden ausrutschen und fallen]. Und glaubt, dass das Hören immer ungefährlicher ist als das Sprechen, so dass es angenehmer ist, etwas über Gott zu lernen als zu lehren; überlasst die gründliche Untersuchung dieser Dinge den Verwaltern des Wortes; ihr selbst aber sollt weniger im Reden als vielmehr in euren Werken fromm sein; und durch die Befolgung des Gesetzes mehr als durch die Bewunderung des Gesetzgebers sollt ihr eure Zuneigung zu diesem bekunden, indem ihr das Böse flieht, nach der Tugend strebt, im Geist lebt, um euch Erkenntnis anzueignen.)

8 Vgl. McGuckin 2001, 206–207.

9 In or. 18, 28 [PG 35, 1017.41–46] beschreibt Gregor verschiedene Ursachen für Krankheit und Leiden: Sie dienen entweder zur Reinigung, als Prüfung der Tugend und der Gesinnung oder zur Stärkung für die, die Ausdauer durch Leiden lernen müssen.

10 Greg. Naz., *or.* 16,7 [PG 35, 944.28–36]: […] βέλτιον εἶναι νῦν παιδευθῆναι καὶ καθαρθῆναι, ἢ τῇ ἐκεῖθεν βασάνῳ παραπεμφθῆναι, ἡνίκα κολάσεως καιρὸς, οὐ καθάρσεως. Ὥσπερ γὰρ θανάτου κρείττων ὁ ἐνταῦθα Θεοῦ μνημονεύων, καὶ κάλλιστα τῷ θείῳ Δαβὶδ τοῦτο πεφιλοσόφηται· οὕτως οὐκ ἔστιν ἐν ᾅδῃ τοῖς ἀπελθοῦσιν ἐξομολόγησις καὶ διόρθωσις. Συνέκλεισε γὰρ ὁ Θεὸς ἐνταῦθα μὲν καὶ βίον καὶ πρᾶξιν, ἐκεῖ δὲ τὴν τῶν πεπραγμένων ἐξέτασιν.

mand, der deiner [d.h. Gottes] gedenkt. / Im Hades niemand, der dich bekennt."[11] sagt er, nicht nach dem Tod, sondern jetzt sei der Moment, Gottes zu gedenken. Aus der biblischen Aussage, im Tod werde Gottes nicht gedacht, zieht Gregor mutig einen Umkehrschluss: Wer Gottes in diesem Leben gedenkt (ὁ ἐνταῦθα Θεοῦ μνημονεύων), ist mächtiger als der Tod. Oder in anderen Worten: Wo Gottes gedacht wird, hat der Tod keine Macht. Das Gedächtnis Gottes ist für Gregor damit in allerhöchstem Maße lebenspendend und lebenstiftend. Wer zu Lebzeiten Gottes gedenkt, hat darüber hinaus die größere Chance, nach dem Tod ganz mit Gott vereint zu werden:

> Die einen werden das unaussprechliche Licht und die Schau der heiligen und königlichen Dreifaltigkeit erhalten, welche am reinsten und hellsten leuchtet und sich vollständig mit dem Verstand vereint, zu jener Schau, von der ich annehme, dass sie wirklich allein das Himmelreich ist.[12]

In der Hoffnung auf eine solche Vereinigung mit Gott fordert Gregor seine Gemeinde auf, genau hinzuschauen, eigene Fehler und Verfehlungen aus der Vergangenheit zu erkennen und zu bekennen. Besonders kritisiert er das gierige Streben nach Reichtum sowie die Ignoranz gegenüber anderen Menschen, insbesondere den Notleidenden:

> Einer aber opferte seinem Netz, weil es viel [Fang] eingebracht hatte; und das, was sie von dem Armen geraubt haben, haben sie in ihren Häusern [verwahrt]; entweder gedachte er Gottes nicht, oder er gedachte Gottes in schlechter Weise, indem er sagte: Gepriesen sei der Herr, denn wir sind reich geworden.[13]

Mit seinem Beispiel, das er aus Hab 1,16 entnimmt, will Gregor zeigen, was geschieht, wenn Menschen Gottes falsch oder gar nicht gedenken. Nur wer Gott ganz und gar vergessen hat, kann auf die unsinnige Idee kommen, seinem Fischernetz ein Opfer zu bringen, weil es einen großen Fang eingebracht hat. Denn nicht vom Netz kommt der Fang, sondern von Gott. Gottes zu gedenken, bedeutet in diesem Zusammenhang das Bewusstsein, dass Gott die Welt und alles in ihr Enthaltene schafft, erhält und besitzt. Doch ebenso falsch ist es, Gottes nur dann zu gedenken und Gott dann zu loben, wenn man zu Reichtum kommt. Der Mensch darf die Gaben Gottes benutzen und soll sie umsichtig verwalten. Doch sie gehören einzig Gott. Deshalb ist es auch falsch, überflüssige Güter in den eigenen Häusern zu horten.

---

11 Ps 6,6: ὅτι οὐκ ἔστιν ἐν τῷ θανάτῳ ὁ μνημονεύων σου· ἐν δὲ τῷ ᾅδῃ τίς ἐξομολογήσεταί σοι; (Denn niemanden gibt es im Tod, der an dich [d.h. Gottes] erinnert, / in der Unterwelt, wer wird dich (dort) preisen?)

12 Greg. Naz., *or.* 16,9 [PG 35, 945.36–40]: τοὺς μὲν τὸ ἄφραστον φῶς διαδέξεται, καὶ ἡ τῆς ἁγίας καὶ βασιλικῆς θεωρία Τριάδος ἐλλαμπούσης τρανώτερόν τε καὶ καθαρώτερον, καὶ ὅλης ὅλῳ νοΐ μιγνυμένης, ἣν δὴ καὶ μόνην μάλιστα βασιλείαν οὐρανῶν ἐγὼ τίθεμαι·

13 Greg. Naz., *or.* 16,18 [PG 35, 960.14–16]: Ὁ δὲ ἔθυσε τῇ ἑαυτοῦ σαγήνῃ πολλὰ συναγούσῃ, καὶ τὴν ἁρπαγὴν τοῦ πτωχοῦ ἐν τοῖς οἴκοις ἔχων, ἢ οὐκ ἐμνήσθη Θεοῦ, ἢ κακῶς ἐμνήσθη, Εὐλογητὸς Κύριος, εἰπὼν, ὅτι πεπλουτήκαμεν·

Aufgrund der Ernteausfälle im Jahr 379 ersuchten die kappadokischen Bauern die politische Verwaltung um einen Steuererlass. Diese zeigte jedoch kein Entgegenkommen, sondern drohte Nazianz mit einem Militärschlag. Mit *or.* 17 wendet sich Gregor gegen Ende des Jahres wiederum an seine Gemeinde und auch an den Provinzstatthalter.[14] Den ersten Teil der Rede richtet er an seine Gemeinde. Wie bereits in *or.* 16 steht auch hier die Frage nach einem guten Umgang mit dem Leiden im Vordergrund, doch anders als dort scheint Gregor hier eher Ermutigung und Zuspruch vermitteln zu wollen.[15] Dazu bedient er sich hauptsächlich der Sprache der Psalmen und kommt in diesem Zusammenhang wieder auf das Gedächtnis Gottes zu sprechen:

> Welche Hilfe kann ich Elender finden, oder welchen Trost? Zu wem soll ich in meiner Bedrängung fliehen? David, der große Diener Gottes, der durch den Geist in ihm mit seinem Gesang die bösen Geister überwunden hat, antwortet dir: Zu wem du fliehen sollst, willst du von mir erfahren, doch weißt du es nicht selbst? Wer ist es, der die ermatteten Hände stärkt und erschlaffte Knie kräftigt und durch das Feuer führt und durch das Wasser rettet? Du brauchst, sagt David, nicht ein Heer, nicht Waffen, nicht Bogenschützen, nicht Reiter, nicht Berater, nicht Freunde, nicht Hilfe von außen. In dir selbst hast du das Bündnis, auch ich habe es und jeder, der es will. Man muss es nur wollen, nur nach ihm trachten. Nahe ist der Trost, er ist in deinem Mund und in deinem Herzen: „Ich gedachte Gottes," sagt David, „und wurde froh." Was ist schneller zur Hand als das Gedächtnis? Gedenke auch du und werde froh! Oh, wie leicht das Heilmittel zu erhalten ist! Oh, wie schnell die Pflege bereit steht! Oh, wie groß das Geschenk ist! Gottes zu gedenken stillt nicht nur Kleinmut und Trauer, sondern es bewirkt auch Freude.[16]

Auf die Frage nach Hilfe und Trost in der Not lässt Gregor David mit Worten aus Ps 76,4 antworten.[17] Er appelliert an die Glaubenskraft seiner Hörer und Hörerin-

---

14 Vgl. McGuckin 2001, 207.211–213.

15 Hat seine Rede über die göttliche Erziehung die kappadokischen Bauern vielleicht nicht restlos überzeugen können…?

16 Greg. Naz., *or.* 17,2 [PG 35, 968.14–38]: Τίνα βοήθειαν εὕροιμι κακοπαθῶν, ἢ τίνα παράκλησιν; πρὸς τίνα καταφύγω στενοχωρούμενος; Ἀποκρίνεταί σοι Δαβὶδ ὁ μέγας θεραπευτὴς, ὁ καὶ πνευμάτων πονηρῶν κατεπᾴδων διὰ τοῦ ἐν αὐτῷ Πνεύματος. Πρὸς τίνα καταφεύξῃ παρ' ἐμοῦ βούλει μαθεῖν, αὐτὸς δὲ οὐκ ἐπίστασαι; Τίς ὁ τὰς παρειμένας ἐνισχύων χεῖρας, καὶ γόνατα παραλελυμένα παρακαλῶν, καὶ διὰ πυρὸς ἄγων, καὶ σώζων δι' ὕδατος; Οὐδὲν δεῖ σοι παρατάξεως, φησὶν, οὐχ ὅπλων, οὐ τοξοτῶν, οὐχ ἱππέων, οὐ συμβούλων, οὐ φίλων, οὐκ ἐπικουρίας τῆς ἔξωθεν. Ἔχεις ἐν σεαυτῷ τὴν συμμαχίαν, ἣν κἀγὼ καὶ πᾶς ὁ βουλόμενος. Θελῆσαι δεῖ μόνον, ὁρμῆσαι μόνον. Ἐγγὺς ἡ παράκλησις, ἐν τῷ στόματί σου, καὶ ἐν τῇ καρδίᾳ σου· Ἐμνήσθην τοῦ Θεοῦ, φησὶ, καὶ εὐφράνθην. Τί μνήμης ἑτοιμότερον; Μνήσθητι καὶ σὺ, καὶ εὐφράνθητι. Ὢ τοῦ εὐπορίστου τῆς ἰατρείας! ὢ τοῦ τάχους τῆς θεραπείας! ὢ τοῦ μεγέθους τῆς δωρεᾶς! Οὐ κοιμίζει μόνον ὀλιγοψυχίαν καὶ λύπην μνημονευθεὶς ὁ Θεὸς, ἀλλὰ καὶ εὐφροσύνην ἐργάζεται.

Mit Waffen (ὅπλα), Bogenschützen (τοξόται), Reiter (ἱππεῖς), Berater (σύμβουλοι), Hilfe (ἐπικουρία) und Bündnis (συμμαχία) verwendet Gregor Kriegsvokabular. Möglicherweise erscheint es ihm angesichts eines drohenden Militärschlags gegen Nazianz passend.

17 Ps 76,4: ἐμνήσθην τοῦ θεοῦ καὶ εὐφράνθην· Das Zitat bei Gregor weicht vom Text des hebräischen Alten Testaments (BHS) erheblich ab. Es entspricht aber sehr genau der Lesart der heute

nen und fordert sie auf, sich daran zu erinnern, dass jede Kraft und Rettung letztlich nur von Gott kommen kann. Bemerkenswert ist dabei, dass Gregor die Hilfe, die von Gott kommt, ausdrücklich als eine Hilfe beschreibt, die nicht von außen kommt (οὐκ ἐπικουρίας τῆς ἔξωθεν), sondern als ein Bündnis, das der Mensch in seinem Innern finden kann (ἐν σεαυτῷ συμμαχίαν). Der Weg, sich mit der Kraft Gottes zu verbinden und sie als Verbündete zu gewinnen, ist nach Gregors Überzeugung das Gedächtnis Gottes (μνήμη). Sie ist es, sagt er mit den Worten aus Ps 76,4, die Mutlosigkeit und Trauer vertreibt und den Menschen froh werden lässt. Das Gedächtnis Gottes ist selbst eine Gabe Gottes: Ein Geschenk, das immer und überall zur Verfügung steht und das, wenn es angenommen wird, eine kaum zu unterschätzende wohltuende Wirkung ausübt.

Im zweiten Teil von *or.* 17 wendet sich Gregor an den Provinzstatthalter und versucht, diesen zu Entgegenkommen gegenüber den kappadokischen Bauern zu bewegen.[18] Hier wird deutlich, dass für ihn zum Gedächtnis Gottes auch die Erinnerung an das eigene, menschliche Wesen gehört:

> Du aber, Mensch Gottes, erinnere dich daran, wessen Geschöpf du bist, wozu du berufen bist, was du hast und was du schuldest, von wem du die Vernunft, das Gesetz, die Propheten, ja selbst das Erkennen Gottes und das Nicht-Verzweifeln angesichts des Kommenden hast. Ahme deshalb die Menschenfreundlichkeit Gottes nach. Das ist das göttlichste, was der Mensch hat: Gutes zu tun. Du kannst ohne Mühe Gott werden! Lass den richtigen Augenblick zur Vergöttlichung nicht [ungenutzt] verstreichen![19]

Gregor ruft den Statthalter dazu auf, sich auf seine eigene Beschaffenheit als Geschöpf Gottes zu besinnen:[20] Das Leben, die Vernunft, die Heilige Schrift, die Zuversicht allen Unsicherheiten zum Trotz und auch die Erkenntnis Gottes sind dem Menschen von Gott gegeben. Schlicht alles, was der Mensch hat und ist, hat er von Gott. Zum menschlichen Wesen gehört auch das Geschaffensein nach Gottes Ebenbild, das hier zwar nicht ausdrücklich erwähnt wird, aber den Hintergrund

---

überlieferten Septuaginta, die mit dem Alten Testament, das Gregor kannte, weitgehend übereinstimmt. Allerdings ist Ps 76 auch nach der Septuaginta nicht David, sondern Asaf, zugeschrieben. Möglicherweise lag der Text Gregor beim Verfassen seiner Rede nicht schriftlich vor, sondern er zitiert aus dem Gedächtnis. In *epist.* 223,3 [Gallay (Hg.) (Bd. 2) 1967, 125] gibt Gregor die Stelle noch einmal wieder und legt sie in der gleichen Weise aus: Das Eingedenksein Gottes hilft dem Menschen, seine Not in den richtigen Verhältnissen zu sehen; es ist damit ein wirksames Gegenmittel gegen Schmerz und Trauer.

18 Zwar könnte der Statthalter Gregors *or.* 17 als Rede gehört haben, wahrscheinlicher ist es jedoch, dass sie ihn in schriftlicher Form erreichte, vgl. McGuckin 2001, 207, 211–213.

19 Greg. Naz., *or.* 17,2 [PG 35, 976.40–47]: Σὺ δὲ, ἄνθρωπε τοῦ Θεοῦ, μνήσθητι τίνος εἶ ποίημα, καὶ ποῦ καλῇ, καὶ πόσα ἔχεις, καὶ πόσον ὀφείλεις, παρὰ τίνος σοι λόγος, νόμος, προφῆται, αὐτὸ τὸ εἰδέναι Θεὸν, τὸ μὴ ἀπελπίζειν τὰ προσδοκώμενα. Μίμησαι διὰ ταῦτα Θεοῦ φιλανθρωπίαν. Τοῦτο ἔχει μάλιστα θεῖον ἄνθρωπος, τὸ εὖ ποιεῖν.Ἔξεστί σοι Θεὸν γενέσθαι μηδὲν πονήσαντι· μὴ πρόῃ τὸν καιρὸν τῆς θεώσεως.

20 Mit μνήσθητι benutzt Gregor hier dieselbe Verbform wie in *or.* 17,2. Vgl. auch Greg. Naz., *or.* 27,7 [FC 22, 82.2–3], wo Gregor an die Geburt des Menschen „von oben" (ἄνωθεν) erinnert.

seines Gedankenganges darstellt. Am klarsten kann die Gottebenbildlichkeit dann hervortreten, wenn der Mensch die Menschenfreundlichkeit (φιλανθρωπία) Gottes nachahmt – Gregor nennt sie hier sogar „das Göttlichste, was der Mensch hat" und den Weg, ohne Mühe selbst Gott zu werden (Θεὸν γενέσθαι). Mit dem Gedächtnis Gottes geht die Besinnung auf das eigene, menschliche Wesen Hand in Hand. Beides zusammen eröffnet dem Menschen den Weg zur Vergöttlichung (θέωσις).

Eine besondere Stellung nimmt das Gedächtnis Gottes in Gregors Denken im liturgischen Feiern ein. In seiner Rede zum Fest der Heiligen Lichter (*or.* 39), in dem Jesu Taufe im Jordan gefeiert wird,[21] bezeichnet Gregor das Gedächtnis Gottes ausdrücklich als Hauptinhalt der Festlichkeiten:

> Weil die Hauptsache des Festes das Gedächtnis Gottes ist, lasst uns Gottes gedenken![22]

Vor dem Hintergrund der Unterscheidung zwischen „Theologietreiben" (θεολογεῖν) und „Gottes eingedenk sein" (μεμνῆσθαι Θεοῦ) in *or.* 27,4 wird klar: Das Fest ist nicht Anlass zum Theologietreiben, also zu einer intellektuellen theologischen Auseinandersetzung, sondern zum Gedächtnis – das heißt: zum Meditieren, Künden, Preisen und zur liturgischen Verehrung Gottes. Und während die Theologie die Aufgabe hat, Grenzen des Denkens und der Sprache auszuloten, vermögen das Feiern und und die Verehrung Gottes die Schranken zwischen Himmel und Erde zu überwinden:

> Ich glaube nämlich, dass der Klang der Feiernden von dorther, wo die Wohnung aller Glückseligen ist, nichts anderes ist als das: Gott besungen und verherrlicht von denen, die der Bürgerschaft dort für würdig befunden worden sind.[23]

Im Gedenken Gottes, in der Feier des Festes stimmen Erde und Himmel, irdische und himmlische Mächte miteinander in den Lobpreis Gottes ein.[24] Mehr noch: Im Gedenken und Feiern wird Gott selbst für die Feiernden gegenwärtig. Nur mit zitternder Stimme und mit zitternden Gedanken (φρίττων καὶ γλῶσσαν και διάνοιαν)[25] kann Gregor in solcher Nähe zu Gott sprechen und wünscht sich, die

21 Vgl. die Hintergrundinformationen zu Gregors *Epiphaniereden* im Einleitungskapitel oben, S. 22 f.

22 Greg. Naz., *or.* 39,11 [SC 358, 170]: Ἐπεὶ δὲ κεφάλαιον ἑορτῆς μνήμη Θεοῦ, Θεοῦ μνημονεύσωμεν.

23 Greg. Naz., *or.* 39,11 [SC 358, 170]: Καὶ γὰρ τὸν ἐκεῖθεν τῶν ἑορταζόντων ἦχον, ἔνθα εὐφραινομένων πάντων ἡ κατοικία, οὐκ ἄλλο τι ἢ τοῦτο εἶναι νομίζω, Θεὸν ὑμνούμενόν τε καὶ δοξαζόμενον τοῖς τῆς ἐκεῖσε πολιτείας ἠξιωμένοις.

24 Gregor weist darauf hin, dass er diesen Gedanken schon einmal ausgeführt hat, nämlich in Greg. Naz., *or.* 38,17 [SC 358, 144]. Dort schreibt er zum Fest zu Weihnachten: Ἔστω κοινὴ πανήγυρις οὐρανίων καὶ ἐπιγείων δυνάμεων. Πείθομαι γὰρ κἀκείνας συναγάλλεσθαι καὶ συμπανηγυρίζειν σήμερον, εἴπερ εἰσὶ φιλάνθρωποι καὶ φιλόθεοι [...]. (Es sei aber eine gemeinsame Feier der himmlischen und der irdischen Mächte. Denn ich bin überzeugt, dass sich heute auch jene mit uns mitfreuen und mit uns mitfeiern, wenn es wahr ist, dass sie sowohl die Menschen als auch Gott lieben [...].)

25 Vgl. Greg. Naz., *or.* 39,11 [SC 358, 170].

Gegenwart Gottes möge durch seine Worte auch für seine Hörerinnen und Leserinnen erfahrbar werden.[26]

Gregors Verständnis des Gedächtnisses Gottes (μνήμη Θεοῦ und verwandte Verben) lässt sich anhand dreier miteinander verbundener Bereiche beschreiben und zusammenfassen.[27] Das Gedächtnis Gottes, Gottes Macht, Größe und Güte bewirkt im Menschen erstens ehrliche *Selbsterkenntnis*: Als Geschöpf ist der Mensch ganz und gar auf Gott angewiesen. Das Leben sowie alle Güter empfängt er als Geschenk Gottes. Damit geht die Verantwortung einher, sorgsam und gerecht damit umzugehen. Durch das Gedächtnis Gottes geht der Mensch zweitens eine *innere Verbindung mit Gott* ein. Diese ist nicht nur Quelle von Frohsinn, Freude und Kraft in allen Lebenslagen, sondern wirkt in allerhöchstem Maß lebenspendend. Wer auf diese Weise mit Gott verbunden ist, ist mächtiger als der Tod und hat überdies gute Aussichten darauf, nach dem Tod die Trinität zu schauen und mit Gott vereinigt zu werden. Und drittens versteht Gregor das Gedächtnis Gottes als Überbegriff für verschiedene *Aspekte christlicher Glaubenspraxis*: Er nennt sie in *or.* 27,4: Meditieren (μελετεῖν), Künden (διηγεῖσθαι) und Preisen (εὐλογεῖν). Zu Letzterem gehört auch die liturgische Feier und Verehrung Gottes.

Das Gedächtnis Gottes (μνήμη θεοῦ) ist indessen keine Neuerfindung Gregors. Zu seiner Zeit hat der Begriff bereits eine längere Geschichte, die mindestens bis ins 1. Jahrhundert n. Chr. zurückreicht.[28] Im Folgenden wird diese Tradition anhand der drei Bereiche des Gedächtnisses Gottes, die sich bei Gregor bestimmen lassen, beleuchtet – der *Selbsterkenntnis*, der *inneren Verbindung mit Gott* sowie der *christlichen Glaubenspraxis*.[29]

---

26 Vgl. Dörrie 1970, 140.

27 Der Vollständigkeit halber seien hier zwei weitere Stellen genannt, an denen Gregor von der μνήμη Θεοῦ spricht. In seinem *Alphab. par. 1* [ed. Sakkelion 1890, 18], einem als Akrostichon gestalteten Lehrgedicht, schreibt Gregor: Μνήμης δὲ αὐτοῦ μηδαμῶς λάθῃ ποτέ. (Vergiss nie sein [d. h. Gottes] Gedächtnis.)

28 Einen Einblick bietet Lemaitre 1953, 1858–1862, ausführlicher ist Sieben 1977, 1407–1414. Während Lemaitre Gregor als einen der „Meister bzw. Lehrer der μνήμη θεοῦ" („maître de la μνήμη θεοῦ") bezeichnet, misst Sieben der μνήμη θεοῦ bei Gregor keine wichtige Rolle zu. Er macht für den Ausdruck μνήμη Θεοῦ in der Geschichte des Christentums sowohl eine allgemeine als auch eine spezielle Bedeutung aus. Dem allgemeinen Sinn nach bedeutet μνήμη θεοῦ, so Sieben, nichts anderes, als dass „sich der Mensch an Gott erinnert, ohne dass der Kontext ausführen würde, *wie* dies geschieht" („l'homme se souvient de Dieu, mais le contexte ne précise pas de quelle manière"). Zu den Autoren, die μνήμη θεοῦ in dieser (nicht über den Wortsinn hinausgehende) Weise verwenden, zählt Sieben neben Philon von Alexandria unter anderen auch Origenes, Athanasius und – meines Erachtens zu Unrecht – Gregor von Nazianz. Hingegen findet er Hinweise auf μνήμη θεοῦ in „einem ganz spezifischen Sinn" („un sens tout à fait spécifique") bei Pseudo-Makarius, Basilius von Caesarea und Evagrius Pontikos.

29 Für die Darstellung der Tradition des Gedächtnisses Gottes konzentriere ich mich auf diejenigen Stellen in den antiken Quellen, in denen der Begriff als Substantiv (μνήμη θεοῦ) erscheint. Berücksichtigt werden diejenigen Autoren, die vor Gregor lebten und von denen anzunehmen ist, dass er ihre Schriften kannte oder mindestens mit ihrem Gedankengut in Berührung gekommen ist.

1.2 Gedächtnis Gottes in spätantiker Tradition

1.2.1 Selbsterkenntnis

Das Gedächtnis Gottes (μνήμη θεοῦ) als Weg zur ehrlichen *Selbsterkenntnis des Menschen* findet sich bereits beim jüdischen Philosophen und Theologen Philon von Alexandria (ca. Ende des 1. Jhs. v. Chr. – Mitte des 1. Jhs. n. Chr.). Dieser beschreibt sie ausdrücklich als Mittel, um Gottes Macht im Gegensatz zu der eigenen, menschlichen Schwäche wahrzunehmen. Das Gedächtnis Gottes wird so zum wirksamsten Heilmittel gegen die menschliche Überheblichkeit:

> Um aber den Hochmut noch weiter weg zu schicken und ihn ganz zu besiegen, hält er [d. h. Mose] [Folgendes] für die Gründe, weshalb man das Gedächtnis Gottes unvergesslich als Bild in unsere Gedanken geprägt haben solle: „er ist es nämlich, der dir", sagt er „die Kraft gibt, Macht auszuüben;"[30] – das ist sehr lehrreich. Denn wer gründlich belehrt worden ist, dass er seine Lebenskraft und Stärke als Geschenk von Gott erhalten hat, der denkt [auch] an seine Schwäche, die er hatte, bevor er in den Genuss dieses Geschenkes kam; und er wird den hohen und übermäßig stolzen Sinn von sich weisen und dem Urheber der Wandlung zum Besseren dankbar sein. Eine dankbare Seele aber ist der Feind der Prahlerei, wie umgekehrt Undankbarkeit dem Hochmut nahe verwandt ist.[31]

Wie Philon von Alexandria sieht auch Basilius von Caesarea (329/330 bis 378) die Überheblichkeit des Menschen als größte Bedrohung für das Gedächtnis Gottes (μνήμη θεοῦ). Nur wer über die angemessene Bescheidenheit verfügt, kann sich den Willen und die Gerichte Gottes stets vergegenwärtigen:

> Ein Christ darf sich nicht überheben und sich durch nichts vom Gedächtnis Gottes und von seinem Willen und seinen Gerichten wegziehen lassen.[32]

Den gleichen Gedanken formuliert Basilius auch in seinen Mönchsregeln. Auf die Frage, aus welchen Gründen jemand aus dem ununterbrochenen Gedächtnis Gottes herausfalle, lautet seine Antwort:

---

30 Vgl. Dtn 8,18.

31 Vgl. Phil. Alex., *virt.* 165 [Opera V, 318]: στέλλειν δ᾽ ἔτι μᾶλλον καὶ καθαιρεῖν ὑπεροψίαν ἀξιῶν τὰς αἰτίας ἐπιλέγει, δι᾽ ἃς ἄληστον ἐχρῆν τὴν τοῦ θεοῦ μνήμην ἀγαλματοφορεῖν. „οὗτος γάρ σοι" φησί „δίδωσιν ἰσχὺν ποιῆσαι δύναμιν"· ἄγαν παιδευτικῶς· ὁ γὰρ ἀκριβῶς ἀναδιδαχθείς, ὅτι δῶρον εἴληφε παρὰ θεοῦ τὸ εὔτονον καὶ ῥωμαλέον, τὴν ἰδίαν ἀσθένειαν ἐκλογιζόμενος, ἥν πρὶν ἀπολαῦσαι τῆς δωρεᾶς εἶχε, τὸ ὑψηλὸν καὶ ὑπέραυχον φρόνημα διώσεται καὶ εὐχαριστήσει τῷ τῆς κρείττονος αἰτίῳ μεταβολῆς. ψυχὴ δὲ εὐχάριστος ἀλαζονείᾳ πολέμιος, ἐπεὶ καὶ τοὐναντίον ἀχαριστία συγγενὲς ὑπεροψίᾳ.

32 Bas., *epist.* 22,1 [ed. Courtonne 1957 (Bd. I), 53–54]: Ὅτι οὐ δεῖ τὸν χριστιανὸν μετεωρίζεσθαι οὐδὲ ἀφέλκεσθαι ὑπό τινος ἀπὸ τῆς μνήμης τοῦ Θεοῦ καὶ τῶν αὐτοῦ θελημάτων καὶ κριμάτων.

> Wenn jemand nicht mehr an die Wohltaten Gottes denkt und sich in Unbewusstsein gegenüber dem Wohltäter befindet.[33]

Eben diese Verfehlung hat Eusebius von Caesarea (vor 264/265 bis 339/340) bereits den griechischen Philosophen vorgeworfen: Anstatt vom Gedächtnis Gottes zu sprechen (οὐδ' ὅλως θεοῦ μνήμην ποιησαμένων) hätten diese die Schöpfung einzig einem „grundlosen Antrieb" (ἀλόγῳ φορᾷ) und einer „zufälligen Bewegung" (αὐτομάτῳ κινήσει) zugeschrieben.[34] Doch nicht nur ein falsches Verständnis des Ursprungs der Welt, auch übermäßiger Besitz führt in seinen Augen zu Überheblichkeit und erschwert oder verunmöglicht sogar das Gedächtnis Gottes.[35]

Während Gregor eher am Rand vom Gedächtnis Gottes als Mittel zu einer angemessenen Selbstwahrnehmung spricht, formulieren die Autoren vor ihm, aber auch Basilius, diese Aussage deutlicher. Es ist gut möglich, dass dieser Gedanke für Gregors Zuhörer in Kappadokien so selbstverständlich und vertraut war, dass er nicht weiter entfaltet werden musste.

1.2.2 Verbindung mit Gott

Wenn Gregor in *or.* 16 und *or.* 17 vom Gedächtnis Gottes als Mittel zu einer *inneren Verbindung mit Gott* spricht,[36] zitiert er dabei verschiedene Psalmen. Besonders Ps 6,6 und Ps 76,4 dienen ihm dabei als zentrale Stellen. Ungefähr zeitgleich mit Gregor von Nazianz spricht Gregor von Nyssa (geboren zwischen 335 und 340 und gestorben vor 400) in seiner Homilie zum 6. Psalm vom Gedächtnis Gottes (μνήμη τοῦ θεοῦ), das er mit dem Bekenntnis Gottes gleichsetzt. Dieses, so Gregor von Nyssa, kann den Menschen wohl im Leben, nicht aber im Tod von seinen Krankheiten heilen.[37] Der Umkehrschluss, den Gregor zieht, wonach derjenige stärker ist als der Tod, der Gottes im Hier und Jetzt gedenkt, erscheint beim anderen Gregor nicht.

---

33 Bas., *reg. brev.* [PG 31, 1289.16–21]: Ἐάν τις ἀμνήμων γένηται τῶν εὐεργεσιῶν τοῦ Θεοῦ, καὶ ἀσυνείδητος εὑρεθῇ πρὸς τὸν εὐεργέτην. Entsprechend kann Basilius den Grund für die erfahrene Abwendung Gottes, wie sie in Ps 43,25 beklagt wird, in der fehlenden Glaubenspraxis festmachen: Der Mensch verwirft das Gedächtnis Gottes und ist für das vermeintliche Vergessensein von Gott eigentlich selbst verantwortlich, vgl. Bas., *Hom. in Ps. 29* [PG 29, 308.41]. Ein ähnlicher Gedanke dürfte auch hinter der Aussage des Gregor von Nyssa stecken, wonach den Israeliten auf ihrer Wanderung durch die Wüste nicht nur Wasser fehlte, sondern auch das Gedächtnis Gottes, vgl. Greg. Nyss., *Moys.* 1,324 [GNO 7/1, 29.4–5].

34 Vgl. Eus., *pr. ev.* 1,8,13 [GCS 43/1, 32].

35 Vgl. Eus., *Is. I* 31 (3,16–23) [GCS E 9, 25].

36 Anders als Basilius, der das Gedächtnis Gottes (μνήμη θεοῦ) in Anlehnung an Paulus (vgl. Röm 13,14; Gal 3,27) als etwas versteht, was den Geist des Menschen außen herum bedeckt (τὸν νοῦν ἡμῶν ἡ τοῦ Θεοῦ μνήμη περισκεπάζῃ), vgl. Bas., *Hom. in Ps. 44* [PG 29, 412.28].

37 Vgl. Greg. Nyss., *in sext. Ps.* [GNO 5, 191.13–26]; Greg. Nyss., *hom. in Cant.* 15 [GNO 6, 464.14–17].

Zu Ps 76 hat Origenes einen ausführlichen Kommentar geschrieben, den Gregor mit großer Wahrscheinlichkeit gekannt hat.[38] Origenes macht den Grund der in Ps 76 thematisierten Not in den menschlichen Leidenschaften (πάθη) aus. Wer sich davon befreien und in seiner Not getröstet werden will, der braucht dazu nichts weiter als das Gedächtnis Gottes:

> Wenn wir aber – nachdem wir uns an der Leidenschaft festgehalten haben und es zurückwiesen, getröstet zu werden – [doch] getröstet und froh werden wollen, dann genügt uns das Gedächtnis Gottes. Er [d. h. David] fügt nämlich hinzu: Ich gedachte Gottes und wurde froh. Wenn dir also etwas Trauriges passiert, obwohl du ein Mensch der Kirche bist und betest, und du dich von dieser Traurigkeit verdunkelt und bedrückt siehst, dann erinnere dich an dieses Wort der Hoffnung, der Seligkeit in Christus, und die Trauer wird sofort von dir abfallen.[39]

Wie später Gregor zieht bereits Origenes aus Ps 74,4 den Schluss, dass das Gedächtnis Gottes ein sofort wirksames Mittel gegen die Traurigkeit ist.[40] Auch in seinen Augen sind die Leidenschaften und das Gedächtnis Gottes zwei schlichtweg unvereinbare Kräfte. Wo die eine ist, kann die andere keinen Platz haben:

> […] Wie kann das Gedächtnis Gottes mit den Leidenschaften in Einklang stehen? Wo Gedächtnis Gottes ist, da wird die Leidenschaft vertrieben. Wo Leidenschaft ist, gedenkt man Gottes nicht.[41]

Während Gregor dem Eingedenksein Gottes zutraut, dass der Mensch mit seiner Hilfe eine innere Verbindung mit Gott eingehen kann, geht Origenes noch nicht so weit. Vielmehr betont er den Unterschied zwischen der Erinnerung an etwas und der Anwesenheit desselben. Er erläutert diese Unterscheidung anhand von Zacharias und seinem Sohn Johannes dem Täufer (vgl. Lk 1,57–66): Zacharias bedeutet „Erinnerung Gottes“ (vom hebräischen זכר). Die Namensgebung drückt nach Origenes’ Verständnis die Hoffnung der Eltern aus, ihr Kind möge sich stets an Gott

38 Vgl. oben, S. 28 ff.

39 Orig., *Hom. Ps.* 76,6 [GCS NF 19, 302.16–303.4]: Εἰ δὲ θέλομεν, μετὰ τὸ ὑπὸ τοῦ πάθους κρατηθῆναι ἀρνησάμενοι τὸ παρακληθῆναι, παρακληθῆναι καὶ εὐφρανθῆναι, ἀρκεῖ ἡμῖν μνήμη θεοῦ. Ἐπιφέρει γὰρ καὶ λέγει· *ἐμνήσθην τοῦ* θεοῦ καὶ ηὐφράνθην. Ἐάν ποτε οὖν συμβῇ σοί τι λυπηρόν, ὡς τῆς ἐκκλησίας εὐχόμενος εἶναι ἄνθρωπος, καὶ ἴδῃς σεαυτὸν ὑπὸ τῆς λύπης ἐσκοτωμένον καὶ κεκρατημένον ὑπ’ αὐτῆς τῆς λύπης, μνήσθητι τῶν λόγων αὐτοῦ τῆς ἐλπίδος, τῆς μακαριότητος τῆς ἐν Χριστῷ, καὶ εὐθέως ἀποπεσεῖται ἡ λύπη (eigene Hervorhebung).

40 Dieser Gedanke findet sich auch bei Eus., *Ps.* 76 [PG 23, 889.42–44] und Greg. Nyss., *hom. in Cant.* 15 [GNO 6, 464.14–17]. Eusebius verwendet in seinem Psalmenkommentar ähnlich wie Gregor den Begriff σύμμαχος (Verbündeter), jedoch nicht wie dieser seine συμμαχία im Sinne eines Bündnisses mit Gott, sondern im Gegenteil als Bezeichnung des Mitkämpfers des Menschen, der sich gerade nicht trösten lassen und nicht froh werden will.

41 Orig., *hom.* 76,6 [GCS NF 19, 303.6–8]: […] τίς συμφώνησις μνήμῃ θεοῦ καὶ πάθει; ὅπου μνήμη θεοῦ, πάθος πεφυγάδευται· ὅπου πάθος, οὐ μέμνηταί τις τοῦ θεοῦ. Origenes bringt diese Stelle mit Ps 6,6 in Verbindung: Aus diesem Grund könne es im Tod niemanden geben, der Gottes gedenken würde.

erinnern.[42] Dem damaligen Brauch entsprechend hätte Johannes wie sein Vater Zacharias heißen müssen. Für Johannes, der Christus, also Gott, von Angesicht zu Angesicht kannte, hätte dieser Name jedoch nach Origenes nicht gepasst:[43]

> Dieser [Zacharias] will sich an den abwesenden Gott erinnern, durch das Erinnern aber wird deutlich, dass Gott nicht bei ihm ist; denn für den Anwesenden ist es nicht nötig, sich an einen Anwesenden zu erinnern: Ich erinnere mich zum Beispiel an einen weggegangenen Bruder, an einen abwesenden Freund, aber ich erinnere mich nicht an einen Anwesenden, weil ich diesen ja sehe.[44]

Gegenüber der Erinnerung an Gott, die dem Menschen wieder zu Freude verhelfen kann, versteht Origenes die Anwesenheit Gottes als eine noch intensivere Erfahrung. Sie macht nicht nur froh (εὐφραίνει), sondern „überfroh“ (ὑπερευφραίνει).[45] Gregor übernimmt diesen Unterschied nicht. Im Gedächtnis ist Gott für ihn gegenwärtig.

1.2.3 Glaubenspraxis

In Gregors Denken beinhaltet das Gedächtnis Gottes (μνήμη θεοῦ) nicht nur die ehrliche menschliche Selbsterkenntnis und eine innere Verbindung mit Gott, sondern beeinflusst auch maßgeblich die gelebte christliche Glaubenspraxis; diese wirkt sich ihrerseits wieder auf die Selbstwahrnehmung und die Beziehung zu Gott aus. Anklänge an das Gedächtnis Gottes in Verbindung mit gelebtem Glauben lassen sich bereits vor Gregor finden – im Zusammenhang mit dem Halten der Gebote und dem guten, moralisch richtigen Tun, aber auch im Zusammenhang mit dem Gebet und der Verehrung Gottes.

Für Philon von Alexandria ist das Gedächtnis Gottes (μνήμη θεοῦ) schlicht „Anfang und Ende aller guten Dinge“ bzw. jedes guten Tuns (τῶν καλῶν ἀρχὴ καὶ τέλος).[46] Er empfiehlt:

---

42 Diese Interpretation des Namens Zacharias liefert Origenes, wenn auch weniger ausführlich, auch in seinem Kommentar zum Johannesevangelium. Dort deutet er die Namen der Eltern von Johannes auf dessen Person hin: Zacharias bedeutet „Erinnerung“ (μνήμη); Johannes wurde also, so Origenes, aus der Erinnerung an Gott (ἐκ τῆς περὶ θεοῦ μνήμης) gezeugt, vgl. Orig., *comm. Joh.* II, 33, 198 [GCS 10, 90]; vgl. ebenso in zwei Fragmenten zum Lukasevangelium, *Frag. in Luc.* 48 und 49 [GCS 49, 247]. Eus., *dem. ev.* 7,1.111 [GCS 23, 319] deutet den Namen Zacharias ebenfalls auf diese Weise.

43 Vgl. Orig., *hom. Ps.* 76,6 [GCS NF 19, 304.1–12].

44 Orig., *hom. Ps.* 76,6 [GCS NF 19, 304.12–16]: Ὁ τοίνυν ἀπόντος θεοῦ θέλων μεμνῆσθαι, διὰ τοῦ μεμνῆσθαι αὐτοῦ δηλοῖ ὅτι οὐ πάρεστιν αὐτῷ ὁ θεός, τῷ δὲ παρόντι οὐ χρεία ἐστὶ μνήμης τῆς περὶ τοῦ παρόντος· οἷον μέμνημαι τοῦ ἀποδημοῦντος ἀδελφοῦ, μέμνημαι τοῦ ἀπόντος φίλου, οὐ μέμνημαι τοῦ παρόντος, βλέπω γὰρ αὐτόν.

45 Vgl. Orig., *hom. Ps.* 76,6 [GCS NF 19, 304.1–12].

46 Vgl. Phil. Alex., *Migr. Abr.* 56 [Opera II, 279].

> Jedem menschlichen Handeln sollen die heiligen und wichtigen Dinge vorangehen, die als Anführer das Gedächtnis Gottes haben.[47]

Justin der Märtyrer (zweite Hälfte des 2. Jhs.) deutet die Gebote als Hilfestellung für die Menschen, Gottes zu gedenken. So kann er sagen:

> Das Sabbathalten wurde euch auferlegt, damit ihr Gottes gedenkt.[48]

Auch Vorschriften, die sich auf die Kleidung der Juden beziehen, etwa die Quasten am Saum und die Gebetsriemen, dienen als sichtbare Zeichen dazu, Gottes zu gedenken. Dies, so Justin, ist deshalb notwendig, weil das Gedächtnis Gottes (μνήμη θεοῦ) im Herzen nicht groß genug ist.[49] Auch Philon von Alexandria hat das Halten der Gebote als alltägliches Gedenken Gottes gedeutet und dieses wiederum als höchstes Gut gerühmt:

> Weil sie [d. h. das jüdische Volk] es nämlich gewohnt sind, von ihrer nötigen Nahrung die Erstlingsgabe abzugeben, werden sie Gott in unauslöschlichem Gedächtnis haben, und es kann kein größeres Gut als dies gefunden werden.[50]

Während bei Gregor das Gedächtnis als Anfang der inneren Verbindung zu Gott steht, scheint in den Mönchsregeln von Basilius das Handeln nach Gottes Willen diese Verbindung erst zu ermöglichen:

> Im sorgfältigen Eifer gegenüber dem Willen Gottes im Hinblick auf das Werk, liegt die Verbindung mit Gott durch das Gedächtnis.[51]

Der Christ soll all sein Handeln nach dem Willen Gottes ausrichten und stets an Gott denken. Entsprechend deutet Basilius Unachtsamkeit und Pflichtvergessenheit als Zeichen fehlenden Gedächtnisses Gottes:

> Möget ihr jene Vorschrift einhalten: Ob ihr esst oder trinkt oder sonst etwas tut, tut alles zur Ehre Gottes. (1Kor 10,31) Wenn einer bei seinem Tun aber die Sorgfalt gegen-

---

47 Phil. Alex., *Quaest. in Ex.* 9 [ed. Petit 33, 289]: ἵνα πάσης ἀνθρωπίνης πράξεως αἱ ἅγιαι καὶ σπουδαῖαι προηγῶνται, χορηγὸν ἔχουσαι τὴν περὶ θεοῦ μνήμην.

48 Iust. Mart., *dial.* 19,6 [Paradosis 47, 230].

49 Iust. Mart., *dial.* 46,5 [Paradosis 47, 298]. Im *Dialog mit dem Juden Tryphon* stellt Justin das Christentum als die wahre Philosophie und deshalb den griechischen Philosophenschulen und vor allem dem Judentum deutlich überlegen dar. Damit ist Justin laut Greschat/Tilly 2005, 14 „der erste bedeutende christliche Schriftsteller, der die Juden explizit als Feinde Christi und der Christen bezeichnet und der hiermit den Anspruch verbindet, die Christen seien das exklusiv wahre Volk Israel." Einen guten Überblick über Justins Verhältnis zum Judentum bietet Rokéah 2001.

50 Phil. Alex., *Spec. Leg.* I, 133 [Opera V, 32]: ἐθιζόμενοι γὰρ ἀεὶ καὶ τῆς ἀναγκαίας τροφῆς ἀπάρχεσθαι τὴν θεοῦ μνήμην ἄληστον ἕξουσιν, οὗ μεῖζον ἀγαθὸν οὐκ ἔστιν εὑρεῖν. Vgl. auch *Spec. Leg.* II, 171 [Opera V, 127–128]: πρῶτον μὲν θεοῦ μνήμη, ἧς οὐκ ἔστιν εὑρεῖν ἀγαθὸν τελειότερον [...]. (Zuerst kommt das Gedächtnis Gottes, gibt es doch kein vollkommeneres Gut als dieses [...].)

51 Bas., *reg. fus.* 5,3 [PG 31, 921.46–48]: Ἐν δὲ τῇ ἀκριβεῖ πρὸς τὸ θέλημα τοῦ Θεοῦ περὶ τὸ ἔργον σπουδῇ συνάπτεσθαι τῷ Θεῷ διὰ τῆς μνήμης ὑπάρξει.

über dem Gesetz vernachlässigt, dann ist klar, dass er hinsichtlich des Gedächtnisses Gottes schwach ist.[52]

Basilius' Bruder, Gregor von Nyssa, versteht das Gedächtnis Gottes (μνήμη θεοῦ) gar als eine Kette, welche unbesonnene Hände rechtzeitig binden und ihnen Einhalt gebieten kann.[53] Doch selbst wenn der Mensch dennoch auf Abwege geraten ist, kann das Gedächtnis Gottes noch helfen. Immerhin ist Basilius überzeugt: So lange im Menschen noch ein Funken des Gedächtnisses Gottes glimmt, ist es für Umkehr und Rettung nicht zu spät.[54]

Neben diesen Auswirkungen auf das Handeln des Menschen betonen bereits Autoren vor Gregor den Zusammenhang zwischen dem Gedächtnis Gottes und dem Gebet. In seiner Schrift *Über das kontemplative Leben* beschreibt Philon das Leben der sogenannten „Therapeuten":[55]

> Ewig ununterbrochen haben sie das Gedächtnis Gottes, so dass sie sich auch in ihren Träumen nichts Anderes vorstellen als die Schönheiten der göttlichen Güte und Macht. So haben viele von ihnen auch im Schlaf, als sie träumten, von den berühmten Lehren der heiligen Philosophie gesprochen. Zwei Mal an jedem Tag pflegen sie zu beten, bei Tagesanbruch und am Abend; wenn die Sonne aufgeht, bitten sie um einen guten Tag, dass das himmlische Licht ihren Verstand erfülle; wenn die Sonne untergeht, bitten sie, ihre Seele möge von den Sinnen und dem Haufen sinnlicher Wahrnehmungen ganz und gar erleichtert werden, damit sie in ihrer eigenen Versammlung und in ihrem Rat die Spuren der Wahrheit verfolgt.[56]

---

52 Bas., *reg. fus.* 5,3 [PG 31, 924.9–13]: Καὶ κατορθοῖ τὸ προστεταγμένον ἐκεῖνο· Εἴτε ἐσθίετε εἴτε πίνετε, εἴτε τι ποιεῖτε, πάντα εἰς δόξαν Θεοῦ ποιεῖτε. Παραφθείρων δὲ ἐν τῇ ἐργασίᾳ τὴν ἀκρίβειαν τῆς ἐντολῆς, δῆλός ἐστι περὶ τὴν μνήμην τοῦ Θεοῦ ἀσθενῶν.

53 Vgl. Greg. Nyss., *Paup.* [GNO 9, 96.6].

54 Vgl. Bas., *epist.* 44,2 [ed. Courtonne 1957 (Bd. I), 111].

55 Als Therapeuten (θεραπευταί) beschreibt Philon von Alexandria eine Gruppe von jüdischen Einsiedlern – Männer und Frauen – in Ägypten, die ein asketisches und kontemplatives Leben führen und auf diese Weise Gott verehren. Für die Bezeichnung schlägt er zwei verschiedene Etymologien vor, einerseits „Heiler der Seele" und andererseits „Verehrer des höchsten Seins". In Philons Darstellung haben sich die Therapeuten von ihrem früheren Besitz getrennt, leben in einfachen Häusern und nehmen nur das Nötigste zu sich. Ihr Hauptlebensinhalt ist das Gebet, die allegorische Auslegung der Heiligen Schrift sowie die Dichtung von religiösen Liedern und Hymnen. Der Sabbat wird bei den Therapeuten gemeinsam gefeiert, außerdem findet alle sieben Wochen ein Fest mit einem Kultmahl und Gesängen statt, vgl. Holzhausen 2006; Hawel 1993, 21.

56 Phil. Alex., *bios. theor.* 26 [Opera VI, 52–53]: ἀεὶ μὲν οὖν ἄληστον ἔχουσι τὴν τοῦ θεοῦ μνήμην, ὡς καὶ δι' ὀνειράτων μηδὲν ἕτερον ἢ τὰ κάλλη τῶν θείων ἀρετῶν καὶ δυνάμεων φαντασιοῦσθαι· πολλοὶ γοῦν καὶ ἐκλαλοῦσιν ἐν ὕπνοις ὀνειροπολούμενοι τὰ τῆς ἱερᾶς φιλοσοφίας ἀοίδιμα δόγματα. δὶς δὲ καθ' ἑκάστην ἡμέραν εἰώθασιν εὔχεσθαι, περὶ τὴν ἕω καὶ περὶ τὴν ἑσπέραν, ἡλίου μὲν ἀνίσχοντος εὐημερίαν αἰτούμενοι τὴν ὄντως εὐημερίαν, φωτὸς οὐρανίου τὴν διάνοιαν αὐτῶν ἀναπλησθῆναι, δυομένου δὲ ὑπὲρ τοῦ τὴν ψυχὴν τοῦ τῶν αἰσθήσεων καὶ αἰσθητῶν ὄχλου παντελῶς ἐπικουφισθεῖσαν, ἐν τῷ ἑαυτῆς συνεδρίῳ καὶ βουλευτηρίῳ γενομένην, ἀλήθειαν ἰχνηλατεῖν.

Das Gedächtnis Gottes ist bei den Therapeuten, wie Philon sie beschreibt, sehr eng mit dem regelmäßigen Gebet verknüpft. Das Gebet am Morgen und am Abend nährt und treibt ihr Gedenken an, so dass dieses den ganzen Tag und auch die Nacht über nicht an Kraft einbüßt. Fast vierhundert Jahre später rät auch Gregor zum dauernden, ununterbrochenen Gedächtnis Gottes (vgl. *or.* 27,4). Unabhängig davon, ob er Philos Schrift *Über das kontemplative Leben* kennt, ist auch für ihn der Zusammenhang zwischen dem Gedächtnis Gottes und der regelmäßigen täglichen Glaubenspraxis unbestritten. In Philos Augen ist es aber nicht nur das regelmäßige Gebet, das das Gedächtnis Gottes stärkt. Ebenso wichtig ist für die Therapeuten der Ort, an dem sie leben: in der Abgeschiedenheit außerhalb der Stadt. In dieser Überlegung folgt ihm später Basilius: Auch er bezeichnet die Zurückgezogenheit als idealen Ort für das Gedächtnis Gottes. Auf die Frage nach der Notwendigkeit des zurückgezogenen Lebens schreibt er in seinen Mönchsregeln, durch den Betrieb und die Geschäftigkeit des gemeinschaftlichen Lebens werde die Seele des Menschen vom Gedächtnis Gottes abgelenkt und könne sich nicht mehr an ihm erfreuen.[57] Obwohl auch Gregor eine große Sympathie für das Mönchtum hat, empfiehlt dieser zum Gedenken Gottes kein abgeschiedenes Leben. Anders als bei Philon und Basilius sind für das Gedächtnis Gottes – im Gegensatz zur Theologie – gerade keine besonderen Voraussetzungen nötig.

Origenes, Basilius und Gregor von Nyssa sprechen vom Gedächtnis Gottes im Zusammenhang mit der Frage nach dem Nutzen des Gebets. Nach Origenes' Überzeugung bewirkt das Gedächtnis Gottes in der menschlichen Seele den Wunsch, Gott zu gefallen – und schafft damit erst Raum und Stimmung, wie sie für das Gebet nötig sind. Durch das Gedächtnis Gottes zum Gebet bewegt, verbindet sich der Mensch mit Gott. Hier erfährt er Gott als gegenwärtig, sehend und hörend.[58] Basilius geht noch einen Schritt weiter. Nach seinem Verständnis macht das Gebet den Gedanken an Gott in der Seele sichtbar:

> Und dies ist die Einwohnung Gottes: Gott durch das Gedenken in sich selbst fest eingepflanzt zu haben. Dadurch werden wir zum Tempel Gottes [...].[59]

Eine ähnliche Überlegung findet sich bei Gregor von Nyssa: Durch das Gebet lässt sich das Gedächtnis Gottes im Herzen des Menschen nieder, schützt es vor der Sünde und macht es gegenüber Einfällen des Bösen unangreifbar.[60]

In Gregors Denken beinhaltet das Gedächtnis Gottes im Sinn der Glaubenspraxis neben dem Meditieren bzw. der sorgfältigen Übung (μελετεῖν) auch das Künden (διηγεῖσθαι) und das Preisen Gottes (εὐλογεῖν). Während Künden und Erzählen

57 Vgl. Bas., *reg. fus.* 6 [PG 31, 928.6–18]. Im Hintergrund steht auch hier wieder Ps 76,4.

58 Vgl. Orig., *de or.* 8,2 [GCS 3, 317.5–27].

59 Bas., *epist.* 2,4 [ed. COURTONNE 1957 (Bd. I), 10]: Καὶ τοῦτό ἐστι τοῦ Θεοῦ ἐνοίκησις, τὸ διὰ τῆς μνήμης ἐνιδρυμένον ἔχειν ἐν ἑαυτῷ τὸν Θεόν. Οὕτω γινόμεθα ναὸς Θεοῦ [...]. Dieser Gedanke findet sich auch bei Gregor, z. B. in *or.* 8,11 [SC 405, 268].

60 Vgl. Greg. Nyss., *or. dom.* I [GNO 7/2, 7.27–8.1].

von Gott bei anderen Autoren in Verbindung mit dem Gedächtnis Gottes gar nicht auftauchen, finden sich von dessen Zusammenhang mit der liturgischen Verehrung Gottes immerhin Spuren. So bezeichnet Eusebius Kirchen um den ganzen bewohnten Erdkreis (οἰκουμένη) als Orte des Gedächtnisses Gottes.[61] In seinem Kommentar zu Jes 23,16–17 gibt er darüber hinaus zu bedenken, dass Singen und Musik nicht immer mit Sünde in Verbindung gebracht werden dürfen, sondern auch der Verehrung Gottes dienen. Dadurch wird nicht nur das Andenken des Menschen *an* Gott gestärkt, sondern er erhält umgekehrt auch ein Andenken *bei* Gott.[62]

1.3 Zwischenfazit

Die Fünf Theologischen Reden *standen ganz im Zeichen der Theologie: Anhand logischer Beweisführung und mit sprachlichen Mitteln hat Gregor Grenzen des Denkens und Sprechens im Bezug auf Gott erforscht und nachgezeichnet. Dabei hat er seine Trinitätslehre als Modell vorgestellt, das einerseits der Unfassbarkeit des göttlichen Wesens Rechnung trägt und andererseits die Geschichte Jesu Christi sowie das Wirken des Heiligen Geistes in der Gegenwart unmissverständlich als Erfahrung des Göttlichen deutet.*

Als Gegenüber zur Theologie, die er als eine intellektuelle Auseinandersetzung mit dem Göttlichen versteht, stellt Gregor in or. *27,4 das Eingedenksein Gottes (μνήμη θεοῦ) vor. Anders als für das theologische Nachdenken und Sprechen bedarf dieses Gedächtnis Gottes keiner besonderer Voraussetzungen. Vielmehr versteht Gregor unter dem Gedächtnis Gottes eine Lebenshaltung, die von der ständigen Vergegenwärtigung Gottes geprägt und die für das Leben des gläubigen Menschen absolut grundlegend ist.*

Gregors Aussagen über das Eingedenksein Gottes fügen sich zu großen Teilen in die Tradition des Begriffes ein. In einigen Punkten hebt er sich jedoch deutlich von anderen Autoren ab. Stärker als diese betont er die Leben spendende Kraft, die vom Gedächtnis Gottes ausgeht. Wer Gottes gedenkt, steht in einem Bündnis mit Gott – in einer Verbindung, die elementarer ist als Atmen, Essen und Trinken –, durch die ihm nicht nur Frohmut, sondern auch Lebenskraft zuteilwird. Wer Gottes gedenkt, ist stärker als der Tod – und zwar über den Tod hinaus: Das Gedächtnis Gottes steht in Gregors Denken für die gute christliche Lebenspraxis, die im Jenseits mit der vollkommenen Vereinigung mit Gott belohnt wird. Gregor versteht das Gedächtnis Gottes jedoch auch im irdischen Leben nicht als Beweis für Gottes Abwesenheit, wie es das deutsche Wort auch bedeuten könnte. Im Gegenteil: Im und durch das Eingedenksein Gottes wird Gott für den Menschen wahrhaft gegenwärtig. Durch die richtige Glaubenspraxis übt der Mensch das Gedächtnis Gottes ein. Dieses wiederum bewirkt im Menschen das Streben nach der richtigen Glaubenspraxis. Während für die Theologie, die Gregor als

61 Vgl. Eus., *Ps.* 25 [PG 23, 236.55–56].
62 Vgl. Eus., *Is.* II 83 (23,16–17) [GCS E 9, 152].

einen logisch-intellektuellen Vorgang bezeichnet, ganz bestimmte Voraussetzungen nötig sind, ist das beim Gedächtnis Gottes nicht der Fall. Das Gedächtnis Gottes, man könnte auch sagen: die Vergegenwärtigung Gottes, umfasst und durchdringt im Idealfall alle Lebensbereiche einer Christin, jeden Tag, jede Stunde.

Die Untersuchung von Gregors Verständnis des Gedächtnisses Gottes (μνήμη θεοῦ) führt immer wieder zur Lebenspraxis, die für ihn stets auch Glaubenspraxis ist. Was er darunter versteht, drückt Gregor am kompaktesten in or. *27,4 aus: Meditieren (μελετεῖν), Künden (διηγεῖσθαι) und Preisen (εὐλογεῖν) stellen drei Aspekte eines geistlichen Lebens dar, das zu immer größerer Annäherung an Gott führt.*

Um zu verstehen, was Gregor unter diesen Aspekten versteht und in welchem Zusammenhang sie zum wahrnehmbaren Wirken Gottes stehen, gilt es, seine Schriften auf sie hin zu lesen und nach ihrer konkreten Umsetzung zu fragen. Gregor übernimmt die Begriffe Meditieren, Künden und Preisen, mit denen er in or. *27,4 die verschiedenen Aspekte des Gedächtnisses Gottes, also der christlichen Glaubenspraxis bezeichnet, aus drei Psalmen (Ps 1,2; Ps 54,18; Ps 33,2). Ansonsten verwendet er die drei Worte kaum. Eine einfache Wortsuche in Gregors Schriften führt deshalb nur begrenzt zu sinnvollen Ergebnissen.*

Als Konzepte verstanden, eignen sich Meditieren *(μελετεῖν),* Künden *(διηγεῖσθαι) und* Preisen *(εὐλογεῖν) hingegen sehr gut, um Gregors Verständnis vom Wirken Gottes in unterschiedlichen Aspekten praktischen Lebens zu untersuchen und zu beschreiben. Dies nicht zuletzt deshalb, weil sich von diesen Begriffen Parallelen ziehen lassen zu den verschiedenen Lebensbereichen, die für Gregor als gläubigem Christen, als Priester und Seelsorger besonders bedeutsam sind: Zum zurückgezogenen, monastischen Leben, zur Redekunst sowie zu seiner priesterlich-liturgischen Aufgabe.*

In den folgenden drei Kapiteln werden ausgehend von Gregors Begriffen Meditieren, Künden und Preisen drei grundlegende Dimensionen christlicher Glaubenspraxis bestimmt und beschrieben: die ethische, *die* ästhetische *und die* liturgische *Dimension. Anschließend wird untersucht, welche Aussagen Gregor innerhalb dieser Dimensionen zu Gottes unfassbarem Wesen und zu Gottes erfahrbarem Wirken trifft.*

2. Ethische Dimension christlicher Glaubenspraxis

2.1 Gutes christliches Leben

Als ersten Aspekt des Gedächtnisses Gottes (μεμνῆσθαι Θεοῦ) nennt Gregor μελετεῖν.[63] Dabei handelt es sich um eine Haltung und Praxis, die jeden Bereich des alltäglichen Lebens durchdringen muss. Das griechische Wort lässt sich mit einer ganzen Reihe von Bedeutungen übersetzen. Es steht für „studieren", „nachdenken", „über etwas meditieren", aber auch „sich bemühen", „Sorge tragen", „(sich) üben",

63 Vgl. Greg. Naz., *or.* 27,4 [FC 22, 74.13].

„wiederholen" und „nach etwas streben".[64] Bei Gregor steht das Verb auffallend oft in Zusammenhang mit der christlichen Lebens- und Glaubenspraxis.[65]

Wie in Ps 1, aus dem er den Begriff in *or.* 27,4 übernimmt, spielt μελετεῖν auch bei Gregor im Sinne der Beachtung der Gebote und Weisungen Gottes eine wichtige Rolle. Der Begriff steht bei ihm in einem engen Zusammenhang mit dem Gedanken der Reinigung (κάθαρσις), die dem Menschen eine Annäherung an Gott ermöglicht. Darüber hinaus stehen μελετάω und μελετή bei Gregor auch in Verbindung mit dem Tod: Das Leben soll eine Einübung in den Tod (μελετή θανάτου) sein – ursprünglich ein platonischer Gedanke, den verschiedene spätantike christliche Autoren aufnahmen.[66]

Das Einhalten der Gebote, die damit verbundene Reinigung und die Einübung in den Tod stehen in Gregors Denken für ein asketisches Leben, welches das gute Verhältnis des Menschen zu sich selbst und zu Gott zum Ziel hat.[67] Doch auch ein gelingendes Miteinander unter den Menschen gehört für ihn zu einem guten christlichen Leben. Beide zusammen, die moralisch-geistlichen und die sozialen Aspekte der Lebensführung, stellen die erste Dimension christlichen gelebten Glaubens dar: die *ethische Dimension.*[68]

2.2 Asketische Praxis

2.2.1 Mönche mitten im Leben

Das asketische Leben ist für Gregor der Weg, auf dem sich der gläubige Mensch selbst zunehmend von den irdisch-materiellen Dingen lösen und dem geistlichen – Gott – zustreben kann. Wie eine entsprechende Praxis konkret aussehen kann, lässt sich aus verschiedenen Stellen in Gregors Reden entnehmen, wo er spirituelle

---

64 Vgl. LAMPE 1961, 840.

65 Gregor verwendet das Verb μελετεῖν in seinen Schriften sechzehn Mal, dazu kommen neun Belege des Substantivs μελετή. Wenn man von den Stellen absieht, an denen er das Wort im Sinn von „nach etwas streben bzw. trachten" verwendet, bleiben für das Verb neun und für das Substantiv fünf Belege. In über der Hälfte der Fälle stehen die Begriffe bei Gregor also in Verbindung mit der christlichen Lebensführung. In zwei Fällen bezeichnet μελετεῖν darüber hinaus eine Auseinandersetzung mit dem Göttlichen, die wiederum dem „Theologietreiben" (θεολογεῖν) nahe steht.

66 Vgl. unten, Kapitel III 2.2.3, S. 181–211.

67 Für die Einübung in den Tod (μελετή θανάτου) können in diesem Kapitel alle relevanten Stellen berücksichtigt werden. Im Fall der Reinigung (κάθαρσις) ist das in diesem Rahmen nicht möglich: Für das Substantiv κάθαρσις sowie das Verb καθαιρεῖν und das Adjektiv καθαρός finden sich bei Gregor über 450 Stellen. Bei der Auswahl der hier genannten Stellen habe ich mich an die Frage gehalten, welche Stellen für die Frage nach der Transzendenz und der Erfahrbarkeit Gottes von besonderer Bedeutung sind.

68 Gregor ist in traditioneller Wahrnehmung in erster Linie Theologe, während seine ethischen Ansichten lange Zeit wenig beachtet wurden. Dieser Tatsache begegnet HARAKAS 1994 in seinem kurzen, prägnanten Artikel.

Übungen in listenähnlicher Form darstellt. Der erste und umfangreichste solche Katalog findet sich in seiner *or.* 6, der *Ersten Rede über den Frieden* (Εἰρηνικὸς πρῶτος). Über das Jahr 363 hatte sich zwischen Gregors Vater, dem Bischof von Nazianz, und den lokalen Mönchen ein Konflikt über das richtige Verständnis des nizänischen Dogmas entzündet. Gregor der Ältere vermochte keine Ruhe in die Situation zu bringen – im Gegenteil: Eine innerkappadokische Kirchenspaltung schien unausweichlich.[69] Es gelang dem jüngeren Gregor, zwischen seinem Vater und den Mönchen zu vermitteln und den Frieden in der lokalen Kirche wiederherzustellen. Zum Anlass dieser Wiedervereinigung hielt Gregor Anfangs des Jahres 364 eben diese Rede. In *or.* 6,2 erzählt er vom Kummer, den ihm die vorübergehende Trennung der Mönche von der Kirche bereitet habe, und nennt in diesem Zusammenhang Merkmale ihres asketischen Lebens: Nachtwache (ἀγρυπνία), Fasten (νηστεία), Gebet (προσευχή), Tränen (δάκρυα),[70] Schwielen an den Knien (τύλοι γονάτων) vom knienden Beten, Schlagen auf die Brust (στηθῶν ἐπιτιμήσεις), Seufzen (στεναγμός), nächtelanges Stehen (πάννυχος στάσις), Hinausgehen des Geistes hin zu Gott (νοῦ πρὸς Θεόν ἐκδημία), Klagen beim Gebet (θρῆνος ἐν δεήσει), Psalmengesang (ψαλμῳδία), Lobpreisen (δοξάζειν), ununterbrochene Meditation über das Gesetz des Herrn (μελετὴ νόμου Κυρίου ἡμέρας καὶ νυκτὸς) und die Verherrlichung Gottes (ὕψωσις Θεοῦ).[71] Neben diesen geistlichen Übungen beschreibt er die äußere Erscheinung der Mönche: Sie sind an ihrem verwilderten und schmutzigen Haar (αὐχμῶσα καὶ πιναρὰ κόμη), den bloßen Füßen (πόδες γυμνοὶ), dem angemessenen Haarschnitt (κουρὰ σύμμετρος), der Bekleidung, die jede Eitelkeit in die Schranken weist (περιβολὴ τύφον κολάζουσα) sowie dem Gürtel, der ihren einzigen Schmuck darstellt (ζώνη τῷ ἀκόσμῳ κοσμία), erkennbar. Auch durch ihre Art der Bewegung und der Kommunikation zeichnen sie sich aus: Ihr Schritt ist fest (βάδισμα εὐσταθὲς), das Auge schweift nicht umher (ὀφθαλμὸς οὐ πλανώμενος), ihr Lächeln ist freundlich (μειδίαμα προσηνὲς), aber sie lachen nicht übermäßig, ihr Reden ist von der Vernunft geleitet (λόγος τῷ λόγῳ κινούμενος), wobei sie das Schweigen dem Reden stets vorziehen (σιωπὴ λόγου τιμιωτέρα).[72]

---

69 Die gängige Meinung ist, dass Gregor der Ältere sich von arianisch gefärbten Positionen zunächst nicht so entschieden distanzierte, wie es von den Mönchen erwartet wurde, in den Details gehen die Meinungen jedoch auseinander, vgl. McGuckin 2001, 110–113.132–133. Möglicherweise hatte Gregors in die Jahre gekommener Vater in den Diskussionen um den Arianismus schlicht den Überblick verloren und ein falsches Glaubensformular unterschrieben, vgl. Beck 1977, 15.

70 Tränen sind ein wichtiges Motiv im östlichen Mönchtum: Sie symbolisieren die „Metanoia", das Bekenntnis der eigenen Sünden, die damit verbundene Reue und Buße sowie die Ausrichtung des Geistes auf Gott. Asketen werden oft mit Tränen, die aus ihren Augen strömen, beschrieben. Vgl. Radford Ruether 1969, 148; Müller 2000.

71 Vgl. Greg. Naz., *or.* 6,2 [SC 405, 122–124]. Vgl. auch *or.* 19,16, wo Gregor den Steuerbeamten Julian um Nachsicht mit Armen und und Mönchen bittet: Dort nennt er als typisch mönchische Tätigkeiten Gesänge (ὕμνοι), Gebete (εὐχαί), Nachtwachen (ἀγρυπνίαι) und Tränen (δάκρυα).

72 Vgl. Greg. Naz., *or.* 6,2 [SC 405, 124].

In diese Beschreibung der geistlichen Praxis und des Lebens der Mönche dürften neben Gregors Kenntnissen über das kappadokische Mönchtum auch seine eigenen Erfahrungen mit dem monastischen Leben eingeflossen sein. Möglicherweise hatten Basilius und er bereits während des Aufenthaltes in Athen vereinbart, sich nach der Rückkehr nach Kappadokien gemeinsam ganz dem philosophischen bzw. dem asketischen Leben zu widmen. Während sich Basilius ab 357 tatsächlich ins pontische Annisi auf ein Landgut seiner Familie zurückzog, hielt Gregor diese Abmachung jedoch offenbar nicht ein: Nach seiner Rückkehr nach Kappadokien im Jahr 358 bringt er in einem Brief an Basilius zum Ausdruck, dass er aus Pflichtgefühl gegenüber seinen Eltern in Nazianz bleiben, Basilius aber sehr gerne im Pontos besuchen werde.[73] Zwischen 358 und 364 hielt sich Gregor denn auch mehrmals während kürzerer oder längerer Zeit auf dem Landgut in Annisi auf.[74] Inspiriert durch Eustathios von Sebaste strebten Basilius und seine Schwester Makrina hier ein monastisches Leben nach ägyptischem Vorbild an.[75] Obwohl Basilius ihn wiederholt bat, sich ihm anzuschließen und in Annisi zu bleiben, gab Gregor dem Drängen seines Freundes nicht nach. Die Gründe dafür liegen wahrscheinlich nicht nur in Gregors Verpflichtungen in Nazianz. Vielmehr dürfte er als geborener Intellektueller und Aristokrat mit der körperlichen Arbeit in Annisi, der angestrebten Gleichstellung von Christinnen und Christen aller sozialen Schichten sowie auch mit der Ausprägung des asketischen Lebens seine Mühe gehabt haben.[76] Zwar führte auch Gregor in Nazianz bis zu seiner Priesterweihe an Weihnachten 361 ein zurückgezogenes Leben, schien für sich aber eine moderatere und intellektuellere Form der Askese zu pflegen.[77]

Die asketische Praxis, die Gregor erstmals den kappadokischen Mönchen zuschreibt, taucht in seinen späteren Schriften in sehr ähnlicher Form immer wieder auf – hier aber nicht mehr nur im Zusammenhang mit dem monastischen Leben, sondern vielmehr als spirituelle Praxis von Christinnen und Christen außerhalb monastischer Gemeinschaften: In der Trauerrede auf seine Schwester Gorgonia beschreibt Gregor diese als ideale Christin, die ebenfalls fastete, auf dem Boden schlief,

---

73 Vgl. *epist.* 1 [Gallay (Hg.) (Bd. 1) 1964, 1]. Von der Zeit nach seiner Rückkehr aus Athen berichtet Gregor auch in *or.* 43,25 [SC 348, 180–182].

74 Unter anderem führte ihn seine Flucht nach der Priesterweihe hierhin, vgl. McGuckin 2001, 100–106 sowie die Zeittafel zu Gregors Biographie ebd., viii.

75 Zum asketischen Leben des Basilius in den Jahren 355–359 vgl. Elm 1994, 60–68, zu Makrina und Eustathios von Sebaste ebd., 78–105 bzw. 106–111.

76 So vermutet es McGuckin 2001, 88–89.

77 Vgl. zu der ersten Zeit nach Gregors Rückkehr aus Athen McGuckin 2001, 88–99. Gregor schwankte sein ganzes Leben lang zwischen dem Wunsch nach Abgeschiedenheit und seinem öffentlichen Wirken. Immer wieder bringt er zum Ausdruck, dass er ein zurückgezogenes, kontemplatives Leben seinen Verpflichtungen als Priester und später als Bischof eigentlich vorziehen würde. So begründet er seine Flucht in den Pontos nach seiner unfreiwilligen Priesterweihe unter anderem damit, dass er die Einsamkeit und die mit ihr einhergehende Nähe zu Gott lobt, vgl. *or.* 2,7 [SC 247, 96–98]. Ideal wäre für Gregor der Rückzug in die Einsamkeit – dies versucht er zumindest immer wieder zu vermitteln, z. B. in *or.* 2,22.

Nachtwachen hielt, kniend betete, ihre Seele mit Tränen reinigte, Psalmen sang und sich mit der Heiligen Schrift beschäftigte. Gregor lobt seine Schwester außerdem dafür, dass sie ihren Körper kaum pflegte und sich einzig mit ihrer Tugend schmückte.[78] Von seiner Mutter Nonna sagt er, sie kenne Zeiten und Orte fürs Gebet, faste, singe Psalmen und sei überdies als verheiratete Frau eine große Bewunderin des jungfräulichen Lebens.[79] Auch sie anerkenne „nur *eine* Schönheit, nämlich die der Seele und des göttlichen Ebenbildes" (ἓν κάλλος, τὸ τῆς ψυχῆς, καὶ τὸ τὴν θείαν εἰκόνα) und kümmere sich entsprechend auch nicht um irdische Schönheit oder Kosmetik.[80] Auch sein Vater habe das Schlafen auf dem Boden und Bußtränen als geistliche Übungen gekannt und angewendet.[81]

Es fällt auf, dass sich Gregors Auflistungen asketischer Praktiken von den frühen Reden bis zu seinem autobiographischen Altersgedicht *De Vita Sua* wenig ändern: Abgesehen von kleinen Abweichungen sehen die Listen immer ungefähr gleich aus. Für Gregor selbst blieb die asketische Frömmigkeit, wie sie bereits in *or.* 6,2 erscheint, offenbar bis ins Alter das Ideal christlichen Lebens: In seiner um 382 verfassten Autobiographie beschreibt er die „Unterweisung" (παίδευσις), die er seinen Gemeinden mitgeben wollte, und spricht hier wieder von denselben asketischen Übungen wie schon fast zwanzig Jahre zuvor:

> Vielmehr gelte es, im Befolgen der Gebote seine Frömmigkeit mit aller Kraft zu bewähren: Arme zu speisen, Fremde zu beherbergen, die Krankheiten zu lindern, standhaft zu sein und durch Psalmensingen, Gebet, Seufzen, Tränen, Schlafen auf der Erde, durch Kasteiung des Magens, durch Abtöten der Sinne und durch Mäßigung des Zorns, des Lachens und der Lippen das Fleisch zur Ruhe zu bringen mit der Kraft des Geistes.[82]

Auch scheint es für ihn keine große Rolle zu spielen, ob er von bzw. zu Mönchen, Priestern oder Laien spricht. Dieselben spirituellen Übungen, die er bei den kappadokischen Mönchen beobachtet, lobt er auch bei seinen Familienmitgliedern und empfiehlt sie den Hörerinnen und Leserinnen seiner Reden. Gregor unterscheidet zwei Lebensweisen (βίοι), nämlich den Stand der Ehe (γάμου) und den der Ehelosikgeit (ἀγαμίας), wobei er letzteren als „erhabener und göttlicher, aber mühseliger und gefährlicher" (ὑψηλοτέρας τε καὶ θειοτέρας, ἐπιπονωτέρας τὲ καὶ σφαλερωτέρας), den anderen als „geringer, aber ungefährlicher" (ταπεινοτέρου τε καὶ ἀσφαλεστέρου) bezeichnet.[83] Gregor ist klar, dass sich nicht jede und jeder

78 Vgl. Greg. Naz., *or.* 8,13–14 [SC 405, 272–278].

79 Vgl. Greg. Naz., *or.* 18,9 [PG 35, 996.3–5].

80 Vgl. Greg. Naz., *or.* 18,8 [PG 35, 993.28–34].

81 Vgl. Greg. Naz., *or.* 18,32 [PG 35, 1028]. Vgl. auch *or.* 44,9 [PG 35, 617.19], wo Gregor das Schlafen auf der Erde und den Schlafentzug als Merkmale christlicher Lebenspraxis nennt.

82 Greg. Naz., *dvs* 1218–1224 [ed. Jungck 1974, 112], Übs. Jungck: ἀλλ' ἐντολαῖς μὲν ὡς μάλιστα εὐσεβεῖν / πτωχοτροφοῦντα, ξενοδοχοῦντα, ταῖς νόσοις / ἀρκοῦντα, καρτεροῦντα, καὶ ψαλμῳδίαις, / εὐχαῖς, στεναγμοῖς, δάκρυσιν, χαμευνίαις, / γαστρὸς πιεσμοῖς, ἀγχόναις αἰσθήσεων, / θυμοῦ γέλωτος χειλέων εὐταξίᾳ / τὴν σάρκα κοιμίζοντα πνεύματος κράτει.

83 Vgl. Greg. Naz., *or.* 8,8 [SC 405, 258].

zur Nonne bzw. zum Mönch eignet. Doch das Ideal des monastischen, geistlichen Lebens ist nach seinem Verständnis mit einem „weltlichen" Alltag durchaus vereinbar. So beschreibt Gregor Menschen, die ihm nahe standen, in den Grabreden als eigentliche Mönche und Nonnen mitten in der Welt.[84]

Die asketische Praxis als Ideal christlichen Lebens ist für Gregor indessen kein Selbstzweck, sondern die Grundlage, die theologisches Nachdenken, den Einsatz zum Wohl einer Gemeinschaft und die zunehmende Annäherung des Gläubigen an Gott überhaupt erst ermöglicht. Für ihn ist dabei stets klar, dass jede asketische Praxis in letzter Konsequenz auf Christus zurückgeht und in ihm sein Vorbild hat.[85] So mahnt Gregor in seiner *Ersten Theologischen Rede* dazu, sich der richtigen geistlichen Praxis zu widmen,[86] anstatt sich unvorbereitet in theologische Diskussionen zu stürzen. In seinen Augen soll nur, wer ein entsprechendes Leben führt, eine Beschäftigung mit theologischen Themen überhaupt in Erwägung ziehen:

> Es [über Gott zu Philosophieren] ist nicht Sache aller, denn es ist für die, die geprüft wurden und bestanden haben in der Schau, und die schon davor Seele und Körper gereinigt haben oder in der demütigsten Weise daran sind, es zu tun.[87]

Allerdings macht die asketische Praxis einen auch nicht automatisch zu einem fähigen Theologen. Sie kann nicht mehr sein als eine notwendige Hilfe: Durch die entsprechende Lebensführung übt der Mensch die nötige Demut im Kleinen (ἐν τοῖς μικροῖς) ein, doch bewähren muss sich der Theologe schließlich in der demütigen Rede von Gott.[88] Dasselbe gilt ebenfalls für den Einsatz für die Kirche: Auch wenn Gregor in seiner Rede auf Athanasius dessen Nachtwachen und das Schlafen auf dem Boden würdigt, sind es doch vielmehr die Verdienste als Vermittler und Friedensstifter, für die er den Patriarchen von Alexandria bewundert.[89]

---

84 So z. B. seine Schwester Gorgonia, vgl. Greg. Naz., *or.* 8,8 [SC 405, 258]; *or.* 8,13–14 [SC 405, 272–278]. Von seiner Mutter Nonna sagt er, obwohl sie Haushalt immer tadellos geführt habe, habe sie sich Gott und den göttlichen Dingen in einer Weise zugewandt, als hätte sie daneben nichts Anderes zu tun, vgl. Greg. Naz., *or.* 18,8 [PG 35, 993.47–996.3]; *or.* 18,8 [PG 35, 996.10–2]. Zu Gregors Vater vgl. *or.* 18,32 [PG 35, 1028.2–8]. Vgl. auch Radford Ruether 1969, 140, die es wie folgt ausdrückt: „Gregory believes that the ascetic-contemplative life is the true Christian life and all are required to lead it. The monk, in retiring from the world, has chosen the best and most likely way to lead this life, yet the demand to live the holy life extends to the whole Church."

85 Vgl. *or.* 43,61 [SC 384, 258].

86 Vgl. Greg. Naz., *or.* 27,7 [FC 22, 80.15–82.9]. Gregor erweitert seinen üblichen Katalog hier durch die Gastfreundschaft (φιλοξενία), Bruderliebe (φιλαδελφία), Gattenliebe (φιλανδρία), Jungfräulichkeit (παρθενία) und Armenspeisung (πτωχοτροφία). Auf diese Aspekte christlichen Zusammenlebens werde ich im Unterkapitel zum *Wohltätigen Miteinander* zurückkommen, vgl. unten, S. 196–209.

87 Greg. Naz., *or.* 27,3 [FC 22]: Οὐ πάντων μέν, ὅτι τῶν ἐξητασμένων καὶ διαβεβηκότων ἐν θεωρίᾳ, καὶ πρὸ τούτων καὶ ψυχὴν καὶ σῶμα κεκαθαρμένων, ἢ καθαιρομένων, τὸ μετριώτατον.

88 Vgl. Greg. Naz., *or.* 32,19 [SC 318, 124–126]. Gregor listet hier seinen üblichen Katalog mit Schwielen an den Knien (τύλοι γονάτων), Strömen von Tränen (δακρύων πηγαί), Fasten (νηστεῖαι), Nachtwachen (ἀγρυπνίαι) und Schlafen auf dem Boden (χαμευνίαι) auf.

89 Vgl. Greg. Naz., *or.* 21,36 [SC 270, 188].

In *or.* 37, einer Rede die er im Dezember 380 in seinem Amt als Erzbischof von Konstantinopel hielt, gibt Gregor einen Einblick in sein Verständnis der Gnade Gottes und der möglichen „Mitarbeit" der Gläubigen. Er skizziert für seine Zuhörerinnen und Zuhörer die Szene aus dem Evangelium nach Matthäus, wo die Frau des Zebedäus Jesus bittet, er möge ihre beiden Söhne Jakobus und Johannes in seinem Reich direkt an seiner Seite sitzen lassen, einen zu seiner Rechten und einen zu seiner Linken. Jesus antwortet der Frau, dass er darüber nicht verfüge, sondern dass es sein Vater sei, der die Plätze im Himmel verteile (vgl. Mt 20,20–23). Gregor fragt daraufhin rhetorisch:

> Ist also der leitende Geist nichts? Der Schmerz? Die Vernunft? Die Philosophie? Fasten, Nachtwachen, auf dem Boden zu schlafen, Bäche von Tränen zu vergießen?[90]

Gregor ist überzeugt, dass der Mensch zu seinem Heil etwas beitragen kann: Für ihn ist die Philosophie – hier im Sinne des asketischen Lebens zu verstehen – gleichbedeutend mit dem Ansuchen der Mutter von Jakobus und Johannes: Es ist die gelebte Bitte des Gläubigen um einen Platz an der Seite Christi und vermag als solche sehr wohl etwas zu bewirken. Gregor ergänzt die Bibelstelle in diesem Sinne wie folgt:

> Und hier füge dem „denen dies gegeben ist" hinzu: „die, welche dessen würdig sind", [denn] solche [d. h. Würdige] zu sein, haben sie nicht nur vom Vater erhalten, sondern sie haben es sich auch selbst gegeben.[91]

2.2.2 Reinigung

Die Bedeutung, die Gregor der Reinigung (κάθαρσις) beimisst, kann kaum überschätzt werden.[92] Bildlich zeigt er dies in *or.* 28,2, seiner berühmten Beschreibung des Aufstieges des Theologen auf den Gottesberg: Je nach dem, wie weit ein Mensch in seiner Reinigung fortgeschritten ist (κατᾶ τὴν ἀξίαν τῆς καθάρσεως), muss er dem Berg gänzlich fernbleiben, darf sich nähern oder sogar mit hinaufsteigen.[93] Am deutlichsten bringt Gregor den Zusammenhang zwischen der guten christlichen Lebenspraxis, also dem asketischen Leben und dem Streben nach Gott in seiner Rede zum Fest der Heiligen Lichter (*or.* 39,8–9) zum Ausdruck:

---

90 Greg. Naz., *or.* 37,14 [SC 318, 302]: Οὐδὲν οὖν ὁ ἡγεμὼν νοῦς; οὐδὲν ὁ πόνος; οὐδὲν ὁ λόγος; οὐδὲν ἡ φιλοσοφία; οὐδὲν τὸ νηστεῦσαι; οὐδὲν τὸ ἀγρυπνῆσαι; τὸ χαμευνῆσαι; τὸ πηγὰς στάξαι δακρύων;

91 Greg. Naz., *or.* 37,14 [SC 318, 302]: [...] κἀκεῖ τῷ *καὶ οἷς δέδοται* πρόσθες τὸ *τοῖς οὖσιν ἀξίοις*, οἳ τὸ εἶναι τοιοῦτοι οὐ μόνον παρὰ τοῦ Πατρὸς εἰλήφασιν, ἀλλὰ καὶ ἑαυτοῖς δεδώκασιν (eigene Hervorhebung).

92 Vgl. Beeley 2008, 65–90, welcher der „Reinigung" ein Unterkapitel seiner Monographie widmet. Beeley versteht den Zusammenhang von Reinigung und Erleuchtung als eines der Hauptmerkmale von Gregors Lehre: „The first point of Gregory's doctrine [...] is a two-poled dialectic of purification and illumination, which constitutes the spiritual framework in which the knowledge of God takes place and the content of theology has its meaning." (Beeley 2008, 64) Vgl. auch die älteren Untersuchungen von Radford Ruether 1969, 146–155 und Plagnieux 1952, 81–108.

93 Vgl. Greg. Naz., *or.* 28,2 [FC 22, 94.3-96.11].

> Weil es uns aber geschenkt wurde, der abergläubischen Verirrung zu entfliehen, mit der Wahrheit zu sein und dem lebendigen und wahren Gott zu dienen, das Geschaffene zu übersteigen und alles zu überschreiten, was der Zeit und der ersten Bewegung unterliegt, so wollen wir die Dinge um Gott und die göttlichen Dinge auch erkennen und darüber philosophieren.[94]

Anders als den heidnischen Griechen, die in der „abergläubischen Verirrung" verharren, so ist er überzeugt, wird Christinnen und Christen die Gnade zuteil, schon in diesem Leben das Materielle mehr und mehr abzulegen und Gott entgegenzustreben. Gott hat dem Menschen den Weg geöffnet, der Wahrheit teilhaftig zu werden und Gott zu dienen. Doch mehr noch: Auf diesem Weg soll es dem Menschen möglich sein, sich über die Schöpfung (κτίσις) zu erheben. Er kann nicht nur die Zeit, sondern auch alles, was der „ersten Bewegung unterliegt" – also die Kette von Ursache und Wirkung –, hinter sich lassen.[95] Beides sind in Gregors Denken wesentliche und untrügliche Merkmale der Geschöpflichkeit. Das lässt keinen anderen Schluss zu, als dass der Mensch, dem es gelingt, sich davon zu befreien, die Grenze zwischen Schöpfung und Schöpfer überquert und in den Bereich des Göttlichen gelangt.[96] Nach Gregors Verständnis eröffnet Gott dem Menschen also nichts weniger als den Weg zu sich selbst. Aufgabe des Menschen ist es, diesen Weg zu begehen und in der Erkenntnis der Dinge um Gott und der göttlichen Dinge fortzuschreiten. Doch wo beginnen? Gregor spielt mit dem Wort „philosophieren", das einerseits das Reden von Gott, andererseits aber auch das asketische Leben bedeutet:[97] Wer im Sinne des heutigen Sprachgebrauchs von Gott philosophieren (φιλοσοφεῖν) will, muss zuerst ein entsprechendes Leben führen (φιλοσοφεῖν):

> Philosophieren wir also, indem wir da anfangen, von wo anzufangen einfacher ist. Und einfacher ist es von da, wo Salomon uns ein Gesetz gegeben hat: *Der Anfang*, sagt er, *der Weisheit, ist es, Weisheit zu erwerben.* Was ist aber das, was er den Anfang der Weisheit nennt? Die Furcht. Wir sollen nicht bei der Schau anfangen, um zwangsläufig bei der Furcht zu enden – denn die ungezügelte Schau könnte einen schnell zu den Abgründen hinunter stoßen –, sondern [wir müssen] fest in der Furcht gründen, uns reinigen und, um es so zu sagen, verdünnt in die Höhe erhoben werden. Wo nämlich Furcht ist, da ist die Befolgung der Gebote; wo die Befolgung der Gebote ist, da ist die Reinigung

---

94 Greg. Naz., *or.* 39,8–9 [SC 358, 162–164]: Ἡμῖν δὲ ὥσπερ ἐχαρίσθη τὸ φυγοῦσι τὴν δεισιδαίμονα πλάνην μετὰ τῆς ἀληθείας γενέσθαι καὶ δουλεύειν Θεῷ ζῶντι καὶ ἀληθινῷ, καὶ τὴν κτίσιν ὑπεραναβῆναι, πάντα περάσασιν ὅσα ὑπὸ χρόνον καὶ πρώτην κίνησιν, οὕτω καὶ εἴδωμεν, καὶ φιλοσοφήσωμεν τὰ περὶ Θεοῦ καὶ τὰ θεῖα.

95 Die „erste Bewegung" (πρώτη κίνησις) erinnert sowohl an den „unbewegten Beweger" als auch an die „erste Ursache", beides feststehende philosophische Begriffe für Gott. Vom „unbewegten Beweger" spricht Gregor etwa in *or.* 28,6, von der „ersten Ursache" in *or.* 28,13, *or.* 28,31, *or.* 29,2 und *or.* 31,14.

96 In *or.* 29,3–5 hat Gregor betont, dass die Zeugung des Sohnes außerhalb von Zeit und Materie geschieht. Zeit-, Ort- und Körperlosigkeit zeichnen sie als göttlich und dadurch für den Menschen unbegreiflich und unzugänglich aus.

97 Vgl. oben, S. 52, Anm. 6.

> vom Fleisch, das die Seele mit Wolken bedeckt und sie den göttlichen Strahl nicht klar sehen lässt; wo Reinigung ist, da ist Erleuchtung; Erleuchtung aber ist die Erfüllung des Verlangens für die, die nach den größten [Dingen] oder nach dem Größten oder nach dem, was über dem Großen ist, begehren. Deshalb muss man sich zuerst reinigen und dann mit dem Reinen verkehren.[98]

Der Weg zur Erkenntnis Gottes beginnt für Gregor bei der Gottesfurcht (φόβος) – oder anders gesagt: Bei der demütigen Selbsterkenntnis des Menschen und indem er Gottes Macht im Gegensatz zu seiner eigenen Schwäche anerkennt.[99] Nur durch eine solche ehrliche Sicht auf sich selbst wird der Mensch erkennen, dass er der Reinigung bedarf, wenn er das göttliche Licht klar erkennen und Erleuchtung (ἔλλαμψις) erlangen will. Und diese, so ist Gregor überzeugt, ist die Erfüllung des menschlichen Verlangens nach Gott. Gott als höchste Reinheit kann nur von denjenigen erkannt werden, die sich selbst gereinigt haben. Oder in anderen Worten: Nur das Reine erkennt das Reine. In der Forschung wurde lange Zeit angenommen, Gregor habe diesen Gedanken ausschließlich von Platon übernommen. Tatsächlich ist der Einfluss des Philosophen auf Gregor unübersehbar und unbestritten.[100] Doch die Vorstellung, Gott als „das Reine" könne nur vom Reinen (bzw. vom gereinigten Menschen) erkannt werden, findet sich auch in der Bibel.[101] Wenn Gregor in *or.* 11,4 sagt: „Befreien wir uns von allem Schmutz des Fleisches und des Geistes!"[102] und: „Waschen wir uns, werden wir rein!",[103] dann tut er dies in direkter Anlehnung an

---

98 Greg. Naz., *or.* 39,8–9 [SC 358, 164], eigene Hervorhebung in der Übersetzung: Φιλοσοφήσωμεν δὲ, ἀρχόμενοι, ὅθεν ἄρχεσθαι ἄμεινον· ἄμεινον δὲ, ὅθεν Σολομὼν ἡμῖν ἐνομοθέτησεν· *Ἀρχὴ*, φησὶ, *σοφίας, κτῆσαι σοφίαν*· τί τοῦτο λέγων ἀρχὴ σοφίας; Τὸν φόβον. Οὐ γὰρ ἀπὸ θεωρίας ἀρξαμένους εἰς φόβον χρὴ καταλήγειν – θεωρία γὰρ ἀχαλίνωτος τάχα ἂν καὶ κατὰ κρημνῶν ὤσειεν –, ἀλλὰ φόβῳ στοιχειουμένους καὶ καθαιρομένους καὶ, ἵν᾽ οὕτως εἴπω, λεπτυνομένους, εἰς ὕψος αἴρεσθαι. Οὗ γὰρ φόβος, ἐντολῶν τήρησις, οὗ δὲ ἐντολῶν τήρησις, σαρκὸς κάθαρσις, τοῦ ἐπιπροσθοῦντος τῇ ψυχῇ νέφους καὶ οὐκ ἐῶντος καθαρῶς ἰδεῖν τὴν θείαν ἀκτῖνα, οὗ δὲ κάθαρσις, ἔλλαμψις· ἔλλαμψις δὲ, πόθου πλήρωσις, τοῖς τῶν μεγίστων, ἢ τοῦ μεγίστου, ἢ ὑπὲρ τὸ μέγα ἐφιεμένοις. Διὰ τοῦτο καθαρτέον ἑαυτὸν πρῶτον, εἶτα τῷ καθαρῷ προσομιλητέον[...]·

99 Vgl. oben, S. 172 f.

100 Platon stellt Sokrates im *Phaid.* 63e–69e [ed. Dirlmeier 24–44] als idealen Philosophen dar und diskutiert in diesem Zusammenhang das Verhältnis von Körper und Seele und die sich daraus ergebende gute Haltung des Menschen gegenüber der Welt und ihren Gütern. Das Thema der Reinigung (κάθαρσις) ist für Platon dabei sehr wichtig: Inbegriff des Reinen ist die Wahrheit, ist Gott. Die Seele, die ja selbst göttlich (und damit rein), aber in ihrem irdischen Leben mit dem materiellen (und damit unreinen) Körper verbunden ist, strebt nach der Vereinigung mit dem Reinen. Der Weg dazu ist das philosophische, asketische Leben, das schon hier die größtmögliche Reinigung sucht, und schließlich die Trennung von Körper und Seele durch den irdischen Tod. Hier findet sich auch der berühmte Satz, den Gregor ziemlich sicher gekannt hat: μὴ καθαρῷ γὰρ καθαροῦ ἐφάπτεσθαι μὴ οὐ θεμιτὸν ᾖ (Denn wer nicht lauter ist, darf schwerlich an das Lautere heran. [Übs. Dirlmeier]).

101 Darauf weist Beeley 2008, 75 hin. Zu den biblischen Hintergründen von Reinheit und Reinigung vgl. Schwartz 2008 sowie DiFransico 2016.

102 Greg. Naz., *or.* 11,4 [SC 405, 336]: Ἐλευθερωθῶμεν παντὸς μολυσμοῦ σαρκὸς καὶ πνεύματος·

103 Greg. Naz., *or.* 11,4 [SC 405, 336]: νιψώμεθα, καθαροὶ γενώμεθα·

Paulus bzw. an den Propheten Jesaja.[104] Nicht zuletzt kennt Gregor auch die Worte aus der Bergpredigt, die für ihn den Stellenwert der Reinigung noch unterstreichen dürften: „Selig, die reinen Herzens sind – sie werden Gott schauen."[105] Reinigung führt also zur Erleuchtung, was für Gregor bedeutet, dass der Mensch den Logos in sich aufnimmt:

> Der Logos selber ist aufgrund seiner Natur furchtbar für die, die seiner nicht würdig sind und fassbar aufgrund seiner Menschenfreundlichkeit gegenüber denen, die sich auf diese Weise vorbereitet haben, für die, die den unreinen und materiellen Geist aus ihren Seelen vertrieben haben und ihre Seelen für die Erkenntnis gereinigt und geschmückt haben [...].[106]

Dass Gregor hier ausdrücklich vom Logos spricht, ist kein Zufall. Der Logos ist der nach außen gewandte Aspekt Gottes. Er hat seinen Ursprung im Vater, im Ungezeugten, Ursprungslosen, absolut Transzendenten. Er ist göttlichen Wesens und damit furchtbar bzw. furchteinflößend (φοβερός), aber durch seine Menschenfreundlichkeit (φιλανθρωπία) den Menschen dennoch zugänglich – wenigstens denjenigen, die sich und ihre Seele entsprechend für ihn vorbereitet und gereinigt haben und dadurch bereits gottähnlich (θεοειδεῖς) geworden sind.[107] Wer rein ist, wird den Reinen, also den göttlichen Logos, Christus, in sich aufnehmen können[108] – zumindest soweit dieser überhaupt zu fassen ist.[109]

Kurz nach seiner Ankunft in Konstantinopel im Herbst 379 hielt Gregor *or.* 20, eine Rede, in der er sich von früheren Theologen und Rednern abgrenzt, den Hörerinnen und Hörern seine eigene Lehre vorstellt und klärt, welche theologische Strömung er repräsentiert.[110] Gregor schließt die Rede mit der Aufforderung, sich

---

104 2Kor 7,1: καθαρίσωμεν ἑαυτοὺς απὸ παντὸς μολυσμοῦ σαρκὸς καὶ πνεύματος·; Jes 1,16: λούσασθε, καθαροὶ γένεσθε [...].

105 Mt 5,8: μακάριοι οἱ καθαροὶ τῇ καρδίᾳ, ὅτι αὐτοὶ τὸν θεὸν ὄψονται.

106 Greg. Naz., *or.* 39,9 [SC 358, 168]: Ὁ γὰρ αὐτὸς Λόγος, καὶ φοβερὸς τοῖς οὐκ ἀξίοις διὰ τὴν φύσιν, καὶ χωρητὸς διὰ φιλανθρωπίαν τοῖς οὕτως ηὐτρεπισμένοις, ὅσοι τὸ ἀκάθαρτον καὶ ὑλικὸν πνεῦμα τῶν ψυχῶν ἀπελάσαντες καὶ τὰς ἑαυτῶν ψυχὰς τῇ ἐπιγνώσει σαρώσαντες καὶ κοσμήσαντες, [...]·

107 Vgl. Greg. Naz., *or.* 39,10 [SC 358, 168].

108 Vgl. Greg. Naz., *or.* 39,9 [SC 358, 164–166]. Gregor verweist auf biblische Figuren, die die Reinheit nicht ertrugen: Als Mose nach der Gottesbegegnung auf dem Sinai wieder vom Berg heruntersteigt, muss er sein strahlendes Gesicht vor den Israeliten verhüllen, weil sie sich fürchten (Ex 34,29–35); Manoach fürchtet, sterben zu müssen, weil er nach der Begegnung mit einem Boten Gottes glaubt, Gott gesehen zu haben (Ri 13,22); bei seiner Berufung zum Jünger will Petrus Jesus wegschicken, weil er sich für unrein hält (Lk 5,8); Paulus wird, getroffen vom göttlichen Licht, zunächst blind (Apg 9,1–18) und der römische Hauptmann will Jesus nicht in sein Haus bitten (Mt 8,8). Gregor hat die Bibelstelle von Manoach schon in *or.* 28,19 zitiert, dort aber ohne den Aspekt der Reinigung einzubringen. Neben anderen Schriftstellen dient das Zitat dort dazu, zu zeigen, dass Erscheinungen des Göttlichen für Menschen kaum zu ertragen sind, geschweige denn das Wesen Gottes.

109 In dieser kleinen Einschränkung dürfte sich Gregors Überzeugung widerspiegeln, dass das göttliche Wesen des Logos von Irdischem niemals ganz erfasst werden kann.

110 Vgl. McGuckin 2001, 245.

in der Welt, in diesem Leben zu bewähren und hier mit allen Mitteln nach dem guten Leben zu streben, um schließlich auch die Erkenntnis Gottes zu erlangen. Er ist überzeugt, dass der Mensch durch eine entsprechende asketische Lebensführung einiges zu seiner Erleuchtung und Erlösung beitragen kann:

> Durch deinen Lebenswandel steige auf! Durch Reinigung erwirb dir das Reine! Willst du einmal Theologe werden und der Gottheit würdig [sein]? Beachte die Gebote! Durch die Weisungen schreite voran! Denn das Handeln ist der Zugang zum Schauen![111]

Durch sein Handeln (πρᾶξις) gelangt der Mensch zum Schauen (θεωρία) – in diesem Spitzensatz bringt Gregor seine Überlegungen zum asketischen Leben auf den Punkt.[112] Doch wie weit geht das Schauen? Gregor gibt zu bedenken, dass selbst die Verständigsten und Weisesten unter den Menschen von der Wirklichkeit und Wahrheit Gottes so weit entfernt sind wie das menschliche vom göttlichen Sein entfernt ist – also unendlich weit.[113] Damit bleibt der Aufstieg zu Gott eine stetige Annäherung. Auf dieser Welt ist es dem Menschen nicht möglich, Gott ganz zu erreichen bzw. zu erkennen. Von der Hoffnung auf die Erkenntnis Gottes lässt Gregor aber dennoch nicht ab. Im Gegenteil: Er setzt die Erkenntnis Gottes mit dem verheißenen Himmelreich gleich:

> Wir haben die Verheißung, dass wir dereinst erkennen werden, wie wir erkannt worden sind. Wenn es nicht möglich ist, hier die vollendete Kenntnis aller Dinge zu haben, was bleibt mir dann übrig? Was ist es, auf das ich hoffe? Das Himmelreich, wirst du wahrscheinlich sagen. Ich glaube, dass das nichts Anderes ist, als das Erreichen des Reinsten und Vollkommensten. Das Vollkommenste von allem aber ist die Erkenntnis Gottes.[114]

111 Greg. Naz., *or.* 20,12 [SC 270, 80–82]: Διὰ πολιτείας ἄνελθε· διὰ καθάρσεως κτῆσαι τὸ καθαρόν. Βούλει θεολόγος γενέσθαι ποτὲ καὶ τῆς θεότητος ἄξιος; Τὰς ἐντολὰς φύλασσε· διὰ τῶν προσταγμάτων ὅδευσον· πρᾶξις γὰρ ἐπίβασις θεωρίας· ἐκ τοῦ σώματος τῇ ψυχῇ φιλοπόνησον.

112 Kertsch 1974, 282–289 identifiziert die Begriffe Schau (θεωρία) und Praxis (πρᾶξις) mit den unterschiedlichen Ausprägungen des Mönchtums (Eremiten und Koinobiten) und beschreibt den Mittelweg (μεσότης) zwischen den beiden Formen, den Gregor anstrebte. Das Zusammenspiel von Kontemplation und tätigem Leben bei Gregor einzig als dessen persönliches Lebensdilemma zu interpretieren, greift aber meines Erachtens zu kurz. Vielmehr sieht Gregor es als Aufgabe eines jeden Christen, einer jeder Christin, eine ausgewogene, dem eigenen Vermögen und der Lebenssituation angemessene Balance zwischen beiden Facetten christlichen Daseins zu finden.

113 Vgl. Greg. Naz., *or.* 20,12 [SC 270, 82]. Als illustrierendes biblisches Beispiel nennt Gregor Paulus, der zwar einerseits angibt, er sei bis in den dritten Himmel entrückt worden (vgl. 2Kor 12,2–4), andererseits aber auch sagt, jetzt sei sein Erkennen Stückwerk und wie in einem Spiegel, und zu einer anderen Zeit dann vollkommener und von Angesicht zu Angesicht (vgl. 1Kor 13,9–12). Die Überzeugung, dass Menschliches immer nur mit Menschlichem, aber niemals mit Gott verglichen werden darf, führt Gregor in *or.* 30,17 weiter aus.

114 Greg. Naz., *or.* 20,12 [SC 270, 82]: Ἔχομεν ἐπαγγελίαν γνώσεσθαί ποτε ὅσον ἐγνώσμεθα. Εἰ μὴ δυνατὸν ἐνταῦθα ἔχειν τελείαν τὴν τῶν ὄντων γνῶσιν, τί μοι τὸ λειπόμενον; Τί τὸ ἐλπιζόμενον; Βασιλείαν οὐρανῶν, ἴσως ἐρεῖς. Ἡγοῦμαι δὲ μὴ ἄλλο τι τοῦτο εἶναι ἢ τὸ τυχεῖν τοῦ καθαρωτάτου τε καὶ τελεωτάτου· τελεώτατον δὲ τῶν ὄντων, γνῶσις Θεοῦ. Den Gedanken, dass die Erkenntnis Gottes für den Menschen das höchste Gut und Ziel und mit dem Himmelreich identisch sei, formuliert Gregor auch in *or.* 14,23 [PG 35, 888.6–10].

Ebenso wie Gregor mit dem asketischen Leben den Beitrag betont, den der Mensch zu seinem Heil leisten kann und muss, ist ihm bewusst, dass dieser seine Erlösung nicht selbst „machen" kann. In der Einleitung in seine *Rede zum Fest der Heiligen Lichter* nennt er Jesus Christus mit den Worten des Johannesprologs das „wahre Licht" und sagt von diesem:

> Es [das wahre Licht bzw. Jesus Christus] wirkt unsere Reinigung und hilft dem Licht, das wir von allem Anfang an von ihm von oben her erhalten haben, und das wir durch die Sünde verdunkelt und verwischt haben.[115]

Christus, das wahre Licht, kommt in die Welt, um die Menschen zu erleuchten. Christus, das wahre Licht, bewirkt (ἐνεργεῖ) die Reinigung (κάθαρσις) des Menschen. Christus, das wahre Licht, vertreibt alle Dunkelheit und bringt das ursprüngliche Licht Gottes, das in jedem Menschen von allem Anfang an da war, zum Vorschein. Gregor zögert nicht, die Reinigung des Menschen als Wirken Christi zu bezeichnen: Als nach außen gewandter Aspekt Gottes wirkt dieser die Annäherung des Menschen an Gott.

Der Ort, an dem sich dies in exemplarischer Weise zeigt, ist die Taufe. Sie erhält ihre Kraft (τοῦ μυστηρίου ἡ δύναμις) dadurch, dass sie ihren Ursprung in Jesus Christus hat.[116] Sie steht im Zentrum von Gregors Überlegungen zum asketischen Leben und der damit verbundenen Reinigung, auf sie laufen alle Bemühungen des asketischen Lebens hin und durch sie werden Christinnen und Christen wiederum genährt und gestärkt. So ist nach Gregors Verständnis keine Glaubenspraxis für sich gesehen, ohne die Taufe, von Bedeutung:

> Es ist schrecklich, anstelle eines schmerzloseren Heilmittels das schmerzhaftere anzuwenden, und dadurch, dass man die Gnade der Barmherzigkeit weggeworfen hat, eine Strafe zu verbüßen und die Besserung als Kompensation für die Sünde zu schulden. Denn wie viele Tränen werden wir entrichten müssen, damit es mit dem Quell der Taufe vergleichbar ist? Und wer ist der Garant dafür, dass das Ende [d. h. der Tod] mit der Heilung [auf uns] warten wird und das Gericht uns nicht als Schuldige empfängt, die der Feuerung im Jenseits bedürfen?[117]

Gregor erachtet es als geradezu töricht, auf die Taufe zu verzichten bzw. sie unnötig hinauszuschieben. Er bezeichnet sie als das schmerzlosere Heilmittel (ἰατρεία ἀπονώτερα) im Gegensatz zu den asketischen Übungen, die den schmerzhafteren

115 Greg. Naz., *or.* 39,1 [SC 358, 150]: […] ἐνεργεῖ δὲ τὴν ἐμὴν κάθαρσιν, καὶ βοηθεῖ τῷ φωτὶ, ὃ παρ' αὐτοῦ λαβόντες ἄνωθεν ἀπ' ἀρχῆς, ἐκ τῆς ἁμαρτίας ἐζοφώσαμέν τε καὶ συνεχέαμεν.

116 Gregor wird den biblischen Bericht von der Taufe Jesu in den Abschnitten 15 und 16 dieser Rede auslegen und erläutern.

117 Greg. Naz., *or.* 40,9 [SC 358, 214]: Δεινὸν γὰρ ἀντὶ ἰατρείας ἀπονωτέρας τὴν ἐπιπονωτέραν ἐργάσασθαι, καὶ ἀποῤῥίψαντας χάριν οἴκτου χρεωστεῖν κόλασιν καὶ ἀντιμετρεῖν ἁμαρτίᾳ διόρθωσιν. Πόσον γὰρ εἰσοίσομεν δάκρυον, ἵν' ἀντισωθῇ τῇ πηγῇ τοῦ βαπτίσματος; τίς δὲ ὁ ἐγγυητὴς ὅτι μενεῖ τὴν θεραπείαν τὸ τέλος, ἀλλ' οὐκ ὀφείλοντας ἡμᾶς ἔτι τὸ κριτήριον ὑποδέξεται καὶ τῆς ἐκεῖσε δεομένους πυρώσεως;

und überdies unsichereren Weg zum Heil darstellen. Denn, so ist Gregor überzeugt, die vergossenen Bußtränen werden hinsichtlich Menge und Wirksamkeit kaum je an die Taufe heranreichen. Schließlich kann, wer an seiner Reinigung nur aus eigener Kraft arbeitet, nie sicher sein, ob seine Bemühungen das Maß seiner Sünde auch wirklich aufzuheben vermögen. Außerdem ist ungewiss, ob der Tod so lange auf sich warten lässt, bis der Mensch seine Reinigung selbst fertigbringt, oder ob dieser als Unreiner bzw. Schuldiger vor das Gericht Gottes treten muss.[118] Die asketische Lebenspraxis vermag nach Gregor die Taufe also auf keinen Fall zu ersetzen. Dennoch kommt ihr eine wichtige Rolle zu. Sie dient nicht nur der Vorbereitung auf die Taufe, sondern auch der Bewahrung der durch die Taufe erhaltenen Reinheit:

> Ihr werdet euch auf das Gut [d. h. die Taufe] stürzen und einen doppelten Kampf ausfechten: den einen, um uns vor der Taufe selbst zu reinigen, den anderen aber, um die Taufe zu bewahren, denn gleich schwierig ist sowohl das Erwerben eines der Güter, die man nicht besitzt, wie auch das Erworbene zu bewahren. Oft nämlich wird das, was die Mühe an sich genommen hat, durch Nachlässigkeit ruiniert. Und das, was die Trägheit verloren hat, ruft die Sorgfalt zurück. Eine gute Hilfe, um das zu erhalten, was du begehrst, werden dir Nachtwachen, Fasten, Schlafen auf dem Boden, die Träne, Erbarmen mit den Bedürftigen und das Teilen sein. Dies soll für dich Ausdruck des Dankes sein für das, was du erhalten hast, und gleichzeitig das Mittel, es zu bewahren.[119]

Auch wenn Gregor die Taufe als einfachen und sicheren Weg zum Heil versteht, ist sie nicht ganz umsonst zu haben. Wer getauft werden will, muss sich vielmehr in doppelter Weise anstrengen: Einerseits gilt es, sich vorher zu reinigen und auf das Sakrament vorzubereiten.[120] Andererseits müssen die Getauften dafür sorgen, dass sie die erhaltene Reinheit auch weiterhin bewahren. Zu groß ist in Gregors Augen

---

118 Gregor verbildlicht das Gesagte mit dem Gleichnis vom unfruchtbaren Feigenbaum (Lk 13,6–9): Selbst „Dünger“ (κόπρια) in Form von Tränen, Seufzern, Anrufungen, Schlafen auf dem Boden, Nachtwachen, Verzehren von Seele und Körper sowie das Bekenntnis sind keine Garantie dafür, dass der Baum doch noch Frucht bringen und vom Bauern verschont werden wird, vgl. Greg. Naz., *or.* 40,9 [SC 358, 214–216].

119 Greg. Naz., *or.* 40,31 [SC 358, 268]: αὐτοὶ δὲ τῷ ἀγαθῷ προσπηδήσατε καὶ διπλοῦν ἀγῶνα ἀγωνιεῖσθε· τὸν μὲν προκαθαίρειν ὑμᾶς αὐτοὺς τοῦ βαπτίσματος, τὸν δὲ συντηρεῖν τὸ βάπτισμα, ἐπειδὴ τῆς αὐτῆς ἐστι δυσχερείας καὶ κτήσασθαί τι τῶν ἀγαθῶν οὐχ ὑπάρχον, καὶ κτηθὲν διασώσασθαι. Πολλάκις γὰρ ὃ μὲν σπουδὴ προσέλαβε, ῥᾳθυμία διέφθειρεν· ὃ δὲ ὄκνος ἀπώλεσεν, ἀνεκαλέσατο ἐπιμέλεια. Καλόν σοι βοήθημα πρὸς τὸ τυχεῖν ὧν ἐπιποθεῖς ἀγρυπνίαι, νηστεῖαι, χαμευνίαι, προσευχαί, δάκρυον, οἶκτος τῶν δεομένων, μετάδοσις. Τοῦτό σοι γενέσθω ὧν τετύχηκας εὐχαριστήριόν τε ἅμα καὶ φυλακτήριον.

120 Als Beispiele für Menschen, die ihr Leben in dieser Weise lebten, nennt Gregor seine Schwester Gorgonia sowie auch seinen Vater in den jeweiligen Grabesreden. Obwohl er ein vehementer Kritiker des in der Spätantike verbreiteten Taufaufschubs ist, legitimiert er die späte Taufe seiner Schwester damit, dass „ihr ganzes Leben für sie Reinigung und Vollendung“ gewesen sei (πᾶς ὁ βίος κάθαρσις ἦν αὐτῇ καὶ τελείωσις), vgl. Greg. Naz., *or.* 8,20 [SC 405, 290]. In ähnlichen Worten sagt er auch über seinen Vater, der sich erst durch seine Frau zum Christentum hatte bekehren lassen, sein ganzes vorhergehendes Leben habe ihm zur Erleuchtung bzw. zu deren Vorbereitung gedient, vgl. Greg. Naz., *or.* 18,13 [PG 35, 1001.4–14].

die Gefahr, dass sie durch Nachlässigkeit und Trägheit in alte Muster zurückfallen und ihre Reinheit verlieren. Das Mittel für beides, sowohl zur Vorbereitung als auch zur Erhaltung der Taufe, sind die asketischen Übungen und darüber hinaus das soziale, wohltätige Handeln.[121]

2.2.3 Einübung in den Tod

Nach Gregors Verständnis stellt die Taufe die Reinigung par excellence dar. Doch theologisch ist das Sakrament auch anschlussfähig für das andere Bild, das Gregor im Zusammenhang mit dem guten christlichen Leben oft verwendet: die Einübung in den Tod (μελέτη θανάτου).[122] In *or.* 40, seiner Rede über die Taufe, ruft er seine Zuhörerinnen und Leserinnen mit folgenden Worten dazu auf, die Taufe zu empfangen:

> Lassen wir uns also durch die Taufe mit Christus begraben, damit wir mit auferstehen! Steigen wir mit ihm hinab, damit wir mit ihm erhoben werden. Steigen wir mit auf, damit wir mit verherrlicht werden.[123]

Mit Christus sterben, um mit ihm aufzuerstehen, mit ihm hinabsteigen, um miterhoben zu werden, mit ihm aufsteigen und an der Verherrlichung Anteil erhalten – Gregor wählt für seinen Aufruf zur Taufe verschiedene Pauluszitate und betont damit seine Nähe zum Apostel.[124] Er gibt aber nicht nur die Bibelworte wieder, sondern kombiniert und gewichtet sie nach eigenem Ermessen: Nicht Jesu Leiden und Tod am Kreuz stehen für ihn im Mittelpunkt, sondern der Tod an sich, welcher

---

121 Dies ist Thema des nächsten Unterkapitels, vgl. unten III 2.3, S. 181–211.

122 Zum Leben des Philosophen als Einübung in den Tod vgl. Bordt 2011; Hadot 2002, 29–37, Fischer 1971. Letzterer findet den Gedanken des Lebens als Einübung in den Tod bereits vor Gregor bei Irenäus von Lyon und Klemens von Alexandria. Eine ausführliche Darstellung des „Sterbens gegenüber der Welt" bei den ägyptischen Wüstenvätern findet sich bei Müller 2000, 166–195.

123 Greg. Naz., *or.* 40,9 [SC 358, 216]: Συνταφῶμεν οὖν Χριστῷ διὰ τοῦ βαπτίσματος, ἵνα καὶ συναναστῶμεν· συγκατέλθωμεν, ἵνα καὶ συνυψωθῶμεν· συνανέλθωμεν, ἵνα καὶ συνδοξασθῶμεν.

124 Vgl. Röm 6,4: συνετάφημεν οὖν αὐτῷ διὰ τοῦ βαπτίσματος εἰς τὸν θάνατον, ἵνα ὥσπερ ἠγέρθη Χριστὸς ἐκ νεκρῶν διὰ τῆς δόξης τοῦ πατρός, οὕτως καὶ ἡμεῖς ἐν καινότητι ζωῆς περιπατήσωμεν. (Wir wurden also mit ihm begraben durch die Taufe auf den Tod, damit, wie Christus durch die Herrlichkeit des Vaters von den Toten auferweckt worden ist, auch wir in der Wirklichkeit eines neuen Lebens unseren Weg gehen.); Röm 8,17: εἰ δὲ τέκνα, καὶ κληρονόμοι· κληρονόμοι μὲν θεοῦ, συγκληρονόμοι δὲ Χριστοῦ, εἴπερ συμπάσχομεν ἵνα καὶ συνδοξασθῶμεν. (Sind wir aber Kinder, dann sind wir auch Erben: Erben Gottes, Miterben Christi, sofern wir mit ihm leiden, um so auch mit ihm verherrlicht zu werden.); Eph 2,4.6: ὁ δὲ θεὸς [...] συνήγειρεν καὶ συνεκάθισεν ἐν τοῖς ἐπουρανίοις ἐν Χριστῷ Ἰησοῦ [...]. (Gott aber [...] hat uns mit ihm zusammen auferweckt und uns einen Platz in den Himmeln gegeben in Jesus Christus.); Kol 2,12: συνταφέντες αὐτῷ ἐν τῷ βαπτισμῷ, ἐν ᾧ καὶ συνηγέρθητε διὰ τῆς πίστεως τῆς ἐνεργείας τοῦ θεοῦ τοῦ ἐγείραντος αὐτὸν ἐκ νεκρῶν· (Mit ihm seid ihr begraben worden in der Taufe, und mit ihm seid ihr auch mitauferweckt worden durch den Glauben an die Kraft Gottes, der ihn von den Toten auferweckt hat.). Zur Taufe bei Paulus vgl. Öhler 2012, 47–57; Hellholm 2011; Ferguson 2009, 146–164.

Zugang zur Auferstehung, zum Aufstieg zu Gott und zum Heil ist. Gregor dürfte darin eine Übereinstimmung zwischen der Heiligen Schrift und der griechischen Philosophie gesehen haben, ist er doch mit den Worten von Platon ebenso vertraut wie mit denen des Paulus. In einem Brief an den ehemaligen Schulkameraden Philagrius, der offenbar an einer Krankheit leidet, rät er:

> Für das Zukünftige statt des Gegenwärtigen sollst du leben, indem du – dies sagt Platon – das Leben hier zu einer Einübung in den Tod machst und, um es wie er zu sagen, nach Kräften die Seele lösest, sei es vom Körper oder vom Grab.[125]

Das Zitat von der Einübung in den Tod stammt von Platon, der diese Worte im *Phaidon* Sokrates in den Mund legt.[126] Dort sehnt sich die Seele des Philosophen nach der Trennung von dem ihr wesensfremden Leib und nach der Befreiung zu ihrem höheren, wahren Sein. Dem Gedanken an das Leben als Einübung in den Tod liegt der Dualismus von Leib und Seele, von Materiellem und Geistlichem zu Grunde. Auch wenn die Seele sich erst durch den irdischen Tod ganz vom Körper lösen wird, soll sich, so Platon, die Seele des Philosophen bereits zu Lebzeiten so weit wie möglich vom Materiellen befreien und sich so auf die Unsterblichkeit vorbereiten.[127]

Gregor beschreibt die Einübung in den Tod nicht nur in seinen Briefen und Reden als gute christlich-philosophische Lebenshaltung,[128] sondern lobt sie auch in Grabesreden auf Menschen, die ihm nahe standen. So sagt er in einem Brief an Gregor von Nyssa kurz nach dem Tod von Basilius über seinen Freund, dieser habe sein ganzes Leben zu einer Einübung in den Tod gemacht.[129] Und auch seinen Eltern attestiert Gregor neben der größtmöglichen Liebe für ihre Kinder eine noch größere Liebe zu Christus, die sich darin zeigte, dass sie den Tod stets vor

---

125 Greg. Naz., *epist.* 31 [Gallay (Hg.) (Bd. 1) 1964, 39]: ζῆν ἀντὶ τοῦ παρόντος τῷ μέλλοντι, θανάτου μελέτην – τοῦτο ὅ φησι Πλάτων – τὸν τῇδε βίον ποιούμενον καὶ λύοντα τὴν ψυχὴν τοῦ εἴτε σώματος, εἴτε σήματος, κατ' ἐκεῖνον εἰπεῖν, ὅση δύναμις.

126 Vgl. Plat., *Phaid.* 81a1–2 [ed. Dirlmeier, 84]. Der Dialog thematisiert davor die Einstellung der philosophischen Seele zum Tod. Platons Überzeugung, nach der das irdische Leben des Philosophen bereits die Reinigung der Seele von der Materie, also den Körper, anstrebt, gipfelt im Satz: ἢ οὐ τοῦτ' ἂν εἴη μελέτη θανάτου; (Oder wäre dies [d. h. das philosophische Leben] etwa kein übendes Sich-mühen um den Tod?) Gerade, wenn es sich um griechische Autoren handelt, gibt Gregor selten ausdrücklich an, welche Quellen er in seinen Schriften verwendet. Möglicherweise tut er es im Brief an Philagrius bewusst, um diesen an die Zeit der gemeinsamen Ausbildung zu erinnern, zu der auch das Studium der Schriften Platons gehörte.

127 Der moderne Philosoph Pierre Hadot deutet die Stelle aus dem Werk von Platon wie folgt: „Alle Darlegungen im ‚Phaidon', die der zitierten Stelle vorangehen und auf sie folgen, verdeutlichen sehr gut, dass es sich für die Seele darum handelt, sich zu befreien und sich aller an die körperlichen Sinne gebundenen, sinnlichen Leidenschaften zu entledigen, um geistige Unabhängigkeit zu erreichen. […] Sich im Sterben zu üben bedeutet, sich zu üben, in seiner Individualität und seinen Leidenschaften abzusterben, um die Dinge aus der Perspektive der Universalität und der Objektivität zu sehen." (Hadot 2002, 30) Vgl. auch Fischer 1971, 47.

128 Vgl. Greg. Naz., *or.* 19,16 [PG 35, 1064.1], *or.* 26,11 [SC 284, 252]; *or.* 27,7 [FC 22, 82.1–2]; *epist.* 31 [Gallay (Hg.) (Bd. 1) 1964, 39].

129 Vgl. Greg. Naz., *epist.* 76,1 [Gallay (Hg.) (Bd. 2) 1964, 93].

Augen hatten und ihr Leben auf diese Weise zu einer Meditation der Auflösung (μελέτη λύσεως), das heißt, des Todes, machten. Am deutlichsten aber tritt die Beeinflussung durch Platon in der Trauerrede für seine Schwester Gorgonia zu Tage. Hier bezeichnet Gregor den Tod ausdrücklich als Trennung (διάζευξις), der die Befreiung der Seele vom Körper und den mit ihm verbundenen sinnlichen Eindrücken zur Folge hat:

> Eigentlich zwang sie ihren Körper schon vor der Trennung [d. h. vor dem Tod] zu sterben, damit die Seele Freiheit erlangte und nicht durch die Sinne gehindert würde.[130]

2.3 Wohltätiges Miteinander

2.3.1 Ein Entwurf christlicher Sozialethik

Nicht nur die Sorge für die eigene Seele und die Arbeit an der eigenen Reinigung haben einen Einfluss auf die Annäherung des Menschen an Gott, sondern auch der Umgang mit den Mitmenschen – besonders auch mit sozial Benachteiligten, mit Bedürftigen und Notleidenden.[131] So findet sich bei Gregor der wohl ausgereifteste Entwurf einer christlichen Sozialethik in seiner Zeit.[132]

Gregor kennt und verwendet eine Fülle von Begriffen für das wohltätige Handeln. Er spricht in diesem Zusammenhang von Mitleid (ἐλεημοσύνη, ἔλεος), Wohltätigkeit (εὐποιία), Barmherzigkeit (εὐσπλαχνία), Armenspeisung (πτωχο-τροφία), Mitgefühl (συμπάθεια), Gattenliebe (φιλανδρία), Menschenliebe (φιλαν-θρωπία), Gastfreundschaft (φιλοξενία), Liebe zu den Armen (φιλοπτωχία), Liebe (φίλτρον) und Güte (χρηστότης).[133]

Hinweise auf Gregors Einstellung zur Wohltätigkeit finden sich über seine gesamten Reden verstreut. Die wichtigste Quelle dazu ist jedoch seine um das Jahr 368 herum verfasste Rede *Über die Liebe zu den Armen* (*or.* 14, Περὶ φιλοπτωχίας).[134] Die Armen, von denen Gregor hier spricht, sind Witwen und Waisen, aus ihren

---

130 Greg. Naz., *or.* 8,14 [SC 405, 276]: μᾶλλον δὲ σώματος βιασαμένου νεκρωθῆναι καὶ πρὸ τῆς διαζεύξεως, ἵν᾽ ἐλευθερίαν λάβῃ ψυχὴ, καὶ μὴ παραποδίζηται ταῖς αἰσθήσεσιν.

131 An verschiedenen Stellen in seinen Reden nennt Gregor die Wohltätigkeit sogar im gleichen Atemzug mit dem asketischen Leben, so etwa Gastfreundschaft (φιλοξενία), Bruderliebe (φιλαδελφία), Gattenliebe (φιλανδρία) und Armenspeisung (πτωχοτροφία) in *or.* 27,7 [FC 22, 80.14–17].

132 Allerdings wurde diese bisher nicht umfassend analysiert und dargestellt. Ansätze finden sich bei Fellechner 1979; Harakas 1994; Michopoulos 1994; Holman 1999.

133 Vgl. Fellechner 1979, 25. Bei der Suche nach relevanten Stellen aus Gregors Reden habe ich mich auf jene Stellen konzentriert, wo er einen oder mehrere der genannten Begriffe verwendet.

134 Ich folge dem Datierungsvorschlag von McGuckin 2001, 145–146. Frühere Untersuchungen, wie etwa diejenige von Haeuser/Kertsch 1983, datieren die Rede ins Jahr 373, also in die Zeit nach der Eröffnung der sozialen Institutionen von Basilius bei Caesarea. McGuckin 2001,

Herkunftsorten Vertriebene, solche, die unter der hohen Steuerlast verarmt sind, ausgeraubt wurden oder Schiffbruch erlitten haben. Besonders aber hat er Menschen im Blick, die als Folge der „heiligen Krankheit“ (ἱερὰ νόσος), das heißt des Aussatzes bzw. der Lepra, mittellos geworden sind.[135] Mit dem Ziel, Spenden für das wohltätige Engagement der Kirche einzutreiben, dürfte Gregor die Rede zu verschiedenen Anlässen und an unterschiedlichen Orten gehalten haben – zum Beispiel an christlichen Festtagen, wenn sich viele Menschen in den Städten versammelten und er ein großes Publikum erreichte. Zu solchen Anlässen traten auch die Ärmsten in die Öffentlichkeit, um zu betteln.[136] Doch die Rede *Über die Liebe zu den Armen* ist nicht nur ein rhetorisch ausgeklügelter Spendenaufruf. Sie stellt auch einen überzeugenden Entwurf christlichen sozialen Handelns dar und vermittelt einen Einblick in Gregors theologische Begründung der Wohltätigkeit. Aus der Zusammenschau mit entscheidenden Stellen aus weiteren Reden lassen sich Erkenntnisse darüber gewinnen, wie sich für Gregor das soziale Handeln des Menschen auf dessen Beziehung zu Gott auswirkt.

2.3.2 Gleich vor Gott und unendlich beschenkt

Gregor begründet die Notwendigkeit des wohltätigen Miteinanders unter den Menschen theologisch auf zweifache Weise – einerseits durch die Gleichheit aller Menschen vor Gott und andererseits dadurch, dass er den Menschen als Wesen versteht, das von allem Anfang an in höchstem Maß von Gott beschenkt ist und als Gottes Ebenbild nicht anders kann, als die erhaltene Gnade weiterzuschenken.

Die erste Voraussetzung, mit der Gregor seine Aufforderung zur Wohltätigkeit begründet, schickt er schon im allerersten Satz seiner Rede *Über die Liebe zu den Armen* voraus. Es ist seine Überzeugung, alle Menschen seien unterschiedslos auf Gott und Gottes Güte angewiesen und damit vor Gott gleich:

> […] arm sind wir nämlich alle, und auf die göttliche Gnade angewiesen […].[137]

145–146, Anm. 218 merkt richtigerweise an, dass Gregor ausdrücklich von leprakranken Armen spricht, die sich ohne Dach über dem Kopf in den Straßen aufhalten, vgl. Greg. Naz., *or.* 14,12 [PG 35, 872.27–873.21].

135 Vgl. Greg. Naz., *or.* 14,6 [PG 35, 864.41–865.23].

136 Gregor beschreibt solche Szenen in *or.* 14,12–13 [PG 35, 872.27–873.47]. Zu den Umständen der Enstehung von *or.* 14 vgl. McGuckin 2001, 145–148; Holman 1999, v. a. 298–302. Anders als in der Trauerrede auf Basilius (*or.* 43) spricht Gregor selbst in *or.* 14 an keiner Stelle von Basilius oder von dessen karitativer Tätigkeit in Caesarea. McGuckin 2001, 147 schließt daraus überzeugend, dass Gregor die Rede zwar mit dem Ziel verfasst haben könnte, Spenden für Bau und Unterhalt von Basilius' Institution zu sammeln, dass er sie aber mit Absicht genug allgemein gehalten habe, um sie auch an anderen Orten einsetzen zu können. Vgl. zu den sozialen Werken des Basilius in Caesarea Ferngren 2009, 124–130.

137 Greg. Naz., *or.* 14,1 [PG 35, 857.61–860.1]: […] πτωχοὶ γὰρ ἅπαντες, καὶ τῆς θείας χάριτος ἐπιδεεῖς […].

Er wird auch im weiteren Verlauf der Rede nicht müde, seine Hörerinnen und Leserinnen von diesem Grundsatz zu überzeugen, fällt es doch den Menschen von Natur aus leichter, die Gleichheit ihrer selbst mit ihren Familienmitgliedern, Freunden, Gleichgesinnten und -situierten anzuerkennen, als sie auch in Bezug auf Fremde, Andersdenkende, soziale Außenseiter, Arme und Kranke zu akzeptieren. So findet Gregor, nachdem er das Elend der Leprakranken seiner Zeit dramatisch geschildert hat, deutliche Worte, um mögliche Zweifel an der Gleichheit aller Menschen aus den Köpfen seines Publikums zu verbannen:

> Diese [die Aussätzigen], die – auch wenn ihr es nicht wollt – im Blick auf Gott unsere Brüder sind, [erleiden] also diese und noch viel schlimmere als die erwähnten Dinge; sie, die die gleiche Natur wie wir erhalten haben; sie, die aus dem gleichen Lehm wie wir geformt worden sind, aus dem wir am Anfang entstanden sind; sie, die aus Muskeln und Knochen zusammengesetzt sind, genau wie wir auch; sie, die wie alle mit Haut und Fleisch bekleidet sind, wie es einmal der göttliche Hiob sagt, wenn er über das Leiden philosophiert und auf unsere [äußere] Erscheinung spuckt.
>
> Sie haben, um es noch deutlicher zu sagen, vielmehr wie wir das Ebenbild Gottes erhalten, und sie bewahren es vielleicht mehr als wir, auch wenn sie, was die Körper betrifft, verunstaltet wurden. Sie haben ihrem innerlichen Menschen denselben Christus angezogen, und ihnen ist dasselbe Geschenk des Geistes anvertraut worden wie uns.
>
> Sie haben an denselben Gesetzen, Lehren, Verträgen, Versammlungen, Sakramenten[138] und Hoffnungen Anteil wie wir.
>
> Für sie ist Christus gleichermaßen gestorben, der die Sünde der ganzen Welt weggenommen hat. Sie sind Miterben des Lebens oben [d. h. im Himmel], auch wenn sie das hiesige ganz verpassen. Wenn sie mitleiden, um auch mitverherrlicht zu werden, werden sie mit Christus begraben, und mit ihm werden sie auferstehen.[139]

Gregor nennt hier vier Merkmale, die das menschliche Wesen und Leben bestimmen: Es sind dies der äußere bzw. materielle Mensch, der innere bzw. geistliche Mensch,[140] der Zusammenhang der Menschen in der Gesellschaft und in der christ-

---

138 Da Gregor μυστήρια hier im Zusammenhang mit gesellschaftlichen Vollzügen nennt, übersetze ich den Begriff mit „Sakramente“.

139 Greg. Naz., *or.* 14,14 [PG 35, 876.1–23]: Οὗτοι μὲν οὖν ταῦτα, καὶ πολλῷ γε ὧν εἶπον ἀθλιώτερα, οἱ κατὰ Θεὸν ἡμῶν ἀδελφοὶ, κἂν μὴ βούλησθε, οἱ τὴν αὐτὴν ἡμῖν λαχόντες φύσιν, οἱ ἐκ τοῦ αὐτοῦ πηλοῦ διηρτισμένοι, ἐξ οὗ τὸ πρῶτον γεγόναμεν, οἱ νεύροις καὶ ὀστέοις ἐνειρμένοι παραπλησίως ἡμῖν, οἱ δέρμα καὶ κρέας ἐνδεδυμένοι πᾶσιν ὁμοίως, ὥς πού φησιν ὁ θεῖος Ἰὼβ ἐμφιλοσοφῶν τοῖς πάθεσι, καὶ διαπτύων ἡμῶν τὸ φαινόμενον· μᾶλλον δὲ, εἰ χρὴ τὸ μεῖζον εἰπεῖν, οἱ τὸ κατ’ εἰκόνα καὶ λαχόντες ὁμοίως ἡμῖν, καὶ φυλάσσοντες ἴσως ὑπὲρ ἡμᾶς, εἰ καὶ τὰ σώματα διεφθάρησαν· οἱ τὸν αὐτὸν ἐνδεδυμένοι Χριστὸν κατὰ τὸν ἔσω ἄνθρωπον, καὶ τὸν αὐτὸν ἡμῖν πιστευθέντες ἀῤῥαβῶνα τοῦ Πνεύματος· οἱ τῶν αὐτῶν ἡμῖν μετασχόντες νόμων, λογίων, διαθηκῶν, συνάξεων, μυστηρίων, ἐλπίδων· ὑπὲρ ὧν Χριστὸς ὁμοίως ἀπέθανεν, ὁ παντὸς αἴρων τὴν ἁμαρτίαν τοῦ κόσμου· οἱ συγκληρονόμοι τῆς ἄνω ζωῆς, καὶ εἰ παραπολὺ τῆς ἐνταῦθα διήμαρτον· οἱ συνθαπτόμενοι Χριστῷ, καὶ συνανιστάμενοι· εἴπερ συμπάσχουσιν, ἵνα καὶ συνδοξασθῶσιν.

140 Gregor hat in *or.* 14,6–7 [PG 35, 865.11–46] seine anthropologischen Grundvoraussetzungen vorgestellt und sein Menschenbild geklärt. Darauf baut er seine weitere Argumentation nun auf. Zu Gregors Anthropologie vgl. oben, S. 47–50.

lichen Gemeinschaft sowie deren Erlösungswürdigkeit. Jeder dieser Punkte dient ihm dazu, die Gleichheit aller Menschen vor Gott aufzuzeigen. Sie alle, so Gregors Überzeugung, sind in gleicher Weise Geschöpfe Gottes und teilen miteinander ihre materiell-biologische Beschaffenheit[141] – und damit auch die Verletzlichkeit und Vergänglichkeit.[142] Allen Menschen gemeinsam ist auch die Ebenbildlichkeit Gottes, die sie in sich tragen, mag sie auch nicht bei allen gleich deutlich in Erscheinung treten.[143] Gregor bringt klar zum Ausdruck, dass die körperliche Verfassung eines Menschen keinerlei Rückschlüsse auf dessen Gottebenbildlichkeit zulässt: Auch dem entstelltesten Körper kann das Ebenbild Gottes in höchster Reinheit innewohnen; als derjenige Aspekt Gottes, der dem Menschen innerlich ist, kann der Geist in jedem Körper Wohnung nehmen. Weiter sind alle Menschen, reiche und arme, gesunde und kranke, Teil von derselben Gesellschaft und derselben Gemeinschaft der Kirche. Zur Veranschaulichung nennt er rechtlich-politische und kirchliche Angelegenheiten, die in seinen Augen für alle Glieder der Gesellschaft gleichermaßen gelten.[144] Schließlich, so ist Gregor überzeugt, haben auch im Blick auf ihre Erlösung alle Menschen dieselben Voraussetzungen: Alle sind gleichermaßen erlösungsbedürftig und erlösungswürdig. Entscheidend ist letztlich ihr Bekenntnis zu Christus, die Ausrichtung ihres Lebens auf Gott und damit die Beziehung zu Gott.[145]

Dem Glauben an die Gleichheit aller Menschen vor Gott widerspricht die Erfahrung, dass nicht allen dasselbe Schicksal zuteilwird. Während es manchen im Leben wohl ergeht, haben andere ein schweres Los zu tragen. Gregor distanziert sich deutlich von der Vorstellung, die unterschiedlichen Geschicke der Menschen seien von Gott gewollt:

> Und wiederum, wenn du hörst: „Ein Armer und ein Reicher trafen einander; beide hat der Herr geschaffen",[146] dann darfst du nicht daraus schließen, [er habe] den einen als Armen, den anderen aber als Reichen [geschaffen], damit du dich noch mehr über den Armen erheben kannst! Es ist nämlich nicht klar, ob diese Unterscheidung von Gott

141 In Anlehnung an den zweiten biblischen Schöpfungsbericht spricht Gregor hier davon, dass alle Menschen aus demselben Lehm geformt worden sind, vgl. Gen 2,7. Hiob zitiert er, wohl aus dem Gedächtnis, aus Hi 10,9–11.

142 Als Bild für die Unsicherheit des irdischen Lebens und dafür, wie verletzlich und vergänglich der Mensch ist, vergleicht Gregor das Leben mit einer Schifffahrt: Jeder, der mit dem Schiff fährt, läuft auch Gefahr, Schiffbruch zu erleiden, ebenso wie jedem, der einen Körper hat, auch die Möglichkeit gegeben ist, zu leiden, vgl. Greg. Naz., *or.* 14,28 [PG 35, 896.7–11]; *or.* 14,18 [PG 35, 880.27–881.10].

143 Die Bekleidung des inneren Menschen mit Christus – dem vollkommenen Bild Gottes – als Ausdruck für die Ebenbildlichkeit, ist eine Anlehnung an Paulus (Gal 3,27).

144 Er nennt politische und kirchliche Aspekte im selben Atemzug. Diese Übereinstimmung dürfte seine Wahrnehmung und Erfahrung der Gesellschaft widerspiegeln.

145 Gregor zitiert aus Röm 8,17. Den Gedanken der Gleichheit aller Menschen vor Gott führt Gregor in etwas anderen Worten in *or.* 32,22–23 [FC 318, 132–134] noch einmal aus.

146 Gregor zitiert fast wörtlich aus Spr 22,2. Die Tatsache, dass er πένης καὶ πλούσιος schreibt, während in der heutigen Überlieferung der Septuaginta πλούσιος καὶ πτωχός steht, könnte auf eine andere Textüberlieferung hindeuten.

> kommt. Geschöpfe Gottes […] sind beide in gleicher Weise, auch wenn ihr Äußeres ungleich erscheint.[147]

Auch von der Vorstellung eines direkten Zusammenhangs zwischen dem Tun und dem Ergehen des Menschen grenzt sich Gregor ab:

> Ich aber zögere, das hiesige Unglück als Folge der Schlechtheit und das Wohlergehen als Folge der Frömmigkeit zu sehen.[148]

Die Ungleichheit der Menschen ist, so Gregor, also nicht ein unmittelbares Ergebnis persönlicher guter oder schlechter Taten, sondern vielmehr eine Folge des Sündenfalls: Während Gott die Menschen am Anfang, im Garten Eden als wirklich gleich geschaffen hat, hielten die Unterschiedenheit und dadurch der Unfrieden untereinander erst durch die List der Schlange (τοῦ ὄφεως τυραννὶς) und die Vertreibung aus dem Paradies Einzug in die Geschichte des Menschen.[149] Die Kluft zwischen Arm und Reich ist damit letztlich ein Werk des Bösen.[150] Gregor ruft seine Hörerinnen und Leserinnen dazu auf, sich an der anfänglichen, sprich: paradiesischen Gleichheit (ἰσονομία) und nicht an der späteren Verschiedenheit (διαίρεσις) zu orientieren.[151]

Zu der durch die Schöpfung bedingten Gleichheit aller Menschen vor Gott hinzu kommt der Glaube an die geschwisterliche Gemeinschaft von Christinnen und Christen. Gregor verweist auf das Bild vom einen Leib und den vielen Gliedern, dessen Haupt Christus ist (Röm 12,3–8). In Anlehnung an Gal 3,28 betont er, dass die Einheit in Christus alle einschließe, egal ob reich oder arm, Sklave oder Freier, gesund oder krank.[152] Wie es dem einen Körperteil nicht gleichgültig sein kann,

---

147 Greg. Naz., *or.* 14,36 [PG 35, 905.31–37]: Πάλιν δὲ ὅταν ἀκούῃς· Πένης καὶ πλούσιος συνήντησαν ἀλλήλοις, ἀμφοτέρους δὲ ὁ Κύριος ἐποίησεν· μὴ τὸν μὲν πένητα, τὸν δὲ πλούσιον ὑπολάβῃς, ἵνα καὶ μᾶλλον κατεξαναστῇς τοῦ πένητος· οὐ γὰρ δῆλον, εἰ θεόθεν ἡ τοιαύτη διαίρεσις· πλάσμα δὲ Θεοῦ […] ὁμοίως ἀμφότεροι, καὶ εἰ τὰ ἔξωθεν ἄνισα.

148 Greg. Naz., *or.* 14,31 [PG 35, 900.15–17]: ἐγὼ δὲ ὀκνῶ κακίᾳ δοῦναι πάντως τὴν ἐντεῦθεν κόλασιν, ἢ εὐσεβείᾳ τὴν ἄνεσιν·

149 Das passt zu Gregors Vorstellung aus *or.* 38,12 [SC 358, 128–130], nach der Gott die Menschen im Paradies zuerst als reine Geistwesen geschaffen und ihnen dann, bei der Vertreibung aus dem Paradies, einen materiellen Körper als Bekleidung mitgegeben hat: Unfrieden und Ungleichheit können in seinen Augen nur aus der Zusammensetzung entstehen. Diese Zusammensetzung bestimmt den Menschen als geistig-körperliches Mischwesen seit dem Sündenfall grundlegend.

150 In *or.* 14,26 [PG 35, 892.22] stellt Gregor dem Schöpfer (κτίσας) den Beherrscher (κρατήσας) gegenüber.

151 Vgl. Greg. Naz., *or.* 14,25–26 [PG 35, 892.9–27].

152 Gregor zitiert wohl aus dem Gedächtnis. Das letzte Gegensatzpaar fehlt in Gal 3,28; er ergänzt es entsprechend dem Thema seiner Rede. Hingegen lässt er „weiblich und männlich" (ἄρσεν καὶ θῆλυ) weg; da Gregor die Bibelstelle auch in *or.* 7,23 [SC 405, 240] zitiert und „weiblich und männlich" dort beibehält, gehe ich davon aus, dass Gregor es absichtlich wegließ, weil es für das Thema seiner Rede, den Umgang mit den Armen, in seinen Augen nicht relevant ist.

Zu Gregors Wahrnehmung und Beurteilung der Stellung der Sklaven vgl. Klein 2000, 117–185.

wenn ein anderer verletzt oder krank ist, so kann es auch keinen Christen, keine Christin unberührt lassen, wenn ein anderer in Not gerät und leidet.[153]

Beides zusammen, die Gleichheit der Menschen aufgrund ihrer Geschöpflichkeit und die Verbundenheit von Christinnen und Christen in ihrem Herrn, stellt den ersten Grundpfeiler von Gregors Begründung für menschliches, solidarisches Handeln dar.[154]

Die zweite Voraussetzung, mit der Gregor seinen Aufruf zur Wohltätigkeit begründet, ist seine Überzeugung, dass der Mensch von allem Anfang an in elementarster Weise von Gott beschenkt und auf Gott angewiesen ist:

> Niemals wirst du die Freigebigkeit Gottes übertreffen, auch, wenn du alles gibst, was du hast, und auch, wenn du noch alles dazugibst, was du selbst bist. Denn auch das ist [für dich] ein Empfangen: sich Gott hinzugeben. Wie viel du auch entrichtest, immer ist das, was dir bleibt, noch mehr. Und nichts von dem, was du geben wirst, [gehört] dir selbst, denn alles [hast du] von Gott. Und ebenso wie es nicht [möglich] ist, deinen eigenen Schatten zu überschreiten, der zurückweicht, während wir vorwärtsgehen und uns deshalb ewig voraus ist, und wie die Körpergröße nicht über den Kopf hinausreichen kann, weil dieser immer darüber liegt, so werden wir Gott nicht mit dem, was wir geben, überrunden. Denn weder gibt es etwas außerhalb von dem, was ihm gehört, noch etwas, was höher ist als seine Freigebigkeit.[155]

Als Geschöpf Gottes hat der Mensch alles, was er hat und ist, von Gott empfangen: Seinen Körper, Nahrung, Wohnung und, noch grundlegender: die Welt, in der er lebt, die Ordnung der Zeit, den Rhythmus von Tag und Nacht und den Jahreszeiten sowie die Fähigkeit, deren Schönheit zu erkennen.[156] Selbst wenn ein Mensch sich

---

153 Vgl. Greg. Naz., *or.* 14,8 [PG 35, 11–21].

154 Zu Gregors Überzeugung von der Gleichheit aller Menschen vor Gott vgl. Michopoulos 1994. Dieser findet Gregors denkerisches Vorbild in dieser Hinsicht bei Origenes, macht aber einen bedeutenden Unterschied zwischen den beiden Theologen aus: Bei Origenes ergebe sich die Gleichheit aus der Tatsache der Geschaffenheit des Menschen, könne aber nicht aus seiner Trinitätslehre abgeleitet werden, da Origenes nicht von einer vollkommenen Gleichwertigkeit der göttlichen Personen ausgehe. Hingegen liege bei Gregor der Grund für die Gleichheit der Menschen in der Gleichheit der trinitarischen Personen. Letzteres steht auf keinen Fall in einem Widerspruch zu Gregors Denken und lässt sich als impliziter Schluss aus seinen Schriften ableiten. Als Argument für die Gleichheit der Menschen findet es sich in Gregors Schriften aber meines Erachtens nicht.

155 Greg. Naz., *or.* 14,22 [PG 35, 885.37–888.3]: Οὐδέποτε νικήσεις μεγαλοδωρεὰν Θεοῦ, κἂν πάντα πρόῃ τὰ ὄντα, κἂν τοῖς οὖσι σεαυτὸν προσθῇς. Καὶ τοῦτο γάρ ἐστι λαβεῖν, τὸ τῷ Θεῷ δοθῆναι· ὅσον ἐὰν εἰσενέγκῃς, πλεῖον ἀεὶ τὸ λειπόμενον· καὶ οὐδὲν δώσεις ἴδιον, ὅτι τὰ πάντα παρὰ Θεοῦ. Καὶ ὥσπερ οὐκ ἔστιν ὑπερβῆναι τὴν ἑαυτοῦ σκιὰν ὑποχωροῦσαν καθόσον πρόιμεν, καὶ τὸ ἴσον ἀεὶ προέχουσαν· οὐδὲ ὑπὲρ τὴν κεφαλὴν γενέσθαι σώματος μέγεθος ὑπερκειμένην ἀεὶ τοῦ σώματος· οὕτως οὐδὲ οἷς δίδομεν νικῆσαι Θεόν. Οὐ γὰρ ἔξω τι τῶν αὐτοῦ δίδομεν, οὐδὲ ὑπὲρ τὴν ἐκείνου φιλοτιμίαν.

156 Mit diesen Beispielen illustriert Gregor das Gesagte in poetischen Worten, die Erinnerungen an die erste sogenannte Gottesrede bei Hiob (Hi 38,1–8) wachrufen, vgl. Greg. Naz., *or.* 14, 23 [PG 35, 888.12–28].

selbst ganz Gott hingeben will – darunter dürfte Gregor das ideale asketische Leben und die vollkommene Hinwendung zu Gott verstehen –, ist auch dies der Gnade Gottes zu verdanken. Wie sein Schatten, den er nicht einzuholen vermag, ist Gott dem Menschen bei allen seinen Taten und Bemühungen immer einen Schritt voraus. Nichts von alledem, was der Mensch für sein Leben und Wohlergehen braucht, und sei er noch so bescheiden, hat er sich selbst gegeben. Alles kommt von Gott. Gregor ruft deshalb dazu auf, die von Gott anvertrauten Güter umsichtig zu verwalten und auf übermäßigen Luxus zu verzichten.[157]

Doch nicht nur das Geschaffensein des Menschen selbst und der Schöpfung, die ihm als Lebensgrundlage dient, sind Geschenk und Gnade Gottes. In Gregors Verständnis gipfelt das Heilsgeschehen, das in der Schöpfung seinen Anfang genommen hat, in der Menschwerdung Gottes in Jesus Christus. Dadurch, dass Gott selbst in die Schöpfung eintritt, in der Schwachheit und Armut Wohnung nimmt und den Menschen so den Weg zu sich selbst eröffnet, zeigen sich Gottes Liebe und Barmherzigkeit zum Menschen in allerhöchstem Maß.[158] Noch deutlicher als in der Rede *Über die Liebe zu den Armen* bezeichnet Gregor die Menschwerdung Gottes in Jesus Christus in der Grabrede für Basilius als besonderen Ausdruck der Menschenfreundlichkeit. Hier spricht Gregor von der

> überweltlichen Natur, die die Schöpfung nicht zu fassen vermag, die aber aufgrund der Menschenfreundlichkeit doch unter uns kommt, um uns zu sich hin zu ziehen […].[159]

Es versteht sich von selbst, dass der Mensch bei Gott niemals wettmachen kann, was ihm geschenkt wurde. Und doch, oder besser gesagt: gerade deswegen sieht Gregor es als Aufgabe des Menschen, innerhalb von dessen eigener Angewiesenheit und mit seinen beschränkten Möglichkeiten, Gott entsprechend zu handeln und selbst Mitleid und Wohltätigkeit zu üben:

> Er [Gott] schuf [den Menschen] und führt ihn, nachdem er [ihn] losließ, wieder [mit sich] zusammen; sieh also auch du nicht über den Gefallenen hinweg![160]

---

157 Vgl. Greg. Naz., *or.* 14,24 [PG 35, 889.5–33]; *or.* 14,16–17 [PG 35, 876.47–880.26]. Unter dieser Voraussetzung ist menschlicher Besitz – konsequent zu Ende gedacht – eigentlich gar nicht möglich. So weit geht Gregor jedoch nicht, möglicherweise, weil er selbst die Vorzüge eines gewissen Lebensstandards kennt, oder aber, weil er sein Publikum, dessen Wohlwollen er ja zu gewinnen sucht, nicht vor den Kopf stoßen will.

158 Vgl. Greg. Naz., *or.* 14,15 [PG 35, 876.24–34]. Vgl. auch *or.* 2,24 [SC 247, 120]. In *or.* 44,2 [PG 36, 609.4–5] bezeichnet Gregor das Leben und Sterben Jesu Christi als Ausdruck von Gottes Philanthropie, die es vermag, den Menschen umzubilden, also nach dem Bild Gottes neu zu schaffen.

159 Greg. Naz., *or.* 43,45 [SC 384, 222]: […] φύσιν τὴν ὑπερκόσμιον, ἣν οὐδὲ χωρεῖν ἡ κτίσις δύναται, κἂν μεθ' ἡμῶν τι γένηται λόγῳ φιλανθρωπίας, ἵν' ἡμᾶς ἑλκύσῃ πρὸς ἑαυτὴν […].

160 Greg. Naz., *or.* 14,27 [PG 35, 893.3–4]: Ὁ μὲν ἐποίησε, καὶ λύσας συνάγει πάλιν· σὺ δὲ πεσόντα μὴ παρίδῃς. Die Übersetzung von λύσας ist schwierig: Aus dem Zusammenhang wird deutlich, dass es dabei um den Sündenfall geht. Allerdings handelt es sich um ein aktives Partizip, das Gott als Subjekt und den Menschen zum Objekt hat. Aus Gregors Sicht ist die Trennung

Der Mensch soll die von Gott empfangene Gnade und Barmherzigkeit, die sich in der Schöpfung und in der Menschwerdung Gottes manifestieren, weitergeben. Gregor verwendet dazu an zahlreichen Stellen in seinen Schriften den Begriff „nachahmen" (μιμέομαι). Er fordert dazu auf, dem Vorbild der Menschenliebe (φιλανθρωπία) Gottes bzw. Christi zu folgen.[161] Besonders deutlich bringt Gregor dies in seiner Rede an den Steuerbeamten Julian zum Ausdruck – überzeugt, dass es in einem christlichen Geist sogar möglich ist, gerecht Steuern einzuziehen.[162] Mit Blick auf das Heilswirken Christi sagt er:

> Das Größte und Eindrücklichste, was er [Gott] uns gebracht hat, sind das Mitgefühl und die Begegnung auf Augenhöhe [wörtl.: Gleichehrwürdigkeit]. Was also ist mit uns, den Jüngern des sanften, menschenfreundlichen und dienstbereiten Christus? Sollen wir nicht die Barmherzigkeit des Herrn nachahmen? Sollen wir unseren Mitknechten gegenüber nicht gütig sein, damit wir dem Herrn, wenn er uns einschätzt, so begegnen, wie auch wir [andere] einschätzen?[163]

So, wie Gott dem Menschen durch die eigene Menschwerdung Barmherzigkeit erwiesen und so, wie Jesus Christus ein menschenfreundliches, dienendes Leben vorgelebt hat, so sollen auch die Menschen miteinander umgehen.[164] Gott selbst und – in anschaulichster Weise Jesus Christus – ist also das Vorbild, an dem sich der Mensch im Umgang mit dem Nächsten orientieren soll. Die Haltung gegenüber dem Nächsten wird schließlich auch darüber entscheiden, wie der Mensch nach seinem Tod von Gott beurteilt wird.[165] Gregor ist sich bewusst, dass es nicht

---

von Gott und Menschen jedoch immer eine Bewegung, die vom Menschen ausgeht. Ich wähle als deutsche Übersetzung „loslassen", da dieses Verb die Möglichkeit, dass die Initiative zur Loslösung vom Menschen ausgeht, zulässt, selbst wenn Gott handelt.

161 So etwa in Greg. Naz., *epist.* 77,12 [Gallay (Hg.) (Bd. 1) 1964, 97]; *epist.* 140,3 [Gallay (Hg.) (Bd. 2) 1964, 29]; *epist.* 147,1 [Gallay (Hg.) (Bd. 2) 1964, 137]; *or.* 17,9 [PG 35, 976.44–45]; *or.* 19,11 [PG 35, 1056.37–40]; *or.* 24,2 [SC 284, 42]; *or.* 40,31 [SC 358, 270]; *or.* 43,6 [SC 384, 264]. Über Basilius sagt Gregor lobend, dieser habe die Diakonie Christi nachgeahmt, vgl. *or.* 43,35 [SC 384, 204].

162 Gregor hielt seine *or.* 19 im Winter 374/375 in Nazianz. Sie entstand vor dem Hintergrund einer neuerlichen Steuereinschätzung der Region Kappadokien, wobei Gregor versuchte, den Steuerbeamten Julian, mit dem zusammen er möglicherweise studiert hatte, wohlwollend zu stimmen, vgl. McGuckin 2001, 221–222.

163 Greg. Naz., *or.* 19,13 [PG 35, 1060.11–18]: μεῖζον δὲ καὶ δυσωπητικώτερον εἰσήνεγκεν ἡμῖν, τὴν συμπάθειαν καὶ τὸ ὁμότιμον. Τί δὲ ἡμεῖς οἱ Χριστοῦ μαθηταὶ τοῦ πράου καὶ φιλανθρώπου, καὶ τοσοῦτον ἡμῖν λειτουργήσαντος; Οὐ μιμησόμεθα τοῦ Δεσπότου τὴν εὐσπλαγχνίαν; οὐκ ἐσόμεθα χρηστοὶ τοῖς ὁμοδούλοις, ἵνα τοιούτου τύχωμεν καὶ αὐτοὶ τοῦ Κυρίου μετροῦντος, ὡς ἂν μετρήσωμεν;

164 Im Wort „Mitknechte" (ὁμόδουλοι), das Gregor hier verwendet, klingen wiederum die Gleichheit aller Menschen vor Gott und die ihnen gemeinsamen Bedingungen innerhalb des irdischen Lebens mit.

165 Hinter dieser Überzeugung steht nicht zuletzt Mt 40,31–45 mit den beiden eingängigen Sätzen Jesu: ἀμὴν λέγω ὑμῖν, ἐφ' ὅσον ἐποιήσατε ἑνὶ τούτων τῶν ἀδελφῶν μου τῶν ἐλαχίστων, ἐμοὶ ἐποιήσατε. (Was ihr einem dieser meiner geringsten Brüder getan habt, das habt ihr mir getan.)

überall gelingt, diesem Vorbild zu entsprechen. Dort, so ist er überzeugt, ist denn auch der Teufel am Werk:

> Dir liegt ein Vorbild der Menschenfreundlichkeit vor, auch wenn dich der Andere [d. h. der Teufel] davon abhalten mag, Gutes zu tun.[166]

Wie die Gleichheit bzw. Brüderlichkeit vor Gott gründet für Gregor auch das Beschenktsein des Menschen einerseits im Schöpfungsgeschehen und andererseits im Heilswirken Gottes in Jesus Christus. Und wie dort ergibt sich für Gregor die Aufforderung, selbst Menschenfreundlichkeit und Barmherzigkeit zu üben, auch hier aus beiden Ausdrucksformen göttlicher Gnade.[167]

2.3.3 Wohltätigkeit des Menschen und Folgen für seine Beziehung zu Gott

Aus der Gleichheit aller Menschen vor Gott und aus der Erfahrung, beschenkt zu sein, ergibt sich nach Gregors Verständnis zwangsläufig das erste und wichtigste der Gebote, das Doppelgebot der Liebe: Der Mensch soll Gott lieben und seinen Nächsten wie sich selbst.[168] In seiner Rede *Über die Liebe zu den Armen* bezeichnet Gregor die Zuwendung zu den Bedürftigen denn auch als höchsten Ausdruck der Erfüllung dieses Gebots:

> Wenn wir es Paulus und Christus selbst glauben müssen, dass die Liebe als das erste und größte der Gebote und als Hauptpunkt des Gesetzes und der Propheten zu verstehen ist, dann finde ich bei ihr die Liebe zu den Armen sowie das Erbarmen und Mitgefühl mit dem Nächsten das Höchste.[169]

Sowie: ἀμὴν λέγω ὑμῖν, ἐφ' ὅσον οὐκ ἐποιήσατε ἑνὶ τούτων τῶν ἐλαχίστων, οὐδὲ ἐμοὶ ἐποιήσατε. (Amen, ich sage euch: Was ihr einem dieser Geringsten nicht getan habt, das habt ihr mir nicht getan.) (Lk 25,40.45)

166 Greg. Naz., *or.* 14,27 [PG 35, 896.3–5]: Σοὶ πρόκειται φιλανθρωπίας ὑπόθεσις, καὶ εἰ ἀλλοτριοῖ σε τοῦ εὖ παθεῖν ὁ ἀλλότριος.

167 Gregor fordert bzw. lobt die menschliche Wohltätigkeit als Entsprechung zu Gottes Handeln an mehreren weiteren Stellen in seinen Reden. So spricht er etwa in der Grabrede für Basilius, *or.* 43,56 [SC 384, 244], davon, dass der Mensch zu der Menschenfreundlichkeit Gottes (Θεοῦ φιλανθρωπία) Hand bieten soll.

168 Vgl. Mk 12,28–31, wo es heißt: ποία ἐστὶν ἐντολὴ πρώτη πάντων; ἀπεκρίθη ὁ Ἰησοῦς ὅτι πρώτη ἐστίν· ἄκουε, Ἰσραήλ, κύριος ὁ θεὸς ἡμῶν κύριος εἷς ἐστιν, καὶ ἀγαπήσεις κύριον τὸν θεόν σου ἐξ ὅλης τῆς καρδίας σου καὶ ἐξ ὅλης τῆς ψυχῆς σου καὶ ἐξ ὅλης τῆς διανοίας σου καὶ ἐξ ὅλης τῆς ἰσχύος σου. δευτέρα αὕτη· ἀγαπήσεις τὸν πλησίον σου ὡς σεαυτόν. μείζων τούτων ἄλλη ἐντολὴ οὐκ ἔστιν. (Welches Gebot ist das erste von allen? Jesus antwortete: Das Erste ist: Höre, Israel, der Herr, unser Gott, ist allein Herr, und du sollst den Herrn, deinen Gott, lieben, mit deinem ganzen Herzen und mit deiner ganzen Seele und mit deinem ganzen Verstand und mit all deiner Kraft. Das Zweite ist dieses: Du sollst deinen Nächsten lieben wie dich selbst. Höher als diese beiden steht kein anderes Gebot.) Parallelstellen: Mt 22,34–40; Lk 10,25–28.

169 Greg. Naz., *or.* 14,5 [PG 35, 864.25–30]: Εἰ δὲ δεῖ Παύλῳ καὶ αὐτῷ Χριστῷ πειθόμενον, πρώτην τῶν ἐντολῶν καὶ μεγίστην, ὡς κεφάλαιον νόμου καὶ προφητῶν τὴν ἀγάπην ὑπολαμβάνειν, ταύτης τὸ κράτιστον εὑρίσκω φιλοπτωχίαν, καὶ τὴν περὶ τὸ συγγενὲς εὐσπλαγχνίαν τε καὶ συμπάθειαν.

Will der Mensch in einer guten Beziehung zu Gott stehen, dann muss er seinen Nächsten Liebe und Mitgefühl entgegenbringen. Denn diese Eigenschaften, so ist Gregor überzeugt, entsprechen Gott in innigster Weise:

> Durch nichts wird Gott nämlich so sehr gedient wie durch das Mitleid; es gibt nichts, was Gott eigener wäre als das, denn Gnade und Treue gehen vor ihm her, und das Mitleid gehört mehr zu ihm als das Gericht.[170]

Selbst wenn die Menschen vielleicht oft eher Gottes Gericht fürchten als dass sie sich der Barmherzigkeit bewusst wären, ist Gott nichts eigener, vertrauter, verwandter als Gnade und Treue.[171] Noch deutlichere Worte als in seiner Rede *Über die Liebe zu den Armen* findet Gregor in *or.* 16.[172] Herausgefordert, gegenüber der leidenden Bevölkerung von Nazianz zu der erfahrenen Not Stellung zu beziehen, äußert er die Zuversicht, dass Gott das Elend nicht ewig andauern lässt, wenn die Menschen aufrichtig Buße tun:

> Ich weiß es sicher, ich bin Bürge für Gottes Menschenfreundlichkeit: Das, was gegen seine Natur ist, den Zorn, lässt er los, um dem Raum zu geben, was ihm der Natur nach entspricht: dem Mitleid. Zu jenem [dem Zorn] wird er von uns gezwungen, zu diesem [dem Erbarmen] aber hat er den Drang.[173]

Zwar geht Gregor nicht so weit, dass er sagen würde, das Mitleid (ἔλεος) sei mit der Natur Gottes übereinstimmend. Während er aber besonders in seinen *Theologischen Reden* von der Natur bzw. vom Wesen Gottes nur mit äußerster Zurückhaltung spricht, scheut er sich hier nicht, das Mitleid als ureigensten Drang des göttlichen Wesens zu bezeichnen.

Nach Gregors Verständnis lässt es der Drang Gottes zum Mitleid, zur Barmherzigkeit und zur Liebe nicht zu, dass Gott ganz und gar in sich ruht, ohne sich nach außen mitzuteilen: Es entspricht Gott, sich zu äußern – indem Gott die Schöpfung ins Leben ruft; indem Gott mit den Menschen durch Gebote und Propheten in Beziehung tritt; indem Gott selbst in Jesus Christus in die Schöpfung eintritt und Mensch wird;[174] indem Gott im Heiligen Geist in der Welt wirkt. Entsprechend kann Gregor die Menschenfreundlichkeit (φιλανθρωπία) Gottes in *or.* 43,25 auch als Synonym zum Heilsgeschehen (οἰκονομία), das all das Genannte umfasst, ver-

---

170 Greg. Naz., *or.* 14,5 [PG 35, 864.30–34]: Οὐδενὶ γὰρ οὕτω τῶν πάντων, ὡς ἐλέῳ, Θεὸς θεραπεύεται, ὅτι μηδὲ οἰκειότερον ἄλλο τούτου Θεῷ, οὗ ἔλεος καὶ ἀλήθεια προπορεύονται, καὶ ᾧ προσοιστέον τὸν ἔλεον πρὸ τῆς κρίσεως·

171 Eine Anlehnung an Ps 88,15: ἔλεος καὶ ἀλήθεις προπορεύσεται πρὸ προσώπου σου.

172 Vgl. oben, S. 196 ff.

173 Greg. Naz., *or.* 16,14 [PG 35, 953.9–14]: Οἶδα τοῦτο σαφῶς ἐγὼ τῆς τοῦ Θεοῦ φιλανθρωπίας ἐγγυητής. Καὶ ὃ παρὰ φύσιν ἐστὶν αὐτῷ, τῆς ὀργῆς ἀφεὶς, ἐπὶ τὸ κατὰ φύσιν χωρήσει, τὸν ἔλεον. Εἰς ἐκεῖνο μὲν γὰρ ὑφ' ἡμῶν βιάζεται· πρὸς δὲ τοῦτο τὴν ὁρμὴν ἔχει.

174 Gregor zieht die Möglichkeit in Betracht, dass Gott aufgrund der Menschenfreundlichkeit (φιλανθρωπία) durch die Menschwerdung selbst erfahren wollte, was es bedeutet, Mensch zu sein, was ein Mensch empfindet und erleidet und was ihm zugemutet werden kann, vgl. *or.* 30,6 [FC 22, 232–234].

wenden. Er bezeichnet sie als „vielgewandt" (πολύτροπος), als vielseitig in ihren Wegen und Wendungen.[175] Der Menschenfreundlichkeit Gottes ist es denn auch zu verdanken, dass der göttliche Logos, der aufgrund seines Wesens furchtbar (φοβερός) ist, für die Menschen, die nach ihm trachten und sich entsprechend vorbereiten und reinigen, fassbar (χωρητός) wird.[176] Ein Ereignis in der Biographie eines Christen, einer Christin, in dem sich die Menschenfreundlichkeit Gottes besonders verdichtet und erfahrbar wird, ist die Taufe. In feurigen Worten ruft Gregor sein Publikum in der Rede *Über die Taufe* dazu auf, den Empfang des Sakraments nicht hinauszuzögern. Dabei verwendet er „Menschenfreundlichkeit" (φιλανθρωπία) sinngleich mit „Taufe":

> O Schnelligkeit der Menschenfreundlichkeit! O Einfachheit des Bundes! Allein durch deinen Willen kannst du dieses Gut erwerben![177]

Besonders wichtig ist es Gregor, dass bei Gott die Menschenfreundlichkeit und das Erbarmen immer stärker sind als Zorn und Strafen.[178] So versteht er auch den Zusammenhang von Gottes Gerechtigkeit und Barmherzigkeit: Beides gehört zusammen, Barmherzigkeit wird gerecht – aber niemals krämerisch – verteilt; letztlich überwiegt bei Gott immer die Zuwendung zum Menschen.[179] Und auch, was nach menschlichem Empfinden zunächst wie eine Strafe Gottes anmutet, ist in Wirklichkeit immer Ausdruck von Gnade und Erbarmen.[180]

Während sich Gott den Menschen nach Gregors Verständnis also in unermesslicher Freundlichkeit und niemals versiegender Barmherzigkeit zuwenden will, haben diese verschiedene Möglichkeiten auf die Gnade Gottes einzuwirken und auf sie zu reagieren: Wenn jemand auf die erfahrene Freundlichkeit Gottes seinerseits mit Güte gegenüber seinen Mitmenschen reagiert, ist ihm die Barmherzigkeit Gottes sicher.[181] Auch durch das Bekenntnis seiner Sünden und durch aufrichtige Buße – etwa durch Tränen oder Fasten – kann der Mensch das Erbarmen Gottes für sich gewinnen.[182] Hingegen weist er die Barmherzigkeit Gottes von sich, wenn er sie anderen verwehrt.[183] Wie er auf die von Gott erfahrene Barmherzigkeit reagiert, ist somit entscheidend für seine Beziehung zu Gott. In seiner Rede *Über die Liebe zu den Armen* sagt Gregor klar:

---

175 Vgl. Greg. Naz., *or.* 43,25 [SC 384, 182]. Als „vielgewandt" bzw. „listenreich" wird Odysseus am Anfang der Odyssee vorgestellt, vgl. Hom., *Od.* [ed. Weiher/Heubeck 2013, 6].

176 Vgl. Greg. Naz., *or.* 39,10 [SC 358, 168].

177 Greg. Naz., *or.* 40,27 [SC 358, 260]: Ὢ τοῦ τάχους τῆς φιλανθρωπίας! Ὢ τῆς εὐκολίας τοῦ συναλλάγματος! Ὠνιόν σοι τοῦ θελῆσαι μόνου τὸ ἀγαθόν·

178 Vgl. Greg. Naz., *or.* 16,4 [PG 35, 937.45–940.8]; *or.* 42,7 [SC 384, 64].

179 Vgl. Greg. Naz., *or.* 2,113 [SC 247, 234]; *or.* 19,8 [PG 35, 1052.19–22].

180 Vgl. Greg. Naz., *or.* 38,12 [SC 358, 130]; *or.* 45,8 [PG 36, 63.16].

181 Vgl. Greg. Naz., *or.* 16,19 [PG 35, 691.21–22].

182 Vgl. Greg. Naz., *or.* 2,59 [SC 247, 168–170]; *or.* 16,6 [PG 35, 941.44–48]; *or.* 16,17 [PG 35, 957.25–35]; *or.* 17,3 [PG 35 968.39–47]; *or.* 39,17 [SC 358, 188].

183 Vgl. *or.* 16,12 [PG 35, 949.35–38]; *or.* 17,1 [PG 35, 965.3–5]; *or.* 22,7 [SC 270, 234].

Durch nichts hat der Mensch so sehr Anteil an Gott wie durch das Wohltun.[184]

Und nach der verheerenden Missernte in Kappadokien im Sommer 379 schreibt er in der Rede an den Provinzstatthalter:

> Ahme deshalb [wegen der empfangenen Gnade] die Menschenfreundlichkeit Gottes nach! Das ist das Göttlichste, was der Mensch hat: das Wohltun. Du kannst Gott werden ohne jede Anstrengung! Verpasse nicht den richtigen Moment zur Vergöttlichung![185]

Natürlich dürfen die Umstände der Reden, denen diese Zitate entstammen, nicht außer Acht gelassen werden: In beiden Fällen geht es Gregor darum, seine Adressaten dazu zu bringen, Geld zu spenden bzw. Steuern zu erlassen. Dazu verwendet er gekonnt die ihm zur Verfügung stehenden rhetorischen Mittel. Diese Äußerungen über die Wohltätigkeit des Menschen entspringen jedoch nicht allein der zweckmäßigen Anpassung an die jeweilige Situation und den dabei verfolgten Zielen. Sie fügen sich vielmehr ohne Schwierigkeiten in das Ganze von Gregors Aussagen zu einem guten christlichen Leben ein. Als sozialethischer Aspekt des Lebenswandels ist das wohltätige Miteinander der Menschen eng verbunden mit der asketischen Lebenspraxis, die Gregor empfiehlt und fordert: Wer selbst bescheiden lebt, läuft weniger Gefahr, sich durch die Anhäufung von Luxusgütern und durch einen ausschweifenden Lebensstil an seinen Mitmenschen und an Gott schuldig zu machen.[186] In der Trauerrede für seine Schwester Gorgonia beschreibt Gregor als zwei gängige Lebensformen den Stand der Ehe sowie das ehelose Leben der Mönche.[187] Beide Lebensformen lassen sich so ausrichten, dass sie Christus entsprechen: Während Mönche ganz auf Besitz verzichten, sollen Laien ihren Besitz mindestens teilen und dadurch heiligen.[188]

Gregor sieht die Barmherzigkeit als ein Mittel an, mit dem der Mensch dem Bösen in der Welt – in seiner *or.* 5 denkt er beim Bösen an den Kaiser Julian – entgegentreten kann.[189] Doch darüber hinaus trägt der Mensch nach Gregors Verständnis

184 Greg. Naz., *or.* 14,27 [PG 35, 892.46–893.1]: Οὐδὲν γὰρ οὕτως, ὡς τὸ εὖ ποιεῖν, ἄνθρωπος ἔχει Θεοῦ·

185 Greg. Naz., *or.* 17,9 [PG 35, 976.44–47]: Μίμησαι διὰ ταῦτα Θεοῦ φιλανθρωπίαν. Τοῦτο ἔχει μάλιστα θεῖον ἄνθρωπος, τὸ εὖ ποιεῖν.῎Εξεστί σοι Θεὸν γενέσθαι μηδὲν πονήσαντι· μὴ πρόῃ τὸν καιρὸν τῆς θεώσεως. Vgl. auch *or.* 14,26 [PG 35, 892.42–44], wo Gregor schreibt: γενοῦ τῷ ἀτυχοῦντι θεὸς, τὸν ἔλεον Θεοῦ μιμησάμενος. (Werde für den Unglücklichen Gott, indem du Gottes Erbarmen nachahmst!)

186 Vgl. Greg. Naz., *or.* 14,16–18 [PG 35, 876.47–881.10], wo Gregor Armut und Reichtum einander bilderreich gegenüberstellt.

187 Vgl. Greg. Naz., *or.* 8,8 [SC 405, 258].

188 Vgl. Greg. Naz., *or.* 14,18 [PG 35, 880.42–881.2].

189 Vgl. *or.* 5,37 [SC 309, 370]. Hinter diesem Gedanken dürfte Röm 12,21 stehen, wo es heißt: μὴ νικῶ ὑπὸ τοῦ κακοῦ ἀλλὰ νίκα ἐν τῷ ἀγαθῷ τὸ κακόν. (Lass dich vom Bösen nicht besiegen, sondern besiege das Böse durch das Gute.)

mit seiner Wohltätigkeit auch aktiv zum eigenen Heil, zu seiner Erlösung bei. Im Bestreben, sich selbst zu reinigen, um dem Reinen, Gott, näher zu kommen, stehen das Mitgefühl und die Barmherzigkeit Seite an Seite mit dem asketischen Leben:

> Reinigen wir uns also, indem wir Mitleid zeigen, waschen wir mit dem guten Kraut den Schmutz und die Flecken von den Seelen! Werden wir weiß wie Wolle oder wie Schnee, entsprechend dem Maß der Barmherzigkeit.[190]

Je mehr der Mensch bereit ist, Wohltätigkeit zu üben, desto reiner wird seine Seele und desto näher gelangt er dadurch zu Gott. Dabei denkt Gregor sicher nicht an eine Art Werkgerechtigkeit oder an einen religiös motivierten Aktivismus, bei dem der Mensch mit jeder guten Tat einen Schritt vor, mit jeder Verfehlung aber einen zurück macht. Vielmehr ist die menschliche Barmherzigkeit, die sich auch in der materiellen Zuwendung zu Bedürftigen zeigt, Einübung und Ausdruck der richtigen Entscheidung darüber, was im Leben wirkliche Bedeutung hat und was nicht. Weil das Geschick der Menschen nämlich erfahrungsgemäß höchst unstet ist und sich jeden Tag, jede Stunde komplett wenden kann,[191] ist es, so Gregors Überzeugung, nichts als weise, sich auf das, was Bestand hat – nämlich Gott und das zukünftige Leben – zu verlassen:

> Suchen wir die Ruhe dort [d. h. im Jenseits], werfen wir hiesigen Überfluss von uns! Nur, was an ihnen gut ist, wollen wir gewinnen; machen wir uns unsere eigenen Seelen durch Mitleid zu eigen! Geben wir von unserem Besitz den Armen, damit wir dort reich werden! Gib auch der Seele einen Teil, nicht nur dem Fleisch! Gib auch Gott einen Teil, nicht nur der Welt.[192]

Die Prioritäten im Leben richtig zu setzen, bedeutet für Gregor, keinen irdischen Gütern anzuhängen – ein Gedanke, der wiederum eng mit seinen Aussagen über die Einübung des Menschen in den Tod verwandt ist. Der Mensch kann und soll getrost alles, was er nicht zwingend braucht, abgeben. Auf diese Weise wird die Freundlichkeit und Zuwendung zum Nächsten zu einem Opfer für Gott.[193] Doch der Überfluss hat nicht nur schlechte Seiten: Das Gute an ihm besteht darin, dass der Mensch ihn loswerden kann. So zeigt sich der Mensch solidarisch gegenüber seinen Mitgeschöpfen, antwortet auf die erfahrene Gnade Gottes seinerseits mit Wohltun und übt im Sinn eines asketischen Lebens immer weiter die Ausrichtung

---

190 Greg. Naz., *or.* 14,37 [PG 35, 908.1–4]: Καθαρθῶμεν οὖν ἐλεήσαντες, ῥύψωμεν τῇ καλῇ πόᾳ τὰ τῶν ψυχῶν ῥύπη τε καὶ μολύσματα· καὶ λευκανθῶμεν, οἱ μὲν ὡς ἔριον, οἱ δὲ ὡς χιὼν, κατὰ τὴν ἀναλογίαν τῆς εὐσπλαγχνίας.

191 Vgl. Greg. Naz., *or.* 14,16–18 [PG 35, 881.13–884.27].

192 Greg. Naz., *or.* 14,22 [PG 35, 885.24–30]: ζητήσωμεν τὴν ἐκεῖθεν ἀνάπαυσιν, ῥίψωμεν τὴν ἐντεῦθεν περιουσίαν· ὃ καλόν ἐστι ταύτης, τοῦτο μόνον κερδάνωμεν, κτησώμεθα τὰς ἑαυτῶν ψυχὰς ἐν ἐλεημοσύναις, μεταδῶμεν τῶν ὄντων τοῖς πένησιν, ἵνα τὰ ἐκεῖθεν πλουτήσωμεν. Δὸς μερίδα καὶ τῇ ψυχῇ, μὴ τῇ σαρκὶ μόνον· δὸς μερίδα καὶ τῷ Θεῷ, μὴ τῷ κόσμῳ μόνον·

193 Vgl. Greg. Naz., *or.* 17,10 [PG 35 977.3–12].

auf Gott ein. Gregor ist überzeugt: Wer sich seinem Nächsten mitfühlend und barmherzig zuwendet, darf als Lohn nichts Geringeres erwarten als die ewige Ruhe bei Gott.[194]

2.4 Zwischenfazit

Das griechische μελετεῖν umfasst im Deutschen Tätigkeiten des Meditierens und Nachdenkens, des Bemühens, des Sorge Tragens und des regelmäßigen Übens. Es erscheint in Gregors Werk überdurchschnittlich oft im Zusammenhang mit einer guten christlichen Lebensführung und bestimmt bei Gregor damit maßgeblich die ethische Dimension *der Glaubenspraxis.*

Ausgehend von μελετεῖν lassen sich bei Gregor zwei verschiedene Begriffsstränge ausmachen, die sich quer durch seine Reden verfolgen lassen und die letztlich beide demselben Ziel entgegenstreben. In der ersten der beiden Argumentationslinien verwendet Gregor μελετεῖν im Sinne des Meditierens und des Einhaltens der Gebote Gottes, das den Menschen zu immer größerer Reinheit führen soll. In der zweiten Argumentationslinie steht μελετεῖν für die Einübung in den Tod, ein Motiv, das Gregor sowohl in der biblischen als auch in der griechisch-philosophischen Tradition begegnet. Beide Stränge bedeuten nach Gregors Verständnis eine asketische Lebensführung.

Wenn Gregor Merkmale asketischer Praxis beschreibt – so etwa Nachtwachen, Fasten, Gebete, Tränen und viele mehr –, fällt auf, dass er kaum zwischen Geistlichen, Mönchen und Laien unterscheidet. Er empfiehlt zur inneren Reinigung vielmehr für alle dieselben Übungen. Die persönliche Lebensführung bedeutet für ihn den Boden christlicher Existenz. Alles theologische Nachdenken und Reden, jedes kirchliche und soziale Engagement sowie das liturgische Feiern, die Teilnahme an den Sakramenten und schließlich die Annäherung an Gott haben hier ihre Wurzeln.

Auch unter der Einübung in den Tod versteht Gregor eine Lebenshaltung, die durch die asketische Praxis bestimmt wird. Platon beschreibt den Tod als Trennung der Seele vom Körper. Diese Befreiung der Seele, die sich erst am Lebensende ganz vollzieht, kann und soll der Mensch bereits zu Lebzeiten einüben. Das heißt, er soll sich möglichst vom Materiellen befreien, seine Leidenschaften bekämpfen und so geistige Unabhängigkeit erlangen. Gregor sieht diese platonischen Gedanken in großer Nähe zur paulinischen Theologie.

Indem er der Lebensführung einen derart hohen Stellenwert beimisst, gesteht Gregor dem Menschen bis zu einem gewissen Grad eine Mitarbeit an Gottes Heilswirken

194 Sehr ähnlich wie in *or.* 14,22 argumentiert Gregor in *or.* 19,11 [PG 35, 1056.22–23; 1056.37–1057.1] an den Steuerbeamten Julian. Auch hier gibt er der Hoffnung Ausdruck, Lohn für die Barmherzigkeit in diesem Leben möge die Ruhe „im Schoß Abrahams" (ἐν κόλποις Ἀβραάμ) sein. Stärker als in *or.* 14,22 betont er hier, dass das Verschenken des Besitzes während des irdischen Lebens zu Reichtum im anderen, jenseitigen Leben führt. Während sie in *or.* 14,22 nur leise anklingt, bezieht Gregor sich hier auch ausdrücklich auf die Aufforderung Jesu in Mt 6,19–20, der Mensch solle nicht auf der Erde, sondern im Himmel Schätze sammeln.

zu. Die asketische Praxis bewirkt die Reinigung bzw. Loslösung der Seele von allem Materiellen und damit eine immer größere Annäherung an Gott. Denn, so ist Gregor überzeugt: Wer selbst rein ist, kann die absolute Reinheit Gottes erfahren und zur Erleuchtung gelangen. Und wer sich von allem Materiellen gelöst hat, ist dem rein geistigen Göttlichen ähnlich genug, um mit ihm in Berührung zu kommen. Gregor fasst diese Überzeugung zusammen, indem er sagt: Das Handeln ist der Zugang zum Schauen. Wie weit das Schauen geht, sagt er indessen nicht. Gregor bezeichnet die Erkenntnis Gottes als Himmelreich, als höchste Reinheit und Vollkommenheit. In den Theologischen Reden *hat Gregor die menschliche Erkenntnis Gottes entschieden ausgeschlossen. Im Zusammenhang mit der Lebenspraxis drückt er nun deutlich seine Hoffnung darauf aus. Allerdings ist hier nun nicht die Rede von der Erkenntnis des göttlichen Wesens. Vielmehr spricht Gregor von der Verwandlung des Menschen hin zur Erleuchtung bzw. zur Befreiung der Seele. Es geht ihm also nicht – wie in den* Theologischen Reden *– um das Streben nach der höchsten Erkenntnis im intellektuellen Sinn, sondern um das Erlangen der reinsten möglichen Erfahrung Gottes. Und diese traut er dem Menschen sehr wohl zu.*

So sehr Gregor die menschlichen Bemühungen auch betont und empfiehlt, bleibt für ihn dennoch klar: Letztlich ermöglicht einzig Gott selbst den Aufstieg des Menschen. Sowohl die Reinigung als auch die Einübung in den Tod finden ihren Kristallisationspunkt in der Taufe: Auf sie bereitet sich der Mensch mit seinem asketischen Leben vor und in ihr wird dem Menschen Reinigung zuteil. Die Taufe stärkt den Menschen in seiner christlichen Lebenspraxis und diese wiederum hilft, die im Sakrament erhaltene Reinheit zu bewahren. Christus selbst – der nach außen gewandte Aspekt Gottes – ist es, der die Erfahrung Gottes im Sakrament wirkt und ermöglicht.

Es sind jedoch nicht nur die persönliche Reinigung und die Bemühungen zur Befreiung der eigenen Seele, durch die sich der Mensch Gott annähern kann. Mindestens ebenso wichtig ist für Gregor der Umgang der Menschen miteinander: Gerade gegenüber sozial Benachteiligen und Bedürftigen gilt es, Wohltätigkeit zu üben und sie geistlich und materiell zu unterstützen.

Gregor begründet die Notwendigkeit des wohltätigen Handelns auf zweifache Weise. Einerseits betont er die Gleichheit aller Menschen vor Gott: Alle sind sie gleich geschaffen, alle teilen sie die gleiche Natur, zu der ihre materielle Beschaffenheit ebenso gehört wie ihre Ebenbildlichkeit Gottes. Entsprechend haben sie auch alle gleichermaßen Anteil an der Erlösung durch Jesus Christus und sind durch ihn als Geschwister untereinander verbunden. Die Gleichheit vor Gott aufgrund der Beschaffenheit aller Menschen sowie ihre Geschwisterlichkeit im Blick auf Jesus Christus muss nach Gregors Verständnis unbedingt zu einer liebevollen, solidarischen und barmherzigen Haltung der Menschen untereinander führen.

Andererseits ist der Mensch in Gregors Augen in elementarster Weise von Gott beschenkt: Nichts von all dem, was er zum Leben braucht, kann sich der Mensch selber geben; alles hat er aus Gottes Fülle erhalten. Diese Einsicht muss beim Menschen unweigerlich ebenfalls zu einer Haltung der Großzügigkeit und Freigiebigkeit führen.

In Gregors Verständnis gründet die Wohltätigkeit des Menschen nicht nur in dessen

Beziehung zu Gott, sondern wirkt sich ihrerseits wieder direkt auf diese aus. Gregor ist überzeugt, dass die Menschenfreundlichkeit so sehr zu Gott gehört wie kaum eine andere Eigenschaft. An der Wohltätigkeit, die der Mensch gegenüber seinen Nächsten übt, entscheidet sich deshalb auch sein Verhältnis zu Gott: Je menschenfreundlicher der Mensch ist, desto ähnlicher und damit näher ist er der Menschenfreundlichkeit Gottes.

In der ethischen Dimension *christlicher Glaubenspraxis geht es Gregor um eine Annäherung des Menschen an Gott im Sinne des Ähnlichwerdens: Weil Gott als höchste Reinheit gedacht wird, soll der Mensch sich reinigen, um Gott nahe zu kommen. Weil Gott als ganz geistig gedacht wird, soll der Mensch sich des Materiellen entledigen, um mit Gott verbunden zu werden. Weil Gott als absolut gut und menschenfreundlich gedacht wird, soll der Mensch gegenüber den Mitmenschen seinerseits Wohltätigkeit üben, um mit Gott zusammenzukommen. In anderen Worten: Gregor beschreibt die ideale Beziehung des gläubigen Menschen zu Gott wie die eines Verliebten zum geliebten Wesen: Getrieben von der Sehnsucht, sich mit dem geliebten Wesen zu vereinigen, versucht der Liebende, ihm so ähnlich wie möglich zu werden.*

Gregor zeigt sich optimistisch, dass dem Menschen eine solche Annäherung an Gott zuteilwird, dass er auf diesem Weg mit Gott verbunden, ja selbst vergöttlicht wird. Er denkt dabei an eine Vereinigung mit Gott, die der Mensch wohl erfahren, aber nicht begreifen kann.

3. Ästhetische Dimension christlicher Glaubenspraxis

3.1 Möglichst weg von der Welt – oder doch nicht?

Der zweite Aspekt des „Eingedenkseins Gottes“ (μεμνῆσθαι Θεοῦ), den Gregor in *or.* 27,4 nennt, ist διηγεῖσθαι,[195] was übersetzt soviel bedeutet wie „erzählen“, „beschreiben“, oder „darlegen“. Gregor entnimmt den Begriff aus Ps 54,18, wo es heißt: „Abends und morgens und mittags will ich erzählen“[196] – allerdings ohne dem Zusammenhang des Psalms große Beachtung zu schenken. Spricht der Psalmbeter dort nämlich *zu* Gott, meint Gregor in *or.* 27,4 eindeutig die Rede *von* Gott oder besser gesagt: davon, wie er Gott erfährt.[197] Von Gott und Gottes Handeln zu erzählen

195 Vgl. Greg. Naz., *or.* 27,4 [FC 22, 74.15].

196 Ps 54,18: ἑσπέρας καὶ πρωὶ καὶ μεσημβρίας διηγήσομαι·

197 Ps 54 zeichnet die Situation eines Menschen, der sich durch die Aggression seiner Feinde bedrängt sieht und von Schrecken und Todesangst befallen wird. Mehr noch als über die Anfeindungen durch seine Gegner klagt er darüber, dass sogar seine engen Vertrauten, Freunde und Gleichgesinnten ihn verlassen und verraten haben. Der Psalmbeter erkennt, dass es keine Rettung geben kann außer der Zuflucht zu Gott. Das „ich will erzählen“ (διηγήσομαι) in Vers 18 bezieht sich hier nicht auf das Lob Gottes, sondern vielmehr auf die Klage des erfahrenen Unrechts, die von Gott gehört wird und auf die Gott mit der Rettung des Psalmbeters und mit der Bestrafung der Feinde reagiert.

Gregor geht es in *or.* 27,4 vor allem darum, dem Theologietreiben (θεολογεῖν), das bestimmte Voraussetzungen erfordert, das Eingedenksein Gottes (μεμνῆσθαι Θεοῦ), das zu jeder Zeit ge-

und zu künden, ist für Gregor ausgesprochen wichtig – nicht nur in seinem Amt als Priester und Prediger, sondern weil ihn mit der Sprache eine besondere Liebe verbindet: Die sorgfältig gepflegte, wohlgeformte und schöne Rede, seine eigenen Worte (λόγοι) sind für ihn Entsprechung zum göttlichen Wort, zum göttlichen Logos (λόγος).

Der Blick auf Gregors Vorstellung von einer guten christlichen – also einer asketischen und wohltätigen – Lebensführung hat gezeigt, dass Gregor den irdischen Gütern, ja überhaupt allem Materiellen, äußerst kritisch gegenübersteht: Ziel des Menschen soll es sein, möglichst davon loszukommen, sich von allem Irdischen zu befreien, um zu möglichst großer Reinheit und Nähe Gottes zu gelangen. Hingegen sprechen sein Lob der Schöpfung, seine Freude an der Schönheit, die Lust, mit der er vom Glanz und von der Herrlichkeit Gottes redet und das Vergnügen am sorgfältig gestalteten Wort eine andere Sprache. Ähnlich wie sich der Mensch aufgrund der Erfahrung des grundlegenden Beschenktseins von Gott, der Erfahrung der göttlichen Gnade, seinen Mitmenschen freundlich und liebevoll zuwenden soll,[198] soll er auch dem, was er von Gott sinnlich erfahren kann, entsprechen. Nach Gregors Verständnis gehört es zu der christlichen Glaubens- und Lebenspraxis, hinter dem Wahrnehmbaren Gott zu erahnen und je nach Möglichkeiten und Begabungen darauf zu antworten. Sinneseindrücke, aus denen der Mensch Gott zu erahnen glaubt und die Art und Weise, wie er darauf reagiert bzw. ihnen zu entsprechen sucht, stellen die zweite Dimension christlicher Praxis dar: die *ästhetische Dimension*.[199]

---

schehen soll, entgegenzusetzen. Das Zitat aus Ps 54,18 dürfte er also vor allem deshalb gewählt haben, weil der Mensch hier „am Abend und am Morgen und am Mittag" (ἑσπέρας καὶ πρωὶ καὶ μεσημβρίας) erzählt. Das Zitat stellt damit eine Entsprechung und Steigerung zu der in *or.* 27,4 zuerst genannten Stelle aus Ps 1,2 dar, wo das Meditieren von Gottes Gesetz und Wort „Tag und Nacht" (ἡμέρας καὶ νυκτός) stattfinden soll. Dass der Psalmbeter in Ps 54 nicht von, sondern zu Gott spricht, stört Gregor bei der Verwendung des Zitates nicht.

198 Vgl. oben, III 1, 197–204.

199 Im *Lexikon für Theologie und Kirche* stellt Gottfried Bachl im Artikel zur Ästhetik in theologischer Perspektive fest: „Theologische Ästhetik heißt in provisorischer Bestimmung (die allein für die Betrachtung der Tradition brauchbar ist) *primär* Rede vom Sein, Sprechen und Handeln Gottes, von den Ereignissen und Gestalten der Heils-Geschichte, den Heilsmitteln, den subjektiven Vorgängen der Wahrnehmung und Verwirklichung der Gnade mit Hilfe der Kategorie des Schönen; erst *sekundär* bezeichnet theologische Ästhetik die Theorie des Schönen, der Kunst und deren Verhältnis zum christlichen Glauben." (Bachl 1993, 1104, eigene Hervorhebung). Das vorliegende Kapitel zur *ästhetischen Dimension* christlicher Glaubenspraxis folgt dieser Unterscheidung, indem es zuerst danach fragt, wie Gregor grundsätzlich zur sinnlichen Wahrnehmung steht und was er ihr – insbesondere im Blick auf die Annäherung an Gott – zutraut (vgl. unten, S. 213–219). Danach wird Gregors Haltung gegenüber dem Schönen als Entsprechung zum Wirken Gottes in der Welt dargestellt (vgl. unten, S. 220–227).

Gregors Haltung gegenüber der sinnlichen Wahrnehmung und der Erfahrung von Schönheit ist stark von der griechischen Philosophie, allem voran von Platon und Plotin, beeinflusst. Dieses Kapitel vermag das Verhältnis von Gregor und den griechischen Philosophen nicht umfassend darzustellen, sondern beschränkt sich darauf, punktuell wichtige Gemeinsamkeiten und Abweichungen herauszustreichen.

3.2 Fluch und Segen sinnlicher Wahrnehmung

3.2.1 Immer stört sie den Geist: Wahrnehmung in Gregors Reden

Unter αἴσθησις versteht Gregor die Sinnesorgane bzw. die damit verbundenen Sinne, also Hören, Riechen, Schmecken, Sehen und Tasten. Darüber hinaus meint der Begriff die Fähigkeit zur Wahrnehmung wie auch die tatsächliche Wahrnehmung von sinnlichen Eindrücken.[200] Die αἴσθησις mit allen ihren Bedeutungsnuancen sieht er als gemeinsames Grundmerkmal der Menschen:[201] Durch seine Sinne ist der Mensch mit der Außenwelt verbunden; die Wahrnehmung „bleibt in ihm [d.h. im menschlichen Körper] selbst und zieht das, was außen ist, heran" (ἐν τῷ αὐτῷ μένει, καὶ τὸ ἐκτὸς ἐπισπᾶται);[202] sie ist das Mittel, durch das der Geist mit der Außenwelt in Kontakt tritt, „durch sie spricht der Geist mit den Dingen außen" (διὰ τούτων ὁ νοῦς ὁμιλεῖ τοῖς ἔξω καὶ τὰ ἔξωθεν).[203] Die Wahrnehmung wird durch den Geist ermöglicht und wirkt ihrerseits wieder auf diesen ein. Seine Aufgabe ist es, das ganze Geschehen der Wahrnehmung zu leiten und zu steuern.[204]

Wie bereits oben erwähnt, ist das Verhältnis von Geist und Materie nach Gregors Verständnis jedoch kein einfaches.[205] Während der Geist Gott zumindest ähnlich ist, ist der physische Körper, ja, die sinnlich erfahrbare Welt überhaupt, Gott von Grund auf fremd:

> Vertraut sind der Gottheit nämlich die geistigen Naturen, die nur der Geist wahrnehmen kann. Vollkommen fremd sind ihm aber alle [Dinge], die der sinnlichen Wahrnehmung unterliegen.[206]

Gregor unterscheidet zwischen sinnlicher und geistiger Wahrnehmung und traut dabei nur letzterer zu, eine Ahnung von Gott zu erhaschen. So ist es Mose in seiner Darstellung erst möglich, in die Wolke auf dem Berg einzutreten, nachdem er sich von allen sinnlichen Eindrücken zurückgezogen hat (συσταλεὶς ἀπὸ τῶν

200 Vgl. Greg. Naz., *or.* 2,18 [SC 247, 114]; *or.* 4,3 [FC 309, 88]; *or.* 12,5 [FC 405, 358]; *or.* 18,43 [PG 35, 1041.42]; *or.* 28,22 [FC 22, 138.21]; *or.* 28,22 [FC 22, 142.3]; *or.* 28,23 [FC 22, 142.16]; *or.* 28,29 [FC 22, 160.18]; *or.* 16,6 [PG 35, 941.40].

201 Vgl. Greg. Naz., *or.* 29,8 [FC 22, 184.10]; *or.* 32,22 [SC 318, 132].

202 Greg. Naz., *or.* 20,11 [SC 270, 80].

203 Greg. Naz., *or.* 32,27 [SC 318, 142].

204 Vgl. Greg. Naz., *or.* 32,10 [SC 318, 106].

205 Dieses Problembewusstsein zieht sich ohne große Unterschiede zwischen früheren und späteren Reden oder verschiedenen Kontexten durch Gregors Werk hindurch. Dies ermöglicht es, hier einen Überblick über seine Haltung gegenüber der sinnlichen Wahrnehmung (αἴσθησις) in seinen gesamten Reden darzustellen.

206 Greg. Naz., *or.* 38,10 [SC 358, 124] = *or.* 45,6 [PG 36, 629.41–44] (hier fehlt μόνῳ): Οἰκεῖον μὲν γὰρ θεότητος, αἱ νοεραὶ φύσεις καὶ νῷ μόνῳ ληπταί, ξένον δὲ παντάπασιν ὅσαι ὑπὸ τὴν αἴσθησιν […]·

αἰσθήσεων).[207] Doch selbst der Geist vermag es nicht, Gott zu begreifen – er erhält bestenfalls eine schwache Ahnung von Gott. Gregor vergleicht die Mühen des Geistes, Gott zu erkennen, mit der Begrenztheit der menschlichen Sinne, so etwa mit den Augen, die versuchen, in die Sonne zu blicken, und Gefahr laufen, zu Schaden zu kommen.[208]

Mit der Unterscheidung zwischen Körper und Geist geht ein großes Misstrauen gegenüber der sinnlichen Wahrnehmung einher, die sich ja auf die Materie bezieht. Während der Geist nach Läuterung und Ruhe strebt, bringen ihn die Sinneswahrnehmungen immer wieder in Aufruhr, ziehen ihn nach unten zur Welt, binden ihn an die Materie und halten das Licht der Erkenntnis Gottes von ihm fern.[209] So gesehen ist die sinnliche Wahrnehmung *das* Einfallstor für die Sünde und den Tod im Leben des Menschen.[210] Abhilfe vermag eine asketische Lebenspraxis zu schaffen, die nach der Abkehr von allem Sinnlichen strebt und die Ausrichtung des Geistes auf Gott zum Ziel hat.[211] Endgültig Ruhe von den störenden, aufwühlenden Sin-

---

207 Vgl. Greg. Naz., *or.* 37,3 [SC 318, 276]. In *or.* 37 nimmt Gregor das Bild vom Berg und der Wolke aus *or.* 28,2–3 noch einmal auf. Dort benutzt er nicht die Wendung „von allen sinnlichen Wahrnehmungen zurückgezogen" (συσταλεὶς ἀπὸ τῶν αἰσθήσεων), sondern „abseits von der Materie und von den materiellen Dingen" (εἴσω γενόμενος ἀπὸ τῆς ὕλης καὶ τῶν ὑλικῶν). Eine ähnliche Aussage findet sich auch in Gregors *or.* 28,31 [FC 22, 164.8], hier dient als Bild nicht die Wolke auf dem Berg, sondern der Vorhang im Jerusalemer Tempel (Ex 26,31): Nur wer ihn durchschreitet und die sinnliche Wahrnehmung (αἴσθησις) hinter sich lässt, wird einen Blick auf die unsichtbaren und himmlischen Naturen werfen können.

208 Vgl. Greg. Naz., *or.* 20,10 [SC 270, 78]; *or.* 20,11 [SC 270, 80]; *or.* 28,3 [FC 22, 98.7–11].

209 Vgl. Greg. Naz., *or.* 2,91 [SC 247, 206]; *or.* 4,44 [FC 309, 144]; *or.* 17,1 [PG 35, 965.13]; *or.* 41,1 [SC 358, 314]. Im Misstrauen gegenüber dem sinnlich Wahrnehmbaren spiegelt sich Platons Metaphysik wieder: Der „gewöhnlich[e], d. h. philosophisch nicht aufgeklärte" Mensch ist „im Irrtum gefangen, dass die Erscheinungswelt ([im Bild von Platons Höhlengleichnis] die Welt der Schatten) die eigentliche Wirklichkeit sei." Erst durch die Philosophie kann der Mensch zur Einsicht gelangen, dass „die erscheinende Wirklichkeit nicht die eigentliche Wirklichkeit ist, sondern bloß das schattenhafte Abbild einer höheren Wirklichkeit", nämlich des Reiches der Ideen, vgl. Waibl 2009, 69.

210 Vgl. Greg. Naz., *or.* 44,6 [PG 36, 613.11–36]; *or.* 45,14 [PG 36, 641.33–36].

211 Zum asketischen Leben vgl. oben, S. 184–196. In der Trauerrede auf seine Schwester Gorgonia stellt er diese als nachahmenswertes Vorbild dar: Mit der Einübung in den Tod, die sie praktizierte, habe sie ihre nach Gott strebende Seele vor störenden Sinneseindrücken schützen wollen, vgl. *or.* 8,14 [FC 405, 276]. Auch Basilius lobt er dafür, dass er seine Sinne gezügelt habe (πᾶσαν αἴσθησιν ἐσωφρόνιζε), vgl. *or.* 43,62 [SC 384, 258–260]. Und schließlich spielt die sinnliche Wahrnehmung auch dann eine wichtige Rolle, wenn Gregor von seinem eigenen Lebensideal spricht: Sich ihr zu verschließen und zu entziehen gehört für ihn zu den wichtigsten Aspekten eines asketischen philosophischen bzw. mönchischen Lebens, vgl. *or.* 25,6 [SC 284, 168]. So erklärt er seine Flucht nach der Priesterweihe in *or.* 2,7 [SC 247, 96] mit der Sehnsucht nach dem weitestmöglichen Rückzug von der Welt und den damit verbundenen Sinneseindrücken. Ähnliche Aussagen macht er in der ersten Rede, die er nach seiner unfreiwilligen Ernennung zum Bischof von Sasima in der Kirche im heimischen Nazianz hielt, vgl. *or.* 12,4 [FC 405, 354], sowie in seiner „Antrittsrede" nach der Ankunft in Konstantinopel: Hier stellt er sich bereits im allerersten Abschnitt als einer dar, der sich nur widerwillig auf menschliche Angelegenheiten einlässt und dessen eigentlicher Wunsch der Rückzug von der Welt und dem Sinnlichen ist, vgl. *or.* 20,1 [SC 270, 56–58].

neseindrücken hat der Mensch jedoch erst nach seinem Tod. Gregor ist überzeugt: Jetzt, wo der Geist nicht mehr durch die Sinne davon abgehalten wird, wartet auf seine verstorbene Schwester denn auch

> [...] der Klang der Feiernden, der Chorgesang der Engel, die himmlische Ordnung, die Schau der Herrlichkeit, und neben anderem auch die reinere und vollkommenere Erleuchtung durch die höchste Dreifaltigkeit [...].[212]

3.2.2 Doch gepaart mit dem Logos...

Alles in allem stellt sich Gregors Einstellung gegenüber der sinnlichen Wahrnehmung (αἴσθησις) nicht besonders positiv dar. Und doch finden sich in seinen Reden auch Passagen, die das Thema in einem anderen Licht erscheinen lassen. In seiner *or.* 38 *Über die Theophanie* (Εἰς τὰ Θεοφάνια), die er um den Jahreswechsel 380/381 in seinem Amt als Bischof von Konstantinopel hielt, beschreibt Gregor das Heilswirken Gottes von der Schöpfung bis hin zu seinem Höhepunkt – der Menschwerdung des göttlichen Logos in Jesus Christus: Gott schuf, so Gregor, zuerst die geistige Welt (κόσμος νοητός) und dann die materielle und sichtbare Welt (κόσμος ὑλικός καὶ ὁρώμενος). Erstere umfasst die geistigen Wesen, die Gott grundsätzlich nahe (οἰκεῖα) sind, letztere alles, was der Sinneswahrnehmung unterliegt (ὅσαι ὑπὸ τὴν αἴσθησιν).[213] Innerhalb dieser doppelten Schöpfung kommt dem Menschen eine besondere Stellung zu:

> Nun standen Geist und Wahrnehmung, die auf diese Weise voneinander unterschieden wurden, innerhalb ihrer eigenen Grenzen und trugen die Größe des Schöpfer-Logos in sich, schweigende Lobende des Wunderwirkens und durchdringende Verkünder. Es gab noch keine Verbindung beider Dinge, noch keine Mischung der Gegensätze, die das Erkennungszeichen größerer Weisheit und der Pracht, die die Naturen umgibt, ist; auch war der ganze Reichtum der Güte noch nicht bekannt. Weil der Schöpfer-Logos dies nun auch als ein Lebewesen aus beidem zeigen wollte, sprich: aus der unsichtbaren und aus der sichtbaren Natur, schafft er den Menschen.[214]

---

212 Greg. Naz., *or.* 8,23 [FC 405, 296]: [...] ἦχος ἑορταζόντων, ἀγγέλων χορεία, τάξις οὐρανία, δόξης θεωρία, τῆς τε ἄλλης καὶ τῆς ἀνωτάτω Τριάδος ἔλλαμψις καθαρωτέρα τε καὶ τελεωτέρα [...]. Eine ähnliche Aussage findet sich in der Trauerrede Gregors auf seinen Bruder Caesarius; dieser solle sich, so Gregor, von oben über die nichtigen Dinge der Welt und über die „Verirrung durch die Sinne" (τῶν αἰσθήσεων πλάνην) amüsieren, vgl. *or.* 7,17 [SC 405, 22]. Ebenso verständlich wie erheiternd ist es, dass Gregor auch bei der Beschreibung dessen, was den Menschen nach dem Tod erwartet, nicht um die Rede von Sinneswahrnehmungen wie dem Hören und dem Sehen herumkommt.

213 Vgl. Greg. Naz., *or.* 38,10 [SC 358, 122–124].

214 Greg. Naz., *or.* 38,11 [SC 358, 124] = *or.* 45,7 [PG 36, 629.48–632.10]: Νοῦς μὲν οὖν ἤδη καὶ αἴσθησις, οὕτως ἀπ' ἀλλήλων διακριθέντα, τῶν ἰδίων ὅρων ἐντὸς εἱστήκεισαν καὶ τὸ τοῦ δημιουργοῦ Λόγου μεγαλεῖον ἐν ἑαυτοῖς ἔφερον, σιγῶντες ἐπαινέται τῆς μεγαλουργίας, καὶ διαπρύσιοι κήρυκες. Οὔπω δὲ ἦν κρᾶμα ἐξ ἀμφοτέρων οὐδέ τις μίξις τῶν ἐναντίων, σοφίας μείζονος γνώρισμα καὶ τῆς περὶ τὰς φύσεις πολυτελείας, οὐδὲ ὁ πᾶς πλοῦτος τῆς ἀγαθότητος γνώριμος.

Gott, bzw. der sich nach außen wendende Aspekt Gottes, der schöpferische Logos, schafft den Menschen als ein Mischwesen (μίξις oder κρᾶμα) aus Geist und Materie. Erst in der Verbindung des Gott ähnlichen Geistigen mit dem Gott fremden Körperlichen zeigt sich Gottes ganze Weisheit. Gregor bezeichnet den Geist (νοῦς) und die sinnliche Wahrnehmung (αἴσθησις) hier nun zwar als deutlich voneinander unterschiedene Bestandteile des Menschen, schreibt aber ausdrücklich, dass der Logos[215] Gottes *beiden* innewohnt: Ebenso wie der Geist ist auch die Fähigkeit zur Wahrnehmung Gottes Werk und ebenso wie der Geist hat damit auch die Wahrnehmung Anteil an der Größe Gottes. Beide für sich genommen bleiben stumm und vermögen es nicht, Gottes Macht zu offenbaren – dies geschieht erst in ihrer Verbindung namens Mensch. Doch woran entscheidet sich, ob dieser sich durch die Sinne verführen lässt, ob er dem Überfluss, dem Luxus und der Sünde verfällt, oder ob ihn die Sinne im Schönen Gott erahnen lassen?

Dazu lohnt es sich, noch einmal auf die *Zweite Theologische Rede* (*or.* 28) zu schauen. Im Zusammenhang mit der grundsätzlichen Frage nach der Erfahrbarkeit Gottes macht Gregor hier wichtige Aussagen über die sinnliche Wahrnehmung. Im Bild vom Aufstieg des Mose auf den Gottesberg und vom Eintritt in die Wolke zeigt Gregor, dass er das Wesen Gottes für den Menschen zwar für nicht fassbar hält, der Wahrnehmung aber wohl zutraut, Gottes Majestät (μεγαλοπρέπεια) – „die Größe in den Geschöpfen und in den von ihm [Gott] hervorgebrachten und verwalteten Dingen"[216] – zu erfahren. Allerdings wird dies durch die Tatsache erschwert, dass der Mensch nicht bloß übernatürliche Dinge nicht zu erkennen vermag, sondern bereits Mühe hat, zu sehen und zu verstehen, was ihm tagtäglich vor Augen steht – eben die sinnlich wahrnehmbaren Dinge.[217] Dabei, so ist Gregor überzeugt, drängt sich die Wahrnehmung der Majestät Gottes angesichts der Ordnung der Natur geradezu auf.[218] Nach seinem Verständnis ist es die göttliche Vernunft, der Logos (λόγος), der die Sinneswahrnehmung führt, auf den Weg der Gotteserfahrung lenkt und den Menschen dort weiter fortschreiten lässt:

> Uns aber, die wir nach Gott verlangten und es nicht aushielten, dass es keine Führung und keine Lenkung gibt, nahm der Logos in Empfang. Er wandte sich den sichtbaren Dingen zu und traf auf die Dinge, die von Anfang an da waren, blieb aber nicht bei ihnen stehen. Es wäre nämlich dem Logos nicht angemessen, die Führung jenen Din-

---

Τοῦτο δὴ βουληθεὶς ὁ τεχνίτης ἐπιδείξασθαι Λόγος καὶ ζῶον ἓν ἐξ ἀμφοτέρων, ἀοράτου τε λέγω καὶ ὁρατῆς φύσεως, δημιουργεῖ τὸν ἄνθρωπον·

215 Wie zu seiner Zeit üblich, dürfte Gregor in seiner Handschrift kaum zwischen Groß- und Kleinschreibung unterschieden haben. Wenn in den späteren Abschriften und Editionen zwischen λόγος und Λόγος unterschieden wird, dann liegt diese Entscheidung einzig bei den jeweiligen Editoren. Ich übernehme die Groß- bzw. Kleinschreibung in den Zitaten jeweils aus den verwendeten Editionen, behalte es mir aber vor, in meinen eigenen Übersetzungen anders zu interpretieren.

216 Greg. Naz., *or.* 28,3 [FC 22, 98.4–6]: ἡ ἐν τοῖς κτίσμασι καὶ τοῖς ὑπ᾽αὐτοῦ προβεβλημένοις καὶ διοικουμένοις μεγαλειότης.

217 Vgl. Greg. Naz., *or.* 28 [FC 22, 100.17–102.2].

218 Vgl. Greg. Naz., *or.* 28,6 [FC 22, 102.10–15].

> gen zu geben, die uns in der Wahrnehmung ebenbürtig sind. Und so führt [der Logos] zu dem, was über diesen Dingen steht, und durch das sich für jene das Sein ergibt.[219]

Der Logos bewahrt den Menschen davor, bei den sinnlich wahrnehmbaren materiellen, geschaffenen Dingen, stehen zu bleiben, sich mit ihnen zufrieden zu geben oder sie sogar selbst als göttlich anzusehen.[220] Stattdessen weist er den Menschen mithilfe der sinnlichen Wahrnehmung durch das Sinnlich-Materielle hindurch und über die geschaffene Natur hinaus zu der ungeschaffenen, zu Gott. Für Gregor ist dabei klar, dass die menschliche Vernunft allein diesen Sprung nicht zu leisten vermag. So kritisiert er in der ersten seiner beiden Reden gegen Julian die griechischen Philosophenschulen und alles Heidnische, das den Kaiser aus seiner Sicht beeinflusst hat.[221] Als verwerflich bezeichnet er es dabei unter anderem, „die Vernunft, aber nicht Gott zur Führung zu nehmen."[222] Nur gepaart mit dem göttlichen Logos gelingt der menschlichen Vernunft der richtige Blick auf die Welt.

Sich von der göttlichen Vernunft, vom Logos, leiten zu lassen, bedeutet für Gregor, den in Jesus Christus menschgewordenen Logos in sich selbst zu erkennen. Wie er sich das vorstellt, beschreibt er am eindringlichsten in seiner *Rede zu Weihnachten* (*or.* 38): Nachdem die Menschen das Paradies verlassen hatten und auf der Welt als körperlich-geistige Mischwesen von Gott fern waren, versuchte Gott, sie durch alle möglichen Zeichen, Strafen und Wohltaten wieder zu sich hin zu führen. Da die Gottferne der Menschen aber so groß war, dass all dies nichts nützte, war, so Gregor, ein stärkeres Heilmittel (φάρμακον) nötig:[223]

> Weil diese Dinge nach einer mächtigeren Hilfe verlangten, erreichte [die Menschen] auch eine mächtigere [Hilfe]. Diese aber war der Logos Gottes selbst, der vor aller Zeit [Seiende], der Unsichtbare, der Unbegreifliche, der Körperlose, der Anfang aus dem Anfang, das Licht aus dem Licht, die Quelle des Lebens und der Unsterblichkeit, die Einprägung der Schönheit des Urbildes, das unverrückbare Siegel, das unveränderliche Bild, die Definition und der Logos des Vaters. Er kommt auf sein eigenes Bild und trägt Fleisch um des Fleisches Willen und verbindet sich mit der geistigen Seele wegen meiner Seele, um das Gleiche mit dem Gleichen zu reinigen. Und er wird in allem, außer der Sünde, Mensch. [...] Und so trat Gott gleichzeitig mit dem Annehmen [der menschlichen Natur] hervor, eins aus den beiden Gegensätzen, Fleisch und Geist, von denen das eine vergöttlichte, das andere aber vergöttlicht wurde.[224]

---

219 Greg. Naz., *or.* 28,16 [FC 22, 126.9–15]: ἡμᾶς δὲ ὁ λόγος δεξάμενος ἐφιεμένους Θεοῦ, καὶ μὴ ἀνεχομένους τὸ ἀνηγεμόνευτόν τε καὶ ἀκυβέρνητον, εἶτα τοῖς ὁρωμένοις προσβάλλων καὶ τοῖς ἀπαρχῆς ἐντυγχάνων, οὔτε μέχρι τούτων ἔστησεν – οὐ γὰρ ἦν λόγου δοῦναι τὴν ἡγεμονίαν τοῖς ὁμοτίμοις κατὰ τὴν αἴσθησιν –, καὶ διὰ τούτων ἄγει πρὸς τὸ ὑπὲρ ταῦτα, καὶ δι' οὗ τούτοις τὸ εἶναι περίεστι.

220 Davon distanziert sich Gregor entschieden, vgl. *or.* 28,13 [FC 22, 120.18].

221 Vgl. Greg. Naz., *or.* 4,43–44 [FC 309, 142–144].

222 Greg. Naz., *or.* 4,44 [FC 309, 144]: ὡς ὁδηγῷ λόγῳ, καὶ μὴ Θεῷ χρώμενος.

223 Vgl. Greg. Naz., *or.* 38,13 [FC 358, 130–132].

224 Greg. Naz., *or.* 38,13 [SC 358, 132–134]: Ταῦτα ἐπειδὴ μείζονος ἐδεῖτο τοῦ βοηθήματος, μείζονος καὶ τυγχάνει. Τὸ δὲ ἦν αὐτὸς ὁ τοῦ Θεοῦ Λόγος, ὁ προαιώνιος, ὁ ἀόρατος, ὁ ἀπερίληπτος,

Das Heil- bzw. Hilfsmittel (φάρμακον bzw. βοήθημα), mittels dessen Gott sich dem Menschen zuwendet und ihm den Weg zu sich selbst wieder eröffnet, ist der Sohn, der Logos. Und dieser – Gregor lässt daran keinen Zweifel aufkommen – ist selbst Gott: unbegreiflich, körperlos, zeitlos, unveränderlich.[225] In Jesus Christus verbindet sich Gott in beispielhafter Weise mit dem Menschen, mit dessen Körper und Seele. Der Schöpfer vereint sich mit dem nach seinem Bild geschaffenen Geschöpf. Dies alles geschieht, so Gregor, um des Menschen willen. Nicht nur die menschliche Seite Jesu Christi wird durch den Logos gereinigt und geheiligt, sondern die menschliche Natur schlechthin. Das bedeutet: Jedem Menschen wohnt Gott inne. Zu dieser Einsicht zu gelangen, ist gleichzeitig Verheißung und Auftrag. So fordert Gregor sein Publikum wenig später in seiner Weihnachtsrede auf:

> Jetzt aber nimm die Empfängnis an und spring vor Freude auf! Wenn nicht wie Johannes schon im Mutterleib, dann wie David, als er die Lade zur Ruhe brachte. Habe Achtung vor der Liste, mittels derer du in die Himmel eingeschrieben wurdest, und habe Ehrfurcht vor der Geburt, durch die du aus den Fesseln der Geburt erlöst wurdest. Ehre das kleine Bethlehem, das dich zum Paradies hinaufführte, und verehre die Krippe, durch die du, ein Wesen ohne Verstand, vom Logos genährt wurdest.[226]

Der Mensch soll den zur Welt kommenden Logos[227] empfangen bzw. ihn in sich selbst entdecken und sich daran freuen, dass das Göttliche so nahe kommt – dies zeigen auch die biblischen Beispiele von Johannes dem Täufer und König David, die Gregor hier heranzieht.[228] Doch jetzt kommt Gott dem Menschen noch näher als dort: Der göttliche Logos nährt den Menschen und wird ihm dadurch innerlich.

ὁ ἀσώματος, ἡ ἐκ τῆς ἀρχῆς ἀρχὴ, τὸ ἐκ τοῦ φωτὸς φῶς, ἡ πηγὴ τῆς ζωῆς καὶ τῆς ἀθανασίας, τὸ ἐκμαγεῖον τοῦ ἀρχετύπου κάλλους, ἡ μὴ κινουμένη σφραγὶς, ἡ ἀπαράλλακτος εἰκὼν, ὁ τοῦ Πατρὸς ὅρος καὶ λόγος· ἐπὶ τὴν ἰδίαν εἰκόνα χωρεῖ καὶ σάρκα φορεῖ διὰ τὴν σάρκα καὶ ψυχῇ νοερᾷ διὰ τὴν ἐμὴν ψυχὴν μίγνυται, τῷ ὁμοίῳ τὸ ὅμοιον ἀνακαθαίρων. Καὶ πάντα γίνεται, πλὴν τῆς ἁμαρτίας, ἄνθρωπος· […] προελθὼν δὲ Θεὸς μετὰ τῆς προσλήψεως, ἓν ἐκ δύο τῶν ἐναντίων, σαρκὸς καὶ Πνεύματος, ὧν, τὸ μὲν ἐθέωσε, τὸ δὲ ἐθεώθη.

Gregor spielt hier auf eine ganze Reihe von Bibelstellen an. Zusammengetragen und direkt beim Text in der Ausgabe in der Reihe der *Sources Chrétiennes* (SC) aufgeführt hat sie Claudio Moreschini.

225 Die Gottheit des Logos bzw. die Wesensgleichheit des Sohnes mit dem Vater macht Gregor besonders in seiner *Dritten* und *Vierten Theologischen Rede* (*ors.* 29 und 30) stark und geht dabei auf viele der hier genannten Eigenschaften des Logos ein.

226 Greg. Naz., *or.* 38,17 [SC 358, 142–144]: Νυνὶ δέ μοι δέξαι τὴν κύησιν καὶ προσκίρτησον· εἰ τοι καὶ μὴ ὡς Ἰωάννης ἀπὸ γαστρὸς, ἀλλ' ὡς Δαβὶδ ἐπὶ τῇ καταπαύσει τῆς κιβωτοῦ. Καὶ τὴν ἀπογραφὴν αἰδέσθητι, δι' ἣν εἰς οὐρανοὺς ἀπεγράφης, καὶ τὴν γέννησιν σεβάσθητι, δι' ἣν ἐλύθης τῶν δεσμῶν τῆς γεννήσεως· καὶ τὴν Βηθλεὲμ τίμησον τὴν μικρὰν, ἣ σε πρὸς τὸν παράδεισον ἐπανήγαγε, καὶ τὴν φάτνην προσκύνησον, δι' ἣν ἄλογος ὤν, ἐτράφης ὑπὸ τοῦ Λόγου.

227 Das Wort κύησις lässt sich mit verschiedenen Begriffen rund um die Entstehung eines Menschen übersetzen, so etwa mit „Empfängnis" oder „Schwangerschaft", vgl. Lampe 1961, 784; Liddell/Scott 1966, 1005.

228 So macht der ungeborene Johannes im Bauch seiner Mutter Elisabeth einen Freudesprung, als diese die schwangere Maria trifft (Lk 1,41), und der König David tanzt vor Freude, als es ihm endlich gelingt, die Bundeslade nach Jerusalem zu bringen (2Sam 6,14 bzw. 2Kön 6,14).

So wird dieser von einem Wesen, das ohne Verstand – bzw. ohne *göttlichen* Verstand – ist und damit auf derselben Stufe mit den Tieren steht,[229] zu einem Wesen, das aus seiner Verhaftung mit der Welt gelöst und mit dem Himmel verbunden ist.

Nach Gregors Verständnis kristallisiert sich das Gewahrwerden des inneren Logos im Leben von Christinnen und Christen in der Taufe. So bezeichnet er das Sakrament in der entsprechenden Rede (*or.* 40) auch als „Vereinigung mit dem Logos" (Λόγου κοινωνία).[230] Später in derselben Rede vergleicht Gregor den Zustand des gottfernen Menschen mit Krankheitsbildern, wie sie in den Heilungsgeschichten des Neuen Testaments vorkommen. Für sie alle, so ist er überzeugt, ist die Taufe das wirkungsvollste Mittel:

> Wenn du den Logos ganz in dir aufnimmst, wirst du alle Heilmittel Christi in deiner Seele zusammenbringen, mit denen jeder einzelne geheilt worden ist.[231]

Durch den göttlichen Logos wird der Logos, der Verstand des Menschen, gereinigt und geheilt. So kommt dessen eigene Göttlichkeit, die verdunkelt war, wieder zum Vorschein.[232] Jetzt ist es der innere göttliche Logos des Menschen, der dessen Sein, Wollen, Handeln und Verstehen bestimmt. Und dies wirkt sich nun wiederum auch auf die sinnliche Wahrnehmung aus: Es ist dieser göttliche Logos, der die Erfahrung des Menschen über die sichtbaren Dinge (ὁρώμενα) hinaus und auf Gott hin lenkt, wie Gregor es in *or.* 28,16 beschrieben hat.[233]

---

229 Die Vorstellung, dass Tiere Wesen ohne Verstand seien, wird aus den nachfolgenden Zeilen der Rede deutlich. Sie ist zumindest sprachlich bis ins Neugriechische erhalten geblieben: Hier heißt das Pferd heute noch άλογο.

230 Greg. Naz., *or.* 40,3 [SC 358, 202]. Für das griechische κοινωνία gibt Lampe 1961, 762–764 eine ganze Breite von möglichen deutschen Bedeutungen an, die eine mehr oder weniger umfassende Anteilnahme verschiedener Dinge aneinander ausdrücken. Angesichts der weiteren Umschreibungen der Taufe, die Gregor an derselben Stelle seiner Rede nennt, ist die Übersetzung mit dem starken Wort „Vereinigung" meines Erachtens angebracht, vgl. zu derselben Stelle unten, S. 145, Anm. 387.

231 Greg. Naz., *or.* 40,34 [SC 358,276]: Ἐὰν ὅλον εἰσδέξῃ τὸν Λόγον, πάσας τὰς Χριστοῦ θεραπείας ἐπὶ τὴν σεαυτοῦ συνάξεις ψυχὴν, ἃς κατὰ μέρος ἕκαστος τεθεράπευται.

232 Gregor spricht in diesem Zusammenhang auch davon, dass der Mensch bei der Taufe „durch den Logos wieder aufgerichtet wird" (ἀνωρθώσῃς ὑπὸ τοῦ Λόγου), vgl. Greg. Naz., *or.* 40,33 [SC 358, 272].

233 Auch hier ist der Einfluss von Platon und Plotin auf Gregor deutlich spürbar: So wie sich bei Platon die Wahrnehmung des Philosophen von jener des gewöhnlichen Menschen unterscheidet, verändert sich auch bei Gregor die Wahrnehmung des Menschen, der den Logos verinnerlicht hat. Bei Platon wird die irdische Schönheit dem Philosophen zum „Abbild und Abglanz der Idee der Schönheit. Für die Schönheit ist deshalb nur empfänglich, wer sich die Erinnerung an das Reich der Ideen bewahrt hat", also derjenige Mensch, der sich seiner unsterblichen Seele bewusst ist und damit Teil hat an der transzendenten Welt der Ideen, vgl. Waibl 2009, 69.79. In ähnlicher Weise lassen sich von Gregor auch Parallelen zu Plotin ziehen. Für diesen ist „der Emanationslehre zufolge alles ein Abglanz des Göttlichen und somit von der Seinsart des Geistes [...]. Auf das Schöne bezogen bedeutet Plotins Wirklichkeitsauffassung, dass das Sinnlich-Schöne der empirischen Welt ein Abglanz und Widerschein des Übersinnlich-Schönen ist. Das Schöne hat in der Transzendenz seinen Ursprung, offenbart sich aber in der irdischen Welt." Schönheit ist für

3.3 Mit Schönem auf Schönes antworten

3.3.1 In der Ordnung und Schönheit Gott wahrnehmen

An verschiedenen Stellen in seinen Reden lobt Gregor – oft in überschwänglichen, schwelgerischen Worten – die Schöpfung, ihre Schönheit und die ihr innewohnende Ordnung. Das prominenteste Beispiel dafür findet sich im letzten Drittel der *Zweiten Theologischen Rede*, wo Gregor zunächst die Beschaffenheit des Menschen, dann aber auch die Welt der Land- und Wassertiere, der Vögel, der Pflanzen, die Erde selbst, Himmel, Luft, Firmament und schließlich auch die unsichtbare Schöpfung, die Welt der Engelwesen bestaunt und bewundert.[234] Die Sprache, die Gregor für sein üppiges Staunen wählt, ist durch und durch geprägt von Fragen: Unzählige Male fragt er angesichts der überwältigenden Kreativität in der Schöpfung nach dem Wie (πῶς;), dem Wer (τίς;), dem Was (τί;) und dem Woher (πόθεν;) all der Lebewesen, Materialien und Zusammenhänge, die sie ausmachen.[235] Immer schwingt dabei die Antwort schon in den Fragen mit: Von Gott allein kommt all dies, und auf Gott weisen alle diese Dinge hin. Für Gregor ist der Schöpfer (τεχνίτης) – das heißt: der schöpferische Logos[236] – nämlich nicht nur Urheber der Welt. Vielmehr lenkt und ordnet er diese fortwährend, ist er doch selbst in die Rhythmen und Kreisläufe der Natur, in die Schönheit und Üppigkeit der Pflanzen und Früchte,

---

Plotin daher „eine sinnliche Erscheinung, aber ein Sinnliches von einer bestimmten Art, nämlich eines, das das Übersinnliche zum Erscheinen bringt. Schön ist das Sinnliche, das mehr ist als nur Sinnliches, nämlich durchgeistigtes Sinnliches." (Waibl 2009, 97.99).

234 Vgl. Greg. Naz., *or.* 28,22–31 [FC 22, 138.13–166.17] und die Ausführungen dazu im ersten Teil dieser Arbeit. Ähnliche Passagen finden sich etwa in *or.* 6, *or.* 14 und in *or.* 32. In *or.* 6,14–15 [SC 405, 156–160] deutet Gregor die Schönheit und Ordnung der Schöpfung als Ausdruck und Offenbarung des Friedens Gottes, die die Welt erst zum Kosmos (κόσμος) im Vollsinn des Wortes machen – der Begriff bedeutet im Griechischen ja nicht nur „Welt", sondern auch „Schmuck". In *or.* 14,23 [PG 35, 888.6–889.46] zeigt Gregor durch die Bewunderung und das Lob der Schöpfung, dass alles einzig von Gott kommt und Gott gehört; der Mensch darf sich nicht als Besitzer der Welt verstehen, sondern soll die ihm anvertrauten Güter nur gut verwalten. In *or.* 32,7–9 [SC 318, 98–104] liegt der Schwerpunkt von Gregors Interesse beim Lob der Schöpfung auf der Ordnung (τάξις). Durch den ordnenden Logos wurde die Welt geschaffen und durch ihn wird sie im Sein erhalten: Τάξει τὰ πάντα διεκοσμήθη, καὶ ὁ διακοσμήσας Λόγος· [...] Τάξις οὖν τὸ πᾶν συνεστήσατο. Τάξις συνέχει καὶ τὰ ἐπουράνια καὶ τὰ ἐπίγεια· (Die Ordnung ist es, die alle Dinge an ihren Platz gesetzt hat, und der Ordnende ist der Logos. [...] Die Ordnung ist es also, die alles zusammengestellt hat. Die Ordnung hält alle himmlischen und irdischen Dinge zusammen.) (*or.* 32,7.8 [SC 318, 98;100]) Vgl. auch Greg. Naz., *or.* 5,31 [SC 309, 356].

235 Die fast nicht enden wollende Reihe von Fragen in *or.* 28,22–31 erinnert an die sogenannte erste Gottesrede in Hi 38–39, vgl. oben S. 89 ff.

236 An zahlreichen Stellen in seinen Reden spricht Gregor ausdrücklich vom schöpferischen Logos, so etwa vom τεχνίτης λόγος in *or.* 7,24 [SC 405, 242]; *or.* 5,1 [SC 309, 294]; *or.* 6,14 [SC 405, 158] und *or.* 8,20 [PG 35, 884.13] oder vom δημιουργίσαντος bzw. δημιουργικός oder δημιουργός λόγος in *or.* 32,10 [SC 318, 104]; *or.* 32,27 [SC 318, 144] und *or.* 38,11 [SC 358, 124].

in die Instinkte, Fähigkeiten und Gewohnheiten der Tiere und allem voran in die Menschen hineingelegt (πᾶσι λόγον ἐνθεῖς):[237]

> So ist es die aus Gott kommende Vernunft, die allem eingepflanzt und das erste Gesetz in uns ist, und die mit allem verbunden ist, die uns von den sichtbaren Dingen aus zu Gott hinaufgeführt hat.[238]

Gregor ist überzeugt: Wenn sich der Mensch seines eigenen, inneren göttlichen Logos bewusst ist, dann wird er auch den göttlichen Logos, der jedem Ding von dessen Anfang an gegenwärtig ist, erkennen. Sind seine Sinne also auf diese Weise durch den Logos geprägt und gelenkt, wird der Mensch in der Schönheit der Welt tatsächlich das Werk des Schöpfers erkennen und darüber hinaus – bzw. durch es hindurch – staunend Gott erahnen. Wenn der Mensch nun Schönes erblickt und sich daran freut, ist dies in Gregors Verständnis letztlich eine durch den göttlichen Logos ermöglichte Erfahrung.[239] Wie er die Schönheit der Schöpfung bewundert und in das Lob Gottes einstimmt, beschreibt Gregor eindrücklich und poetisch in seiner *or.* 44 *Auf den neuen Sonntag* (Εἰς τὴν καινὴν Κυριακήν). Er hielt die Rede am ersten Sonntag nach Ostern, vermutlich im Jahr 383 in Caesarea.[240] Hauptinhalt des Textes ist das Leben des Christen, der Christin im Licht von Ostern. Dabei stellt Gregor dem weltlichen Luxus, den er scharf kritisiert, das geistliche Feiern gegenüber.[241] Und dazu gehört für den Christen, der den Logos verinnerlicht hat und durch Ostern neu belebt ist, auch die Wahrnehmung des mediterranen Frühlings:

---

237 Vgl. Greg. Naz., *or.* 28,16 [FC 22, 126.22–24].

238 Greg. Naz., *or.* 28,16 [FC 22, 128.5–8]: Οὕτως ὁ ἐκ θεοῦ λόγος, καὶ πᾶσι σύμφυτος, καὶ πρῶτος ἐν ἡμῖν νόμος, καὶ πᾶσι συνημμένος, ἐπὶ Θεὸν ἡμᾶς ἀνήγαγεν ἐκ τῶν ὁρωμένων. Der Dativ πᾶσι kann als Maskulinum oder als Neutrum übersetzt werden. Da sich in *or.* 28,16 wenige Zeilen weiter oben aus dem Zusammenhang die neutrale Form ergibt, wird hier wieder ebenso übersetzt.

239 Auch hier lässt sich eine Nähe zwischen Gregor und Plotin feststellen. Letzterer geht davon aus, dass dem Menschen schöne Gegenstände gefallen, weil „sich in ihnen das Geistige und Göttliche manifestiert und sich der Mensch in ihnen wiedererkennt und wiederfindet. In den schönen Gegenständen erblickt der Mensch auf Grund seiner geistigen und göttlichen Abkunft etwas Verwandtes. In der Schönheitserfahrung wird sich der Mensch seiner eigentlichen Natur, Geist zu sein, gewahr; in der Schönheitserfahrung ereignet sich die Spiegelung und Wiederbegegnung des Menschen mit sich selbst." (Waibl 2009, 100)

240 Zu *or.* 44 und den Umständen ihrer Entstehung vgl. McGuckin 2001, 386–387.

241 Eine ähnliche Gegenüberstellung verschiedener Formen der Feier findet sich bereits in *or.* 38,4–6 [SC 358, 108–114]. Hier ruft Gregor dazu auf, das Fest „nicht wie ein Volksfest, sondern göttlich, nicht weltlich, sondern überweltlich" (μὴ πανηγυρικῶς, ἀλλὰ θεϊκῶς, μὴ κοσμικῶς, ἀλλ᾽ ὑπερκοσμίως) zu feiern. Er kritisiert insbesondere den Festschmuck, üppiges Essen und die weltliche Schönheit. Anders als die heidnischen Griechen sollen Christinnen und Christen, so Gregor, nicht im irdischen Luxus, sondern im Logos schwelgen: „Wir aber, die wir den Logos als Ziel unserer Anbetung haben, wenn wir schon schwelgen müssen, dann lasst uns im Logos schwelgen, im göttlichen Gesetz und in den Erzählungen, vor Allem in denen, die sich auf das gegenwärtige Fest beziehen." (Ημεῖς δὲ, οἷς Λόγος τὸ προσκυνούμενον, κἂν τι δέοι τρυφᾶν, ἐν λόγῳ τρυφήσωμεν, καὶ θείῳ νόμῳ, καὶ διηγήμασι, τοῖς τε ἄλλοις, καὶ ἐξ ὧν ἡ παροῦσα πανήγυρις·)

Doch jetzt verlassen wir [das vorangehende Thema, d. h. die Kritik am Luxus] und feiern mit, wie es dem Moment angemessen ist. Denn alles versammelt sich zum Fest und freut sich gemeinsam! Schau doch, was es alles zu sehen gibt! Die Königin der Stunden nimmt zusammen mit der Königin der Tage am Festzug teil und bringt von ihren Geschenken alles Schönste und Lieblichste. Jetzt ist der Himmel durchlässiger für das Licht! Jetzt ist die Sonne höher und goldener. Jetzt ist der Kreis des Mondes strahlender und der Chor der Sterne reiner. Jetzt ergießen sich Wellen über die Meeresufer, Wolken über die Sonne, Winde über die Luft, die Erde wird von Pflanzen überzogen und die Pflanzen [werden] von Blicken [geschaut]. Jetzt sprudeln die Quellen heller über! Jetzt fließen die Flüsse reichlicher, von den Banden des Winters gelöst. Die Wiese duftet, die Pflanze sprießt üppig hervor, das Gras wird geschnitten und auf den blühenden Feldern springen junge Lämmer. Jetzt wird das Schiff unter frommen [wörtl. gottliebenden] Taktgesängen aus den Häfen geführt, und mit dem Segel fliegt es dahin. Der Delfin umspringt [das Schiff], und so heiter blasend und emporschießend begleitet er die Seeleute mit frohem Mut. Jetzt baut der Bauer den Pflug zusammen, nach oben blickend und den Spender der Frucht anrufend, unter dem Joch führt er den Ochsen zum Pflügen, zieht eine süße Furche und erfreut sich an den Hoffnungen. Jetzt stimmen der Schafhirte und der Rinderhirte die Flöten, blasen ein Hirtenlied hinein und verbringen den Frühling bei den Pflanzen und Steinen. Jetzt pflegt der Gärtner das Gewächs und der Vogelfänger stellt die Ruten auf, späht durch die Zweige und verfolgt die Flügel des Vogels. Und der Fischer durchblickt die Tiefen, reinigt aufs Neue das Netz und sitzt auf den Felsen.

Jetzt befreit die fleißige Biene den Flügel, verlässt den Bienenkorb, sie beweist ihre Weisheit, fliegt auf die Wiesen und erntet die Blüten ab. Die eine [formt][242] die Waben, indem sie die sechseckigen, einander entgegengesetzten Röhren webt und die geraden Seiten mit den Ecken abwechselt – ein Werk sowohl von Schönheit als auch von Festigkeit. Die andere verstaut den Honig in den Vorratskammern und bestellt für den Gast süße und nicht durch den Pflug gewonnene Frucht. Wie gerne nehmen auch wir, der Bienenschwarm Christi, uns ein solches Beispiel an Weisheit und Fleiß! Jetzt baut der Vogel ein Nest, der eine kommt zurück, der andere nistet sich ein, und wieder ein anderer fliegt umher, erfüllt den Wald mit [seiner] Stimme und umplaudert den Menschen.

Alles besingt und verherrlicht Gott mit wortlosen Stimmen! Und zu alledem hinzu wird Gott durch mich Dank gesagt! So wird ihr Lobpreis zu unserem, von ihnen übernehme ich den Lobgesang. Nun lacht jede Art von Lebewesen, und wir speisen jeden Sinn. Jetzt reckt das Pferd übermütig den Hals hoch, es erträgt nicht mehr den Stall, es übt Gewalt gegen die Stricke, es trabt über die Ebene und ziert die Flüsse.[243]

---

242 Im griechischen Text erscheint das Wort φονεῖ. Dafür lässt sich jedoch im Deutschen keine sinnvolle Übersetzung finden. Die Form erscheint in den Wörterbüchern einzig als männlicher Dativ Singular von φονεύς, „Mörder", was in keiner Weise zum Kontext passt. Möglicherweise handelt es sich um einen Schreibfehler in der Überlieferung. Angesichts des Zusammenhangs des Textes erscheint es mir am naheliegendsten, dass an der Stelle ein Wort wie „formen" steht.

243 Greg. Naz., *or.* 44,10–11 [PG 36, 617.28–620.30]: Ι′. Ἀλλ' ἀπίωμεν ἤδη, καὶ τῷ καιρῷ τὰ εἰκότα συνεορτάσοντες. Πάντα γὰρ εἰς καλὸν τῇ πανηγύρει συντρέχει καὶ συναγάλλεται· ἴδε γὰρ οἷα τὰ ὁρώμενα. Ἡ βασίλισσα τῶν ὡρῶν τῇ βασιλίδι τῶν ἡμερῶν πομπεύει, καὶ δωροφορεῖ παρ' ἑαυτῆς πᾶν ὅ τι κάλλιστον καὶ τερπνότατον. Νῦν οὐρανὸς διαυγέστερος· νῦν ἥλιος ὑψηλότερος καὶ χρυσοειδέστερος· νῦν σελήνης κύκλος φανότερος, καὶ ἀστέρων χορὸς καθαρώτερος. Νῦν αἰγιαλοῖς μὲν κύματα σπένδεται, ἡλίῳ δὲ νέφος, ἀέρι δὲ ἄνεμοι, γῆ δὲ φυτοῖς, φυτὰ δὲ ὄψεσι. Νῦν πηγαὶ διαυγέστερον νάουσι· νῦν δὲ ποταμοὶ δαψιλέστερον, τῶν χειμερίων δεσμῶν λυθέντες. Καὶ

In diesen beiden kunstvoll gestalteten Abschnitten aus *or.* 44 vollzieht Gregor eine Bewegung, bei der er zuerst den ganzen Kosmos und dann immer konkretere irdische Vorgänge und Bilder betrachtet, bis er bei den kleinsten Details ankommt: Sein Lob beginnt beim Abstrakten, der Zeit, den Stunden und Tagen und geht über zum Himmel, zu Sonne, Mond und Sternen; dann lenkt Gregor den Blick der Leserinnen und Hörerinnen auf Wolken, Wind und Meer, auf Pflanzen, Tiere und Menschen, die in enger Beziehung zur Natur stehen. Schließlich ‚schlüpft' er zusammen mit den Bienen in den Mikrokosmos des Bienenstocks, in die filigransten Strukturen der Schöpfung.[244] Gregor malt ein Idyll des Mittelmeerfrühlings in hellen Farben.[245]

λειμὼν εὐωδεῖ, καὶ φυτὸν βρύει, καὶ κείρεται πόα, καὶ ἄρνες ἐπισκιρτῶσι χλοεραῖς ταῖς ἀρούραις. Ἄρτι μὲν ναῦς ἐκ λιμένων ἀνάγεται σὺν κελεύσμασι, καὶ τούτοις ὡς τὰ πολλὰ φιλοθέοις, καὶ τῷ ἱστίῳ πτεροῦται· καὶ περισκιρτᾷ δελφὶς, ἀναφυσῶν ὡς ἥδιστον καὶ ἀναπεμπόμενος, καὶ παραπέμπει πλωτῆρας σὺν εὐθυμίᾳ. Ἄρτι δὲ γεωργὸς ἄροτρον πήγνυται, ἄνω βλέπων, καὶ τὸν καρποδότην ἐπικαλούμενος, καὶ ὑπὸ ζυγὸν ἄγει βοῦν ἀρότην, καὶ τέμνει γλυκεῖαν αὔλακα, καὶ ταῖς ἐλπίσιν εὐφραίνεται. Ἄρτι δὲ ποιμὴν καὶ βου κόλος ἁρμόζονται σύριγγας, καὶ νόμιον ἐμπνέουσι μέλος, καὶ φυτοῖς καὶ πέτραις ἐνεαρίζουσιν. Ἄρτι δὲ φυτὸν φυτουργὸς θεραπεύει, καὶ ἰξευτὴς καλάμους οἰκοδομεῖ, καὶ ὑποβλέπει πτόρθους, καὶ περιεργάζεται πτερὸν ὄρνιθος. Καὶ ἁλιεὺς βυθοὺς διορᾷ, καὶ δίκτυον ἀνακαθαίρει, καὶ πέτρας ὑπερκαθέζεται.

ΙΑ'. Ἄρτι μὲν ἡ φιλεργὸς μέλισσα, τὸ πτερὸν ἐκλύσασα, καὶ τῶν σίμβλων ἀπαναστᾶσα, τὴν ἑαυτῆς σοφίαν ἐπιδείκνυται, καὶ λειμῶνας ἐφίπταται, καὶ συλᾷ τὰ ἄνθη· καὶ ἡ μὲν φονεῖ τὰ κηρία, τὰς ἑξαγώνους καὶ ἀντιθέτους σύριγγας ἐξυφαίνουσα, καὶ τὰς εὐθείας ταῖς γωνίαις ἐπαλλάττουσα, ἔργον ὁμοῦ κάλλους καὶ ἀσφαλείας· ἡ δὲ τὸ μέλι ταῖς ἀποθήκαις ἐναποτίθεται, καὶ γεωργεῖ τῷ ξενίζοντι καρπὸν γλυκὺν καὶ ἀνήροτον. Ὡς ὄφελόν γε καὶ ἡμεῖς, ὁ Χριστοῦ μελισσὼν, καὶ τοιοῦτο λαβόντες σοφίας καὶ φιλοπονίας ὑπόδειγμα! Ἄρτι δὲ καλιὰν ὄρνις πήγνυται, καὶ ὁ μὲν ἐπανέρχεται, ὁ δὲ εἰσοικίζεται, ὁ δὲ περιίπταται, καὶ καταφωνεῖ τὸ ἄλσος, καὶ περιλαλεῖ τὸν ἄνθρωπον. Πάντα Θεὸν ὑμνεῖ καὶ δοξάζει φωναῖς ἀλαλήτοις· ἐπὶ πᾶσι γὰρ εὐχαριστεῖται δι' ἐμοῦ Θεός· καὶ οὕτως ὁ ἐκείνων ὕμνος, ἡμέτερος γίνεται, παρ' ὧν ἐγὼ τὸ ὑμνεῖν λαμβάνω. Νῦν μὲν γελᾷ πᾶν ζώων γένος, καὶ πᾶσαν αἴσθησιν ἑστιώμεθα. Νῦν δὲ ὑψαύχην ἵππο σκαὶ ἀγέρωχος, τοῖς οἴκοις δυσχεραίνων, καὶ τὰ δεσμὰ τυραννήσας, κροαίνει κατὰ πεδίον, καὶ ποταμοῖς ὡραΐζεται.

244 Gregor vollzieht damit die Bewegung, die er in *or.* 28,22–31 beschrieben hat, in umgekehrter Weise: Dort begann er bei dem, was dem Menschen am nächsten ist und gelangte staunend bis in den Himmel und darüber hinaus. Hier setzt er beim Himmel an und zoomt immer näher an die Erde heran.

245 Gregor bedient sich hier des Genres der Bukolik bzw. der Pastoral-, Hirten- oder Schäferdichtung. Dabei handelt es sich um eine „literarische Gattung, die sich [...] als solche heraushebt, dass in den durch sie als Gruppe gebündelten Texten dem Hirtenmilieu eine ausschließliche oder doch zumindest dominante thematische Funktion eingeräumt wird." (Effe/Binder 2001, 11) Die Bukolik, die beim antiken griechischen Dichter Theokrit im 3. Jahrhundert v. Chr. ihren Anfang nahm, war in der Antike und Spätantike äußerst beliebt, wegen ihrer Neigung zum Überschwang und zur Erotik aber für das Christentum nicht ohne Weiteres adaptierbar. Gegen das Ende des 4. Jahrhunderts entstand eine „vom Christentum her legitime Bukolik" (Schmid 1954, 792). Schmid 1954, 790 findet zwar bei Greg. Naz., *or.* 2,9 [SC 247, 100–102] „einen hübschen Nachklang profaner Bukolik", ist aber überzeugt, dass die christliche Hirtendichtung nur im Westen des Römischen Reiches, nämlich bei Endelechius, Paulinus von Nola (beide ca. 400) und Pomponius (5. Jh.) wirklich bedeutsam wurde – „ganz abgesehen davon, dass die Stellung etwa der großen Kappadokier zur heidnischen Literatur an sich schon eine ganz andere ist als die der meisten lateinischen Väter und den Versuch eine religiös begründeten Anverwandlung und Einbeziehung des Andersartigen gar nicht erst wagt." Diese Einschätzung halte ich für fragwürdig. Gerade Gregor von Nazianz orientierte sich als gebildeter Christ stark an der griechischen Literatur. Doch mehr

Dabei dient ihm die Jahreszeit, in der die Natur wieder aufblüht und zum Leben erwacht, auch als Bild für die durch Ostern neu erweckten Christinnen und Christen – derer, die an Ostern, dem traditionellen Taufdatum, die Taufe empfangen haben, aber auch all derer, die bereits getauft waren und deren Glauben durch das Osterfest neuen Schwung erhalten hat.[246] Im Licht von Ostern verliert die Schönheit der Welt für Gregor ihre Bedrohlichkeit. Dem durch den neu vergegenwärtigten Logos beseelten und begeisterten Menschen offenbart sich die Welt als ein einziger großer Lobpreis Gottes; in dieses Lob wird er hineingezogen und stimmt in den Gesang der Schöpfung mit ein. Dies alles geschieht „jetzt" (ἄρτι), in diesem Augenblick. Jetzt ist der Moment des Festes, jetzt die Zeit, Gott zu loben! So zu feiern, ist für Gregor längst nicht mehr ein Vorgang, der nur den Geist berührt – im Gegenteil: Er sagt ausdrücklich, dass der Mensch dabei „jeden Sinn speist" (πᾶσαν αἴσθησιν ἑστιώμεθα) – und kommt dabei ohne jede negative Wertung der sinnlichen Wahrnehmung aus.

Gregor schließt seinen Frühlingshymnus mit dem Bild eines Pferdes, das alle Stricke zerreißt und aus dem Stall ausbricht, um dann frei übers Feld zu galoppieren. Es erstaunt, dass er dieses Bild hier noch anfügt, ist er doch mit dem Einstimmen in den Lobpreis Gottes bei der Pointe dieser Passage angelangt. Hätte er das Pferd nicht besser bei den anderen Tieren untergebracht? Ein Blick zurück in die *Theologischen Reden* zeigt, dass es hier vielleicht nicht ganz zufällig auftaucht: In *or.* 27 ruft er zu Zurückhaltung und Demut in theologischen Belangen auf und benutzt dazu das Bild eines wilden Pferdes, das seinen Reiter, den Verstand (ἐπιβάτης λογισμός) nicht abwerfen darf; Theologie soll, so sagt Gregor dort, immer innerhalb der Grenzen des Menschenmöglichen stattfinden.[247] Später, in *or.* 28, nimmt er das Bild noch einmal auf und vergleicht den Versuch, von Gott zu reden, mit dem Ritt auf einem Pferd, das aber immer wieder an Orte gerät, wo es durch entschiedenes Zügeln zum Stehen gebracht werden muss. Auch dort ist das Pferd nämlich mit seinem Reiter, dem Verstand, unterwegs. Und dieser scheut auf seinem Lauf zur Erkenntnis Gottes (τοῦ λόγου δρόμος) offenbar eher als sein Reittier.[248] Hier, am Ende seines Lobgesangs auf die erblühende Natur, hat sich das Pferd nun des Reiters ebenso entledigt wie aller Stricke und Banden: Nichts hält es zurück, frei stürzt es sich mitten in die Pracht hinein und wird Teil von ihr. Ob der Verstand beim Gotteslob noch mitkommt, interessiert Gregor hier zumindest nicht mehr – was zählt ist einzig die Erfahrung Gottes in der Schönheit der Schöpfung.

---

als das: Neben dem bukolischen „Nachklang" in Greg. Naz., *or.* 2,9 dürften diese Abschnitte aus Gregors im Jahr 383 entstandener Osterrede *or.* 44 als besonders frühe Ansätze einer Christianisierung der antiken Bukolik gelten.

246 Vgl. Greg. Naz., *or.* 44,2 [PG 36, 608.36–37], wo Gregor vom „Winter des Unglaubens" (ὁ τῆς ἀπιστίας χειμὼν) spricht, oder *or.* 44,2 [PG 36, 612.29–613.8], wo er Parallelen zieht zwischen dem Aufwachen der Schöpfung nach dem Winter, der Auferstehung Christi und der Erweckung des Menschen durch das Osterfest.

247 Vgl. Greg. Naz., *or.* 27,5 [FC 22, 76.4–8], wo sich Gregor an Plat., *Phaidr.* 246 a–b [ed. Buchwald 1964, 58] anlehnt.

248 Vgl. Greg. Naz., *or.* 28,21 [FC 22, 136.14–18].

3.3.2 Der Schönheit Gottes entsprechen

Ebenso wie die Betrachtung der Schöpfung in der *Zweiten Theologischen Rede* ist auch Gregors Frühlingshymnus in *or.* 44 ein überaus wohlgestalteter und bilderreicher Text: Die unendliche Vielfalt und Kreativität in der Schöpfung, die Ordnung und Üppigkeit der Natur, Farben, Formen, Geschmäcke und Düfte, sie alle spiegeln sich in Gregors Texten wider. Ganz offensichtlich versucht Gregor, der Schönheit und Ordnung, die er in der Schöpfung und im Heilswirken Gottes wahrnimmt, in seiner eigenen Sprache entgegenzukommen. Die sorgfältig gewählten Worte sind für ihn denn auch nicht einfach nur Text oder Rede. Sie sind vielmehr sein Gegengeschenk für die Verdienste und Taten seiner Mitmenschen und für die Werke und das Wirken Gottes. So bezeichnet Gregor zu Beginn der Trauerrede auf seinen Bruder Caesarius ebendiese Rede „nicht nur [als] Geschenk, sondern vielmehr [als] Pflicht" (οὐ δῶρον μόνον, ἀλλὰ καὶ χρέος) für den gebildeten Verstorbenen.[249] Er kommt auf das Thema später noch einmal zurück, spricht auch hier von der Trauerrede als Geschenk (δῶρον) und Schmuck (κόσμος), der wertvoller ist als alle irdischen Kostbarkeiten, die Gregor dem Bruder geben könnte.[250]

Eine ähnliche Passage findet sich auch in Gregors *Erster Rede über den Frieden* (Εἰρηνικὸς πρῶτος), die er nach einer Phase des Streits mit den kappadokischen Mönchen zum Anlass ihrer Versöhnung mit der Ortskirche hielt.[251] „Wir, die wir Gott und Christus so sehr lieben, entzweiten Christus",[252] stellt Gregor fest und weist damit Uneinigkeiten im Bezug auf die Christologie als Grund für den Konflikt aus. Jetzt, wo die Parteien wieder zusammengefunden haben, bezeichnet Gregor seine Worte als ein „Gott entsprechendes Opfer" (Θεῷ θυσία οἰκειοτάτη) zum Dank für den wiederhergestellten Frieden.[253]

Die Rede, so ist er überzeugt, ist „ein Geschenk, reiner als Gold, wertvoller als Edelsteine, kostbarer als Stoffe, heiliger als das Opfer des Gesetzes, Gottes würdiger

249 Vgl. Greg. Naz., *or.* 7,1 [SC 405, 182].

250 Vgl. Greg. Naz., *or.* 7,16 [SC 405, 218–220].

251 Vgl. oben, III 2.2.1, S. 183.

252 Greg. Naz., *or.* 6,3 [SC 405, 128]: [...] διειλόμεθα τὸν Χριστὸν οἱ λίαν φιλόθεοι καὶ φιλόχριστοι [...].

253 Vgl. Greg. Naz., *or.* 6,4 [SC 405, 132]. Inhalt von *or.* 6 ist hauptsächlich das monastische Leben sowie die Übereinstimmung der Mönche mit der Ortskirche in Lehre und Praxis. Hingegen spielt über weiteste Teile der Rede die Trinitätslehre kaum eine Rolle. Erst in *or.* 6,22 findet sich ein Abschnitt zu diesem Thema. McGuckin 2001, 139, Anm. 192 vermutet, dass Gregor den Text später noch einmal redigiert und seine – in reiferen Jahren differenziertere – Trinitätslehre am Schluss der Rede eingearbeitet hat. Dass für Gregor der Zusammenhang zwischen dem Logos und seinen eigenen Worten hier so wichtig ist, dürfte dem Umstand zu verdanken sein, dass seine Rückkehr aus Athen nach Kappadokien im Jahr 264 erst ungefähr fünf Jahre her ist und er um seine Identität als Rhetor *und* Priester immer noch ringt.

Bereits in *or.* 4,3 [SC 309, 90] bezeichnet Gregor seine Rede als „Dankopfer, für Gott, das heiliger und reiner ist als jedes wortlose Opfer" (Θεῷ χαριστήριον, πάσης ἀλόγου θυσίας ἱερώτερόν τε καὶ καθαρώτερον).

als die Erstgeburten und Gott gefälliger als ein junges Kalb".[254] In diesem Zusammenhang erklärt Gregor so deutlich wie sonst kaum in seinen Reden die Bedeutung, die das Wort, die Rede für ihn hat:

> Dies [das Wort] bringe ich Gott dar, ich widme [Gott] das einzige, was mir übriggeblieben ist, das einzige, worin ich reich bin. Alles ließ ich für das Gebot und den Geist vorbeigehen. Und gegen die kostbare Perle tauschte ich alles ein, was ich hatte, und ich wurde ein großer Handelsmann; oder eher: Ich habe den Wunsch, es zu werden, indem ich für die kleinen und vergänglichen Dinge die großen und unvergänglichen erwerbe. Als Verehrer des Logos halte ich mich einzig am Wort fest, und niemals würde ich diesen Besitz freiwillig vernachlässigen. Im Gegenteil, ich schätze ihn, ich heiße ihn willkommen und freue mich an ihm, mehr als an allen anderen Dingen, an denen sich die meisten freuen. Und ich mache mir [das Wort] zum Begleiter meines Lebens, zum guten Ratgeber, zum Gefährten, zum Führer auf dem Weg nach oben und zum beherzten Mitkämpfer. Und weil ich jede Freude verachte, die hier unten bleibt, wird alle meine Zuneigung – nach Gott – für dieses [das Wort] ausgeschüttet. Oder mehr noch: *Auch* für dieses, führt es doch, verbündet mit dem Verstand, zu Gott; allein durch ihn [den Logos] bzw. es [das Wort] wird Gott nämlich begriffen und festgehalten und wächst in uns.[255]

In der delikaten Situation der Wiedervereinigung nach einer Phase des Streits und in der Anwesenheit der kappadokischen Mönche, die sich unter seinen Zuhörern befinden dürften, betont Gregor seine eigene Nähe zum monastischen Leben: Er beteuert, dass er wie sie alle weltliche Güter und Freuden geringschätzt und das Ideal der Besitzlosigkeit anstrebt.

Von *einem* Schatz würde er hingegen niemals ablassen – im Gegenteil, er ist sogar bereit, alles andere für dieses Gut aufzugeben: Es ist sein eigener Logos (λόγος), seine Gabe und Fähigkeit zur Rede.[256] Gregor will sein Wort, seine Sprache wie

254 Greg. Naz., *or.* 6,4 [SC 405, 132]: […] δῶρον χρυσοῦ καθαρώτερον, λίθων πολυτελῶν τιμαλφέστερον, ὑφασμάτων πολυτελέστερον, θυσίας νομικῆς ἁγιώτερον, πρωτοτόκων ἀπαρχῆς ἱερώτερον, ἀρέσκον Θεῷ ὑπὲρ μόσχον νέον […]. Gregor dürfte dabei auf die alttestamentliche ebenso wie auf die heidnische Opferpraxis anspielen.

255 Greg. Naz., *or.* 6,5 [SC 405, 132–134], eigene Hervorhebung in der Übersetzung: Τοῦτο προσφέρω Θεῷ, τοῦτο ἀνατίθημι ὃ μόνον ἐμαυτῷ κατέλιπον, ᾧ πλουτῶ μόνῳ. Τὰ μὲν γὰρ ἄλλα παρῆκα τῇ ἐντολῇ καὶ τῷ Πνεύματι· καὶ τὸν πολύτιμον μαργαρίτην πάντων ὧν εἶχόν ποτε ἀντηλλαξάμην, καὶ γέγονα μεγαλέμπορος, μᾶλλον δὲ γενέσθαι δι' εὐχῆς ἔχω τῶν μικρῶν, καὶ πάντως φθαρησομένων ὠνησάμενος τὰ μεγάλα καὶ μὴ λυόμενα· τοῦ λόγου δὲ περιέχομαι μόνου, ὡς Λόγου θεραπευτὴς, καὶ οὐκ ἄν ποτε ἑκὼν τούτου τοῦ κτήματος ἀμελήσαιμι· ἀλλὰ καὶ τιμῶ καὶ ἀσπάζομαι καὶ χαίρω μᾶλλον ἢ πᾶσιν ὁμοῦ τοῖς ἄλλοις οἷς οἱ πολλοὶ χαίρουσιν· καὶ ποιοῦμαι παντὸς τοῦ βίου κοινωνὸν, καὶ σύμβουλον ἀγαθὸν καὶ συνόμιλον, καὶ ἡγεμόνα τῆς ἐπὶ τὰ ἄνω ὁδοῦ, καὶ συναγωνιστὴν πρόθυμον· καὶ ἐπειδὴ πᾶν ἀτιμάζω τερπνὸν κάτω μένον, εἰς τοῦτό μοι πᾶν ἐκενώθη τὸ φίλτρον μετὰ Θεόν· μᾶλλον δὲ καὶ εἰς τοῦτον ὅτι πρὸς Θεὸν φέρει μετὰ συνέσεως ᾧ δὴ καὶ μόνῳ Θεὸς καταλαμβάνεται γνησίως, καὶ τηρεῖται, καὶ ἐν ἡμῖν αὔξεται.

256 Gregor illustriert diese Aussagen mit dem Himmelreichsgleichnis vom Händler, der seinen ganzen Besitz verkauft, um für den Erlös eine besonders schöne Perle zu erwerben (Mt 13,45–46). Im Hintergrund steht auch die Aufforderung Jesu an den jungen Mann, der ewiges Leben erlangen will: alles zu verkaufen, den Erlös den Armen zu geben und dadurch einen Schatz im Himmel zu erlangen (Mt 19,16–22 par.).

einen Schatz bewahren und pflegen.[257] Er ist überzeugt, dass das Wort auf diese Weise zu einem würdigen Opfer für Gott und zu einer angemessenen Antwort des Menschen auf die Erfahrung Gottes wird.[258] Gleich nach Gott bzw. dem göttlichen Logos ist es für Gregor also sein eigenes Wort, das ihm heilig ist. In seinen Augen ist es dem Logos Gottes von allen Dingen auf der Welt am nächsten: Durch das Wort wird der Logos dem Menschen innerlich, und durch das menschliche Wort kann sich der Logos Gottes auf der Welt ausbreiten. Durch den Logos Gottes *und* durch das Wort des Menschen kann der Mensch Gott erfassen und in seinem Inneren bewahren.[259]

Gregor beschreibt den Logos hier indessen nicht nur als Opfer für Gott, sondern auch als diejenige Kraft, die es vermag, Christen unterschiedlicher Ausrichtungen zu versöhnen. Dabei ist wohl effektiv in erster Linie an den göttlichen Logos zu denken, der einend wirkt. Nichtsdestotrotz sieht Gregor seine eigene Redekunst mindestens als *eine* mögliche Ausdrucksweise eben dieses Logos. Dabei ist er im Bezug auf seine Sprache nicht bescheiden. Er traut er es seinem eigenen Logos, seiner Rede, zu, an der Verbreitung und am richtigen Verständnis des göttlichen Logos maßgeblich mitzuwirken.[260] Es ist deshalb sicher kein Zufall, dass Gregor im letzten Satz des Zitats offen lässt, ob er vom göttlichen Logos oder vom menschlichen Wort spricht:[261] Beides verschmilzt hier miteinander und lässt Gott im Menschen wachsen.

---

257 Gregors Vorstellung davon, wann eine Rede „schön" ist, wie Sprache gestaltet sein soll, um dem Ideal nahe zu kommen, ist durch und durch von der griechischen Rhetorik geprägt, wie er sie während seiner langen Ausbildungszeit gelernt und bis zur Perfektion geübt hat. Zu Gregors Rhetorik, zu dessen Vokabular und Syntax, zu rhetorischen Figuren und Sprachbildern vgl. Radford Ruether 1969, 55–128. Vgl. auch Kertsch 1980, der Gregors Bildersprache anhand der Bilder des Wassers und der Sonne exemplarisch untersucht hat.

258 Bei der Rede als Opfergabe handelt es sich möglicherweise bereits um ein antikes rhetorisches Motiv. So soll seinerzeit Heraklit (520–460 v. Chr.) sein Werk *Über die Natur* als Weihgeschenk beim Artemistempel in Ephesus dargebracht haben, vgl. dazu Gadamer 1999, 12. Anklänge daran finden sich weiter beim Arzt Galenos von Pergamon, der den Hymnus auf den Schöpfer als ἱερός λόγος und damit als der Göttlichkeit angemessene Redeform bezeichnet, vgl. Hammann 2020, 207. Gregors Zeitgenosse, der spätantike Rhetor und Philosoph Themistios (317 bis nach 388) stattete dem römischen Kaiser den Dank für seine Wohltaten in Form von Reden ab und sprach dabei ebenfalls von der Rede als Opfergabe bzw. als Dankesgeschenk, vgl. Stenger 2009, 119. Ob aber bis in die Spätantike außer Gregor noch ein anderer christlicher Autor seine Reden derart explizit als Opfer für Gott bezeichnet, wage ich zu bezweifeln.

259 So kann Gregor in *or.* 38,6 [SC 358, 114], wo er zu göttlichem statt weltlichem Feiern aufruft, denn auch sagen: „weil es sich auf Gott bezieht, ist auch das Wort göttlich" (ἐπειδὴ περὸ Θεοῦ καὶ θεῖος ὁ λόγος).

260 Gregor stellt diese Verbindung z. B. in *or.* 27,1 und *or.* 27,5 her. Im Jahr 364, als er diese Rede schrieb, war er erst seit einigen Jahren wieder aus Athen zurück und rang noch um seine Identität als Rhetor und Priester (Weihe 361). Neben seinem Vater hatte er sich während des Konflikts mit den Mönchen zurückgehalten und erst relativ spät das Wort ergriffen. Insofern hat diese Passage möglicherweise auch apologetischen Charakter.

261 Er verwendet nur noch das Demonstrativpronomen ᾧ, das im Deutschen mit „der" (für *den* Logos) wie auch mit „das" (für *das* Wort) übersetzt werden kann.

3.4 Zwischenfazit

Ausgehend vom Verb διηγεῖσθαι ergibt sich bei Gregor als zweites eine ästhetische Dimension *christlicher Glaubenspraxis. Das Erzählen und Künden spielt dabei eine doppelte Rolle. Einerseits stellt sich für Gregor die Frage, inwiefern die sinnlich wahrnehmbare Schöpfung von Gott kündet. Andererseits steht auch Gregors eigenes Künden bzw. seine Verkündigung, das heißt: die sorgfältig gestaltete, schöne Rede, in enger Beziehung zur Schönheit und Herrlichkeit Gottes.*

Gregors Verhältnis zur sinnlichen Wahrnehmung (αἴσθησις) ist widersprüchlich. Nach seinem Verständnis stellt sie die Pforte dar, durch die der menschliche Geist mit der Welt in Kontakt tritt. Die Wahrnehmung wird durch den Geist gesteuert und wirkt ihrerseits wieder auf den Geist ein. In Übereinstimmung mit seinem dualistischen Welt- und Menschenbild betrachtet Gregor diese Verbindung zwischen innen und außen mit großem Misstrauen. In seinen Augen neigt die Wahrnehmung dazu, den Täuschungen der irdischen Welt zu erliegen: Sie versetzt den Geist in Aufruhr, öffnet den Leidenschaften und der Sünde Tür und Tor und lässt den Menschen nach irdischen Gütern, nach Überfluss und Luxus trachten. Allerdings ist es auch eben diese sinnliche Wahrnehmung, die den Menschen angesichts des Reichtums, der Schönheit und Ordnung der Schöpfung Gott erahnen lässt – so wie Gregor es in seiner Zweiten Theologischen Rede *beschrieben und vorgeführt hat.*

Ob der Mensch von der sinnlichen Wahrnehmung in die Irre geleitet wird oder ob sie ihn in der Schöpfung die Spuren Gottes erkennen lässt, ist schließlich abhängig vom Logos (λόγος). Der nach außen gewandte Aspekt Gottes ist Schöpfer sowohl des Geistes als auch der Materie und wohnt entsprechend beidem inne. Als Verbindung beider Elemente ist der Mensch in besonderer Weise zur Erfahrung Gottes befähigt. Allerdings, so ist Gregor überzeugt, hat der Mensch das Bewusstsein, dass der Logos Gottes ihm selbst innerlich ist, verloren. Erst durch den Glauben an den menschgewordenen göttlichen Logos Jesus Christus kann der Mensch den ihm selbst innewohnenden göttlichen Logos entdecken. Und geleitet von eben diesem inneren göttlichen Logos wird es dem Menschen möglich, die Spuren des Göttlichen auch in der wahrgenommenen Schöpfung zu erkennen. So werden die Sinneseindrücke von gefährlichen Stolpersteinen zu einer Art Fenster, durch welches der Mensch Gott erfährt.

Hier spannt sich der Bogen von der ethischen *zur* ästhetischen Dimension *gelebten Glaubens. Das gute christliche Leben, das heißt, die asketische Praxis und das wohltätige Handeln, bewirkt die Reinigung des Menschen und lässt ihn den ihm innerlichen göttlichen Logos – oder in anderen Worten: seine Gottebenbildlichkeit – immer deutlicher erkennen. Ob der Mensch in den Dingen, die er sinnlich wahrnimmt, Gott erfährt, hängt also ganz direkt mit seiner eigenen Lebensführung und spirituellen Praxis zusammen.*

Von der ethischen *spannt sich der Bogen auch zur* liturgischen Dimension *christlichen Lebens. Wie die Reinigung bzw. die Einübung in den Tod hat auch die Erkenntnis des inneren göttlichen Logos ihren Kristallisationspunkt in der liturgischen Feier der Taufe: Sie ist bei Gregor der Ort, wo die Verbindung Gottes mit dem Menschen, wie sie in Jesus Christus besteht, für den Menschen erfahrbar wird.*

Nach Gregors Ausführungen über den Sohn und den Heiligen Geist in den Theologischen Reden *erstaunt es, dass der Geist hier, wenn Gregor von der Wahrnehmung des Wirkens Gottes in der Welt und der Gegenwart Gottes im Menschen spricht, kaum auftaucht. Dort hat Gregor den Logos Gottes als Gottes zur Welt hingewandte Seite beschrieben, die sich in der Schöpfung und in exemplarischer Weise im Sohn Jesus Christus manifestiert. Der Heilige Geist steht bei ihm für die Aktualisierung der Gegenwart Gottes, die sich im Leben der Gläubigen in jedem Moment aufs Neue vollzieht. Entsprechend müsste Gregor doch nun eigentlich bei der Vergegenwärtigung des göttlichen Logos im Menschen wiederum vom Heiligen Geist sprechen. Darüber, warum er es nicht tut, lassen sich nur Vermutungen anstellen: War Gregor angesichts des kleinen und gebildeten Publikums in der Anastasia-Kapelle möglicherweise freier, die Gottheit des Heiligen Geistes zu predigen, wie es in den* Theologischen Reden *geschieht? Ist die Lehre von der Gottheit des Geistes bei dem breiteren Publikum, das er als Bischof von Konstantinopel erreicht, vielleicht noch nicht so unumstritten, dass er sie an wichtigen Gottesdiensten – wie an den Epiphaniefesten – prominent verkündigen kann und will?*

Zentral ist bei Gregor aber nicht nur die Frage, ob und wie der Mensch Gott sinnlich erfahren kann, sondern ebenso, wie er auf diese Erfahrung am angemessensten reagieren soll. Wenn Gregor von der Erfahrbarkeit Gottes in der Schöpfung spricht, dann meistens staunend, schwelgend und ehrfürchtig. Nach seinem Verständnis erahnt der Mensch Gott ganz besonders im Reichtum und in der Ordnung der Natur: Hier erkennt der göttliche Logos im Menschen das Wirken des göttlichen Logos in der Welt wieder. In einer heutigen Sprache ließe sich dieser Vorgang wohl am treffendsten als „Resonanz“ bezeichnen: Vom Klang des göttlichen Wirkens in der Welt berührt, schwingt die dem Menschen innerliche Göttlichkeit mit, und beides zusammen hebt an zu einer Melodie, welche die Grenzen zwischen Himmel und Erde überwindet.

Weil sich das Wirken Gottes nach Gregors Verständnis insbesondere in der Schönheit manifestiert, sieht Gregor die Schönheit denn auch als angemessene Antwort auf die Erfahrung des Göttlichen. Bei ihm, dem die Worte und die Sprache so viel gelten, kommt hier der Schönheit der Sprache eine besondere Rolle zu. In Gregors eigenem Logos – jetzt im Sinne von Sprache bzw. Rede – spiegelt sich der Logos Gottes wider, Gottes wirkende Zuwendung zur Welt. So versteht Gregor seine in Sprache gefassten Kunstwerke – die nach den rhetorischen Regeln seiner Zeit sorgfältig komponierten Reden, Briefe und Gedichte – als Opfer für Gott.

Gregor wird sich darüber im Klaren gewesen sein, dass die Sprache nicht bei allen Menschen ihre größte Begabung darstellt. Weiter gedacht müssten sich nach Gregors Verständnis deshalb auch andere menschliche Tätigkeiten dazu eignen, der durch den göttlichen Logos gewirkten Schönheit zu entsprechen. So dürfte für ihn auch die sorgfältige, gewissenhafte, gute und damit schöne Ausübung eines Handwerks oder eines Amtes eine Antwort auf Gottes Wirken in der Welt darstellen. Ein Anklang daran findet sich in or. *19 an den Steuerbeamten Julian: Dort fordert er diesen auf, sich bei der Ausübung seines Amtes Christus vor Augen zu halten und ihn nachzuahmen, um sich Gott anzunähern. So besteht auch bei der Schönheit eine Verbindung zwischen der* ästhetischen *und der* ethischen Dimension *christlichen Glaubens: Die asketische Praxis und die Wohltätigkeit gegenüber den Mitmenschen stellen in Gregors Augen eine schöne Entsprechung zu der Erfahrung der Schönheit Gottes dar.*

4. Liturgische Dimension christlicher Glaubenspraxis

4.1 Überwindung der Gegensätze

Als dritten Aspekt des „Eingedenkseins Gottes" (μεμνῆσθαι Θεοῦ), der christlichen Glaubenspraxis, nennt Gregor in *or.* 27,4 εὐλογεῖν.[262] Dort entnimmt er den Begriff aus Ps 33,2.[263] Dabei dürfte für ihn der Zusammenhang des Psalms wiederum eine untergeordnete Rolle spielen. Ihm geht es um die Steigerung, die beim Meditieren (μελετεῖν) beginnt, sich im Künden (διηγεῖσθαι) fortsetzt und schließlich im Preisen (εὐλογεῖν) ihren Höhepunkt findet. Das Wort umfasst im spätantiken Sprachgebrauch ein weites Spektrum von Bedeutungen, als dessen Mitte sich im Deutschen am ehesten „preisen" und „segnen" ausmachen lassen: Geht εὐλογεῖν vom Menschen aus, nimmt es eher den Sinn von „preisen" an: Ein Mensch kann einen anderen Menschen loben bzw. anerkennend von ihm sprechen oder aber Gott preisen und Gott lobsingen. Hingegen meint εὐλογεῖν, wenn es von Gott ausgeht und sich an Christus, den Menschen oder die Schöpfung richtet, „segnen". Stärker als die anderen beiden Aspekte des „Eingedenkseins Gottes", das Meditieren (μελετεῖν) und das Künden (διηγεῖσθαι), ist εὐλογεῖν in seiner Bedeutung offen hin zum liturgischen Feiern: Der Lobpreis Gottes ist ein zentraler Aspekt des Gottesdienstes. Gleichzeitig wird aber auch die christliche Gemeinde gesegnet. Der Priester segnet als Stellvertreter Gottes die Feiernden, die Täuflinge und das Wasser bei der Taufe oder die Gaben bei der Eucharistie.[264]

Dem Lobgesang Gottes und den Sakramenten, insbesondere der Taufe, traut Gregor zu, dass sie den Gegensatz zwischen Himmel und Erde mindestens für einen Moment aufzuheben vermögen. Das Wort, das bei Gregor die Vereinigung dieser unvereinbaren Gegensätze am kompaktesten ausdrückt, ist „Mysterium" (μυστήριον).[265] Der Begriff lässt sich kaum treffend mit *einer* deutschen Entspre-

---

262 Vgl. Greg. Naz., *or.* 27,4 [FC 22, 74.15].

263 Ps 33,2: Εὐλογήσω τὸν κύριον ἐν παντὶ καιρῷ, διὰ παντὸς ἡ αἴνεσις αὐτοῦ ἐν τῷ στόματί μου. (Ich will den Herrn loben zu jeder Zeit, stets sei sein Lob in meinem Mund.)

264 Für die Bedeutungen von εὐλογεῖν in den patristischen Schriften vgl. LAMPE 1961, 567–569. Gregor verwendet εὐλογεῖν in seinen Reden sonst eher sparsam. Die verschiedenen Bedeutungen, die der Begriff umfasst, werden ihm aber vertraut gewesen sein.

265 Im Folgenden verwende ich für μυστήριον als allgemeinen Begriff die deutsche Übertragung „Mysterium" und, wo es der Zusammenhang erfordert, konkretere Übersetzungen.

chung wiedergeben, sondern kann je nach Zusammenhang eine ganze Vielfalt an Bedeutungen annehmen. Diesen verschiedenen Bedeutungen von Mysterium (μυστήριον) ist gemeinsam, dass sie bei Gregor da auftauchen, wo Materie und Geist, Zeit und Ewigkeit, Geschaffenes und Ungeschaffenes, Menschliches und Göttliches einander so nahe kommen, dass sie sich berühren, ja miteinander eins werden.[266] Diese Überwindung des unüberbrückbaren Gegensatzes zwischen Gott und Mensch geschieht für Gregor am zuverlässigsten in der Gemeinschaft der Kirche, in ihrer Liturgie und in ihren Sakramenten, also in der *liturgischen Dimension* christlichen Lebens.

4.2 Gott – ganz Geheimnis und vielfältig offenbar

4.2.1 Das verborgene Mysterium: Gott

In seinen *Theologischen Reden* ist Gregor nicht müde geworden, die Unfassbarkeit und Verborgenheit des Wesens Gottes zu betonen. So rät er seinen Leserinnen und Hörerinnen in *or.* 31,8 eindringlich davon ab, Einblick in die Geheimnisse (μυστήρια) Gottes zu suchen, liefen sie doch dabei Gefahr, den Verstand zu verlieren.[267] Für Gregor ist nämlich klar, dass der Mensch dem Mysterium Gott nicht allein durch Vernunft auf die Spur kommen kann. So erscheint das Wort Mysterium (μυστήριον), wenn es für Gott steht, in den *Theologischen Reden* auch immer nur im Zusammenhang mit großer Skepsis gegenüber allzu intellektuell-vernünf-

266 Das griechische Wort μυστήριον taucht in Gregors Reden über hundert Mal auf. Dabei lässt sich in den Reden, die zu christlichen Festtagen wie Weihnachten, Epiphanias, Ostern, dem „Neuen Sonntag“ und Pfingsten gehalten wurden (*or.* 1; *ors.* 38–41 sowie *or.* 45), eine deutliche Häufung feststellen. Auch in den Reden, in denen sich Gregor mit dem Amt des Priesters auseinandersetzt (*or.* 1 und *or.* 18), tritt das Wort überdurchschnittlich oft auf, hingegen etwa in den *Theologischen Reden* auffallend selten, nämlich ein Mal pro Rede. Für die folgende Untersuchung werden alle Stellen ausgeklammert, an denen Gregor von μυστήριον im Sinn von „Geheimnis“ spricht – wo er also etwas meint, was sich im Verborgenen bzw. im Versteckten befindet oder abspielt (vgl. *or.* 28,20 [FC 22, 134.14]; *or.* 2,31 [SC 247, 130]; *or.* 4,92 [SC 309, 232]; *or.* 5,32 [SC 309, 356]; *or.* 8,16 [SC 405, 282]; *or.* 18,32 [PG 35, 1028.16]; *or.* 41,14 [SC 358, 344]). Weiter werden die Stellen außer Acht gelassen, an denen Gregor von μυστήριον als Geheimnis im Sinne eines tieferen Grundes für ein offenbares Phänomen verwendet – also etwa im Sinn von „Das Geheimnis eines guten Weines ist die sorgfältige Herstellung.“ (vgl. *or.* 12,5 [SC 405, 358–360]; *or.* 12,6 [SC 405, 360]; *or.* 19,2 [PG 35, 1045.30]; *or.* 21,17 [SC 270, 146]; *or.* 36,3 [SC 318, 248]; *or.* 36,11 [SC 318, 264]). Schließlich werden auch jene Stellen nicht berücksichtigt, an denen Gregor mit μυστήριον bzw. μυστήρια griechisch-heidnische (vgl. *or.* 4,103 [SC 309, 254]; *or.* 4,108 [SC 309, 262]; *or.* 4,109 [SC 309, 264]; *or.* 5,25 [SC 309, 340]; *or.* 5,32 [SC 309, 358], *or.* 39,3 [SC 358, 152]; *or.* 39,4–5 [SC 358, 154–158]) oder hebräische Kulte (vgl. *or.* 45,14 [PG 36, 641.30]; *or.* 15,5 [PG 35, 920.25–47]) oder Zahlenmystik (vgl. *or.* 15,3 [PG 35, 916.5–7]; *or.* 15,5 [PG 35, 920.25–47]; *or.* 41,4 [SC 358, 322]) bezeichnet.

267 Vgl. Greg. Naz., *or.* 31,8 [FC 22, 288.11–14].

tigem Theologietreiben: Gregor befürchtet, dass, wenn sich die Theologie in ausgeklügeltem Argumentieren und möglichst kunstvollen Reden erschöpft, das „große Mysterium“ (μέγα μυστήριον) zu einem „kleinen Kunststückchen“ (τεχνύδριον) herabgewürdigt wird.[268] Außerdem neigen in seinen Augen Menschen, die auf der Suche nach Gotteserkenntnis allzu sehr auf die Kraft ihrer Vernunft vertrauen und damit scheitern, dazu, nicht an ihrer eigenen Einsicht, sondern am Mysterium (μυστήριον) Gott zu zweifeln.[269] Tatsächlich legen es diese Stellen in den *Theologischen Reden* nahe, Mysterium (μυστήριον) bei Gregor ganz im Sinn von Gott als eines verhüllten, nicht einsehbaren Geheimnisses zu verstehen. Mindestens ebenso wie das Verborgensein gehört nach Gregors Verständnis zu Gott aber auch das Offenbarwerden. Erst beides zusammen macht Gott zum Mysterium (μυστήριον), dessen der Mensch teilhaftig werden kann. Wesentlich stärker als in den *Theologischen Reden* kommt dieser Aspekt in Gregors übrigen Reden zum Tragen.

4.2.2 … sieh, das Mysterium liegt so nah: der Mensch

Wer sich auf die Suche nach dem Mysterium, auf den Weg zur Begegnung mit Gott, machen will, braucht dazu nicht weit zu gehen, sondern kann und soll bei sich selbst anfangen. Denn, so ist Gregor überzeugt, der Mensch ist selbst Mysterium (μυστήριον) – eine eigentlich unmögliche Verbindung von Materie und Geist:

> Wie ich zusammengefügt wurde und wie ich einerseits Ebenbild Gottes bin – und andererseits mit dem Lehm vermischt werde –, weiß ich nicht. […] Als Genossen schone ich ihn [den Körper], und ich weiß nicht, wie ich seinem Aufruhr entfliehen kann, oder wie ich, beschwert von Fußfesseln, die herunterziehen und am Boden festhalten, nicht von Gott abfalle. Er [der Körper] ist ein wohlwollender Feind und ein hinterlistiger Freund. O Verbindung, o Entfremdung! Das, was ich fürchte, umsorge ich, und das, was ich liebe, hat mich in Angst versetzt. Noch vor dem Kämpfen versöhne ich mich, und noch vor dem Friedensschluss verfeinde ich mich [wörtl.: trete ich auseinander]. Was ist das für eine Weisheit, die mich umgibt? Und was ist das für ein großes Mysterium?[270]

---

268 Vgl. Greg. Naz., *or.* 27,2 [FC 22, 68.21]; *or.* 31,23 [FC 22, 316.15–17].

269 Vgl. Greg. Naz., *or.* 29,21 [FC 22, 218.6–11].

270 Greg. Naz., *or.* 14,6–7 [PG 35, 865.11–13.24–32]: ᾧ πῶς συνεζύγην, οὐκ οἶδα· καὶ πῶς εἰκών τέ εἰμι Θεοῦ, καὶ τῷ πηλῷ συμφύρομαι· […] Φείδομαι ὡς συνεργοῦ, καὶ οὐκ ἔχω πῶς φύγω τὴν ἐπανάστασιν, ἢ πῶς μὴ ἀπὸ Θεοῦ πέσω βαρηθεὶς ταῖς πέδαις κατασπώσαις, ἢ κατεχούσαις εἰς ἔδαφος. Ἐχθρός ἐστιν εὐμενὴς, καὶ φίλος ἐπίβουλος. Ὢ τῆς συζυγίας καὶ τῆς ἀλλοτριώσεως! Ὃ φοβοῦμαι περιέπω, καὶ ὃ στέργω δέδοικα· πρὶν πολεμῆσαι, καταλλάσσομαι· καὶ πρὶν εἰρηνεῦσαι, διΐσταμαι. Τίς ἡ περὶ ἐμὲ σοφία; καὶ τί τὸ μέγα τοῦτο μυστήριον; Derselbe Gedanke findet sich noch an weiteren Stellen in Gregors Reden: Ähnlich wie in *or.* 14,6 drückt Gregor in *or.* 2,17 [SC 247, 112] seine Unwissenheit und sein Erstaunen über die Entstehung und Zusammensetzung des Menschen aus, hält es aber für möglich, dass Menschen darüber zu tieferer Erkenntnis gelangen können. In *or.* 32,27 [SC 318, 142] spricht Gregor von der Zusammensetzung des Menschen aus Körper und Geist bzw. aus Materie und Ebenbild als dem „Geheimnis der menschlichen Natur“ (τῆς φύσεως τὸ μυστήριον).

Diese grundlegenden Gedanken über die Chancen und Schwierigkeiten, die sich für den Menschen aus seiner Zusammensetzung ergeben, äußert Gregor in seiner Rede *Über die Liebe zu den Armen* (*or.* 14): Als Geschöpf und Gemisch aus dem Ebenbild Gottes, also dem Geist, und der Materie, dem Körper, lebt der Mensch in einem ständigen Zwiespalt. Das eine zieht hinauf, zu Gott, das andere beschwert und hält den Menschen am Boden fest. Das eine strebt nach Ruhe und Klarheit, das andere gerät stets aufs Neue in Aufruhr und Chaos. Doch bei allen Hindernissen, die dem Menschen durch den Körper in den Weg gelegt sind, bleibt dieser doch das einzige Mittel, das ihm bei seinem Streben zu Gott zur Verfügung steht.

Aufgrund seiner Beschaffenheit aus Materie und Geist ist der Mensch Gott bei aller Fremdheit auch ähnlich. In ihm ist Gott nicht nur verborgen, sondern als göttlicher Logos auch gegenwärtig. Und dadurch, dass Gott im Menschen gegenwärtig ist und offenbar werden kann, wird der Mensch in Gregors Augen selbst zum Mysterium. Zugespitzt formuliert: Nach Gregors Verständnis ist es genau dieses Mysterium, die Verbindung zwischen Gott und Welt, das die Natur des Menschen ausmacht. Der Logos ist in jedem und jeder angelegt und je nach dem, wie weit jemand in seinem Streben zu Gott fortgeschritten ist, wird Gott in ihm oder ihr mehr oder weniger deutlich offenbar. So versteht Gregor denn auch die Vergöttlichung des Menschen als Gipfel des Mysteriums und sagt in *or.* 2:

> [Der Mensch ist] ein Lebewesen, das hier gelenkt wird, dabei auf dem Weg nach anderswo ist und – das ist das höchste Maß des Mysteriums – durch die Neigung zu Gott vergöttlicht wird.[271]

Gregor ist überzeugt, dass der Mensch aufgrund seiner Beschaffenheit und Zusammensetzung im Prinzip den Weg zu Gott kennt. Der ihm innewohnende Logos bzw. seine Gottebenbildlichkeit ist ihm dabei Anhaltspunkt und Wegweiserin. Doch Gregors Erfahrung, sein Blick auf sich selbst und auf seine Mitmenschen, aber auch die Bibel zeugen davon, dass die Gottfremdheit des Menschen gegenüber seiner Gottähnlichkeit bei Weitem überwiegt.[272] Von sich aus, so die traditionelle christliche Lehre, die auch Gregor vertritt, vermag der Mensch seine ursprüngliche Gottebenbildlichkeit und damit die Vereinigung mit Gott nicht zu erlangen. Im Gegenteil: Dazu ist Gottes Hilfe nötig – Hilfe, die den Menschen in der Gestalt von Jesus Christus erreicht, der für Gregor der Inbegriff des Mysteriums ist.

271 Greg. Naz., *or.* 38,11 [SC 318, 126] (= *or.* 45,7 [PG 36, 632.23–25]): ζῶον ἐνταῦθα οἰκονομούμενον καὶ ἀλλαχοῦ μεθιστάμενον καὶ πέρας τοῦ μυστηρίου τῇ πρὸς Θεὸν νεύσει θεούμενον.

272 Das biblische Motiv, das traditionell den Anfang dieses himmelweiten Abstandes zwischen Gott und dem Menschen markiert, ist die Sündenfallgeschichte in Gen 3.

4.2.3 Das Mysterium par excellence: Jesus Christus

Das Mysterium zeichnet sich in Gregors Denken dadurch aus, dass in ihm Gott und Mensch, Schöpfer und Schöpfung, Ewigkeit und Zeit in einen Punkt zusammentreffen und sich vereinen. Das konkreteste und eindeutigste Beispiel dafür ist nach seinem Verständnis Jesus Christus, seine Menschwerdung, sein Wirken, sein Sterben und seine Auferstehung. Diese Überzeugung zieht sich durch alle Reden Gregors – die frühen wie die späten – hindurch. Sie erscheint in kürzester Form im Gewand dramatischer Anrufung, wenn Gregor als junger Priester das Unrecht beklagt, dem er sich durch Kaiser Julian ausgesetzt fühlt:

> […] o Christus und Logos, o Leiden des Leidlosen, o Mysterium der ganzen Welt![273]

Die gleiche Überzeugung formuliert Gregor siebzehn Jahre später als Bischof von Konstantinopel in seiner Weihnachtspredigt aus:

> O neue Mischung, o sonderbare Vermengung! Der Seiende wird, der Ungeschaffene wird geschaffen und der, den nichts zu fassen vermag, wird gefasst, mittels einer geistigen Seele, die zwischen der Gottheit und der Dichte des Fleisches vermittelt. Der, der reich macht, wird arm. Er wird arm um meines Fleisches willen, damit ich an seiner Gottheit reich werde. Der, der Fülle ist, entleert sich. Er entleert sich seiner Herrlichkeit ein bisschen, damit ich Anteil an der Fülle erhalte. Was ist der Reichtum der Güte? Was ist das für ein Mysterium, das mich umgibt? Ich erhielt Anteil am Bild, und ich bewahrte es nicht. Er nimmt Anteil am Fleisch, um das Bild zu retten und das Fleisch unsterblich zu machen. Eine zweite Verbindung geht er mit uns ein, viel wunderbarer als die erste. Damals gab er uns Anteil am Besseren, jetzt aber nimmt er Teil am Schlechteren. Dieses ist göttlicher als das erste. Dies ist denen, die Verstand haben, mehr wert.[274]

Die Aussage ist in beiden Fällen die gleiche: Der Logos Gottes wird in Christus Mensch. Was seiend, leidenslos, unveränderlich und ewig ist, unterwirft sich der Materie und wird arm, begrenzt und leidet.[275] Das ist für Gregor der Kern des Mys-

---

273 Greg. Naz., *or.* 5,9 [SC 309, 308]: […] ὦ Χριστὲ καὶ Λόγε καὶ πάθη τοῦ ἀπαθοῦς καὶ κόσμου παντὸς μυστήριον·

274 Greg. Naz., *or.* 38,13 [SC 358, 134]: Ὢ τῆς καινῆς μίξεως, ὢ τῆς παραδόξου κράσεως. Ὁ ὢν γίνεται καὶ ὁ ἄκτιστος κτίζεται καὶ ὁ ἀχώρητος χωρεῖται, διὰ μέσης ψυχῆς νοερᾶς μεσιτευούσης θεότητι καὶ σαρκὸς παχύτητι. Καὶ ὁ πλουτίζων πτωχεύει· πτωχεύει γὰρ τὴν ἐμὴν σάρκα ἵν' ἐγὼ πλουτήσω τὴν αὐτοῦ θεότητα. Καὶ ὁ πλήρης, κενοῦται· κενοῦται γὰρ τῆς ἑαυτοῦ δόξης ἐπὶ μικρὸν, ἵν' ἐγὼ τῆς ἐκείνου μεταλάβω πληρώσεως. Τίς ὁ πλοῦτος τῆς ἀγαθότητος; Τί τὸ περὶ ἐμὲ τοῦτο μυστήριον; Μετέλαβον τῆς εἰκόνος, καὶ οὐκ ἐφύλαξα· μεταλαμβάνει τῆς ἐμῆς σαρκὸς, ἵνα καὶ τὴν εἰκόνα σώσῃ καὶ τὴν σάρκα ἀθανατίσῃ. Δευτέραν κοινωνεῖ κοινωνίαν, πολὺ τῆς προτέρας παραδοξοτέραν· ὅσῳ τότε μὲν τοῦ κρείττονος μετέδωκε, νῦν δὲ μεταλαμβάνει τοῦ χείρονος. Τοῦτο τοῦ προτέρου θεοειδέστερον· τοῦτο τοῖς νοῦν ἔχουσιν ὑψηλότερον. Zu den verschiedenen Bibelstellen, an die sich Gregor in diesen Zeilen anlehnt vgl. die Auflistung direkt unter dem griechischen Text in der SC-Ausgabe.

275 „Seiend" ist im platonischen Sinn als „rein geistig" zu verstehen, im Gegensatz zum „Nicht-Seienden", also dem Materiellen. Gregor stellt den ‚traditionellen' Eigenschaften Gottes jeweils

teriums: Was nicht zusammenkommen kann, kommt zusammen. In *or.* 4,78 nennt er es „das große Mysterium der Verbindung“ (μέγα τῆς συζυγίας μυστήριον).[276] Dass Gregor die Worte „Verbindung“ bzw. „verbinden“ (συζυγίας bzw. συζεύγνυμι) gleichermaßen für die Vereinigung von göttlicher und menschlicher Natur in Jesus Christus und für die Gemeinschaft von Geist und Körper als Merkmal des Menschen verwendet, zeigt, dass er dabei nicht an grundsätzlich verschiedene Vorgänge denkt. Vielmehr ist die Menschwerdung Gottes Klärung und Erklärung dessen, was im Menschen schon von allem Anfang an angelegt ist. Er spricht deshalb im Zusammenhang mit der Menschwerdung Gottes in Jesus Christus regelmäßig vom „neuen Mysterium“ (καινόν μυστήριον) – am deutlichsten und ausführlichsten in *or.* 7, der Trauerrede auf seinen Bruder Caesarius:

> Was ist der Mensch, dass du seiner gedenkst? Was ist dieses neue Mysterium, das mich umgibt? Klein bin ich und groß, gering und erhaben, sterblich und unsterblich, irdisch und himmlisch – jenes mit der Welt unten, dieses mit Gott, jenes mit dem Fleisch, dieses mit dem Geist. Mit Christus muss ich begraben werden, mit Christus auferstehen, mit Christus erben, Sohn Gottes werden, ja selbst Gott genannt werden. Seht, bis wohin uns die Rede hinaufgeführt hat. Wenig fehlt, dass ich dem Leiden Dank ausdrücke, durch das ich diese Dinge philosophierte und durch das ich ein noch größerer Liebhaber der Abreise von hier [d. h. des Todes] wurde. Das ist es, was das große Mysterium für uns will, das will Gott, der für uns Mensch geworden ist und arm wurde, um das Fleisch aufzurichten, das Ebenbild zu retten und den Menschen neu zu bilden, damit wir alle eins werden in Christus [...].[277]

Gregor zitiert wörtlich die in Ps 8 an Gott gerichtete berühmte Frage „Was ist der Mensch, dass du seiner gedenkst?“[278] Die Antwort liegt für ihn in der Beschaffenheit

---

deren Gegenteile gegenüber, die ihrerseits untrügliche Merkmale des Irdischen, Geschaffenen darstellen. Eine Passage, die der hier zitierten sehr ähnlich ist, findet sich in Greg. Naz., *or.* 39,13 [SC 358, 176]. Auch dort fragt er: [...] τί τὸ μέγα περὶ ἡμᾶς μυστήριον; (Was ist das für ein großes Mysterium, das uns umgibt?) Wie hier beantwortet er die Frage auch dort mit der Menschwerdung Christi.

276 Vgl. Greg. Naz., *or.* 4,78 [SC 308, 198–200]. Dahinter steckt eine ganz bildhafte Vorstellung von Vereinigung: Das griechische Wort συζυγία kommt von συζεύγνυμι, was so viel bedeutet wie „zusammen unter ein Joch (ζεῦγος) spannen“.

277 Greg. Naz., *or.* 7,23 [SC 405, 238–240]: Τί ἐστιν ἄνθρωπος, ὅτι μιμνήσκῃ αὐτοῦ; Τί τὸ καινὸν τοῦτο περὶ ἐμὲ μυστήριον; Μικρός εἰμι καὶ μέγας, ταπεινὸς καὶ ὑψηλός, θνητὸς καὶ ἀθάνατος, ἐπίγειος καὶ οὐράνιος, ἐκεῖνα μετὰ τοῦ κάτω κόσμου, ταῦτα μετὰ τοῦ Θεοῦ, ἐκεῖνα μετὰ τῆς σαρκός, ταῦτα μετὰ τοῦ πνεύματος. Χριστῷ συνταφῆναί με δεῖ, Χριστῷ συναναστῆναι, συγκληρονομῆσαι Χριστῷ, υἱὸν γενέσθαι Θεοῦ, Θεὸν αὐτόν κληθῆναι. Ὁρᾶτε ποῖ προϊὼν ἀνήγαγεν ἡμᾶς ὁ λόγος. Μικροῦ καὶ χάριν ὁμολογῶ τῷ πάθει, ᾧ τοιαῦτα ἐφιλοσόφησα καὶ δι᾽ ὃ μᾶλλον ἐραστὴς ἐγενόμην τῆς ἐνθένδε ἀπαναστάσεως. Τοῦτο ἡμῖν τὸ μέγα μυστήριον βούλεται· τοῦτο ἡμῖν ὁ ἐνανθρωπήσας δι᾽ ἡμᾶς καὶ πτωχεύσας Θεός, ἵνα ἀναστήσῃ τὴν σάρκα καὶ ἀνασώσηται τὴν εἰκόνα καὶ ἀναπλάσῃ τὸν ἄνθρωπον, ἵνα γενώμεθα οἱ πάντες ἓν ἐν Χριστῷ, [...].

278 Ps 8,5: τί ἐστιν ἄνθρωπος, ὅτι μιμνήσκῃ αὐτοῦ [...]. In *or.* 7,23 verwendet Gregor eine ganze Reihe weiterer Schriftstellen, hauptsächlich aus den Briefen des Neuen Testaments. Zusammengetragen und direkt beim Text in der Ausgabe in der Reihe der *Sources Chrétiennes* (SC) aufgeführt hat sie Marie-Ange Calvet-Sebasti.

des Menschen, in seiner Zusammensetzung aus Materie und Geist, aus Irdischem und Göttlichem.[279] Als solches ist er das erste Mysterium und die Voraussetzung dafür, dass sich das neue Mysterium (καινόν μυστήριον) ereignen kann: die Erlösung des Menschen durch Jesus Christus. Dass Gott „des Menschen gedenkt", wie es im Psalm heißt, zeigt sich nach Gregors Verständnis darin, dass Gott Mensch wurde und die Armut, das heißt: die Beschwerlichkeit und Sterblichkeit des irdischen Daseins, annahm. Dadurch eröffnet Gott dem Menschen neu den Weg dazu, seine Gottebenbildlichkeit und damit seine eigene Göttlichkeit zu erkennen, freizulegen und selbst göttlich zu werden.[280] Diese und weitere Stellen, an denen Gregor vom „neuen Mysterium" spricht, zeigen, dass er darunter das ganze Geschehen um Jesus Christus versteht: die Menschwerdung, Jesu irdisches Wirken, sein Leiden, seinen Tod und seine Auferstehung.[281] Für Gregor ist es dabei unbestritten,

---

279 Vgl. oben, S. 47 ff.; 88 f.

280 Im Prinzip drückt Gregor hier in etwas anderen Worten aus, was er auch mit der Vergegenwärtigung des Logos beschreiben kann. Stärker als an anderen Stellen in seinen Reden betont Gregor hier die Vervollkommnung des Menschen nach dessen Tod, also im Jenseits. Diese etwas stärkere eschatologische Färbung erklärt sich aus dem Anlass von *or.* 7, dem Tod seines Bruders. In diesem Zusammenhang ist die „Abreise von hier" leicht als irdischer Tod zu lesen. Angesichts der Stellen in seinen Reden, an denen Gregor etwa von der „Einübung in den Tod" (μελέτη θανάτου) als geistlicher Praxis spricht, darf seine Vorstellung von Erlösung jedoch nicht auf das jenseitige Leben enggeführt werden.

281 Von Jesus Christus und seinem Wirken als dem „neuen Mysterium" (καινόν μυστήριον) spricht Gregor an mehreren weiteren Stellen in seinen Reden: In *or.* 2,24 [SC 247, 120] erscheint der Gedanke im Zusammenhang mit den seelsorgerlichen Aufgaben des Priesters: Ziel ist es, die Mitglieder der Gemeinde mit dem Mysterium Jesus Christus vertraut zu machen und sie auf ihrem Weg zur Vergöttlichung zu unterstützen. In *or.* 5,27 [SC 309, 346] und in *or.* 14,27 [PG 35, 893.4–14] schließt das „neue Mysterium" (καινόν μυστήριον) das Wirken des Geistes, das den Menschen die Annahme des Mysteriums Jesu Christi erst ermöglicht, ausdrücklich mit ein. Dem Verständnis von Jesus Christus als „neuem Mysterium" entsprechend sieht Gregor die Erzählungen des Alten Testaments als Vorbilder dafür. So deutet er die drei Tage, die der Prophet Jona im Bauch des Fisches verbrachte (Jon 2), als „Vorbild eines größeren Mysteriums" (τύπον μυστηρίου μείζονος), nämlich im Sinne des Todes und der Auferstehung Jesu am dritten Tag.

Für Gregor erschöpft sich das Mysterium Jesus Christus indessen nicht im geschichtlichen Wirken von Jesus, das er in den Evangelien bezeugt sieht. Vielmehr umfasst das Mysterium auch den Glauben an Jesus Christus und damit den trinitarischen Gottesglauben, der von der Kirche gelehrt und gelebt wird. So drückt Gregor in *or.* 22,10 [SC 270, 240] seine Befürchtung aus, dass Unfrieden unter Mitgliedern der Kirche, insbesondere unter Bischöfen, das Misstrauen von Außenstehenden wecke. Und dieses, so ist er überzeugt, werde leicht auf die Kirche als Ganzes, und, noch schlimmer, auf das Mysterium (μυστήριον), also den Glauben bzw. den Kult, übertragen. Vgl. auch *or.* 23,12 [SC 270, 304]. Wenn Gregor also christlichen Gruppierungen, die seine Lehre nicht teilen, vorwirft, sie würden das Mysterium bzw. die Mysterien ins Lächerliche ziehen, dann gilt seine Besorgnis nicht nur dem biblischen Zeugnis, sondern besonders auch der theologischen Lehre und Praxis seiner Kirche, die er als die orthodoxe, rechtgläubige, versteht. Allem voran dürfte es die Lehre der Wesensgleichheit von Vater, Sohn und Geist sein, die er als Kern des Mysteriums ansieht und mit allen Mitteln verteidigt, vgl. Greg. Naz., *or.* 25,12 [SC 284, 186] und *or.* 33,3 [SC 318, 162]; in beiden Fällen richtet sich der Vorwurf gegen arianische Gruppierungen.

dass das gesamte Heilswirken Gottes um des Menschen Willen geschieht, zu dessen Erlösung und Vergöttlichung. So schreibt er am Ende seiner *Rede zum Fest der Heiligen Lichter* (*or.* 39):

> Reinigt euch und werdet ganz rein, denn an nichts freut sich Gott so sehr wie an der Aufrichtung und Rettung des Menschen, für den der ganze Logos und jedes Mysterium ist; damit ihr Leuchten werdet in der Welt, belebende Kraft für die anderen Menschen, damit ihr vollkommene Lichter werdet, die neben dem großen Licht stehen und eingeweiht werden in die dortige Erleuchtung, erleuchtet durch die Reinheit und Klarheit der Trinität […].[282]

Die Reinigung des Menschen, an der dieser durch seine gute Lebensführung arbeiten kann, macht ihn empfänglich für den Logos, die vielfältigen Äußerungsweisen Gottes. Da, wo sich der Mensch der Begegnung mit dem Göttlichen bewusst wird, da ereignet sich für ihn das Mysterium, das ihn verwandelt und seine eigene Göttlichkeit zum Vorschein bringt. Eine außerordentlich wichtige Bedeutung kommt in Gregors Augen dabei der Gemeinschaft der Kirche, ihren Festen, Ämtern und Sakramenten zu: Hier erhalten die Gläubigen am Mysterium, der Überwindung der Trennung von Gott, in besonderer Weise Anteil.

4.3 Das Mysterium in der Gegenwart: Der Mensch und die Kirche

4.3.1 Christliche Feste

Gregor nennt die christlichen Feiertage „öffentliche und heilige [Festversammlungen], die wir zur Heilung unserer Seelen aufsuchen, gemäß derer wir mit einem Mysterium in Berührung kommen".[283] Unter der „Heilung der Seelen" (θεραπεία τῶν ψυχῶν) versteht er die Wiederentdeckung der Gottebenbildlichkeit des Menschen und damit dessen Annäherung an Gott. Dazu trägt die Teilnahme an den Festen der Kirche deshalb bei, weil sie den Gläubigen wichtige Stationen des Lebens und Handelns Jesu Christi vergegenwärtigt und sie dadurch am Mysterium par excellence teilhaben lässt. So kann Gregor in seiner *Weihnachtsrede* (*or.* 38, Εἰς τὰ Θεοφάνια) auch Stationen des Wirkens Jesu – hier die Taufe im Jordan, die Versuchung in der Wüste, Heilungen, die Speisung der Fünftausend, den Gang

---

282 Greg. Naz., *or.* 39,20 [SC 358, 194–196]: Πάντως δὲ καθάρθητε καὶ καθαίρεσθε, ὡς οὐδενὶ τοσοῦτον χαίρει Θεὸς, ὅσον ἀνθρώπου διορθώσει καὶ σωτηρίᾳ, ὑπὲρ οὗ λόγος ἅπας καὶ ἅπαν μυστήριον· ἵνα γένησθε ὡς φωστῆρες ἐν κόσμῳ, ζωτικὴ τοῖς ἄλλοις ἀνθρώποις δύναμις, ἵνα φῶτα τέλεια τῷ μεγάλῳ φωτὶ παραστάντες καὶ τὴν ἐκεῖσε μυηθῆτε φωταγωγίαν, ἐλλαμπόμενοι τῇ Τριάδι καθαρώτερον καὶ τρανότερον […].

283 Greg. Naz., *or.* 14,12 [PG 35, 873.5–7]: [πανηγύρεις] πανδήμους καὶ ἱερὰς, ἃς ἡμεῖς ἐπὶ θεραπείᾳ τῶν ψυχῶν ἐξεύρομεν, ἢ κατά τι μυστήριον συνιόντες […]. Als zweiten Grund für kirchliche Feste nennt Gregor außerdem Gedenktage christlicher Märtyrer.

auf dem Wasser, Leiden, Tod, Auferstehung und Himmelfahrt[284] – aufzählen und dann ausrufen:

> Wie viele Feste, entsprechend einem jedem der Mysterien Christi! Der Hauptinhalt von ihnen allen ist einer – meine Vervollkommnung, meine Erneuerung und Rückkehr zum ersten Adam.[285]

Indem sich das Mysterium Jesu Christi in den Feiern der Kirche vergegenwärtigt, werden die jeweiligen Feste selbst zu Mysterien – also zu Orten, an denen der Gegensatz zwischen Himmel und Erde, zwischen Gott und Mensch für einen Moment aufgehoben wird. Sie sollen dem Menschen damit ermöglichen, den Zustand des „ersten Adam" (πρῶτος Ἀδάμ), das Leben in ungetrennter Gemeinschaft mit Gott, wiederzuerlangen.[286] Gregor formuliert diese Überzeugung in fast jeder seiner Reden zu kirchlichen Festen aus, am klarsten aber ganz am Anfang seiner *Rede zum Fest der Lichter* (*or.* 39, Εἰς τὰ Φῶτα):[287]

---

284 Je nach Rede variieren die Momente des Lebens Jesu, die Gregor nennt, leicht. So bezeichnet er in *or.* 41,5 [SC 358, 324–326] eine ganze Reihe von Ereignissen als Mysterien: die Jungfrauengeburt, Krippe und Windeln, die lobsingenden Engel und herbeilaufenden Hirten, den Weg des Weihnachtssterns, die Anbetung und Geschenke der Magier, den Kindermord des Herodes, die Flucht nach bzw. Rückkehr aus Ägypten, die Beschneidung, die Taufe, die Versuchung durch den Teufel, Bewerfung mit Steinen, Verrat, Kreuzigung, Grablegung sowie Auferstehung und Auffahrt in den Himmel. In seiner Osterrede, *or.* 45,24 [PG 36, 657.14–17], nennt Gregor außerdem den Abstieg in die Unterwelt als Mysterium Christi. Die Vorstellung, Jesus sei zwischen seinem Tod und seiner Auferstehung in die Unterwelt hinabgestiegen und habe den dortigen Verstorbenen das Evangelium verkündet, ist im Neuen Testament kaum belegt. Sie hat sich aber in den altkirchlichen Bekenntnissen, so zum Beispiel im Apostolikum („[...] hinabgestiegen in das Reich des Todes [...]") niedergeschlagen und genießt in der orthodoxen Kirche bis heute hohe Bedeutung. Zur Entstehung dieses theologischen Motivs vgl. Toepel 2012.

285 Greg. Naz., *or.* 38,16 [SC 358, 142]: Πόσαι μοι πανηγύρεις καθ' ἕκαστον τῶν Χριστοῦ μυστηρίων! Ὧν ἁπάντων κεφάλαιον ἕν, ἡ ἐμὴ τελείωσις καὶ ἀνάπλασις καὶ πρὸς τὸν πρῶτον Ἀδὰμ ἐπάνοδος.

286 Anders als im traditionellen Sprachgebrauch spricht Gregor hier vom „ersten Adam" (πρώτος Ἀδάμ) und meint damit den Menschen vor dem Verlassen des Paradieses. Allerdings denkt Gregor bei der „Rückkehr zum ersten Adam" wohl an einen Zustand, in dem sich der Mensch – nicht wie Adam in der biblischen Paradieserzählung – den Geboten und dem Willen Gottes nicht mehr widersetzen will, vgl. dazu die Ausführungen zu Gregors Anthropologie S. 47–50. Geläufiger ist uns heute die Rede vom „alten" und vom „neuen" Adam, wobei ersteres den Menschen im gottfernen Zustand, letzteres den durch Christus erneuerten, geretteten Menschen meint. Die Überzeugung, dass das Mysterium die Macht hat, den Menschen zu der Vereinigung mit Gott zu führen, drückt Gregor auch in *or.* 39,2 [SC 358, 150–152] aus.

287 Gregor hielt *or.* 39 *Zum Fest der Lichter* und in der Fortsetzung *or.* 40 *Über die Taufe* in seinem Amt als Bischof von Konstantinopel am 6. und 7. Januar 381. „Fest der Lichter" (τὰ Φώτα) ist der Name eines zweitägigen kirchlichen Festes, das an die Taufe Jesu im Jordan erinnert. Mossay 1965, 24–28 hat gezeigt, dass diese Bezeichnung des Festes nur während kurzer Zeit im Gebrauch war. Schon Chrysostomos, der nur eine Generation jünger war als Gregor, verwendete stattdessen die Bezeichnung „Epiphanias", die sich fortan durchsetzen sollte. Weder aus *or.* 39 noch aus *or.* 40 geht eindeutig hervor, ob Gregor sie zu Beginn des Jahres 380 oder 381 gehalten hat, vgl. Moreschini 1990, 16–22. Dieser tendiert aber ebenso wie McGuckin 2001, 340 und Matz 2012, 39

> Wieder mein Jesus und wieder ein Mysterium; ein Mysterium, das weder trügerisch ist, noch schmucklos, noch von griechischer Verirrung und Trunkenheit - denn so nenne ich, und ich glaube, jeder klar denkende [Mensch], die von ihnen verehrten Dinge - sondern ein hohes und göttliches Mysterium, das Bürge ist für den Glanz oben [d. h. im Himmel]. Denn der heilige Tag der Lichter, zu dem wir gekommen sind und den zu feiern wir heute für würdig halten, hat seinen Ursprung in der Taufe meines Christus, des wahren Lichts, dessen, das/der jeden Menschen, der auf die Welt kommt, erleuchtet; er/es wirkt unsere Reinigung, und er/es hilft dem Licht, das wir von allem Anfang an von ihm von oben erhalten haben, und das wir durch die Sünde verdunkelt und verwischt haben.[288]

Wie bereits an Weihnachten erinnert sich die Gemeinde auch jetzt wieder an einen wichtigen Punkt im Leben Jesu - nämlich an dessen Taufe im Jordan (Mk 1,9-11 par).[289] Gregor grenzt dieses christliche Fest, das er als Mysterium bezeichnet, entschieden vom griechischen Kult ab:[290] Anders als dort geht es hier um ein „hohes und göttliches“ (ὑψηλόν τε καὶ θεῖον) Mysterium, also um eines, bei dem die Verbindung zu Gott gewährleistet ist.[291] Grund dafür ist der Ursprung des Festes im Leben Jesu: Indem die Gemeinde einer der Stationen im Leben des Mysteriums par excellence gedenkt, wird sie dessen selbst teilhaftig. In Anlehnung an Joh 1,9 und 8,12 nennt Gregor Jesus Christus das „wahre Licht“: Genau so, wie Gott „Licht“ ist, ist auch dieser „wahres Licht“ - also göttlichen Wesens. Christus, der das Licht ist, wirkt (ἐνεργεῖ) die Reinigung des Menschen. Er hilft damit dem göttlichen Licht im Menschen zum Vorschein zu kommen. Es ist dasselbe Licht, dieselbe Göttlichkeit,

---

zu einer Datierung auf 381, der ich mich anschließe. Zur Entstehung und Ausdifferenzierung der Epiphaniefeste vgl. FÖRSTER 2007.

288 Greg. Naz., *or.* 39,1 [SC 358, 150]: Πάλιν Ἰησοῦς ὁ ἐμὸς καὶ πάλιν μυστήριον, μυστήριον οὐκ ἀπατηλὸν οὐδ᾽ ἄκοσμον οὐδὲ τῆς Ἑλληνικῆς πλάνης, καὶ μέθης – οὕτω γὰρ ἐγὼ καλῶ τὰ ἐκείνων σεμνὰ, οἶμαι δὲ, καὶ τῶν εὐφρονούντων ἕκαστος –, ἀλλὰ μυστήριον ὑψηλόν τε καὶ θεῖον καὶ τῆς ἄνω λαμπρότητος πρόξενον. Ἡ γὰρ ἁγία τῶν Φώτων ἡμέρα, εἰς ἣν ἀφίγμεθα, καὶ ἣν ἑορτάζειν ἠξιώμεθα σήμερον, ἀρχὴν μὲν τὸ τοῦ ἐμοῦ Χριστοῦ βάπτισμα λαμβάνει, τοῦ ἀληθινοῦ φωτὸς, τοῦ φωτίζοντος πάντα ἄνθρωπον ἐρχόμενον εἰς τὸν κόσμον, ἐνεργεῖ δὲ τὴν ἐμὴν κάθαρσιν καὶ βοηθεῖ τῷ φωτὶ, ὃ παρ᾽ αὐτοῦ λαβόντες ἄνωθεν ἀπ᾽ ἀρχῆς, ἐκ τῆς ἁμαρτίας ἐζοφώσαμέν τε καὶ συνεχέαμεν.

289 Später in derselben Rede drückt Gregor die Verbindung zwischen den Taten Christi und den Festen der Kirche noch einmal ganz deutlich aus: In *or.* 39,14 [SC 358, 178] sagt er: Νυνὶ δὲ πρᾶξις ἄλλη Χριστοῦ καὶ ἄλλο μυστήριον. (Nun eine andere Tat Christi [d. h. nicht die Geburt, sondern die Taufe] und ein anderes Mysterium [d. h. kirchliches Fest].)

290 Darin ist Gregors Kritik am griechischen Kult mitzuhören, die sich durch seine gesamten Reden hindurch zieht: Polytheismus, die Verehrung der irdisch-menschlichen Leidenschaften, exzessives Feiern. GALLAY 1990, 151, Anm. 2 vermutet, dass Gregor an Bacchusfeste denkt. Das ist nicht unmöglich, doch könnte sich Gregors Kritik auch ganz allgemein gegen griechische Feste bzw. gegen seine Vorstellung davon richten.

291 Gregor verwendet das Wort πρόξενος, was als Substantiv oder Adjektiv als „Vertreter“ oder „Vermittler“ bzw. „etwas vertretend oder vermittelnd“ oder auch als „Bürge“ bzw. „für etwas bürgend“ übersetzt werden kann. Vgl. auch Greg. Naz., *or.* 14,2, wo er das dem Menschen innewohnende Ebenbild Gottes als „Vertreter der Dinge oben“ (τῶν ἄνω πρόξενον), d. h. des Göttlichen bezeichnet. Vgl. LAMPE 1961, 1159.

die dem Menschen von allem Anfang an (ἀπ' ἀρχῆς), also seit seiner Erschaffung, innig ist, dasselbe Licht, das Christus ist, und dasselbe Licht, das Gott selbst ist.[292] Gregor traut dem Mysterium des kirchlichen Festes zu, dass es den Menschen zurückverwandelt in das, was er einst war – in „vollkommenes Licht" (φῶς τέλειον).[293]

Es ist kein Zufall, dass Gregor den Zusammenhang zwischen dem in der Bibel bezeugten Mysterium und dem im Fest erinnerten Mysterium gerade zum Gedenktag der Taufe Jesu so deutlich macht: Bei der Taufe im Jordan, wie sie in Mk 1,9–11 und den Parallelstellen beschrieben ist, wird die Verbindung zwischen Himmel und Erde, zwischen Gott und Jesus Christus durch die Taube, die von oben herabsteigt, und durch die Stimme aus dem Himmel bildlich und klanglich dargestellt. Durch das kirchliche Fest setzt sich diese Linie bis ins Leben der Gläubigen fort und wird dadurch zu einer direkten Verbindung zwischen Gott und dem Menschen. Was sich an den ersten Zeilen von Gregors *Rede zum Fest der Lichter* beispielhaft zeigen lässt, gilt für alle kirchlichen Feiern: Sie sind für Gregor insofern Mysterien (μυστήρια), als sie für die Gläubigen den Raum bieten, in dem die Erinnerung an das Mysterium Jesus Christus stattfinden und Gott selbst sich ihnen vergegenwärtigen kann.[294]

4.3.2 Sakramente der Kirche

Das Mysterium ereignet sich nach Gregors Verständnis da, wo der Mensch mit Gott in Berührung kommt und seine eigene Göttlichkeit zum Ausdruck kommen kann. So bezeichnet er die Begegnung des Mose mit Gott, den Bundesschluss auf dem Sinai und das Strahlen, das darauf vom Gesicht des Mose ausgeht (Ex 34), als „Mysterium des großen Lichts" (τοῦ μεγάλου φωτὸς μυστήριον).[295] Und auch, wenn seine bereits totgeglaubte Schwester Gorgonia auf ihrem Sterbebett noch einmal die Lippen bewegt und vertrauensvolle Psalmworte flüstert, ist das für Gregor Ausdruck des Mysteriums.[296] Im engeren Sinn verwendet Gregor den Begriff aber

---

292 Die Verben und Demonstrativpronomen (τοῦ φωτίζοντος, ἐνεργεῖ, βοηθεῖ, ὅ παρ' αὐτοῦ) in der dritten Person singular lassen nicht darauf schließen, ob sie sich auf Christus beziehen oder zum Licht gehören. Das ist kein Zufall: Christus und dieses Licht sind ein- und dasselbe.

293 Vgl. Greg. Naz., *or.* 39,2 [SC 358, 150–152].

294 Wie in den Erläuterungen zur *ästhetischen Dimension* der Glaubenspraxis beschrieben, kommt Gregors eigener Rede in seinem Verständnis eine besondere Funktion zu. Sie soll nämlich nicht nur vom Mysterium sprechen, sondern die Berührung von Himmel und Erde vielmehr selbst herbeiführen. So schreibt er am Anfang einer seiner Festtagspredigten, in *or.* 39,2 [SC 358, 152]: Ὁρᾶτε τῆς ἡμέρας τὴν χάριν; ὁρᾶτε τοῦ μυστηρίου τὴν δύναμιν; οὐκ ἀπὸ γῆς ἤρθητε; οὐκ ἄνω τέθεισθε σαφῶς ὑψωθέντες ὑπὸ τῆς ἡμετέρας φωνῆς καὶ ἀναγωγῆς; Καὶ ἔτι μᾶλλον τεθήσεσθε, ἐπειδὰν εὐοδώσῃ τὸν λόγον ὁ Λόγος. (Seht ihr die Gnade des Tages? Seht ihr die Kraft des Mysterion? Seid ihr nicht von der Erde erhoben? Seid ihr nicht klar oben hingestellt, erhoben durch meine Stimme und meine Führung nach oben? Und ihr werdet dort noch mehr [d.h. sicherer] stehen, wenn der Logos meine Rede in Fahrt bringt.)

295 Vgl. Greg. Naz., *or.* 40,6 [SC 358, 206].

296 Vgl. Greg. Naz., *or.* 8,22 [SC 405, 294].

besonders oft im Sinn der kirchlichen Sakramente. Deutlich wird dies etwa in seiner Rede *Über die Liebe zu den Armen* (*or.* 14): Hier nennt er die Sakramente (μυστήρια) in einem Atemzug mit Gesetzen, Lehren, Verträgen, Versammlungen und Hoffnungen – also weiteren gesellschafts- und gemeinschaftsbildenden Vollzügen.[297] Entsprechend bezeichnet er einen Priester – in der Grabrede für seinen Vater (*or.* 18) meint er damit Basilius – auch als „Verwalter der Mysterien bzw. der Sakramente Gottes" (οἰκονόμος τῶν τοῦ Θεοῦ μυστηρίων).[298] Die kirchlichen Sakramente, von denen er in seinen Reden spricht, sind einerseits und sehr häufig die Taufe und andererseits die Eucharistie. Mysterium ist darüber hinaus die Kirche selbst, weil sie dem Gottesdienst und den Sakramenten Raum bietet und damit den Ort darstellt, an dem sich Christus heute sichtbar mit der Welt verbindet.[299]

Die wichtigsten Aussagen über die Taufe als Sakrament[300] macht Gregor – wenig verwunderlich – in seiner Rede *Über die Taufe* (*or.* 40, Εἰς το βάπτισμα): Hier erklärt er die Bedeutung der Taufe; hier ruft er seine Gemeinde leidenschaftlich dazu auf, sie zu empfangen; hier beschreibt er, wie sich die Katechumenen auf die Taufe vorbereiten und wie die Getauften die Gabe der Taufe bewahren sollen; hier verbindet er seine Aussagen über die Taufe mit seiner Trinitätstheologie. In *or.* 40,1 knüpft Gregor an die Rede vom Vortag, *or.* 39 *zum Fest der Lichter* (Εἰς τὰ Φῶτα), an und bittet seine Zuhörerschaft um Aufmerksamkeit. Denn, so ist er überzeugt:

> [...] auch dies ist eine Erleuchtung: die Kraft des Sakraments zu erkennen.[301]

Das Thema ist damit gesetzt: Gregor will der Gemeinde die Bedeutung der Taufe, die er als Sakrament (μυστήριον) bezeichnet, darlegen. Denn nicht nur die Taufe selbst, sondern bereits die Erkenntnis dessen, was sie zu bewirken vermag, ist in sei-

---

297 Vgl. Greg. Naz., *or.* 14,14 [PG 35, 876.14–15].

298 Greg. Naz., *or.* 18,1 [PG 35, 985.32–34]; vgl. auch Greg. Naz., *or.* 39,14 [SC 358, 178]. Die kirchlichen Sakramente haben ihren Ort nach Gregors Verständnis eindeutig in der Gemeinschaft der Kirche und müssen durch den Priester gespendet werden. So beschreibt Gregor in der Trauerrede für seinen Vater dramatisch, wie die Gemeinde am Osterfest um die Feier der Eucharistie bangte und beinahe ein Tumult entstand, weil Gregor der Ältere krank war, vgl. Greg. Naz., *or.* 18,28–29 [PG 35, 1020.12–1021.11]. Entsprechend seiner Aufgabe muss sich der Priester auch durch besondere Reinheit und Würde auszeichnen, ja eigentlich sich selbst Gott als Opfer bringen. Auf diese Voraussetzungen zum Priesterdienst geht Gregor in seiner *Apologetischen Rede* (*or.* 2, Ἀπολογητικός) ein, vgl. z. B. *or.* 2,95 [SC 247, 212–214]; *or.* 2,99 [SC 247, 218].

299 Vgl. Greg. Naz., *or.* 37,7 [SC 318, 286], wo Gregor die Gemeinschaft von Christus und der Kirche mit der Gemeinschaft von Mann und Frau vergleicht und sie mit Eph 5,32 als „großes Mysterium" (μέγα μυστήριον) bezeichnet.

300 Gregor spricht an zahlreichen Stellen von der Taufe als „Mysterium" (μυστήριον) – etwa in seinen Ausführungen über die Kindertaufe in *or.* 40,28 [SC 358, 262], wenn Gregor in *or.* 40,43 [SC 358, 300] das Sakrament der Taufe mit Wundern aus dem Alten Testament in Verbindung setzt, in *or.* 40,45 [SC 358, 308–310] am Ende einer Aufzählung von Glaubens- und Handlungsinhalten, die für die Getauften gelten, aber auch im Zusammenhang mit der Taufe seiner Schwester Gorgonia, vgl. *or.* 8, 20 [SC 405, 290].

301 Greg. Naz., *or.* 40,1 [SC 358, 198]: [...] καὶ τοῦτό ἐστι φωτισμὸς, τὸ γνῶναι τοῦ μυστηρίου τὴν δύναμιν.

nen Augen Erleuchtung (φωτισμός). Aus diesen wenigen Worten geht hervor, dass Gregor diese Bezeichnung der Taufe nicht nur selbst verwendet, sondern sie auch bei seiner Gemeinde als bekannt voraussetzt.[302] Wenn Gregor die Auswirkungen der Taufe auf den Menschen aufzählt, spricht er von diesem Sakrament denn auch als Erleuchtung (φωτισμός bzw. φώτισμα):

> Die Erleuchtung [d. h. die Taufe] ist Glanz der Seelen, Umstellung der Lebensführung, das Versprechen zur Ausrichtung des Gewissens auf Gott. Die Erleuchtung ist Hilfe für unsere Schwachheit. Die Erleuchtung ist Ablegen des Fleisches, Nachfolge des Geistes, Gemeinschaft mit dem Logos, Wiedererrichtung des Geschöpfs, Wegspülen der Sünde, Teilhabe am Licht, Auflösung der Dunkelheit. Die Erleuchtung ist Fahrzeug, das zu Gott führt, gemeinsames Weggehen mit Christus, Stütze des Glaubens, Vollendung des Geistes, Schlüssel zum himmlischen Königreich, Veränderung des Lebens, Aufhebung der Sklaverei, Erlösung aus Fesseln, Umgestaltung der Zusammensetzung [des Menschen]. Die Erleuchtung – ist es nötig, noch mehr aufzuzählen? – ist das größte und herrlichste der Geschenke Gottes. So wie man vom „Allerheiligsten" und vom „Lied der Lieder" spricht – weil es nämlich umfassender und mächtiger ist [als anderes], so ist auch diese [die Taufe] heiliger als alle anderen Erleuchtungen, die es bei uns gibt.[303]

302 Die Bezeichnung der Taufe als Erleuchtung (φωτισμός) ist im 4. Jahrhundert allgemein bekannt. Biblische Wurzeln des Begriffs finden sich bereits in den neutestamentlichen Briefen: In 2Kor 4,4–6 stellt Paulus der Finsternis, in der sich die Ungläubigen befinden, das Licht des Evangeliums bzw. die Erkenntnis der Herrlichkeit Gottes gegenüber. Ähnliche Aussagen erscheinen in Hebr 6,4–6 und 10,32, hier möglicherweise bereits mit einem direkten Bezug zur Taufe. Spätantike Autoren, die von Erleuchtung sprechen, dürften darüber hinaus auch an die Lichtmetaphorik des Johannesevangeliums denken. Bereits ca. 150 n. Chr. spricht Justin der Märtyrer in 1 *Apol* 61,12–14 [PTS 38, 119] von der Taufe als Erleuchtung: Καλεῖται δὲ τοῦτο τὸ λουτρὸν „φωτισμός", ὡς φωτιζομένων τὴν διάνοιαν τῶν ταῦτα μανθανόντων. Καὶ ἐπ' ὀνόματος δὲ Ἰησοῦ Χριστοῦ, τοῦ σταυρωθέντος ἐπὶ Ποντίου Πιλάτου, καὶ ἐπ' ὀνόματος πμεύματος ἁγίου, ὃ διὰ τῶν προφητῶν προεκήρυξε τὰ κατὰ τὸν Ἰησοῦν πάντα, ὁ φωτιζόμενος λούεται. (Es heißt aber dieses Bad Erleuchtung, weil diejenigen, die das an sich erfahren, im Geiste erleuchtet werden. Aber auch im Namen Jesu Christi, des unter Pontius Pilatus Gekreuzigten, sowie im Namen des Heiligen Geistes, der durch die Propheten alles auf Jesus Bezügliche vorherverkündigt hat, wird der, welcher die Erleuchtung empfängt, abgewaschen. [Übs. BKV]) Etwa 50 Jahre später, um ca. 200 setzt auch Klemens von Alexandria in seinem *Paidagogos* die Bezeichnung der Taufe als Erleuchtung (φώτισμα) als bekannt voraus, vgl. Clem. Al., *Paid.* 1.6.25.1; 1.6.26.2–3; (Supplements to Vigiliae Christianae 61, 17–18), vgl. auch Ferguson 2009,311–312. In Clem. Al., *Paid.* 1.6.26.2; (Supplements to Vigiliae Christianae 61, 17) findet sich eine ähnliche Auflistung von Bezeichnungen der Taufe wie in Greg. Naz., *or.* 40,4 [SC 358, 202–204]. Klemens spricht von χάρισμα (Gnadengabe), φώτισμα (Erleuchtung), τέλειον (Vollkommenheit) und λουτρόν (Bad). Bei Gregor ist die Aufzählung umfangreicher, außerdem fehlt hier τέλειον (Vollkommenheit). Möglicherweise diente ihm die Liste von Klemens dennoch als Vorlage.

303 Greg. Naz., *or.* 40,3 [SC 358, 200–202]: Τὸ φώτισμα λαμπρότης ἐστὶ ψυχῶν, βίου μετάθεσις, ἐπερώτημα τῆς εἰς Θεὸν συνειδήσεως· τὸ φώτισμα βοήθεια τῆς ἀσθενείας τῆς ἡμετέρας· τὸ φώτισμα σαρκὸς ἀπόθεσις, Πνεύματος ἀκολούθησις, Λόγου κοινωνία, πλάσματος ἐπανόρθωσις, κατακλυσμὸς ἁμαρτίας, φωτὸς μετουσία, σκότους κατάλυσις· τὸ φώτισμα ὄχημα πρὸς Θεὸν, συνεκδημία Χριστοῦ, ἔρεισμα πίστεως, νοῦ τελείωσις, κλεὶς οὐρανῶν βασιλείας, ζωῆς ἄμειψις, δουλείας ἀναίρεσις, δεσμῶν ἔκλυσις, συνθέσεως μεταποίησις· τὸ φώτισμα – τί δεῖ πλείω καταριθμεῖν; – τῶν τοῦ Θεοῦ δωρῶν τὸ κάλλιστον καὶ μεγαλοπρεπέστατον. Ὥσπερ Ἅγια ἁγίων

Unter all den Orten, an denen Gott mit dem Menschen in Berührung kommt und sich damit ein Mysterium ereignet, kommt der Taufe eine besondere Bedeutung zu: Unter den verschiedenen Wirkweisen Gottes nimmt die Taufe den ersten Platz ein. Gregor bezeichnet sie als „heiliger" (ἁγιώτερον) als alle anderen und vergleicht sie mit dem Allerheiligsten im Tempel und mit dem Lied der Lieder: Wohl ist der Tempel an sich ein heiliger Ort, doch am heiligsten ist das Innerste, der Schrein, eben das Allerheiligste; und wohl werden viele Lieder und Psalmen auf Gott gesungen, aber keines so überwältigend schön wie das Lied der Lieder.[304] Analog dazu kann Gregor sagen: Gottes Licht erhellt die Welt mit unzähligen Strahlen, doch keiner davon ist so hell und klar wie derjenige der Taufe, die für die Erleuchtung des Menschen steht.[305] In Gregors Augen ist die Taufe „das größte und herrlichste der Geschenke Gottes" (τῶν τοῦ Θεοῦ δωρῶν τὸ κάλλιστον καὶ μεγαλοπρεπέστατον) und damit die reinste mögliche Form der Vergegenwärtigung des Heils. In der Beschreibung dessen, was der Mensch im Vollzug der Taufe erfährt, gerät Gregor an die Grenzen der sprachlichen Möglichkeiten. Er versucht, die Erfahrung in Bilder zu fassen und spricht dabei von Reinigung und Befreiung, von Glanz und Erleuchtung, von der Gemeinschaft mit dem Logos und von der Vollendung des Menschen.[306] In

---

καλεῖταί τινα καὶ Ἄισματα ᾀσμάτων – ἐμπεριεκτικώτερα γάρ ἐστι καὶ κυριώτερα –, οὕτω καὶ αὐτὸ παντὸς ἄλλου τῶν παρ' ἡμῖν φωτισμῶν ὂν ἁγιώτερον.

304 Ἅγια (τῶν) ἁγίων ist ein stehender Begriff für den inneren Schrein bzw. das Allerheiligste im Tempel, der an zahlreichen Stellen im Alten Testament sowie auch in Hebr 9,3 verwendet wird. Ἀισμα ᾀσμάτων (Lied der Lieder) (Hld 1,1) lautet der erste Vers des biblischen Hoheliedes und funktioniert als Titel für das ganze Buch. Es handelt sich dabei um eine direkte Übertragung aus dem Hebräischen. Dort bezeichnet שִׁיר הַשִּׁירִים „eine Art Höchstform von *schir* [d. h. ‚Lied'], gewissermaßen ein Superlativ. Als das Beste und Schönste von allen Liedern wird *schir haschirim* ausgewiesen [...]" (Zakovitch 2004, 108).

305 In *or.* 40,5–6 [SC 358, 204–208] bezeichnet Gregor Gott als das „äußerste, unzugängliche und unaussprechliche Licht" (φῶς τὸ ἀκρότατον καὶ απρόσιτον καὶ ἄρρητον) und zählt dann eine Reihe von weiteren Lichtern auf, in denen sich dieses „Licht" mehr oder weniger ausgeprägt manifestiert: Als erstes und in reinster Form in den Personen der Trinität, dann aber auch in den Engeln und als Gottebenbildlichkeit im Menschen. Als weitere, biblische, Beispiele nennt Gregor das Licht, das Gott in Gen 1,3 als erstes schafft, dann das Gesetz, das Mose empfängt und sein Gesicht zum Leuchten bringt (Ex 34,29.30.35), das Feuer, das den Dornbusch umlodert, aber nicht verzehrt (Ex 3,2) sowie zahlreiche weitere Stellen, an denen im Alten und im Neuen Testament von Licht bzw. Feuer die Rede ist. Als Licht in einem speziellen Sinn, das die biblischen Lichter übertrifft, bezeichnet Gregor am Ende von *or.* 40,6 die Taufe, das „große und wunderbare Mysterium, das unsere Rettung umfasst" (μέγα καὶ θαυμαστὸν τὸ τῆς σωτηρίας ἡμῶν περιέχων μυστήριον). In *or.* 18,13 [PG 35, 1001.15–25] beschreibt Gregor, dass das Licht der Erleuchtung bei der Taufe seines Vaters auch sinnlich sichtbar geworden sei. Dort schreibt er: Ἐξελθόντα δὲ αὐτὸν ἐκ τοῦ ὕδατος, φῶς περιαστράπτει καὶ δόξα [...] (Als er aber aus dem Wasser kommt, umleuchtet ihn ein Licht und eine Herrlichkeit [...]).

306 Einige der Bilder in *or.* 40,3 [SC 358, 200–202] übernimmt Gregor aus der Bibel. So hat er die „Ausrichtung des Gewissens auf Gott" (ἐπερώτημα τῆς εἰς Θεὸν συνειδήσεως) sowie das „Ablegen des Fleisches" (σαρκὸς ἀπόθεσις) aus 1Petr 3,21. Das „Fahrzeug, das zu Gott führt" (ὄχημα πρὸς Θεὸν), ist eine Anlehnung an den Feuerwagen in der Erzählung von der Entrückung Elijas in 4Kön 2,11. Der „Schlüssel zum himmlischen Königreich" (κλεὶς οὐρανῶν βασιλείας) stammt wohl aus Mt 16,19.

der Tat zeigt Gregor mit seiner Flut von Bildern jedoch vor allem eines: Was dem Menschen in der Berührung mit Gott widerfährt, lässt sich nicht verstehen und damit auch nicht eindeutig benennen. So wird die Bilderfülle letztlich zu einem Zeugnis der Sprachlosigkeit. Gregor könnte ebenso gut schweigen.[307]

Die Taufe ist in Gregors Augen also direktes Handeln Gottes am Menschen. Und als solches ist ihre Wirkung vollkommen unabhängig von allen irdischen Gegebenheiten. In leidenschaftlichen Worten ruft Gregor seine Hörerinnen und Leserinnen dazu auf, das Sakrament zu empfangen. Dabei spricht er sich ganz entschieden gegen einen Aufschub der Taufe aus.[308] Besonders wichtig ist ihm dabei, dass die Taufanwärter den äußeren Umständen für die Taufe keine allzu hohe Bedeutung beimessen. So soll es keine Rolle spielen, ob Familie und Freunde anwesend sind, ob die Taufe von einem bekannten, hohen Geistlichen oder von einem einfachen Priester vollzogen wird, ob der Täufling luxuriös gekleidet zum Gottesdienst kommt, und ob er anschließend zu einem üppigen Festmahl einladen kann:

> Gewiss sind diese Dinge [d. h. die äußeren Umstände] in deiner Sicht notwendig, und daneben wird die Gnade herabgemindert. Setze die großen Dinge nicht herab – dir wird nichts Unwürdiges widerfahren. Das Sakrament ist mächtiger als die sichtbaren Dinge.[309]

Mag sein, dass die irdischen Güter und Statussymbole auf den ersten Blick wichtiger scheinen als der eigentliche Vollzug der Taufe. Gregor gibt jedoch zu bedenken, dass die Menschen die Gnade, die durch die Taufe vermittelt wird, oft geringschätzen. Er ermahnt seine Hörerinnen und Leserinnen, die „großen Dinge", also die Taufe, nicht herabzuwürdigen und durch falsche Prioritäten zu verunglimpfen. Es liegt in der Natur des Sakraments, dass es mehr ist und vermag, als das, was von ihm auf der Erde sichtbar wird. So schließt Gregor seine Rede über die Taufe dann auch in der Überzeugung, dass das Sakrament dem Menschen bereits in dieser Welt den Zugang zur jenseitigen Herrlichkeit Gottes eröffnet. Gregor zeigt dies anhand von wichtigen Elementen der Liturgie:

> Eine gute Botschaft will ich dir noch verkünden: Die Haltung, in der du gleich nach der Taufe vor dem Altar stehen wirst, ist eine Vorahnung der jenseitigen Herrlichkeit; der Psalmengesang, mit dem du empfangen wirst, ein Vorspiel der dortigen Hymnen.

---

307 Schweigen empfiehlt Gregor sogar ganz konkret. So soll der Aufstieg des Paulus in den dritten Himmel (2Kor 12,2–4), der unmöglich in Worte zu fassen ist, denn auch durch Schweigen geehrt werden (σιωπῇ τιμάσθω), vgl. *or.* 28,20 [FC 22, 134.14–15]. Und in *or.* 18,29 [PG 35, 1020.35–43] beschreibt Gregor das schweigende Stehen der Gemeinde als entscheidende Haltung während des Vollzugs des Sakraments der Eucharistie.

308 So vor allem in Greg. Naz., *or.* 40,11–30 [SC 358, 218–268]. Zum Aufschub der Taufe in der Spätantike vgl. auch Ferguson 2009, 617–633, hier mit einer Übersicht über die Haltung verschiedener Autoren zum Thema.

309 Greg. Naz., *or.* 40,25 [SC 358, 254]: Πάνυ γὰρ, ὡς ὁρᾷς, ἐστὶ ταῦτα τῶν ἀναγκαίων, καὶ παρὰ τοῦτο ἡ χάρις ἐλαττωθήσεται. Μὴ μικρολογοῦ περὶ τὰ μεγάλα· μηδὲν ἀγεννὲς πάθῃς. Μεῖζον τῶν ὁρωμένων ἐστὶ τὸ μυστήριον·

> Die Lichter, die du entzünden wirst, sind das Mysterium der dortigen Erleuchtung, mit der wir dem Bräutigam begegnen […].[310]

Das Sakrament überwindet die Grenze zwischen Erde und Himmel und lässt den Menschen die Gemeinschaft mit Gott schon heute erfahren. Was für die Taufe gilt, gilt auch für die Eucharistie, wenn auch Gregor hierzu in seinen Schriften wesentlich weniger Aussagen macht. In *or.* 41 *Zu Pfingsten* (Εἰς τὴν Πεντηκοστήν), die er im Frühsommer 380 in der Konstantinopolitaner Anastasia-Kapelle hielt, zieht er eine Parallele zwischen dem Obergemach (ὑπερῷον), in dem sich die Jünger Jesu nach dessen Auffahrt in den Himmel aufhalten (Apg 1,13), und dem großen Raum im Obergeschoss (ἀνάγαιον), in dem Jesus sich mit ihnen zum letzten Abendmahl versammelt hat (Mk 14,15 und Lk 22,12). Den erhöhten Raum, in dem sich die Jünger und Jesus treffen, deutet Gregor als Symbol für den Zwischen-Raum zwischen Welt und Gott, in den das Sakrament, hier die Eucharistie, die Jünger zu erheben vermag:

> Auch Jesus selbst teilt denen, die in die höheren Dinge eingeweiht sind, das Sakrament in einem Obergemach mit, um damit zu zeigen, dass Gott einerseits zu uns herabsteigen muss – was, wie ich weiß, schon früher, bei Mose, geschehen ist –, dass aber andererseits auch wir hinaufsteigen müssen; und so geschieht die Gemeinschaft mit Gott, indem die Würde in engster Weise vereint wird. Solange aber ein jeder bei einem Eigenen bleibt, der eine in der Höhe [wörtlich: auf dem Aussichtspunkt], der andere in der Niedrigkeit, bleibt die Güte unvermischt und die Menschenfreundlichkeit wird nicht mitgeteilt, und in der Mitte ist eine große, unüberwindbare gähnende Leere, die nicht nur den Reichen von Lazarus und vom ersehnten Schoß Abrahams trennt, sondern auch die gewordene und fließende Natur von der ungewordenen und feststehenden.[311]

---

310 Greg. Naz., *or.* 40,46 [SC 358, 308]: Πλὴν ἐκεῖνο εὐαγγελίζομαί σοι. Ἡ στάσις, ἣν αὐτίκα στήσῃ μετὰ τὸ βάπτισμα πρὸ τοῦ μεγάλου βήματος, τῆς ἐκεῖθεν δόξης ἐστὶ προχάραγμα. Ἡ ψαλμῳδία, μεθ' ἧς δεχθήσῃ, τῆς ἐκεῖθεν ὑμνῳδίας προοίμιον. Αἱ λαμπάδες, ἅσπερ ἀνάψεις, τῆς ἐκεῖθεν φωταγωγίας μυστήριον, μεθ' ἧς ἀπαντήσομεν τῷ νυμφίῳ […]. Die Begegnung mit dem Bräutigam ist eine Anspielung auf das Gleichnis von den klugen und den törichten Jungfrauen in Mt 25,1–13. Am Ende von *or.* 40 legt Gregor das Gleichnis für seine Hörerinnen und Leserinnen aus.

311 Greg. Naz., *or.* 41,12 [SC 358, 342]: Καὶ Ἰησοῦς αὐτὸς ἐν ὑπερῴῳ τοῦ μυστηρίου κοινωνεῖ τοῖς τὰ ὑψηλότερα τελουμένοις, ἵνα ἐκεῖνο παραδειχθῇ, ὅτι τὸ μέν τι καταβῆναι δεῖ Θεὸν πρὸς ἡμᾶς, ὃ καὶ πρότερον ἐπὶ Μωϋσέως οἶδα γενόμενον, τὸ δὲ ἡμᾶς ἀναβῆναι, καὶ οὕτω γενέσθαι κοινωνίαν Θεοῦ πρὸς ἀνθρώπους, τῆς ἀξίας συγκιρναμένης. Ἕως δ' ἂν ἑκάτερον ἐπὶ τῆς ἰδίας μένῃ, τὸ μὲν περιωπῆς, τὸ δὲ ταπεινώσεως, ἄμικτος ἡ ἀγαθότης καὶ τὸ φιλάνθρωπον ἀκοινώνητον, καὶ χάσμα ἐν μέσῳ μέγα καὶ ἀδιάβατον, οὐ τὸν πλούσιον τοῦ Λαζάρου μόνον, καὶ τῶν ὀρεκτῶν Ἀβραὰμ κόλπων διεῖργον, τὴν δὲ γενητὴν φύσιν καὶ ῥέουσαν, τῆς ἀγενήτου καὶ ἑστηκυίας.

Hinter der Gegenüberstellung des Reichen einerseits und des Lazarus und des Schoßes Abrahams andererseits steht Jesu Gleichnis vom reichen Mann und dem armen Lazarus (Lk 16,19–31). Im Gleichnis kommt Lazarus, der zu Lebzeiten gelitten hat, nach seinem Tod in Gottes Obhut, während der Reiche, der in Luxus schwelgte und sich des Armen nicht annahm, im Totenreich Qualen leidet. Zwischen den beiden Orten des Jenseits besteht, so der biblische Text, eine unüberbrückbare Kluft. Gregor benutzt dieses Bild, um den unendlichen Abstand zwischen Gott und Mensch zu illustrieren, den aber das Mysterium zu überbrücken vermag.

Im Sakrament steigt Gott zu den Menschen herab (καταβῆναι […] Θεὸν), hier erfahren diese Gottes Menschenfreundlichkeit und Güte. Im Sakrament tritt Gott in die Welt ein und wird im Hier und Jetzt gegenwärtig. Doch auch die Menschen müssen ihren Teil beitragen, damit die Begegnung gelingt. Sie müssen ins Obergeschoss hinaufsteigen (ἡμᾶς ἀναβῆναι) – das heißt: sich durch eine entsprechende Lebens- und Glaubenspraxis auf die Teilnahme am Sakrament vorbereiten. Erst dann wird die Überwindung des unendlichen Abstands zwischen der ungewordenen bzw. ungeschaffenen und der unbeständigen, d. h. geschaffenen Natur, also zwischen Gott und Mensch, möglich.[312]

Dieses Verständnis der Eucharistie lässt sich bei Gregor während seines ganzen Lebens beobachten; er drückt es in der ersten ebenso wie in der letzten uns überlieferten Rede aus. Nach seiner unfreiwilligen Priesterweihe und der Flucht zu Basilius in den Pontos kehrte Gregor im Frühling 362 nach Nazianz zurück und hielt hier nach der Osterliturgie seine erste öffentliche Rede, *or.* 1 *Zum heiligen Osterfest und über die eigene Trägheit* (Εἰς τὸ ἅγιον Πάσχα καὶ εἰς τὴν βραδυτῆτα).[313] Gregor nutzte diese kurze Rede dazu, sich selbst und seine Abwesenheit zu rechtfertigen. Es ging ihm daher nicht in erster Linie um eine theologische Auseinandersetzung mit Ostern. Dennoch finden sich hier wichtige Gedanken zum zentralen Sakrament von Ostern, der Eucharistie, in kurzer und prägnanter Form:

> Gestern wurde ich mit Christus zusammen gekreuzigt, heute werde ich mit ihm verherrlicht. Gestern wurde ich mitgetötet, heute mit lebendig gemacht. Gestern wurde ich mitbegraben, heute werde ich mitauferweckt. Also, bringen wir demjenigen Gaben dar, der für uns gelitten hat und auferstanden ist! […] Bringen wir uns selbst als Gabe dar, den Besitz, der Gott am teuersten und am ähnlichsten ist! Geben wir dem Bild die Ebenbildlichkeit, erkennen wir unsere Würde, ehren wir das Urbild, erkennen wir die Macht des Sakraments und zu wessen Gunsten Christus gestorben ist! Werden wir wie Christus, weil auch Christus ist wie wir. Werden wir seinetwillen Götter, da er unsertwegen Mensch geworden ist![314]

Zwanzig Jahre später, nach Gregors Aufenthalt in Konstantinopel, zurück in seiner kappadokischen Heimat beschreibt er in *or.* 45 *Zum heiligen Osterfest* (Εἰς τὸ ἅγιον Πάσχα) die Wirkung der Eucharistie in folgenden Worten:

---

312 Auch in *or.* 45 *Über das Heilige Osterfest* (Εἰς τὸ ἅγιον Πάσχα) spricht Gregor von der Eucharistie als Mysterium. Er zieht eine direkte Linie vom jüdischen Passamahl zum Abendmahl, das Jesus mit seinen Jüngern teilt, und zur Eucharistiefeier der Kirche, vgl. Greg. Naz., *or.* 45,16 [PG 36, 644.40–645.18].

313 Zu den Umständen der Entstehung von *or.* 1 vgl. McGuckin 2001, 106–108.

314 Greg. Naz., *or.* 1,4–5 [SC 247, 76–78]: Χθὲς συνεσταυρούμην Χριστῷ, σήμερον συνδοξάζομαι· χθὲς συνενεκρούμην, συζωοποιοῦμαι σήμερον· χθὲς συνεθαπτόμην, σήμερον συνεγείρομαι. Ἀλλὰ καρποφορήσωμεν τῷ ὑπὲρ ἡμῶν παθόντι καὶ ἀναστάντι. […] Καρποφορήσωμεν ἡμᾶς αὐτούς, τὸ τιμιώτατον Θεῷ κτῆμα καὶ οἰκειότατον· ἀποδῶμεν τῇ εἰκόνι τὸ κατ' εἰκόνα, γνωρίσωμεν ἡμῶν τὸ ἀξίωμα, τιμήσωμεν τὸ ἀρχέτυπον, γνῶμεν τοῦ μυστηρίου τὴν δύναμιν καὶ ὑπὲρ τίνος Χριστὸς ἀπέθανε. Γενώμεθα ὡς Χριστός, ἐπεὶ καὶ Χριστὸς ὡς ἡμεῖς· γενώμεθα θεοὶ δι' αὐτόν, ἐπειδὴ κἀκεῖνος δι' ἡμᾶς ἄνθρωπος.

Ein solches ist das Fest, das du heute feierst. Indem du auf diese Weise isst, werden dir der Geburtstag des Gezeugten und das Begräbnis des Leidenden eigen. Auf diese Weise wird das Sakrament von Ostern [zum Sakrament] für dich. [...] Durch das, was er erlitten hat, lehrt er das Leiden; durch das, was ihn verherrlichte, schenkt er Mitverherrlichung.[315]

Die Aussage, die Gregor in den beiden Reden, in seiner ersten und in seiner letzten, macht, ist dieselbe: Indem die Gläubigen an der Eucharistie teilnehmen, werden sie aufs Engste mit Christus verbunden.[316] In der Eucharistie, die an Ostern gefeiert wird, aktualisiert sich das Heilswirken Jesu Christi von dessen Geburt über das Leiden und den Tod bis zu seiner Auferstehung und Verherrlichung. Im Sakrament vergegenwärtigt sich ihnen Christus und damit der göttliche Logos. In ihm erkennen sie das göttliche Urbild und erfahren so ihre eigene Göttlichkeit.[317]

4.4 Zwischenfazit

Als dritten Aspekt des Gedächtnisses Gottes nannte Gregor in seiner Ersten Theologischen Rede *das Preisen bzw. Segnen (εὐλογεῖν). Während mit dem Üben und Meditieren (μελετεῖν) Fragen nach der Lebensführung, also die* Ethik, *und mit dem Erzählen und Künden (διηγεῖσθαι) das Thema der Wahrnehmung Gottes und der Schönheit, also die* Ästhetik, *zusammenhingen, steht dieser dritte Aspekt für die* liturgische Dimension *christlicher Glaubenspraxis.*

Nach Gregors Verständnis erreichen das Preisen und der Lobgesang Gottes in der Gemeinschaft der Kirche, in der Liturgie ihre höchste Vollendung. Und die gemeinsame Feier des Gottesdienstes ist derjenige Ort, an dem der Mensch den Segen Gottes in besonderer Weise empfängt. Beiden Bedeutungen von εὐλογεῖν – also dem Lobpreis Gottes, in den der Mensch einstimmt, wie auch dem Segen, den der Mensch von Gott empfängt – ist eigen, dass damit die Überwindung der Trennung zwischen Himmel und Erde einhergeht. Diese Berührung von Schöpfer und Schöpfung findet bei Gregor Ausdruck im Begriff „Mysterium" (μυστήριον). Gregor verwendet den Begriff in seinen Reden in vierfacher Weise.

Ganz grundsätzlich ist für Gregor erstens *Gott Mysterium: dem Wesen nach für den Menschen vollkommen unfassbar, und doch erfahrbar im Wirken, verhüllt und offenbar.*

315 Greg. Naz., *or.* 45,21 [PG 36, 652.45–51]: Τοιαύτην ἑορτὴν ἑορτάζεις σήμερον· τοιοῦτον ἑστιᾷ τὸ ἐπὶ σοὶ τοῦ γεννηθέντος γενέθλιον, καὶ τοῦ παθόντος ἐπιτάφιον· τοιοῦτόν σοι τὸ τοῦ Πάσχα μυστήριον. [...] ὃς οἷς ἔπαθε, τὸ πάσχειν διδάσκων, οἷς ἐδοξάσθη, τὸ συνδοξασθῆναι χαρίζεται.

316 Zu der Frage nach der Realpräsenz Christi in der Eucharistie bei Gregor vgl. Althaus 1972, 183–186.

317 Dieser Gedanke Gregors wird ausgeführt im Unterkapitel über die *ästhetische Dimension* von Gregors Glaubenspraxis, vgl. oben, S. 211–230.

Zweitens *ist der Mensch – jeder Mensch! – Mysterium: ein Mischwesen aus Körper und Geist, er ist Materie, welcher der Logos, das Ebenbild Gottes innewohnt. Allerdings, so Gregor, hat der Mensch mit dem Verlassen des Paradieses das Bewusstsein seiner eigenen Göttlichkeit weitgehend verloren. Das Ebenbild ist verdunkelt, was bleibt, ist seine Sehnsucht nach Gott. So sucht der Mensch Gott in äußeren Dingen, nicht ahnend, dass die Erfüllung seiner Sehnsucht nach dem Göttlichen in seinem Inneren zu finden ist.*

Hier kommt Jesus Christus in Spiel: Drittens *und in beispielhafter Weise ist er Mysterium – der Mensch gewordene Logos, sicht- und greifbare Vereinigung der göttlichen mit der materiellen Natur. Im Angesicht Jesu Christi erkennt sich der Mensch selbst. Das bedeutet in letzter Konsequenz: Ganz genau so, wie Gott in Jesus Christus gegenwärtig ist, so ist Gott in jedem Menschen gegenwärtig.*

Der Ort, an dem der Mensch dies nach Gregors Verständnis in unübertroffener Weise erfährt, sind die kirchlichen Feste und Sakramente, die er viertens *als Mysterien bezeichnet. Im Gottesdienst und – noch zugespitzt – im Vollzug und der Teilhabe an den Sakramenten der Taufe und der Eucharistie vergegenwärtigt sich der Gemeinde das Mysterium Jesus Christus. So wird das Sakrament dem Menschen zum Kristallisationspunkt der Erfahrung seiner eigenen Göttlichkeit.*

Wie bereits bei den Überlegungen zur ästhetischen Dimension *christlicher Glaubenspraxis stellt sich auch hier die Frage, warum Gregor im Zusammenhang mit dem Mysterium kaum vom Heiligen Geist spricht. Nach seinem Verständnis ist der Geist Garant für die immer wieder neue Vergegenwärtigung der Offenbarung Gottes, die der Welt in Jesus Christus beispielhaft und zeitlich gebunden zuteilwurde. Weil damit jede Erfahrung des Göttlichen stets geistgewirkte Erfahrung ist (vgl. oben, II 5.8, S. 158), müsste Gregor hier, wo es um das Sakrament – für ihn der Inbegriff solcher Erfahrung – geht, erst recht vom Wirken des Geistes sprechen.*

So deutlich wie sonst kaum äußert sich Gregor im Zusammenhang mit dem liturgisch gestalteten Sakrament – insbesondere der Taufe – dazu, wie der Mensch das Mysterium – die Berührung von Gott und Welt – im Idealfall erfahren kann. Er verwendet dazu Begriffe wie Reinigung, Befreiung, Erleuchtung und Vollendung. Es ist Gregor nicht zu verübeln, dass seine Worte und Bilder trotz allem seltsam abstrakt anmuten. Hier ist für ihn eine sprachliche Grenze erreicht, die er weder überwinden kann noch will. Was dem Menschen, der das Sakrament empfängt, wirklich *widerfährt, wie es sich* anfühlt, *wenn Himmel und Erde verschmelzen, lässt sich eben nicht erklären, nicht beschreiben, sondern nur erfahren.*

Die Liturgie und in ihrem Mittelpunkt das Sakrament stellen bei Gregor den Ort dar, an dem sich die Erfahrung des Göttlichen in besonderer Weise verdichtet. Doch würde es Gregor nicht gerecht, diese liturgische Dimension *aus dem Gesamten christlicher Glaubenspraxis herauszuheben und zu isolieren. Vielmehr schließt sich mit ihr ein Kreis, in dem alle drei beschriebenen Dimensionen untrennbar zusammengehören, sich ineinander verschränken und zusammenspielen.*

So gelangen die Gläubigen durch ihre persönliche Lebensführung sowie durch den Umgang mit ihren Mitmenschen zu immer größerer Reinheit und Ähnlichkeit mit

Gott; dies macht die ethische Dimension *christlichen Lebens aus. Sie stellen jedoch auch die Vorbereitung auf die Teilnahme an den Sakramenten, insbesondere der Taufe, dar und führen damit direkt in die* liturgische Dimension *hinein. Schließlich befähigt und ermutigt die Erfahrung der inneren Göttlichkeit, die einem im Sakrament zuteilwerden kann, den Menschen wieder zu der guten christlichen Praxis; so wirkt sich das Geschehen in der* liturgischen Dimension *seinerseits unmittelbar auf die* ethische Dimension *gelebten Glaubens aus.*

Eine solche Zirkelbewegung lässt sich bei Gregor auch für die ästhetische *und die* liturgische Dimension *christlichen Glaubens beschreiben: Der Mensch, der beim Anblick der Schönheit und Ordnung der Natur in Staunen versetzt wird, muss – so Gregors Überzeugung – ahnen, dass in dieser für ihn wahrnehmbaren Pracht und Fülle eine schöpferische Kraft waltet, die nicht von dieser Welt ist, sondern sie erst hervorgebracht hat. Er erahnt hinter der Schöpfung Gott und nimmt die Sehnsucht seiner Seele nach eben diesem Göttlichen umso stärker wahr. Diese Sehnsucht hingegen macht den Menschen empfänglich für den Glauben an Jesus Christus, wie er in der Liturgie und in den Sakramenten vermittelt und erfahrbar wird. Angesichts von Jesus Christus gelangt der Mensch zur Erkenntnis des ihm innerlichen göttlichen Logos, das heißt, seiner eigenen Göttlichkeit. Und diese wiederum erkennt sich im Spiegel der Schöpfung, versetzt den Menschen in noch größere Bewunderung und Ehrfurcht und bringt ihn zum Lobgesang Gottes, der seinerseits in der Liturgie zur höchsten Vollendung kommt.*

IV. Ertrag

1. Unfassbarkeit und Erfahrbarkeit Gottes in Gregors Theologie

1.1 Die Unterscheidung zwischen dem *Dass* und dem *Was* Gottes

Ziel der vorliegenden Untersuchung war es, die Reden des Gregor von Nazianz daraufhin zu untersuchen, wie ihr Autor die Spannung zwischen der Unfassbarkeit Gottes und der Möglichkeit der Erfahrung des Göttlichen aushält und sprachlich gestaltet. Dazu wurde gefragt, ob Gregor in seinen Reden zwischen dem absolut unfassbaren Wesen Gottes und dem für den Menschen erfahrbaren Wirken Gottes unterscheidet und, falls ja, *wie* er diese Unterscheidung vollzieht und was er daraus für seine Rede von Gott gewinnt.

Ein wichtiges Merkmal der Spätantike ist die Ausbreitung des Christentums im griechisch geprägten Mittelmeerraum und das damit einhergehende Bedürfnis gebildeter Christen, das Zeugnis der Bibel mit einer griechisch-philosophischen Weltsicht in Einklang zu bringen. Zu Gregors Zeit ist diese Verbindungsarbeit bereits zu großen Teilen erfolgt – zuletzt und am gründlichsten von seinem theologischen Vorbild Origenes. So nimmt die Theologie auch bei Gregor – in einer für seine Zeit kennzeichnenden Weise – ihren Anfang von zwei Seiten. Auf der einen Seite steht der Glaube an die Offenbarung Gottes in Jesus Christus, wie sie in der Heiligen Schrift bezeugt ist. Auf der anderen Seite steht Gregors Überzeugung, dass der Mensch – unabhängig von seinen religiösen und philosophischen Anschauungen – die Tatsache des Seins Gottes aus der Welt erahnt: Angesichts der Ordnung und Schönheit von Himmel und Erde und von allem, was in diesen Sphären vorgeht, was sie belebt und erfüllt, kann er zu keiner anderen Einsicht gelangen, als *dass* Gott ist. Hingegen erschließt sich dem Menschen bei der Betrachtung der Schöpfung nicht, *was* Gott ist.

Mit der Rede vom *Dass* und vom *Was* Gottes ist die Unterscheidung zwischen Gottes erfahrbarem Wirken und Gottes unfassbarem Wesen in Gregors Theologie grundsätzlich angelegt. Jede weitere Ausformulierung seiner Lehre ist im Grunde eine Verfeinerung dieser theologischen Grundstruktur vor dem Hintergrund des biblischen Zeugnisses.

1.2 Trinitätslehre als Ausformulierung der Unterscheidung zwischen dem unfassbaren Wesen und dem erfahrbaren Wirken Gottes

Als griechisch gebildeter, gläubiger Christ und als großer Liebhaber der Sprache setzt Gregor voraus, dass die sich aus der Betrachtung der Welt ergebende Ahnung Gottes in einem Zusammenhang mit dem Zeugnis der Heiligen Schrift – insbesondere mit der Offenbarung Gottes in Jesus Christus – und mit der christlichen Tradition steht. In seinen Augen ist es außerdem ein menschliches Grundanliegen, das, was einen berührt, so weit wie möglich zu erfassen und sich ihm zu nähern. Es steht für Gregor deshalb außer Zweifel, dass der Mensch, der angesichts der Schöpfung Gott erahnt, von der Gottes-Ahnung zu einer christlichen Gottes-Rede fortzuschreiten sucht. Nach seinem Verständnis gilt es, zu einer Theo-Logie zu kommen, die der Unmöglichkeit, das *Was* Gottes zu erkennen – also der Unfassbarkeit des göttlichen Wesens – ebenso Rechnung trägt wie dem *Dass* – also dem vielfältig erfahrbaren Wirken Gottes. Für Gregor ist das theologische Konzept seiner Wahl, mit dessen Hilfe er beidem gerecht werden will, seine Trinitätslehre.

Dem nizänischen Bekenntnis folgend spricht Gregor von *einer* Gottheit in *drei* Personen – von Vater, Sohn und Heiligem Geist: Die drei Personen sind eins im Blick auf ihre Gottheit, das Eine aber ist drei im Blick auf seine Besonderheiten. Das heißt: Als verschiedene Aspekte Gottes stehen der Vater, der Sohn und der Heilige Geist in unterschiedlicher Beziehung sowohl zueinander als auch zum Menschen. Den trinitarischen Personen gemeinsam ist hingegen das göttliche Wesen. Gerade Letzteres betont Gregor in seinen Schriften mit großer Eindringlichkeit: In der Auseinandersetzung mit Eunomius geht es ihm dabei insbesondere um die Wesensgleichheit von Vater und Sohn; gegen die Pneumatomachen verteidigt er kompromisslos – und wohl in seiner Zeit am entschiedensten – die Göttlichkeit des Heiligen Geistes. Dabei ist Gottes Wesen – wie Gregor immer wieder betont – für den Menschen vollkommen unfassbar.

Für diese verborgene Seite Gottes steht in Gregors Theologie der *Vater*. Um Worte ringend und im Wissen darum, dass jedes Wort Gott unendlich verfehlt, bezeichnet Gregor ihn als ursprungslosen Ursprung, als unveränderlich und ewig. Die Person des Vaters garantiert in Gregors Trinitätslehre den erkenntnistheoretischen Vorbehalt; oder anders gesagt: die Unfassbarkeit des *Was* Gottes, des göttlichen Wesens. Derweil dient Gregor die Rede vom Sohn und vom Heiligen Geist dazu, das aus der Welt erahnbare *Dass* Gottes mit dem Zeugnis der Bibel zu verbinden.

Der *Sohn* steht für den sich nach außen wendenden Aspekt Gottes: Er ist der geschichtlich einmalig fleischgewordene Logos Gottes Jesus Christus und damit der Prototyp der Offenbarung Gottes in der Welt; er ist aber auch der göttliche Logos, der die Schöpfung ins Leben ruft und sie ewig ordnend und erhaltend durchwaltet; und er ist der göttliche Logos, der als Gottes Ebenbild jedem Menschen innewohnt. So haben die Schöpfung, das Leben und Handeln Jesu Christi und die Gottebenbildlichkeit des Menschen ihren Ursprung im Unfassbaren, werden für den Menschen aber erfahrbar und aussagbar. Die Person des Sohnes bedeutet damit die prinzipielle erfahr- und wahrnehmbare Hinwendung des unfassbaren Göttlichen zur Welt.

Der *Heilige Geist* steht für denjenigen Aspekt Gottes, der dem Menschen Gott im Hier und Jetzt vergegenwärtigt. In ihm aktualisiert sich die in der Heiligen Schrift und in der Tradition der Kirche bezeugte Offenbarung Gottes. Durch das Wirken des Heiligen Geistes wird die grundsätzliche Möglichkeit der Erfahrung Gottes für den einzelnen Menschen unmittelbare Wirklichkeit.

In Gregors Augen ist es nicht dasselbe, ob er für die Beziehung der trinitarischen Personen untereinander – also so weit wie möglich für Gott selbst – Worte sucht, oder ob er vom Handeln des Sohnes und des Geistes in der Welt spricht. Das erste ist für ihn *Theologie* (θεολογία), also Gottes-Rede im eigentlichen Sinn. Unter dem zweiten versteht er die Rede vom Heilswirken (οἰκονομία) Gottes – das heißt: des Sohnes und des Heiligen Geistes in der Welt. Während das Wesen Gottes sowie auch die Beziehung der trinitarischen Personen untereinander für den Menschen letztlich immer unerkennbar und unfassbar bleiben, kann der Mensch das Wirken Gottes in Jesus Christus und im Heiligen Geist erfahren. Wichtig ist Gregor dabei, dass beide – stets in Übereinstimmung mit der ganzen Trinität – *von sich aus* wirken: Sie sind selbst Gott und deshalb nicht Ergebnisse sondern Urheber göttlichen Wirkens.

1.3 Theologie als Methode zur Bestimmung der Grenzen der Gotteserkenntnis

Gregors Theologie zeichnet sich nicht nur durch die Inhalte aus, mit denen sie sich beschäftigt, sondern insbesondere auch durch die Methodik, die er dabei anwendet. Theologisches Nachdenken und Sprechen – Gregor spricht dabei von Theologietreiben (θεολογεῖν) – sind nach seinem Verständnis *intellektuelle* Tätigkeiten, die sich stark an der aristotelischen Logik orientieren. Während sich platonische Einflüsse auf Gregor insbesondere in seinem Welt- und Menschenbild zeigen, hält sich Gregor in seiner theologischen Arbeit an das wissenschaftliche Vorgehen aus der Philosophie des Aristoteles, das mittels logischer Schlüsse Erkenntnis zu erlangen sucht.

Für Gregor sind Erkenntnis und Sprache in engster Weise miteinander verbunden. Was der Mensch erfasst hat, so ist er überzeugt, kann dieser auch ausdrücken. Was er nicht auszudrücken vermag, das hat er folglich auch nicht begriffen. Wo also die Sprache versagt, kommt auch das vernünftige Denken an sein Ende. Die Theologie wird für Gregor so zu einem Mittel, die Grenze der Sprache, des Denkens und Verstehens – und damit der Gotteserkenntnis – auszuloten und zu markieren.

Indem Gregor zwischen dem unfassbaren Wesen und dem in der Welt erfahrbaren Handeln Gottes unterscheidet, gelingt es ihm, vom biblischen Zeugnis wie auch von seinen eigenen Erfahrungen, die er auf das Wirken Gottes zurückführt, *wirklich* als Erfahrungen mit dem Göttlichen zu sprechen und gleichzeitig die qualitative Andersheit, Unverfügbarkeit und Transzendenz Gottes – und damit eigentlich Gottes Göttlichkeit – zu wahren.

2. Unfassbarkeit und Erfahrbarkeit Gottes in den praktischen Dimensionen christlichen Lebens

2.1 Eingedenksein Gottes als Gegenüber zum theologischen Denken und Sprechen

Dem Theologietreiben (θεολογεῖν) – das heißt: dem theologischen Arbeiten – steht nach Gregors Verständnis das praktische Glaubensleben der Kirche und der einzelnen Christinnen und Christen gegenüber. Er verwendet dazu in *or.* 27,4 als Überbegriff „Eingedenksein Gottes" (μεμνῆσθαι Θεοῦ) und versteht darunter die Lebenshaltung eines gläubigen Menschen, dessen Ziel die ständige Vergegenwärtigung Gottes ist. Mit der Rede vom Eingedenksein bzw. vom Gedenken oder Gedächtnis Gottes (μνήμη θεοῦ) steht Gregor in einer Tradition, die bis an den Anfang unserer Zeitrechnung zurückreicht. Wie bei Gregor ist das Eingedenksein Gottes bereits bei anderen Autoren vor ihm und neben ihm – so bei Philon von Alexandria, Justin, Origenes und Eusebius von Caesarea, aber auch bei Basilius und Gregor von Nyssa – mit der demütigen Selbsterkenntnis und mit der Glaubenspraxis verbunden. Jedoch geht er in der Frage nach den Auswirkungen des Gottesgedenkens auf den Menschen wesentlich weiter als sonst üblich: Während die übrigen Autoren hier eher die Distanz zwischen Gott und Mensch betonen, ist Gott bei Gregor im Vollzug des Gedenkens gegenwärtig.

Liegt sein Interesse bei der theologischen Arbeit auf der Frage nach der *Erkenntnis* Gottes, verlagert es sich im Zusammenhang mit dem gelebten Glauben auf das Streben nach der *Erfahrung* Gottes und schließlich auf die Vereinigung mit Gott. Entsprechend verliert die Unterscheidung zwischen dem unfassbaren Wesen und dem erfahrbaren Wirken Gottes bei Gregor da, wo er von der christlichen Lebenspraxis spricht, an Bedeutsamkeit. Hier geht es nicht mehr darum, Gott zu begreifen, sondern sich von Gott ergreifen zu lassen.

Während Gott nach Gregors Verständnis auf der Ebene intellektueller Erkenntnis unbegreiflich bleibt, kann der Mensch Gott durch seine Glaubenspraxis erfahren. Die vorliegende Untersuchung zeigt dies anhand von drei grundlegenden Dimensionen gelebten Glaubens: der *ethischen*, der *ästhetischen* und der *liturgischen Dimension*. Gregors Aussagen über die praktischen Aspekte christlichen Lebens wurden damit zum ersten Mal systematisch untersucht und seiner Theologie gegenübergestellt.

2.2 In drei Dimensionen christlicher Glaubenspraxis Gott erfahren

2.2.1 Ethische Dimension

Die *ethische Dimension* der Glaubenspraxis umfasst bei Gregor einerseits das geistliche Leben des einzelnen Menschen und andererseits den Umgang der Menschen untereinander. Während Gregors Aussagen über eine asketische Lebensführung in der Forschung bereits beobachtet und untersucht wurden, haben seine sozialethischen Positionen bisher nicht die angemessene Beachtung erfahren. Die vorliegende Untersuchung fragte nicht nur nach der theologischen Begründung wohltätigen Handelns, sondern auch nach dessen Auswirkung auf die Beziehung des Menschen zu Gott und stellt Gregors Entwurf christlicher Sozialethik somit erstmals umfassend dar.

Auf der individuellen Ebene soll der Mensch so weit wie möglich ein asketisches Leben führen. Dieses zeichnet sich durch Demut und Bescheidenheit sowie durch konkrete Übungen wie Nachtwachen, Fasten und die Meditation der Gebote Gottes aus. Es ist für Gregor bezeichnend, dass er in seinen diesbezüglichen Empfehlungen nicht zwischen Geistlichen und Laien trennt: Die Lebensentwürfe der Menschen mögen sich unterscheiden, die spirituelle Praxis bleibt dieselbe. Ziel des asketischen Lebens ist die Reinigung (κάθαρσις) des Menschen bzw. die Einübung in den Tod (μελέτη θανάτου) – ein ursprünglich platonisches Motiv, welches im Bezug auf Gregor hier untersucht und beschrieben wurde. Beides meint die Loslösung von allem Materiellen, die den Menschen zu immer größerer innerer Freiheit, zu immer klarerem Bewusstsein seiner eigenen Gottebenbildlichkeit und damit zu einer fortschreitenden Annäherung an Gott führen soll.

Auf der sozialen Ebene fordert Gregor von Christinnen und Christen einen liebevollen Umgang untereinander und insbesondere wohltätiges Handeln gegenüber Benachteiligten und Bedürftigen. Gregor begründet diese Forderung einerseits dadurch, dass alle Menschen gleichermaßen als Mischwesen aus Materie und Geist geschaffen und – verbunden durch Jesus Christus – Geschwister sind. Aufgrund der Gleichheit aller Menschen vor Gott lässt sich eine Über- oder Unterprivilegierung in keinerlei Weise rechtfertigen – im Gegenteil: Es ist die Pflicht von Christinnen und Christen, der Ungleichheit entgegenzuwirken. Gregor begründet die Notwendigkeit wohltätigen Handelns andererseits damit, dass alle Menschen in elementarster Weise von Gott beschenkt sind. Aus der Erkenntnis des Beschenktseins ergibt sich für ihn als Konsequenz der Wunsch, den empfangenen Reichtum weiterzugeben und mit anderen zu teilen. Gregor ist im Allgemeinen äußerst zurückhaltend darin, theologische Aussagen zu treffen, die sich nicht auf den Sohn oder den Heiligen Geist beziehen, sondern die vielmehr das göttliche Wesen betreffen. Im Zusammenhang mit der Wohltätigkeit weicht er von diesem Grundsatz ein Stück weit ab: Nach seinem Verständnis ist die Menschenfreundlichkeit (φιλανθρωπία), also die liebende Zuneigung, Gott in höchstem Maß eigen.

Entsprechend wird der Mensch, der sich seinerseits anderen liebend zuneigt, Gott ähnlich.

Nicht nur auf dem Weg asketischer Übung und der damit einhergehenden Reinigung und Vergeistigung, sondern auch auf dem Weg der Wohltätigkeit erfolgt nach Gregors Verständnis eine immer größere Verähnlichung und Annäherung des Menschen an Gott. Am Ende dieser Bewegung steht für ihn die angestrebte Vereinigung mit Gott.

2.2.2 Ästhetische Dimension

Am Anfang der Auseinandersetzung mit der *ästhetischen Dimension* gelebten Glaubens in Gregors Schriften steht die Beobachtung, dass Gregor gegenüber dem Materiellen und insbesondere dem Schönen eine widersprüchliche Haltung einnimmt: Im Sinne seiner Überzeugung, nach der das Immaterielle, das Geistige, Gott ähnlicher und näher ist, das Materielle, Körperliche hingegen Gott fremder und ferner, betrachtet Gregor alle sinnlich erfahrbaren Dinge mit höchstem Misstrauen. Groß ist in seinen Augen die Gefahr, dass der Mensch irdischen Gütern – Schönheit, Reichtum, Ansehen – nacheifert und in Aufruhr und Unfrieden gerät, anstatt sich mit seinem ganzen Sein und Leben auf das Wesentliche – Gott – auszurichten und zu Klarheit und Frieden zu gelangen. Allerdings fällt bei der Lektüre von Gregors Schriften ebenfalls auf, wie oft und wie genussvoll, wie sprachlich schön und formvollendet er selbst von der Schönheit spricht.

Die wahrnehmbaren, materiellen Dinge haben in Gregors Verständnis sowohl das Potential, den Menschen von Gott zu trennen, als auch, ihn näher mit Gott zusammenzuführen. In welche Richtung sich der Mensch bewegen lässt, entscheidet sich daran, ob er sich des ihm innerlichen Logos, also seiner eigenen Göttlichkeit, bewusst ist. Und zu der Entdeckung eben dieses göttlichen Logos gelangt der Mensch durch den Glauben an Jesus Christus, den Inbegriff der Gegenwart des göttlichen Logos im Menschen.

Ohne den Glauben an Jesus Christus und damit auch ohne den Glauben an die ihm selbst innewohnende Göttlichkeit ahnt der Mensch im Anblick der Schönheit der Schöpfung zwar Gott, doch bleibt er gegenüber diesem Göttlichen beziehungslos. Die Ahnung Gottes lässt bestenfalls die Sehnsucht des Menschen nach Gott wachsen, vermag es aber nicht, sie zu stillen. Ist sich der Mensch jedoch durch den Glauben an Jesus Christus der ihm selbst innewohnenden Göttlichkeit bewusst geworden, so erkennt sich sein innerer Logos im Logos, der in der Schöpfung wirkt, wieder. So verwandeln sich die sinnlich wahrnehmbaren Dinge von störenden Hindernissen in durchlässige Stellen, durch die hindurch der Mensch in der Schöpfung Gott erfahren kann.

Gregor überschreitet damit die theologische Unterscheidung zwischen dem aus der Schöpfung erkennbaren *Dass* und dem unfassbaren *Was* Gottes um einen kleinen, aber entscheidenden Schritt. Zwar bleibt das Wesen Gottes für das intellektuelle menschliche Verstehen immer noch verborgen. Jedoch lässt die Begegnung des göttlichen Logos im Menschen mit dem göttlichen Logos in der Schöpfung die *Ahnung* Gottes zur *Erfahrung* Gottes werden, wie sie auch in der Bibel bezeugt ist.

Auf die Erfahrung Gottes im sinnlich wahrgenommenen Schönen kann und soll der Mensch nach Gregors Verständnis seinerseits mit Schönem antworten. In seinem Fall ist es besonders die kunstvoll gestaltete Sprache, sein eigener Logos, in dem der göttliche Logos zum Ausdruck kommt. In anderen Worten: In Gregors Sprachschöpfungen entfaltet der ihm innerliche schöpferische Logos sein Wirken in der Gegenwart. Doch nicht nur die Schreibarbeit, die Gregor besonders nahe ist, kann den Menschen das Göttliche erfahren lassen: Auch in jeder anderen Tätigkeit – wenn sie sorgfältig und in einem Zustand innerer Sammlung ausgeübt wird – kann sich der göttliche Logos offenbaren.

2.2.3 Liturgische Dimension

Das höchste Ziel des Menschen besteht nach Gregors Verständnis, wie bereits erwähnt, in seiner eigenen Vergöttlichung (θέωσις) und Vereinigung mit Gott. Diese Überwindung der Trennung zwischen Himmel und Erde kann sich punktuell bereits im irdischen Leben eines Menschen ereignen. Wo dies geschieht, spricht Gregor von *Mysterium* (μυστήριον). Es findet seinen Kristallisationspunkt in der Gemeinschaft der Kirche, in ihrer Liturgie und in ihren Sakramenten, also in der *liturgischen Dimension* christlichen Lebens. Darüber hinaus steht *Mysterium* bei Gregor aber für jeden Ort, an dem der Mensch die Berührung von Gott und der Welt erfahren kann. Entsprechend zentral ist der Begriff in seinem Verständnis des Heilswirkens Gottes.

Gregor spricht von Gott als Mysterium, weil zu Gott die Offenbarung ebenso gehört wie die Verhüllung. Als Geschöpf, in dem sich Materie und der göttliche Logos treffen, versteht Gregor auch den Menschen als Mysterium, stellt aber fest, dass die Menschen das Bewusstsein ihrer eigenen Göttlichkeit verloren haben. Diesem Zustand menschlicher Verlorenheit begegnet das Mysterium par excellence – Jesus Christus, der fleischgewordene Logos, in dem die göttliche und die materielle Natur beispielgebend vereinigt sind. In Jesus Christus erkennt sich der Mensch selbst und erfährt, dass Gott *genau so* wie in Jesus Christus auch in ihm selbst gegenwärtig ist. Gotteserfahrung bedeutet für Gregor im Kern die Erkenntnis der eigenen Göttlichkeit. Der Ort, an dem sich diese Erfahrung für die Gläubigen in besonderer Weise konkretisiert und verdichtet, ist für ihn die Liturgie der Kirche. Entsprechend bezeichnet er auch die christlichen Feste – und in deren Zentrum die Sakramente der Taufe und der Eucharistie – als Mysterien.

2.3 Gotteserfahrung zur Sprache bringen

Wie unter den Bedingungen der Sprache und des Mediums Papier nicht anders möglich, wurden die drei Dimensionen christlicher Praxis nacheinander und in der Reihenfolge, die sich aus Gregors *or.* 27,4 ergibt, behandelt. Diese Darstellung wird der Sache jedoch im Grunde nicht gerecht: Es ist für Gregors Aussagen über die verschiedenen Facetten gelebten Glaubens gerade bezeichnend, dass sie weder voneinander zu trennen sind, noch als einander über- oder untergeordnet verstanden werden dürfen. Vielmehr handelt es sich um drei verschiedene Aspekte der Glaubenspraxis, die sich wechselseitig verschränken, ergänzen, bekräftigen und beschwingen. Im Folgenden seien nur drei dieser möglichen Wechselwirkungen skizziert:

Die Gläubigen bereiten sich durch ihre Lebensführung auf den Empfang der Sakramente vor (*ethische* und *liturgische Dimension*). – Durch die Feier des Gottesdienstes in der Gemeinschaft der Kirche wird der Gläubige wiederum in seiner Lebensführung gestärkt (*liturgische* und *ethische Dimension*).

In der Teilnahme am Sakrament erfährt der Mensch seine eigene Göttlichkeit und gewinnt dadurch einen neuen Blick auf die Welt (*liturgische* und *ästhetische Dimension*). – Der Mensch, der die Welt als vom Logos durchwirkte Schöpfung wahrnimmt, antwortet auf diese Erfahrung mit Dankbarkeit, die in den liturgischen Hymnen zum vollsten Ausdruck kommt (*ästhetische* und *liturgische Dimension*).

Hat jemand in der Schöpfung und in seinem Inneren den göttlichen Logos erkannt, zeigt er gegenüber seinen Mitmenschen – und aus einer heutigen Sicht: gegenüber der Schöpfung – ein entsprechend liebevolles und wohlwollendes bzw. schönes Verhalten (*ästhetische* und *ethische Dimension*). – Das schöne Verhalten gegenüber Menschen und Welt führt wiederum zu einer klareren Wahrnehmung des Göttlichen in der Welt (*ethische* und *ästhetische Dimension*).

Nach Gregors Verständnis sind es stets *alle* drei Dimensionen, die zur Annäherung des Menschen an Gott zusammenspielen. Der Überzeugung, nach der Gottes Wesen unfassbar ist, bleibt er dabei treu. Jenseits der Frage nach der intellektuell-logischen *Erkenntnis* Gottes entfaltet Gregor in seinen Reden im Zusammenhang mit dem gelebten Glauben jedoch die Möglichkeit der Gottes*erfahrung*. Um solche Erfahrung in Worte zu fassen, bedient er sich nicht nur des fast unerschöpflichen Schatzes von Motiven aus der Heiligen Schrift, sondern auch der griechischen Literatur. Stets im Wissen darum, dass sich die Erfahrung Gottes letztlich jeder Beschreibung entzieht, verbindet er die verschiedenen Elemente virtuos zu sprachlichen Bildern, die dem hymnischen Singen näher sind als der vernünftigen Rede.

Zur Untersuchung von Gregors Aussagen zu den praktischen Aspekten christlichen Glaubens wurden in dieser Studie die *ethische*, die *ästhetische* und die *liturgische Dimension* aus seinem Werk herausgearbeitet. In praktisch-theologischen Auseinandersetzungen könnte das Modell jedoch über die Beschäftigung mit Gregor von Nazianz hinaus von Interesse sein. Es wäre zu prüfen, ob es zur Beschreibung,

Untersuchung und Systematisierung von Aussagen und Beobachtungen zum kirchlichen und religiösen Leben – möglicherweise sogar über das Christentum hinaus – eine valable Alternative zu den traditionellen Grundvollzügen der Kirche (*Martyria*, *Leiturgia*, *Diakonia* und *Koinonia*) darstellt.

3. Verbindung von theologischer Arbeit und gelebtem Glauben

3.1 Unterscheidung statt Trennung

Gregor versteht theologische Arbeit und christliche Glaubenspraxis als grundlegend verschiedene Weisen der Auseinandersetzung mit dem Göttlichen. Damit ist auf den ersten Blick genau jene Unterteilung von Theologie und Spiritualität ausgedrückt, die Christopher Beeley in seiner Studie zu Gregors Aussagen über die Trinität und die Gotteserkenntnis so vehement ablehnt (siehe oben, 14 ff.). Die vorliegende Untersuchung hat gezeigt, dass sich eine *Unterscheidung* zwischen Theologie und gelebtem Glauben in Gregors Werk nicht bestreiten lässt. Beeley ist jedoch insofern zuzustimmen, als Gregor das Verhältnis zwischen den beiden Dingen keinesfalls als *Trennung* verstehen will. Im Gegenteil: Er legt größten Wert darauf, dass die Glaubenspraxis der Theologie stets vorausgeht und ihr als nährender Boden zu Grunde liegt.

Auch eine Gegenüberstellung von Erkenntnis und Erfahrung will Beeley im Blick auf Gregors Werk nicht gelten lassen und schlägt stattdessen das Modell einer *quantitativ* abgestuften Gotteserkenntnis vor (siehe oben, S. 15 f.). Es ist aber genau diese Unterscheidung, welche der *qualitativen* Verschiedenheit von Gott und Mensch, von Schöpfer und Geschöpf erst das gebotene Gewicht beimisst. Indem er zwischen der intellektuellen Erkenntnis und der praktischen Erfahrung Gottes unterscheidet, gelingt es Gregor, die Unfassbarkeit des Wesens Gottes zu wahren und im Blick auf das göttliche Wirken dennoch auf lustvolle Weise sprachfähig zu werden.

3.2 Theologie als Übung

Theologisches Nachdenken stellt für Gregor eine Methode dar, Möglichkeiten und Grenzen der Rede von Gott auszuloten; zur angestrebten Überwindung der Trennung von Himmel und Erde sieht er jedoch die christliche Glaubenspraxis als wesentlich besser geeignetes Mittel an.

Am Ende dieser Studie drängt sich deshalb die Frage auf, inwiefern auch die wissenschaftliche Theologie als Aspekt gelebten Glaubens gelten kann. Es liegt in der Natur einer theologischen Untersuchung, dass sie sich der Werkzeuge des Denkens und der Sprache bedient – also genau jener Mittel, denen Gregor nur eine bedingte Annäherung an Gott zutraut. Das heißt aber nicht, dass die Erfahrung des Göttlichen auf diesem Weg unmöglich wäre. Im Vollzug gesammelten Denkens und

Schreibens sowie auch in der konzentrierten Lektüre kann jener Zustand höchster Präsenz erreicht werden, welcher der Vergegenwärtigung des inneren göttlichen Logos eigen ist. Wie im Grunde jede andere menschliche Tätigkeit ist deshalb auch die theologische Arbeit als geistesgegenwärtiges Üben zu verstehen.

Nicht zuletzt Gregors spürbares Ringen um eine Theologie in diesem Sinn und Geist macht die Beschäftigung mit seinem Werk bis heute zu einem großen Gewinn. Der Kirche wie auch der Wissenschaft sind für die Zukunft Theologinnen und Theologen zu wünschen, die intellektuelles Arbeiten und gelebten Glauben in der nötigen Klarheit unterscheiden und gleichzeitig mit Überzeugung vereinen.

V. Hinweise zur Zitationspraxis

Wo nicht anders vermerkt, werden die Gregorzitate in eigener Übersetzung präsentiert. Angestrebt wurde dabei die größtmögliche Nähe zum Griechischen, die für ein deutsches Sprachempfinden noch genießbar ist.

Wo Zitate zu Gunsten der Verständlichkeit um einzelne Wörter oder um Bemerkungen ergänzt werden, stehen die Ergänzungen in eckigen Klammern.

Die Titel von Gregors Reden sind insgesamt sekundär, also nicht von Gregor selbst gesetzt. Verwendet werden die griechischen Titel aus den jeweiligen Editionen sowie – wo vorhanden – die eingebürgerten deutschen Titel.

Übersetzungen von Zitaten anderer antiker Autoren werden, wo vorhanden und sinnvoll, aus bestehenden deutschen Ausgaben übernommen.

Antike Quellen sind in den Anmerkungen mit innerer und äußerer Zitation nach dem Schema: „Verfasser, *Buchtitel* Kapitel, Verse [Edition, ggf. Band, Seite, Zeilen]" angegeben.

Alttestamentliche Bibelzitate stammen aus: Alfred Rahlfs/Robert Hanhart, *Septuaginta*. Editio altera / quam recognovit et emendavit Robert Hanhart, Stuttgart 2006. Neutestamentliche Zitate werden entnommen aus: Eberhard Nestle/Barbara Aland/Kurt Aland, *Novum Testamentum Graece*. 28. Auflage. Deutsche Bibelgesellschaft, Stuttgart 2012.

Wo nicht anders vermerkt, folgen die deutschen Übersetzungen von Bibelzitaten dem Text der *Zürcher Bibel* von 2007, Zürich 2007 bzw. aus Wolfgang Kraus/Martin Karrer, *Septuaginta Deutsch*, Stuttgart 2009.

Bibliographische Abkürzungen folgen Siegfried M. Schwertner, Theologische Realenzyklopädie. Abkürzungsverzeichnis, Berlin/New York 1994 bzw. dem Lexikon der antiken christlichen Literatur, hg. von Siegmar Döpp/Wilhelm Geerlings, Freiburg im Br./Basel/Wien 2002.

Sekundärliteratur wird in den Anmerkungen nach dem Schema „VERFASSER Erscheinungsjahr, Seitenzahl(en)" zitiert.

VI. Quellen- und Literaturverzeichnis

1. Antike Quellen

1.1 Gregor von Nazianz

Greg. Naz., *Alphab. par. 1* = Alphabeticum paraeneticum 1, ed. Ioannis Sakkelion, Πατμιακὴ βιβλιοθήκη, Athen 1890, 18–19.

Greg. Naz., *dvs* = Gregor von Nazianz, *De vita sua. Einleitung*, Text, Übersetzung und Kommentar von Christoph Jungck, Heidelberg 1974.

Greg. Naz., *epist.* 1 - *epist.* 100 = Gregor von Nazianz, *Briefe 1–100*, in: Saint-Grégoire de Nazianze, Lettres. Texte établi et traduit par Paul Gallay, Paris 1964–1967 (Tome 1).

Greg. Naz., *epist.* 101 - *epist.* 249 = Gregor von Nazianz, *Briefe 101–249*, in: Saint-Grégoire de Nazianze, Lettres. Texte établi et traduit par Paul Gallay, Paris 1964–1967 (Tome 2).

Greg. Naz., *epit.* 5 = Gregor von Nazianz, *Epitaphion in Prohairesium sophistam*, in: J.-P. Migne, Patrologiae cursus completus (series Graeca) (PG) 38, Paris 1862, 13.

Greg. Naz., *or.* 1 = Gregor von Nazianz, *Discours 1*, in: Grégoire de Nazianze, Discours 1–3. Introduction, Texte critique, Traduction et Notes par Jean Bernardi (SC 247), Paris 1978, 72–83.

Greg. Naz., *or.* 2 = Gregor von Nazianz, *Discours 2*, in: Grégoire de Nazianze, Discours 1–3. Introduction, Texte critique, Traduction et Notes par Jean Bernardi (SC 247), Paris 1978, 84–241.

Greg. Naz., *or.* 3 = Gregor von Nazianz, *Discours 3*, in: Grégoire de Nazianze, Discours 1–3. Introduction, Texte critique, Traduction et Notes par Jean Bernardi (SC 247), Paris 1978, 242–255.

Greg. Naz., *or.* 4 = Gregor von Nazianz, *Discours 4*, in: Grégoire de Nazianze, Discours 4–5 Contre Julien. Introduction, Texte critique, Traduction et Notes par Jean Bernardi (SC 309), Paris 1983, 86–293.

Greg. Naz., *or.* 5 = Gregor von Nazianz, *Discours 5*, in: Grégoire de Nazianze, Discours 4–5 Contre Julien. Introduction, Texte critique, Traduction et Notes par Jean Bernardi (SC 309), Paris 1983, 294–381.

Greg. Naz., *or.* 6 = Gregor von Nazianz, *Discours 6*, in: Grégoire de Nazianze, Discours 6–12. Introduction, Texte critique, Traduction et Notes par Marie-Ange Calvet-Sebasti (SC 405), Paris 1995, 120–179.

Greg. Naz., *or.* 7 = Gregor von Nazianz, *Discours 7*, in: Grégoire de Nazianze, Discours 6–12. Introduction, Texte critique, Traduction et Notes par Marie-Ange Calvet-Sebasti (SC 405), Paris 1995, 180–245.

Greg. Naz., *or.* 8 = Gregor von Nazianz, *Discours 8*, in: Grégoire de Nazianze, Discours 6–12. Introduction, Texte critique, Traduction et Notes par Marie-Ange Calvet-Sebasti (SC 405), Paris 1995, 246–299.

Greg. Naz., *or.* 9 = Gregor von Nazianz, *Discours 9*, in: Grégoire de Nazianze, Discours 6–12. Introduction, Texte critique, Traduction et Notes par Marie-Ange Calvet-Sebasti (SC 405), Paris 1995, 300–315.

Greg. Naz., *or.* 11 = Gregor von Nazianz, *Discours 11*, in: Grégoire de Nazianze, Discours 6–12. Introduction, Texte critique, Traduction et Notes par Marie-Ange Calvet-Sebasti (SC 405), Paris 1995, 328–347.

Greg. Naz., *or.* 12 = Gregor von Nazianz, *Discours 12*, in: Grégoire de Nazianze, Discours 6–12. Introduction, Texte critique, Traduction et Notes par Marie-Ange Calvet-Sebasti (SC 405), Paris 1995, 348–361.

Greg. Naz., *or.* 14 = Gregor von Nazianz, *Oratio 14*, in: J.-P. Migne, Patrologiae cursus completus (series Graeca) (PG) 35, Paris 1857–1866, 857–909.

Greg. Naz., *or.* 16 = Gregor von Nazianz, *Oratio 16*, in: J.-P. Migne, Patrologiae cursus completus (series Graeca) (PG) 35, Paris 1857–1866, 933–964.
Greg. Naz., *or.* 17 = Gregor von Nazianz, *Oratio 17*, in: J.-P. Migne, Patrologiae cursus completus (series Graeca) (PG) 35, Paris 1857–1866, 964–981.
Greg. Naz., *or.* 18 = Gregor von Nazianz, *Oratio 18*, in: J.-P. Migne, Patrologiae cursus completus (series Graeca) (PG) 35, Paris 1857–1866, 985–1044.
Greg. Naz., *or.* 19 = Gregor von Nazianz, *Oratio 19*, in: J.-P. Migne, Patrologiae cursus completus (series Graeca) (PG) 35, Paris 1857–1866, 1044–1064.
Greg. Naz., *or.* 20 = Gregor von Nazianz, *Discours 20*, in: Grégoire de Nazianze, Discours 20–23. Introduction, Texte critique, Traduction et Notes par Justin Mossay (SC 270), Paris 1980, 56–85.
Greg. Naz., *or.* 21 = Gregor von Nazianz, *Discours 21*, in: Grégoire de Nazianze, Discours 20–23. Introduction, Texte critique, Traduction et Notes par Justin Mossay (SC 270), Paris 1980, 110–193.
Greg. Naz., *or.* 22 = Gregor von Nazianz, *Discours 22*, in: Grégoire de Nazianze, Discours 20–23. Introduction, Texte critique, Traduction et Notes par Justin Mossay (SC 270), Paris 1980, 218–259.
Greg. Naz., *or.* 23 = Gregor von Nazianz, *Discours 23*, in: Grégoire de Nazianze, Discours 20–23. Introduction, Texte critique, Traduction et Notes par Justin Mossay (SC 270), Paris 1980, 280–311.
Greg. Naz., *or.* 24 = Gregor von Nazianz, *Discours 24*, in: Grégoire de Nazianze, Discours 24–26. Introduction, Texte critique, Traduction et Notes par Justin Mossay (SC 284), Paris 1981, 40–85.
Greg. Naz., *or.* 25 = Gregor von Nazianz, *Discours 25*, in: Grégoire de Nazianze, Discours 24–26. Introduction, Texte critique, Traduction et Notes par Justin Mossay (SC 284), Paris 1981, 156–205.
Greg. Naz., *or.* 26 = Gregor von Nazianz, *Discours 26*, in: Grégoire de Nazianze, Discours 24–26. Introduction, Texte critique, Traduction et Notes par Justin Mossay (SC 284), Paris 1981, 224–273.
Greg. Naz., *or.* 27 = Gregor von Nazianz, *Erste Theologische Rede*, in: Gregor von Nazianz, Orationes theologicae/Theologische Reden. Übers. und eingel. von Hermann Josef Sieben (FC 22), Freiburg im Br./Basel u. a. 1996, 66–91.
Greg. Naz., *or.* 28 = Gregor von Nazianz, *Zweite Theologische Rede*, in: Gregor von Nazianz, Orationes theologicae/Theologische Reden. Übers. und eingel. von Hermann Josef Sieben (FC 22), Freiburg im Br./Basel u. a. 1996, 92–167.
Greg. Naz., *or.* 29 = Gregor von Nazianz, *Dritte Theologische Rede*, in: Gregor von Nazianz, Orationes theologicae/Theologische Reden. Übers. und eingel. von Hermann Josef Sieben (FC 22), Freiburg im Br./Basel u. a. 1996, 168–221.
Greg. Naz., *or.* 30 = Gregor von Nazianz, *Vierte Theologische Rede*, in: Gregor von Nazianz, Orationes theologicae/Theologische Reden. Übers. und eingel. von Hermann Josef Sieben (FC 22), Freiburg im Br./Basel u. a. 1996, 222–273.
Greg. Naz., *or.* 31 = Gregor von Nazianz, *Fünfte Theologische Rede*, in: Gregor von Nazianz, Orationes theologicae/Theologische Reden. Übers. und eingel. von Hermann Josef Sieben (FC 22), Freiburg im Br./Basel u. a. 1996, 274–339.
Greg. Naz., *or.* 32 = Gregor von Nazianz, *Discours 32*, in: Grégoire de Nazianze, Discours 32–37. Introduction, Texte critique et Notes par Claudio Moreschini. Traduction par Paul Gallay (SC 318), Paris 1985, 82–155.
Greg. Naz., *or.* 33 = Gregor von Nazianz, *Discours 33*, in: Grégoire de Nazianze, Discours 32–37. Introduction, Texte critique et Notes par Claudio Moreschini. Traduction par Paul Gallay (SC 318), Paris 1985, 156–197.
Greg. Naz., *or.* 34 = Gregor von Nazianz, *Discours 34*, in: Grégoire de Nazianze, Discours 32–37. Introduction, Texte critique et Notes par Claudio Moreschini. Traduction par Paul Gallay (SC 318), Paris 1985, 198–227.
Greg. Naz., *or.* 35 = Gregor von Nazianz, *Discours 35*, in: Grégoire de Nazianze, Discours 32–37. Introduction, Texte critique et Notes par Claudio Moreschini. Traduction par Paul Gallay (SC 318), Paris 1985, 228–239.
Greg. Naz., *or.* 36 = Gregor von Nazianz, *Discours 36*, in: Grégoire de Nazianze, Discours 32–37. Introduction, Texte critique et Notes par Claudio Moreschini. Traduction par Paul Gallay (SC 318), Paris 1985, 240–269.

Greg. Naz., *or.* 37 = Gregor von Nazianz, *Discours 37*, in: Grégoire de Nazianze, Discours 32–37. Introduction, Texte critique et Notes par Claudio Moreschini. Traduction par Paul Gallay (SC 318), Paris 1985, 270–319.

Greg. Naz., *or.* 38 = Gregor von Nazianz, *Discours 38*, in: Grégoire de Nazianze, Discours 38–41. Introduction, Texte critique et Notes par Claudio Moreschini. Traduction par Paul Gallay (SC 358), Paris 1990, 104–149.

Greg. Naz., *or.* 39 = Gregor von Nazianz, *Discours 39*, in: Grégoire de Nazianze, Discours 38–41. Introduction, Texte critique et Notes par Claudio Moreschini. Traduction par Paul Gallay (SC 358), Paris 1990, 150–197.

Greg. Naz., *or.* 40 = Gregor von Nazianz, *Discours 40*, in: Grégoire de Nazianze, Discours 38–41. Introduction, Texte critique et Notes par Claudio Moreschini. Traduction par Paul Gallay (SC 358), Paris 1990, 198–311.

Greg. Naz., *or.* 42 = Gregor von Nazianz, *Discours 42*, in: Grégoire de Nazianze, Discours 42–43. Introduction, Texte critique et Notes par Jean Bernardi (SC 384), Paris 1992, 48–115.

Greg. Naz., *or.* 43 = Gregor von Nazianz, *Discours 43*, in: Grégoire de Nazianze, Discours 42–43. Introduction, Texte critique et Notes par Jean Bernardi (SC 384), Paris 1992, 116–307.

Greg. Naz., *or.* 44 = Gregor von Nazianz, *Oratio 44*, in: J.-P. Migne, Patrologiae cursus completus (series Graeca) (PG) 36, Paris 1857-1866, 608–621.

Greg. Naz., *or.* 45 = Gregor von Nazianz, *Oratio 45*, in: J.-P. Migne, Patrologiae cursus completus (series Graeca) (PG) 36, Paris 1857-1866, 624–664.

1.2 Andere

Aristot., *Eth. Nic.* = Aristoteles, *Nikomachische Ethik*, in: Aristoteles, Die Nikomachische Ethik. Griechisch-deutsch. Übersetzt von Olog Gigon, neu herausgegeben von Rainer Nickel, Düsseldorf/Zürich 2001.

Aristot., *meteor.* = Aristoteles, *Meteorologica*, ed. H. D. P. Lee, Harvard 1952.

Bas., *epist.* = Basilius, *Epistulae*, in: Saint Basile. Lettres, 3 vols., ed. Y. Courtonne, Paris 1957–1966.

Bas., *c. Eunom.* = Basilius, *Contra Eunomium*, in: Basile de Césarée, Contre Eunome, tome II. Livres II–III suivi de Eunome. Apologie, *Contre Eunome*, éd. et trad. B. Sesboüé, G.-M. de Durand et L. Doutreleau (SC 305), Paris 1983.

Bas., *Hom. in Ps.* = Basilius, *Homilia in Psalmum* 29, in J.-P. Migne, Patrologiae cursus completus (series Graeca) (MPG) 29, Paris 1857-1866, 209–494.

Bas., *reg. brev.* = Basilius, *Asceticon magnum sive Quaestiones (regula brevius tractatae)* (PG) 31, ed. Jacques Paul Migne, Paris 1857-1866, 1052–1305.

Bas., *reg. fus.* = Basilius, *Asceticon magnum sive Quaestiones (regula fusius tractatae)* (PG) 31, ed. Jacques Paul Migne, Paris 1857-1866, 901–1052.

Bas., *spir.* = Basilius, *De Spiritu sancto / Über den Heiligen Geist*, in: Basilius von Cäsarea. Übers. und eingeleitet von Hermann Josef Sieben (FC 12), Freiburg im Br./Basel u. a. 1993.

Clem. Al., *Paid.* = Klemens von Alexandria, *Paidagogos*, in: Supplements to Vigiliae Christianae 61, ed. Miroslav Marcovich, Leiden 2002.

Eun., *apol.* = Eunomius, *Apologeticus*, in: Eunomius. The extant works. Text and transl. by Richard Paul Vaggione, Oxford 1987, 34–75.

Eun., *Frag. II* = Eunomius, Fragmentum II, in: Eunomius. The extant works. Text and transl. by Richard Paul Vaggione, Oxford 1987, 178–179.

Eus., *dem. ev.* = Eusebius, *Demonstratio evangelica*, in: GCS 23, ed. Ivar A. Heikel, Leipzig 1913.

Eus., *pr. ev.* = Eusebius, *Preparatio evangelica*, in: GCS 43/1, ed. Karl Mras, Berlin 1954.

Eus., *Is.* = Eusebius, *Commentarius in Isaiam*, in: GCS Eusebius 9, ed. Joseph Ziegler, Berlin 1975.

Eus., *Ps.* = Eusebius, *Commentaria in Psalmos*, in: Patrologiae cursus completus (series Graeca) (PG) 23, ed. Jacques Paul Migne, Paris 1857, 66–1396.

Greg. Nyss., *Paup.* = Gregor von Nyssa, *De pauperibus amandis I*, in: GNO 9/2, ed. Adrian van Heck, Leiden 1967, 93–108.

Greg. Nyss., *c. Eun.* = Greg. Nyss., *Contra Eunomium Liber I et II*, in: GNO I, ed. Wernerus Jaeger, Leiden 1960.

Greg. Nyss., *c. Eun.* = Gregor von Nyssa, *Contra Eunomium Liber III*, in: GNO II, ed. Wernerus Jaeger, Leiden 1960.

Greg. Nyss., *hom. in Cant.* = Gregor von Nyssa, *Homiliae in Canticum Canticorum*, in: GNO IV, ed. Hermannus Langerbeck, Leiden 1960.

Greg. Nyss., *in sext. Ps.* = Gregor von Nyssa, *In sextum Psalmum*, in: GNO V, ed. Jacobus McDonough/Paulus Alexander, Leiden 1962, 187–193.

Greg. Nyss., *Moys.* = Gregor von Nyssa, *De vita Mosis*, in: GNO 7/1, ed. Herbertus Musurillo, Leiden 1964.

Greg. Nyss., *or. dom.* = Gregor von Nyssa, *De oratione dominica*, in: GNO 7/2, ed. Johannes F. Callahan, Leiden/New York/Köln 1992, 1–74.

Greg. Thaum., *pan. Or.* = Gregorios Thaumaturgos, *Oratio Prosphonetica ac Panegyrica in Origenem / Dankesrede an Origenes.* Übersetzt von Peter Guyot. Eingeleitet von Richard Klein (FC 24), Freiburg im Br./Basel u. a. 1996, 120–221.

Him., *or. 18* = Himerios, *Oratio* 18, in: Harald Völker, Himerios – Reden und Fragmente. Einführung, Übersetzung und Kommentar, Wiesbaden 2003.

Hom., *Il.* = Homer, *Ilias*, ed. Hans Rupé, 16. Auflage, Berlin, 2013.

Hom., *Od.* = Homer, *Odyssee*, ed. Anton Weiher/Alfred Heubeck, 14. Auflage, Berlin 2013.

Iren. *adv. haer.* IV = Irenäus von Lyon, Adversus Haereses, in: Irenäus von Lyon, Adversus Haereses/Gegen die Häresien IV. Übersetzt und eingeleitet von Norbert Brox (FC 8), Freiburg im Br./Basel u. a. 1997.

Iust. Mart., *dial.* = Justinus Martyr, *Dialogus cum Tryphone*, in: Paradosis 47, ed. Philippe Bobichon, Fribourg 2003.

Iust. Mart., *apol. 1* = Justinus Martyr, 1 *Apologia* (= *Apologia Major*), in: PTS 38, ed. Miroslav Marcovich, Berlin/New York 1994.

Orig., *princ.* = Origenes, *De principiis* / Origenes, *Vier Bücher von den Prinzipien.* Herausgegeben, übersetzt, mit kritischen und erläuternden Anmerkungen versehen von Herwig Görgemanns und Heinrich Karpp (TzF 24), Darmstadt 1985.

Orig., *comm. Joh.* = Origenes, *Commentarius in Johannem*, in: GCS 10, ed. Erwin Preuschen, Leipzig 1903, 3–480.

Orig., *de or.* = Origenes, *De oratione*, in: GCS 3, ed. Paul Koetschau, Leipzig 1899, 297–493.

Orig., *Frag. in Luc.* = Origenes, *Fragmenta in Lucam*, in: GCS 49, ed. Max Rauer, Berlin 1959, 223–336.

Orig., *hom. Ps.* = Origenes, *Homilia I in Psalmum LXXVI*, in: GCS 19, ed. Lorenzo Perrone, Berlin/München/Boston 2015, 293–350.

Orig., *In Is. hom.* = Origenes, *Die Homilien zum Buch Jesaja*, ed. Alfons Fürst und Christian Hengstermann, Berlin/New York/Freiburg im Br./Basel/Wien 2009.

Orig., *Scholia in Matth.* = Origenes, *Scholia in Matthaeum*, in: J.-P. Migne, Patrologiae cursus completus (series Graeca) (PG) 17, Paris 1857, 304–305.

Phil. Alex., *virt.* = Philon von Alexandria, *De Virtutibus*, in: Philonis Alexandrini opera quae supersunt V, ed. Leopoldus Cohn, Berlin 1906, 266–335.

Phil. Alex., *bios. theor.* = Philon von Alexandria, *De Vita Contemplativa*, in: Philonis Alexandrini opera quae supersunt VI, ed. Leopoldus Cohn/Sigofredus Reiter, Berlin 1915, 46–71.

Phil. Alex., *Migr. Abr.* = Philon von Alexandria, *De Migratione Abrahami*, in: Philonis Alexandrini opera quae supersunt II, ed. Paulus Wendland, Berlin 1897, 268–314.

Phil. Alex., *Quaest. in Ex.* = Philon von Alexandria, *Quaestiones in Exodum*, ed. Françoise Petit, Paris 1978.

Phil. Alex., *Spec. Leg.* = Philon von Alexandria, *De Specialibus Legibus Lib. I–IV*, in: Philonis Alexandrini opera quae supersunt V, ed. Leopoldus Cohn, Berlin 1906, 1–265.

Plat., *leg.* = Platon, *Laws*, ed. R. G. Bury, London/Cambridge/Maßachusetts 1961.
Plat., *Phaid.* = Platon, *Phaidon*, ed. Franz Dirlmeier, 2. Aufl. (Sammlung Tusculum), München 1959.
Plat., *Phaidr.* = Platon, *Phaidros*, ed. Wolfgang Buchwald 1964, 1. Aufl. (Sammlung Tusculum), München 1964.
Plat., *pol.* = Platon, *Politeia*, ed. Rüdiger Rufener/Alexander Szlezák, Düsseldorf/Zürich 2000.
Plat., *Tht.* = Platon, *Theaetetus*, ed. Harold North Fowler, London/Cambridge/Maßachusetts 1961.
Plat., *Tim.* = Platon, *Timaios*, ed. Hans Günther Zeckl, Hamburg 1992.
Plot., Enn. I = Plotin, 1. Enneade, ed. Émile Bréhier, Paris 1954.
Plot., Enn. II = Plotin, 2. Enneade, ed. Émile Bréhier, Paris 1956.
Plot., Enn. III = Plotin, 3. Enneade, ed. Émile Bréhier, Paris 1956.
Plot., Enn. V = Plotin, 5. Enneade, ed. Émile Bréhier, Paris 1956.
Ps. Athan., *dial. trin.* = Pseudo-Athanasius, *De sancta trinitate dialogi*, in: J.-P. Migne, Patrologiae cursus completus (series Graeca) (PG) 28, Paris 1857–1866, 1116–1285.

2. Wörterbücher und Hilfsmittel

Döpp/Geerlings 2002: Siegmar Döpp/Wilhelm Geerlings (Hg.), Lexikon der antiken christlichen Literatur, Freiburg im Br./Basel/Wien.
Gemoll 1988: Wilhelm Gemoll/Karl Vretska, Griechisch-deutsches Schul- und Handwörterbuch. Durchgesehen und erweitert von Karl Vretska. Mit einer Einf. in die Sprachgeschichte von Heinz Kronasser, 9. Aufl., München.
Kaegi 2008: Adolf Kaegi, Kurzgefasste griechische Schulgrammatik, Hildesheim.
Lampe 1961: Geoffrey William Hugo Lampe, A patristic Greek lexicon. Ed. by G. W. H. Lampe, Oxford.
Liddell/Scott 1966: Henry George Liddell/Robert Scott u. a., Greek-English lexicon. Revised supplement. Edited by P. G. W. Glare. With the assistance of A. A. Thompson, Oxford.

3. Sekundärliteratur

Althaus 1972: Heinz Althaus, Die Heilslehre des Heiligen Gregor von Nazianz, Münster.
Arnold 2017: Johannes Arnold, Gottes Weisheit und die Vollendung des Menschen: Zur σοφία θεοῦ in Origenes' *Exhortation ad martyrium*, in: Theresia Hainthaler/Franz Mali/Gregor Emmenegger/Mant˙e Lenkaityt˙e (Hg.), Sophia. The Wisdom of God – Die Weisheit Gottes. Forscher aus dem Osten und Westen Europas an den Quellen des gemeinsamen Glaubens, Innsbruck/Wien, 115–129.
Asmus 1894: Rudolf Asmus, Gregorius von Nazianz und sein Verhältnis zum Kynismus. Eine patristisch-philosophische Studie (Erstausgabe in Theologische Studien und Kritiken 67, 1894), in: Margarethe Billerbeck (Hg.), Die Kyniker in der modernen Forschung. Aufsätze mit Einführung und Bibliographie, Amsterdam 1991.
Athanassiadi-Fowden 1981: Polymnia Athanassiadi-Fowden, Julian and Hellenism. An Intellectual Biography, Oxford.
Bachl 1993: Gottfried Bachl, Ästhetik. Theologisch, in: Lexikon für Theologie und Kirche, Bd. 1, Freiburg im Br./Basel/Rom/Wien, 1104–1107.
Barceló 2003: Pedro Barceló, Beobachtungen zur Verehrung des christlichen Kaisers in der Spätantike, in: Hubert Cancik/Konrad Hitzl (Hg.), Die Praxis der Herrscherverehrung in Rom und seinen Provinzen, Tübingen, 319–340.
Beck 1977: Hans-Georg Beck, Rede als Kunstwerk und Bekenntnis – Gregor von Nazianz, in: Bayerische Akademie der Wissenschaften. Philosophisch-historische Klasse. Sitzungsberichte, Jahrgang 1977, Heft 4, München.

Beeley 2009: Christopher A. Beeley, Gregory of Nazianzus on the Trinity and the Knowledge of God. In Your Light We Shall See Light, Oxford/New York.

Bergmann 1995: Sigurd Bergmann, Geist, der Natur befreit. Die trinitarische Kosmologie Gregors von Nazianz im Horizont einer ökologischen Theologie der Befreiung, Mainz.

Betegh 2010: Gabor Betegh, The Transmission of Ancient Wisdom: Texts, Doxographies, Libraries, in: Lloyd P. Gerson (Hg.), The Cambridge history of philosophy in late antiquity, Bd. 1, Cambridge, 25–38.

Böhringer 1842: Friedrich Böhringer, Die drei Kappadokier oder die trinitarischen Epigonen, in: Johann Heinrich Kurtz (Hg.), Kirchengeschichte in Biographien, Zürich.

Bordt 2011: Michael Bordt, Philosophie als Sterben-Lernen: Anthropologischer Dualismus, in: Jörn Müller (Hg.), Platon. Phaidon, Berlin, 33–45.

Bradshaw 2004: David Bradshaw, Aristotle East and West. Metaphysics and the division of Christendom, Milton Keynes UK.

Bradshaw 2006: David Bradshaw, The Concept of the Divine Energies, in: Philosophy and Theology 18, Nr. 1, 93–120.

Breitenbach 2003: Alfred Breitenbach, Das „wahrhaft goldene Athen". Die Auseinandersetzung griechischer Kirchenväter mit der Metropole heidnisch-antiker Kultur, Berlin/Wien.

Brugarolas Brufau 2018: Miguel Brugarolas Brufau (Hg.), Gregory of Nyssa. Contra Eunomium I. An English Translation with Supporting Studies, Leiden.

Bruns 2011: Christoph Bruns, Christologischer Universalismus. Der Johannesprolog in der Wirklichkeitsdeutung des Origenes, in: Markus Enders/Rolf Kühn (Hg.), „Im Anfang war der Logos". Studien zur Rezeptionsgeschichte des Johannesprologs von der Antike bis zur Gegenwart, Freiburg im Br./Basel/Wien, 7–46.

Buchheim 2015: Thomas Buchheim, Aristoteles. Eine Einführung in seine Philosophie, Freiburg im Br./München.

Contos 1967: Leonidas C. Contos, The Essence-Energies Structure of Saint Gregory Palamas with a Brief Examination of its Patristic Foundation, in: The Greek Orthodox Theological Review 12, Nr. 3, 283–294.

DelCogliano 2010: Mark DelCogliano, Basil of Caesarea's Anti-Eunomian Theory of Names. Christian Theology and Late-Antique Philosophy in the Fourth Century Trinitarian Controversy, Leiden.

DiFransico 2016: Lesley R. DiFransico, Washing Away Sin. An Analysis of the Metaphor in the Hebrew Bible and its Influence, Leuven/Paris/Bristol.

Domiter 1999: Kristijan Domiter, Gregor von Nazianz. De Humana Natura (c 1,2,14). Text, Übersetzung, Kommentar, Frankfurt.

Dörrie 1970: Heinrich Dörrie, Die Epiphanias-Predigt des Gregor von Nazianz (hom. 39) und ihre geistesgeschichtliche Bedeutung, in: Heinrich Dörrie, Platonica Minora, München 1976, 137–153 (erste Erscheinung in: Kyriakon. Festschrift für Joh. Quasten, 1970, 410–423).

Dräseke 1906: Johannes Dräseke, Neuplatonisches in des Gregorios von Nazianz Trinitätslehre, in: Byzantinische Zeitschrift 15, 141–160.

Effe/Binder 2001: Bernd Effe/Gerhard Binder, Antike Hirtendichtung. Eine Einführung, Düsseldorf/Zürich.

Elders 1994: Leo J. Elders, The Greek Christian Authors and Aristotle, in: Lawrence P. Schrenk (Hg.), Aristotle in late antiquity, Washington (D. C.), 111–142.

Ellverson 1981: Anna-Stina Ellverson, The Dual Nature of Man. A Study in the Theological Anthropology of Gregory of Nazianzus, Uppsala.

Elm 1994: Susanna Elm, Virgins of God. The Making of Asceticism in Late Antiquity, Oxford.

Elm 2003: Susanna Elm, Inscriptions and Conversions. Gregory of Nazianzus on Baptism (*Or.* 38–40), in: Kenneth Mills/Anthony Grafton (Hg.), Conversion in Late Antiquity and the Early Middle Ages. Seeing and Believing, Rochester N. Y., 1–35.

Fellechner 1979: Ernst L. Fellechner, Askese und Caritas bei den drei Kappadokiern, Diss., Heidelberg.

FERGUSON 2009: Everett Ferguson, Baptism in the Early Church. History, Theology, and Liturgy in the First Five Centuries, Grand Rapids/Cambridge.

FERNGREN 2009: Gary B. Ferngren, Medicine and Health Care in Early Christianity, Baltimore.

FISCHER 1971: Joseph A. Fischer, ΜΕΛΕΤΗ ΘΑΝΑΤΟΥ. Eine Skizze zur frühen griechischen Patristik, in: Ernst Chr. Suttner/Coelestin Patock (Hg.), Wegzeichen. Festgabe zum 60. Geburtstag von Prof. Dr. Hermengild M. Biedermann, Würzburg, 43–54.

FOCKEN 1912: Johannes Focken, De Gregorii Nazianzeni orationum et carminum dogmaticorum argumentandi ratione, Berlin.

FORSCHNER 1998: Maximilian Forschner, Stoa, in: Historisches Wörterbuch der Philosophie, Bd. 10, Darmstadt, 176–184.

FÖRSTER 2007: Hans Förster. Die Anfänge von Weihnachten und Epiphanias. Eine Anfrage an die Entstehungshypothesen, Tübingen.

GADAMER 1999: Hans-Georg Gadamer, Der Anfang des Wissens, Stuttgart.

GALLAY/JOURJON 1978: Paul Gallay/Maurice Jourjon, Introduction, in: Grégoire de Nazianze, Discours 27–31 (Discours Théologiques). Introduction, Texte critique, Traduction et Notes par Paul Gallay. Avec la Collaboration de Maurice Jourjon, Paris, 7–65.

GEMEINHARDT 2013: Peter Gemeinhardt, Glaube, Bildung, Theologie – Ein Spannungsfeld im frühchristlichen Alexandria, in: Tobias Georges/Felix Albrecht/Reinhard Feldmeier (Hg.), Alexandria, Tübingen, 445–473.

GEORGES/ALBRECHT/FELDMEIER 2013: Tobias Georges/Felix Albrecht/Reinhard Feldmeier (Hg.), Alexandria, Tübingen.

GIGON 1965: Olof Gigon, Dihärese, in: Lexikon der Alten Welt, Zürich, 734.

GRESCHAT/TILLY 2005: Katharina Greschat/Michael Tilly, Vorwort, in: Justinus. Dialog mit dem Juden Tryphon. Übersetzt von Philipp Haeuser. Neu herausgegeben von Katharina Greschat und Michael Tilly, Wiesbaden, 7–23.

HAEUSER/KERTSCH 1983: Philipp Haeuser/Manfred Kertsch, Erläuterungen zum Autor und zum Text, in: Gregor von Nazianz, Reden. Über den Frieden. Über die Liebe zu den Armen. Deutsche Übersetzung von Philipp Haeuser. Bearbeitet von Manfred Kertsch, München, 67–75.

HADOT 2002: Pierre Hadot, Philosophie als Lebensform. Antike und moderne Exerzitien der Weisheit, Frankfurt.

HAGER 1972: Fritz Peter Hager, Dihairesis, in: Historisches Wörterbuch der Philosophie, Bd. 2, Darmstadt, 242–244.

HAINTHALER 2017: Theresia Hainthaler, ‚Christ, God's Wisdom and God's Power' (1 Cor 1,24) and Sophia Christology – Some Observations, in: Theresia Hainthaler/Franz Mali/Gregor Emmenegger/Mant˙e Lenkaityt˙e (Hg.), Sophia. The Wisdom of God – Die Weisheit Gottes. Forscher aus dem Osten und Westen Europas an den Quellen des gemeinsamen Glaubens, Innsbruck/Wien, 115–129.

HALFWASSEN 1998: Jens Halfwassen, Substanz/Akzidens, in: Historisches Wörterbuch der Philosophie, Bd. 10, Darmstadt, 495–507.

HALFWASSEN 2004: Jens Halfwassen, Plotin und der Neuplatonismus, München.

HAMMANN 2020: Christoph Hammann, Katharsis in Kaiserzeit und Spätantike, Göttingen.

HARAKAS 1994: Stanley S. Harakas, Ethical Teaching in Saint Gregory the Theologian's Wrintings, in: The Greek Orthodox Theological Review 39, Nr. 2, 141–150.

HARTMANN 2002: Christoph Hartmann, Gregor von Nazianz, in: Siegmar Döpp/Wilhelm Geerlings (Hg.), Lexikon der antiken christlichen Literatur, Freiburg im Br., 295–299.

HAUSCHILD/DRECOLL 2004: Wolf-Dieter Hauschild/Volker Henning Drecoll, Pneumatologie in der Alten Kirche, Bern.

HAUSCHILD/DRECOLL 2016: Wolf-Dieter Hauschild/Volker Henning Drecoll, Lehrbuch der Kirchen- und Dogmengeschichte, Bd. 1. Alte Kirche und Mittelalter, 5., vollständig überarbeitete Neuausgabe, Gütersloh.

HAWEL 1993: Peter Hawel, Das Mönchtum im Abendland. Geschichte – Kultur – Lebensform, Freiburg im Br./Basel/Wien.

Hellholm 2011: David Hellholm, Vorgeformte Tauftraditionen und deren Benutzung in den Paulusbriefen, in: David Hellholm/Øyvind Norderval/Christer Hellholm (Hg.), Ablution, Initiation and Baptism. Late Antiquity, Early Judaism and Early Christianity, Bd. 1, Berlin/Boston, 415–495.

Heyden 2018a: Katharina Heyden, Introduction: The Two Versions of Palamas' ‚Epistula' III to Akindynos, in: Studia Patristica 96, 507–510.

Heyden 2018b: Katharina Heyden, The Two Epistulae III of Palamas to Akindynos: The Small but Important Difference between Authenticity and Originality, in: Studia Patristica 96, 511–520.

Hofer 2013: Andrew Hofer, O. P., Christ in the Life and Teaching of Gregory of Nazianzus, Oxford.

Holl 1904: Amphilochius von Ikonium in seinem Verhältnis zu den Großen Kappadoziern, Tübingen/Leipzig.

Holman 1999: Susan R. Holman, Healing the Social leper in Gregory of Nyssa's and Gregory of Nazianzus's „περὶ φιλοπτωχίας", in: The Harvard Theological Review 92, Nr. 3, 283–309.

Holzhausen 2006: Jens Holzhausen, Therapeuten, in: Der Neue Pauly, Bd. 12/1, Stuttgart/Weimar, 409–410.

Horn 1970: Hans-Jürgen Horn, Antakoluthie der Tugenden und Einheit Gottes, in: Jahrbuch für Antike und Christentum 13, 5–28.

Huber 1859: Johannes Huber, Die Philosophie der Kirchenväter, München.

Irmscher 1992: Johannes Irmscher, Inhalte und Institutionen der Bildung in der Spätantike, in: Carsten Colpe/Ludger Honnefelder/Matthias Lutz-Bachmann (Hg.), Spätantike und Christentum. Beiträge zur Religions- und Geistesgeschichte der griechisch-römischen Kultur und Zivilisation der Kaiserzeit, Berlin, 159–172.

Jaeger 1985: Werner Wilhelm Jaeger, Early Christianity and Greek Paideia, Cambridge.

Jungck 1974: Christoph Jungck (Hg.), Gregor von Nazianz. De vita sua. Einleitung – Text – Übersetzung – Kommentar, Heidelberg.

Kakridis 1921: Theophanes Kakridis: Die Bedeutung von πολύτροπος in der Odyssee, in: Glotta 11, H. 3./4., 288–291.

Karfíková 2007: Lenka Karfíková (Hg.), Gregory of Nyssa. Contra Eunomium II. An English Version with Supporting Studies. Proceedings of the 10th International Colloquium on Gregory of Nyssa (Olomouc, September 15–18, 2004), Leiden.

Keel 1978: Othmar Keel, Jahwes Entgegnung an Ijob. Eine Deutung von Ijob 38–41 vor dem Hintergrund der zeitgenössischen Bildkunst, Göttingen.

Kertsch 1974: Manfred Kertsch, Gregor von Nazianz' Stellung zu Theoria und Praxis aus der Sicht seiner Reden, in: Byzantion 44, Nr. 2, 282–289.

Kertsch 1980: Manfred Kertsch, Bildersprache bei Gregor von Nazianz. Ein Beitrag zur spätantiken Rhetorik und Popularphilosophie, Graz.

Klein 1981: Richard Klein, Kaiser Julians Rhetoren- und Unterrichtsgesetz, in: Römische Quartalsschrift für christliche Altertumskunde und Kirchengeschichte 76, 73–94.

Klein 2000: Richard Klein, Die Haltung der kappadokischen Bischöfe Basilius von Caesarea, Gregor von Nazianz und Gregor von Nyssa zur Sklaverei, Stuttgart.

Knecht 1972: Andreas Knecht, Gregor von Nazianz. Gegen die Putzsucht der Frauen, Heidelberg.

Kobusch 1974: Theo Kobusch, Hegemonikon, in: Historisches Wörterbuch der Philosophie, Bd. 3, Darmstadt, 1030–1031.

Kobusch 2006: Theo Kobusch, Christliche Philosophie. Die Entdeckung der Subjektivität, Darmstadt.

Krüger 2011: Manfred Krüger, Christus-Sophia. Die Weisheit baut sich ihr Haus, Dornach.

Kuhn 2014: Thomas Kuhn, Schweigen in Versen. Text, Übersetzung und Studien zu den Schweigegedichten Gregors von Nazianz (II,1,34A/B), Berlin/Boston.

Larchet 2010: Jean-Claude Larchet, La théologie des énergies divines. Des origines à saint Jean Damascène, Paris.

Leemans/Cassin 2014: Johan Leemans/Matthieu Cassin, Gregory of Nyssa. Contra Eunomium III. An English Translation with Commentary and Supporting Studies. Proceedings of

the 12th International Colloquium On Gregory Of Nyssa (Leuven, 14–17 September 2010), Leiden.
Lemaitre 1953: J. Lemaitre, Le souvenir de Dieu, in: Dictionnaire de Spiritualité Ascétique et Mystique (DSp), Bd. 2, Paris, 1858–1862.
Löhr 2009: Winrich Löhr, Logos, in: Reallexikon für Antike und Christentum, Bd. 23, Stuttgart, 327–435.
Maier 1915: Johannes Maier, Die Eucharistielehre der drei großen Kappadozier. Des hl. Basilius, Gregor von Nazianz und Gregor von Nyssa, Diss., Freiburg im Br.
Malingrey 1961: Anne-Marie Malingrey, „Philosophia". Étude d'un groupe de mots dans la littérature grecque. Des présocratiques au IVe siècle après J.-C., Paris.
Maslov 2012: Boris Maslov, The Limits of Platonism: Gregory of Nazianzus and the Invention of *theosis*, in: Greek, Roman, and Byzantine Studies 52, 440–468.
McGuckin 2001: John Anthony McGuckin, Saint Gregory of Nazianzus. An intellectual biography, Crestwood/New York.
McGuckin 2010: John Anthony McGuckin, Saint Gregory of Nazianzus, in: Lloyd P. Gerson (Hg.), The Cambridge history of philosophy in late antiquity, Bd. 1, Cambridge, 482–497.
Meier 1989: Beno Meier, Gregor von Nazianz. Über die Bischöfe (Carmen 2,1,12). Einleitung, Text, Übersetzung, Kommentar, Paderborn/München/Wien/Zürich.
Meredith 2012: Anthony Meredith, Christian philosophy in the Early Church, London.
Michels 1956: Thomas P. Michels, Einleitung, in: Gregor von Nazianz, Macht des Mysteriums. Sechs geistliche Reden an den Hochtagen der Kirche, Düsseldorf.
Michopoulos 1994: Tasos Sarris Michopoulos, Μιμισόμεθα Νόμον Θεοῦ: Gregory the Theologian's Ontology of Compassion, in: The Greek Orthodox Theological Review 39, Nr. 2, 109–121.
Miggelbrink 2003: Ralf Miggelbrink, Einführung in die Lehre von der Kirche, Darmstadt.
Moreschini 1990: Claudio Moreschini, Introduction, in: Grégoire de Nazianze, Discours 38–41. Introduction, Texte critique et Notes par Claudio Moreschini. Traduction par Paul Gallay (SC 358), Paris, 9–102.
Moreschini 1997: Claudio Moreschini, Filosofia e letteratura in Gregorio di Nazianzo, Milano.
Mossay, 1965: Justin Mossay, Les Fêtes de Noël et d'Epiphanie. D'après les Sources Littéraires Cappadociennes du IVe Siècle, Louvain.
Müller 2012: Andreas Müller, Tauftheologie und Taufpraxis vom 2. bis zum 19. Jahrhundert, in: Markus Öhler (Hg.), Taufe, Tübingen, 83–135.
Müller 2000: Barbara Müller, Der Weg des Weinens. Die Tradition des „Penthos" in den Apophtegmata Patrum, Göttingen.
Norden 1913: Eduard Norden, Agnostos Theos. Untersuchungen zur Formengeschichte Religiöser Rede, Leipzig/Berlin.
Noret 1983: Jacques Noret, Grégoire de Nazianze, l'auteur le plus cité, après la Bible, dans la littérature ecclésiastique byzantine, in: Justin Mossay (Hg.), II. Symposium Nazianzenum, Paderborn/München/Wien/Zürich, 259–266.
Norris 1991: Frederick W. Norris, Faith gives fullness to reasoning. The five Theological Orations of Gregory Nazianzus. Introduction and commentary by Frederick W. Norris. Translation by Lionel Wickham and Frederick Williams, Leiden.
Oeing-Hanhoff 1971: Ludger Oeing-Hanhoff, Analyse/Synthese, in: Historisches Wörterbuch der Philosophie, Bd. 1, Darmstadt, 232–248.
Öhler 2012: Markus Öhler, Die Taufe in neutestamentlicher Perspektive. Paulus, in: Markus Öhler (Hg.), Taufe, Tübingen, 47–57.
Plagnieux 1952: Jean Plagnieux, Saint Grégoire de Nazianze Théologien, Paris.
Portmann 1954: Franz X. Portmann, Die göttliche Paidagogia bei Gregor von Nazianz, St. Ottilien.
Prenner 2004: Karl Prenner u. a., Salbung, in: Religion in Geschichte und Gegenwart, 4. Aufl., Bd. 7, Tübingen, 791–796.
Radde-Gallwitz 2018: Andrew Radde-Gallwitz, Gregory of Nyssa's Doctrinal Works. A Literary Study, Oxford.

Radford Ruether 1969: Rosemary Radford Ruether, Gregory of Nazianzus. Rhetor and Philosopher, Oxford.

Raschle 2016: Christian R. Raschle, Bis wann bleibt der Kaiser „Kult"? Die Verehrung des Kaiserbildes als Akt der Zivilreligion in der Spätantike, in: Anne Kolb/Marco Vitale (Hg.), Kaiserkult in den Provinzen des Römischen Reiches. Organisation, Kommunikatuon und Repräsentation, Berlin/Boston, 477–496.

Richter 2002: Will Richter, Tragelaphos, in: Der Kleine Pauly, Bd. 12/1, München, 733–734.

Ries 2013: Wiebrecht Ries, Die Philosophie der Antike, 3. Aufl., Darmstadt.

Ritter-Müller 2000: Petra Ritter-Müller, Kennst du die Welt? – Gottes Antwort an Ijob. Eine sprachwissenschaftliche und exegetische Studie zur ersten Gottesrede Ijob 38 und 39, Münster/Hamburg/London.

Rohr 2016: Richard Rohr, Pure Präsenz. Sehen lernen wie die Mystiker, 7. Aufl., München.

Rokéah 2001: David Rokéah, Justin Martyr and the Jews, Leiden/Boston/Köln.

Schlüter 1971: Dietrich Schlüter, Akt/Potenz, in: Historisches Wörterbuch der Philosophie, Bd. 11, Darmstadt, 135–138.

Schmid 1958: Wolfgang Schmid, Bukolik, in: Reallexikon für Antike und Christentum Bd. 2, Stuttgart, 786–800.

Schwartz 2008: Baruch J. Schwartz u. a. (Hg.), Perspectives on Purity and Purification in the Bible, New York/London.

Sedlak 2013: Ralf Sedlak, Klemens – ein christlicher Autor in Alexandria, in: Tobias Georges/Felix Albrecht/Reinhard Feldmeier (Hg.), Alexandria, Tübingen, 435–444.

Sieben 1977: Hermann Josef Sieben, Μνήμη θεοῦ, in: Dictionnaire de Spiritualité Ascétique et Mystique (DSp), Bd. 10, Paris, 1407–1414.

Sieben 1996: Hermann Josef Sieben, Einleitung, in: Gregor von Nazianz, Orationes theologicae/Theologische Reden. Übers. und eingel. von Hermann Josef Sieben (FC 22), Freiburg im Br./Basel, 7–63.

Simelidis 2009: Christos Simelidis, Selected Poems of Gregory of Nazianzus, Göttingen.

Stenger 2009: Jan Stenger, Hellenische Identität in der Spätantike, Berlin.

Sundermann 1991: Klaus Sundermann, Gregor von Nazianz. Der Rangstreit zwischen Ehe und Jungfräulichkeit (Carmen 1,2,1,215–732). Einleitung und Kommentar, Paterborn/München/Wien/Zürich.

Sykes/Moreschini 1997: D. A. Sykes/Claudio Moreschini, St. Gregory of Nazianzus. Poemata Arcana, Oxford.

Todd 1973: Robert B. Todd, The Stoic Common Notions. A Re-Examination and Reinterpretation, in: Symbolae Osloenses 48, 47–75.

Toepel 2012: Alexander Toepel, Die Höllenfahrt Christi: zur Entstehung eines theologischen Motivs, in: Jürgen Tubach u. a. (Hg.), Sehnsucht nach der Hölle? Höllen- und Unterweltsvorstellungen in Orient und Okzident, Wiesbaden, 217–227.

Torrance 2009: Alexis Torrance, Precedents for Palamas' Essence-Energies Theology in the Cappadocian Fathers, in: Vigiliae Christianae 63, 47–70.

Unterstein 1902: Karl Unterstein, Die natürliche Gotteserkenntnis nach der Lehre der kappadocischen Kirchenväter Basilius, Gregor von Nazianz und Gregor von Nyssa, Straubing.

Verbeke 1980: Gérard Verbeke, Logos, in: Historisches Wörterbuch der Philosophie, Bd. 5, Darmstadt, 491–502

Völker 2013: Harald Völker, Himerios – Reden und Fragmente. Einführung, Übersetzung und Kommentar, Wiesbaden.

Volp 2006: Ulrich Volp, Die Würde des Menschen. Ein Beitrag zur Anthropologie in der Alten Kirche, Leiden/Boston.

Vössing 2020: Konrad Vössing, The Value of a Good Education. The School Law in Context, in: Hans-Ulrich Wiemer/Stefan Rebenich (Hg.), A Handbook to Julian the Apostate, Leiden, 172–206.

Waibl 2009: Elmar Waibl, Ästhetik und Kunst von Pythagoras bis Freud, Wien.

Weiss 1872: Hugo Weiss, Die Großen Kappadocier Basilius, Gregor von Nazianz und Gregor von Nyssa als Exegeten, Braunsberg.
Wiemer/Rebenich 2020: Hans-Ulrich Wiemer/Stefan Rebenich (Hg.), A Handbook to Julian the Apostate, Leiden.
Williams/Wickham 2002: Frederick Williams/Lionel Wickham: On God and Christ. The five theological orations and two letters to Cledonius, Crestwood, N. Y.
Willmes 1999: Bernd Willmes u. a., Salbung, in: Lexikon für Theologie und Kirche Bd. 8, Freiburg im Br., 1479–1482.
Wyss 1983: Gregor II (Gregor von Nazianz), in: Reallexikon für Antike und Christentum, Bd. 12, Stuttgart, 793–864.
Zakovitch 2004: Yair Zakovitch, Das Hohelied (HThK AT), Freiburg im Br./Basel/Wien.
Zizioulas 1985: John D. Zizioulas, Being as Communion. Studies in Personhood and the Church, Crestwood, N. Y.

Register